Les régions du guide
(voir la carte à l'intérieur de la couverture ci-contre)

1 La province de La Havane		p. 123
2 L'Ouest		p. 189
3 Le littoral nord		p. 219
4 Le Centre		p. 251
5 L'Est		p. 323
6 Les cayos		p. 393

Cuba

Collection Le Guide Vert sous la responsabilité d'Anne Teffo

Édition
Florence Dyan, Archipel studio

Rédaction
Eva Cantavenera, Sophie Debreil, Florence Dyan, Michel Fonovich, Marion Lemerle, Jérôme Saglio

Cartographie
Stéphane Anton, Michèle Cana, Aurore Colombani, Bertrand de Brun, Claude Dubut, Martine Frouin-Marmouget, Thierry Lemasson, Catherine Zacharopoulou

Relecture
Alice Breuil

Remerciements
Didier Broussard, Jean-Hervé Deiller (bureau AFP de La Havane)

Conception graphique
Christelle Le Déan

Régie publicitaire et partenariats
michelin-cartesetguides-btob@fr.michelin.com
Le contenu des pages de publicité insérées dans ce guide n'engage que la responsabilité des annonceurs.

Contacts
Michelin
Guides Touristiques
27 cours de l'Île-Seguin, 92100 Boulogne-Billancourt
Service consommateurs : tourisme@tp.michelin.com
Boutique en ligne : www.michelin-boutique.com

Parution 2012

Note au lecteur
Michelin a apporté le plus grand soin à la rédaction de ce guide et à sa vérification. Toutefois, les informations pratiques (formalités administratives, prix, adresses, numéros de téléphone, adresses Internet...) doivent être considérées comme des indications du fait de l'évolution constante de ces données.
Il n'est pas totalement exclu que certaines d'entre elles ne soient plus, à la date de paru du guide, tout à fait exactes ou exhaustives. N'hésitez pas à nous signaler toute omi ou inexactitude que vous pourriez constater, ainsi qu'à nous faire part de vos suggestions sur les adresses contenues dans ce guide.
Avant d'entamer toute démarche, formalités administratives ou douanières not vous êtes invité à vous renseigner auprès des organismes officiels. Ces inform sauraient, de ce fait, engager notre responsabilité.

Le Guide Vert, mode d'emploi

Le Guide Vert, un guide en 3 parties

▷ **Organiser son voyage :** les informations pratiques pour préparer et profiter de son séjour sur place

▷ **Comprendre la destination :** les thématiques pour enrichir son voyage

▷ **Découvrir la destination :** un découpage en **régions**
(voir carte générale dans le 1er rabat de couverture et sommaire p. 1)

En ouverture de chaque **région**, retrouvez un **sommaire** et une **carte** qui indiquent :
- les villes et sites traités dans le chapitre
- les circuits conseillés

Pour chaque chapitre, consultez « ☺ **Nos adresses…** » :
- des informations pratiques
- des établissements classés par catégories de prix
- des lieux où boire un verre
- des activités à faire en journée ou en soirée
- un agenda des grands événements de l'année

En fin de guide

▷ un **index général** des lieux et thèmes traités
▷ un **index** des cartes et plans du guide
▷ la légende des symboles du guide
▷ la liste de nos publications

Et en complément de notre guide

▷ Créez votre voyage sur **Voyage.ViaMichelin.fr**

Sommaire

1/ ORGANISER SON VOYAGE

ALLER À CUBA

En avion 8
Avec un voyagiste........................ 9

AVANT DE PARTIR

Identité du pays........................ 12
Météo 12
Adresses utiles 13
Formalités 13
Argent 16
Téléphoner à Cuba 16
Budget à prévoir....................... 16
Se loger.................................. 18
Se restaurer 20

SUR PLACE DE A À Z 23-45

Achats - Adresses - Ambassades
à La Havane - Argent -
Autostop - Banques - Cadeaux
à offrir - Carnavals - Cigarettes -
Concerts - Décalage
horaire - Deux-roues - Eau potable -
Électricité - Enfants - Excursions
organisées - Internet - Jours
fériés - Médias - Météo - Musées,
monuments et sites - Offices et
agences de tourisme - Pêche -
Photographie - Plongée
sous-marine - Poste - Pourboire -
Randonnée - Restauration -
Santé - Sécurité - Souvenirs -
Taxi - Téléphone - Transports -
Unités de mesure - Us et
coutumes - Voiture

TYPES DE SÉJOURS

Tableau des activités 46

MÉMO

Agenda.....................................48
Bibliographie............................49
Filmographie 51
Discographie 51

2/ COMPRENDRE CUBA

CUBA AUJOURD'HUI

Administration et politique 56
Économie 61
Population 67
Société.................................... 71
Habitat 74

HISTOIRE

La colonisation espagnole 76
Les guerres d'indépendance..........78
L'hégémonie américaine.................80
La révolution............................ 81
La crise cubano-américaine...........83
À la recherche d'une nouvelle
    voie 85
Chronologie 88

RELIGIONS

Le catholicisme 90
La santería.............................. 91

MUSIQUE ET DANSE

La naissance d'une musique
    « créole » 94
Mélodie européenne et rythmes
    africains..............................94
Une innovation perpétuelle 97
Et la salsa ?............................97
Les instruments de la musique
    cubaine 98
La danse..................................98

ARTS ET CULTURE

Architecture 99
Littérature...............................101
Cinéma 104
Peinture 105
Art contemporain 108

LE TABAC

La culture du tabac....................109
La récolte................................109
La confection d'un cigare 110
Un produit d'exportation 110

NATURE ET PAYSAGES

Des plaines
    entre mer et montagne 112
Le climat 115
Faune et flore..................... 115

3/ DÉCOUVRIR CUBA

1 LA PROVINCE DE LA HAVANE

La Havane 126
Les environs de La Havane...........184

2 L'OUEST

La route de l'Ouest 192
La vallée de Viñales..........................198
Le triangle de la Vuelta Abajo 206
La péninsule
    de Guanahacabibes 212
La route côtière................................215

3 LE LITTORAL NORD

Les plages de l'Est...........................220
Matanzas.................................227
Varadero................................232
Cárdenas...............................247

4 LE CENTRE

La péninsule de Zapata 254
Cienfuegos 260
Santa Clara..272
Trinidad.. 282
Sancti Spíritus.................................. 298
Ciego de Ávila.................................. 302
Camagüey...312

5 L'EST

Holguín...326
La Sierra Maestra............................. 340
Santiago de Cuba..............................350
La pointe orientale 376
Baracoa 382

6 LES CAYOS

L'île de la Jeunesse........................... 394
Cayo Largo del Sur...........................406

Notes... 408
Index général 415
Lexique 422
Cartes et plans 425

1/
ORGANISER
SON VOYAGE

Aller à Cuba

En avion

⚙ **Conseil** – Si vous comptez assister à des manifestations culturelles importantes comme le carnaval de Santiago de Cuba autour du 25 juillet, réservez votre billet d'avion et un hôtel sur place longtemps à l'avance.

LIGNES RÉGULIÈRES

Un vol direct Paris-La Havane dure environ 11h à l'aller et 9h au retour. Les tour-opérateurs proposent des tarifs avantageux. En basse saison, les offres promotionnelles combinent souvent le billet d'avion et l'hébergement au prix d'un vol sec.

⚙ **Bon à savoir** – Par mesure de sécurité, le contenu des bagages à main en avion est désormais réglementé. Renseignez-vous auprès de votre aéroport de départ et de votre compagnie.

Cubana de Aviación – 41 bd du Montparnasse, 75006 Paris - ✆ 01 53 63 23 23 - www.cubana.cu. 2 vols/sem. au départ de Paris (Orly-Sud) toute l'année vers La Havane. Également des vols à destination de Santiago de Cuba et Varadero. Tarif économique à partir de 650 €.

Air France – ✆ 36 54 *(0,34 €/mn)* - www.airfrance.fr. 5 vols directs/sem. (tlj sf lun. en juil.-août) pour La Havane au départ de Roissy. Tarif économique à partir de 900 €.

Iberia – 1 r. Scribe, 75009 Paris - ✆ 0825 800 965 *(0,15 €/mn)* - www.iberia.fr. Propose des vols quotidiens au départ de Paris (Orly-Ouest) et de la province *via* Madrid. Tarif économique à partir de 735 €.

Air Europa – ✆ 01 42 65 08 00 - www.aireuropa.com. Une agence

espagnole basée à Majorque. Dessert quotidiennement La Havane au départ de Paris *via* Madrid.

CENTRALES DE RÉSERVATION SUR INTERNET

On obtient les meilleurs prix en passant par les centrales de réservation en ligne qui proposent des tarifs intéressants, des occasions de dernière minute, des vols bradés ou des formules avion + hôtel.

Anyway – ✆ 0 892 302 301 *(0,34 €/mn)* - http.//voyages.anyway.com.

Bourse des vols – ✆ 0 899 650 649 *(1,35 €/appel + 0,34 €/mn)* - www.bourse-des-vols.com.

Ebookers – ✆ 0 892 234 235 *(1,35 €/appel + 0,34 €/mn)* - www.ebookers.fr.

Go Voyages – ✆ 0 892 230 200 *(0,34 €/mn)* - www.govoyages.com.

Last Minute – ✆ 0 899 700 170 *(1,35 €/appel + 0,34 €/mn)* - www.fr.lastminute.com.

Nouvelles Frontières – ✆ 0 825 000 747 *(1,35 €/appel + 0,34 €/ mn)* - www.nouvelles-frontieres.fr (ventes aux enchères le mardi).

Opodo – www.opodo.fr.

CONFIRMATION

Pensez à reconfirmer votre vol de retour 72h avant le départ.

AÉROPORT

Les vols en provenance de l'Europe et/ou du Canada atterrissent pour la plupart à l'**aéroport José Martí** de La Havane, mais vous pouvez aussi arriver directement à Varadero, Cienfuegos, Ciego de Ávila, Cayo Coco, Camagüey,

Holguín, Manzanillo, Santiago de Cuba et Cayo Largo del Sur.
À l'arrivée, vous trouverez des comptoirs de location de véhicules ainsi que divers moyens de locomotion pour rejoindre le centre-ville : navettes d'hôtels, taxis. Même si vous arrivez tard, les comptoirs de change sont ouverts.

TAXE

Vous devez vous acquitter d'une taxe de 25 CUC au départ de Cuba, à payer au guichet prévu à cet effet, avant l'enregistrement de vos bagages. La Cubana de Aviación exige la plastification des bagages au départ de La Havane. Pas d'obligation pour les autres compagnies, mais l'opération est payante (8 CUC).

Avec un voyagiste

La plupart des voyagistes organisent des circuits à travers l'île. Effectuez une étude comparative des prix en fonction de vos dates de séjour. Avec un peu de chance, l'un d'eux offrira un tarif plus intéressant sur cette période. Les formules proposées sont sensiblement identiques : à partir de 1 000 € en basse saison, le billet d'avion combiné avec un circuit de 8 jours couvrant la moitié ouest de l'île – de la région de Pinar del Río jusqu'à Trinidad, en passant par La Havane. Comptez entre 300 et 450 € la semaine supplémentaire pour visiter l'est de l'île et passer quelques jours dans une station balnéaire. Possibilité d'effectuer un circuit à la carte avec location de voiture et réservation d'hôtel à l'avance.

SPÉCIALISTES DE L'AMÉRIQUE LATINE ET DE CUBA

Cuba Autrement – 38 r. de Berri, 75008 Paris - ☎ 01 45 61 04 04 - www.cubaautrement.com.

Hola Cuba de Cubanacán – 19 r. du Quatre-Septembre, 75002 Paris - www.cubanacan.fr.
Havanatour – 16 r. Drouot, 75009 Paris - ☎ 01 48 01 44 55 - www.havanatour.fr.
La Maison des Amériques latines – 3 r. Cassette, 75006 Paris - ☎ 01 53 63 13 40 - www.maison desameriqueslatines.com.
NovelaCuba – 14-14 bis r. des Minimes, 75003 Paris - ☎ 01 40 29 40 94 - www.novelacuba.com.
Un Monde Cuba – 24 r. Chauchat, 75009 Paris - ☎ 0 892 236 160 *(0,34 €/mn)* - www.unmonde cuba.com.

GÉNÉRALISTES

Jet Tours – 38 av. de l'Opéra, 75002 Paris - ☎ 0 899 233 357 *(1,35 €/appel + 0,34 €/mn)* - www.jettours.com. Plusieurs agences en France.
Kuoni – 30 bd Malesherbes, 75008 Paris - ☎ 0 820 300 386 *(1,18 €/appel + 0,34 €/mn)* - www.kuoni.fr. Plusieurs agences en France.
Nouvelles Frontières – 13 av. de l'Opéra, 75001 Paris - ☎ 0 825 000 747 *(0,15 €/mn)* - www.nouvelles-frontieres.fr. 150 agences en France.

VOYAGES CULTURELS

Arts et Vie – 251 r. de Vaugirard, 75015 Paris - ☎ 01 40 43 20 21 - www.artsetvie.com. Agences à Grenoble, Lyon, Marseille et Nice. Un circuit de 14 jours à travers l'île.

Clio – 34 r. du Hameau, 75015 Paris - ☎ 0 826 101 082 *(0,15 €/mn)* - www.clio.fr.

Ikhar – 162 r. Jeanne-d'Arc, 75013 Paris - ☎ 01 43 06 73 13 - www.ikhar.com. Un circuit orienté sur l'architecture des villes coloniales et Viñales.

VOYAGES AVENTURE

UCPA – Agences dans toute la France - ☎ 0825 880 800 *(0,34 €/mn)* - www.ucpa.com. Propose une rando et des stages de plongée dans son centre de Guajimico *(voir « Trinidad », p. 293).*

Altimonde Voyages – 7 r. de Louvois, 75002 Paris - ☎ 01 42 86 84 98 - www.altimonde. com. Randonnées à la carte.

Atalante – 41 bd des Capucines, 75002 Paris - ☎ 01 55 42 81 00 - www.atalante.fr. Également à Lyon et à Bruxelles.

Club Aventure – 18 r. Séguier, 75006 Paris - ☎ 0 826 882 080 *(0,15 €/mn)* - www.clubaventure.fr. Également à Lyon.

Terres d'aventure – 30 r. St-Augustin, 75002 Paris - ☎ 0 825 700 825 *(0,15 €/mn)* - www.terdav.com/terdav. Plusieurs agences en France.

Voyageurs du monde – 55 r. Ste-Anne, 75002 Paris - ☎ 0 892 235 656 *(0,34 €/mn)* - www.vdm.com.

♿ Pour vos déplacements à l'intérieur du pays, voir p. 39.

NOUVEAU Guide Vert :
Explorez vos envies de voyages

Avant de partir

Identité du pays

Nom officiel : República de Cuba
Capitale : La Havane
Superficie : 110 922 km²
Population : 11 477 459 habitants
Monnaie : le peso cubano (CUP) pour les Cubains, le peso convertible (CUC) pour les étrangers
Langue officielle : espagnol

Météo

SAISONS

Votre date de départ dépendra du type de voyage que vous désirez effectuer : l'été se prête davantage à un séjour balnéaire et l'hiver, aux visites culturelles. Les mois de **février**, **mars** et **avril** permettent de combiner les deux, tout en évitant la haute saison touristique (décembre-janvier et juillet-août).

CYCLONES

Sachez que Cuba, comme tous les pays de la zone caraïbe, est sujette aux cyclones entre les mois de mai et de novembre.

CE QU'IL FAUT EMPORTER

Maillot de bain et tenues légères exigés ! Prévoyez surtout des vêtements qui sèchent rapidement, car le taux d'humidité dans l'air est élevé : 77 % pendant la saison sèche et 82 % pendant la saison humide. Pensez à emporter un parapluie ou un ciré, indispensables en été et dans certaines régions, comme celle de Baracoa. Un pull, fortement conseillé pour les séjours en montagne, vous sera également très utile dans les trains de nuit, les cars et certains établissements touristiques, où la climatisation fonctionne en permanence.

Pour les randonnées pédestres, munissez-vous de bonnes chaussures de marche, en toile imperméabilisée.

Pour les sorties nocturnes, les Cubains font preuve d'une grande coquetterie. Ils n'en attendront pas moins de vous, et sauront apprécier le soin porté à votre tenue vestimentaire si vous êtes invité chez eux ou si vous sortez dans un établissement de luxe. Ne vous encombrez pas pour autant d'un smoking, une chemise à manches longues sur un pantalon de toile faisant parfaitement l'affaire pour les hommes.

Moyennes des températures maximales et minimales à Cuba

	Janv.	Fév.	Mars	Avril	Mai	Juin	Juil.	Août	Sept.	Oct.	Nov.	Déc.
MAX.	27	28	29	30	31	31	32	33	32	32	30	28
MIN.	17	16	18	20	21	22	23	23	22	21	20	18

Adresses utiles

OFFICES DE TOURISME

Office du tourisme de Cuba – 280 bd Raspail, 75014 Paris - 📞 01 45 38 90 10 - www.cubatourisme.fr - lun.-vend. 9h30-12h30, 14h-17h30 (vend. 16h30).

Bureau du tourisme de Cuba au Canada – 2075 r. de l'Université, bureau 460 - 📞 (514) 875 80 04, Montréal, Québec H3A 2L1 ; 1200 Bay St., Suite 305, Toronto, Ontario M5R 2A5 - 📞 (416) 362 07 00 - www.gocuba.ca.

♿ Voir aussi « Sur place de A à Z », p. 29.

REPRÉSENTATIONS DIPLOMATIQUES

France – Ambassade et consulat de Cuba - 16 r. de Presles, 75015 Paris - 📞 01 45 67 55 35 - www.cubaparis.org - lun.-vend. 9h-12h, 14h-17h30.

Belgique – Ambassade de Cuba - 77 r. Robert-Jones, 1180 Bruxelles - 📞 (02) 343 00 20 - www.embacuba.be - lun.-vend. 9h-12h30.

Suisse – Ambassade de Cuba - Gesellschaftsstrasse 8, 3012 Berne - 📞 (41) 31 302 21 11 - http://emba.cubaminrex.cu/suizafr - lun., mar., merc., vend. 9h-12h pour les affaires consulaires.

Canada – Ambassade et consulat de Cuba - 4542-4546 bd Décarie, Montréal, Québec H3X 2H5 - 📞 (514) 843 88 97 (lun.-vend. 9h-12h) ; 388 Main St., Ottawa, Ontario K1S 1E3 - 📞 (613) 563 01 41 (mar.-vend. 9h-13h) ; www.cubadiplomatica.cu/canada.

♿ Voir aussi « Sur place de A à Z », p. 24.

SITES INTERNET

Sites d'informations pratiques

www.azurever.com/cuba – Une mine d'informations pratiques, culturelles et touristiques.

www.bonjourcuba.net – Agence de voyages en ligne, pour tout réserver de chez soi.

www.terresdumonde.com/cuba – Un excellent site sur la culture, l'histoire et la géographie cubaines (avec photos et carnets de route), riche en informations pratiques.

Sites officiels

www.cuba.cu – Site officiel de tourisme en espagnol.

www.cubatravel.cu – Le site officiel du ministère cubain du Tourisme (présentation générale du pays et informations pratiques), en espagnol.

www.cubatourisme.fr – Le site de l'office du tourisme de Cuba en France.

www.gocuba.ca – Le site canadien du bureau du tourisme cubain.

Sites culturels

www.cubaweb.cu – Un aperçu de la culture cubaine, en espagnol.

www.cubarte.cult.cu – Le portail très complet de la culture cubaine, en espagnol.

www.cubalatina.com – Un site dédié à toutes les facettes de la culture cubaine (histoire, belles américaines, cigares, musique, etc.).

www.salsapaca.com et www.hispam.info – Deux sites d'information culturelle très complets (stages, danse, langue, musique, festivals, etc.).

Formalités

ⓑ **Bon à savoir** – Les informations ci-dessous sont fournies à titre indicatif. Il est conseillé aux visiteurs de s'assurer dans leur pays, auprès de la représentation diplomatique cubaine, des conditions en vigueur au moment de leur voyage.

PIÈCES D'IDENTITÉ, VISA

Vous devez être muni d'un **passeport** valable au minimum

6 mois après votre date de retour et d'une **carte de tourisme** (*tarjeta del turista*) qui doit être remise aux autorités cubaines à la sortie du territoire. Les enfants et les bébés doivent également en avoir une. Ce document est délivré par le **consulat de Cuba** (*voir « Adresses utiles », p. 13*), mais on peut aussi s'adresser aux tour-opérateurs (*voir p. 9-10*). La carte de tourisme est délivrée immédiatement sur présentation du passeport (ou la photocopie des quatre premières pages) et du billet (ou une attestation de la compagnie aérienne ou de l'agence de voyages indiquant les dates aller et retour de votre voyage), moyennant la somme de 23 € au consulat et un peu plus chez les tour-opérateurs. La plupart des agences de voyages proposent également à leurs clients de se charger de cette formalité à leur place.

La validité de la carte ne peut excéder **30 jours** mais peut faire l'objet d'une prolongation sur place, pour un mois maximum. Pour cela, vous devez retirer 25 CUC en timbres dans une agence Banco de Crédito y Comercio (Bandec) et vous présenter avec timbres et passeport à la Dirección de Inmigracíon (dans chaque grande ville). Horaires : 8h-12h, 13h-15h. Allez-y de préférence à l'ouverture afin d'éviter de longues files d'attente.

Pour les séjours professionnels, un visa doit impérativement être demandé au consulat au moins 3 semaines avant le départ (environ 80 €). Il est valable 30 jours sur place et non renouvelable.

⊛ **Bon à savoir** – Touriste ou professionnel, ne dépassez pas la durée maximale du séjour de 30 jours, ne serait-ce que d'une journée, sous risque d'incarcération par les services de l'immigration.

TAXE DE SORTIE

Une taxe de 25 CUC (environ 17 €) sera exigée au départ de Cuba, lors de votre embarquement à l'aéroport.

ASSURANCE MÉDICALE OBLIGATOIRE

Depuis le 1er mai 2010, les voyageurs se rendant à Cuba doivent obligatoirement justifier auprès des autorités cubaines d'une **assurance couvrant les frais médicaux sur place**. Nous vous recommandons fortement de vérifier que vous l'avez souscrite. Les voyageurs qui ne seront pas en mesure de produire une attestation devront prendre cette assurance à leur arrivée à Cuba auprès d'une agence cubaine.

AUTRES ASSURANCES

Les agences de voyages et les tour-opérateurs proposent généralement une assurance avec le billet d'avion. Le cas échéant, souscrivez vous-même un contrat classique couvrant l'annulation du voyage, les frais de maladie sur place et le rapatriement sanitaire. En cas de problème, **Asistur**, présent à La Havane (*voir p. 160*), Varadero (*voir p. 238*) et Santiago de Cuba (*voir p. 362*), peut vous aider sur place à résoudre vos problèmes médicaux, juridiques, financiers et assurer la liaison avec votre compagnie d'assurances. Numéros d'urgence 24h/24 à La Havane : 📞 (7) 866 83 39, 866 85 27 à 29 ou 866 13 15 - www.asistur.cu.

Europ Assistance – 1 promenade de la Bonnette, 92230 Gennevilliers - 📞 01 41 85 94 85

(renseignements, abonnements) ou 01 41 85 85 85 (assistance) - www.europ-assistance.fr.
Mondial Assistance – 54 r. de Londres, 75008 Paris - 🖉 01 42 99 86 00 - www.mondial-assistance.fr.
🕭 Voir aussi « Voiture », p. 43.

DOUANES

On exige des visiteurs de r**éserver une nuit d'hôtel pour entrer dans le pays**. Les douaniers se contentent généralement de vous demander le nom de l'établissement et vous croient sur parole. Si, par malchance, face à un officier pointilleux, vous n'êtes pas en mesure de fournir un justificatif de réservation (bon d'échange, fax de confirmation), vous serez obligé de réserver une chambre depuis l'aéroport.

Importation

Vous pouvez apporter vos effets personnels ainsi que votre matériel photographique, dans la limite des 20 kg autorisés par les compagnies d'aviation. Si vous avez des cadeaux dans vos bagages, leur valeur ne doit pas excéder 50 CUC (34 €) et vous ne pouvez transporter plus de 10 kg de médicaments. L'importation de boissons alcoolisées est limitée à 3 litres et, en ce qui concerne le tabac, ne sont autorisés que 200 cigarettes ou 50 cigares (mais la question se posera rarement dans ce sens).
L'importation d'armes à feu, de matières explosives et de drogue est bien entendu prohibée. Il en est de même pour toute denrée alimentaire n'ayant pas fait l'objet d'un conditionnement (fruits frais par exemple). Certains ouvrages ou publications pouvant faire l'objet d'une interdiction à Cuba, choisissez vos lectures de vacances en conséquence.

Exportation

Vous reviendrez certainement de Cuba avec du rhum et des cigares dans les bagages, mais en nombre limité : 3 bouteilles d'alcool et 50 cigares (jusqu'à 23 cigares autorisés sans facture). Afin de lutter contre la contrefaçon de cigares et contre le marché noir, les douaniers vous demanderont la facture d'achat (*comprobante*) à la sortie du territoire.
Certaines espèces animales et végétales sont protégées dans le monde entier (tortues, corail, etc.). Si l'on vous trouve en possession de ces espèces, vous encourrez une amende et leur confiscation.

VACCINATION

Aucune vaccination n'est exigée pour entrer à Cuba, mais vous pouvez en profiter pour mettre à jour vos vaccins contre le tétanos, la poliomyélite et l'hépatite A. Les personnes qui comptent passer plus de 3 mois sur place doivent se soumettre à un test de dépistage du VIH. En provenance de l'Amérique du Sud, le vaccin contre la fièvre jaune est obligatoire.
🕭 Voir aussi « Santé », p. 32.

PERMIS DE CONDUIRE

Seul un permis de conduire national est requis pour louer une voiture.

VOYAGER AVEC UN ANIMAL DOMESTIQUE

Pas de quarantaine pour les animaux domestiques. Il suffit de présenter un carnet de santé à jour et de retirer une attestation auprès du consulat de Cuba de votre pays. Cependant, une fois sur place, voyager avec son animal peut engendrer des complications, car peu d'hôtels seront enclins à le recevoir, et le climat peut s'avérer pénible pour lui.

Argent

CHÈQUES DE VOYAGE

Si vous comptez emporter des chèques de voyage, commandez-les en **euros**. Les chèques American Express et tout chèque émis par une banque américaine n'étant pas acceptés à Cuba, choisissez des **Thomas Cook** ou des **Visa**. Si la valeur des travellers dépasse 763 €, prévoyez le surplus de cette somme en liquide. Vous pourrez les changer dans les grands hôtels internationaux ou au guichet du Banco Financiero Internacional moyennant une commission qui varie entre 2 et 4 %. Dans certains hôtels, la commission de 3 % en semaine passe à 4 % le week-end. Vous rencontrerez des difficultés pour changer vos chèques de voyage en dehors des grands centres touristiques ; prévoyez donc suffisamment d'espèces en fonction de votre itinéraire.

CARTES DE CRÉDIT

Seules les cartes de crédit **Visa International, Eurocard, Mastercard, Access et Banamex** sont acceptées, à condition qu'elles ne soient pas délivrées par une banque américaine. La **carte American Express est refusée** sur tout le territoire. Possibilité de retrait d'argent avec votre carte de crédit dans les hôtels de luxe, les agences du Banco Financiero Internacional ou du Banco Nacional de Cuba et aux guichets de la Cadeca. De nombreux établissements touristiques acceptent en théorie les paiements par carte de crédit. Prévoyez cependant un mode de paiement de rechange, les machines étant sujettes à de fréquentes pannes, et la communication avec le centre d'autorisation pouvant être interrompue à tout moment.

Aucune difficulté pour régler par carte de crédit la location de voiture, les nuitées et les repas dans les complexes touristiques de luxe. Quelques distributeurs de billets ont fait leur apparition à La Havane et à Varadero.

Voir aussi « Argent », p. 24.

Téléphoner à Cuba

Pour appeler de France à Cuba, faites le **00 + 53** + indicatif de la ville + numéro du correspondant.
Pour appeler depuis Cuba, voir p. 37.

Budget à prévoir

AVERTISSEMENT

En raison du contexte économique et politique du pays, les prix et leurs équivalents en euros sont susceptibles de changer à tout moment.

Cuba n'est pas une destination particulièrement bon marché pour un touriste individuel qui passe par le circuit officiel des hôtels et des restaurants d'État. Votre voyage deviendra plus abordable en empruntant le circuit « privé », c'est-à-dire chez l'habitant. En passant par un tour-opérateur, vous obtiendrez des tarifs plus avantageux pour les nuits d'hôtels et la location de voiture.

CALCULEZ VOTRE BUDGET QUOTIDIEN

Afin de vous aider à préparer votre voyage, nous vous proposons quatre catégories de budget journalier. Le prix de la journée a été calculé par personne, sur la base d'un séjour pour deux.

Si vous disposez d'un **minibudget**, comptez au minimum **50 CUC/j** (34 €) en dormant chez l'habitant, en déjeunant dans des snacks, en

SERVICES OU ARTICLES	PRIX MOYEN EN PESOS CONVERTIBLES (CUC)	ÉQUIVALENT EN EUROS
Une chambre double dans une *casa particular* (minibudget et petit budget)	25-30	17-20
Une cabane en dur pour 4 pers. dans un *campismo* (minibudget)	14	9,50
Une chambre double dans un hôtel simple (budget moyen)	50	34
Une chambre double dans un hôtel de charme (budget moyen)	100	68
Un repas dans une cafétéria ou un snack (minibudget)	5	3,40
Un repas chez l'habitant (minibudget)	8	5,40
Un repas dans un bon restaurant (« Une folie »)	À partir de 25-30	À partir de 17-20
Une location de voiture pour une semaine (catégorie B)	400	273
Un litre d'essence super	1,10	0,75
Un trajet en bus Viazul de La Havane à Trinidad	25	17
Un billet d'avion La Havane-Santiago de Cuba	100	68
Trajet aéroport de La Havane/centre-ville en taxi	25	17
Location d'un scooter une journée	25	17
Une journée de parking surveillé	1,50	1
Une entrée dans un musée	3	2
Un guide pour une demi-journée (par personne)	10	6,80
Une bouteille d'eau minérale	1,50	1
Un mojito	2-3	1,40-2
Une bière	1,50	1

dînant dans votre maison d'hôte et en prenant le bus pour vous déplacer.

Si vous disposez d'un **petit budget**, comptez au minimum **80 CUC/j** (55 €) pour un séjour dans des *casas particulares* plus confortables, des repas dans des *paladares*, des restaurants bon marché ou des maisons d'hôte, et des déplacements en train ou en bus locaux.

Ce type de voyage nécessite du temps et de la patience, car les transports en commun restent aléatoires. Vous économiserez beaucoup de temps et d'énergie en circulant à bord des bus touristiques Viazul, sans dépenser beaucoup plus d'argent. Si vous louez une voiture, calculez au minimum 60 CUC/j (45 €) supplémentaires (à diviser par le nombre de passagers), sans l'essence.

Pour un **budget moyen**, prévoyez **130 CUC/j** (89 €) en logeant dans un hôtel de charme, en prenant vos repas dans de petits restaurants et en vous déplaçant avec une voiture de location.

Pour un séjour « **petite folie** », il faut compter à partir de **220 CUC/j** (150 €) pour descendre dans les grands hôtels, dîner dans les restaurants chic de La Havane ou de Varadero, et vous déplacer en voiture de location.

Voir aussi le tableau des « Services ou articles » ci-dessus et « Nos catégories de prix », p. 19.

Se loger

⚫ Retrouvez notre sélection d'hébergements dans « Nos adresses à » de la partie « Découvrir Cuba ».

NOTRE SÉLECTION

Les adresses sélectionnées dans ce guide ont été classées par catégories de prix *(voir tableau p. 19)* sur la base d'une **chambre double** en haute saison avec petit-déjeuner dans les hôtels et sans petit-déjeuner dans les *casas particulares* (comptez entre 3 et 5 CUC/pers.).

LES DIFFÉRENTS TYPES D'HÉBERGEMENT

⚫ **Bon à savoir** – Le tourisme ne cesse de se développer à Cuba et les infrastructures d'hébergement se multiplient à bonne cadence. Aux hôtels à l'architecture austère qui accueillaient les Américains avant la révolution, ou les touristes des pays de l'Est par la suite, se sont ajoutés de grands hôtels modernes de classe internationale, de vastes clubs de vacances dans les stations balnéaires et, plus récemment, des établissements dans des édifices coloniaux rénovés avec goût. Dans les villes touristiques, loger chez l'habitant offre généralement un bien meilleur rapport qualité-prix pour les voyageurs indépendants.

Hôtels

Vous devez obligatoirement régler vos nuitées en pesos convertibles (CUC) et pour cela descendre dans des établissements habilités à recevoir un paiement en devises. Les **hôtels en pesos** présents dans la plupart des centres-villes ne peuvent donc normalement accepter les touristes. S'ils prennent le risque de le faire, il y a de fortes chances que vous ayez à payer en pesos convertibles une facture libellée en pesos. Le prix de la chambre sera donc relativement élevé (entre 20 et 40 CUC) considérant le confort plus que sommaire de ce genre d'établissements. Les coupures d'eau y sont fréquentes, les sanitaires généralement vétustes et la climatisation souvent absente. La plupart des villes comptent cependant au moins un hôtel destiné au **tourisme national et international** dont le prix varie entre 50 et 80 CUC. Ils appartiennent généralement aux chaînes cubaines Horizontes et Islazul. Beaucoup de ces établissements, aisément reconnaissables à leur architecture de béton datant des années 1960 ou 1970, ont des chambres fonctionnelles généralement dotées de l'air conditionné, d'une télévision ou d'une radio, et d'une douche individuelle. Il n'est pas rare que les sanitaires présentent les problèmes d'usage liés au vieillissement : fuites, difficultés pour obtenir de l'eau chaude. Dans la fourchette de prix supérieure (entre 80 et 150 CUC), vous trouverez des **hôtels confortables**. Cette catégorie compte une palette très diverse d'établissements allant de l'hôtel bas de gamme des grandes stations balnéaires à des établissements à l'architecture plus recherchée, comme l'hôtel Moka dans la Sierra del Rosario *(voir p. 194)*. La clientèle étant exclusivement internationale, le personnel parle souvent une langue étrangère, plutôt l'anglais. Les chambres ont toutes l'air conditionné, une salle de bains individuelle (parfois avec baignoire) et la télévision par satellite. En raison des problèmes que rencontre le pays, vous n'êtes cependant pas à l'abri de certains dysfonctionnements.

Pour plus de 150 CUC, vous logerez dans un **hôtel de standing**

NOS CATÉGORIES DE PRIX		
	Hébergement	**Restauration**
Premier prix	de 15 à 30 CUC (de 10 à 20 €)	moins de 10 CUC (moins de 7 €)
Budget moyen	de 30 à 50 CUC (de 20 à 34 €)	de 10 à 15 € (de 7 à 10 €)
Pour se faire plaisir	de 50 à 80 CUC (de 34 à 55 €)	de 15 à 30 € (de 10 à 20 €)
Une folie	plus de 80 CUC (plus de 55 €)	plus de 30 € (plus de 20 €)

international. En ville, ces établissements accueillent les hommes d'affaires et leur offrent sur place toute une gamme de services de télécopie, secrétariat, location de salles de réunion. En passant par un tour-opérateur, vous pouvez loger dans cette catégorie d'hôtels pour un prix plus abordable. Le service se rapproche des standards internationaux, et les chambres offrent généralement tout le confort. Dans les stations balnéaires, vous logerez dans de grands complexes internationaux, qui s'apparentent à de véritables villages de vacances, avec des activités sportives et des animations organisées sur place du matin au soir. Le prix inclut presque toujours les repas, proposés sous forme de buffet.
Ⓒ Voir « Réserver », p. 20.

Chez l'habitant (casas particulares)

Une chambre chez l'habitant est non seulement la formule la moins onéreuse pour se loger à Cuba, mais également un excellent moyen pour rencontrer des Cubains, surtout si vous possédez quelques rudiments d'espagnol. Cela va de la simple chambre à la maison entièrement meublée. Les particuliers sont autorisés à louer deux chambres, moyennant le paiement d'un lourd impôt en pesos convertibles. Depuis juillet 1997, la charge fiscale pesant sur ces locations s'est encore accrue, entraînant la cessation

totale d'activité pour certains et le retour à la clandestinité pour d'autres. Certaines de ces *casas particulares* continuent de fonctionner illégalement, malgré les risques d'amende qu'encourent les propriétaires. Toutes les chambres légales affichent un **sigle bleu et blanc** sur leur porte. Le sigle rouge et blanc signifie que la chambre est payable en monnaie nationale, donc exclusivement réservée aux Cubains. Pour éviter les mauvaises surprises, il est préférable de visiter les lieux avant d'accepter la chambre. À Trinidad, pour 20 à 30 CUC en moyenne la chambre double, vous pouvez loger dans une magnifique demeure coloniale à deux pas de la Plaza Mayor ou vous retrouver dans une arrière-cour à l'extérieur du centre-ville. À La Havane, comptez plutôt entre 25 et 35 CUC, selon le confort et l'emplacement. D'une manière générale, le prix d'une chambre double (sans petit-déjeuner) varie entre 20 et 40 CUC (généralement entre 25 et 35 CUC) selon le confort, le quartier et la durée du séjour. Le petit-déjeuner est en plus (3 à 5 CUC/pers.).
Ⓒ Voir « Réserver une chambre chez l'habitant », p. 20.

Clubs de vacances

La formule club de vacances *(todo incluido)* tend à se développer dans les grandes stations balnéaires de l'île et les *cayos* touristiques. Passez par un tour-opérateur pour effectuer votre réservation.

Camping

Ne vous encombrez pas d'une tente, le **camping sauvage est interdit**, et les terrains de *campismo* sont en fait des parcs avec des cabanons en dur. Ces établissements, théoriquement destinés aux Cubains, sont bon marché mais offrent un confort très sommaire.

RÉSERVER

Réserver un hôtel

Pendant la **haute saison** (déc.-janv. et juil.-août), il est impératif de réserver vos hôtels et votre voiture à l'avance. Vous pouvez le faire par téléphone, fax ou mail en anglais, mais l'usage de l'espagnol minimisera les risques de déconvenues. Un tour-opérateur *(voir p. 9-10)* peut se charger d'effectuer les réservations pour vous.

En **basse saison**, mieux vaut réserver vos nuitées si vous voulez loger dans des hôtels ou maisons d'hôte agréables.

Réserver une chambre chez l'habitant

Pour réserver votre chambre chez l'habitant, sachez que de plus en plus de *casas particulares* ont une adresse électronique. Mais le fonctionnement d'Internet étant aléatoire, confirmez toujours votre réservation par téléphone.

Ci-dessous quelques organismes spécialisés :

Cuba Linda – 9 r. Pablo-Picasso, 24750 Boulazac - ✆ 05 53 08 96 66 - www.cuba-linda.com. Chambres payables directement aux propriétaires. Efficace et bien organisé.

Cuba chez l'habitant – 20 r. Deparcieux, 75014 Paris - ✆ 01 43 20 13 56 - www.hoteservice.com. Réserve vos chambres chez l'habitant mais propose aussi des séjours, des circuits, des cours de percussion et de salsa.

France-Cuba – 71 r. Henri-Barbusse, 92230 Gennevilliers - ✆ 01 47 93 88 66 - www.francecuba.org. Association qui propose des chambres chez l'habitant.

Roots Travel – 17 r. de l'Arsenal, 75004 Paris - ✆ 01 42 74 07 07 - www.rootstravel.com. Agence spécialiste de la destination et des séjours chez l'habitant.

Se restaurer

♿ Voir aussi « Restauration », p. 32.
♿ Retrouvez notre sélection dans « Nos adresses à » de la partie « Découvrir Cuba ».

NOTRE SÉLECTION

Les gammes de prix indiqués dans ce guide sont calculées sur la base d'un **repas complet sans les boissons** pour une personne. Les restaurants sélectionnés sont classés par fourchettes de prix équivalant à quatre types de prix *(voir tableau p. 19)*.

OÙ SE RESTAURER

Dans les casas particulares

Nous ne saurions que trop vous conseiller de manger dans la *casa particular* où vous logez. Les repas sont généralement gargantuesques et excellents, et le cadre sympathique, le tout pour un prix raisonnable (10 CUC en moyenne). C'est le meilleur rapport qualité-prix que vous trouverez à Cuba.

Dans les hôtels

Pratiquement tous les hôtels disposent d'une cafétéria ou d'un restaurant, mais la qualité de la cuisine est loin d'être exceptionnelle, le choix bien souvent limité et les prix excessifs. Les grands hôtels offrent généralement des menus de cuisine internationale ou sous forme de buffet à volonté, en particulier dans les clubs des stations balnéaires. Comptez au minimum 15-20 CUC par repas. Certains hôtels luxueux ont des restaurants de cuisine internationale de qualité, mais l'addition est souvent assez élevée (environ 30 CUC/pers.).

Dans les restaurants

Dans les villes touristiques, vous trouverez de plus en plus de restaurants pour touristes qui proposent de la cuisine internationale et de la cuisine créole, avec parfois des spécialités régionales. Ces établissements sont de qualité très inégale et, l'addition tourne généralement autour de 12 CUC/pers. (plus du double si vous commandez de la langouste). Toutes les villes ont des restaurants pour Cubains avec une carte en monnaie nationale et en pesos convertibles. Le choix est souvent extrêmement limité, et la conversion en devises augmente considérablement la note par rapport au repas proposé.

Dans les paladares

Les *paladares* (littéralement « le palais, le goût ») ont fleuri depuis la « période spéciale ». Ces restaurants privés, qui ont emprunté leur nom à un restaurant d'une série de télévision brésilienne de la fin des années 1980, offrent parfois une bonne alternative pour effectuer un repas complet pour 10 à 12 CUC en moyenne. Autorisées à un maximum de 12 couverts, les familles ont souvent aménagé leur salle à manger pour recevoir les clients. Certaines *paladares* ont l'allure de véritables restaurants, avec leur coin bar, dans un décor élaboré. Vous aurez même du mal à les distinguer des restaurants d'État classiques. Dans d'autres, vous mangerez sur un coin de toile cirée à proximité du téléviseur familial. Comme les chambres d'hôte,

certaines *paladares* fonctionnent en toute légalité (cette activité étant imposable), et d'autres sont réduites à la clandestinité. Ce sont donc des Cubains qui vous y conduiront.

Dans la rue

Vous ne trouverez pas grand-chose dans la rue pour vous restaurer. Pour quelques pesos, des stands proposent des rafraîchissements (*refrescos*), d'excellents milk-shakes (*batidos*), des confiseries ou des glaces médiocres. Les seuls aliments que l'on trouve dans toutes les localités se résument souvent à du *pan con lechón*, une viande de porc plutôt grasse coincée entre deux tranches de pain, ou des fruits et des légumes au marché. Des particuliers proposent également des pizzas sans grand intérêt sur le pas de leur porte.

GASTRONOMIE

Des plats créoles

Savante combinaison de plats espagnols et africains riches en graisses et féculents, généralement dépourvue de saveurs épicées, la cuisine cubaine manque de variété et ne vous laissera malheureusement pas un souvenir impérissable. De plus, vous obtiendrez souvent la réponse « *Se acabó* » (« Il n'y en a plus »), en raison des difficultés d'approvisionnement en dehors des grands centres touristiques. La majorité des établissements proposent un menu créole à base de **porc** (*puerco* ou *cerdo*) ou de **poulet** (*pollo*) – grillé ou frit – accompagné de **riz** ou de haricots noirs (*congrí* ou *moros y cristianos*), de **bananes plantains**, de **manioc** (*yuca*), agrémenté d'une **salade** de tomates, de concombres, de choux ou d'avocats selon la saison et de chips de **boniato** (sorte de patate douce).

La **préparation** de ces ingrédients de base varie. Le riz *(arroz)*, omniprésent, est servi nature ou *congrí* (avec des haricots rouges), version orientale des *moros y cristianos* (littéralement « maures et chrétiens », riz avec des haricots noirs). Les bananes se mangent sous toutes les formes : en purée *(fufú de plátano)*, frites *(plátanos fritos)*, en beignets *(tostones)* ou très fines façon chips *(mariquitas)*.

Un fruit accompagné de fromage frais ou râpé figure parmi les **desserts** classiques. Si la combinaison ne vous tente pas, dégustez une excellente glace Coppelia et achevez le repas par un bon *café cubano* (serré et sucré). Les amoureux des fruits se régaleront à partir de mai de mangues savoureuses. Sinon, pendant l'hiver, bananes, ananas, mandarines et pamplemousses (surtout dans la région de Viñales) sont au menu.

Les amateurs de **poissons** risquent d'être déçus, car seuls les établissements d'État sont habilités à en servir (le reste étant destiné à l'exportation). De même pour la viande de bœuf *(res)*. Mais à Cuba, on peut toujours s'arranger… Et, dans les faits, vous pourrez goûter le poisson, les crevettes et la célèbre **langouste** de Cuba dans la plupart des maisons d'hôte. Les Cubains préparent fréquemment cette dernière avec une sauce tomate très salée *(langosta enchilada)*, mais rien ne vous empêche de la commander simplement grillée.

Certaines provinces semblent plus versées dans l'art culinaire que d'autres. Aussi **Baracoa** fait-elle pratiquement figure d'étape gastronomique par rapport au reste de l'île – mis à part La Havane qui abrite des restaurants de qualité. C'est là que vous dégusterez le meilleur **ajiaco**, ragoût national à base de viande, de lardons et de légumes, et que vous pourrez goûter au *tetí*, un poisson local.

Les boissons

En dehors de La Havane et des *casas particulares*, où l'on se régale d'excellents jus de fruits tropicaux frais, il faut souvent se contenter de boissons en brick ou de sodas *(refrescos)* type Tropicola (Coca-Cola local) ou Cachito (sorte de Seven Up). En revanche, de petits stands de rue proposent parfois, pour quelques pesos, d'excellents **batidos** (milk-shakes) de banane ou de goyave ainsi que du *guarapo* (canne à sucre pressée) dans les régions rurales.

Cuba est bien entendu réputée pour son **rhum**. Parmi les marques nationales, les bouteilles de Havana Club, principale distillerie de l'île, inondent le marché. Les rhums Carta de Oro (5 ans d'âge) ou Añejo (7 ans d'âge) peuvent être servis sec ou avec des glaçons. Le rhum blanc (Carta Blanca, 3 ans d'âge) entre plus volontiers dans la composition de la centaine de **cocktails** cubains. Si le plus connu est le **cuba libre** (rhum, jus de citron, cola et glaçons), le cocktail national est incontestablement le **mojito** (rhum, citron, eau gazeuse, glaçons et feuilles de menthe). Pourquoi ne pas suivre les traces d'Ernest Hemingway et alterner mojito et **daiquirí** (rhum, jus de citron, sucre, marasquin, glace pilée) ? En marge de ces trois incontournables, vous n'aurez que l'embarras du choix : ron collins, papa's special, cuba bella, cubanito, mulata, piña colada, punch, etc.

Les amateurs de grands crus sont prévenus, le vin est de piètre qualité et généralement hors de prix. Accompagnez plutôt vos repas d'eau minérale (Ciego Montero est la plus fréquente) ou de **bière** *(cerveza)*. On vous proposera des marques étrangères mais n'hésitez pas à goûter les productions nationales Bucanero, Cristal, Mayabe, Hatuey ou Lagarto.

Sur place de A à Z

ACHATS

Où acheter ?

😊 **Bon à savoir** – La Havane, et plus particulièrement le quartier de la Vieille Havane, réunit les meilleures boutiques de souvenirs *(voir p. 179)*. Trinidad compte également un bon choix de magasins *(voir p. 296)*.

Marchés – Quelques marchés en plein air dans les grandes villes : on y trouve des objets d'artisanat, des livres, des vêtements, en bref, tous les souvenirs destinés aux touristes.

Fábricas – Pour le tabac et l'alcool, vous pouvez faire vos emplettes directement auprès de la *fábrica*. Les distilleries de liqueur *(guayabita à Pinar del Río, voir p. 210-211)* ou de rhum possèdent généralement une petite boutique attenante. *Idem* pour les cigares, chaque manufacture proposant un vaste choix de cigares aux visiteurs.

Boutiques – Les touristes font leurs achats dans les *tiendas* et dans les boutiques Artex (spécialisées dans les objets culturels). On les trouve dans les villes touristiques, dans les hôtels ou les aéroports.

Horaires d'ouverture

Les magasins ouvrent généralement tous les jours sauf le dimanche de 10h à 18h. Les boutiques des hôtels sont ouvertes tous les jours jusqu'à 19h.

Marchandage

Le marchandage, qui n'est pas une tradition cubaine, a fait son apparition avec le tourisme individuel. Si c'est souvent peine perdue dans le secteur officiel, en revanche n'hésitez pas à négocier les tarifs proposés par les particuliers pour les chambres chez l'habitant ou les taxis privés dans les zones touristiques.

Taxes et réglementations

Il faudra vous conformer aux réglementations douanières de votre pays en matière d'alcool et de cigares *(voir « Avant de partir », p. 15)*. Pour les œuvres d'art, les magasins spécialisés vous délivreront une facture d'achat. Dans le cas contraire, vous devrez vous procurer un certificat de sortie du territoire.

Expédier ses achats

Le plus simple est de rapporter vos achats dans vos bagages ou de les confier directement à quelqu'un qui prend l'avion. Si vous devez absolument les expédier par la poste, adressez-vous à une société spécialisée type **DHL**. C'est coûteux mais c'est le seul moyen sûr pour récupérer son colis à l'arrivée, et de loin le plus rapide.

ADRESSES

À Cuba, les adresses indiquent le nom de la rue, éventuellement le numéro, puis les deux rues perpendiculaires qui délimitent le bloc *(cuadra)* dans lequel se trouve le bâtiment. Ainsi, Convento de Santa Clara, calle Cuba n° 610, e/Sol y Luz signifie que le couvent est situé dans la rue Cuba entre les rues Sol et Luz. Si l'immeuble fait un angle *(esquina)*, en général seules les deux rues perpendiculaires sont mentionnées. L'hôtel Deauville, esq. Galiano y Malecón, se trouve donc à l'angle de la rue Galiano et du Malecón. Certaines artères ont changé de nom depuis 1959. Les Cubains utilisent indifféremment les deux dénominations, et les plans indiquent généralement l'ancien nom entre parenthèses.

AMBASSADES À LA HAVANE

Ambassade de France – Calle 14 n° 312, e/3ra y 5ta (Miramar, Playa) - ℰ (7) 201 31 31/18 - http://ambafrance-cu.org - lun.-vend. 8h30-12h.
Ambassade de Belgique – Calle 8 n° 309, e/3ra y 5ta (Miramar, Playa) - ℰ (7) 204 24 10/61 - lun.-jeu. 9h-13h.
Ambassade de Suisse – Ave. 5ta n° 2005, e/20 y 22 (Miramar, Playa) - ℰ (7) 204 26 11/27 29 - lun.-vend. 9h-12h30.
Ambassade du Canada – Angle calle 30 n° 518 et ave. 7ma (Miramar, Playa) - ℰ (7) 204 25 16 - lun.-vend. 8h-17h (vend. 14h).

ARGENT

Monnaie

Le dollar américain n'est plus en circulation à Cuba depuis 2004. Il faudra désormais vous familiariser avec les deux monnaies en circulation dans l'île – le **peso cubano (CUP) et le peso convertible (CUC)** – qui, pour ajouter à la confusion, coexistent parfois sous le même symbole « **$** ». La monnaie en pesos convertibles est frappée de la mention « INTUR » (Institut de tourisme) alors que les pièces de monnaie nationale portent la mention « República de Cuba ».

Le **peso cubano**, monnaie nationale *(moneda nacional)*, ne vous sera pas d'une grande utilité, sauf pour de menus achats au marché ou auprès des vendeurs ambulants, pour payer les rares transports en commun que vous emprunterez (calèches, bus, bac), les appels locaux d'une cabine téléphonique, ou pour vous procurer le quotidien *Granma*. Voyager à Cuba sans jamais utiliser la monnaie locale n'a donc rien d'exceptionnel.

Les étrangers doivent obligatoirement payer les services touristiques (hôtels, restaurants, billets d'avion, location de voitures) en **pesos convertibles**. Les Cubains eux-mêmes y ont de plus en plus recours pour se procurer les produits absents des magasins d'État. Vous apprendrez bien vite à distinguer les boutiques, hôtels, restaurants en « *moneda nacional* » – qui ne peuvent en principe accepter les étrangers, faute de licence les autorisant à effectuer des opérations en devises – des établissements mieux approvisionnés qui, eux, sont en pesos convertibles. La quasi-totalité de vos paiements s'effectuera donc en devises *(divisas)*, sous forme de pesos convertibles. Il existe des billets de 100, 50, 20, 10, 5, 3 et 1 CUC et des pièces de 1, 5, 10, 25, 50 et 100 centavos (100 centavos font 1 peso). Préférez les petites coupures – maximum 20 CUC –, la monnaie se faisant rare en dehors des lieux très touristiques.

🖐 **Conseil** – Soyez vigilant avec la monnaie, notamment sur les marchés, où un prix peut être annoncé en pesos convertibles mais la monnaie rendue en pesos cubains… Généralement, dans tous les endroits peu touristiques, la gymnastique de conversion entre les deux monnaies est obligatoire !

Les **devises étrangères** sont également acceptées dans les grands sites balnéaires du pays, notamment à Varadero et dans les *cayos*.

Change

Le Banco Nacional de Cuba, le Banco Financiero Internacional et la plupart des grands hôtels changent les principales devises. Longtemps aligné sur le dollar, le taux de change du peso convertible a été réévalué de 8 % en avril 2005 afin de compenser la baisse du cours du billet vert qui pénalisait l'économie cubaine. Une taxe de 11 à 12 % s'ajoute en outre à toute transaction effectuée avec une carte de crédit, et le montant obtenu est libellé en USD. Sans oublier la commission que s'arroge votre propre banque. Mieux vaut donc, pour échapper à ces surcoûts, **arriver avec une bonne somme d'euros en liquide.** À l'heure où nous imprimons, 1 peso convertible vaut environ 0,70 €, soit **1 € = 1,46 CUC.**

Si vous désirez des pesos cubanos, rendez-vous aux guichets de la **Cadeca** (Casa de Cambio). Vous trouverez facilement des Cubains pour effectuer cette transaction, mais renseignez-vous au préalable sur le cours pratiqué. À l'heure où nous publions ce guide, **1 CUC = 26,5 pesos cubanos.** Ne changez que des petites sommes pour éviter de vous retrouver à la fin de votre séjour avec des pesos inutilisables.

🔊 **Conseil** – N'oubliez pas de changer vos pesos convertibles pour des euros avant de quitter Cuba, car ils n'ont aucune valeur à l'extérieur du pays. Un guichet est prévu à cet effet à l'aéroport.

👣 Voir aussi « Argent », p. 16, et « Banques », ci-après.

AUTOSTOP

C'est la formule la plus utilisée par les Cubains pour se déplacer, faute de transports en commun. L'auto-stop est même une structure organisée. Vous verrez par endroits des groupes de personnes au bord de la route. Un fonctionnaire appelé un *amarillo* (littéralement « jaune », en raison de la couleur de son uniforme) arrête les véhicules étatiques et répartit les gens en fonction de leur destination. Faire du stop *(coger botella)* à Cuba ne risque pas de vous mener bien loin sur certaines routes, et l'on

attendra généralement de vous une compensation en pesos convertibles. N'oubliez pas que, pour un Cubain, prendre un auto-stoppeur étranger est passible d'amende.

En revanche, si vous êtes au volant de votre véhicule, ce dernier prendra vite des airs de taxi collectif ! N'hésitez pas : vous rendrez un service inestimable, vous pourrez discuter à loisir avec vos passagers (à condition de parler espagnol bien sûr), et ces derniers vous fourniront une aide précieuse pour vous repérer, en ville ou sur des routes en grande partie dépourvues de signalisation. Bien entendu, comme partout, soyez tout de même vigilant avec vos affaires.

BANQUES

Elles sont généralement ouvertes tous les jours sauf le week-end de 8h-15h. Prévoir un délai d'attente. En dehors des heures d'ouverture, vous pouvez vous adresser au bureau de change des hôtels. Les bureaux de change Cadeca sont ouverts tous les jours de 8h à 18h (dim. 13h).

CADEAUX À OFFRIR

En raison de la pénurie qui frappe le pays, tout ce que vous apportez dans vos bagages est susceptible de se transformer en cadeaux : vêtements, parfums, stylos, briquets, brosses à dents, savon ou encore dentifrice, denrées devenues inaccessibles pour de nombreux Cubains depuis début 2011, puisqu'en disparaissant officiellement de la liste des produits de la *libreta*, elles sont désormais payables en CUC et non plus en pesos cubanos *(voir p. 24)*. Selon vos centres d'intérêt, offrez des cordes de guitare, de la peinture, autant d'objets qui sont un véritable luxe à Cuba et qui vous permettront de faire d'intéressantes rencontres. Mais, par-dessus tout, pensez à apporter des **médicaments**, car ils font cruellement défaut et sont hors de prix. Aux abords des lieux touristiques, la distribution de ces produits a cependant fait des ravages, comme en témoignent les nombreux enfants qui vous encerclent en demandant des *plumas* (stylos) et des *chicles* (prononcer « tchiclé », chewing-gums). Sans faire l'aumône, offrez plutôt des cadeaux aux Cubains avec lesquels vous avez sympathisé. Si vous êtes invité, une bouteille de rhum sera toujours la bienvenue, ainsi que des cigarettes étrangères. Pour les fournitures scolaires, trois associations françaises vous conseilleront afin de les distribuer au mieux sur place.

Cuba Si – 94 bd Auguste-Blanqui, 75013 Paris - ✆ 01 43 36 37 50 - www.lesamisdecuba.com.

France-Cuba – 71 r. Henri-Barbusse, 92230 Gennevilliers - ✆ 01 47 93 88 66 - www.francecuba.org.

Un Cœur Cuba « Chantons et jouons en français » – 11 r. de Brou, 77360 Vaires-sur-Marne - ✆ 01 64 72 01 97 (Sylvie Pepino).

CARNAVALS

Musique et danse sont à l'honneur ! Le **carnaval de Santiago de Cuba**, qui se tient autour du 25 juillet, est le plus représentatif *(voir p. 369)* avec ses *comparsas* (associations de danseurs et de musiciens) défilant dans les rues aux rythmes des tambours, des *cornetines chinos* (hautbois d'origine chinoise) et des cuivres. Cependant, ne manquez pas les **Parrandas Remedianas** *(voir p. 279)* si vous êtes à Remedios, dans la région de Villa Clara, à Noël. La « période spéciale » a malheureusement considérablement altéré ces festivités. Après quelques années

d'interruption, le **carnaval de La Havane** reparaît dans toute sa splendeur et a lieu au début du mois d'août, sur le Malecón et devant le Capitole *(voir p. 183)*. Assurez-vous toutefois auprès de l'office de tourisme du maintien du carnaval et de ses dates exactes.

🕭 Voir aussi « Agenda », p. 48.

CIGARETTES

Les amateurs de tabac brun pourront goûter les Popular, les cigarettes cubaines. Certaines marques américaines sont en vente dans les magasins en devises, les bars d'hôtels et les stations-service. Comptez 1,50 CUC le paquet de blondes. Notez que, depuis début 2005, il est officiellement interdit de fumer dans les lieux publics.

CONCERTS

Assistez au moins à un concert de **salsa** : spectacle garanti sur scène et dans la salle ! Vous trouverez dans chaque ville cubaine une **Casa de la Trova** (maison de Troubadour) qui propose des concerts de musique traditionnelle plusieurs soirs par semaine ; celle de Santiago de Cuba *(voir p. 368)*, berceau de ce courant musical, est une véritable institution. Certains soirs de la semaine, les Cubains viennent y danser en couple et boire du rhum en abondance – ou plutôt une *aguardiente* (eau-de-vie) râpeuse. Vous entendrez certainement les grands classiques du répertoire cubain dans de nombreux lieux touristiques.

La **Casa de la Cultura** organise toutes sortes de manifestations culturelles avec de faibles moyens : concerts, pièces de théâtre, expositions d'artistes locaux, etc.

DÉCALAGE HORAIRE

Il y a **6h** de décalage entre la France et Cuba, les deux pays appliquant un horaire d'été et un horaire d'hiver. Ainsi, lorsqu'il est midi en France, il est 6h du matin à Cuba.

DEUX-ROUES

Les **stations balnéaires** proposent généralement un service de location de mobylettes, de scooters et de bicyclettes. Ailleurs, il est difficile de louer un vélo, même à La Havane. Il se peut qu'un particulier vous loue le sien, mais sachez que c'est généralement le seul moyen de locomotion dont il dispose. Si vous désirez parcourir l'île à vélo, apportez le vôtre. Pensez à vous munir de toutes les pièces détachées dont vous pouvez avoir besoin et d'un bon antivol. Et n'hésitez pas à prévoir large, vous ferez des heureux ! Vous n'aurez aucun problème en cas de crevaison, chaque ville regorgeant de petits ateliers de pose de rustines *(ponchera)*.

EAU POTABLE

L'eau est censée être potable dans les zones touristiques, mais il est recommandé de ne boire que de l'eau minérale.

ÉLECTRICITÉ

C'est un synonyme de tracas pour la population. Moins fréquentes qu'auparavant, les **coupures de courant** *(apagones)* surviennent encore dans tout le pays.

Programmées par le gouvernement pour pallier le manque d'électricité, elles peuvent aussi être dues à des pannes ou à des travaux sur le réseau électrique. Les touristes en souffrent rarement, car les hôtels possèdent leur propre groupe électrogène. Mais pour ceux qui comptent loger chez l'habitant, une **lampe de poche** peut s'avérer précieuse en cas de coupure.

Le courant fonctionne en **110 volts et 60 hertz**, avec des prises à fiches plates comme aux États-Unis, mais on trouve de plus en plus de prises de 220 volts.

🐾 **Conseil** – Pensez à emporter un **transformateur** 220 V/110 V et un adaptateur pour prise à fiches plates pour pouvoir utiliser des appareils électriques aux normes françaises (rasoir, prise anti-moustiques ou chargeurs de portable et d'appareil photo par exemple).

ENFANTS

Si vous descendez dans un club de vacances en bord de mer, voyager avec des enfants ne pose aucun problème particulier. Nombre de ces établissements mettent une garderie à la disposition des parents en journée. En revanche, si vous envisagez de sillonner l'île, vous risquez de vous heurter à quelques complications, en raison de la pénurie qui touche le pays en dehors des pôles touristiques. Se procurer du lait, et surtout des petits pots et des couches pour les enfants en bas âge, relève du tour de force, et le manque de médicaments peut être problématique. D'une manière générale, vous avez une chance de trouver de quoi vous dépanner dans les boutiques des grands hôtels internationaux, mais il est plus prudent de faire vos provisions avant de partir. Évitez les mois de canicule et protégez vos enfants du soleil en toute saison.

EXCURSIONS ORGANISÉES

Plusieurs agences de voyages et tour-opérateurs ont un comptoir dans les grands hôtels et dans les principales villes. Elles proposent différentes formules d'excursions dans le pays. Si vous ne disposez pas de moyen de locomotion, cette formule peut vous éviter les problèmes de transport.

INTERNET

Ne comptez pas faire un usage fréquent d'Internet. Les accès sont peu nombreux, les connexions très lentes et les pannes fréquentes. Le service le plus efficace se trouve dans les grands hôtels, où l'on achète des cartes de connexion à 8 CUC/h. **Etecsa** (l'entreprise nationale de télécommunications) propose pour les Cubains un accès dans ses agences pour 1,8 CUC/h et généralement de très longues minutes d'attente. Dans les lieux les plus touristiques (Varadero, Trinidad), quelques cybercafés font une discrète apparition. En février 2011, un câble de fibre optique est arrivé du Venezuela et devrait permettre, à partir de sa mise en service en juillet, d'augmenter le débit et de faire baisser les coûts. Mais les autorités n'entendent pas faciliter l'accès de la population à Internet, officiellement réservé à un « usage social » (universités, hôpitaux, institutions publiques, sociétés étrangères et de rares professions comme les journalistes).

JOURS FÉRIÉS

1er janvier – Jour de la Libération
1er mai – Fête du Travail
26 juillet (également le 25 et le 27) – Journée du soulèvement national
10 octobre – Début de la première guerre d'indépendance

Il existe d'autres dates importantes largement célébrées elles aussi, mais ne correspondant pas à des jours chômés. Vous découvrirez rapidement que Cuba vit à l'heure de ses patriotes indépendantistes et révolutionnaires : vous ne pourrez manquer ces célébrations qui prennent généralement la forme d'un défilé ou d'une inauguration de statue, événement largement retransmis par la télévision.
28 janvier – Naissance de José Martí. Commémoration de la naissance du héros national
13 mars – Anniversaire de l'assaut du palais présidentiel à La Havane
19 avril – Victoire de la baie des Cochons
8 octobre – Mort de Che Guevara
28 octobre – Mort de Camilo Cienfuegos
7 décembre – Mort d'Antonio Maceo

MÉDIAS

Journaux
Le quotidien national est le **Granma**, l'organe officiel du comité central du Parti communiste cubain. Il existe des éditions hebdomadaires en langues étrangères – dont une en français –, en vente dans les hôtels. Les grands complexes internationaux reçoivent aussi des journaux et magazines français avec plusieurs jours de retard.

Radio
Parmi les stations de radio cubaines, **Radio Taino** s'adresse spécialement aux touristes avec certains programmes en anglais. Possibilité de capter par endroits des stations du Mexique ou de Floride. **Radio Reloj** est une radio d'information continue fondée en 1947. En fond sonore, un tic-tac marque les secondes, tandis que, chaque minute, les journalistes s'interrompent pour laisser la place

à l'annonce de l'heure et du nom de la radio : « Radio Reloj, 12h44 » ! Certains Cubains s'en servent pour partir à l'heure au travail. Les voisins qui restent chez eux ont de quoi devenir fous à l'écoute du lancinant décompte. Manu Chao a repris dans sa chanson *Me gustas tú* un extrait de Radio Reloj.

Télévision
Les deux chaînes publiques de télévision font partie intégrante du quotidien cubain. Les familles ne manqueraient pour rien au monde le film américain du samedi soir ni les *telenovelas* (feuilletons télévisés). Les programmes de **Cubavisión** et **Tele-Rebelde** ne commencent qu'en fin d'après-midi et cessent vers 23h. Les hôtels reçoivent en plus quelques chaînes étrangères par satellite.

MÉTÉO

Voir aussi « Météo », p. 12. Les prévisions météo sont annoncées au journal télévisé de 20h. Les Cubains eux-mêmes sont intarissables sur ce sujet, l'une des préoccupations nationales, surtout en période de cyclones.

MUSÉES, MONUMENTS ET SITES

Tarifs
Le prix d'entrée varie de 1 à 5 CUC, auquel s'ajoute généralement 1 CUC pour une visite guidée. Si vous voulez prendre des photos, il faudra payer un supplément de 1 CUC, ou 5 CUC pour filmer. L'entrée dans les églises n'est pas payante – sauf si celles-ci renferment un musée –, mais les donations sont les bienvenues.

Horaires
En général, les musées sont ouverts tous les jours sauf le lundi de 9h à 17h (dim. 13h). Le jour de fermeture hebdomadaire peut varier selon les villes ou les musées, de même que les horaires, parfois très fluctuants. La plupart des églises sont uniquement ouvertes aux heures de messe.

OFFICES ET AGENCES DE TOURISME

Il n'existe pas à proprement parler d'office de tourisme dans les villes et sur les sites touristiques, mais diverses **agences de voyages d'État** (Havanatur, Cubanacán, Cubatur, Sol y Son, etc.) et les bureaux **Infotur** pourront vous renseigner. Ils peuvent se charger de réservations d'hôtels ou de transports. Dans les hôtels internationaux, de petits bureaux de tourisme vous indiqueront les endroits à visiter et les excursions à effectuer aux alentours. Voici les coordonnées des agences les plus importantes à La Havane :

Infotur – www.infotur.cu. Habana Vieja : Calle Obispo n° 524, e/ Bernaza y Villegas - ℰ (7) 866 33 33 ; Miramar : angle ave. 5ta y calle 112 - ℰ (7) 204 70 36 ; aéroport : ℰ (7) 642 61 01 - Très central, le bureau de la calle Obispo est efficace et on y parle français.

Cubamar – Calle 3ra, e/12 y Malecón (Vedado) - ℰ (7) 833 25 23/24 - www.cubamarviajes. cu. Gère des *campismos* dans de beaux sites naturels et propose des programmes de tourisme écologique sur plusieurs jours.

Ecotur – Centro de Negocios de Kohly, 5e étage - ℰ (7) 204 51 88. Une agence spécialisée dans les trekkings et randonnées à cheval dans les principaux sites naturels cubains, notamment sur l'île de la Jeunesse. Accompagnement par un guide en français ou en anglais.

PÊCHE

Les amateurs de pêche peuvent s'adonner à la pratique de leur sport en eau douce ou en haute mer. Les meilleures saisons pour la pêche au gros (marlins, espadons) sont le printemps et l'été. Plusieurs tournois sont d'ailleurs organisés à cette période, dont le plus célèbre se tient au mois de mai ou en juin à la Marina Hemingway (voir p. 183), à La Havane. L'île compte également quelques **lacs d'eau douce** qui regorgent de truites. C'est en hiver que les spécimens atteignent leur taille maximale. Renseignez-vous avant de vous rendre sur place, car il arrive que les lacs soient à sec.

PHOTOGRAPHIE

Les Cubains adorent être pris en photo et poseront de bonne grâce si vous le leur demandez, surtout si vous notez leur adresse pour leur envoyer leur portrait.

PLONGÉE SOUS-MARINE

Cuba est cernée par d'innombrables récifs coralliens, dont l'une des barrières de corail les plus longues du monde. Toutes les stations balnéaires abritent des centres pour plongeurs débutants ou confirmés. Vous pourrez effectuer une plongée libre pour environ 35 CUC (on propose souvent plusieurs plongées avec un tarif dégressif) ou poursuivre votre formation internationale ACUC (équivalent du PADI). La plupart des centres de plongée assurent en effet cette formation internationale, ainsi que différentes spécialités (plongée de nuit, en grotte, eau profonde, etc.). Les prix oscillent entre 200 et 400 CUC, selon le stage choisi. Il est aussi possible de louer un masque et un tuba pour moins de 5 CUC. Les deux meilleurs sites se trouvent à **María la Gorda** (voir p. 213-214), à l'extrémité occidentale du pays, et sur la « côte des Pirates », au sud-ouest de l'**île de la Jeunesse**

(voir p. 402). Vous pouvez organiser votre séjour de plongée par l'intermédiaire d'un tour-opérateur spécialisé (voir p. 10). La saison sèche offre une meilleure visibilité.

POSTE

Courrier
Au cours de votre voyage, de nombreux Cubains vous confieront des lettres pour leurs amis résidant à l'étranger, afin que vous les postiez une fois de retour dans votre pays. C'est le moyen le plus rapide et le plus fiable, le courrier mettant **entre 3 semaines et 2 mois** pour traverser l'Atlantique. Le circuit classique s'adresse donc à ceux qui ne sont pas pressés. Les timbres (sellos) sont disponibles dans les bureaux de poste, dans les hôtels (**0,65 CUC pour une carte postale et 0,75 CUC pour une lettre**) et dans certaines boutiques vendant des cartes postales. Pour les envois urgents, faites appel aux services de **DHL**, présent à La Havane (voir p. 160) et Varadero (voir p. 237).

Bureaux de poste
Les bureaux de poste sont ouverts tous les jours sauf le dimanche de 8h à 18h. Le service de courrier assuré par les grands hôtels fonctionne 24h/24.

POURBOIRE

Le pourboire (propina) est devenu une pratique courante dans le secteur touristique. Il constitue un complément de salaire non négligeable pour les employés rémunérés en pesos cubanos : gardiens de parking, laveurs de voiture, guides de musée, femmes de chambre, serveurs de restaurant. Comptez **entre 50 centavos et 1 CUC**, voire plus selon le service rendu, mais évitez les pourboires exorbitants.

Le**GUIDE**VERT
toujours plus de destinations
à travers le monde...

RANDONNÉE

Les différentes **chaînes de montagnes** de l'île se prêtent à d'agréables randonnées. Cette forme de tourisme vert commence à se développer, et vous devrez généralement être accompagné par un guide officiel proposé par les hôtels. À l'ouest, vous pourrez emprunter les sentiers aménagés de la Sierra del Rosario (voir p. 194) ou ceux de la vallée de Viñales (voir p. 200), au Centre, ceux des environs du lac Hanabanilla dans la Sierra del Escambray (voir p. 288) et, à l'est, faire quelques balades autour de Baracoa (voir p. 391). Renseignez-vous soigneusement avant de vous rendre dans la Sierra Maestra pour faire l'ascension du pic Turquino (voir p. 345, le point culminant de l'île.

RESTAURATION

Déjeuner à partir de 11h30 et dernier service aux alentours de 20h30, sauf dans les grands centres touristiques où certains établissements restent ouverts plus tard. Dans les petites villes de province, les restaurants ferment très tôt, parfois vers 19h30. Seules les *paladares*, aux horaires plus souples, vous serviront à dîner à une heure tardive.
⏱ Voir aussi « Se restaurer », p. 20.

SANTÉ

Maladies
Grâce à une efficace politique sanitaire, il n'y a pas de maladies tropicales à Cuba.
Chaleur – La plupart des désagréments que vous risquez de rencontrer sont plutôt liés à la chaleur et à la nourriture. Une crème solaire très protectrice, le port d'un chapeau et une exposition progressive les premiers jours diminueront les risques de coups de soleil et d'insolation.

Pour éviter les problèmes de déshydratation, il est important de boire abondamment et de vous munir d'une bouteille d'eau lors de vos déplacements, surtout en randonnée.

Troubles gastriques – Le simple changement de régime alimentaire peut parfois provoquer des troubles gastriques, surtout avec une cuisine plus grasse qu'en Europe. Veillez simplement à la fraîcheur des aliments, notamment lorsqu'il s'agit de crustacés et de fruits de mer. Le seul risque d'intoxication alimentaire grave est la *ciguatera*, provenant de substances nocives contenues dans des algues ingérées par un poisson corallien, la *picuda* (barracuda). Cette maladie est d'autant plus rare que ce poisson n'est pas servi dans les restaurants. Les pêcheurs disposent de quelques « trucs » fiables, notamment le test des fourmis ou du chat qui, s'ils s'en détournent, indique que la *picuda* n'est pas comestible. En cas d'intoxication, les symptômes – des vomissements, des douleurs articulaires, des diarrhées, une sensation d'inversion du chaud et du froid – se déclarent dans les 24h. Il faut alors consulter un médecin rapidement.

Moustiques – Il n'existe pratiquement aucune espèce animale venimeuse à Cuba. En revanche, vous risquez d'être dérangé par les piqûres de moustiques. La mise en route de l'air conditionné peut les tenir éloignés, mais les plus téméraires ne se laisseront pas intimider par si peu. Vaporisez vos vêtements et enduisez-vous le visage, les mains et les pieds d'une lotion efficace, surtout si vous logez aux environs d'une lagune. Si vous n'avez pas de moustiquaire, vaporisez le tour du lit avec un spray. En fin de journée, sur certaines plages, vous apercevrez des *gegenes*, insectes volants semblables à des moucherons. Leurs piqûres provoquent de vives démangeaisons qu'un antihistaminique pourra apaiser.

Sida – Comme le reste du monde, Cuba n'a pas été épargnée par le VIH. Cependant, les chiffres de l'épidémie restent faibles. Chaque province compte un sanatorium où sont enfermées les personnes touchées par le virus. Outre la polémique que peut engendrer ce type d'établissement, cette politique ne met personne à l'abri d'un risque de contamination. Les préservatifs demeurent donc la meilleure protection contre les maladies vénériennes et le sida.

Trousse à pharmacie

Votre trousse à pharmacie devrait contenir des pansements, du désinfectant, de l'aspirine, une pommade antiseptique, un antihistaminique, des comprimés contre les maux d'estomac, ainsi que les médicaments que vous prenez habituellement. Prévoyez également quelques articles de parapharmacie : crème solaire, lotion anti-moustiques, tampons, et des boules Quiès si vous êtes sensible au bruit. Avant de quitter le pays, vous pouvez donner vos médicaments inutilisés à un centre hospitalier ou à un dispensaire.

Urgences

Police – ☎ 116.
Pompiers – ☎ 115.

Services médicaux

La médecine a longtemps été considérée comme l'une des réussites de la révolution cubaine, mais le pays souffre d'un manque de matériel et de médicaments. La « médecine verte » gagne du terrain et l'on réapprend les vertus curatives de certaines plantes. Le réseau de cliniques pour étrangers implanté à travers l'île est épargné par cette pénurie et dispense des soins de qualité. Grâce à certains secteurs de pointe, Cuba a même développé un tourisme de santé.

Premiers secours – Pour obtenir une ambulance, contactez la clinique la plus proche. Les grands complexes touristiques balnéaires et les hôtels abritent généralement des services médicaux qui peuvent dispenser les premiers soins.

Hôpitaux – Les Cubains bénéficient de soins gratuits, mais les étrangers sont difficilement admis dans les hôpitaux classiques. Les touristes doivent se rendre dans les cliniques internationales du réseau Servimed, où les consultations et les soins sont payables en pesos convertibles. Comptez entre 25 et 30 CUC (19 et 23 €) minimum pour une consultation. Ces établissements sont situés à La Havane, Playas del Este, Varadero, Cienfuegos, Trinidad, Santa Lucía, Guardalavaca, Santiago de Cuba et Baracoa. Si votre cas nécessite un rapatriement sanitaire, il faut contacter votre ambassade.

Pharmacies – Toutes les villes comptent au moins une pharmacie, souvent mal approvisionnée. Emportez tous les médicaments et les articles de parapharmacie dont vous pensez avoir besoin.

Médecins – Beaucoup de médecins ont été formés dans les pays de l'Est. Dans les cliniques internationales, ils parlent généralement anglais mais rarement français.

♿ Voir aussi « Vaccination », p. 15.

SÉCURITÉ

Contrairement à de nombreux pays latino-américains, Cuba est une destination sans grand danger. Cependant, le contexte de crise économique qui touche le pays depuis des années, conjugué à l'essor spectaculaire du tourisme, a engendré une **forte recrudescence de la petite**

délinquance, essentiellement des vols à l'arrachée et des vols de pièces détachées sur les véhicules. Faites attention à vos sacs et à votre appareil photo, particulièrement dans la Vieille Havane et sur le Malecón, et plus encore à Santiago de Cuba. Le plus sûr est d'éviter de vous promener avec des objets de valeur. Les hôtels disposent de coffres-forts où vous pourrez laisser argent, bijoux, passeport et billet d'avion. Vous pouvez laisser vos affaires sans crainte à votre *casa particular*, vos hôtes étant responsables de tout ce qu'il s'y passe vis-à-vis des autorités. Faites particulièrement attention à vos cartes de crédit, leur utilisation ne nécessitant pas de code secret mais une simple signature.

Voyager seul(e)

Seul(e), vous le serez rarement. Les Cubains sont très ouverts et ne manqueront pas de vous accoster pour bavarder, vous aider à trouver votre chemin, tenter de se faire inviter à prendre un verre, vous convier à partager leur repas… ce qui peut ouvrir sur des perspectives infinies de rencontres, surtout si vous possédez quelques rudiments d'espagnol.

Avec la prudence qui s'impose – ne pas se promener seule dans les endroits déserts et mal éclairés, ne pas porter d'objets de valeur –, une **femme** peut voyager seule en toute sécurité. Mais on est tout de même en pays latin avec tout ce que cela implique : les hommes se retourneront ostensiblement sur son passage, lanceront les *piropos* (compliments galants, *voir p. 42*) de rigueur et parviendront rapidement au stade des avances enflammées. Pour repousser poliment ces « amoureux transis », il suffit de faire la sourde oreille aux compliments galants, avoir une attitude sans équivoque ou signifier clairement que l'on n'est pas intéressée.

Pour les **hommes** voyageant seuls, le phénomène est d'un autre ordre. Beaucoup plus discrètes qu'auparavant – depuis que le gouvernement a tenté d'éradiquer le phénomène en 1998-1999 à coups de rafle –, les *jineteras* (prostituées, littéralement « écuyères ») les solliciteront aux abords des lieux touristiques. Malgré les lourdes peines encourues, elles continuent à jouer les auto-stoppeuses sur le Malecón ou la 5ta avenida à La Havane et, la nuit, à s'offrir au touriste solitaire dans les hôtels, les bars ou les discothèques, à l'affût de devises ou dans le secret espoir qu'une rencontre changera leur destin.

Le mot **jinetero** s'est élargi à tous ceux qui tentent d'escroquer le touriste. Le grand classique à l'abord des villes est d'indiquer aux touristes une fausse adresse de *casa particular* en affirmant que la vôtre est fermée, afin de vous conduire dans une autre qui leur reversera une commission (majorée sur le prix de votre chambre). Autre tactique : vous cherchez la Casa de Maria et on vous conduit chez la « tante Maria bien sûr », avec laquelle ils n'ont évidemment aucun lien de parenté. Le mieux est de demander votre chemin aux policiers, aux commerçants ou aux chauffeurs de taxi. Sachez que si vous êtes accompagné d'un Cubain, tous les prix seront majorés (notamment pour les *casas particulares* et les *paladares*). Cependant, ne vous privez pas pour autant de faire de belles rencontres.

SOUVENIRS

Tous les produits décrits dans cette rubrique étant destinés aux touristes, leur paiement s'effectue en pesos convertibles.

Artisanat

L'afflux important de touristes a donné naissance à une petite forme d'artisanat, qui n'était pas vraiment ancrée dans la tradition cubaine. Vous retrouverez invariablement à travers l'île des statuettes en bois, des noix de coco sculptées, des colliers, des chapeaux de palmes tressées, de petites poupées représentant les divinités de la *santería*… mais rien de bien extraordinaire.

Cigares

Tous le-s passionnés vous le diront : n'est pas fumeur de Havane qui veut ! Le Havane est comme un vin français. Son élaboration est lente *(voir « Le tabac », p. 109)* et il faut, pour l'apprécier réellement, toute une initiation, un apprentissage quasi quotidien. Si vous êtes novice, inutile de commencer par un Cohiba, certes le meilleur, mais son goût est trop subtil pour un débutant… et son prix (environ 460 CUC la boîte de 25) très corsé ! Lorsque vous achetez un cigare, vérifiez la qualité de la **cape**. Évitez les grosses nervures, choisissez au contraire une cape grasse et huileuse. La couleur même importe peu. Il est vrai qu'une cape obscure *(oscuro)* est souvent signe d'un cigare plus fort. L'idéal, pour un débutant, est de commencer par une cape claire *(claro)* ou colorée claire *(colorado-claro)*.

Toute la spécificité d'un cigare vient de la **tripe**, qui est constituée de trois feuilles : *ligero*, qui fournit tout l'arôme, *volado*, qui permet la combustion, *seco*, qui ajoute de la force. C'est le mélange de ces trois feuilles qui donne toute la saveur d'un cigare. Chaque grande marque a sa propre touche qui se reconnaît facilement.

Autre élément important dans le choix d'un cigare : le **module**. La taille et le diamètre d'un cigare sont directement liés au plaisir, au temps que vous vous accorderez pour le savourer. Il est évident qu'un petit Corona de 12 cm ne se fume pas comme un Montecristo A, de 24 cm de long et de 1,9 cm de diamètre ! Le choix d'un cigare (sa taille et sa saveur) se fait en fonction des moments de la journée. Par exemple, un Corona de **Romeo y Julieta** est idéal après le déjeuner, car il est léger et boisé. Un Churchill ou Prince of Wales de la même marque se fumera plutôt le soir. Un petit Corona de **Partagas** est un cigare de matinée, après le café. Mais le Corona de **Juan López** ou le Small Club de **Ramon Allones** sont des cigares de journée. Le Royal Corona de **Bolívar** pourra accompagner un repas léger, car c'est un cigare terreux et typique de Cuba. Le Choix suprême de **Rey del Mundo** ou l'Épicure n° 2 de **Monterrey** sont eux aussi des cigares d'initiation, très aromatiques.

La liste est longue. N'hésitez pas à acheter des cigares à l'unité, pour apprendre à regarder, sentir et toucher. Vous pourrez ainsi rapporter une boîte qui corresponde à vos goûts. Conservez les cigares dans un coffret humidificateur à votre retour. Vous trouverez des cigares de qualité dans n'importe quelle Casa de Habano ou dans les boutiques des grands hôtels. Si vous achetez des cigares dans une fabrique, directement de la main du *torcedor*, veillez à ne pas les mélanger avec d'autres en boîte. Ils n'ont en effet pas encore été traités et se fument tout de suite. Méfiez-vous des nombreux revendeurs à la sauvette qui proposent des cigares à des prix défiant toute concurrence. La qualité du tabac est généralement médiocre, et l'absence de facture peut vous poser des problèmes à la douane *(voir « Avant de partir », p. 15)*.

Rhum

Le fameux *ron cubano* a de fortes chances de rejoindre les cigares dans vos valises. Le plus courant est un rhum blanc de 3 ans d'âge ou Carta Blanca, à mélanger dans des cocktails. Pour les amateurs, le rhum de 5 ans d'âge ou Carta de Oro est légèrement doré et l'Añejo, un rhum brun vieilli (7 ans d'âge), est idéal à boire sec ou avec des glaçons. Selon les *fábricas*, les prix vont de 4 à… 90 CUC. Vous trouverez partout des bouteilles de **Havana Club**. Il existe d'autres grandes marques nationales, et certaines distilleries vendent directement leur production locale *(voir « Où acheter ? », p. 23)*.

CD de musiques cubaines

Les magasins de souvenirs proposent des CD, mais le choix n'est pas très étendu. Vous trouverez certainement quelques disques des grands groupes cubains du moment. Comptez environ 6 CUC le CD de salsa traditionnelle, 15 CUC pour les nouveautés. Un magasin bien pourvu se trouve à la Casa de la Música de Trinidad *(voir p. 296)*.

Instruments de musique

Les petits marchés d'artisanat ou les boutiques de souvenirs proposent quelques instruments à percussion : *claves, maracas, congas* ou *tumbadoras*.

Vêtements

Outre les multiples tee-shirts à l'effigie de Che Guevara, vous pourrez jeter votre dévolu sur une *guayabera*, une chemise plissée en coton que portent traditionnellement les Cubains par-dessus leur pantalon. Les femmes pourront se laisser tenter par quelques vêtements en dentelles, notamment à La Havane et à Trinidad.

Livres

Toutes les grandes villes abritent au moins une librairie, mais le choix de livres est souvent restreint. Quelques ouvrages en langue étrangère ornent les étagères les mieux approvisionnées – en anglais plutôt qu'en français. Les hispanophones retrouveront d'une librairie à l'autre les mêmes ouvrages, qui constituent le fonds culturel cubain. En dehors de ces magasins, des particuliers proposent quelques livres d'occasion sur de petits stands improvisés devant le pas de leur porte. Si vous passez par La Havane, rendez-vous chez les bouquinistes de la Plaza de Armas *(voir p. 134)*, tout autour du square : dans ce décor somptueux, vous pourrez certainement dénicher quelques perles rares.

Objets d'art

Les galeries d'art organisent des expositions-ventes de peintres ou de sculpteurs contemporains. Demandez toujours une facture pour être en règle à la douane *(voir « Avant de partir », p. 15)*.

TAXI

Les **taxis officiels** stationnent devant les aéroports et la plupart des hôtels. Vous les reconnaîtrez à leur enseigne lumineuse sur le toit. Il n'y a plus qu'une seule compagnie : **Cubataxi**, qui a absorbé les Panataxi, Taxi-Ok, etc., dont les noms restent cependant inscrits sur quelques carrosseries. Toutes ces voitures, généralement confortables et climatisées, sont munies d'un compteur avec une prise en charge initiale de 1 CUC. Les chauffeurs vous proposeront souvent un tarif sans taximètre pour éviter de payer les lourdes taxes qu'ils doivent reverser à l'État. Selon le type de voiture, le prix des courses peut varier considérablement. Voyager en Lada revient un peu moins cher que dans une Peugeot, une Hyundai ou une Volkswagen. Au moment de s'asseoir, on comprend pourquoi. Reste qu'un voyage dans une Lada sur les rotules peut laisser de grands souvenirs. Pour les longs trajets ou pour des circuits d'une journée, il est plus économique de louer une voiture ou éventuellement de faire appel aux services d'un particulier. Depuis 1996, le gouvernement a légalisé les **taxis en pesos** *(maquinas)*, des véhicules privés – souvent de vieilles Américaines des années 1950 ou des Lada, rafistolées et repeintes de multiples fois – dotés d'une licence. Vous les repérerez grâce à la pancarte « Taxi » qu'ils arborent sur le pare-brise. Bien que réservés aux Cubains, certains prennent le risque d'accepter des touristes à leur bord. En l'absence de compteur, mieux vaut se mettre d'accord sur le prix de la course à l'avance. Les **taxis collectifs** *(colectivos)* fonctionnent de manière similaire. Ces grands véhicules suivent des itinéraires fixes, généralement de grands axes tels que la calle 23 ou le Malecón à La Havane (environ 0,50 CUC ou 10 pesos cubains la course). Des particuliers proposent de vous transporter dans leur véhicule personnel. Le service offert par ces **voitures particulières** *(carros particulares)* est moins cher que les autres taxis, mais il faut savoir que c'est illégal et pas toujours très fiable. En général, les chauffeurs vous abordent eux-mêmes pour vous proposer leurs services, pour quelques heures ou plusieurs jours. Négociez à l'avance le tarif et précisez qui prend en charge l'essence. Enfin, les **coco-taxis** et les **cyclo-pousses** sont idéaux pour les courses brèves, dans La Havane notamment. Pensez à faire l'appoint.

TÉLÉPHONE

♿ Voir aussi « Téléphoner à Cuba », p. 16.
Le réseau téléphonique de Cuba s'est entièrement modernisé, mais les changements de numérotation (indicatifs régionaux notamment) ne sont pas rares. Les communications fonctionnent désormais très correctement. Toutes les familles sont cependant loin de disposer d'un téléphone (seulement 5 % des Cubains), car l'installation d'une nouvelle ligne requiert parfois des années. Les voisins doivent s'arranger entre eux : soit plusieurs appartements sont branchés sur la même ligne, soit une personne « centralise » les appels pour ses amis et prend les messages *(recados)* qui leur sont destinés.

Appels internationaux (llamada internacional)

Vous ne pourrez téléphoner à l'étranger qu'en utilisant des cartes magnétiques ou à code, d'une valeur de 5 à 25 CUC, qui s'achètent dans les Telepuntos, petits kiosques ou grandes agences de la compagnie nationale de télécommunications **Etecsa**. Vous trouverez des **cabines à carte**, de couleur bleue, dans tous les lieux touristiques de l'île. Préférez les cartes à code, utilisables de n'importe quel poste téléphonique, aux cartes à puce, dont les appareils sont souvent hors service, quand ils n'avalent pas purement et simplement les cartes ! Les communications vers l'étranger sont extrêmement coûteuses. L'indicatif pour l'étranger varie selon le téléphone que vous utilisez.

De Cuba vers la France, directement de votre chambre d'hôtel
88 + 33 + numéro en France (sans 0).

De Cuba vers la France, d'une cabine à carte ou d'un portable
119 + 33 + numéro en France (sans 0).

Appels locaux

Vous apercevrez dans la rue de vieux téléphones publics qui fonctionnent avec des pièces de 1 peso (monnaie nationale). Souvent, ils permettent tout juste les appels en ville. Pour les communications interurbaines, il est plus prudent de se rendre dans un centre téléphonique, à un guichet d'hôtel ou d'utiliser un téléphone à carte.

De Cuba vers Cuba (même ville)
Numéro direct sans indicatif de ville.

De Cuba vers Cuba (villes ou provinces différentes)
0 + indicatif de ville ou de province + numéro.

De La Havane vers les villes de province
01 + indicatif de ville ou de province + numéro.

Téléphone portable

Le réseau cellulaire fonctionne relativement bien à Cuba, mais, sur place, le coût des appels depuis des fixes vers des portables cubains est très élevé. Sachez que lorsque vous téléphonez sur un portable, votre interlocuteur paye également la communication. Les numéros de portable commencent généralement par 53 et se composent de 7 chiffres.

Si vous souhaitez utiliser votre portable français, la couverture est bonne à condition de posséder un appareil **tribande** (normes américaines). Faites-vous préciser les tarifs de communication par votre opérateur et demandez au moins 2 semaines à l'avance l'activation de votre numéro à l'international. Depuis la France, on pourra vous appeler en composant votre numéro mais, une partie de l'appel restant à vos frais, le plus économique est d'utiliser les SMS que vous recevrez sans problème. Sinon, il est possible d'ouvrir une ligne sur l'île (environ 65 CUC) en mettant une carte à puce cubaine dans son portable, que l'on rechargera avec des cartes CubaCell.

Tarifs

Certains hôtels majorent considérablement les tarifs des appels locaux et internationaux. Les cabines à carte vous éviteront de mauvaises surprises et représentent le moyen le plus économique d'appeler à l'étranger. Comptez environ 4 CUC/mn

INDICATIFS RÉGIONAUX			
Baracoa	21	Nueva Gerona	61
Bayamo	23	Pinar del Río	82
Camagüey	32	Playa Girón	59
Ciego de Ávila	33	Playas del Este	687
Cienfuegos	43	Sancti Spíritus	41
Guantánamo	21	Santa Clara	422
Guardalavaca	24	Santa Lucía	32
La Havane	7	Santiago de Cuba	226
Holguín	24	Trinidad	41
Matanzas	45	Varadero	45
Morón	335	Viñales	48

vers la France le jour et 2,55 CUC la nuit. Les appels en PCV sont désormais possibles. Les grands hôtels sont généralement dotés d'un télécopieur. L'envoi d'un fax coûte aux alentours de 15 CUC et la réception est généralement payante (1 CUC la page).

Renseignements

Composez le 113. Dans les grands hôtels, vous pourrez consulter le Directorio Turístico de Cuba, un **annuaire** comportant la liste de tous les numéros utiles pour les étrangers. Il est mis à jour chaque année et est également disponible sur le site **www.etecsa.cu**.

TRANSPORTS

Afin de pallier la pénurie de transports qui frappe le pays, les Cubains font preuve d'une imagination débordante pour se déplacer. Ils passent leur temps à rafistoler, démonter, souder, ajouter, construire de nouveaux moyens de locomotion : les vieilles Cadillac des années 1950 roulent comme au premier jour, une trottinette artisanale permet aux cultivateurs de café de se déplacer en montagne, un moteur monté sur un vélo le transforme aussitôt en mobylette, deux bus soudés entre eux et tractés par un camion confèrent à l'ensemble des allures de chameau (*camello*, comme on les surnomme), tandis que les calèches, tirées par des chevaux ou des bœufs, tiennent le haut du pavé en province. Ce singulier défilé laisse perplexe plus d'un visiteur, mais il y a fort à parier que vous emprunterez des moyens de transport plus conventionnels. La route est la meilleure façon de découvrir l'île en profondeur et, si les tarifs de location de voiture sont élevés, les routes secondaires en piteux état et sans électricité, les cars sont le moyen idéal de se rendre d'une ville à l'autre.

Avion

⊙ **Conseil** – Pour visiter Cuba d'est en ouest en très peu de temps, vous devrez prévoir au moins un trajet en avion en raison de la forme étirée du pays.

Se déplacer en avion est une formule plus coûteuse que les autres, mais la plus simple et la plus rapide sur de longues distances. Plusieurs compagnies desservent les principales villes de province, mais la fréquence est variable selon la destination (plusieurs vols par jour entre Santiago et La Havane). Il faut compter environ 10 CUC pour 100 km. Au moment de réserver, pensez à vous faire préciser les conditions de sécurité pour embarquer et les éventuelles restrictions sur les bagages.

Dans les compagnies locales, des places à bord des appareils sont réservées pour les étrangers, mais il est plus prudent de s'y prendre à l'avance pour les réservations en haute saison. Les billets achetés depuis la France reviennent moins cher que sur place.

Cubana de Aviación – www. cubana.cu. Angle calles 23 n° 64 et Infanta (Vedado), La Havane - ℘ (7) 834 44 46. Assure la majorité des liaisons régulières.

Aerocaribbean – www.fly-aerocaribbean.com. Calle 24 n° 4313, e/43 y 45, CTN House (Vedado), La Havane - ℘ (7) 879 75 24. Une compagnie charter filiale de la Cubana qui dessert les principaux lieux touristiques de l'île.

Train

C'est un moyen de transport lent et **peu fiable**, mais économique. Quand il n'est pas annulé ou retardé, il y a généralement au moins un train quotidien qui dessert chaque chef-lieu de province, sauf sur l'île de la Jeunesse qui ne dispose pas de voie ferrée. Le trajet le plus intéressant est celui du train de

	CAMAGÜEY	CIEGO DE ÁVILA	CIENFUEGOS	LA HAVANE	HOLGUÍN	PINAR DEL RÍO	SANCTI SPIRITUS	SANTA CLARA	SANTIAGO DE CUBA
CAMAGÜEY		2520	3240	1900	2210	1740	260	1710	1620
C. DE ÁVILA	2520		780	1530	1420	1440	2260	1730	1810
CIENFUE-GOS	3240	780		1750	650	1600	980	1950	2030
LA HAVANE	1900	1530	1750		2400	250	1640	200	280
HOLGUÍN	2210	1420	650	2400		2240	3360	2600	2680
P. DEL RÍO	1740	1440	1600	250	2240		1480	490	520
S. SPÍRITUS	260	2260	2980	1640	3360	1480		1450	1360
SANTA CLARA	1710	1730	1950	200	2600	490	1450		85
SANTIAGO DE CUBA	1620	1810	2030	280	2680	520	1360	85	

nuit entre La Havane et Santiago. Il faut compter environ 16h de voyage mais c'est plus économique que l'avion. Un billet revient approximativement à 4 CUC les 100 km. Les touristes doivent se procurer les billets auprès du **guichet Ladis** (communément désigné sous son ancien nom Ferrotur). Il vaut mieux réserver à l'avance bien qu'il soit possible de trouver des places pour le jour même. Les trains disposent généralement de places réservées au paiement en pesos convertibles.

Autobus
L'autobus est devenu un moyen de transport efficace et fiable depuis la création en 1997 de la compagnie **Viazul**. Celle-ci met à la disposition des touristes un service de cars climatisés, confortables et respectueux des horaires au départ comme à l'arrivée! Mieux vaut réserver la veille. Si vous modifiez l'horaire de votre billet Viazul, vous perdez 10 % en le signalant 24h avant le départ et 25 % le jour même.

Viazul – www.viazul.com. Excellent site Web avec itinéraires, horaires, tarifs et réservation en ligne au minimum 72h avant le départ.
À La Havane: angle ave. 26 et Zoológico (Nuevo Vedado) - ☎ (7) 881 14 13.
À Varadero: angle calle 36 et autopista Sur - ☎ (045) 61 48 86.
À Santiago de Cuba: angle ave. de los Libertadores et Yarayo - ☎ (22) 62 84 84.
Bus au départ de La Havane: Varadero (4/j *via* Matanzas et l'aéroport de Varadero, 3h de trajet, 10,80 CUC); Viñales (1/j *via* Pinar del Río, 3h15, 13 CUC); Trinidad *via* Cienfuegos (2/j, 5h35, 27 CUC); Santiago de Cuba (4/j *via* Santa Clara, Sancti Spíritus, Camagüey, Holguín et Bayamo, 15h30, 55 CUC). Également des liaisons Varadero-Trinidad (1/j *via* Cárdenas, Santa Clara et Sancti Spíritus, 6h15, 20 CUC); Trinidad-Santiago (1/j *via* Sancti Spíritus, Camagüey, Holguín et Bayamo, 12h, 35 CUC) et Baracoa-Santiago (1/j *via* Guantánamo, 4h45, 16 CUC).

Bien sûr, si vous préférez la compagnie des Cubains, le moyen de transport idéal est la *guagua* (prononcez « ouaoua ») du **terminal de ómnibus** de chaque ville. Toutefois, il faut absolument éviter ce type de bus si vous êtes pressé. Quand il n'est pas complet, il est en retard ou carrément annulé. Quelques places sont prévues pour les touristes, à acheter (en pesos convertibles) et réserver (au moins la veille) dans un bureau spécial.

UNITÉS DE MESURE

Cuba utilise le **système métrique**, mais il subsiste d'anciennes unités de mesure telles la *caballería* (13,43 ha) pour les parcelles de tabac ou l'*arroba* (11,5 kg) pour le sucre.

US ET COUTUMES

Rencontrer des Cubains

Rien de plus facile si vous parlez espagnol ! La population est d'un naturel extrêmement chaleureux et d'une spontanéité désarmante. Les tempéraments solitaires se sentiront importunés par les sollicitations incessantes mais, exception faite des Cubains qui vivent de petits négoces avec les touristes, nombreux sont ceux qui vous aborderont par simple curiosité. Voyager à l'étranger représente pour la quasi-totalité d'entre eux un rêve inaccessible. Outre un parcours administratif semé d'embûches pour l'obtention d'un permis de sortie de l'île, seule une petite minorité est en mesure de réunir la somme nécessaire à l'achat d'un billet d'avion. En dehors des « zones vertes », ces enclaves internationales largement « décubanisées » où sont concentrés les touristes et appelées ainsi en référence à la couleur des dollars, les occasions de rencontrer des Cubains sont légion. Dans ce pays, où demander

son chemin peut donner lieu à une conversation à bâtons rompus, chaque coin de rue devient le théâtre de multiples échanges. Le moyen le plus conventionnel pour se mêler à la population est d'emprunter le **circuit touristique privé**. En dormant chez l'habitant et en vous restaurant dans les *paladares* (restaurants privés), vous aurez un aperçu de la vie quotidienne à Cuba. Vos hôtes seront ravis de converser avec vous et de répondre à vos questions. Si vous vous installez quelques jours au même endroit, votre cercle de relations a des chances de s'étendre au reste de la famille, ainsi qu'aux voisins.

Les petites villes de province ou les **villages** à l'écart des circuits touristiques semblent se prêter davantage à des contacts désintéressés. Le sens de l'hospitalité est resté absolument intact dans certaines régions peu fréquentées. Si la méfiance doit rester de mise, ne passez pas non plus à côté de moments authentiques. Vous garderez certainement un souvenir impérissable de quelques jours passés dans une modeste maison de pêcheur.

Rares sont les voyageurs qui utilisent les **transports en commun** pour sillonner l'île. À bord d'un véhicule particulier, vous perdrez moins de temps et rendrez également un fier service aux **auto-stoppeurs** que vous embarquerez. Leurs récits de voyage sur les routes cubaines sont une véritable mine d'informations sur le quotidien de la population. Votre passager reconnaissant vous conviera parfois à prendre un *café cubano* chez lui. Refuser cette invitation friserait l'impolitesse.

Échanges d'adresses

Derrière les dominos et le *béisbol*, l'échange d'adresses semble occuper un rang honorable dans la liste des sports nationaux. Tandis que vos coordonnées viennent compléter des calepins déjà noircis de noms français, italiens, allemands, vous accumulez des bouts de papier griffonnés, récoltés au fil de vos rencontres, si brèves soient-elles. Et ne soyez pas surpris si vous recevez quelques semaines plus tard une lettre provenant de l'une de ces rencontres cubaines, lettre qui aura été confiée à l'un de vos compatriotes pour qu'il la poste dans son pays. Les Cubains compensent leur impossibilité de voyager par ces échanges épistolaires et, évidemment, rien ne peut leur faire plus plaisir que votre réponse, accompagnée de cartes postales ou de photos montrant votre ville.

Cadeaux

Si vous êtes invité chez des Cubains, n'arrivez pas les mains vides. La **bouteille de rhum** est une valeur sûre, mais des cigarettes étrangères, des souvenirs de votre pays, ainsi que de menus objets tels que des briquets ou des échantillons de parfum seront également fort appréciés.

Voir aussi « Cadeaux à offrir », p. 25.

Civilités

Les Cubains vous mettront très vite à l'aise avec ce côté informel et naturel qui fait tout leur charme. Même les employés d'établissements internationaux, pourtant contraints à un strict protocole, relâchent parfois leur attention pour laisser leur « cubanité » reprendre le dessus. Le **contact physique** n'a rien de tabou, bien au contraire. Rien d'étonnant à ce que l'on vous embrasse spontanément – un ou deux baisers sur la même joue – dès la première rencontre. Les hommes, entre eux, se serrent la main ou se donnent une accolade virile (*abrazo*).

Le **tutoiement** s'impose très vite dans la conversation – sauf cadre officiel ou différence d'âge importante. Beaucoup de Cubains ponctuent également leur discours de *mi amor, mi cielo, mi vida* ou *mi corazón* (« mon amour », « mon ciel », « ma vie », « mon cœur »). Sachez que ces petits mots doux, vidés de leur sens, n'ont rien d'un vibrant numéro de séduction.

« Piropear », un art national !

Le *piropo* est ce compliment que tout Cubain qui se respecte adresse aux femmes qu'il croise. Il n'appelle aucune réponse sauf s'il est joliment tourné. « *Si el amor toca a tu puerta, permítele entrar, estoy seguro que él te hará una maravillosa y bella compañía.* » (« Si l'amour frappe à ta porte, laisse-le entrer, je suis sûr que sa compagnie te siéra à merveille. »)

Coquetterie

Les Cubains mettent un point d'honneur à soigner leur apparence. Si vous êtes invité à sortir avec eux, évitez les tenues vestimentaires négligées, considérées comme un manque de respect à leur égard.

Danse

La rigidité des Européens sur une piste de danse prête souvent à la plaisanterie. Les Cubains seront cependant ravis de vous enseigner quelques pas et de vous initier à ce déhanchement sensuel qui fascine tant les étrangers. Laissez-vous guider !

Monokini

Moulées dans des tee-shirts et des jupes soulignant leurs formes généreuses à la ville, les Cubaines retrouvent leur pudeur en bord de mer. Vous pourrez cependant pratiquer le monokini sur les plages réservées aux touristes.

Politique

Les habitants parlent rarement de politique ; ne les mettez pas mal à l'aise en abordant ces sujets dans les lieux publics, vous les verriez jeter fréquemment des coups d'œil furtifs par-dessus leur épaule de crainte d'être entendus. En revanche, ils s'épanchent volontiers sur les problèmes économiques que traverse l'île.

Faire la queue

Faire la queue *(hacer cola)* risque de vous arriver au moins une fois lors de votre voyage, ne serait-ce que pour déguster une glace. Prenez place derrière le dernier de la file en demandant : « ¿ *El último* ? » (« Le dernier ? »).

Rendez-vous

Avoir rendez-vous *(tener una cita)* avec des Cubains est une expérience inoubliable. Armez-vous de patience et gardez votre sang-froid, ne vous laissez pas rassurer par un « *vengo ahora* » (« j'arrive tout de suite »). La nonchalance tropicale, alliée aux problèmes de transport, laisse présager de longues heures d'attente. Vous apprendrez d'ailleurs bien vite à vos dépens le cubanisme *embarcar*, signifiant aussi bien « être en retard » que « poser un lapin ».

Sourire

Sourire, patience et sens de l'humour sont les meilleures armes à votre disposition dans d'innombrables situations, notamment pour affronter les pesanteurs administratives.

VOITURE

Location

Il faut présenter son permis de conduire national ou international et être âgé de **21 ans** minimum (23 ans pour une Mercedes). Seules les personnes dont les noms apparaissent sur le contrat de location du véhicule sont autorisées à le conduire. Les Cubains n'ont pas le droit d'être au

volant de ces voitures, réservées aux touristes comme l'indique la mention « *turismo* » sur la plaque minéralogique.

Plusieurs compagnies nationales disposent d'un réseau d'agences sur l'île, **Havanautos** et **Transtur** bénéficiant d'une représentation plus importante à travers le pays que **Rex**, **Vía** ou **Panautos**. Cependant, victimes de leur succès, les premières ne semblent pas offrir un service de qualité. Assurez-vous que le modèle est neuf ou récent, et entendez-vous bien sur les prix au départ. Les formalités de location et les tarifs pratiqués varient peu d'une compagnie à l'autre.

À la signature du contrat – libellé en anglais et en espagnol –, vous devrez régler à l'avance par carte de crédit, par chèques de voyage ou en espèces l'intégralité de la location, l'assurance, l'essence dans le réservoir ainsi qu'un dépôt de garantie (réalisé obligatoirement avec une carte bancaire). Les contrats prévoient deux types d'**assurance** : la moins onéreuse (environ 10 CUC/j) garantit le vol du véhicule à l'exclusion des pièces détachées, et la seconde (environ 20 CUC/j) exclut uniquement le vol des roues de secours et des auto-radios. Si vous comptez loger chez l'habitant, prenez l'assurance B (qui garantit le vol des pièces détachées), car un véhicule garé sans surveillance dans la rue peut attiser la convoitise de certains (les vols de rétroviseurs, phares, antennes et insignes de marques sont fréquents). En revanche, tous les parkings d'hôtel sont gardés 24h/24. Si vous louez une Jeep, vérifiez la qualité du cadenas de la roue de secours montée à l'extérieur du véhicule. Attention, les assurances ne couvrent pas les accidents provoqués par un animal traversant la route.

Un véhicule bas de gamme avec kilométrage illimité revient au minimum à 50 CUC/j en basse saison, plus 10 CUC d'assurance tous risques. Les tarifs sont dégressifs à partir de 7 jours (45 CUC/j hors assurance) et de 14 jours (40 CUC/j hors assurance). Pour restituer votre véhicule dans une autre ville, vous devrez vous acquitter d'une somme forfaitaire (à titre indicatif, 90 à 120 CUC pour un retour à vide La Havane-Santiago). Tous les 20 000 km, le véhicule doit subir un contrôle technique. Il suffit de vous arrêter dans n'importe quelle agence du réseau, dès que votre compteur indique le kilométrage en question. Si vous ne le faites pas, vous devrez payer une amende de 50 CUC à la restitution du véhicule.

Avec un parc automobile réduit et un nombre croissant de touristes, vous mettrez toutes les chances de votre côté en réservant avant le départ. En province, les véhicules sont tellement rares en haute saison que l'on peut même parler de pénurie. Le plus sûr est de passer par un tour-opérateur qui réservera pour vous directement auprès des grandes compagnies, **Havanautos**, **Transtur** et **Rex**.

♿ Voir les coordonnées des différentes agences dans le carnet d'adresses de chaque ville.

Réseau routier

Les routes sont assez mal entretenues, à l'exception d'axes touristiques comme la **vía Blanca** entre La Havane et Varadero. Le réseau d'**autoroutes** (autopista) est peu développé (environ 700 km sur toute l'île) avec certaines portions en cours de construction et d'autres montrant déjà quelques signes de vieillissement. Méfiez-vous des tronçons s'arrêtant net sans aucune signalisation, notamment dans la région Est et vers Sancti Spíritus. De même, les entrées d'autoroute ne sont presque jamais indiquées, et de nombreux touristes se

retrouvent à contre-sens en empruntant par erreur la sortie! Les véhicules sont loin de représenter le plus grand danger sur ces axes. La circulation y est rare, mais gare aux **nids-de-poule**, ainsi qu'aux piétons, aux chevaux et aux cyclistes, qui avancent à contresens sur la voie de gauche.

Pour parcourir l'île d'est en ouest, vous emprunterez nécessairement la **carretera Central**, une longue route nationale reliant les deux extrémités de Cuba. La conduite y est particulièrement éprouvante dans tout le centre de l'île, où les camions débordant de cannes à sucre et les tracteurs s'ajoutent aux animaux en liberté, cyclistes au beau milieu de la chaussée, charrettes, ribambelles d'écoliers ou crabes aux pinces menaçantes pour les pneus. Le reste du réseau routier est constitué de routes secondaires et de chemins réservant également quelques surprises. Si vous prévoyez de quitter les sentiers battus, une Jeep pourra parfois être salvatrice pour vous aventurer sur les terrains détrempés et franchir les ornières.

Conduite

En théorie, les véhicules roulent à droite – si l'état de la route le permet. Dans la pratique, vous remarquerez vite que les voitures laissent une voie, à droite de la chaussée, pour tous ceux qui se déplacent plus lentement: piétons, deux-roues, etc.

Les règles de conduite sont quasiment identiques aux nôtres. La vitesse maximale autorisée est de **100 km/h** sur autoroute, de **90 km/h** sur route et de **50 km/h** en ville. En raison de nombreux accidents impliquant des véhicules *turismo*, les policiers n'hésitent plus à condamner à des amendes (*multas*) les conducteurs étrangers en infraction.

Conduisez prudemment, car des obstacles peuvent surgir à tout moment. La conduite en ville nécessite une attention accrue en raison des nombreux vélos, des calèches et des piétons qui surgissent sans crier gare des carrefours. N'hésitez pas à klaxonner pour que les cyclistes se rangent sur le bas-côté et pour informer de votre présence, notamment aux abords des écoles. Une habitude à prendre très vite : les feux de signalisation sont situés de l'autre côté des carrefours ! Arrêtez-vous toujours au panneau « *Pare* » (équivalent de notre « Stop ») et avant de traverser une voie ferrée. Méfiez-vous des véhicules qui tournent sans prévenir ; certains conducteurs indiquent leur intention avec leur bras mais nombreux sont ceux dont les clignotants ne fonctionnent pas. La plupart des cyclistes n'ayant pas de freins, veillez à ne pas les mettre en danger. En l'absence d'éclairage des routes, la conduite de nuit est très fortement déconseillée, d'autant que les véhicules circulant sans phares sont monnaie courante. Roulez doucement, car les rares panneaux de signalisation sont généralement placés tardivement et n'hésitez pas à demander votre chemin. Vérifiez l'état de votre roue de secours – sans oublier le cric – avant d'entamer votre périple.

Essence

Les voitures de location fonctionnent avec du super *(gasolina especial)*, en vente dans les stations-service **Servicupet** des compagnies Cimex ou Oro Negro, ouvertes 24h/24. L'essence, payable par carte de crédit (la machine existe partout mais ne marche pas toujours) ou en pesos convertibles, coûte 1,10 CUC/l (0,80 €). Faites le plein dès que possible, car les stations-service sont rares en dehors des villes. Des particuliers vous proposeront de l'essence à moitié prix. Cette pratique illégale peut éventuellement vous dépanner jusqu'au Servicupet suivant si votre réservoir est à sec, mais le carburant ainsi vendu est généralement de piètre qualité et risque d'endommager le moteur.

Garer sa voiture en ville

Vous limitez les risques de vol en garant votre véhicule au parking d'un hôtel. Si vous laissez votre voiture en ville, il surgit toujours une bonne âme pour vous la surveiller moyennant 1 ou 2 CUC, mais la garde n'est pas très sûre. Ne payez jamais à l'avance. Les grandes villes offrent quelques emplacements surveillés, généralement pour 2 CUC.

En cas d'accident

Contactez immédiatement la **police**, ℘ 116, et le bureau de location le plus proche du lieu de l'accident. Si le procès-verbal de police *(acta de denuncia)* vous tient pour responsable, vous aurez à payer une franchise pour les dégâts matériels causés au véhicule. Si vous avez souscrit une assurance voyage, contactez **Asistur**, unique représentant des sociétés d'assistance étrangères : prado n° 208, e/Colón y Trocadero (Habana Vieja) - ℘ (7) 866 44 99 - www.asistur.cu. Numéros d'urgence 24h/24 - ℘ (7) 866 83 39, 866 85 27 à 29 ou 866 13 15. Si besoin, contactez l'ambassade de France à La Havane *(voir p. 160)*.

Types de séjours

Nos remarques et conseils	
SÉJOUR CULTUREL	**Logez dans un édifice colonial (hôtel ou maison d'hôte).**
La Havane (p. 126)	Prévoyez 3 jours pour visiter les principaux musées, flâner et vous laisser porter par l'atmosphère des lieux, assister à un concert ou à un ballet.
Trinidad (p. 282)	Passez au moins une nuit sur place pour profiter des lieux tôt le matin, avant l'arrivée des groupes organisés, et en soirée, lorsque les nombreux espaces musicaux commencent à s'animer.
Santiago de Cuba (p. 350)	Grande ville chaude et bruyante. Berceau historique de la révolution cubaine. Excellente scène musicale.
SÉJOUR BALNÉAIRE	**Réservez votre séjour par l'intermédiaire d'une agence pour bénéficier de tarifs négociés.**
Varadero (p. 232)	La plus grande station balnéaire de Cuba. Logez dans le centre plutôt que sur la péninsule d'Hicacos. Très touristique.
Plages de l'Est (p. 220)	Succession de plages à proximité de La Havane. Ambiance cubaine, surtout en fin de semaine.
Les cayos (voir index p. 415)	Des îles aux plages idylliques. Hôtels clubs, eau limpide, sports nautiques, mais pas de Cubains. Prenez votre lotion anti-moustiques.
María la Gorda (p. 213)	Les plus beaux fonds sous-marins de Cuba (centre de plongée). Attention aux *gegenes* en fin d'après-midi: la piqûre de ces petits insectes démange terriblement!
Guardalavaca (p. 335)	Station balnéaire pour étrangers: grands complexes hôteliers et diverses activités organisées.
RANDONNÉE PÉDESTRE	**Faites-vous accompagner par un guide local.**
Vallée de Viñales (p. 198)	À l'ouest, les plus beaux paysages de Cuba (les *mogotes*), à découvrir à pied ou à cheval. Préférez les mois de février et mars où l'on récolte le tabac.
Sierra del Rosario (p. 194)	Vers l'ouest, *sierra* classée réserve de la biosphère, avec sentiers balisés, anciennes plantations de café, cascades et piscines naturelles, près de Las Terrazas ou de Soroa. Marche facile. Idéal de mai à octobre.
Sierra Maestra (p. 340)	À l'Est, magnifique parc national dans la *sierra* mythique, sur les traces des *barbudos*. Randonnées dans une forêt tropicale dense. Possibilité de faire l'ascension du Pico Turquino (1 972 m). Renseignez-vous au préalable sur les conditions d'accès du moment. Plus difficile.
Sierra del Escambray (p. 288)	Au cœur de l'île, circuits aménagés (payants) avec bains dans les rivières, cascades et piscines naturelles, dans le parc naturel Topes de Collantes.

Cartes et Atlas MICHELIN
Trouvez bien plus que votre route

Les cartes et atlas MICHELIN vous accompagnent efficacement dans tous vos déplacements.

Laissez vous surprendre par la richesse des informations routières et touristiques : les principales curiosités Le Guide Vert MICHELIN, les pistes cyclables et voies vertes, les points de vues et hippodromes... autant de découvertes à portée de main, à partir de 2,95€ seulement.

Une meilleure façon d'avancer

Mémo

Agenda

☙ Voir aussi les jours fériés et les commémorations, p. 28.

FÉVRIER

Festival del Habano – www.festivaldelhabano.com. Fin février, ce festival rassemble les amateurs de cigares du monde entier à La Havane.

MARS

Festival Internacional de la Trova – À Santigo de Cuba. De très nombreux concerts et manifestations lors de ce festival de musique cubaine.

AVRIL

Biennale de La Havane – Tous les deux ans, des expositions gratuites d'art contemporain, disséminées à travers la vieille ville. Cette grande manifestation culturelle s'intéressa d'abord à l'Amérique latine, puis au tiers-monde. À ne pas manquer si vous tombez la bonne année.

Festival del Cine Pobre – Créé par le réalisateur de *Fresa y Chocolate* (*Fraise et Chocolat*), il présente la production cinématographique cubaine, à Holguín.

MAI

Romerías de Mayo – 1re sem. de mai. à Holguín. La fête s'ouvre par une grande procession à la Loma de la Cruz pour commémorer les libérateurs de l'île. Les jours suivants sont consacrés à la culture : concerts, théâtre et lectures publiques dans toute la ville.

MAI-JUIN

Tournoi international Ernest-Hemingway – Ce grand tournoi de pêche sportive se tient tous les ans depuis 1950 à la Marina Hemingway de La Havane.

JUILLET

Festival del Caribe – www.casadelcaribe.cult.cu. À Santiago de Cuba, il présente durant une semaine (début juillet) toutes les expressions artistiques des îles.

JUILLET-AOÛT

Carnaval de La Havane – Les 2 premières semaines d'août, parades en soirée sur le Malecón et devant le Capitole.

Carnaval de Santiago – Les deux dernières semaines de juillet et la 1re semaine d'août. Un des plus grands carnavals de Cuba.

AOÛT

Carnaval d'Holguín – La 3e semaine d'août.

OCTOBRE

Festival del Son « Matamoros » – À Santiago de Cuba, met à l'honneur la musique cubaine.

Semana de la Cultura Iberoamericana – Fin octobre, à Holguín. Programme de conférences, de concerts et de rencontres littéraires entre l'Espagne et l'Amérique du Sud.

DÉCEMBRE

Festival international du nouveau cinéma latino-américain – Le festival se déroule à La Havane, dans plusieurs salles situées principalement dans le Vedado.

Bibliographie

HISTOIRE ET CULTURE

BENIGNO (Dariel ALARCÓN RAMÍREZ), **Vie et mort de la révolution cubaine**, Fayard, 1996.
BERNAND Carmen et GRUZINSKI Serge, **Histoire du Nouveau Monde**, Fayard, 1991.
CARPENTIER Alejo, **La Musique à Cuba**, Gallimard, 1985.
DEBRAY Régis, **Loués soient nos seigneurs**, Folio, 2000.
FOGEL Jean-François et ROSENTHAL Bertrand, **Fin de siècle à La Havane. Les secrets du pouvoir cubain**, Seuil, 1993.
GOMEZ François-Xavier, **Les Musiques cubaines**, E.J.L., 1999.
INNES Brian, **Histoire et volupté. Le havane**, Jean-Claude Lattès, 1983.
LAMORE Jean, **Cuba**, PUF, « Que sais-je ? », n° 1395, 1997.
LANGUEPIN Olivier, **Cuba, la faillite d'une utopie**, « Folio », 1999.
LEYMARIE Isabelle, **Cuban Fire. Musiques populaires d'expression cubaine**, Outre Mesure, 1997.
LLANES Lilian, **Maisons du Vieux Cuba**, Arthaud, 1998.
MORTAIGNE Véronique, **Sons latinos**, Serpent à plumes, 1999.
ROUX Maryse, **Cuba**, Karthala, 1997.
ROY Maya, **Musiques cubaines**, Actes Sud/Cité de la Musique, 1998.
TRENTO Angelo, **Castro et la révolution cubaine**, Casterman, 1998.
NIEDERGANG Marcel (dir.), **1959 : Castro prend le pouvoir**, Seuil, 1999.
PARANAGUA Paulo Antonio (dir.), **Le Cinéma cubain**, éditions du Centre Pompidou, 1990.
Cuba, 30 ans de révolution, Autrement, « Monde », 1989.

La Havane 1952-1961. D'un dictateur l'autre : explosion des sens et morale révolutionnaire, Autrement, « Mémoires », 1994.
Cuba. Art et histoire de 1868 à nos jours, sous la direction de Nathalie BONDIL, Hazan, 2008. Le catalogue de la rétrospective qui a eu lieu au musée des Beaux-Arts de Montréal en 2008.

BIOGRAPHIES

BARNET Miguel, **Esclave à Cuba, biographie d'un « cimarrón » du colonialisme à l'indépendance**, Gallimard, 1967.
CLERC Jean-Pierre, **Les Quatre Saisons de Fidel Castro**, Seuil, 1996.
CORMIER Jean, **Che Guevara. Compagnon de la révolution**, Découvertes Gallimard, 1996.
KALFON Pierre, **Che, Ernesto Guevara, une légende du siècle**, Seuil, 1997.
RAFFY Serge, **Castro l'infidèle**, Livre de poche, 2007.
RAMONET Ignacio, **Fidel Castro, biographie à deux voix**, Fayard/Galilée, 2007.
TAIBO II Paco Ignacio, **Ernesto Guevara, connu aussi comme le Che**, Métailié/Payot, 1997.

LITTÉRATURE

Voir aussi « Littérature », p. 101.
ARENAS Reinaldo, **Avant la nuit**, Actes Sud, 1992 ; **La Couleur de l'été**, Stock, 1996.
CABRERA Lydia, **Bregantino Bregantín**, Mercure de France, 1995.
CABRERA INFANTE Guillermo, **Trois tristes tigres**, Gallimard, 1989 ; **La Havane pour un infante défunt**, Seuil, 1985.
CARPENTIER Alejo, **Le Siècle des Lumières**, Gallimard, 1995.
DÍAZ Jesús, **Les Paroles perdues**, Métailié, 1995 ; **La Peau et le Masque**, Métailié, 1997 ; **Parle-moi un peu de Cuba**, Métailié, 1999.
ESTEVEZ Abilio, **Ce royaume**

VALDÉS Zoé, **Le Néant quotidien**, Actes Sud, 1995 ; **La Douleur du dollar**, Actes Sud, 1996 ; **Compartiment fumeurs**, Actes Sud, 1999 ; **La Sous-développée**, Actes Sud, 1999 ; **Danse avec la vie**, Gallimard, 2009.
VÁZQUEZ DÍAZ René, **L'Ère imaginaire**, José Corti, 1999 ; **L'Île de Cundeamor**, José Corti, 1997.

LIVRES DE PHOTOGRAPHIE

ENGELS Hans, **Havana**, Prestel, New York, 1999.
GLAIZE Patrick, **La Habana-La Havane**, Planète Aurora, Paris, 1995.
KUFELD Adam, **Cuba**, W. W. Norton & Company, New York, Londres, 1994.
MAC BRIDE Simon et BLACK Alexandra, **Cuba d'hier et d'aujourd'hui**, Éditions Abbeville, Paris, 1998.
NEWHOUSE Elizabeth, **Cuba**, National Geographic Society, Washington, 2000.
ROBELIN Dominique, **Havana Tránsito**, Aéropage, Lons-le-Saunier, 1997.
STOUT Nancy et RIGAU Jorge, **Havana, La Habana**, Rizzoli International Publications, New York, 1994.
SUGARMAN Martin A., **Storm Over Cuba**, Sugarman Productions, Malibu, 1995.
TRILLARD Marc et GIRAUD Philippe, **Cuba en attendant l'année prochaine**, Vilo, Paris, 1999.

CARTES ET PLANS

t'appartient, Grasset, 1999.
GREENE Graham, **Notre agent à La Havane** in Œuvres complètes, vol. 11, Robert Laffont, 1975-1979.
GUILLÉN Nicolás, **Nueva Antología Mayor**, Unión, La Havane, 1996. En espagnol.
HASSON Liliane (dir.), **Cuba : nouvelles et contes d'aujourd'hui**, L'Harmattan, 1985 ; **L'Ombre de La Havane**, Autrement, « Romans d'une ville », 1997.
HEMINGWAY Ernest, **Le Vieil Homme et la Mer**, Gallimard, 1996.
LEZAMA LIMA José, **Paradiso**, Seuil, 1971.
MANET Eduardo, **Mes années Cuba**, Livre de poche, 2006.
MARTÍ José, **Vers libres**, L'Harmattan Unesco, 1997. Édition bilingue.
ORSENNA Erik et MATUSSIÈRE Bernard, **Mésaventures du paradis. Mélodie cubaine**, Seuil, 1996.
PADURA Leonardo, **Électre à La Havane**, Métailié, 1998 ; **L'homme qui aimait les chiens**, Métailié, 2011.
PIÑERA Virgilio, **Nouveaux Contes froids**, Seuil, 1988.
PORTELA Ena Lucía, **Cent bouteilles sur un mur**, Seuil, 2003.
STRAUSFELD Michi, **Des nouvelles de Cuba**, Métailié, « Suites Littérature », 2001.

🚗 **Bon à savoir** – Les cartes de l'île et les plans de ville sont difficiles à trouver en dehors de La Havane et de Varadero. Procurez-vous la documentation nécessaire à la librairie El Navegante à La Havane (*voir p. 180*). Les cartes routières du pays éditées par les chaînes d'hôtels ne sont pas très précises ; préférez la carte *Mapa geográfico* ou la *Guía de carreteras* (ed. Directorio turístico de Cuba), en vente à l'aéroport, dans les grands hôtels ou en librairie.

Litografia Artistica Cartografica, Carta stradale Cuba au 1/1 250 000. Cette carte routière italienne est l'une des seules disponibles en France. Sont inclus les plans de La Havane, Cienfuegos, Camagüey, Santiago de Cuba, Varadero, et des plages de l'Est.

Mapa geográfico, au 1/1 250 000, éditions GEO. En vente dans les aéroports et les grands hôtels. Sur cette bonne carte routière, vous trouverez aussi les plans de La Havane, des plages de l'Est, de Varadero, des *cayos* Coco, Largo et Guillermo, de Santiago de Cuba.

Mapa turístico « Ciudad de La Habana », éditions GEO. Ce plan de ville a l'avantage de couvrir La Havane et ses environs.

Filmographie

⏥ Voir aussi « Cinéma », p. 104.
DUGOWSON Maurice, **El Che. Ernesto Guevara : enquête sur un homme de légende** (1997). Documentaire sur la vie du Che d'après la biographie de Pierre KALFON.
DINDO Richard, **Ernesto « Che » Guevara, le journal de Bolivie** (1994), documentaire. Les derniers mois du Che en Bolivie d'après des extraits de son *Journal*. Disponible en cassette chez Arte Vidéo.
GUTIÉRREZ ALEA Tomás et TABÍO Juan Carlos, **Fraise et Chocolat** (1993) ; **Guantanamera** (1995).
WENDERS Wim, **Buena Vista Social Club** (1998). Éliades Ochoa, Ibrahim Ferrer, Compay Segundo… les doyens de la grande musique cubaine sous le regard sensible d'un passionné.
SOLÁS Humberto, **Miel para Oshún** (2001). Les péripéties très cubaines de trois Cubains… à Cuba !

SALLES Walter, **Carnets de voyage** (2003). Le voyage initiatique du Che à travers l'Amérique latine avec son compagnon de route Alberto Granado. Le film raconte les injustices rencontrées, notamment vis-à-vis de la communauté indienne d'Amérique, et la naissance d'une vocation.
SCHNABEL Julian, **Avant la nuit** (2001). Retrace la vie de l'écrivain cubain homosexuel Reinaldo Arenas. Engagé d'abord dans la révolution cubaine, il est ensuite persécuté par le régime de Fidel Castro et est contraint de s'exiler aux États-Unis.
SODERBERGH Steven, **Che, 1re partie : L'Argentin** et **Che, 2e partie : Guérilla** (2008). Une évocation grand public de la « carrière » révolutionnaire du Che. La première partie évoque l'assaut décisif des *barbudos* mené en 1958 à Cuba et l'ascension d'un Guevara au faîte de ses victoires. Plus sombre, la seconde partie revient sur la dernière année du Che en Bolivie.
TRUEBA Fernando, MARISCAL Javier, **Chico et Rita** (2011). Film d'animation qui retrace l'histoire d'un pianiste de La Havane dans les années 1950.
ZAMBRANO Benito, **Habana Blues** (2006). Les péripéties de deux amis de La Havane passionnés de musique, rêvant de se faire remarquer par un producteur et de devenir célèbres.

Discographie

⏥ Voir aussi « Musique et danse », p. 94.
L'espace consacré à la salsa dans les magasins de disques en France augmente à vue d'œil. Réunis sous cette étiquette, de nombreux genres musicaux originaires du monde entier se côtoient. Pour vous y retrouver, voici une petite sélection de formations incontournables et de groupes en vogue, à Cuba et en Europe.

PACHITO ALONSO Y SUS KINI KINIS, **Ay ! Que bueno está** (World Music). Digne héritier de son père Pacho Alonso – l'inventeur du rythme *pilón* –, Pachito et son orchestre débordent de vitalité.

AFRO-CUBAN ALL STARS, **A toda Cuba le gusta** (World Circuit). Fusion des genres et des âges le temps d'un disque.

BEBO ET EL CIGALA, **Blanco y Negro**. La rencontre d'un chanteur de flamenco et d'un pianiste cubain.

CASA DE LA TROVA (Erato). Sérénades caressantes et désuètes des *trovadores* romantiques de l'Oriente (Zaïta Reyte et les sœurs Faez) avec trompette pimpante, chorale et violons.

LA CHARANGA HABANERA, **Hey, you, loca** (Magic Music). Des sonorités modernes et une chorégraphie mémorable sur scène.

DELGADO Isaac, **Otra idea** (RMM). Carrière solo pour l'ancien membre de NG la Banda, qui conserve sa voix envoûtante.

FERRER, Ibrahim (World Circuit). De sa voix éraillée, ce formidable improvisateur et guitariste chantait des boléros glamour des années 1940 à 1960.

Introducing… Rubén González (World Circuit). Ce virtuose du piano avait enregistré son premier album à 77 ans. Des morceaux d'anthologie magnifiquement interprétés.

JÓVENES CLÁSICOS DEL SON, **Fruta Bomba** (Tumi). La nouvelle génération cubaine renoue avec ses racines tout en distillant une verve très urbaine, dynamique et cuivrée.

LAS ONDAS MARTELES, **Y despúes de todo** (Label Bleu). Reprises de grands standards cubains.

LOS VAN VAN, **Lo último en vivo** (Magic Music). Sous la direction de Juan Formell depuis 1969, ce groupe mythique présente une discographie étoffée et pas une ride.

MANOLÍN « El Médico de la salsa », **Para mi gente** (Caribe Productions). Dans les années 1990, ses tubes abordaient des thèmes chers à la jeunesse cubaine.

MONTAÑEZ Polo, **Guajiro Natural** (BMG). Originaire de la région de Pinar del Río, Polo Montañez, de son vrai nom Fernando Borrego Linares, exalte la tradition populaire cubaine. Il est mort prématurément dans un accident de voiture.

MORÉ Benny, **Baila mi son** (Caney). Une excellente compilation de morceaux interprétés par le « Barbare du rythme ».

NG LA BANDA, **Best of** (Milan Latino). Comme leur nom l'indique, les précurseurs de la nouvelle génération cubaine.

OCHOA Elíades, **Sublime Illusion** (Virgin). Boléros joués avec force cordes et percussions.

ORISHAS, **A Lo Cubano** (EMI) ; **Emigrante** (EMI) ; **El Kilo** (EMI). Le rap très original de ce groupe résidant en France intègre la tradition cubaine, avec des accords un peu plus mélodieux sur les deux derniers albums. Le *band* connaît un tel succès à Cuba que vous l'entendrez partout.

PAZ Raúl, **Havanization** (Naïve) ; **En Casa** (Naïve). Digne héritier des *trobadores*, ce jeune chanteur-compositeur originaire de Pinar del Río possède un univers très personnel qui mélange diverses influences (salsa, *son*, folk, jazz, etc.).

Guillermo PORTABALES, **El carretero** (World Circuit). Les meilleurs morceaux d'un monument de la *guajira*.

SEGUNDO Compay, **Antología** (East West) ; **Cien años de son** (East West) ; **Calle Salud** (East West). L'un des meilleurs représentants du *son* traditionnel sur la scène européenne, mort en 2003 à 96 ans.

SUAREZ Danay, **Havana Cultura Sessions** (Brownswood/La Baleine). Cette chanteuse venue du rap propose un album jazz teinté de soul et de blues.

Hôtels ? Restaurants ?
Savourez les meilleures adresses !

Envie d'une bonne petite table entre amis, d'une chambre d'hôtes de charme pour s'évader le temps d'un week-end, d'une table d'exception pour les grandes occasions ? Plus de 7800 restaurants, hôtels et chambres d'hôtes vous sont recommandés partout en France. Savourez les meilleures adresses avec le guide MICHELIN !

France

2/
COMPRENDRE
CUBA

Cuba aujourd'hui

Les choses bougent à Cuba. Une nouvelle période s'ouvre, passionnante, qui pourrait déboucher sur des transformations radicales. En crise depuis la chute de l'Union soviétique en 1991, l'un des derniers bastions communistes au monde vacille. Avec l'effacement progressif de Fidel Castro et son remplacement à la tête de l'État et du Parti par son frère Raúl, c'est l'ensemble du système idéologique qui semble peu à peu remis en question. Tout en douceur, par une série de réformes libérales, le gouvernement jette les bases d'un nouveau modèle d'économie mixte, dans lequel l'État réduira son intervention, tout en maintenant en revanche son étau politique. Le VIᵉ congrès du Parti communiste cubain, en avril 2011, a pris acte de cette révolution de velours.

Administration et politique

Les grandes lignes qui régissent la vie administrative et politique de l'île remontent à 1976, date à laquelle Fidel Castro a remplacé Osvaldo Dorticós à la présidence de Cuba.

L'ORGANISATION ADMINISTRATIVE...

Le découpage administratif de l'île, institué en 1976, a été modifié en 2011. Cuba est désormais divisée en **15 provinces** : Pinar del Río, Artemisa, Mayabeque, Ciudad de La Habana, Matanzas, Villa Clara, Cienfuegos, Sancti Spíritus, Ciego de Ávila, Camagüey, Las Tunas, Holguín, Granma, Santiago de Cuba et Guantánamo. Ces provinces sont elles-mêmes subdivisées en **municipios** (municipalités) qui sont au nombre de 167, plus le *municipio especial* de la Isla de la Juventud, municipalité administrée directement par le gouvernement central. Ailleurs, la gestion locale est assurée par des assemblées provinciales et municipales.

... ET POLITIQUE

La **Constitution** cubaine, de modèle socialiste, a été approuvée par un référendum national en 1976. L'organe suprême de l'État est l'Assemblée nationale du pouvoir populaire (ANPP), qui légifère et nomme le gouvernement. En 1992, une modification de

Coco-taxis à La Havane.
Patrick Frilet/Marka/AGE Fotostock

la Constitution a supprimé notamment les restrictions religieuses à l'adhésion au Parti communiste et institué l'élection de l'Assemblée au suffrage universel direct. Les candidats, inscrits sur des listes uniques, sont toutefois exclusivement désignés par des organisations de masse contrôlées par le Parti.

Un référendum, en 2002, a ajouté un amendement déclarant le socialisme « irrévocable ». Un seul parti, le **Parti communiste cubain (PCC)**, dicte la ligne politique à suivre. Selon la Constitution, le PCC « est la force dirigeante supérieure de la société et de l'État, qui organise et oriente les efforts communs vers la construction du socialisme et la marche en avant vers la société communiste ». Dirigé par un bureau politique et flanqué d'un comité central, le PCC a pour **premier secrétaire Raúl Castro** depuis avril 2011 (il était auparavant dirigé par Fidel Castro).

À la base se trouvent les **organisations de masse**. Elles désignent les délégués des assemblées municipales, en charge de la gestion des activités économiques et sociales au niveau local, qui élisent ensuite les assemblées provinciales. Parmi ces organisations : la CTC (Centrale des travailleurs cubains), la FMC (Fédération des femmes cubaines), l'UJC (prononcer « Ou-Jota-Cé », Union des jeunesses communistes), l'Anap (Association nationale des petits agriculteurs) et les **CDR** (comités de défense de la révolution). Ces derniers sont des comités de quartier, mis en place en 1960 pour mobiliser la population face à d'éventuelles agressions contre Cuba. Ces associations chargées de veiller sur les habitants – dans tous les sens du terme – regrouperaient environ 7 millions de membres. Chaque bloc résidentiel, chaque usine, chaque village est ainsi placé sous la vigilance d'un CDR. Toute présence d'un étranger doit être signalée. Tout candidat à l'exil doit être dénoncé. On ne l'empêchera pas de partir, mais on veillera à ce qu'il n'emporte que quelques effets personnels.

Le pouvoir législatif est assuré par une **Assemblée nationale** élue pour cinq ans. Depuis un amendement à la Constitution en 1992, les députés ne sont plus élus par les assemblées municipales et provinciales, mais au suffrage universel direct.

En dehors des sessions de l'Assemblée nationale, qui siège deux fois par an, le **Conseil d'État**, organe collégial, peut prendre des décrets-lois. Ses 31 membres sont désignés par l'Assemblée nationale. Le pouvoir exécutif appartient au **Conseil des ministres,** dont les membres sont aussi élus par l'Assemblée nationale.

L'actuel **chef de l'État** cubain est Raúl Castro, le frère cadet de Fidel Castro, dont il a pris la succession, d'abord provisoire en 2006, puis officielle en 2008. Il préside le Conseil d'État et le Conseil des ministres. Il est aussi le commandant en chef des **Forces armées révolutionnaires**, l'armée cubaine, le plus solide pilier du régime, très impliqué dans la vie politique mais aussi économique.

LIBERTÉS CONTRÔLÉES

Depuis l'accession de Raúl Castro au pouvoir, une série de réformes économiques et sociales ont été mises en œuvre. Mais en matière politique, la rigidité autoritaire demeure. Soumis à la pression des États-Unis et de l'Europe, qui réclament des progrès en matière de droits de l'homme et de libertés, le régime castriste a accepté de faire un geste en libérant, en juillet 2010, une série de prisonniers politiques. Parmi eux, 52 des 75 opposants arrêtés lors du « printemps noir » en 2003. Au terme d'une série de procès expéditifs, ils avaient été condamnés à de lourdes peines de prison pour avoir réclamé, dans une pétition populaire intitulée le « Projet Varela » et remise au Parlement cubain en mai 2002, de plus grandes libertés d'expression, d'association et d'entreprise, l'instauration du mutlipartisme ainsi que des élections libres. Cette libération est intervenue après le décès, en février 2010, d'un prisonnier politique en grève de la faim, Orlando Zapata, et à l'issue d'une médiation ménée par l'Église catholique de Cuba et l'Espagne, pays vers lequel les opposants libérés ont été exilés. Au-delà de ce geste humanitaire, rien, pour l'instant, ne laisse augurer une ouverture démocratique.

La population reste soumise à un contrôle étroit et les libertés individuelles – notamment l'accès à l'information – sont sévèrement restreintes.

LES ACQUIS DE LA RÉVOLUTION

Mais pour les habitants empêtrés dans les difficultés de la vie quotidienne, l'état des libertés apparaît secondaire. De plus, la grande majorité des Cubains ne remet pas en cause les principaux acquis de la révolution et les bienfaits de l'État-providence en matière d'emploi, d'alimentation et de logement. Avec une espérance de vie, un taux de mortalité infantile, une scolarisation et un taux d'alphabétisation comparables à ceux des principaux pays développés, Cuba peut encore mettre sur le compte de son régime des performances que ses voisins des Caraïbes et d'Amérique centrale sont loin d'égaler, dans le domaine de la santé, de la culture et de l'éducation notamment. Et la très fragile économie cubaine survit, tant bien que mal, grâce aux devises envoyées par les exilés cubains ou apportées par les flots toujours croissants de touristes dans l'île, et aussi grâce au pétrole fourni par le Venezuela. La révolte populaire escomptée par les Américains n'a pas eu lieu, le patriotisme des Cubains ayant raison de la précarité de leurs conditions de vie.

UN SENTIMENT PATRIOTIQUE

Outre le contrôle exercé par les autorités sur la population, le fort sentiment patriotique des Cubains expliquerait en grande partie la raison pour laquelle l'île apparaît comme un remarquable modèle de stabilité dans le monde caraïbe, avec le même régime depuis

1959, dirigé jusqu'à récemment encore par le très controversé et très charismatique Fidel Castro. Ce sentiment patriotique, chevillé à l'âme cubaine, avait permis au Líder Máximo de prôner un retour vers la « morale » socialiste fin 2004, après plusieurs années de libéralisation économique et de timides avancées démocratiques. La fierté d'une souveraineté nationale reste d'autant mieux ancrée que la menace de l'impérialiste voisin américain est sans cesse brandie par les autorités cubaines et que l'embargo, toujours en vigueur depuis 1962, est dénoncé comme un véritable blocus militaire. Pourtant, Cuba commerce avec tous les continents. Les États-Unis sont même devenus, ces dernières années, le premier fournisseur agroalimentaire de l'île ! Entre le discours et la réalité, la population perçoit aussi le fossé grandissant.

LE « MODÈLE CUBAIN » MENACÉ

Au fil des années, Cuba, jadis symbole révolutionnaire porteur d'espoirs dans le monde entier, est devenu une société déboussolée, où le marché noir et la double monnaie (peso national et peso convertible) contredisent chaque jour des idéaux socialistes martelés par les médias – entièrement contrôlés par le pouvoir. « Le socialisme ou la mort » reste le credo officiel, mais chacun sait que la survie passe par les capitaux étrangers, la chasse aux dollars et aux pesos convertibles. Les jeunes générations, qui n'ont pas assisté ni participé à la révolution castriste, frustrées par l'absence de libertés, cherchent désespérément de nouvelles voies, dont l'émigration clandestine et périlleuse vers les États-Unis, alors que de nombreux Cubains plus âgés perdent la foi dans le programme qu'ils ont pourtant soutenu. En 2006 déjà, Fidel Castro s'était alarmé de ce décalage : « La révolution risque de se détruire elle-même », avait-il lancé. Dans un entretien publié par le mensuel américain *The Atlantic* en septembre 2010, il ajoutait même : « Le modèle cubain ne fonctionne plus. »

La crise née de l'effondrement du bloc soviétique avait obligé le gouvernement, en 1991, à introduire dans l'urgence l'économie de marché. Après une phase de « recentrage » sur les principes du **socialisme patriotique** fin 2005, le Parti communiste cubain, acculé, entame depuis 2008 un **nouveau virage** en direction du capitalisme privé. Les investisseurs étrangers ont désormais le droit d'acquérir des terres (louées pour 99 ans) pour y construire des terrains de golf ou des *resorts*, tandis que les Cubains sont incités à créer leurs petites entreprises et, en avril 2011, le gouvernement a annoncé l'**accès à la propriété privée**, une vraie révolution pour les Cubains. Ils pourront ainsi acheter et vendre une voiture ou un appartement. Pour favoriser la production agricole, des terres en friche sont distribuées aux **agriculteurs privés**, en usufruit et dans la limite de 13 ha par famille. Les Cubains sont autorisés à acquérir des ordinateurs, des téléphones portables, des lecteurs de DVD et des scooters sur le marché libre (une mesure symboliquement forte mais assez virtuelle, la plupart des Cubains n'ayant pas les moyens d'acheter ces produits de luxe). Le gouvernement décrète aussi l'abandon de l'égalitarisme salarial. Mais les licenciements programmés en 2010 dans le secteur public et l'élimination progressive de certains avantages sociaux conquis par la révolution génèrent de sérieuses incertitudes. De nombreux Cubains craignent que cette libéralisation économique ne se solde une nouvelle fois par un accroissement sensible des **inégalités sociales**. L'écart entre les revenus les plus bas et ceux les plus élevés, qui était de 4 au début des années 1980, est passé à 20 en 2006. L'autonomie de gestion accordée à certains responsables d'entreprises d'État s'est soldée par la fermeture de 70 usines sucrières sur 160, ce qui a compliqué la situation de nombreux ouvriers. Le secteur touristique représente certes une source de devises considérable – le pays a accueilli plus de 2,5 millions de visiteurs en 2010, pour un revenu annuel d'environ 1,8 milliard d'euros –, mais il entraîne aussi des déséquilibres flagrants dans l'économie : lorsqu'un professeur ou un médecin gagne davantage en pédalant sur un *bici-taxi* pour touristes qu'en exerçant sa profession, beaucoup de Cubains s'inquiètent.

REPRISE DU DIALOGUE AVEC LES ÉTATS-UNIS

L'arrivée de **Barack Obama** à la tête des États-Unis (2008) a marqué un tournant dans les relations entre les deux pays. Dès le printemps 2009, le président américain a annoncé l'**ouverture aux voyages** des Américains d'origine cubaine vers l'île, en même temps que la levée des restrictions imposées aux transferts d'argent de ces mêmes citoyens vers leurs proches résidant à Cuba. En janvier 2011, l'administration américaine a pris une série d'autres mesures d'assouplissement, élargissant notamment les voyages vers Cuba à tous les citoyens étasuniens à des fins académiques, culturelles, sportives ou religieuses (mais pas touristiques).

Restent quelques pommes de discorde : Cuba réclame depuis des années la libération de ses « cinq héros » arrêtés en 1998 et condamnés à de lourdes peines de prison pour espionnage alors qu'ils avaient infiltré les milieux anticastristes de Miami. De son côté, Washington conditionne toute amélioration de ses relations avec Cuba à la libération d'**Alan Gross**, condamné en mars 2011 à 15 ans de prison pour atteinte à la sécurité de l'État. Employé d'une société travaillant pour le département d'État, Alan Gross avait été arrêté

L'AVENIR DU RÉGIME CASTRISTE

Symbole de la révolution cubaine, **Fidel Castro** occupait, depuis 1959, le devant de la scène sans partage. En 2006, victime de problèmes de santé, il a délégué ses pouvoirs à son frère cadet Raúl, qui l'a officielle-ment remplacé en février 2008. En avril 2011, il a également renoncé à la direction du Parti communiste, dont il était le premier secrétaire depuis sa création en 1965, et a été remplacé par **Raúl Castro** qui est bien le nou-vel homme fort du pays. Fidel Castro ne disparaît pas pour autant de la scène médiatique. À 84 ans, il est apparu en bonne santé, multipliant les déclarations dans la presse officielle cubaine. Pour la plupart des Cubains, surtout les vieilles générations, Fidel reste auréolé du prestige d'un grand libérateur, et sa disparition brutale serait ressentie comme un choc. Ses propos, que la population n'écoute plus que d'une oreille distraite, ne sont que des « reflexions » générales sur l'évolution du monde. Sa mise à la retraite ne signifierait pas la fin du régime castriste. « Nouveau Castro, même Cuba », ironisent les commentateurs au sujet de cette transition familiale. Mais Raúl Castro, âgé de 80 ans en 2011, devra lui aussi quitter le pouvoir un jour prochain...

« La patrie avant tout. » Fidel Castro entretient un fort sentiment patriotique.
Patrick Frilet/hemis.fr

à Cuba en décembre 2009 alors qu'il distribuait du matériel de communication à des opposants. Mais globalement, une reprise du dialogue s'amorce. En dépit du poids du lobby anticastriste, une normalisation des relations avec Cuba est voulue par un nombre croissant de responsables politiques étasuniens, qui reconnaissent l'inefficacité de **l'embargo commercia**l, toujours en vigueur depuis 1962, ainsi que par les dirigeants économiques soucieux d'accéder au marché cubain.

Économie

« Soit on réforme, soit on tombe dans le précipice », a averti Raúl Castro en décembre 2010. Minée par cinquante ans d'étatisme et sans grand soutien extérieur – malgré l'aide du Venezuela –, l'économie cubaine est, en 2011, au bord de la banqueroute. Les autorités ont donc lancé un programme de 291 points de réforme soumis en avril 2011 à l'approbation d'un congrès du Parti communiste. **Réduction** d'un million **du nombre d'employés du secteur public** dans un délai de 3 ans, **accès à la propriété**, autorisation de la vente des voitures, **ouverture au secteur privé** de 178 petits métiers, plus large autonomie des entreprises d'État, fin des subventions – et notamment de la *libreta*, le carnet de rationnement mis en place en 1962 – unification des taux de change et ouverture aux capitaux étrangers : la liste des principales mesures est ambitieuse, mais se heurte à l'inertie de la bureaucratie et à l'absence d'une culture d'entreprise et de concurrence au sein de la population.

UNE RESTRUCTURATION MASSIVE

Après une amélioration dans les années 2000, le pays connaît de nouveau une situation très difficile. Fortement dépendante des importations, l'économie cubaine est minée par la bureaucratie, la corruption, le marché noir, et asphyxiée par l'embargo américain. Pour éviter la faillite, elle entreprend désormais de démanteler sa façade socialiste pour évoluer à petits pas vers un **modèle mixte**, voire un capitalisme qui ne dit pas son nom.

Au début des années 1990 déjà, l'État avait été contraint d'assouplir son monopole. Des entreprises étrangères avaient été invitées à nouer des **partenariats** avec les entreprises nationales pour investir dans les télécommunications, les mines, le tabac et le tourisme. Des capitaux canadiens, mexicains, européens, brésiliens et chinois sont venus apporter un peu d'oxygène, mais les rigidités du marché de l'emploi, les restrictions imposées par les autorités et les incertitudes financières découragèrent les investisseurs. De 403 entreprises mixtes en 2002, leur nombre tombait à 218 en 2009. Aujourd'hui, l'État cubain souhaite **relancer l'investissement étranger**, en particulier dans le tourisme.

Mais l'aspect le plus important des réformes en cours concerne la fin des subventions aux **entreprises publiques** et le dégraissage de leurs effectifs. La fonction publique à Cuba est en effet pléthorique : 4,8 millions de fonctionnaires et d'employés, soit 80 % de la population active. En 2011, le gouvernement a prévu de supprimer 500 000 emplois publics, et 1,3 million dans un délai de trois ans. Les licenciés devront rapidement trouver une occupation dans le secteur privé, car l'assurance chômage ne leur sera accordée que pour une période maximale de cinq mois. Lors d'une seconde étape, les entreprises publiques improductives ou superflues seront fermées, tandis que celles qui offrent des perspectives intéressantes seront confiées aux militaires.

BOOM DES PETITES ENTREPRISES

Pour contrebalancer ces licenciements massifs, le gouvernement cubain encourage les initiatives privées. Fin 2010, une nouvelle loi sur les **cuentapropistas** (travailleurs à leur propre compte) a élargi le secteur à 178 nouvelles professions, principalement les petits boulots précaires du commerce, du transport, de l'alimentation et de l'artisanat. Des métiers qui existaient déjà depuis des années, mais illégalement, sur le marché noir. En 1993 déjà, les Cubains avaient pu créer des entreprises familiales. On avait vu alors se multiplier les *paladares* (restaurants chez l'habitant) et *casas particulares* (maisons d'hôte), où les touristes étaient invités à payer en dollars ou en pesos convertibles. Depuis la nouvelle loi, 115 000 licences de petites entreprises ont été délivrées. Au total, Cuba compte désormais 271 000 *cuentapropistas* qui, moyennant l'achat de la licence, le paiement d'un impôt et d'une contribution sociale ouvrant un droit à une retraite, composent le secteur privé. Dans le centre de la Vieille Havane, le changement saute aux yeux. Petits étals de réparateurs de téléphones mobiles, de cordonniers ou d'horlogers, de vendeurs de fruits et de légumes ou de casseroles, boutiques de manucure et cafétérias poussent comme des champignons. Et pour la première fois depuis la révolution, les Cubains pourront devenir patrons en embauchant d'autres travailleurs indépendants sans liens de parenté avec eux – ce que certaines *paladares* faisaient officieusement depuis des années.

LA LIBRETA À L'AGONIE

La mutation économique s'accompagne de la réduction des acquis sociaux. Symbole de l'égalitarisme, la *libreta*, le **carnet de rationnement**, en vigueur depuis 1962, qui attribue à chaque Cubain un minimum d'aliments (riz, sucre, haricots, œufs...) et de produits usuels à prix subventionnés, pourrait bientôt être supprimée. Depuis janvier 2011, le savon, le dentifrice et les détergents ne figurent plus sur la maigre liste des produits disponibles dans les magasins d'État. Désormais, il faudra les acheter au prix fort, au même titre que les produits importés vendus dans les magasins en devises. Cette disparition programmée inquiète les Cubains, qui comptent encore beaucoup sur ce carnet pour compenser la faiblesse du salaire moyen, qui s'élève à 400 pesos par mois (environ 15 €).

LA CANNE À SUCRE, UN ANCIEN FLEURON EN DÉCONFITURE

Malgré des terres riches et un climat généreux, Cuba importe encore 80 % des denrées alimentaires. Depuis la « période spéciale », la campagne a effectué un incroyable « bond en arrière ». Faute d'essence et de pièces détachées, le bœuf a remplacé le tracteur et la *machete* s'est substituée à la machine. Les agriculteurs privés sont peu nombreux dans l'île (environ 100 000), mais leur nombre croît. L'État les maintient encore sous tutelle, car ils sont tenus de lui vendre 90 % de leur production. Pourtant, les fermes privées assurent déjà les deux tiers de la production agricole de l'île.

Une monoculture aléatoire

L'histoire de Cuba est indissociable de la **canne à sucre**. Introduite par les Espagnols lors de leur conquête du Nouveau Monde, elle prend son essor vers la fin du 16e s. Une conjonction d'éléments assure alors son expansion. La demande européenne va croissant, l'indépendance des États-Unis crée un nouveau marché, l'industrie sucrière haïtienne s'effondre à la fin du 18e s. Au siècle suivant, un mouvement de concentration et de modernisation de l'industrie sucrière s'avère nécessaire pour lutter contre la concurrence de la betterave européenne. Les États-Unis investissent des sommes colossales dans cette industrie fortement ébranlée par la première guerre d'indépendance. Lorsque Cuba passe sous l'hégémonie américaine, le paysage agricole est celui d'une **monoculture sucrière**. Le destin de l'île est plus que jamais scellé à celui du « roseau sucré », chaque fluctuation des cours mondiaux se répercutant immédiatement sur l'économie cubaine.

Au lendemain de la révolution, le nouveau gouvernement tente d'échapper à cette « tyrannie du sucre » en diversifiant les cultures. L'apparition d'autres produits agricoles provoque ainsi une baisse de moitié de la production sucrière en 1963. Puis la signature de nouveaux accords avec l'Union soviétique – assurant des prix stables au-dessus du cours mondial et l'écoulement de la production – contribue à un changement radical de la politique agricole. À nouveau, le sucre se voit hissé au rang de priorité nationale avec des perspectives de croissance régulière. Les autorités fixent une production record pour 1970 ; toutes les forces de la nation se tendent vers un objectif unique, celui de la **Gran Zafra** (Grande Récolte) qui doit atteindre les 10 millions de tonnes. Fidel Castro montre l'exemple, se faisant photographier *machete* à la main dans une cannaie. Le pays atteint le meilleur résultat de son histoire (8,5 millions), au détriment de tous les secteurs de l'économie, sans parvenir à l'objectif prévu. Après avoir enregistré une baisse

conséquente au lendemain de la Gran Zafra, le secteur nouvellement mécanisé connaît à nouveau une croissance régulière (environ 7 millions de tonnes annuelles) jusqu'à la « période spéciale ». Comme le reste de l'économie, la production sucrière est touchée de plein fouet par la crise. En 2008-2009, la récolte s'établissait à 1,5 million de tonnes. En vingt ans, le pays a été contraint de fermer les deux tiers de ses sucreries. Le temps est révolu où Cuba, premier exportateur mondial, comptait avant tout sur sa production de sucre, alors vendue à son allié soviétique : en 2009, la production couvrait à peine les besoins de l'île et ne représentait plus que 10 % de ses exportations.

LA RENOMMÉE DU TABAC CUBAIN

La renommée de Cuba tient aussi à son **tabac**, servant à fabriquer des cigares de grande qualité. Les cultures du triangle de la **Vuelta Abajo**, dans la région de Pinar del Río *(voir p. 206)*, sont les plus réputées de l'île. Les *vegueros* (planteurs propriétaires d'une plantation) possèdent en moyenne 6 à 7 ha de plantation, la superficie maximale autorisée étant plafonnée à 5 *caballerías* (environ 67 ha). Plus des deux tiers de la production sont entre leurs mains, mais l'industrie du cigare appartient à la Cubatabaco, un monopole d'État. Le tabac n'a pas été non plus épargné par la pénurie d'engrais et d'énergie. Le pays essaie de « remonter la pente » et, après de mauvaises années, a produit 25 000 t de tabac en 2009. En 2010, les exportations de cigares ont rapporté 368 millions d'euros à Habanos SA, une entreprise mixte fondée en 1994 entre Cubatabaco et Altadis (groupe Imperial Tobacco).

DES TENTATIVES DE DIVERSIFICATION

Parmi les autres produits agricoles importants dans l'économie cubaine, on trouve la patate douce, le café et surtout le **riz**, dont l'occupation des sols a été considérablement augmentée depuis les années 1970 pour tenter de parvenir à une autosuffisance. Des programmes d'assainissement dans certaines régions ont permis la plantation d'**agrumes** (péninsule de Zapata, île de la Jeunesse). Malgré des efforts fournis dans le domaine de l'**élevage**, la viande de bœuf est une denrée rare, dont les établissements étatiques ont le monopole, et donc, que seuls les étrangers peuvent consommer, et la production laitière reste insuffisante.

Le secteur de la **pêche** ne s'est développé qu'à partir de 1959.

Un champ de tabac, vallée de Viñales. Le tabac est l'un des secteurs clés de l'économie cubaine.
Bruno Morandi/hemis.fr

Outre une augmentation de la consommation nationale, certains produits sont destinés aux restaurants étatiques (payables en devises) et à l'exportation, comme le thon, les crevettes et les **langoustes**.

DES RESSOURCES SACRIFIÉES AU PROFIT DE L'AGRICULTURE

Avant 1959, l'industrie cubaine était peu développée puisque le pays importait ses produits manufacturés des États-Unis. Après la révolution, malgré quelques efforts, l'agriculture est demeurée le secteur prioritaire. Ces dernières années, les investissements étrangers devraient permettre de valoriser le secteur de l'industrie et celui de l'extraction des ressources naturelles du pays.

Parmi les minerais présents dans le pays, le **nickel** occupe une place essentielle. Les réserves se trouvent au nord de la région d'Holguín, où fonctionnent les usines de Moa et de Nicaro. Cuba se place parmi les premiers producteurs mondiaux de nickel avec plus de 70 000 t extraites en 2010. D'autres ressources sont encore partiellement exploitées tels le manganèse, le chrome, le cobalt ou le fer.

Le pays possède quelques nappes de **pétrole**, au nord de la région de Matanzas, qui ont fourni un peu moins de deux millions de tonnes en 2006. Des compagnies étrangères ont entrepris des travaux de prospection off-shore dans cette région. D'importants gisements ont également été localisés dans la partie cubaine du golfe du Mexique en 2008 qui, si les estimations étaient avérées, pourraient faire de Cuba l'un des pays exportateurs de pétrole. Des forages devraient être lancés en coopération avec le Venezuela et le Brésil. Mais en attendant, le pays continue de dépendre quasi exclusivement de ses importations dans ce domaine. Depuis l'arrêt de l'aide soviétique, le gouvernement a surtout misé sur les économies d'énergie. L'application de l'Alternative bolivarienne pour les Amériques (Alba), signée en 2004 entre Cuba et le Venezuela, permet d'échanger du pétrole contre une coopération en matière d'éducation et de santé. Avec la « période spéciale », la construction de la seule centrale nucléaire du pays, près de Cienfuegos, a dû être annulée.

Malgré une forte pénurie de médicaments, le pays se distingue par une **industrie pharmaceutique** de qualité. Cuba exporte vers des pays d'Amérique latine, les pays de l'Est et l'Afrique de nombreux médicaments, dont un vaccin contre un type de méningite.

LA PRIORITÉ NATIONALE : LE TOURISME

Les chiffres sont éloquents : 600 000 touristes en 1993, 1,5 million en 1998, 1,8 million en 2002, 2,5 millions en 2010. Les visiteurs les plus nombreux sont les Canadiens, derrière lesquels viennent les Italiens, les Espagnols, les Français et les Allemands. Si, comme prévu, Washington levait l'interdiction faite à tous ses citoyens de se rendre librement à Cuba, les Étasuniens pourraient devenir les premiers visiteurs, avec près de 1,5 million de voyageurs dès la première année. Le tourisme, qui est la deuxième source de devises de Cuba derrière l'exportation de services professionnels et techniques, verrait son poids renforcé. En 2010, le pays a engrangé grâce à lui un revenu de 2,25 milliards de CUC, soit environ 1,8 milliard d'euros.

On comprend que le tourisme est devenu la priorité nationale : des hôtels modernes financés par des entreprises étrangères sortent de terre, des édifices coloniaux sont réhabilités, de nouveaux *pedraplenes* (routes-digues) relient les *cayos* à l'île principale et les aéroports internationaux s'agrandissent.

Malgré une forte tradition de **circuits organisés**, Cuba se prête aisément au voyage individuel. Cette formule a permis aux particuliers, qui proposent des chambres ou des tables d'hôte, de profiter directement de l'afflux de devises.

Bénéficiant d'un regain de tolérance, le **circuit privé** devrait connaître une forte hausse au cours des prochaines années, même si l'augmentation considérable de l'impôt sur ces activités a quelque peu assombri l'avenir des petites entreprises familiales. Et des règles sévères, dont l'application est strictement contrôlée par différents corps d'inspecteurs, rendent sans cesse plus compliquées ces activités.

Malgré tout, nombreuses sont les familles qui tentent leur chance, et si nombre d'entre elles sont contraintes de mettre la clé sous la porte, on continue à voir fleurir de nouvelles adresses de *paladares* et, surtout, de *casas particulares* partout dans l'île. Dans les sites les plus touristiques – exception faite de Varadero, où les autorités cubaines ont complètement interdit ces entreprises privées pour ne pas concurrencer les établissements d'État –, la majorité des maisons privées accueillent désormais des touristes.

Un nouveau paysage social

L'une des conséquences de l'arrivée massive d'étrangers sur l'île est le renversement de la pyramide sociale. Un fossé considérable se creuse entre les détenteurs de devises et les autres. Vous rencontrerez inévitablement des avocats, des enseignants, des architectes, des ingénieurs qui ont préféré se détourner de leur profession pour ouvrir une *paladar* ou promener les touristes à bord de leur véhicule.

Les contacts entre les étrangers et la population se sont inévitablement multipliés dans un climat gênant d'« **apartheid touristique** ». Les Cubains n'ont pas accès à certaines plages (tous les *cayos*, notamment, leur sont interdits) ni à la plupart des hôtels internationaux, d'autres établissements étant officiellement réservés au tourisme national. À l'inverse, « leurs » taxis sont interdits aux étrangers sous peine d'amende pour le conducteur ; quant à « leur » monnaie, elle ne leur permet pas d'acheter grand-chose d'autre qu'une nourriture de piètre qualité.

La crise économique a également vu l'émergence du **jineterismo** (de *jinetero*, littéralement « écuyer ») : aux abords des lieux touristiques, on tentera systématiquement de vous soutirer quelques euros en échange de tous les services possibles et imaginables. Vous serez chaque jour confronté à de jeunes *jineteros*, débordant parfois d'imagination pour vous mener dans une *paladar* ou une maison d'hôte où ils toucheront une commission. Les hommes seront souvent abordés par celles que l'on appelle pudiquement les *jineteras*, qui troquent leur charme contre quelques euros, des vêtements, une soirée au restaurant ou la perspective d'un mariage avec un passeport à la clé.

CUBA, PRESTATAIRE DE SERVICES

La première source de devises de Cuba est l'exportation de services professionnels et techniques, pour l'essentiel aujourd'hui l'aide médicale fournie au **Venezuela**, qui a rapporté en 2010 entre 6 et 10 milliards de dollars, soit trois fois plus que le secteur touristique. 14 000 médecins cubains sont à pied d'œuvre dans les zones défavorisées du pays. En échange de cette aide, Caracas livre à Cuba 53 000 barils de pétrole par jour, soit un tiers de ses besoins énergétiques, à un tarif préférentiel. Ce troc correspond exactement à l'aide financière qu'apportait naguère l'URSS à La Havane. C'est ainsi également que l'**Algérie** fournit du gaz à prix subventionné. D'autres pays plus pauvres comme Haïti reçoivent l'aide sans verser de contreparties. Outre les médecins, Cuba exporte à l'étranger des ingénieurs, des enseignants, des urbanistes, des militaires, des entraîneurs sportifs, etc.

Population

Comment décrire la palette infinie de visages et d'yeux, de couleurs de peau ou de cheveux, véritable résumé de l'histoire du pays ? La « cubanité » ne résiderait-elle pas tout simplement dans des attitudes, des gestes, des comportements, des croyances – peut-être le fameux « esprit métis » si cher à Nicolás Guillén ?

DES DONNÉES INCERTAINES

Il n'existe pas de recensement récent de la population, mais on évalue le nombre de Cubains à 11,4 millions, ce qui correspond à une densité de 102 hab./km², soit un chiffre sensiblement équivalent à celui de la France. Malgré l'effort des autorités pour valoriser les zones rurales et encourager le développement des villes de province, plus des trois quarts des Cubains habitent encore en **ville**, près d'un sur cinq à La Havane. On évalue à plus d'un million le nombre d'exilés à Miami (Floride), la deuxième ville cubaine du monde derrière La Havane.

Cuba présente à l'heure actuelle les caractéristiques démographiques d'un pays développé, contrairement à d'autres îles des Antilles et à certains pays d'Amérique latine ; une mortalité infantile relativement basse (5,7 ‰ en 2010), une **espérance de vie élevée** (77,6 ans) et un taux de fécondité en baisse (1,6 enfant par femme). Le tiers de la population a entre 14 et 27 ans, mais le nombre de personnes âgées augmente régulièrement (11 % des habitants ont plus de 65 ans).

En revanche, les statistiques sur les origines des Cubains sont quelque peu déroutantes. L'on recense approximativement 66 % de Blancs, 12 % de Noirs et 22 % de métis, mais le chiffre officieux de 50 % de Blancs semble plus réaliste.

DES ANCÊTRES ISSUS DE QUATRE CONTINENTS

Depuis le début de la colonisation, les vagues successives d'immigration ont abouti à un lent métissage de la population.

Les Indiens

À l'arrivée de Christophe Colomb, l'île était occupée par environ 100 000 Indiens appartenant à des groupes distincts. Contrairement aux indigènes issus de la famille des Caraïbes (ou Karibs) qui peuplaient d'autres îles des Antilles, les Indiens de Cuba étaient principalement des **Arawaks**.

Les **Guanahatabeyes** s'installèrent les premiers à Cuba aux environs de 2000 av. J.-C. Ce peuple primitif vivait de la cueillette et de la chasse, et confectionnait des outils avec des coquillages. On a retrouvé leurs traces dans des cavernes, localisées essentiellement dans l'Ouest du pays, dans la région de Pinar del Río.

Puis une deuxième vague de peuplement vit arriver les **Siboneyes**, peuple de chasseurs et de pêcheurs. Ils fabriquaient aussi des ustensiles sommaires avec des coquillages mais utilisaient également la pierre et le bois. Ils occupaient essentiellement le Centre et le Sud du pays. Il subsiste quelques vestiges de leurs peintures rupestres, les plus remarquables décorant les parois de la grotte de Punta del Este, sur l'île de la Jeunesse *(voir p. 400)*. Les Siboneyes furent partiellement réduits en esclavage à l'arrivée d'une troisième tribu plus évoluée.

Les **Taïnos**, peuple sédentaire cultivateur de *yuca* (manioc), de maïs et de tabac, débarquèrent à Cuba 200 ans avant la conquête espagnole. Ils construisirent des villages composés de *bohíos* (huttes) regroupés autour du *caney*, le bungalow de forme circulaire habité par le cacique (chef indien) *(voir « La péninsule de Zapata », p. 254)*. Ils pratiquaient la poterie et le tissage. Ce sont eux qui ont le plus marqué la culture cubaine, notamment dans le domaine linguistique. La population indienne a pratiquement disparu à l'issue de la conquête espagnole. Il ne reste que quelques descendants de Taïnos réfugiés dans les montagnes de la région de Baracoa.

Les Européens

L'essentiel de la colonisation est d'origine **espagnole**, mais l'on trouve également des groupes minoritaires d'Italiens, de Portugais et d'Allemands. Les régions pauvres sont les plus représentées ; Galice (terre des ancêtres de Fidel Castro), Asturies, Extrémadure et îles Canaries. On opposera par la suite les *peninsulares*, nés en Espagne, aux *criollos*, descendants d'Espagnols nés à Cuba.

À la fin du 18e s., des **Français** chassés d'Haïti par la révolte des esclaves se sont installés dans la région orientale de l'île. Un siècle plus tard, on assiste à une nouvelle vague d'immigration composée de Français, d'Italiens, d'Allemands et d'Anglais venus faire fortune à Cuba.

Résultat de la coopération économique et culturelle entre les pays du bloc socialiste et Cuba au cours de ces dernières décennies, des Cubains sont restés en **Europe de l'Est** tandis que des Polonais, des Tchèques et des Russes se sont installés définitivement à Cuba.

Les Africains

Du début du 16e s. à l'abolition de l'esclavage (1886), un million d'Africains auraient été amenés sur l'île pour travailler dans les plantations. Au milieu du 19e s., les Noirs forment plus de la moitié de la population de l'île – un recensement de 1841 fait état de 418 291 Blancs et de 589 333 Noirs,

Joueurs de dominos à Trinidad.
Tibor Bognar/AGE Fotostock

esclaves et libres confondus.
D'origines ethniques variées, on
peut cependant distinguer des
groupes majoritaires : les *Congos*
(bantous), les *Carabalís* (Calabar),
les *Araràs* (Dahomey) et surtout
les **Yorubas** (ou *Lucumis*), dont
l'influence se ressent fortement
dans la culture cubaine, plus
particulièrement dans le domaine
religieux.
Entre 1913 et 1927, face à un besoin
croissant de main-d'œuvre dans
les plantations, on a fait venir
250 000 Noirs de Jamaïque et
d'Haïti.

Les Chinois

La présence asiatique à Cuba est
surtout visible dans le Barrio Chino
(quartier chinois) de La Havane
(voir p. 151). Le premier bateau de
travailleurs **cantonais** arrive sur l'île
en 1847. Environ 120 000 Chinois
auraient immigré à Cuba au cours
de la seconde moitié du 19e s.
Au titre de la coopération, de
nombreux travailleurs chinois
sont venus pour travailler à Cuba,
notamment dans le secteur

pétrolier. Aujourd'hui, les Chinois
constitueraient 0,1 % de la
population.

UNE SOCIÉTÉ MÉTISSÉE

De prime abord, seul un Cubain est
à même de maîtriser le vocabulaire,
extrêmement riche, pour
désigner les multiples **nuances**
du métissage, du plus sombre
au plus clair : *prieto* (ou *azul*),
*negro, mulatón, mulato, trigueño,
rubio*. Les sobriquets, si fréquents
dans la culture cubaine, font
souvent référence à l'origine de la
personne, sans aucune connotation
péjorative : par exemple, un Cubain
aux traits légèrement asiatiques
sera d'emblée surnommé *Chino*
(Chinois).
On ne manquera pas de vous le
rappeler, le **racisme** n'a plus droit
de cité à Cuba. D'ailleurs, l'une des
premières mesures de la révolution
fut d'abolir toute discrimination
raciale. La ségrégation entre
Blancs et gens de couleur,
institutionnalisée par la société
coloniale, s'était transformée en
ségrégation sociale à l'abolition

TÉLÉVISION ET DOMINOS

La pénurie des transports conjuguée à une diminution considérable du pouvoir d'achat a entraîné une baisse de la fréquentation des lieux publics. On reste plus volontiers chez soi, en famille ou entre voisins, calé sur son fauteuil à bascule à regarder la **télévision**. Véritable fenêtre sur le monde extérieur, le petit écran connaît une popularité sans bornes. Le poste est toujours allumé, avec ou sans le son, et les rues sont littéralement désertées à l'heure de la *telenovela* (feuilleton). Les hommes s'installent parfois autour de la table du salon ou sur le pas de la porte pour de longues parties de **dominos**, le jeu national. Le vieux pick-up réussit de temps à autre à faire des miracles ; une soirée improvisée commence alors, qui dure jusqu'à l'aube.

de l'esclavage. À la veille de 1959, la population noire se trouvait toujours au bas de l'échelle sociale, victime de profondes inégalités. Malgré des progrès incontestables dans ce domaine – libre accès pour tous à l'éducation ou aux soins –, 60 ans de révolution n'ont pas suffi à effacer cinq siècles de préjugés tenaces. Aussi, les **Blancs** continuent-ils d'occuper la majorité des postes à responsabilité, et il suffit de se promener dans les quartiers populaires pour constater que la proportion de Noirs y est plus élevée.

LE CARACTÈRE DES CUBAINS

Un guide national à l'attention des étrangers décrit ainsi le peuple cubain : « Léger et chaleureux comme la brise marine, noble comme ses palmiers royaux, doux comme sa canne à sucre et robuste comme ses montagnes et ses plaines. » À vous de juger si les comparaisons telluriques vous conviennent !

Il est fort probable que vous reveniez conquis par les Cubains. Dotés d'un sens aigu de l'**hospitalité**, les Cubains vous accueillent rapidement à bras ouverts chez eux. Malgré les difficultés d'approvisionnement, le rhum coule à flots, des portions pantagruéliques sont servies, signes d'énormes sacrifices de la

part de vos hôtes. Il peut d'ailleurs arriver qu'ils ne vous accompagnent pas à table, préférant se priver pour faire honneur à leurs invités. L'afflux croissant de touristes et la crise économique ont parfois perverti ce sens de l'hospitalité, que des « roublards » utilisent pour masquer des offres intéressées.

Les Cubains font souvent preuve d'une grande gaieté : le sourire est de mise, le rire sonore de rigueur. Cette bonne humeur est communicative, surtout si vous avez la chance de comprendre les innombrables *chistes* (blagues) qui émaillent leurs discours. Leur **sens de l'humour** et de l'**autodérision** est un exutoire extraordinaire, aucun sujet n'étant épargné, ni Fidel ni la « période spéciale ». Cette même gaieté accompagne des soirées qui s'étirent souvent jusqu'à une heure avancée de la nuit. Que ce soit dans une discothèque, sur une terrasse, dans la rue, dès les premières notes de musique, les Cubains s'abandonnent au démon de la danse, avec cette extraordinaire vitalité mâtinée de **sensualité** qui surprend plus d'un Européen.

Le contraste est saisissant avec la **nonchalance** qui enveloppe l'île dans la journée. Cette nonchalance, pleine de charme lorsque vous êtes vous-même écrasé par la chaleur, peut parfois avoir raison de votre calme dans certaines circonstances – les douaniers par exemple ont la fâcheuse manie de se livrer à une lente inspection de votre passeport alors que l'avion se trouve déjà sur la piste de décollage.

Aux yeux des étrangers, la population fait preuve d'une **patience** hors pair, voire de résignation face aux lenteurs de l'administration et aux queues interminables devant les magasins ou aux arrêts de bus. La « débrouille » et l'**ingéniosité** permettent de contourner certaines de ces tracasseries quotidiennes.

Société

Avec les problèmes de logement, la pénurie de transports en commun, le rationnement et les difficultés d'approvisionnement pour les produits de première nécessité (nourriture, vêtements, médicaments, savon), la journée du Cubain se partage en grande partie entre les files d'attente devant les magasins, les heures de trajet, en bus, en stop et les déplacements à pied. Le système D est roi.

TROIS GÉNÉRATIONS SOUS LE MÊME TOIT

Les Cubains sont très proches de leur famille, sentimentalement et géographiquement. Dans un même logement, il est habituel de voir cohabiter grands-parents, parents et enfants ; cette situation est cependant souvent imposée par la crise du logement.

L'organisation du quotidien met en lumière le machisme persistant dans la société cubaine, la quasi-totalité des tâches ménagères incombant d'ordinaire aux **femmes**. Lorsque les deux parents travaillent, la garde des enfants est souvent confiée à l'*abuela* (grand-mère). Depuis la « période spéciale », la vie des maîtresses de maison tient du parcours du combattant. Elles doivent désormais effectuer des distances considérables à pied ou en stop pour faire leurs achats au marché noir ou sur les marchés paysans, patienter dans des queues interminables, parfois en vain, pour obtenir les produits rationnés de la *libreta*, apprendre à composer des menus avec un minimum de victuailles à leur disposition ou déployer des trésors d'ingéniosité pour économiser jusqu'à la dernière goutte de détergent.

Les enfants habitent chez leurs parents jusqu'au **mariage**. Confrontés au problème épineux de la pénurie de logements, les jeunes époux sont souvent contraints de s'installer chez l'une des deux familles. La promiscuité et le manque d'intimité ne sont sans doute pas étrangers à l'augmentation du taux de **divorce**, notamment en milieu urbain.

L'ÉDUCATION

Lorsque l'on mentionne la révolution cubaine, on cite systématiquement à son actif les domaines de l'éducation et de la santé.

LES HÔTELS DE PASSADES
En choisissant de camper la première scène de *Fraise et Chocolat* dans un petit hôtel sordide, Tomás Gutiérrez Alea adresse un clin d'œil aux Cubains. Ces *posadas* (littéralement « abris »), détenues par l'État, font office de remède à la crise du logement. Entre les draps jaunis de ces « auberges pour amoureux » se retrouvent aussi bien les amours légitimes en quête d'intimité que les nombreuses liaisons clandestines.

Une priorité de la révolution

Dès 1959, les écoles passent aux mains de l'État, qui assure à tous un libre accès à l'éducation, en instaurant le principe de la gratuité de l'école.

L'une des premières grandes croisades du gouvernement fut la **campagne d'alphabétisation** de 1961. Au cours de cette « année de l'Éducation », des milliers d'enseignants et d'étudiants furent envoyés dans les zones les plus reculées de l'île pour apprendre à lire et à écrire à la population, dont 30 % était analphabète. En décembre 1961, une immense manifestation sillonna les rues de La Havane pour fêter le succès de cette campagne. Jusqu'en 1970, le système scolaire et universitaire a été réorganisé avec pour but principal d'ancrer l'éducation dans la réalité socio-économique du pays. En 1968, pour sortir les zones rurales du sous-développement, on créa les **Esbec** (écoles secondaires de base à la campagne). Dans ces internats, les élèves se consacrent aux études et aux travaux agricoles d'une exploitation de 500 ha en moyenne, pour subvenir aux besoins de l'établissement.

Le système éducatif aujourd'hui

Avec un taux d'alphabétisation de 96 %, Cuba se trouve à la tête des pays en voie de développement. L'école est obligatoire jusqu'au 9e degré (équivalent de la quatrième). Chaque coin de rue semble pris d'assaut par des ribambelles d'enfants en **uniforme** rouge bordeaux pour le primaire, jaune moutarde à partir du secondaire. Jupette à bretelles pour les filles, pantalon ou short pour les garçons, chemisette blanche et foulard constituent la tenue imposée.

Mais ce secteur a lui aussi pâti de la « période spéciale ». Les fournitures scolaires font défaut : absence de manuels, de cahiers, de stylos et signes de démotivation chez les **enseignants**. Ceux-ci lorgnent du côté des touristes pour gagner en une journée l'équivalent d'un mois de salaire. De plus en plus de jeunes, à la fin du *pre-universitario* (l'équivalent du lycée), boudent l'université. Les formations classiques n'assurent plus un travail à l'issue des études, et la perspective du **chômage** les inquiète. Ils préfèrent trouver un travail de serveur dans un hôtel international plutôt que de poursuivre de nombreuses années d'études pour ne finalement gagner qu'une poignée de pesos comme médecin, architecte, avocat ou ingénieur.

LE SPORT

Les Cubains se sont réveillés sportifs au lendemain de la révolution. Source de fierté nationale, le sport est devenu un sujet de prédilection qui alimente bon nombre de conversations. On ne cesse de commenter les exploits des athlètes dont les multiples distinctions, lors des compétitions internationales, ont placé Cuba en tête des pays du tiers-monde et de l'Amérique latine.

Une nation médaillée

Cette activité, longtemps négligée, acquiert dès l'accession de Fidel Castro au pouvoir une place de choix au sein du système éducatif. L'**Inder** (Institut national des sports, de l'éducation physique et des loisirs) est créé en 1961, date à partir de laquelle les installations sportives fleurissent dans l'île. Dès le primaire, des équipements sont mis à la disposition des écoliers. Dans un pays où le sport a été « déprofessionnalisé » – on ne trouve que des équipes amateurs –, les compétitions scolaires permettent ainsi

Écoliers sur la Plaza Vieja, La Havane. L'éducation fut une des priorités de la révolution cubaine.
Massimo Pacifico/Tips/Photononstop

aux meilleurs éléments de se distinguer et de continuer à un niveau plus approfondi dans le secondaire, pour rejoindre ensuite les **Espa** (écoles supérieures de perfectionnement athlétique). Les résultats de cette politique sont fulgurants. Depuis les Olympiades de 1972, les **boxeurs** cubains ne cessent de se distinguer en décrochant régulièrement des médailles d'or dans cette discipline. La boxe arrive cependant en seconde position sur l'île, juste derrière le **base-ball** (*béisbol* ou *pelota*), le sport national. Il suffit de vous arrêter dans un square ou un jardin public pour assister à des parties endiablées. Armés d'une batte ou d'un gant trop grand pour eux, les enfants répètent inlassablement les gestes de leurs champions favoris. Les Cubains excellent dans cette discipline et ravissent régulièrement la première place aux États-Unis dans les rencontres internationales.
Le pays enchaîne également les performances dans d'autres disciplines, comme en témoigne

sa deuxième position aux **Jeux panaméricains** organisés sur l'île en 1991, son cinquième rang au classement par pays aux **Jeux olympiques de Barcelone** (1992), sa huitième place à **Atlanta** (1996) ou sa onzième place par le nombre de médailles à **Athènes** (2004). Résultats quelque peu contrastés lors des Olympiades de Pékin (2008), où l'île s'est classée à la 28e place. Il n'en reste pas moins que des athlètes tels Javier Sotomayor, au saut en hauteur, ou Ana-Fidelia Quirot, à la course, ont acquis une renommée internationale.

Le sport, un domaine politisé ?
On aurait tort d'imaginer que ces résultats ne s'expliquent que par la volonté du régime de populariser son image. Contrairement à ce qui pouvait se passer pour certains pays du bloc communiste, les athlètes cubains ne sont pas « élevés » en vase clos. Tous les sportifs cubains se révèlent puis sont sélectionnés dans le système scolaire avant de suivre une solide

formation à l'Institut national des sports.

Certes, le sport ne change pas grand-chose aux difficultés de la vie quotidienne qu'affrontent beaucoup de Cubains, mais il permet une cohésion nationale, dont le régime sait parfaitement tirer parti pour imposer ses décisions. Malheureusement, la dégradation des installations sportives et des équipements a contraint un grand nombre de sportifs cubains à rejoindre des équipes étrangères.

Habitat

À Cuba, on vit volontiers dehors. Certains quartiers offrent un riche univers sonore : rires d'enfants, disputes, raclement des roues de trottinettes artisanales, bruit sec des fiches de dominos sur une table en plein air, bribes de conversation jaillissant d'un balcon voisin. Notez que jusque début 2011, toute opération immobilière était interdite à Cuba. Seuls les échanges d'appartements étaient acceptés. L'accès à la propriété privée, annoncé lors du congrès du Parti communiste en avril 2011, devrait changer considérablement la donne.

DANS LES VILLES

Avec une population de plus de 2 millions d'habitants, La Havane illustre parfaitement le problème généralisé de la surpopulation des villes. Dans les **quartiers populaires**, les familles nombreuses s'entassent dans les anciennes demeures coloniales. Ces maisons agencées autour d'un patio, seul puits de lumière de l'habitation, sont appelées des *solares*. Ce terme, qui a acquis une connotation péjorative, désigne maintenant un habitat communautaire

« squatté » par plusieurs familles. À chaque nouveau venu, les pièces sont subdivisées en hauteur, avec l'installation de **barbacoas** (mezzanines), ou en largeur, réduisant l'espace et augmentant la promiscuité.

Les rythmes de percussions qui s'élèvent parfois dans la Vieille Havane sont le signe d'un *guaguancó* (voir « Musique et danse », p. 97) improvisé dans la cour d'un des nombreux *solares* du quartier.

Au lendemain de la révolution, certaines demeures des **quartiers résidentiels** ont été investies par de nouveaux occupants – les anciens propriétaires ayant quitté le pays. Ceux qui sont restés continuent parfois d'habiter ces immenses villas, divisées maintenant entre plusieurs générations d'une même famille. Ces anciens hôtels particuliers abritent, pour certains, d'immenses salles au décor suranné : parterre de marbre, vaisselle ancienne, mobilier d'époque, véritable photographie d'un intérieur bourgeois du début du 20e s. D'autres appartements affichent une décoration d'un kitsch déroutant, résultat d'une lente accumulation d'objets hétéroclites au fil des ans : fauteuil à bascule, chaise en plastique, guéridon en bois orné d'un napperon en dentelle, coussin brodé, dessus-de-lit aux couleurs vives. Les étagères croulent sous les bibelots, les cadres, les poupées, les échantillons de parfums et les bouquets de fleurs en plastique.

Dès les années 1960, le gouvernement a tenté de remédier au grave problème du logement en construisant des **zones d'habitation** à la périphérie des villes, à l'emplacement d'anciens bidonvilles. Pour pallier le manque de main-d'œuvre, des volontaires se sont enrôlés dans des « micro-brigades » pour effectuer des travaux de construction, sous la direction d'un architecte d'État. Ils bénéficiaient ainsi d'une priorité au logement dans ces nouveaux édifices. L'expérience la plus réussie dans ce domaine est la zone d'Alamar à l'est de La Havane, où s'élèvent de grands ensembles de béton à la physionomie plutôt austère. Depuis la « période spéciale », le secteur de la construction d'habitations se trouve au point mort, faute de matériaux.

Quels que soient les régions et les quartiers, les habitants connaissent de fréquentes coupures d'eau, de gaz et de courant (apagones). Outre les coupures intempestives dues à la vétusté des installations, plusieurs arrêts hebdomadaires interviennent par secteur, dans un souci d'économie. On s'organise alors entre amis pour profiter de la lumière d'un quartier épargné. Ces dernières années cependant, la situation s'est quelque peu améliorée.

DANS LES CAMPAGNES

La situation est encore plus critique en dehors des villes. L'un des acquis révolutionnaires est pourtant d'avoir sorti les zones rurales de leur sous-développement : constructions d'écoles et d'hôpitaux dans les campagnes, projets d'assainissement de certaines régions comme la péninsule de Zapata, constructions de 400 **communautés rurales** comme celle de Las Terrazas dans la Sierra del Rosario *(voir p. 193)*. Ces bâtiments offrent des conditions d'hygiène plus acceptables que certains **bohíos** (cabanes), mais les campagnes restent encore largement parsemées de ces cabanes isolées, masures en bois coiffées d'un toit de palme ou de tôle disposant d'un confort plus que rudimentaire, voire à la limite de l'insalubrité extrême – sol en terre battue, absence d'électricité et d'eau courante dans les zones reculées.

Les **villages** sont généralement composés de maisons en bois aux couleurs pastel délavées par le soleil. Le long de la rue principale, ces dernières présentent un alignement de portiques sous lesquels les habitants prennent le frais en fin de journée. Le village de Viñales, dans la province de Pinar del Río, en offre un exemple pittoresque *(voir p. 198)*.

Histoire

La colonisation espagnole

Environ 100 000 aborigènes du groupe Arawak peuplent Cuba lorsque **Christophe Colomb** aborde ses côtes, le 28 octobre 1492, par la baie de Bariay, à l'est de Gibara (le lieu exact fait encore l'objet de controverses). L'amiral de la mer Océane, porteur d'un message destiné à l'empereur de Chine de la part des rois catholiques, est convaincu d'avoir atteint Cipangu au Japon par la nouvelle route des Indes. Il baptise le territoire « Juana » en l'honneur de l'infante d'Espagne. Ce n'est qu'en 1508 que l'explorateur Sebastián de Ocampo conclura que Cuba est bien une île.

UNE CONQUÊTE DESTRUCTRICE

Sur ordre de la Couronne espagnole, **Diego Velázquez de Cuellar** débarque à Cuba en 1511, accompagné d'une armée de 300 hommes, avec pour mission de coloniser ce nouveau territoire. Les foyers épars de résistance indienne, dont la révolte menée par le cacique (chef indien) **Hatuey** *(voir encadré)*, sont rapidement éliminés. Face à une conquête brutale faite de pillages et de massacres, la population indigène ne peut que s'incliner. Quatre ans plus tard, les conquistadors ont déjà fondé sept *villas* (localités) près des mines d'or et sur le littoral.

Les colons organisent une société fondée sur l'esclavage des Indiens – un système dénoncé par **Bartolomé de Las Casas**. L'extermination massive, les traitements inhumains ainsi que les maladies nouvelles venues d'Europe, comme la variole, conduiront en quelques décennies à la quasi-disparition des autochtones et à leur remplacement par des esclaves africains. Très rapidement, les filons aurifères, qui avaient attiré la convoitise des conquistadors, s'épuisent eux aussi. D'autres terres, plus prometteuses, suscitent alors

HATUEY, LE PREMIER HÉROS NATIONAL

Vous n'avez pu manquer l'Indien au profil volontaire dont l'effigie orne les bouteilles de bière de la marque Hatuey. Ce cacique (chef indien) en provenance de Saint-Domingue prit la tête de la révolte contre les conquistadors espagnols dès leur arrivée sur l'île. Après plusieurs mois de siège dans la région de Baracoa, il fut repoussé dans les montagnes, puis capturé. On raconte qu'avant d'être immolé, Hatuey refusa d'être baptisé par les Espagnols, de crainte de retrouver les chrétiens dans l'au-delà. En périssant sur le bûcher en 1512, ce symbole de la résistance indienne devint le premier héros national de la lutte pour l'indépendance de Cuba.

Statue de Christophe Colomb sur une plage de Guardalavaca.
Sébastien Boisse/Photononstop

un intérêt croissant : c'est le début des expéditions vers la Floride ou le Mexique, comme celles d'Hernán Cortés à partir de 1519.

LE « PARVIS DU NOUVEAU MONDE »

Dès la fin du 16e s., Cuba se repeuple et commence à jouir d'une réputation de plate-forme commerciale. Située entre l'Ancien et le Nouveau Monde, elle sert d'escale aux navires chargés de marchandises qui effectuent la liaison entre l'Espagne et ses colonies.

De nouvelles richesses

L'introduction du « roseau sucré », aux premiers temps de la conquête de l'île, donne naissance à une **industrie sucrière** qui ne cessera de se moderniser au fil des siècles. Vers la fin du 16e s., on construit les premiers *trapiches*, petits moulins actionnés par des animaux ou des hommes. En l'absence de main-d'œuvre indienne, les colons ont recours à un nombre croissant d'esclaves africains. La **traite négrière** ne cessera qu'à la fin

du 19e s., époque à laquelle les Noirs auront dépassé en nombre les Blancs. En marge de cette industrie, Cuba se consacre à la culture du tabac ainsi qu'à l'élevage.

Cependant, les échanges sont soumis au monopole commercial de l'Espagne, la métropole imposant des taxes et des conditions commerciales de plus en plus drastiques pour les *criollos* (Espagnols nés à Cuba que l'on oppose aux *peninsulares* nés en Espagne). Plusieurs révoltes de *vegueros* (planteurs de tabac) éclatent au début du 18e s. contre le monopole du tabac imposé en 1717. Ce climat de méfiance vis-à-vis de la métropole coïncide avec la concurrence que se livrent les différentes puissances européennes à la recherche de nouveaux marchés. **Pirates** et corsaires à la solde des puissances ennemies de l'Espagne font de nombreuses incursions sur l'île jusqu'à la fin du 18e s. Victimes de pillages incessants, les habitants ont aussi pris l'habitude de se livrer à des activités de contrebande avec les écumeurs des mers, contournant ainsi le lourd monopole commercial de la Couronne espagnole.

L'économie cubaine prospère

L'occupation de La Havane par les **Anglais** *(voir p. 128)*, à partir d'août 1762, marque un tournant décisif dans l'économie cubaine. Au cours de ces dix mois, la capitale découvre la liberté du commerce et s'oriente vers de nouveaux marchés, notamment les colonies américaines. Elle conservera son ouverture au commerce international même après le retrait de l'Angleterre. Au lendemain de leur indépendance, les États-Unis multiplient leurs échanges avec Cuba, pour devenir en un siècle le marché principal de certains de ses produits. Enfin, la révolte des esclaves, menée par Toussaint-Louverture en Haïti en 1791, constitue une aubaine pour l'économie cubaine. La ruine des plantations françaises sur l'île voisine génère une flambée des prix de la production sucrière cubaine. Pour répondre à la demande internationale, le pays doit moderniser son infrastructure : des *ingenios* (moulins à sucre) modernes sont construits, et la première ligne de chemin de fer est inaugurée en 1837.

Les guerres d'indépendance

Dès la fin du 18e s., un important mouvement d'émancipation embrase tout le continent américain. En 1825, seuls Puerto Rico et Cuba demeurent sous la férule espagnole.

UNE INSATISFACTION GÉNÉRALISÉE

Au début du 19e s., un fort mécontentement règne au sein de l'ensemble de la société cubaine. Quelques révoltes de *cimarrones* (esclaves fugitifs), réfugiés dans des *palenques* (camps fortifiés), sont étouffées. Il faudra attendre l'issue de la première guerre d'indépendance pour que l'esclavage soit définitivement aboli, en 1886.

La main-d'œuvre durement touchée par la mécanisation de certains secteurs, dont celui du tabac, organise un mouvement ouvrier entre 1850 et 1860.

Les conflits d'intérêts entre l'Espagne et les propriétaires créoles s'accentuent. Face aux mouvements indépendantistes qui s'organisent à partir de 1820, l'Espagne choisit la voie de la répression en augmentant le nombre de soldats sur place. Cette

---

L'APÔTRE DE L'INDÉPENDANCE

Des rues portent son nom, chaque hameau lui a au moins érigé une statue, ses pensées et sa poésie sont connues de tous les Cubains. Qui n'a pas fredonné « *Yo soy un hombre sincero de donde crece la palma…* », l'adaptation de ses *Versos Sencillos* (1891) sur l'air de la Guantanamera ? **José Martí** (1853-1895), penseur, poète, journaliste, révolutionnaire et héros national, aura pourtant passé la majeure partie de sa vie à l'étranger. À 16 ans, il est déporté sur l'île des Pins en raison de ses activités indépendantistes, puis il est envoyé en exil en Espagne. Après un séjour en Amérique latine, il s'installe aux États-Unis où la découverte des « entrailles du monstre » lui fera redouter autant l'impérialisme américain que la colonisation espagnole. Il n'a pas le temps de voir sa prophétie se réaliser, puisqu'il meurt au combat le 19 mai 1895.

période agitée crée également des dissensions parmi les riches créoles : les **loyalistes**, favorables à la domination espagnole, s'opposent aux **annexionnistes**, désireux de se réfugier dans le giron nord-américain dont les intérêts dans l'île vont croissant. L'existence de partisans du rattachement de Cuba aux États-Unis conduit, en 1850, à l'invasion de Cárdenas par la troupe de Narciso López (voir p. 247). Après l'abolition de l'esclavage aux États-Unis en 1865, l'annexionnisme perd beaucoup de ses partisans. Ceux-ci se tournent vers le mouvement réformiste prônant une résolution pacifique et graduelle de leurs difficultés. L'Espagne reste sourde à leur appel et commet l'irréparable en intensifiant une fois de plus la pression fiscale en 1867.

TRENTE ANS DE LUTTE

Lorsque le 10 octobre 1868 **Carlos Manuel de Céspedes** actionne la cloche de son domaine de la Demajagua (voir p. 342, 346), l'heure de la lutte armée a enfin sonné. Ce propriétaire terrien, qui vient de libérer les esclaves de son *ingenio* (moulin à sucre), prend la tête d'une petite armée pour délivrer son pays du joug colonial. Cet épisode marque le début de la **guerre de Dix Ans**. L'année suivante, l'assemblée de la République en Armes abolit l'esclavage et nomme Céspedes président. Armés de *machetes*, les **mambises** (terme utilisé par les indépendantistes eux-mêmes, signifiant « rebelles » en congolais) progressent dans l'île ; des soulèvements ont lieu dans les provinces du centre, particulièrement à Camagüey, où le jeune patriote **Ignacio Agramonte** mène une lutte active. Paralysés par des dissensions internes, les indépendantistes ne réussissent pas à mener une action unitaire qui aurait pu compenser l'insuffisance de leurs armes. Ils déplorent également la perte de plusieurs de leurs chefs militaires, dont celle de Carlos Manuel de Céspedes en 1874.

Le 10 février 1878, la signature du **pacte de Zanjón** entre le général espagnol Martínez Campos et les *mambises* marque la fin de la guerre de Dix Ans. Plusieurs généraux dont **Antonio Maceo** s'élèvent contre cette paix « au rabais » qui n'accorde ni émancipation aux esclaves ni indépendance à l'île. Malgré l'appel à la reprise des combats, connu sous le nom de « **Protesta de Baraguá** » (15 mars 1878), le traité de paix sera signé et la plupart des généraux contestataires prendront le chemin de l'exil. C'est donc à l'extérieur de l'île que le mouvement indépendantiste va se réorganiser. L'acteur principal de la lutte pour l'indépendance est le héros national **José Martí**, qui crée en 1892 le Parti révolutionnaire cubain. Il est parvenu à tisser un véritable réseau à travers tout le continent latino-américain, en préparation du soulèvement armé de Cuba. Cette seconde guerre éclate en février 1895. Deux mois plus tard, **Antonio Maceo**, Máximo Gómez et José Martí débarquent à Cuba pour envahir l'île d'Est en Ouest à la tête des troupes de libération. José Martí tombe au combat le 19 mai, peu de temps après le débarquement, mais les rebelles continuent leur avancée en direction des provinces occidentales. Le 22 mars 1896, Maceo se trouve déjà à Mantua, dans la région de Pinar del Río. Pour contrer l'avancée des *mambises*, la métropole nomme comme capitaine-général de l'île **Valeriano Weyler**. Dès octobre 1896, celui-ci organise un système de *reconcentración* (camps de concentration) afin de parquer les paysans, privant ainsi les rebelles de leur soutien. Les rebelles quant à eux pratiquent la tactique de la terre brûlée, ravageant les exploitations aux mains des riches colons. Le gouvernement espagnol rappelle le général Weyler et opte pour une ligne plus modérée. Les événements vont alors s'enchaîner jusqu'à faire sortir ce conflit du strict cadre hispano-cubain.

Les Américains interviennent

Face aux propositions d'autonomie, les *mambises* refusent de transiger, et la capitale connaît une succession de troubles au début de l'année 1898. Les États-Unis décident alors d'envoyer un cuirassé dans la baie de La Havane afin de protéger leurs intérêts (à la fin du 19e s., les investissements américains à Cuba étaient considérables, particulièrement dans le tabac, les mines et le sucre). Lorsque le 15 février 1898 le croiseur **Maine** explose, ils disposent enfin d'un excellent prétexte pour entrer dans cette guerre. Les versions sur l'origine de cette explosion divergent : accident, acte criminel perpétré par les Espagnols ou par les Américains eux-mêmes ? Sous le choc, l'opinion publique américaine réclame réparation. Dès le 25 avril suivant, les États-Unis déclarent la guerre à l'Espagne. En moins de trois mois, l'armée coloniale capitule à Santiago. Le traité de Paris signé le 10 décembre 1898 par les États-Unis et l'Espagne accorde l'**indépendance à Cuba**… aussitôt placée sous occupation militaire nord-américaine.

L'hégémonie américaine

Cuba est immédiatement dotée d'un **gouvernement militaire américain** renforcé par la présence de troupes d'occupation.

DES GOUVERNEMENTS FANTOCHES

Lorsque l'Assemblée constituante se réunit en 1901, les Américains conditionnent leur retrait du pays à l'insertion dans la Constitution cubaine de l'**amendement Platt**. Ce texte, élaboré par le sénateur américain du même nom, réserve aux États-Unis le droit d'intervenir à tout moment dans les affaires de l'île. Cuba est obligée de se plier aux exigences américaines pour enfin accéder à une indépendance formelle le 20 mai 1902, date de l'élection du premier président conservateur Tomás Estrada Palma, soutenu par les Américains. L'économie est également aux mains des États-Unis, qui détiennent la quasi-totalité du capital et bénéficient d'un traité de réciprocité commerciale. Accusé de fraudes électorales, Tomás Estrada Palma fait appel aux États-Unis en vertu de l'amendement Platt pour reconduire un second mandat. Un nouveau gouvernement militaire s'installe à Cuba de 1906 à 1909 pour remettre de l'ordre dans les affaires internes de l'île. Les décennies qui suivent voient une succession de présidents fantoches et corrompus.

DE RÉVOLTES EN COUPS D'ÉTAT

Une série de mouvements ouvriers s'organisent contre la corruption et la paupérisation grandissante du peuple cubain accentuée par la baisse des prix du sucre sur le marché américain. En 1925, le **Parti communiste cubain** est fondé par Julio Antonio Mella, un leader étudiant. La même année, le président **Gerardo Machado** se retrouve à la tête du pays pour faire face à de nombreuses **grèves** dans les secteurs sucrier et ferroviaire, mouvements qui culminent en intensité au moment de la crise économique de 1929. Face au mécontentement général, Machado riposte par une répression féroce. Une grève générale en 1933 conduit finalement le dictateur à démissionner et à s'enfuir du pays. Le 4 septembre de la même année, un groupe d'étudiants et de militaires va rapidement renverser le successeur de Machado, Grau San Martín. Parmi eux, le sergent **Fulgencio Batista**, qui occupe le poste de chef des armées, va en fait exercer le pouvoir à sa guise jusqu'en 1940, année de son élection. Fait notable, l'amendement Platt est aboli en 1934. Les deux présidents qui succèdent à Batista à partir de 1944 sont loin de rompre avec le climat de corruption qui règne dans la vie politique de l'île. Quelques mois avant la tenue d'une nouvelle élection présidentielle, le 10 mars 1952, Batista s'empare du pouvoir par un **coup d'État**. Jusqu'en 1959, cette dictature soutenue par les États-Unis sera le symbole de la corruption, de la mafia, de la défense exclusive des intérêts étrangers et d'une répression sanglante vis-à-vis des opposants au régime.

La révolution

Le coup d'État de Batista est suivi d'une succession d'actions destinées à renverser la dictature. Un mouvement plus profond prend corps, visant à jeter les bases d'une nouvelle société.

LA CHUTE DE BATISTA

La première pierre de l'édifice révolutionnaire est posée par un groupe de jeunes dirigé par **Fidel Castro Ruz** – présent sur la scène politique depuis 1948 – qui décide de s'emparer de l'arsenal de la caserne militaire **Moncada** à Santiago. Le 26 juillet 1953, alors que le carnaval bat son plein, une centaine d'assaillants tente de conquérir la place-forte, mais l'attaque se solde par un échec. Batista lance aussitôt une série de représailles sanglantes contre les assaillants, dont la moitié est torturée et assassinée.

Un manifeste politique

Cet assaut manqué est surtout passé à la postérité à l'issue du procès des survivants : dans sa plaidoirie restée célèbre, *L'histoire m'acquittera*, Fidel Castro fait plus qu'assurer sa propre défense puisqu'il expose ses revendications

---

L'ICÔNE DE LA RÉVOLUTION

Séduisant guérillero coiffé d'un béret étoilé, cheveux longs et barbe en broussaille perdus dans les volutes de fumée de son cigare, cadavre aux allures christiques : autant de photographies célèbres du **Che** qui perpétuent l'image romantique de la révolution cubaine. La plus connue est celle prise en 1960 par le photographe cubain Korda, mort en France fin mai 2001. **Ernesto Guevara**, jeune médecin de nationalité argentine, allait devenir un mythe en s'engageant aux côtés de Fidel Castro pour libérer Cuba. Nommé ministre de l'Industrie en 1961, il développe sa théorie de « l'homme nouveau » qui, mû par des stimulants moraux et non matériels, doit s'affranchir de toute forme d'aliénation. Internationaliste convaincu, le Che prend finalement congé du peuple cubain pour porter son idéal révolutionnaire vers d'autres fronts. Pris dans une embuscade en Bolivie, il est exécuté le 9 octobre 1967, à l'âge de 39 ans.

et son programme politique. Ce texte retranscrit deviendra en quelque sorte le manifeste de la révolution. Fidel Castro est condamné, avec ses compagnons, à 15 ans de travaux forcés sur l'île des Pins (actuelle île de la Jeunesse). Le 15 mai 1955, sous la pression populaire, Batista amnistie les assaillants de Moncada. Dès leur sortie de prison, les rebelles réorganisent leur mouvement. La direction du **M-26** (Mouvement du 26 juillet), ainsi nommé en souvenir de l'attaque de Moncada, est confiée à **Frank País** à Santiago. Fidel Castro, quant à lui, gagne le Mexique pour rassembler des fonds et préparer son futur débarquement à Cuba. Dès le début de son séjour, en juillet 1955, il rencontre un jeune médecin argentin, **Ernesto « Che » Guevara**, qui décide de se joindre à l'expédition.

Les prémices de la révolution

Le 2 décembre 1956, 82 hommes épuisés par une traversée d'une semaine à bord du **Granma** accostent – ou, comme dira le Che, « font naufrage » – à Playa Las Coloradas. Le mauvais temps a retardé leur arrivée, censée coïncider avec plusieurs soulèvements de diversion organisés par le M-26 dans la province orientale. L'alerte est rapidement donnée. Trois jours plus tard, les troupes de Batista encerclent les rebelles à Alegría del Pío. Seule une poignée d'hommes parvient à s'échapper – Che Guevara est blessé – pour trouver refuge dans la **Sierra Maestra**. Les **barbudos** (barbus), s'étant attiré peu à peu les bonnes grâces des paysans, entament une véritable guerre des nerfs avec Batista. Ils publient un journal, le *Cubano libre* ; Fidel Castro accorde en février 1957 un entretien à Herbert Matthews, un journaliste du *New York Times* ; et Radio Rebelde commence à émettre un an plus tard.

Une progression décisive

Le 5 mai 1958, Batista décide de lancer l'assaut final pour éliminer une bonne fois pour toutes ce « foyer d'agitateurs ». Mais son armée de 12 000 hommes est tenue en échec par les quelque 300 *barbudos*, qui connaissent la Sierra Maestra dans ses moindres recoins. La déroute de l'armée batistienne renverse les rapports de force. Le moment est venu de descendre de la montagne pour passer à l'action. Che Guevara et Camilo Cienfuegos prennent la tête de deux colonnes et entament leur progression vers La Havane. Le 28 décembre, Che Guevara et ses hommes sont aux portes de Santa Clara. Après trois jours de siège, la ville tombe aux mains des rebelles le 31 décembre 1958. Batista prend la fuite pour la République dominicaine dans la nuit. Dès le 2 janvier 1959, les *barbudos* défilent dans La Havane. Fidel Castro les rejoint le 8 après avoir traversé l'île en vainqueur d'est en ouest. Le soir, il prononce la première de

DES DISCOURS FLEUVES

Grand orateur, **Fidel Castro** assomme ou captive – selon son auditoire –, au fil de discours fleuves. Le plus long eut lieu en 1968 lors de la réunion du Comité central : 12 heures et 20 minutes ! L'affaire était grave. Il s'agissait de purger le Parti de quelques éléments inféodés à Moscou. Le plus court ne dura que 20 minutes, en clôture du VIe Sommet des pays non alignés, qui eut lieu à La Havane en 1979. Pour l'ouverture, le Líder avait tenu la salle en haleine pendant 2 heures et demie.

Fidel Castro et Che Guevara (portrait du Che d'après la photo de Alberto Díaz Gutiérrez dit Korda).
Patrick Escudero/hemis.fr

ses interventions télévisées, qui rythmeront désormais la vie des Cubains.

LE TRIOMPHE DE LA RÉVOLUTION

En 1959, le niveau de vie de la population est extrêmement bas, le taux de chômage élevé, et les Américains détiennent un monopole commercial dans les principaux secteurs de l'île. Dès les premiers jours de 1959, les révolutionnaires s'attellent à transformer le paysage social, économique et politique du pays.

Le temps des réformes

La présidence de la République provisoire est assurée par Manuel Urrutia, tandis que Fidel Castro devient Premier ministre. Une série de réformes immédiates vise à l'augmentation des salaires, la baisse des prix des services publics et des loyers, la nationalisation du téléphone, le développement de l'instruction, l'amélioration du système de santé publique. De nombreuses sanctions sont prises contre les responsables en poste sous Batista. Le nouveau gouvernement récupère les « biens mal acquis » durant cette période et se livre à une série de procès, d'arrestations et d'exécutions ainsi qu'à une sérieuse épuration de l'armée, de la police et de l'administration.

La première **loi de réforme agraire** est promulguée le 17 mai 1959. La taille des exploitations étant désormais limitée à 400 ha, on assiste à l'expropriation de grandes entreprises américaines au profit de plus de 100 000 paysans cubains. En juillet, le président Urrutia, destitué pour ne pas avoir défendu correctement les mesures révolutionnaires, est remplacé par **Osvaldo Dorticos**, qui restera à la présidence de Cuba jusqu'en 1976.

La crise cubano-américaine

Cuba connaît rapidement des difficultés économiques dues à la fuite des capitaux, au départ de nombreux techniciens à l'étranger et à la baisse du cours du sucre. Durant l'année 1960, La Havane et Washington se livrent à une surenchère de mesures exacerbant les tensions entre les deux pays. En janvier 1960, les États-Unis réduisent leur importation de sucre. Le mois suivant, non seulement l'**URSS** s'engage à acquérir un quota de sucre équivalent, mais, le 8 mai 1960, elle renoue aussi des relations diplomatiques avec Cuba. Les États-Unis voient plutôt d'un mauvais œil le rapprochement entre les deux nations. Aussi, lorsque du pétrole brut soviétique arrive à Cuba, les raffineries américaines refusent-elles de le traiter. Le gouvernement cubain **nationalise** aussitôt ces entreprises (Texaco, Standard Oil et l'anglo-hollandaise Shell) par mesure de rétorsion. Washington annonce une nouvelle réduction de ses importations de sucre de 700 000 tonnes. La réponse cubaine ne se fait pas attendre : les propriétaires dans le domaine sucrier sont expropriés, sans contrepartie financière, puis les banques sont nationalisées. Lorsque les États-Unis décident d'un **embargo** sur certains produits nord-américains à destination de Cuba, en octobre 1960, les conséquences pour l'île sont désastreuses. La majorité des échanges s'effectuaient avec les États-Unis, Cuba est donc contrainte de se tourner vers de nouveaux partenaires économiques comme l'URSS, la Chine et la RDA. Les dernières entreprises américaines sont nationalisées le 24 octobre. Le 19 décembre, les États-Unis cessent toute importation de sucre cubain et, le 3 janvier 1961, Washington rompt toute relation diplomatique avec La Havane. Dans le contexte de la guerre froide, cette série de tensions allait tout naturellement conduire Cuba à se ranger aux côtés de l'URSS.

UNE ESCALADE IRRÉVERSIBLE

En marge de ces conflits diplomatiques, de nombreux complots se trament pour renverser Fidel Castro. Le 15 avril 1961, trois aéroports cubains sont bombardés par les Américains. Le lendemain, au cours des funérailles des victimes de l'attaque, Fidel Castro annonce publiquement le caractère socialiste de la révolution. Le 17 avril, une troupe d'exilés cubains soutenus par la CIA débarque dans la **baie des Cochons**. Cette tentative d'invasion se solde rapidement par un échec puisque, trois jours plus tard, plus de 1 000 mercenaires sont faits prisonniers. Le « géant impérialiste », qui vient de subir son premier revers, met en place en février 1962 un **blocus** (bloqueo) total de l'île – toujours en vigueur – interdisant toute relation économique avec Cuba. Le conflit le plus retentissant qui oppose les États-Unis à l'île caraïbe va durer 13 jours au cours du mois d'octobre 1962. Pendant ce que l'on appellera la **crise des missiles**, qui a failli faire basculer la planète dans une troisième guerre mondiale, le monde entier garda les yeux rivés sur ce petit territoire. Le 14 octobre 1962, des avions espions américains U2 découvrent des rampes de missiles nucléaires soviétiques installées à l'ouest de Cuba, en face de la Floride.

Les États-Unis organisent immédiatement un blocus naval de Cuba et exigent le démantèlement des rampes. Kennedy et Khrouchtchev parviennent à un accord le 28 octobre, sans consultation préalable du gouvernement cubain : les fusées sont retirées en échange de la promesse américaine de ne pas envahir l'île.

L'OUVERTURE SUR L'ÉTRANGER

Vers le milieu des années 1960, Cuba se tourne vers les pays d'**Amérique latine** (Venezuela, Colombie, Guatemala, Bolivie) pour apporter son soutien aux guérillas révolutionnaires. Puis les années 1970 sont ponctuées de petites victoires sur l'isolement dans lequel les États-Unis ont voulu maintenir le pays, en l'excluant en janvier 1962 de l'OEA (Organisation des États américains). Fidel Castro se rend au Pérou, en Équateur et au Chili. Tour à tour, plusieurs pays d'Amérique latine (Barbade, Guyana, Jamaïque, Trinité-et-Tobago, Panamá, Venezuela, Colombie) rétablissent leurs relations diplomatiques avec l'île. C'est également l'époque de l'engagement cubain dans les révolutions du **continent africain**. Cuba envoie 20 000 hommes en **Angola**, à la demande d'Agostinho Neto, leader du MPLA (Mouvement pour la libération de l'Angola), pour contrer des rebelles soutenus par les États-Unis et l'Afrique du Sud. Fin 1988, l'accord de New York prévoit le retrait des troupes cubaines et les 50 000 Cubains stationnés en Angola rentrent en 1989, en contrepartie de l'indépendance de la Namibie. Des soldats sont aussi envoyés en 1978 en **Éthiopie** pour aider le chef d'État Mengistu Haïlé-Mariam à réprimer une rébellion nationaliste. En hommage à sa présence sur tous ces fronts, Cuba se voit confier la présidence du **VIe Sommet des pays non alignés** qui se tient l'année suivante dans l'île.

À la recherche d'une nouvelle voie

Alors qu'à partir de 1980 plus aucun pays étranger n'intervient dans les affaires internes de Cuba, la perspective d'une crise économique sans précédent assombrit l'avenir de l'île.

DES SIGNES D'ESSOUFFLEMENT

Au cours de l'été 1979, 100 000 exilés sont autorisés à rendre visite à leur famille à Cuba. Le choc est rude pour les deux communautés, particulièrement pour les insulaires, qui font incontestablement figure de parent pauvre. L'année suivante, un nombre grandissant de candidats à l'exil cherchent refuge dans les ambassades étrangères de La Havane. Le 22 avril, des embarcations de Cubains exilés à Miami accostent dans le port de **Mariel** pour venir chercher leurs compatriotes. Fidel décide alors de laisser partir ceux qui le désirent. Après quelques hésitations, le président américain Jimmy Carter déclare accueillir tous les réfugiés. En quatre mois, plus de 125 000 *marielitos* rejoindront la Floride à bord d'embarcations de fortune.

Une crise tous azimuts

Cette même année s'avère désastreuse dans de multiples domaines : les cannaies et les plantations de tabac sont victimes de maladies ; le cheptel porcin est touché par la peste ; une épidémie de fièvre tropicale – rapportée par les soldats d'Angola – s'abat sur 300 000 personnes. Sur le plan international, les nouvelles ne sont pas meilleures puisque les Américains viennent d'élire Ronald Reagan, farouche opposant au régime cubain. Ses deux mandats seront placés sous le signe de l'hostilité à l'encontre de Castro. En 1982, il autorise la station de propagande anti-castriste **Radio Martí** à émettre depuis la Floride vers Cuba.

La répression castriste

La décennie qui suit est marquée, en politique intérieure, par le lancement, en 1986, de la campagne de **rectification des erreurs**, destinée à lutter contre les maux engendrés par la bureaucratisation et le centralisme étatique. Le 13 juillet 1989, la nation est sous le choc : le général Arnaldo Ochoa, héros de la guerre d'Angola, est exécuté avec trois autres officiers à l'issue d'un procès expéditif pour corruption et trafic de drogue avec les États-Unis. L'**affaire Ochoa** déclenche une période de purges et d'arrestations, ainsi que d'importantes restructurations au niveau politique.

LA « PÉRIODE SPÉCIALE EN TEMPS DE PAIX »

Sur fond de scandale politique, la dislocation du bloc socialiste ne pouvait qu'ébranler un peu plus le pouvoir cubain, privé de son soutien idéologique et économique. De novembre 1989 (chute du mur de Berlin) à la disparition de l'URSS fin 1991, les livraisons soviétiques souffrent de retards qui affectent durement le quotidien de l'île. En septembre 1990 débute la « période spéciale en temps de paix », qui plonge Cuba dans une véritable **économie de survie** : investissements stoppés ou ralentis selon les secteurs, fermetures d'usines, instauration de coupures de courant *(apagones)* et suppression de nombreux transports en commun pour réaliser des économies d'énergie. Les queues s'allongent devant les magasins d'État qui ne sont pratiquement plus approvisionnés. Les ménagères trouvent de plus en plus rarement les produits de base de la *libreta*, carnet de rationnement que doit présenter chaque famille, depuis 1962, pour faire ses achats. C'est le règne de la débrouille, la population invente des solutions de substitution, le **marché noir** bat son plein.

Une timide libéralisation

Entre le blocus économique imposé par les Américains et la fin de l'association privilégiée avec les anciennes nations du bloc soviétique, Cuba doit se tourner vers d'autres pays et monter rapidement des *joint-ventures* avec des capitaux étrangers, notamment dans le secteur du tourisme, des mines et du pétrole. Au pire moment de la « période spéciale » (1993-1994), le gouvernement s'engage dans une voie plus libérale, aboutissant à une sorte d'économie de marché sous puissant contrôle étatique. En théorie, l'État socialiste est toujours censé couvrir les besoins de la population, mais le régime encourage à cette époque les initiatives économiques individuelles, officielles ou informelles. Ainsi, en août 1993, la possession de **dollars** n'étant plus considérée comme un délit, les Cubains détenteurs de devises sont autorisés à s'approvisionner dans les *diplotiendas* (magasins en devises). Une loi du 8 septembre 1993 ouvre 117 activités aux *cuentapropistas* (entrepreneurs individuels) : plus de 200 000 Cubains peuvent ainsi s'établir à leur propre compte. En 1994, le gouvernement autorise la création d'*agromercados*, marchés privés où les paysans peuvent écouler leur production à un prix supérieur aux magasins d'État. Malgré cette timide libéralisation, au mois d'août 1994, le gouvernement doit faire face à un nouveau mouvement d'exode massif. Durant la **crise des balseros** (les *balsas* sont des radeaux de fortune), 35 000 Cubains

L'AFFAIRE ELIÁN GONZÁLEZ

L'incident du petit Elián González en novembre 1999 a rapproché, pour la première fois, Fidel Castro et un président des États-Unis contre la communauté anti-castriste de Miami. Retrouvé près des côtes de la Floride, Elián est recueilli par son grand-oncle. Celui-ci refuse de le rendre à son père, toujours à Cuba, et demande l'asile politique pour l'enfant. Médiatisé à outrance, avec l'intervention des forces fédérales, cet incident a choqué bon nombre de Cubains. Elián, âgé de 6 ans, retournera finalement au bout de sept mois auprès de son père. Une statue de José Martí portant un enfant dans les bras a été érigée à La Havane. Le héros national pointe un doigt accusateur en direction du bâtiment de la Représentation des États-Unis…

tenteront de rejoindre les côtes de Floride. Vingt mille d'entre eux, refoulés par les gardes-côtes, resteront enfermés jusqu'au mois de mai 1995 sur la base de Guantánamo, dans l'attente d'un accord entre Washington et La Havane.

LE DURCISSEMENT AMÉRICAIN

L'aile dure des anti-castristes choisit alors de porter le coup fatal. La **loi Helms-Burton** durcit considérablement l'embargo, puisque toute société entretenant des relations commerciales avec Cuba est interdite de séjour sur le territoire américain ; de plus, les personnes dont les biens ont été confisqués par la révolution peuvent intenter une action judiciaire en restitution ou en dommages-intérêts contre les entreprises étrangères qui utilisent ou exploitent ces biens à Cuba. Malgré une résolution de l'ONU votée à la majorité en novembre 1995, visant à l'abrogation de cette loi, le Congrès américain l'adopte en mars 1996. En juillet 2000, Bill Clinton annonce un assouplissement des sanctions : désormais, la vente de nourriture et de médicaments est autorisée à destination de Cuba. Dans le même temps, les contacts entre banquiers et diplomates américains et cubains se multiplient sensiblement.

L'année suivante, les États-Unis exportent des vivres sur l'île pour la première fois depuis plus de 40 ans, afin d'aider la population à faire face aux dégâts causés par l'**ouragan Michelle**.

En mai 2002, l'ancien président démocrate **Jimmy Carter** effectue une visite historique à Cuba, la première d'un haut dignitaire américain sur l'île depuis 1959. Carter souhaite favoriser un rapprochement entre les États-Unis et Cuba ainsi que la défense des droits de l'homme dans l'île.

Dès 2001, cependant, l'élection de **George Bush Junior** va ébranler cette fragile évolution. Le président Bush annonce un durcissement de sa politique envers Cuba. En 2004, interdiction est faite aux ressortissants américains de se rendre sur l'île, tandis que de nouvelles restrictions limitent les envois d'argent des exilés cubains à 100 $ par mois, et les voyages familiaux dans l'île à un séjour de 14 jours tous les trois ans.

L'ALLIÉ VÉNÉZUÉLIEN À LA RESCOUSSE

L'aube des années 2000 apporte à Fidel Castro de nouveaux soutiens en Amérique latine, qui lui permettent de desserrer l'étau américain. Il trouve en particulier un précieux allié et bienfaiteur en **Hugo Chávez**, le président du

Venezuela, nouvelle bête noire des Américains. Au fil des ans, leur collaboration s'accentue, et le Venezuela remplit le vide économique laissé par la disparition du bloc soviétique. Unis contre l'« impérialisme yankee », les deux pays concluent un accord inédit en 2003 : Caracas fournit à La Havane du pétrole à bas coût, en échange de l'envoi de milliers de médecins cubains. L'arrivée au pouvoir de gouvernements de gauche en Bolivie, en Argentine, en Équateur, et au Brésil offre également l'occasion de nouer de nouvelles alliances. D'autres États comme la Chine, la Russie ou encore l'Iran se sont rapprochés récemment de Cuba. L'île bénéficie notamment d'importants **investissements chinois**. Le président de la Chine, Hu Jintao, a effectué une visite officielle très médiatisée à La Havane en novembre 2008.

LA REPRISE EN MAIN

Sur le plan intérieur, la libéralisation amorcée en 1993 avait donné des ailes à tous ceux qui souhaitaient une transition démocratique. Parmi eux, les militants du « **Projet Varela** », une campagne qui, en mai 2002, recueille plus de 11 000 signatures pour réclamer des changements démocratiques par la voie constitutionnelle. Au printemps 2003, peu après les élections législatives, une vague de repression s'abat sur le pays : 75 opposants politiques, la plupart ayant participé à la collecte des signatures pour le Projet Varela, sont arrêtés et condamnés à de lourdes peines pour « conspiration avec les États-Unis ». En avril, trois jeunes qui avaient détourné un ferry sont fusillés pour terrorisme. La reprise en main s'accompagne aussi d'un **recentrage économique**. En 2004, un certain nombre d'entreprises étrangères sont invitées à quitter Cuba, tandis que la circulation libre du dollar est interdite. Le système dit de **double monnaie** est préféré : le peso national sera utilisé par les Cubains, et le peso cubain convertible sera réservé aux transactions avec les étrangers. Institué en 1995, le CUC devient l'autre monnaie officielle.

Pour la période contemporaine, lire « Cuba aujourd'hui », p. 56.

Chronologie

- **1492** – Débarquement de Christophe Colomb à Cuba.
- **1511** – Fondation de Baracoa, la première *villa* de l'île.
- **1519** – Fondation de La Havane à son emplacement définitif.
- **1607** – Santiago perd son titre de capitale au profit de La Havane.
- **1762** – Prise de La Havane par les Anglais.
- **1868** – Début de la guerre de Dix Ans avec Carlos Manuel de Céspedes.
- **1878** – Fin de la guerre d'indépendance.
- **1886** – Abolition de l'esclavage.
- **1895** – Début de la seconde guerre d'indépendance ; retour d'exil de José Martí et d'Antonio Maceo.
- **1898** – Explosion du *Maine* en rade de La Havane (15 février). Traité de Paris (10 décembre).
- **1902** – Proclamation de la République de Cuba.
- **1925** – Fondation du Parti communiste cubain.
- **1952** – Coup d'État de Fulgencio Batista.
- **1953** – Assaut de la caserne Moncada à Santiago par un groupe mené par Fidel Castro.
- **1956** – Débarquement du *Granma* dans la province orientale. Début des combats dans la Sierra Maestra avec Che Guevara.
- **1959** – Triomphe de la révolution avec l'entrée des *barbudos* à La Havane le 2 janvier.

- **1961** – Rupture des relations diplomatiques avec Washington. Échec du débarquement dans la baie des Cochons.
- **1962** – Blocus *(bloqueo)* économique de l'île. Crise des missiles.
- **1972** – Cuba membre du Comecon (marché commun des pays de l'Est).
- **1975** – Envoi de troupes cubaines en Angola.
- **1976** – Adoption de la Constitution de la République de Cuba.
- **1980** – 130 000 Cubains s'enfuient depuis le port de Mariel. Ouverture des marchés libres paysans.
- **1986** – Suppression des marchés libres paysans.
- **1989** – Affaire Ochoa (exécution).
- **1990** – Début de la « période spéciale en temps de paix ».
- **1992** – Arrêt total de l'aide soviétique. Loi Torricelli renforçant l'embargo.
- **1993** – Dépénalisation de la détention de dollars. Autorisation de 150 activités artisanales et professions indépendantes.
- **1994** – Crise des *balseros*. Réouverture des marchés libres paysans.
- **1995** – Loi autorisant les investissements étrangers.

- **1996** – Adoption de la loi Helms-Burton par le Congrès américain.
- **1998** – Visite du pape Jean-Paul II.
- **2000** – Assouplissement du blocus américain par Clinton.
- **2001** – Ouragan Michelle : les États-Unis exportent des vivres à Cuba.
- **2002** – Visite historique de Jimmy Carter dans l'île. Projet Varela.
- **2003** – Coup d'arrêt aux réformes de libéralisation.
- **2004** – Renforcement de l'embargo américain. En réaction, le dollar est retiré de la circulation dans l'île.
- **2006** – Signature de traités commerciaux avec le Venezuela et la Bolivie. Fidel Castro malade, Raúl Castro prend sa place.
- **2008** – Plusieurs ouragans ravagent l'île. Raúl Castro, officiellement investi, lance un programme de réformes économiques.
- **2009** – Barack Obama abolit les restrictions appliquées aux voyages et aux transferts d'argent des Américano-Cubains vers l'île.
- **2011** – Le VIᵉ congrès du Parti communiste de Cuba (PCC), le premier depuis 1997, ratifie les réformes économiques du gouvernement. Raúl Castro est élu premier secrétaire du Parti communiste et succède ainsi à son frère Fidel.

Religions

Cuba est un pays laïc qui reconnaît la liberté de culte. Cependant, les diverses religions présentes sur l'île ont longtemps été reléguées au second plan par la révolution. Depuis quelques années, on assiste à des tentatives de réconciliation entre l'État et l'Église catholique. À ce titre, le IVe Congrès du Parti communiste, en 1991, a autorisé à nouveau la pratique d'un culte par ses membres. En cette période de difficultés économiques, le gouvernement semble admettre que la religion puisse apporter un certain réconfort à la population.

Le catholicisme

Après quatre siècles de colonisation espagnole, le **catholicisme** était naturellement la religion dominante à Cuba. En 1959, à la veille de la révolution, 80 % des habitants de l'île se définissaient comme catholiques, mais seuls 10 % allaient régulièrement à l'église. Dès l'arrivée de Fidel Castro au pouvoir, l'Église n'a pas vu d'un œil favorable la reprise des relations diplomatiques avec l'URSS, le communisme étant incompatible avec l'Église. Certains membres du clergé se sont engagés dans des activités contre-révolutionnaires, et des prises de position contre la politique du nouveau gouvernement ont conduit à des vagues d'arrestations, des fermetures d'églises, des expulsions du pays, ainsi que des départs volontaires. Les biens du clergé ont été nationalisés, et 80 % des prêtres ont quitté le pays. Bien que les relations entre l'Église et l'État n'aient jamais été officiellement interrompues, les pratiquants ne pouvaient être membres du Parti communiste et se voyaient automatiquement

écartés de certaines fonctions. État officiellement athée, Cuba persécutait également les pratiquants de la *santería*.

Dans les années 1990, avec la crise économique et la remise en cause des idéaux politiques, beaucoup d'habitants ont cherché un soutien moral et social auprès de l'Église et de ses œuvres de charité. Le regain de vitalité du catholicisme a obligé les autorités à faire preuve de plus de souplesse. Les signes de détente se sont multipliés. En 1992, Fidel Castro renonce officiellement à l'athéisme d'État et autorise la venue de prêtres étrangers. En 1996, il est reçu par le pape Jean-Paul II au Vatican. La **visite du Saint-Père** sur l'île, en janvier 1998 a été un événement majeur de l'histoire de l'île ces dernières années. Plus de 100 000 fidèles ont pris part à la messe célébrée par le pape Jean-Paul II – le plus grand rassemblement religieux de l'histoire cubaine. Dans la foulée, les fêtes de Noël, qui avait été abolies en 1969, ont été rétablies. Depuis quelques années, des sapins et père Noël ont fait leur apparition dans les vitrines des magasins.

Aujourd'hui, l'Église catholique a

Cérémonie de *santería*.
Pascal Deloche/Godong/Photononstop

retrouvé sa liberté d'expression et commence à reprendre sa place dans la sphère publique. En 2010, elle a participé activement à des négociations qui ont abouti à la libération de prisonniers politiques. Plus surprenant, le gouvernement veut maintenant davantage de prêtres cubains, jugeant qu'il y a trop de prêtres étrangers sur l'île. Un nouveau séminaire a été ouvert fin 2010, inauguré par Raúl Castro en personne.

En marge de la religion catholique, Cuba compte environ 500 000 **protestants**, issus de la présence nord-américaine au début du siècle, ainsi qu'une petite **communauté juive**.

La santería

Dans le salon d'un vieil homme, le portrait de la Virgen de Regla surmonte un autel chargé de cierges, de poupées, de fleurs, de statuettes de saints, d'images pieuses. Au pied d'un *ceiba*, une mère de famille dépose des offrandes pour attirer sur sa maison les bonnes grâces des esprits. Au milieu d'une foule bigarrée se détache une silhouette tout de blanc vêtue dont le costume immaculé, symbole de pureté, est égayé par des rangées de colliers de perles de couleur. Leur point commun : la *santería*.

LES ORIGINES

Proche du vaudou haïtien ou du *candomblé* brésilien, la *santería* (culte des divinités) – terme générique pour désigner l'ensemble des cultes afro-cubains – fait généralement référence à la **Regla de Ocha**, la religion yoruba (Sud-Ouest du Nigeria).

Dès leur arrivée à Cuba, les esclaves africains étaient aussitôt christianisés par les Espagnols. Ils parvinrent cependant à préserver leurs rites, en dissimulant leurs divinités africaines derrière les saints catholiques. Grâce à un jeu subtil de correspondances entre les deux religions, la *santería* est née de l'union du culte des dieux africains et du catholicisme. La frontière entre les deux religions est parfois ténue : dans un même lieu de culte, les fidèles adressent indifféremment leurs prières aux saints catholiques ou aux divinités africaines correspondantes. Discrète pendant les premières années de la révolution, la *santería* revient en force, surtout depuis la fin des années 1980. Les autorités ne peuvent que reconnaître l'importance d'une religion qui touche désormais toutes les couches de la société. Le roi des Yorubas a été reçu officiellement par Fidel Castro à La Havane en juin 1987.

Depuis la crise économique que traverse Cuba, la *santería* connaît un engouement sans pareil. Proche du quotidien, elle apporte des solutions aux multiples problèmes rencontrés en ces temps troublés : retrouver un travail, faire revenir l'être aimé, recouvrer la santé, se débarrasser des mauvais esprits, tenir la police éloignée, etc.

Ce domaine n'a pas été épargné par la fièvre du dollar, comme en témoignent les cérémonies organisées pour les touristes, afin de renflouer les caisses de l'État en devises par l'intermédiaire des *diplobabalaos* (néologisme signifiant littéralement « prêtres pour diplomates »).

LE PANTHÉON YORUBA

Sur les 400 **orishas** (divinités) yorubas, les Cubains en honorent une vingtaine. Il existe des équivalences entre chaque dieu africain et un ou plusieurs saints catholiques. À chaque *orisha* sont associés des couleurs, des traits de caractère, des attributs déterminés par la mythologie yoruba.

Les participants aux cérémonies commencent toujours par invoquer **Eleguá** (saint Antoine de Padoue), le maître des chemins de la vie, désigné par le dieu suprême Olofi pour être son intermédiaire. Ses couleurs sont le rouge et le noir. L'une des divinités les plus importantes de la mythologie yoruba est **Ochún** (Vierge de la charité du cuivre), patronne de Cuba. Déesse de la sensualité, de la maternité, des eaux douces et de l'or, elle est symbolisée par la couleur jaune. Elle épousa **Orula** (saint François d'Assise), devin de son état, exerçant son pouvoir grâce à l'*ékuele* (collier magique). La déesse de la sensualité ne se contenta pas de son vieux mari, et l'on compte parmi ses nombreux amants le terrible **Changó** (sainte Barbe ou Santa Barbara en espagnol). Dieu du tonnerre, des éclairs, de la guerre et des tambours, il est souvent représenté en rouge et blanc, portant un sceptre terminé par une hache à deux têtes. Son frère, **Oggún** (saint Pierre), dieu des métaux, de la force et de la virilité, fait également partie des divinités guerrières yorubas.

Yemayá (Vierge noire de Regla), patronne de La Havane, fait l'objet d'un culte important chez les Cubains. Elle constitue en quelque sorte l'homologue d'Ochún. Vêtue de bleu, la déesse des eaux salées est à l'origine de la création du monde. Citons également l'*orisha* de plus haut rang en la personne d'**Obbatalá** (Notre-Dame des Grâces). Vêtue d'un manteau blanc, cette divinité symbolise la paix, l'intelligence, l'harmonie et l'équilibre. Tête pensante de la religion, c'est elle qui fait régner l'ordre entre tous les *orishas*.

BABALAOS ET SANTEROS

Environ 10 000 **babalaos** (la plus haute autorité religieuse), assistés de *babalorishas* (hommes) et d'*iyalorishas* (femmes), officient à Cuba. Médecins de l'âme et du corps, ils utilisent l'art divinatoire et la magie pour apporter une solution aux personnes qui les consultent. Initié aux secrets d'Orula, le *babalao* peut interpréter les oracles grâce à des *cauris* (coquillages), des *obbis* (noix de coco) ou un *ékuele* (collier), qu'il lance sur un *tablero de Ifá* (plateau en bois ou natte).

Ce même système divinatoire permet également au *babalao* d'attribuer un patron à certains fidèles qui deviendront alors **santeros** (initiés) à l'issue d'un rite initiatique. Pour devenir *santero*, une personne doit au préalable posséder des dispositions spirituelles pour vivre en accord avec les valeurs fondamentales de la *santería* – reposant sur la communion entre l'homme et la nature, le culte des divinités et des ancêtres – puis être « parrainée ». Hommes et femmes peuvent être *santero*, alors que la fonction de *babalao* est exclusivement masculine.

Une fois que le *babalao* a désigné l'*orisha* du futur initié, ce dernier devra alors, pour se purifier, se **vêtir de blanc** de la tête aux pieds pendant un an – tenue obligatoire avec des aménagements possibles pour les professions qui nécessitent le port d'un uniforme !

LES CÉRÉMONIES

À l'issue de cette période est organisée la **cérémonie initiatique**, au cours de laquelle l'*orisha* va « entrer dans la tête » de l'initié. Des offrandes – fruits, légumes, herbes – sont dédiées aux divinités ; des poules, des colombes blanches ou des chèvres sont sacrifiées. Porté par le rythme des tambours et des chants rituels en yoruba, le futur initié entre peu à peu en transe, signe que l'*orisha* prend possession de son corps. Les danses et les costumes correspondent chacun à une divinité appelée. Chaque année, le *santero* organise une cérémonie en l'honneur de son *orisha* à la date **anniversaire** de son initiation.

LE CALENDRIER

Certaines dates du calendrier chrétien revêtent une importance particulière pour les adeptes de la *santería*. Le **8 septembre** (jour de la Nativité de Notre-Dame) connaît d'immenses rassemblements en deux endroits de l'île. Ceux qui se trouvent à La Havane pourront assister à la procession en hommage à **Yemayá** dans le quartier de Regla *(voir p. 183)*. Le même jour, dans l'Est, des Cubains affluent de toute part pour se rendre au pèlerinage de la basilique de la Caridad del Cobre en l'honneur d'**Ochún** *(voir p. 371)*.

Le **17 décembre**, un nombre croissant de fidèles effectuent un véritable chemin de croix – sur les genoux, boulets aux pieds – pour rejoindre l'église San Lázaro à El Rincón, un village au sud-ouest de l'aéroport de La Havane, pour honorer **Babalú-Ayé** (saint Lazare), le dieu des maladies.

AUTRES CULTES

Il existe d'autres cultes afro-cubains comme la **Regla de Palo Monte**, religion animiste importée par les tribus bantoues (Sud de l'Angola), ou le Ñañiguismo pratiquée par la **société secrète Abakuá**, originaire de la région de Calabar (actuels Nigeria et Cameroun). Cette confrérie, dont les membres sont exclusivement des hommes, fut d'abord une société d'entraide entre esclaves, puis s'est ouverte aux Blancs au milieu du 19e s. Elle était essentiellement concentrée dans les ports de La Havane, Matanzas et Cárdenas. À l'issue de son rite initiatique, le *ñañigo*, qui est tenu à un code d'honneur très strict, se doit d'aider moralement et économiquement ses *ekobios* (frères), de pratiquer le culte des ancêtres et d'honorer Ekue, la voix du dieu suprême Abasí.

Musique et danse

La musique et la danse, les deux piliers de la culture cubaine ! Que vous déambuliez dans les rues de l'île ou que vous assistiez à un concert, les rythmes envoûtants et les déhanchements sensuels ne peuvent vous laisser de marbre. Un Européen a toutes les chances de s'égarer dans les dédales de formations, de rythmes, de chants et de danses qui peuplent Cuba. Peu importe, l'univers magique de la musique afro-cubaine palpite de cette sensualité et de cette vitalité qui font perdre la raison.

La naissance d'une musique « créole »

Il faut attendre le milieu du 19e s. pour que des rythmes originaux soient créés sur l'île. Alejo Carpentier, dans son ouvrage *La Musique à Cuba*, attribue le manque d'énergie créatrice des colonisateurs espagnols, que ce soit dans le domaine architectural ou musical, à « la faible résistance spirituelle et physique de la population autochtone ».

Si la musique aborigène ne semble avoir eu aucune influence, en revanche l'**apport africain** occupe une place capitale. D'une part, les esclaves adaptèrent rapidement aux instruments espagnols les chants et les danses fortement ancrés dans leur culture. D'autre part, l'intégration de la musique africaine fut facilitée par des raisons socio-économiques. Pendant longtemps, le pays souffrit d'une pénurie chronique de musiciens professionnels blancs, la bourgeoisie créole préférant se consacrer à des professions plus « nobles ». Les artistes noirs purent ainsi incorporer les rythmes africains de leurs cérémonies rituelles, en conférant un plus grand sens de la percussion, aux instruments européens, ou en détournant leurs outils quotidiens à des fins musicales.

Mélodie européenne et rythmes africains

Plusieurs cultures ont fusionné dans un creuset où les musiques espagnoles et françaises se sont considérablement enrichies des polyrythmes, des syncopes et des contretemps africains.

LES DANSES DE SALON FRANÇAISES

La **contredanse** (*contradanza*), danse de salon apportée par les Français à Saint-Domingue puis à Cuba à la fin du 18e s., donne naissance à un important courant musical sur l'île. Les figures exécutées, par lesquelles les danseurs se rapprochent et s'éloignent en une sorte de combat amoureux, font un tel écho aux thèmes africains qu'elles suscitent un engouement immédiat. La contredanse devient très rapidement le premier genre musical de l'île, duquel naîtront,

LES PERCUSSIONS

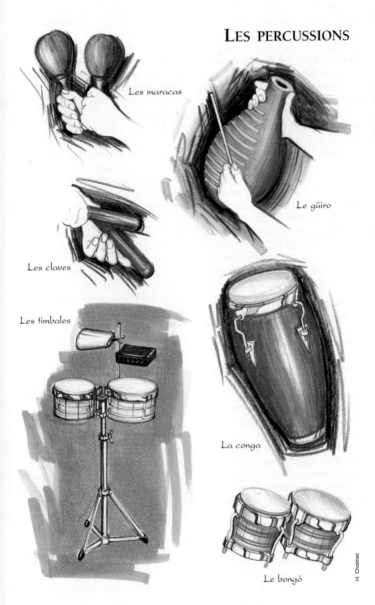

Les maracas

Le güiro

Les claves

Les timbales

La conga

Le bongó

H. Chalmet

entre autres, la *danza*, la *habanera* et surtout le *danzón*.

On date de 1877 la naissance du **danzón** à Matanzas. Cette forme dérivée de contredanse s'exécute désormais en couple sur un rythme binaire. Jusque dans les années 1920, le *danzón* est la musique cubaine par excellence. Les *charangas*, orchestres de *danzón*, s'enrichissent d'une flûte, de violons et n'hésitent pas à se doter d'une importante section de cuivres. Dans les années 1940, le *danzón* évolue vers le **mambo**, qui acquiert ses lettres de noblesse grâce à Pérez Prado à partir des années 1950. Cette même décennie voit également la naissance du non moins célèbre **cha-cha-cha**, dont le nom singulier évoquerait tout simplement le bruit de pas des danseurs. La vague du mambo et du cha-cha-cha va déferler sur Cuba, sur l'Amérique et sur l'Europe.

LE MARIAGE DE L'ESPAGNE ET DE L'AFRIQUE

Une autre branche musicale est née de la fusion des cultures espagnole et africaine. La musique cubaine contemporaine – ainsi que la salsa – est fondée sur le **son** (prononcez « sonne »), genre populaire issu de l'Oriente (la région Est) à la fin du 19e s. Cette forme musicale combine la métrique des chansons espagnoles et les schémas d'alternance solos-chœurs caractéristiques des traditions africaines. Sa particularité est également de réserver aux voix la mélodie alors que les instruments scandent le rythme – même la guitare possède une fonction plus rythmique que mélodique. À partir des années 1920, le *son* s'enracine très rapidement dans les quartiers noirs de La Havane. Plusieurs variantes en découlent, comme par exemple le *son montuno*, dérivé de la *guajira* (romance espagnole adoptée par les paysans blancs). Issus de la province orientale, les *trovadores* (troubadours) accompagnés de leur guitare vont largement contribuer à la diffusion du *son* dans la capitale. Ils joueront le même rôle pour d'autres genres d'origine espagnole comme la joyeuse *guaracha* ou le boléro langoureux. Dès les années 1920, les formations prédominantes de *son* sont des *sextetos* comprenant deux chanteurs (un aux *claves*, l'autre aux *maracas*), un *tres* (guitare à trois cordes doubles), une guitare, une contrebasse et un *bongó*. Par la suite, les groupes se transforment en *septetos*, dotés d'une trompette supplémentaire, puis ne cesseront de s'étoffer.

LA RUMBA

Une parcelle de continent africain. Un mot qui évoque déjà, par ses sonorités, les congas aux rythmes étourdissants. Alejo Carpentier associe la rumba à une atmosphère qu'il décrit ainsi : « Qu'une mulâtresse se mette à remuer la croupe à deux pas d'un danseur, et tous les présents rythment les mouvements de leurs mains, sur une caisse, sur une porte,

BUENA VISTA SOCIAL CLUB
En 1997, la sortie de l'album *Buena Vista Social Club*, produit par le guitariste américain Ry Cooder – accompagné d'un documentaire de Wim Wenders en 1999 –, révèle au monde entier des musiciens et chanteurs cubains, vétérans célèbres des années 1930 à 1950 : Ibrahim Ferrer, Compay Segundo, Rubén González, Elíades Ochoa... Le succès, immense (7 millions d'albums vendus), relancera l'intérêt international pour la musique traditionnelle cubaine.

sur le mur… » Inspirée d'une danse de la fertilité d'origine bantoue, d'où ce mouvement pelvien *(vacunao)* caractéristique, la rumba naît dans les quartiers populaires de La Havane et de Matanzas à la fin du 19e s. On en recense plusieurs variantes : le **yambú** est la forme la plus lente (elle évoque des danseurs âgés), contrairement à la **columbia**, véritable performance acrobatique exécutée par des hommes ; enfin, le **guaguancó** abonde de *vacunaos* suggestifs qui confèrent à la chorégraphie tout son caractère érotique.

Une innovation perpétuelle

Les compositeurs ne cessent d'enrichir la musique afro-cubaine, combinant sans relâche de nouveaux rythmes. Divers genres musicaux ont ainsi fait leur apparition à Cuba au cours de ces dernières décennies.

Dans les années 1970, Silvio Rodríguez et Pablo Milanés sont les principaux chefs de file de la **nueva trova** (nouvelle chanson des troubadours), mouvement de *canción protesta* (chanson engagée) accompagnée à la guitare.

D'autres musiciens s'engagent dans le **latin jazz**, qui associe, comme son nom l'indique, le jazz et des rythmes latins. Jesús « Chucho » Valdés forme en 1973 le groupe Irakere, qui devient le modèle cubain de cette fusion du jazz, du rock et de la musique traditionnelle cubaine. Toujours au début des années 1970, Los Van Van, le célèbre groupe dirigé, encore aujourd'hui, par Juan Formell, se présente sur scène avec une guitare électrique, un synthétiseur et une batterie, autant d'entorses à la tradition ! Ils inventent le **songo**, décrit par Isabelle Leymarie dans son ouvrage *Cuban Fire* comme une « sorte de

danzón mâtiné de pop music », un style qui influencera les générations suivantes.

Venue de Jamaïque dans les années 1990, la vague de **reggaeton** a littéralement envahi la scène musicale des plus jeunes. Rebaptisé **cubaton**, ce style musical mixe les rythmes techno et dance au reggae, à la salsa et surtout au rap dont il a repris les codes vestimentaires et les gestes. Sans salsa, ce cocktail détonant est appelé « templete ».

Et la salsa ?

La « salsa cubaine » tient de la célèbre Arlésienne : tout le monde en parle mais on ne l'entend jamais. Et pour cause, elle n'existe pas. Le terme de *salsa* (« sauce ») serait apparu pour la première fois dans les années 1920, dans la chanson du Cubain Ignacio Piñeiro *Echale salsita* (Mets-y un peu de sauce). Par la suite, cette appellation, qui ne devrait désigner que le genre musical créé par les Portoricains de **New York** à la fin des années 1960, servira de raccourci pour englober une foule de styles musicaux latino-américains. Fortement inspiré du *son* cubain, ce genre musical trouve tout de même son origine dans les rythmes de l'île, d'où la confusion. La diffusion de la salsa est essentiellement assurée par la maison de disques Fania, qui domine le marché américain. De temps à autre, ce label réunit les artistes de la Fania All Stars le temps d'un concert mythique. Sur ces enregistrements d'anthologie, se côtoient les célébrissimes Celia Cruz, Rubén Blades, Willie Colón, Ray Barretto, Héctor Lavoe, Johnny Pacheco, etc.

Depuis les années 1990 est apparu sur l'île un nouveau genre musical, la **timba,** qui associe l'orchestre traditionnel de *charanga* (basse, *congas*, *claves*, piano, violons, flûte) à des instruments modernes tels que batterie, synthétiseur, cuivres et guitare électrique. Les textes, souvent provocateurs et ironiques, se chantent sur des refrains rappés ou sur fond de beat techno. C'est une musique à la confluence du funk, du rock, de la soul, du hip-hop. Quelques groupes et artistes représentatifs : NG La Banda, La Charanga Habanera, Manolín, Paulito FG, Bamboleo, Adalberto Álvarez, Klimax.

Les instruments de la musique cubaine

« C'est bien vrai que la musique cubaine est primitive, mais elle a un charme superbe, une violente surprise toujours emmagasinée en réserve et quelque chose d'indéfini, de poétique qui vole haut avec les maracas, la guitare et les cris du mâle en *falsetto* ou – parfois – en âpre vibrato, comme font les chanteurs de blues, recours harmonique qui vaut aussi bien pour Cuba et le Brésil que pour le Sud parce que c'est une tradition africaine, tandis que les tambours *bongó* et *conga* l'amarrent au sol et les *claves* […], ces "bâtons musicaux" sont comme cet horizon, toujours stables. » Guillermo Cabrera Infante (*Trois tristes tigres*). L'univers afro-cubain est dominé par les **percussions**. La **conga** (*tumbadora*), tambour généralement installé entre les jambes, fournit le rythme de base. Le **bongó**, constitué de deux petits tambours de taille différente reliés entre eux, se place quant à lui sur les genoux. Les **timbales** consistent en deux caisses claires fixées sur un pied surmonté de *cowbells*. N'oublions pas les **claves**, ces « bâtons musicaux », véritable pierre angulaire de l'édifice musical cubain. L'un de ces morceaux de bois dur vient frapper l'autre, tenu au creux de la main, avec ce son presque métallique si caractéristique de la musique cubaine. Cet instrument est la base rythmique du *son* et de la salsa. Ajoutons également le **güiro**, une calebasse striée râclée avec une baguette, et les **maracas** remplies de graines. Dans les cérémonies de *santería*, on utilise trois **tambours batá**, portant chacun un nom, du plus petit au plus grand ; l'*okónkolo*, l'*itótele* et enfin l'*iyá*, considéré comme la « mère des tambours ». Parmi les innombrables instruments que l'on peut trouver dans les formations cubaines – trompette, saxophone, piano, batterie, contrebasse, violon, flûte traversière, etc. –, citons le **tres**, étonnante guitare à trois cordes doubles originaire de l'Est de l'île ou encore la **corneta china**, petite trompette importée par les émigrants chinois, très présente dans les musiques du carnaval de Santiago.

La danse

En marge de la danse populaire, le pays possède également une troupe de **danse classique** de notoriété mondiale. À plus de 90 ans, **Alicia Alonso** continue de diriger le **Ballet Nacional de Cuba**. La cécité dont elle souffre depuis ses 20 ans ne l'a pas empêchée de mener de front sa carrière de danseuse étoile et de chorégraphe. Vous pouvez assister aux répétitions dans les salles du Gran Teatro de La Habana *(voir p. 182)*, sur le Parque Central. Le ballet de Camagüey *(voir p. 320)* est la deuxième meilleure troupe de danse classique à Cuba.

Il existe également des ensembles folkloriques qui se consacrent aux **danses afro-cubaines**. Parmi eux, le **Conjunto Folklórico Nacional** organise de nombreux spectacles ; il ouvre ses portes au public pendant ses répétitions à La Havane, un samedi sur deux en principe *(voir p. 182)*.

Arts et culture

En termes de rayonnement littéraire et artistique, la place occupée par Cuba sur la scène internationale n'est pas celle d'une petite île des Caraïbes, mais bien celle d'une grande nation, faisant jeu égal avec des géants comme le Brésil ou le Mexique. De José Martí, père de la nation, à Nicolás Guillén, compagnon de la révolution, les poètes cubains ont accompagné de leurs vers le destin de l'île et contribué à forger l'identité nationale. Héritiers de traditions venues d'Espagne et d'Afrique, les artistes ont su inventer un art de synthèse, caribéen et profondément original.

Architecture

La ville coloniale est organisée selon un plan en damier. Au cœur de ce quadrillage, se loge habituellement le *parque central*, vaste place carrée agrémentée d'un square. De nos jours encore, l'activité citadine ne cesse de converger vers ce lieu, fréquemment encadré d'anciens bâtiments officiels et de magnifiques palais des 18e et 19e s. Rongé par le temps et le défaut d'entretien, ce patrimoine architectural est en péril. Heureusement, depuis quelques années, les capitaux étrangers permettent de mener à bien des programmes de restauration d'édifices coloniaux. Sous l'égide de l'Unesco, un petit périmètre de la Vieille Havane et le centre de Trinidad ont ainsi fait peau neuve.

L'INFLUENCE ESPAGNOLE

L'architecture indigène est quasi inexistante à l'arrivée des Espagnols. Les premières constructions coloniales sont donc fort semblables à celles de la métropole à la même époque.

Si les forteresses se démarquent peu des constructions militaires européennes, en revanche les édifices à usage d'habitation et les églises vont rapidement se doter d'éléments spécifiquement cubains, commandés par les conditions climatiques différentes et les transformations socio-économiques.

La **demeure coloniale** s'articule entièrement autour du **patio**. Cette cour, encadrée de galeries menant aux différentes pièces, a deux fonctions essentielles : elle permet de faire entrer le soleil – d'où le nom de *solar* donné à ce type de maison – et assure la circulation de l'air dans tout le bâtiment. On accède généralement au patio par le *zaguán* (vestibule). L'une des spécificités cubaines est la présence d'un *traspatio*, seconde cour plus modeste située dans le prolongement de la principale. C'est notamment dans cet espace, utilisé pour les tâches domestiques, que l'on étend le linge. Il arrive que la salle à manger s'intercale entre les deux patios ; on désigne alors cette disposition sous le nom d'*obra cruzada* (œuvre croisée).

Seul le premier étage est occupé par la famille tandis que le rez-de-chaussée est réservé au commerce. La maison qui abrite le restaurant Hanoi (voir « La Havane », p. 172), à l'angle des calles Brasil et Bernaza, offre un exemple intéressant de maison du 17e s. Les premières constructions coloniales pouvaient comporter au premier étage un *cuarto mirador* (pièce mirador). Cette pièce d'angle – sorte de tourelle – était parfois munie d'un balcon en bois couvert d'un auvent en tuiles, évoquant la toiture de la maison. L'architecture coloniale se distingue surtout par les **techos de alfarjes** (plafonds en bois) de style mudéjar (art d'influence musulmane pratiqué par les chrétiens pendant la reconquête de l'Espagne, entre les 11e et 15e s.). Fréquemment peints en vert ou bleu vif, ces plafonds sont composés d'une succession de poutres et parfois agrémentés de *tirantes* (poutres transversales) finement décorés de motifs géométriques. On peut voir ces plafonds aussi bien dans les maisons coloniales (El Palatino à Cienfuegos, voir p. 264), que dans les édifices religieux (le couvent de Santa Clara dans la Vieille Havane, voir p. 143). Certaines de ces structures confèrent à la pièce un volume extraordinaire, selon le type de toiture – en pointe, en carène de bateau ou en forme de coupole.

Au 18e s., les maisons se dotent d'un entresol réservé aux domestiques tandis qu'à l'étage, les salles spacieuses sont plus hautes de plafond. L'hôtel Valencia (voir « La Havane », p. 166) illustre parfaitement le type de construction de l'époque. L'architecture cubaine connaît son apogée durant la seconde moitié du 18e s., phase du **baroque cubain**. Il suffit de

citer comme exemple le Palacio de los Capitanes Generales (voir p. 135) et la cathédrale de La Havane (voir p. 137), édifiés durant cette période. Le palais présente des lignes sobres, proches du classicisme, avec de riches **éléments décoratifs** sur les portes, les arches et les fenêtres. Si la cathédrale comporte les éléments baroques usuels – volutes, frontons et niches –, elle affirme son particularisme par la concavité de sa façade et la sinuosité de sa corniche intermédiaire.

Le 19e s. est placé sous le signe du **néoclassicisme**. Ce style, qui puise son inspiration dans le retour aux formes de l'Antiquité classique, est illustré par le Templete à La Havane (voir p. 136). Le toit incliné de style mudéjar des maisons est abandonné au profit des *azoteas* (terrasses). On emploie du fer forgé pour les balcons et des *rejas* (grilles) aux fenêtres. Celles-ci se parent également de **mediopuntos**, éléments en bois ou en verre coloré destinés à tamiser la lumière, qu'Alejo Carpentier décrivait comme « les interprètes entre le soleil et l'homme ». Certains bâtiments acquièrent à cette époque une taille imposante, comme la Manzana de Gómez – à usage commercial – qui occupe tout un pâté de maisons, sur le Parque Central à La Havane (voir p. 147). Au crépuscule de la période coloniale, les nouveaux quartiers bourgeois (comme le Vedado à La Havane, voir p. 152) voient l'émergence d'un nouveau type de constructions. Ceinturée d'un jardin, la maison dispose, sur chaque façade, d'ouvertures qui facilitent le passage des courants d'air et de la lumière. L'indépendance cubaine sonne ainsi le glas du fameux patio colonial.

Edificio Bacardí, chef-d'œuvre d'Art déco.
Hervé Hughes/hemis.fr

DE L'ART NOUVEAU
AU MODERNISME

Au début du 20e s., l'éclectisme
domine : styles néogothique,
baroque et mauresque mêlent leurs
effets, à l'image de l'ancien Palacio
Presidencial (actuel Museo de la
Revolución) de La Havane.
L'Art nouveau triomphe dans les
années 1910-1920 : le **Palacio
Velasco**, à La Havane, en est le
meilleur exemple. La capitale
cubaine conserve aussi plusieurs
témoins de l'Art déco, tel l'**Edificio
Bacardí** (1929) de la vieille ville.
L'architecture moderne apparaît à
La Havane dans les années 1950,
avec notamment l'**Edificio Focsa**.
Œuvre de l'architecte Aquiles
Capablanca, le bâtiment du
ministère de l'Intérieur, sur la plaza
de la Revolución, le stade sportif
José Martí du Vedado ou encore
l'église San Antonio de Padua à
Miramar sont typiques de ce style
qui chercha à adapter les préceptes
modernistes de Le Corbusier, Walter
Gropius et Mies van der Rohe au
climat tropical de l'île.

Littérature

Comme dans de nombreux pays
d'Amérique latine, la littérature
cubaine a mis du temps avant de se
forger une identité propre.

UN PORTRAIT DE LA SOCIÉTÉ
COLONIALE

Espejo de Paciencia (*Miroir de
patience*, 1608) de **Silvestre
de Balboa** est la première
œuvre cubaine répertoriée *(voir
« Bayamo », p. 342)*. Ce poème
dépeint la société coloniale dans
son environnement créole, avec
quelques références à la flore et
à la faune vernaculaires. Il faut
cependant attendre le 19e s. pour
assister à l'éclosion véritable d'une
littérature nationale.
*Cecilia Valdés ou La Colline de
l'ange*, le premier roman notoire,
est publié en 1882. Dans cette
fresque historique classée comme
roman de mœurs, **Cirilo Villaverde**
(1812-1894) dénonce l'esclavage,
mais brosse également un portrait
de la société coloniale à travers

une galerie de personnages minutieusement observés.

Bien que l'auteur de *Cecilia Valdés* jouisse d'une grande renommée, la fin du 19e s. est incontestablement dominée par une autre figure littéraire : **José Martí** (1853-1895), « l'apôtre de l'indépendance » et l'écrivain latino-américain le plus significatif de l'époque. Penseur, poète, journaliste et révolutionnaire, il connaît l'exil à 16 ans et passe presque toute sa vie à l'étranger. C'est aux États-Unis qu'il compose l'essentiel de son œuvre, et qu'il lutte activement pour l'indépendance de Cuba *(voir « Histoire », p. 78)*. De tous les genres littéraires auxquels il s'est essayé – romans, pamphlets, essais, articles de journaux, pièces de théâtre –, il se distingue plus particulièrement par ses recueils de poèmes, dont *Ismaelillo*, *Vers libres* (publié à titre posthume) et *Vers simples*. Une écriture simple, lyrique et spontanée, au service d'un immense talent poétique, fait de lui le précurseur du modernisme latino-américain.

LA QUÊTE DES ORIGINES

Vers la fin des années 1920, la zone caraïbe est traversée par le courant « négriste » qui conduit de nombreux artistes à puiser dans les racines africaines de la région. L'« art nègre » gagne également l'Europe à la même époque. Les recherches du célèbre anthropologue **Fernando Ortiz** (1881-1969) permettent de mieux appréhender cette culture africaine, objet d'un véritable engouement. Ses écrits dans les domaines de l'ethnologie, de l'anthropologie et de l'histoire continuent de faire autorité.

Les mêmes thèmes afro-cubains hantent également l'œuvre de **Lydia Cabrera** (1900-1991). Dans son premier livre, *Les Contes nègres de Cuba*, elle adapte des contes inspirés du folklore africain et *El Monte (La Forêt)*, son étude ethnologique, parue en 1954, demeure une référence dans le domaine de la culture afro-cubaine.

Le « négrisme » inspire aussi les premières œuvres de **Nicolás Guillén** (1902-1989). Ses recueils *Motivos de son (Motifs de son)* et *Sóngoro cosongo* résonnent de mélodies autour du thème central du métissage. Ses poèmes rythmés comme des morceaux de *son (voir « Musique et danse », p. 96)* utilisent une langue extrêmement colorée pour revendiquer la culture afro-cubaine, ainsi que la place du Noir dans la société. De retour d'exil, à la chute de Batista, Nicolás Guillén devient l'une des figures littéraires prépondérantes de l'île. Il est nommé président de l'Uneac (Union nationale des écrivains et des artistes cubains), organisme chargé de coordonner l'activité créatrice et d'assurer la promotion des artistes cubains. Considéré comme « poète national », Guillén va désormais s'attacher à défendre la révolution jusqu'à la fin de sa vie.

La culture afro-cubaine se trouve également au centre de *Ecue-Yamba-O*, le premier roman d'**Alejo Carpentier** (1904-1980). À l'instar d'un Wifredo Lam en peinture *(voir p. 107)*, Alejo Carpentier puise aux sources africaines pour affirmer une identité nationale et caraïbe. Cet écrivain, l'un des plus célèbres de Cuba, influencé par les surréalistes, qu'il a longuement côtoyés en France, développe une théorie originale du « réel merveilleux », très présent dans la culture latino-américaine. Le romancier décrit ce courant comme « la résolution future de deux états en apparence contradictoires, que sont le rêve et la réalité, en une sorte de réalité absolue, de surréalité ». Au fil de ses ouvrages, dont notamment *Le Siècle des Lumières*, la rencontre insolite de mondes opposés (l'Ancien et le Nouveau) illumine la réalité de manière inhabituelle. Le « réel merveilleux » a séduit d'autres auteurs tels le Colombien Gabriel García Márquez et, bien au-delà du strict cadre latino-américain, l'écrivain Salman Rushdie.

Plus récemment, **Miguel Barnet** (1940), romancier et ethnographe, s'est attaché à valoriser l'apport de la culture noire dans l'identité cubaine. Sa biographie *Esclave à Cuba, biographie d'un « cimarrón » du colonialisme à l'indépendance* (1967) relate les souvenirs d'un vieil homme de 104 ans, Esteban Montejo, qui a connu l'esclavage dans les plantations de canne à sucre.

Une place particulière doit être allouée à **José Lezama Lima** (1910-1976), l'un des monstres sacrés de la littérature cubaine, directeur jusqu'au milieu des années 1950 de la revue littéraire *Orígenes*. Son chef-d'œuvre publié en 1966, *Paradiso*, foisonne de métaphores dans un style parfois hermétique qualifié de « baroque » par l'écrivain lui-même. Véritable plongeon au cœur du métissage et de l'homosexualité, ce roman connaît cependant un tirage restreint à sa parution – 4 000 exemplaires – à cause de son caractère « pornographique ».

Malgré leurs profondes divergences, notamment littéraires, réunissons ici Lezama Lima et un autre grand écrivain, **Virgilio Piñera** (1912-1979). Ce dernier, collaborateur de cette même revue *Orígenes* qu'il quittera pour fonder *Ciclón*, se distingue surtout dans le genre théâtral, les contes et la poésie. Ses *Nouveaux Contes froids*, modèle de littérature du fantastique et de l'absurde, feront de nombreux disciples à Cuba. Piñera est victime du même ostracisme que Lezama Lima, puisque ses œuvres sont interdites de publication à partir de 1970. Persécutés pour leur homosexualité et leur non-conformisme littéraire et politique, les deux écrivains seront condamnés à un véritable exil intérieur jusqu'à leur mort.

L'ART AU SERVICE DE LA RÉVOLUTION

Le discours *Paroles aux intellectuels*, prononcé par Fidel Castro en juin 1961, après l'interdiction du court-métrage *PM (voir « Cinéma », p. 104)*, jette les bases de la nouvelle politique culturelle : « Dans la révolution, tout ; hors de la révolution, rien. » Certains intellectuels choisissent déjà de s'exiler, mais il faut attendre 1971 pour qu'une onde de choc parcoure la société cubaine. Lorsqu'en 1968, le recueil de poèmes *Hors-jeu* d'**Heberto Padilla** (1932-2000) est primé, l'Uneac accompagne la publication de l'ouvrage d'une dénonciation de son contenu idéologique. Le poète, arrêté en 1971, se livre à une rétractation publique, en échange de sa libération. L'affaire Padilla ébranlera de nombreux intellectuels du monde entier et condamnera au silence ceux de l'intérieur suspectés de « diversionnisme idéologique ». Dix ans plus tard, beaucoup profiteront de l'exode de Mariel *(voir « Histoire », p. 85)* pour quitter le pays.

LA LITTÉRATURE DE L'EXIL

Cuba demeure bien entendu le thème central des auteurs à l'étranger, chacun exprimant l'éloignement de son île natale et sa souffrance personnelle avec son propre génie. De son refuge londonien, **Guillermo Cabrera Infante** (1929-2005) nous entraîne dans La Havane des années 1950 dans *Trois tristes tigres* (1967), au rythme des calembours, des allitérations et des jeux de mots. **Reinaldo Arenas** (1943-1990) s'est donné la mort à New York, après avoir achevé sa bouleversante autobiographie *Avant la nuit*. Il raconte dans cet ouvrage mêlant l'érotisme, le burlesque, l'autodérision et le lyrisme les incessantes persécutions dont il fut victime à Cuba.

Une même inspiration érotique, mordante et poétique envahit les écrits de **Zoé Valdés** (née en 1959). Dans *La Douleur du dollar*, l'un de ses premiers romans, le sordide et le merveilleux fusionnent, les anachronismes et les associations de lieux créent une ambiance irréelle et pourtant terriblement ancrée dans le réel havanais.

Les références aux grands écrivains cubains ponctuent *Les Paroles perdues* de **Jesús Díaz** (1941-2002). Sur fond de « période spéciale », ce roman dresse un portrait comique et amer de quatre jeunes fondateurs d'une revue littéraire cherchant à s'affranchir de l'influence des maîtres de la littérature cubaine.

LA GÉNÉRATION DE LA « PÉRIODE SPÉCIALE »

Déception, désillusion, nostalgie forment le dénominateur commun de la vision développée par les écrivains vivant à Cuba aujourd'hui, qui ont traversé les vicissitudes matérielles et spirituelles du pays depuis la crise des années 1990. Beaucoup de leurs ouvrages ont été publiés à l'étranger, faute de moyens ou pour des raisons de censure à Cuba. Parmi eux, **Leonardo Padura** (1955) est l'auteur le plus célèbre. Ni dissident ni complaisant, il cherche à donner une vision sociale proche de ce que sentent ses compatriotes. Retenons aussi la jeune **Ena Lucía Portela** (1972), dont l'excellent roman *Cent bouteilles sur un mur* a pour toile de fond une maison du quartier du Vedado, transformée en cour des miracles.

⚘ Voir aussi la bibliographie, p. 49.

Cinéma

Le Français Gabriel Veyre introduit le premier cinématographe à Cuba le 24 janvier 1897, en pleine guerre d'indépendance. À partir de cette date, le septième art va évoluer parallèlement à l'histoire du pays.

LES DÉBUTS D'UN NOUVEAU CINÉMA CUBAIN

La révolution transforme radicalement le cinéma cubain. Dès mars 1959, le gouvernement crée l'**Icaic** (Institut cubain de l'art et de l'industrie cinématographique). Placé sous la direction d'Alfredo Guevara (aucun lien de parenté avec le Che), cet institut décide de promouvoir un mouvement cinématographique nouveau. Le cinéma devient un formidable outil d'instruction. Ainsi, en 1961, année de la campagne d'alphabétisation qui mobilise le pays tout entier, est introduit le **cinemóvil** (cinéma ambulant) dans les campagnes. Ces unités cinématographiques, transportées en camion, en bateau ou à dos de mulets, ont permis d'atteindre les populations des zones les plus reculées de l'île.

Pour la jeune révolution, le cinéma constitue un moyen efficace de diffuser des idées politiques, permettant de véhiculer un fort sentiment d'identité nationale, surtout depuis la détérioration des relations cubano-américaines. À ce titre, en mai 1961, on interdit *PM*, court-métrage tourné par Sabá Cabrera Infante et Orlando Jiménez Leal sur la vie nocturne dans les bars des quartiers populaires de La Havane, selon les procédés du *free cinema*. Le message du film est jugé contraire à l'esprit de mobilisation révolutionnaire, dont chacun doit faire preuve en ces temps troublés – un mois après la tentative d'invasion de la baie des Cochons (*voir « Histoire », p. 84*).

LA PRÉÉMINENCE DU DOCUMENTAIRE

Entre les influences du néoréalisme italien, de la nouvelle vague française, du cinéma indépendant américain et des classiques soviétiques, le cinéma cubain parvient à affirmer son originalité. Il se distingue notamment par la grande qualité de ses documentaires, avec pour chef de file **Santiago Álvarez**. Quelques fictions ont également reçu les honneurs de la critique internationale comme *Lucía* de Humberto Solás en 1968. Jusque dans les années 1980, la moyenne de la production annuelle était d'environ trois fictions contre 35 documentaires. Cependant, la crise économique a également gagné l'industrie cinématographique, le manque de matériel ayant mis un frein à la production de films.

LE CINÉMA CUBAIN SUR LA SCÈNE INTERNATIONALE

Et pourtant, en « pleine période spéciale », le cinéma cubain revient sur le devant de la scène internationale grâce aux deux derniers films de **Tomás Gutiérrez Alea**. Ce réalisateur, décédé en avril 1996, fut l'un des fondateurs de l'Icaic. Parmi sa filmographie importante, mentionnons *La Muerte de un burócrata (La Mort d'un bureaucrate)* en 1968, *Memorias del subdesarollo (Mémoires du sous-développement)* en 1971 et *La Ultima Cena (La Dernière Cène)* en 1988. Ses deux derniers films, coréalisés avec Juan Carlos Tabío, ont rencontré un immense succès national et international. *Fresa y Chocolate (Fraise et Chocolat)*, sorti en 1994, dépeint l'amitié entre un artiste homosexuel et un jeune militant communiste. Deux ans plus tard, Tomás Gutiérrez Alea signe sa dernière mise en scène avec *Guantanamera*, film dans lequel un singulier cortège funéraire parcourt l'île de Guantánamo à La Havane ; allégorie sur la destinée de Cuba, ou prémonition du réalisateur quant à sa propre disparition ? Depuis 1979, La Havane accueille chaque année au mois de décembre le **Festival international** du nouveau cinéma latino-américain.

CUBA VU PAR L'ÉTRANGER

Plusieurs films sur Cuba réalisés par des cinéastes étrangers ont rencontré un franc succès. Parmi eux, le célèbre *Buena Vista Social Club* (1999) de **Wim Wenders**. Autre ambiance, autre regard, *Avant la nuit* (2001) du réalisateur américain Julian Schnabel est une adaptation à l'écran de la vie de l'écrivain Reinaldo Arenas *(voir « La littérature de l'exil », p. 103)*. Plus légère, la comédie sentimentale *Habana Blues* (2006), de l'Espagnol Benito Zambrano, dresse une chronique de la vie quotidienne à Cuba. Citons également le beau film d'animation *Chico et Rita* (2011), de Fernando Trueba et Javier Mariscal, inspiré de la vie du pianiste cubain Bebo Valdés dans les années 1950. Quant à la figure du Che, elle ne lasse pas d'inspirer : Steven Soderbergh évoque notamment dans *Che, 1re partie : L'Argentin* l'assaut final des révolutionnaires castristes à Cuba. Voir aussi la filmographie, p. 51.

Peinture

La peinture cubaine est encore peu connue. Wifredo Lam est l'un des rares artistes de l'île de notoriété internationale. L'art pictural cubain témoigne avec force de l'histoire du pays, de la colonisation espagnole à la révolution, et de sa construction identitaire, à la recherche de la « cubanité ».

LA PEINTURE DE PAYSAGE

Christophe Colomb aurait dit en posant pied sur l'île de Cuba que celle-ci était la plus belle terre jamais vue par un homme. Végétation exubérante, ciel et mer d'azur, relief extraordinaire allaient faire de la peinture de paysage une **tradition nationale**, portée par l'influence coloniale.

Les précurseurs

Parmi les premiers à s'illustrer, les trois frères **Chartrand**, notamment Esteban (1840-1884) qui s'inspire des environs de Matanzas, en particulier la vallée du Yumurí. D'un voyage en France, il rapporte quelques influences romantiques. **Valentín Sanz Carta** (1850-1898), plus réaliste, est celui qui rend le mieux la lumière et les couleurs de l'île en s'intéressant aux régions rurales et côtières.

Le Cambio de Siglo

Le mouvement du Cambio de Siglo, ou « **Tournant de siècle** », s'étend de 1894 jusqu'à 1927, année où l'exposition d'Art nouveau introduit l'art moderne à Cuba. **Armando García Menocal** (1863-1942) en est le pionnier. Son obsession : rendre la lumière et la splendeur des tropiques. Outre les paysages, il peint aussi quelques scènes historiques. Leopoldo Romañach (1862-1951) tient compagnie à Armando Menocal mais lui seul se passionne pour la mer. Élève des deux précédents, Domingo Ramos (1897-1956) passe quelques années de jeunesse en Espagne, où il s'essaie à l'impressionnisme, au symbolisme et au réalisme. De retour à Cuba, il crée son propre style et s'impose comme le peintre de la campagne cubaine en maîtrisant d'une manière incomparable les coloris (*Flamboyant, Paysage de Viñales*). Par la suite, les œuvres associées au Cambio de Siglo seront jugées ringardes. Il faudra attendre la fin des années 1970 pour que renaisse une tradition du paysage.

L'ART MODERNE

Les initiateurs de l'art moderne, qui dédaignent les paysagistes, ont presque tous fait un détour par l'Europe avant de retourner au pays. Ainsi **Víctor Manuel** (1897-1969), peintre de l'avant-garde qui, après un séjour en Europe, notamment auprès des peintres de Montparnasse, retourne à Cuba en 1929, année où il peint sa fameuse *Gitana tropical* (exposée au musée des Beaux-Arts de La Havane), à la facture très marquée par Gauguin. L'art moderne se partage entre trois courants principaux : le créolisme, l'afro-cubanisme et la peinture à caractère social.

Le **créolisme** prend sa source dans des sujets tirés de la vie paysanne. Carlos Enríquez (1900-1957) s'inspire de ce qu'il appelle la « romance paysanne » pour explorer la mystique des héros populaires ou la sensualité de la nature. Une critique sociale virulente n'étant pas absente de ses œuvres *(Paysans heureux)*, il reste difficile de le cantonner à ce seul courant. De son côté, Arístides Fernández (1904-1934), loin de tout folklore, évoque le Cuba des pauvres (*Le Moulin à sucre*).

L'**afro-cubanisme** redécouvre le patrimoine de la culture noire cubaine. Eduardo Abela (1889-1965) peint sa série de personnages de carnaval, de danseurs de rumba et de musiciens *(Triomphe de la rumba)* avant de se consacrer au dessin humoristique. Ses caricatures politiques contribueront à la chute de Machado tout en renouvelant le langage esthétique.

La **peinture à caractère social** a pour principal représentant Marcelo Pogolotti (1902-1988). Ce dernier

Maison de José Fuster près de La Havane. Cet artiste contemporain est connu pour ses céramiques.
Giovanni Cecchinato/Tips/Photononstop

livre dans une série intitulée *Notre temps* les principales contradictions de son époque, liées au conflit entre la classe ouvrière et le capitalisme (*Paysage cubain, Ouvriers et Paysans, L'Intellectuel*). Alberto Peña (1897-1938) prend la défense du travailleur noir (*Sans travail*).

Le début des années 1940 sonne le glas de ces courants. L'heure est à une relecture de la **tradition classique** qui participera à la modernité cubaine. Mario Carreño (1913-1999), influencé par la Renaissance italienne, peint dans un style allégorique *La Naissance des nations* et *La Découverte des Antilles*. Jorge Arche (1905-1956), qui s'intéresse à cette époque aux primitifs italiens et flamands, peint *Repos*.

La recherche d'une expression authentique de la cubanité passe aussi par le retour aux **racines hispaniques**. Le paysage urbain de La Havane est redécouvert. Cundo Bermúdez (1914-2008), partagé entre classicisme et art populaire, connaît un succès avec *Le Balcon*, une ode à la capitale et à ses habitants, ou encore avec *La Boutique du coiffeur* ou *Le Billard*. **Amelia Peláez** (1896-1968) se penche sur l'architecture coloniale et les intérieurs.

À l'opposé de cette quête des origines hispaniques, **Wifredo Lam** (1902-1982) revient à Cuba en 1941 d'un séjour à Paris, pendant lequel il découvre l'art africain aux côtés de Picasso.

L'IDENTITÉ RETROUVÉE

Les années 1950, plombées par la guerre froide, sont celles de l'**abstraction**, à Cuba comme ailleurs. Deux groupes d'artistes jouent un rôle de premier plan : Los Once et Los Diez Pintores. Mais l'événement colossal que représente la **révolution** finit par avoir raison du mouvement abstrait. Les artistes réagissent. Jubilation et rébellion. Parmi eux, Servando Cabrera Moreno (1923-1981) rappelle quelques exploits (*Milices paysannes, Bombardement du 15 avril*). Antonia Eiriz (1929-1995) se montre critique envers la dictature (*Une tribune pour la paix démocratique*), tandis que Umberto Peña (1937), adepte du sarcasme, assemble couleurs vives, éléments grotesques et onomatopées dans des bulles, façon BD. Commence aussi la grande époque de l'**affiche**, élément de propagande populaire par excellence.

Art contemporain

En 2007, le Grand Palais à Paris exposa des **frigos cubains**. Quelle drôle d'idée ! Titre de l'exposition : « Monstres dévoreurs d'énergie ». Sur l'île, la révolution énergétique battait son plein, il fallait économiser. Pour les frigos des années 1940 et 1950 *made in USA*, bâtis comme des buildings et grands consommateurs d'électricité, l'heure de la retraite avait sonné. Une cinquantaine d'artistes cubains s'emparèrent alors de quelques spécimens pour les transformer en œuvres d'art. Parmi eux, citons **Kcho** (1970), dont le frigo était hérissé de rames, conformément à son univers marin, et créé à partir d'éléments ramassés sur les rivages. **José Fuster** (1946) avait posé quelques mosaïques sur le sien. Quant au frigo le plus célèbre de Cuba pour avoir tenu le rôle de Rocco dans *Fraise et Chocolat*, il est devenu un cercueil bleuté sous les mains de l'acteur Jorge Perugorría, artiste à ses heures, qui jouait dans le film le rôle de Diego.

Mais il n'y a pas que les frigos dans la vie. **Jeff** (José Emilio Fuentes Fonseca, 1974) crée des jouets grandeur nature, mélangeant peinture et sculpture avec l'ambition de parler de choses sérieuses sans perdre de vue son âme d'enfant. Lors de la 10e biennale de La Havane (2009), l'artiste a exposé un troupeau d'éléphants confectionné selon une méthode toute personnelle. Chaque animal formé de plaques de métal soudées était ensuite gonflé d'air. Grand succès.

Wilfredo Prieto (1978) est un peintre… qui n'a plus peint depuis 10 ans. Admirateur de Duchamp, il manie le concept. Les quelque 6 000 livres de sa *Biblioteca blanca* (Bibliothèque blanche) sont tous vierges. Et les 30 mâts d'*Apolítico*, son œuvre la plus connue, sont ornés de drapeaux nationaux dont les couleurs ont été ôtées. Il s'est aussi fait remarquer en empilant au centre d'une salle d'exposition de la graisse à essieux, une savonnette et une épluchure de banane pourrie.

Duvier del Dago Fernandez (1976) crée des œuvres tridimensionnelles à partir de ses dessins. À l'intérieur de réseaux de fils de nylon semi-transparents tendus à l'horizontale, apparaissent en volume une voiture de sport ou un crâne, eux-mêmes faits du même matériau. Le public regrette que ses installations soient éphémères.

Los Carpinteros est un trio devenu duo (Marco Castillo, Dagoberto Rodríguez), qui mêle architecture, design et sculpture pour interroger avec humour notre environnement socio-urbain. Ici, deux conteneurs à déchets peints en blanc portent les inscriptions « sel » et « poivre » ; là, une pièce d'habitation figure, suite à une déflagration, un espace éclaté. Éclats de chaises, de tables, de fenêtres restent en suspension dans l'air. Leurs œuvres, comme celles de Kcho, sont présentes dans les institutions et les musées les plus importants du monde.

Parmi les grands artistes vivants, **Manuel Mendive** (1944) est l'un des mieux cotés sur la scène internationale. Tenant de l'afro-cubanisme, il développe dans sa peinture un univers onirique inspiré de la *santería*, de la spiritualité et des légendes africaines. Un monde fantastique plein de poésie, de créatures hybrides, de bougies et de couleurs.

Le tabac

La découverte de Cuba par les marins de Christophe Colomb à la fin du 15e s. va de pair avec celle de l'« herbe sacrée ». Le tabac fut tour à tour utilisé dans des cérémonies religieuses, puis pour ses vertus médicinales et enfin comme simple coutume sociale. « Les caciques (ou chefs de tribus) utilisaient un tube en forme d'Y, insérant les deux extrémités de la fourche dans leurs narines et le tube lui-même dans l'herbe enflammée. Ceux qui ne pouvaient se procurer la bonne sorte de bois aspiraient leur fumée par un roseau creux ; c'est celui-ci que les Indiens appellent tobago, et non la plante ou ses effets, ainsi que certains l'ont supposé. » (« Historia general y natural de las Indias occidentales » de Gonzalo Fernández de Oviedo, 1526). Jean Nicot l'introduisit comme plante médicinale en France en 1559 et, en quelques années, la poudre à priser se répandit en Europe du Nord et de l'Est.

La culture du tabac

De mai à septembre, les parcelles brun-rouge sont laissées au repos, puis préparées par le *veguero* un mois avant le repiquage des plants de tabac. Après un contrôle très strict en pépinière pendant un mois et demi, des pousses d'une vingtaine de centimètres de hauteur sont mises en pleine terre. Leur aspect commence à changer au bout d'un mois et les *vegas* virent alors au vert brillant, signe de maturation des feuilles. Les plants destinés à former l'enveloppe extérieure des cigares sont en général recouverts d'une mousseline blanche. Ce voile qui peut s'étendre sur plusieurs hectares protège des taches de soleil et de rosée. Pendant leur croissance, les pieds de tabac (40 000 par hectare) sont régulièrement inspectés pour lutter contre les maladies et les animaux nuisibles. La *vega* fait ainsi l'objet de soins incessants jusqu'à la récolte.

La récolte

Entre février et fin mars, chaque plant de tabac atteint déjà une hauteur de 1,80 m et arbore de huit à douze larges feuilles, de quoi fabriquer une demi-douzaine de cigares. En période de récolte, les *vegas* offrent un véritable spectacle. Le vert foncé des plantations de tabac alterne avec les teintes plus claires des collines avoisinantes. Quelques palmiers royaux s'élancent aux côtés de cèdres dont l'excellent bois servira à la confection des coffrets de cigares. Les allées ombragées entre les plantations connaissent une activité débordante de mars à mai. Les feuilles sont délicatement cueillies et regroupées en bottes. Pour le séchage, elles sont suspendues aux poutres des maisons de tabac *(casas de tabaco)*, ces granges au toit de palmes ou en tôle ondulée qui se dressent au milieu des plantations. Au bout de plusieurs semaines, les feuilles sont enterrées pendant deux mois dans des trous recouverts de palmes, pour continuer le processus de fermentation déjà entamé. À la fin de cette phase, on peut procéder à la sélection (*escogeda*) des feuilles qui sont classées en différentes catégories selon leur qualité et leur couleur. On les enveloppe ensuite dans des feuilles de palmier, et les « balles » sont acheminées dans des entrepôts où elles seront à nouveau humidifées pour un autre cycle de fermentation.

La confection d'un cigare

Les cigares de luxe sont confectionnés entièrement à la main par des hommes et des femmes depuis la révolution de 1959. Les candidats sont soigneusement sélectionnés et soumis à plusieurs épreuves techniques, dont trois années d'apprentissage, avant de devenir des *torcedores* (poseur de cape, littéralement « celui qui tord ») dignes de ce nom. Ne vous attendez pas à voir des Cubaines rouler les cigares sur leurs cuisses, comme dans la manufacture sévillane décrite, en 1845, par Prosper Mérimée dans *Carmen*. L'ouvrier roule délicatement le mélange de feuilles qui constitue la **tripe**, partie intérieure du cigare. Il l'enveloppe avec dextérité dans une feuille faisant office de **sous-cape** de façon à obtenir la **poupée**. Il sélectionne ensuite une feuille très fine destinée à servir de **cape**, l'enveloppe extérieure. Après ablation de la nervure centrale, la demi-feuille ainsi obtenue est posée à plat sur l'établi et découpée en une large bande au moyen de la *chaveta* (lame recourbée). Le *torcedor* forme le cigare en enroulant en hélice la cape autour de la poupée. Enfin, il colle une calotte circulaire confectionnée avec un bout de feuille à la tête du cigare et taille le pied (extrémité qui est allumée) à la bonne longueur. Après vérification, on forme des « demi-roues » en attachant les cigares par cinquante avec un ruban de soie.

Un produit d'exportation

Depuis le 6 février 2005, un décret du ministère du Commerce intérieur cubain interdit de fumer « dans les locaux publics climatisés ou fermés : bureaux, salles de réunion, théâtres, cinémas, salles de vidéo, ainsi qu'aux chauffeurs et passagers d'autobus, taxis, trains, et dans toutes les installations sportives, pour les athlètes et pour les travailleurs ». Il limite aussi le droit de fumer dans les lieux ouverts, où « seront différenciées des zones et des tables pour les fumeurs, le personnel de service ayant pour devoir d'informer les clients avant qu'ils ne s'assoient ». La vente de tabac est également interdite aux mineurs de moins de 16 ans ainsi qu'aux abords des écoles. Ces mesures, précise le décret, doivent encourager le « respect du non-fumeur », mesures louables mais contradictoires dans un pays où un adulte sur deux fume et où la ration de tabac, considéré comme l'un des meilleurs du monde, continue de figurer sur la *libreta*, le carnet permettant d'acquérir les marchandises de base à très bas prix.

Certes, Fidel Castro avait lui-même donné l'exemple, voici plus de 25 ans. Après avoir longtemps posé sur les photos officielles avec un de ces Cohibas Lanceros spécialement confectionnés pour lui, il avait écrasé son dernier *puro* en 1986. Mais il n'avait pas été suivi, et l'interdiction de fumer dans les

Fabrication de cigares.
Patrick Escudero/hemis.fr

cinémas, déjà ancienne, n'était pratiquement jamais respectée. Cette fois-ci, les choses sont plus sérieuses. Du reste, Fidel Castro, qui ne manque pas d'humour, a commenté l'interdiction en prononçant une de ces petites phrases définitives dont il a le secret : « Le meilleur usage à faire d'un paquet de cigarettes est de l'offrir à son ennemi. » Est-ce à dire que l'exportation de cigares, qui a rapporté 368 millions d'euros en 2010 à Habanos SA, société mixte contrôlé pour moitié par l'État cubain, est désormais un acte patriotique destiné à saper le moral de l'ennemi impérialiste ? Il fallait y penser.

Voir également « Achats », p. 23, « Souvenirs », p. 35, et « Agenda », p. 48 pour le Festival del Habano fin février qui rassemble les amateurs de cigares du monde entier.

Nature et paysages

Cuba, la « perle des Antilles », constitue le plus grand archipel des Caraïbes. Voisine d'Haïti (77 km) et de la Jamaïque (140 km), l'île s'avance aux portes du golfe du Mexique, à mi-chemin entre la Floride (180 km) et le Mexique (210 km). Cette situation géographique privilégiée dans les Antilles continue de peser sur le destin de ce pays que les conquistadors surnommèrent, à juste titre, la « clé du Golfe ».

Baignée par l'océan Atlantique et la mer des Caraïbes, l'île principale bordée de son chapelet de cayos (îlots) couvre une superficie de 110 922 km² – environ 1/5 de la France. Le poète Nicolás Guillén la compare à un « largo lagarto verde » (un long lézard vert), en raison de sa forme étroite et allongée. Il faut en effet parcourir 1 250 km pour relier ses extrémités orientale et occidentale, alors que seuls 190 km séparent ses côtes nord et sud dans sa partie la plus large, et 31 km dans sa région la plus étroite.

Des plaines entre mer et montagne

Cuba est essentiellement occupée par des plaines – 2/3 de la superficie totale –, mais d'importants massifs montagneux s'élèvent à l'extrémité occidentale, au centre et à la pointe orientale du pays. Les trois chaînes de *sierras* et la plaine de Camagüey forment les quatre régions naturelles de l'île.

LA FORMATION GÉOLOGIQUE DE L'ÎLE

Les plus anciennes formations géologiques de Cuba dateraient du début du Jurassique (Ère secondaire). On fait remonter à cette période les roches métamorphiques, à l'aspect feuilleté, constituant le socle du pays, qui s'étaient empilées dans une fosse géosynclinale sous-marine. Un pli de relief (géanticlinal) émergea ensuite, séparant cette fosse en deux : la partie nord se remplit de sédiments calcaires et le sud de sédiments d'origine volcanique. L'île continua d'être soumise à d'incessants mouvements tectoniques suivis de phases d'érosion jusqu'au Pliocène. La région connut à cette époque un violent soulèvement de terrain comme dans le reste de l'Amérique latine. De la phase de pénéplanation – avant-dernier stade de l'érosion qui forme une surface onduleuse – qui s'ensuivit, il ne subsisterait que le **Yunque** (enclume) dans la région de Baracoa et les *cuchillas* au sommet de certaines montagnes des régions de Baracoa, Matanzas et Pinar del Río.

L'île aurait acquis sa physionomie définitive au Quaternaire, il y a environ un million d'années. Dans les régions calcaires, l'action des rivières souterraines a donné naissance aux **mogotes**, ces remarquables formations karstiques que l'on trouve dans la Sierra de los Órganos, dans la région de Pinar del Río.

La vallée de Viñales, classée au Patrimoine mondial de l'Unesco.
Bruno Morandi/hemis.fr

LA RÉGION OCCIDENTALE

Voir carte p. 190-191.

L'extrémité ouest de Cuba est occupée par la **péninsule de Guanahacabibes**, une zone marécageuse quasiment inhabitée. Cette étroite langue de terre, qui s'avance dans le détroit du Yucatán, abrite une magnifique réserve essaimée de lagunes et de grottes. À l'est de cette zone, la **cordillère de Guaniguanico**, à cheval sur les provinces de Pinar del Río et de La Havane, est formée par deux chaînes de montagnes aux reliefs assez différents. La **Sierra de los Órganos** présente un paysage de collines arrondies, séparées entre elles par des plaines fertiles. Des buttes karstiques, connues sous le nom de *mogotes*, ponctuent la splendide **vallée de Viñales**. Les alentours abritent de nombreuses cavernes traversées, pour certaines, par des rivières souterraines. Au-delà de San Diego de los Baños, on pénètre dans la **Sierra del Rosario**. Ici, plus de collines arrondies, mais des montagnes qui suivent un tracé parallèle. Le point culminant, le Pan de Guajaibón (699 m), s'élève au nord-est du parc naturel de la Güira.

La côte septentrionale est bordée de *cayos* formant l'**archipel de los Colorados**, où des plages encore sauvages alternent avec quelques mangroves.

Le sud de la cordillère est occupé par une vaste plaine traversée par des cours d'eau chargés d'alluvions. Cette région productrice de riz est surtout célèbre pour son triangle

« Sur la mer des Antilles
(Qu'on appelle aussi Caraïbe)
Battue par de fortes vagues
Et ciselée de tendre écume,
Sous le soleil qui la poursuit
Et le vent qui la repousse,
Chantant des larmes plein les yeux,
Cuba navigue sur sa carte :
Un long lézard vert,
Aux yeux d'eau et de pierre. »
Nicolás Guillén (*Un long lézard vert*)

de la **Vuelta Abajo**, au sud-ouest de Pinar del Río, qui regroupe sur ces terres les meilleures plantations de tabac de l'île, d'où proviennent les fameux havanes.

La plaine s'étire jusqu'à la **péninsule de Zapata**, une zone de marécages en forme de chaussure au sud de la province de Matanzas. Avec son sol de tourbe, la région fut pendant longtemps habitée par des charbonniers. Depuis la révolution, des travaux d'assainissement ont permis d'y introduire des plantations d'agrumes.

LE CENTRE DE CUBA

Voir carte p. 252-253.
Cette région, coïncidant approximativement avec l'ancienne province de Las Villas, couvre les *municipios* de Cienfuegos, de Villa Clara, de Sancti Spíritus et de Ciego de Ávila.

À l'est de la péninsule de Zapata s'élève le massif montagneux de Guamuhaya, plus connu sous le nom de **Sierra del Escambray**. Cette chaîne de montagnes de 80 km de long est dominée par le Pico San Juan (1 140 m). Dans ses vallées, s'étendent des champs de tabac et de canne à sucre tandis que sur ses pentes, d'origine essentiellement calcaire, on cultive surtout le café. Cette zone abrite les lacs de barrage *(embalses)* de Zaza et d'Hanabanilla, deux excellents sites de pêche à la truite.

Au nord, la région est parsemée de basses collines puis de plaines qui rejoignent l'océan. À quelques milles de la côte, de très nombreux *cayos* forment l'**archipel de Sabana**.

LA RÉGION DE CAMAGÜEY

La zone qui comprend les *municipios* de Camagüey, de Las Tunas et d'Holguín est la plus plate du pays. Cette immense plaine, à la végétation de type savane, compte très peu de cours d'eau. Les terres arides qui s'étendent à perte de vue sont essentiellement consacrées à l'élevage bovin, notamment dans ce que l'on nomme le « Triangle laitier » de Camagüey. Les collines de la Sierra de Cubitas au nord du chef-lieu dépassent rarement 300 m de hauteur. La terre argileuse aux alentours sert à la fabrication des *tinajones*, les jarres à eau symboles de Camagüey.

Le littoral septentrional est ceinturé par les îlots de l'archipel de Camagüey et la deuxième **barrière de corail** au monde en longueur (400 km), après celle qui se trouve en Australie.

L'EXTRÉMITÉ ORIENTALE

Voir carte p. 324-325.
Les provinces de Granma, de Santiago de Cuba et de Guantánamo se succèdent à l'Est du pays. Cette région est essentiellement montagneuse, à l'exception du bassin de Guantánamo et de la plaine au nord de Bayamo, où coule le río Cauto, le plus long fleuve cubain (343 km). Sur 250 km le long du littoral méridional, à cheval sur les provinces de Granma et de Santiago de Cuba, se déploie la **Sierra Maestra** dominée par le **Pico Turquino** (1 972 m), le plus haut sommet de l'île. Le versant sud de la montagne effectue un plongeon vertigineux dans la mer des Caraïbes puisqu'il est quasiment prolongé par la fosse sous-marine d'Oriente, à plus de 7 000 m sous le niveau de la mer. D'autres massifs montagneux occupent le nord de la région avec la **Sierra del Cristal**, puis le massif Sagua-Baracoa dont fait partie la **Sierra del Purial**. Cette montagne offre des paysages extrêmement variés entre son versant sud, zone aride où poussent des cactus, et son versant nord planté de cocoteraies,

fréquemment arrosé par les pluies tropicales aux alentours de Baracoa. L'extrémité orientale de l'île se termine par de hautes falaises poreuses à la **Punta de Maisí**. Cette zone aride est difficilement accessible par voie terrestre depuis la disparition du pont de la Boca de Yumurí.

Le climat

Cuba est dotée d'un climat subtropical, chaud et humide, avec une faible amplitude thermique sur l'année – moyenne de 22 °C en hiver et de 27 °C en été. En raison de l'étroitesse de l'île, les écarts de température entre le littoral et l'intérieur du pays sont faibles, mais le relief crée par endroits des **microclimats** : des hivers plus doux et des étés plus chauds dans l'Oriente, des pluies abondantes dans la région de Baracoa, des nuits plus fraîches en montagne. On distingue généralement une **saison sèche** en hiver (de novembre à avril) et une **saison humide** en été (de mai à octobre) au cours de laquelle les orages sont plus fréquents mais généralement de courte durée, avec des risques de cyclones en septembre et en octobre. En janvier et en février, les mois les moins chauds et les plus secs de l'année – précisons que le thermomètre ne descend qu'exceptionnellement en dessous de 20 °C –, les Cubains guettent avec inquiétude et commentent amplement les fameux *frentes fríos* (fronts froids). Très sensibles au « froid hivernal », ils s'étonnent qu'à cette saison les touristes puissent plonger sans hésitation dans une mer à 24 °C, contre 28 °C en été. Puis, lorsque arrivent juillet et août, les mois de canicule, toute l'île ne se consacre plus qu'à une seule activité : la baignade.

Faune et flore

La main de l'homme s'est abattue pendant plusieurs siècles sur les forêts qui recouvraient la quasi-totalité du territoire cubain. La chasse et la déforestation massive ont eu raison de nombreuses espèces animales et végétales qui constituaient la richesse naturelle du pays. Il aura fallu attendre 1990 pour que les pouvoirs publics engagent une politique écologique efficace. En marge de son adhésion à la Convention sur le commerce international des espèces de faune et de flore sauvages menacées d'extinction (Cites), Cuba s'est également dotée d'un arsenal de lois visant à une protection renforcée de l'environnement.

DES ANIMAUX EN VOIE DE PROTECTION

Contrairement aux pays voisins d'Amérique du Sud, Cuba ne compte pratiquement aucune espèce animale dangereuse pour l'homme. Le caractère insulaire du pays, tout en limitant la présence de gros mammifères, a considérablement favorisé le taux d'endémisme. Parmi la faune très diverse présente sur l'île – 19 600 espèces animales –, on estime à environ 600 les espèces de

vertébrés, dont près du tiers propre à Cuba.

Une faune terrestre inégalement représentée

Le territoire ne compte pas de gros mammifères carnivores ou herbivores, à l'exception de spécimens importés d'autres continents, comme les zèbres et les antilopes de Cayo Saetía qui vous transporteront pour quelques heures en Afrique. Les espèces endémiques se réfugient plutôt dans les zones reculées du pays, dans la montagne ou les *cayos*. C'est notamment le cas des différentes variétés de **jutías**, de petits rongeurs voisins de l'agouti qui furent pendant trop longtemps la proie des chasseurs.

Comparés au petit nombre de mammifères, les reptiles sont largement représentés – avec une nette prépondérance des sauriens. On pense en premier lieu aux crocodiles, dont fait partie le **crocodile rhombifer**, une espèce endémique qui pullulait dans les marécages de la péninsule de Zapata et de l'île de la Jeunesse. L'implantation de fermes d'élevage dans ces deux régions a permis de sauver l'espèce en voie d'extinction. Parmi la centaine de sauriens présents sur l'île, on trouve bon nombre de lézards et d'iguanes. Les serpents, bien que non venimeux, peuvent atteindre une taille impressionnante : le plus grand à Cuba est le *majá de Santa María*, un python de 4 m de long. Moins imposante, la *ranita*, la plus petite grenouille du monde, mesure 1 cm. Pour chaque vertébré terrestre, on dénombre environ vingt invertébrés terrestres, généralement des insectes. Oubliez les moustiques et admirez la multitude de papillons et de gastéropodes qui envahissent la campagne cubaine. Vous ne pourrez manquer au cours de votre voyage les **polymitas**, ces escargots colorés que l'on trouve essentiellement dans l'Est.

Le royaume des ornithologues

Cuba est réputée pour son extraordinaire avifaune. Sur les 354 espèces recensées, 232 vivent en permanence sur le territoire cubain et 25 sont endémiques. Le pays constitue également un excellent refuge pour les oiseaux migrateurs en hiver (de novembre à avril).

Parmi les espèces propres à Cuba, on retiendra le **tocororo**, l'oiseau national, dont le plumage bleu, blanc et rouge rappelle les couleurs du drapeau cubain, ainsi que la **fermina**, un passereau au chant extrêmement mélodieux. L'île abrite également le **zunzuncito** (colibri ou oiseau-mouche), le plus petit oiseau du monde (6 cm). Grâce à la vitesse impressionnante de ses battements d'ailes, il peut s'immobiliser au-dessus des fleurs pour en extraire le nectar avec son long bec. À peine plus grande que le *zunzuncito*, la *cartacuba* ressemble, quant à elle, à une petite peluche multicolore.

D'importantes opérations ont été menées pour sauver des espèces menacées. Les perroquets *(cotorras)* qui peuplaient l'île de la Jeunesse ont failli disparaître du territoire. Ils bénéficient maintenant d'une protection au même titre que les grues *(grullas)*.

Cuba est également célèbre pour ses colonies de flamants roses installées au nord de Camagüey et dans la péninsule de Zapata. Sur le bord des routes, vous apercevrez fréquemment des pique-bœufs, fins échassiers blancs perchés sur le bétail.

Une faune aquatique abondante

La faune sous-marine cubaine est d'une richesse exceptionnelle :

Crocodile dans les marais, péninsule de Zapata.
Melba/AGE Fotostock

900 espèces de poissons, 4 000 sortes de mollusques. Les espadons, marlins, barracudas, etc., font le délice des amateurs de pêche au gros. Les requins se font plutôt rares près des côtes, mais certains se seraient approchés de Santiago de Cuba. Gorgones, éponges, nombreux crustacés, dont la célèbre langouste, et mollusques complètent cet extraordinaire tableau marin.

Au rang des espèces menacées, mentionnons, dans la famille des tortues, le *carey* et le *tinglado*, souvent présenté dans les musées d'histoire naturelle régionaux. Près des embouchures des fleuves rôde parfois un **manatí** (lamantin), mammifère marin au corps pisciforme qui ne serait pas totalement étranger à la légende des sirènes.

Les lacs, quant à eux, abritent un petit nombre d'espèces, mais n'oublions pas de citer un fossile vivant, le *manjuarí*, étonnant animal préhistorique à mi-chemin entre le reptile et le poisson.

LA FLORE LA PLUS VARIÉE DES ANTILLES

Cuba compte 6 700 espèces de plantes, dont plus de la moitié est propre au pays. Ce taux d'endémisme très élevé a été favorisé bien sûr par l'insularité, mais aussi par la diversité des sols, au relief varié, et par la présence de microclimats.

Cinq siècles de destruction

La physionomie de Cuba s'est considérablement modifiée depuis le débarquement de Christophe Colomb. Bartolomé de Las Casas commentait alors : « On peut parcourir l'île, sur ses 300 lieues de long, entièrement sous les arbres. » Sur les 95 % de forêts qui recouvraient le territoire à l'époque, il n'en restait plus que 14 % en 1959. Les principaux facteurs de cette déforestation massive sont liés à l'urbanisation, à l'augmentation des surfaces cultivées et à l'abattage inconsidéré de nombreux bois précieux. Grâce aux campagnes de préservation de la flore et à la mise en œuvre de programmes de reboisement, le taux d'occupation forestière est désormais remonté à 20 %.

Une palette infinie de verts

On peut distinguer schématiquement une répartition des espèces végétales par zones. Le **littoral** et les *cayos* sont parfois bordés de mangroves dont le sol boueux constitue le terrain de prédilection du **palétuvier**. Grâce aux racines aériennes qui pendent de ses branches, cet arbre peut directement s'ancrer dans les marécages ou la mer. Le long des plages, on rencontre fréquemment des haies de **cocotiers** et parfois la silhouette tortueuse des **uvas caletas** (raisiniers bord-de-mer), aux fruits extrêmement doux. Le climat aride du littoral oriental a favorisé par endroits la croissance de nombreux **cactus** – l'île en compte une centaine d'espèces. Les **plaines** sont généralement occupées par des zones d'élevage ou de cultures : cannaies, rizières, bananeraies, plantations d'agrumes (péninsule de Zapata et île de la Jeunesse) et champs de tabac. La flore sauvage la plus variée peuple plutôt les forêts en **montagne**. En hiver, vous repérerez rapidement le **flamboyant**, cet arbre des Antilles dont les fleurs rouge vif égaient le paysage. Près des rivières, en été, éclot une fleur blanche délicate comme un papillon : c'est la **mariposa** (littéralement « papillon »), la fleur nationale, symbole de l'indépendance pendant les guerres de libération du 19ᵉ s.

Dans les zones de moyenne altitude, il subsiste des essences de bois précieux, ces bois qui ont contribué à la renommée du mobilier cubain, tels le cèdre, l'acajou ou l'ébène. Leur présence a considérablement diminué, et les programmes de reboisement les ont généralement remplacés par des eucalyptus.

S'il est un spécimen qui a peu de chance de passer inaperçu, c'est bien le **jagüey**, arbre corpulent aux immenses racines aériennes qui risque de ravir la vedette au **ceiba** (kapokier ou fromager), aisément reconnaissable à son tronc imposant et à sa ramure presque horizontale.

Aux deux extrémités du territoire, mentionnons aussi la présence du **pin**, très prisé pour son bois et sa résine. Il a donné son nom à l'île des Pins (actuelle île de la Jeunesse) et à Pinar del Río (littéralement la « pinède du Fleuve »). Environ 10 % du territoire sont couverts de pinèdes, où poussent parfois des espèces endémiques tel le *Pinus maestrensis* de la Sierra Maestra ou le *Pinus cubensis* de la région de Mayarí. En altitude, les pluies ont favorisé la présence de nombreuses variétés de **fougères arborescentes** et d'**orchidées** – plus de 250 variétés endémiques sur l'île – que vous pourrez admirer dans l'Orquideario de Soroa (voir p. 195).

L'ARBRE PRODIGUE

Le palmier constitue une ressource inépuisable pour le paysan cubain. Les fibres du tronc sont séchées pour monter les murs et les cloisons de son habitat. La *yagua*, écorce imputrescible et insectifuge que l'on trouve au sommet du tronc sert à en recouvrir les murs. Enfin, les grandes palmes viennent coiffer le toit du *bohío* (cabane). Mais cet arbre généreux est aussi synonyme de nourriture pour les cochons, de mobilier rustique, de cordes, de paniers et d'étuis à cigares, sans oublier le chapeau tradition-nel du *guajiro* (paysan).

La palme nationale

Que serait Cuba sans le **palmier royal** ? Hissé au rang d'emblème national, il figure sur les armes du pays comme symbole de la noblesse et de la détermination du peuple cubain. Son tronc gris, fin et élancé, surmonté d'un plumet de feuilles vertes, est omniprésent dans la campagne et les villes. Avec ses 70 millions de palmiers, Cuba est le pays au monde qui en réunit le plus grand nombre au kilomètre carré.

Aux côtés de l'arbre national, on a recensé plus d'une centaine de palmiers différents à Cuba, dont 70 espèces endémiques. Dans la région de Pinar del Río poussent des spécimens intéressants de palmier-liège *(palma corcho)*, un fossile vivant datant de l'ère secondaire, et de palmier ventru *(palma barrigona)*, dont le tronc présente une enflure caractéristique.

3/
DÉCOUVRIR
CUBA

La récolte du tabac dans la région de Pinar del Río.
Christian Heeb/hemis.fr

La province de La Havane 1

▶ **LA HAVANE**★★★ 126

▶ **LES ENVIRONS DE LA HAVANE** 184

Devant le Capitole à La Havane.
SuperStock/AGE Fotostock

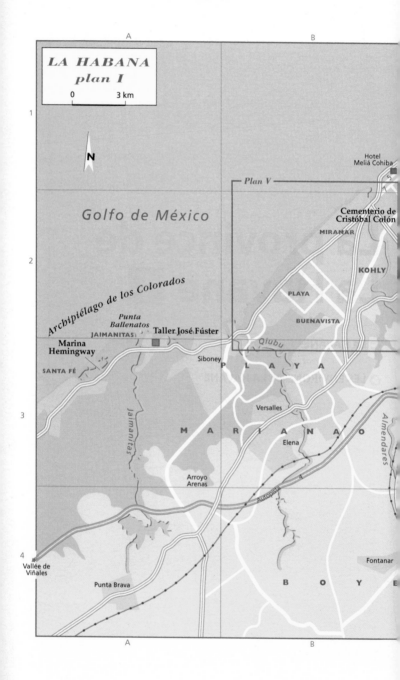

LA HABANA
plan I

0   3 km

N

Golfo de México

Archipiélago de los Colorados

Plan V

Hotel
Meliá Cohiba

Cementerio de
Cristóbal Colón

MIRAMAR

KOHLY

PLAYA

BUENAVISTA

Punta
Ballenatos

JAIMANITAS

Taller José Fúster

Marina
Hemingway

Qiubu

SANTA FÉ

Siboney

P L A Y A

Jaimanitas

Versalles

M A R I A N A O

Elena

Almendares

Arroyo
Arenas

Autopista

Vallée de
Viñales

Fontanar

Punta Brava

B   O   Y   E

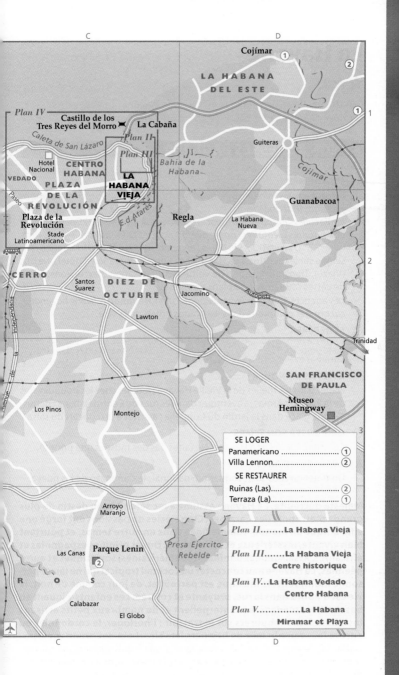

SE LOGER

Panamericano .... ①
Villa Lennon .... ②

SE RESTAURER

Ruinas (Las) .... ②
Terraza (La) .... ①

Plan II .... **La Habana Vieja**

Plan III .... **La Habana Vieja**
Centre historique

Plan IV ... **La Habana Vedado**
Centro Habana

Plan V .... **La Habana**
Miramar et Playa

La Havane

★★★

Capitale politique, économique et culturelle de Cuba - Chef-lieu de la province de La Habana - 725 km² - Env. 2,2 millions hab.

NOS ADRESSES PAGE 160

S'INFORMER

Infotur – *www.infotur.cu. Plusieurs bureaux : calle Obispo n° 524, e/Bernaza y Villegas (Habana Vieja)* (Plan II, A3) - ℘ *(7) 866 33 33 - 9h-13h, 13h45-17h ; angle calles Obispo et San Ignacio (Habana Vieja)* (Plan II, B2), *petit kiosque aux horaires aléatoires ; angle ave. 5ᵗᵃ y calle 112 (Miramar)* (Plan V, Hors plan) - ℘ *(7) 204 70 36, 9h-17h ; à l'aéroport* - ℘ *(7) 642 61 01.* L'agence renseigne sur le tourisme à La Havane et à Cuba : réservation d'hôtels, de bus (Viazul, Transtur), location de voitures, organisation d'excursions, vente de cartes routières et de plans de villes.

Les agences **Cubatur** *(www.cubatur.cu)* et **Havanatur** *(www.havanatur. cu)* ont des comptoirs dans les grands hôtels de la ville.

SE REPÉRER

Carte de région (p. 124-125) - Plan II, Habana Vieja (p. 130) - Plan III, centre historique (p. 131) - Plan IV, Vedado-Centro Habana (p. 132-133) - Plan V, Miramar et Playa (p. 157) - Plan du cimetière (p. 154).

À NE PAS MANQUER

Flâner dans les ruelles de la Vieille Havane ; fouiner chez les bouquinistes de la Plaza de Armas ; s'aventurer dans les rues de Centro Habana ; déguster une glace dans le jardin du Coppelia ; assister à un concert de salsa.

ORGANISER SON TEMPS

Comptez 3 jours à La Havane. Ne faites pas des musées une priorité.

AVEC LES ENFANTS

Un trajet en *coco-taxi* ; l'aquarium national ; le Cañonazo de las nueve.

Majesté décrépite, La Havane assume avec sérénité son destin de plus grande métropole des Caraïbes. Cinq siècles de passions ont forgé une ville unique au monde, comme figée dans un autre temps, et pourtant bien vivante, mystérieuse et envoûtante. De ses origines espagnoles et africaines, assaisonnées d'influences américaines, soviétiques et européennes, La Havane a su concocter un cocktail tropical qui ne laisse personne indifférent : la musique est partout et, de jour comme de nuit, la vie est d'abord dans la rue, bruyante et colorée. Les enfants y jouent au baseball, les ménagères s'interpellent et de nombreux petits artisans installent leurs tabourets sur le trottoir : l'horloger, le cordonnier ou encore le… remplisseur de briquets jetables. Loin des grandes métropoles modernes sud-américaines, la capitale cubaine présente au visiteur un spectaculaire mélange d'architectures coloniale et moderne et de cultures africaine et occidentale. Classée au Patrimoine mondial de l'Unesco en 1982, la Habana Vieja offre le visage unique d'une restauration intelligente de son passé colonial. La splendeur compassée du quartier Centro ou des palais lézardés du Vedado rappelle la grandeur d'une capitale qui n'a pas dit son dernier mot. Le voyageur y découvrira

Façade du Malecón.
Hervé Hughes/hemis.fr

également une subtile imbrication de modes de vie, des quartiers populaires, où la survie est une lutte quotidienne, à « La Habana by night », où
les amateurs de salsa s'enivrent de rhum et de cigares à bord de Cadillac
des années 1950.

★★★ Habana Vieja Plan II, p. 130, et Plan III, p. 131

○ *Comptez une demi-journée avec les visites.*

⚙ **Conseil** – Si vous ne deviez passer que quelques heures dans la capitale, rendez-vous directement Plaza de la Catedral et Plaza de Armas
(Plan III).

De la calle Obispo à la cathédrale, les ruelles du cœur de la Vieille Havane
se parcourent comme les pages d'un grand livre d'histoire. Patrimoine
mondial de l'Unesco depuis 1982, ce quartier mêle harmonieusement
quatre siècles d'architecture d'une richesse exceptionnelle. Véritable
musée historique de La Havane avec ses palais, ses places et ses églises,
il demeure, en dehors des édifices touristiques, un quartier populaire. Les
vélos surchargés contournent à vive allure les vieilles voitures immobili-
sées et les nombreux piétons sur la chaussée. Les discussions de balcon à
balcon parviennent rarement à couvrir les dernières mélodies à la mode,
hurlées à plein volume par d'antiques postes de radio. Les fenêtres ouvertes laissent deviner des appartements dont le délabrement contraste
avec les édifices coloniaux fraîchement rénovés, près de la cathédrale
et de la Plaza de Armas.

⚙ **Bon à savoir** – Très étroites, les rues de la Vieille Havane sont souvent
encombrées par des chantiers de rénovation. Il est donc préférable de se
déplacer à pied.

⚙ **Conseil** – Veillez sur vos sacs, en particulier la nuit, car les rues ne sont pas
éclairées. La police est cependant omniprésente.

Entre les Amériques et l'Espagne

Chaque 16 novembre, les Havanais célèbrent l'anniversaire de leur ville dans le jardin du Templete : ce jour-là, en l'an 1519, les conquistadors espagnols assistent à la messe solennelle fondatrice du bourg de **San Cristóbal de la Habana**, déplacé deux fois avant son emplacement définitif. La cité tiendrait son nom d'Habaguanex, un chef indien, mais certains historiens en attribuent l'origine au mot *haven* (« port » en anglais).

La situation stratégique de la ville entre les Amériques et l'Espagne favorise son essor économique. Les commerçants s'installent à proximité des bateaux chargés de sucre, de tabac, d'esclaves, d'or et de pierres précieuses. Mais ces navires drainent également dans leur sillage une cohorte de pirates, flibustiers et corsaires à la solde des puissances européennes rivales de l'Espagne. Entre 1538 et 1544, le Castillo de la Real Fuerza est donc édifié pour protéger San Cristóbal de la Habana contre les pillages incessants. Cette première forteresse ne résiste cependant pas à l'assaut de Jacques de Sores, un corsaire français qui s'empare de la ville en 1555. Aussitôt, de nouvelles fortifications sont construites, et le commerce continue, plus florissant que jamais. Au milieu du 16e s., les gouverneurs de l'île quittent Santiago de Cuba pour la prospère Havane, qui devient la capitale officielle de Cuba en 1607.

La ville subit les attaques répétées des Anglais tout au long des 17e et 18e s. Le 13 août 1762, cette capitale de 10 000 habitants tombe finalement aux mains de l'Angleterre, après deux mois de siège. Moins d'un an plus tard, aux termes du traité de Fontainebleau, elle est échangée contre la Floride et revient sous domination espagnole. De la période d'occupation britannique, le port conserve une large ouverture au commerce mondial.

UNE CAPITALE MODERNE

Au cours du 19e s., on entreprend de grands travaux de construction d'hôtels particuliers et de palais ; l'éclairage public et les égouts sont installés. La ville commence à s'étendre bien au-delà des remparts qui sont démolis en 1863, à l'exception des fortifications situées à l'entrée de la rade. Le cœur historique qui prend le nom de Habana Vieja est délaissé au profit des nouveaux quartiers de l'ouest, comme Centro Habana.

Après l'indépendance, en 1902, le **Vedado** et **Miramar** connaissent à leur tour un développement important. Des lettres et des numéros pour désigner les rues tracées sur un plan en damier font de cette zone la réplique parfaite d'une ville des États-Unis. Les Américains y établissent leurs hôtels de luxe et des casinos ainsi que de magnifiques villas sur la rive gauche du río Almendares. Après le triomphe de la révolution, l'ancienne capitale du jeu et de la prostitution est vidée de ses maisons de jeux et de tolérance, et certaines demeures sont réquisitionnées.

Les quartiers du centre de La Havane ont subi peu de transformations architecturales depuis la révolution. La plupart des constructions d'habitation postérieures à 1959 sont installées hors de ces limites et seuls quelques grands hôtels internationaux sont apparus dans le Vedado et Miramar afin d'accueillir le flot croissant de touristes. Contre les dégradations infligées par le temps qui passe, La Havane lutte par la démolition pure et simple ou la **rénovation**, lente et coûteuse, mais toujours très soignée.

Depuis les années 1990, la **Habana Vieja**, qui occupe une surface de 2 km², fait l'objet d'une vaste campagne de restauration. Désormais, environ 40 % des édifices de la vieille ville ont été rénovés. La vie culturelle y renaît, à l'image du monastère et de l'église **San Francisco de Asís**, sur la place de San Francisco, qui a rouvert ses portes et est devenue l'une des plus grandes salles de concert de la Habana Vieja (voir p. 141). Dans le centre historique toujours en plein travaux, les échafaudages et palissades cèdent peu à peu la place à des batiments rénovés dont les rez-de-chaussée sont investis par des restaurants, cafés et hôtels de charme, écoles, musées, galeries d'art, ou encore des boutiques de luxe et d'artisanat, où les produits s'offrent en abondance contre dollars et pesos convertibles. Ces installations pour touristes sont gérées par la société publique Habaguanex, rattachée à l'**Oficina del Historiador** (voir encadré p. 137), dont les profits sont en partie réutilisés pour de nouvelles restaurations et pour reloger les anciens habitants, sur place ou en banlieue.

Hors de la Habana Vieja, l'essentiel de la rénovation porte sur le **Malecón** (voir encadré p. 150) et ses alentours. Selon ses promoteurs, la renaissance complète de la prestigieuse « Corniche » havanaise entre la Punta et Miramar est programmée pour 2017.

LES QUARTIERS

La Ciudad de La Habana est une province divisée en quinze circonscriptions administratives appelées *municipios*.

Le *municipio* de **Habana Vieja** regroupe à lui seul pratiquement tous les édifices coloniaux de la capitale. À l'entrée de la baie de La Havane, il s'étire de l'est du Paseo de Martí (Prado) au port. Il se prolonge au sud-ouest, au-delà de la gare centrale, jusqu'au quartier de Regla. Le cœur historique est ceint par une route circulaire qui suit le tracé des anciennes fortifications.

Vers l'ouest, en bordure du Malecón, entre le Prado (paseo José Marti) et la Calzada de Infanta, **Centro Habana** est un quartier dont l'état de déliquescence lui vaut les surnoms de « Beyrouth » ou « Bagdad », car il a quelque chose d'un paysage d'après-guerre : immeubles croulants, trottoirs éventrés… Les touristes l'ignorent à tort. Au gré d'une déambulation, ils découvriraient une autre Havane, celle des petites gens, des petits métiers. Sur le seuil ou à l'entrée des maisons, ils verraient à l'ouvrage le plombier, le couturier, le coiffeur. Dit autrement, ils verraient un quartier populaire plein de vie. Ici aussi la restauration progresse. Mais laissée le plus souvent aux soins des particuliers, elle n'a pas l'ampleur et la qualité de celle menée dans la Habana Vieja.

Toujours vers l'ouest, succède au *municipio* Centro Habana celui de **Plaza de la Revolución**. Ce dernier comprend une zone, au nord du cimetière Colomb, qui porte le nom de **Vedado**, cœur moderne et actif de la capitale, distinct du Nuevo Vedado, le quartier d'habitations situé au sud du cimetière. Le Vedado regroupe un grand nombre d'hôtels, de restaurants et de services utiles aux touristes tels que les agences de voyages ou les compagnies aériennes.

Au-delà de l'embouchure du río Almendares commence le *municipio* de **Playa** dont fait notamment partie **Miramar**, l'un des quartiers résidentiels chic où sont localisés des hôtels et restaurants de luxe ainsi que la plupart des ambassades.

De l'autre côté de la baie, en face de la Vieille Havane, le *municipio* de **Habana del Este** s'étend du parc historique-militaire Morro-Cabaña aux plages de l'Est. Ces dernières appartiennent à La Havane à proprement parler, mais seront présentées dans un autre chapitre (voir p. 220).

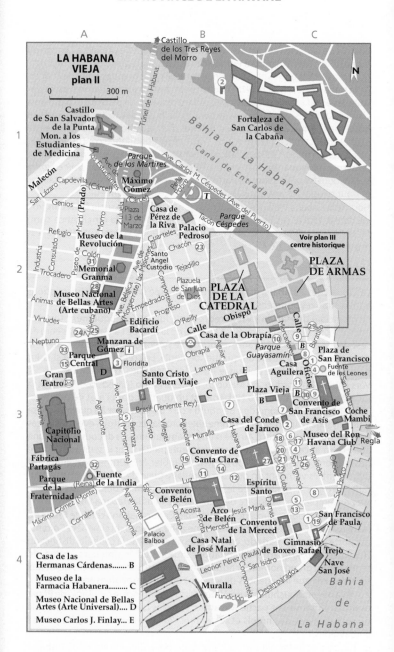

LA HABANA VIEJA plan II

0   300 m

Castillo de los Tres Reyes del Morro

Castillo de San Salvador de la Punta
Mon. a los Estudiantes de Medicina

Malecón
Capdevilla (Cárcel)
San Lázaro
Genios
Refugio
Industria
Consulado
Trocadero
Ánimas
Virtudes
Neptuno
Colón

Parque de los Mártires

Máximo Gómez

Bahía de La Habana

Canal de La Habana

Fortaleza de San Carlos de la Cabaña

Ave. Carlos M. Céspedes (Ave. del Puerto)

Plaza 13 de Marzo

Casa de Pérez de la Riva

Palacio Pedroso

Parque Céspedes

Museo de la Revolución

Santo Angel Custodio

Memorial Granma

Museo Nacional de Bellas Artes (Arte cubano)

Plazuela de San Juan de Dios

PLAZA DE LA CATEDRAL

Obispo

Voir plan III centre historique

PLAZA DE ARMAS

Edificio Bacardí

Cuarteles
Chacón
Tejadillo
Compostela
Empedrado
Progreso
O'Reilly

Calle

Casa de la Obrapía

Manzana de Gómez

Parque Central

Gran Teatro

Floridita

Santo Cristo del Buen Viaje

Obrapía
Aguiar
Lamparilla
Amargura
Brasil (Teniente Rey)

Parque Guayasamín

Casa Aguilera

Plaza Vieja

Plaza de San Francisco

Fuente de los Leones

Capitolio Nacional

Fábrica Partagás

Parque de la Fraternidad

Fuente de la India

Máximo Gómez (Monte)
Corrales

Convento de Santa Clara

Casa del Conde de Jaruco

Convento de San Francisco de Asís

Museo del Ron Havana Club

Coche Mambí

Regla

Bernaza (Monserrate)
Ave. Belga (Monserrate)
Cristo
Villegas
Aguacate
Muralla
Sol
Luz
Egido
Acosta
Curazao
Picota

Espíritu Santo

Convento de Belén

Arco de Belén

Convento de la Merced

Casa Natal de José Martí

Palacio Balboa

Muralla

Fundición

San Francisco de Paula

Gimnasio de Boxeo Rafael Trejo

Nave San José

Bahía de La Habana

Leonor Pérez (Paula)
San Isidro
Desamparados

Casa de las Hermanas Cárdenas....... B

Museo de la Farmacia Habanera.......... C

Museo Nacional de Bellas Artes (Arte Universal).... D

Museo Carlos J. Finlay... E

LA HABANA VIEJA
centre historique
plan III

0   100 m

SE LOGER	SE RESTAURER	
Ambos Mundos .... ①	Al Medina .... ①	Moneda (La) .... ⑥
Florida .... ②	Barca (La) .... ⑨	Patio (El) .... ⑤
Santa Isabel .... ③	Bodeguita del Medio (La) .... ②	Templete (El) .... ⑩
Tejadillo .... ④	Cafe O'Reilly .... ③	Torre de Marfil (La) .... ⑦
	Dominica (La) .... ⑪	Torre la Vega .... ⑧

1

SE LOGER		
Aurora Otero Mesa .... ①	Humberto y Miladys .... ⑭	Telégrafo .... ㉝
Balcones (Los) .... ⑰	Inglaterra .... ⑮	Valencia .... ㉙
Beltrán de Santa Cruz ...... ②	Jesús y María .... ⑯	
Casa Ana y Suráma .... ④	Migdalia Caraballe Martin .... ⑱	
Casa Colonial Azul .... ⑤	Nelson Sarduy .... ⑲	SE RESTAURER
Casa Nancy .... ⑦	Noemi Moreno Fuentes .... ⑳	Café del Oriente .... ①
Casa Verde - Gladys .... ⑧	Noemis y Wilfredo .... ㉑	Divina Pastora (La) .... ②
Comendador .... ⑨	Olga López Hernández .... ㉒	Floridita (El) .... ③
Conde de Villanueva .... ⑩	Palacio O'Farrill .... ㉓	Hanoi .... ⑤
Convento de Santa	Park View .... ㉛	Jardin del Oriente .... ⑧
Brígida y Madre Isabel ..... ㉚	Parque Central .... ㉔	Marina (La) .... ⑨
Dos Hermanas -	Plaza .... ㉕	Mercurio (El) .... ④
Yonaika y Yonaisis .... ⑪	Ramón y Maritza .... ㉖	Mesón de la Flota .... ⑪
Ernesto Cardoso Vega .... ⑫	Residencia Santa Clara .... ㉗	Mulata del Sabor (La) .... ⑥
Eugenio Barral García .... ⑬	Saratoga .... ㉜	Taberna de la Muralla (La). ⑦
	Sevilla .... ㉘	

A   B

SE LOGER

Alejandro Martinez	①	
Amparo Lopez	⑰	
Armando y Betty Gutiérrez	⑱	
Casa Alicia	②	
Casa Dalia	③	
Deauville	④	
Gisela Ibarra y Daniel Rivero	⑤	
Gladys Monge	⑥	
Habana Libre Tryp	⑦	
Iliana García	⑨	
Liuba Pomares Hernandez	⑧	
Lola	⑲	
Nacional	⑩	
Presidente	⑪	
Saint John's	⑫	
Silvia Vidal	⑬	
Victoria	⑭	

1

Malecón

CVD
José Martí

Casa de las
Américas

Miramar

⑪ Calzada

⑮ ② ⑤

Línea

Memorial a las Víctimas
del Maine

Nacional ⑩

Banco Nacional
de Cuba

Caleta

⑰ B

⑤ Focsa

② T Guiñol

⑱

⑨ ⑭ ⑰

⑫

Museo de
la Danza

⑳

(Rampa)

23

Coppelia

Torreón de
San Lázaro

25

Príncipe

Vapor

Hospital

Hubert
de Blanck

T

VEDADO

⑲

Línea

Habana Libre
Tryp ⑦

⑧

27 de Noviembre (Jovellar)

27

Callejón
de Hamel

Soledad

Museo
de Artes
Decorativas ③

El Sótano T

Universidad
de La Habana

Museo Montané

Monumento
José A. Mella

Museo
Napoleónico ⑫

Calzada de Infanta

Aramburu

Hospital

Espada

San Francisco

2

Paseo

José Miguel
Gómez

Juan
Abrahantes

Zapata

Quinta
de los Molinos

Zanja

Salud

Castillejo

Retiro

Castillo
del Príncipe

⑩

③

⑨ ⑬
⑧
⑥ ⑯

PLAZA ①
DE LA REVOLUCIÓN

Calzada de

Zapata

Avenida Salvador Allende (Carlos III)

Pozos Dulces

Lugareño

Bruzón

Desagüe

Feria
de la
Juventud

Sitios

Plasencia

Calzada de Ayestarán

Calzada Almendares

Calzada de Infanta

31

Paseo

33

Teatro
Nacional

35

37

39

4

41

6

Cementerio de
Cristóbal Colón

Ministerio
del Interior

Ministerio de
Comunicaciones

Memorial
José Martí

Biblioteca
Nacional

Aranguren

(Zaldo)

San Martín

3

Plaza de la
Revolución

Palacio
de la Revolución

Avenida de Colón

Panorama

Bellavista

Hidalgo

Loma

Lombillo

NUEVO VEDADO

Conill

Tulipán

San Pedro

Ermita

Avenida de
la Independencia

Ayuntamiento

Calzada de Ayestarán

San Piñera

Clavel

Cocos

Rancho

Territorial

Auditor

San Pablo

Pedro Pérez

Masón

Pancho Gómez

Avenida 20 de Mayo

Gral E. Núñez de Mayo

Amenidad

Pedroso

Estadio
Latinoamericano

Quinta
de los Condes
de Santovenia

EL CERRO

Fábrica Boco

Consejero Estévez

Zequeira

Patria

Calzada del Cerro

SE RESTAURER

Amigos (Los)	⑥	
Asahi	①	
Casona de 17 (La)	②	
Doce Apóstoles (Los)	⑦	
Gringo Viejo (El)	③	
Guarida (La)	④	
Monguito	⑧	
Nerei	⑨	
Rocca (La)	⑫	
Torre (La)	⑤	
Tres Chiñitos (Los)	⑬	

Parque Lenin

Virginia Morales Menocal......⑮
Wilfredo Pomares Ramírez....⑯
Zoyla Zayas Ulloa ....⑳

Unión Francesa de Cuba........⑩
Vista Allegre............................⑪

Cojímar
Playas del Este
Varadero

HABANA DEL ESTE

Castillo
de los Tres Reyes
del Morro

Túnel
de la Habana

Fortaleza
de San Carlos
de la Cabaña

Golfo   de   México

de   San   Lázaro

Parque
Maceo

Malecón

PLAZA DE
LA CATEDRAL

Prado

Bahía   de   La   Habana

San Lázaro
Lagunas
Ánimas
Virtudes
Concordia
Neptuno
San Miguel
San Rafael
San Martín (San José)
Zanja

Trocadero
Crespo
Blanco
Aguila
Amistad
Ave. de Italia (Galiano)

Casa de la
Música

Parque
Central

PLAZA
DE ARMAS

CENTRO
HABANA

Barrio
Chino

Capitolio
Nacional

Gervasio
Padre Varela (Belascoaín)
Lucena
Marqués González
Venus
Oquendo
Maloja
Desagüe
Benjumeda
Santo Tomás
Clavel
Santa Marta
Arroyo

Escobar
Lealtad
Dragones
Salud

San Nicolás
Rayo

(Reina)
Palacio
de Aldama

Avenida Simón Bolívar
Enrique Bernet (Estrella)
Sitios
Maloja
Peñalver
Figuras
Carmen
Rastro

Campanario
Manrique

Gómez (Monte)
Corrales
Gloria

Padre Varela
Santiago

Máximo
(Monte)

Tenerife

Esperanza
Ave. de España (Vives)
Puerta Cerrada
Diaria

Voir plan II
LA HABANA VIEJA

Arroyo (Avenida Manglar)

Avenida del Puerto

Ensenada
de Atarés

N

José M.
Pérez

Universidad
Estévez
Santa Rosa
San Joaquín
Calzada
Velázquez
de
Alejandro Ramírez

Gómez (Monte)
Omoa
Fernandina
San Ramón
Máximo
Vigía
Príncipe
San Joaquín
Infanta

Pila
Castillo

Castillo
de Atarés

San Felipe

Atarés

Jesús López Camino (Ave. Gancedo)

Vía   Blanca

LA HABANA
Vedado-Centro
Habana
plan IV

0   500 m

San Francisco
de Paula
Guanabacoa

C

D

1

★★ LA CALLE OBISPO Plan III, A-B2, et Plan II, A3-B2

Dénommée ainsi en souvenir d'un évêque *(obispo)* du diocèse voisin qui aimait la fréquenter, la calle Obispo est restée une artère commerçante authentiquement cubaine dans ce quartier très touristique. Certaines échoppes aux comptoirs désespérément vides contrastent avec les galeries « chic » voisines, qui proposent aux touristes des œuvres d'art pour plusieurs centaines d'euros. Symbole des contradictions actuelles du pays, la calle Obispo raconte également l'histoire mouvementée de Cuba. Curieusement, la juxtaposition des styles architecturaux forme un ensemble harmonieux où la flânerie prend des allures de voyage à travers le temps.

À l'entrée de la zone piétonne *(à proximité du Parque Central)*, un bâtiment Art déco abrite la plus grande librairie de la ville, la **Moderna Poesía**, qui a rouvert ses portes en 1983, après avoir servi d'entrepôt à partir de 1969. Malgré une importante pénurie de papier et de livres, qui l'a contraint à fermer ses portes à plusieurs reprises, des efforts ont été accomplis pour rendre l'endroit attrayant, notamment avec les Samedis du livre, où sont souvent proposées des nouveautés en présence des auteurs.

Jetez un coup d'œil dans l'ancien palais de Joaquín Gómez (1836), à l'angle de la calle Cuba, devenu le superbe **hôtel Florida** *(voir « Hébergement », p. 167)*.

Au n° 155 de la rue, les lustres anciens de la **Farmacia y Droguería Taquechel★★** *(9h-19h)* laissent déjà présager un autre voyage dans le temps. Des étagères garnies de bocaux de porcelaine et d'autres objets liés à la pharmacopée, tels un purificateur d'eau ou un squelette, forment l'intéressante collection de cette officine.

Remarquez le bel **immeuble Art nouveau** à droite de la pharmacie, au n° 159.

Aux n°s 117-119 se trouve la plus vieille maison de La Havane, la **Casa de Obispo**. Ce petit bâtiment couvert d'un beau toit de tuiles anciennes fut construit autour de 1648, bien que certains éléments architecturaux semblent être du 16e s. L'intérieur, qui abrite une librairie, mérite un coup d'œil.

Encastré dans le mur extérieur, un masque grec attend, bouche ouverte, votre courrier. Cette **boîte aux lettres★** *(buzón)* est la plus ancienne de l'île, et il n'en existe qu'une autre de ce type sur la place de la cathédrale.

Au n° 113, dans une jolie maison autour d'un patio, on peut admirer les pièces d'orfèvrerie – armes, bijoux et montres – du **Museo de la Orfebrería** *(tlj sf lun. 9h15-16h45, dim. 9h-14h30 - 1 CUC)*.

Au n° 305, enfin, on peut visiter le **Museo Numismático** *(tlj sf lun. 9h30-16h45, dim. 9h15-12h30 - 1 CUC - -6 ans gratuit)*, qui évoque l'histoire de l'île à travers une intéressante collection de billets et de pièces de monnaie.

★★★ LA PLAZA DE ARMAS Plan III, B2

Construite en 1582, la doyenne des places de la ville doit son nom aux exercices militaires que l'on y pratiquait dès le 16e s. Elle demeura le centre politique et festif de la capitale jusqu'à l'indépendance de l'île. Agrandie en 1776 à ses dimensions actuelles, elle fut entièrement rénovée en 1929.

Au centre du square se dresse une **statue de Carlos Manuel de Céspedes**, sculptée en 1955 par Sergio López Mesa en hommage au « père de la patrie ».

La place commence à palpiter à l'heure où les bouquinistes se retrouvent pour installer leurs présentoirs tout autour du square. Vous pourrez y dénicher un ouvrage sur la musique afro-cubaine ou un roman d'Alejo Carpentier, puis

Calle Brasil, à l'entrée de la Vieille Havane (avec le Gran Teatro au second plan).
Paul Harris/John Warburton-Lee/Photononstop

vous laisser tenter par la terrasse de l'un des deux cafés à quelques mètres de là. Les musiciens qui égrènent le répertoire traditionnel cubain ajoutent à l'ambiance animée qui règne toute la journée en ce lieu. Faites une halte à l'ombre des palmiers royaux du **square central** pour admirer les magnifiques monuments qui encadrent la Plaza de Armas.

★★★ Le Palacio de los Capitanes Generales

Ce chef-d'œuvre d'art baroque occupe entièrement le côté ouest de la Plaza de Armas. Il fut construit à l'emplacement de la première église paroissiale de La Havane, érigée aux alentours de 1550. En 1776, le marquis de la Torre, gouverneur en poste, confia la réalisation de ce palais aux deux architectes Antonio Fernández de Trevejos y Zaldívar et Pedro Medina. Les travaux furent achevés vers 1792, mais le bâtiment ne prit sa forme actuelle qu'en 1834, après d'importantes modifications ordonnées par le gouverneur Miguel Tacón. L'édifice abrita le siège du gouvernement colonial, celui des trois Républiques cubaines jusqu'en 1920 et, enfin, la mairie jusqu'à la révolution.

Depuis cette époque, il a été transformé en **Museo de la Ciudad★★** (musée de la Ville) *(9h-18h - 3 CUC)*. Les salles s'ouvrent sur un splendide **patio★★** dont la végétation tropicale sert occasionnellement de décor à des concerts. Au centre s'élève une **statue de Christophe Colomb** réalisée par le sculpteur italien Cucchiari en 1862. Ce musée présente des œuvres d'art, des documents, du mobilier et des objets témoins des épisodes importants de l'histoire cubaine. Au rez-de-chaussée, une **pierre funéraire**, vestige le plus ancien de la colonisation, est conservée à l'endroit même où doña María de Cepera y Nieto, la fille du gouverneur, périt accidentellement en 1557, lors d'une démonstration de tir à l'arquebuse. À droite de l'entrée, au pied de l'escalier, on peut voir l'original de la **Giraldilla** (une copie est placée au sommet de la tour du Castillo de la Real Fuerza, *voir p. 136*). Une maquette d'*ingenio* (moulin à sucre) permet de découvrir les différentes étapes de la production du sucre et l'organisation d'une plantation au

19e s. Les salles de l'étage présentent une importante collection de meubles, porcelaines et tableaux. Dans le salon des Drapeaux, la toile *La Mort de Maceo*, du peintre cubain Armando Menocal, illustre la fin du héros de l'indépendance en 1896.

À l'angle des calles Obispo et Oficios, un ensemble de bars-restaurants incluant une **Casa del Agua** (des habitués s'y abreuvent d'eau de source très pure) occupe l'ancien **évêché** (*Antiguo Colegio de San Francisco de Sales*), construit au 17e s. autour d'un beau patio.

Installé dans le bloc suivant, le **Museo Nacional de Historia Natural** *(10h-17h30 - 3 CUC)* est très fréquenté par les enfants. Ses salles didactiques expliquent l'origine de la Terre et de la vie et présentent la faune du monde entier dans des scènes colorées. Le premier étage expose les espèces maritimes de Cuba. On peut admirer la vue sur la place depuis la terrasse (cafétéria).

★ Le Palacio del Conde de Santovenia

À l'angle de la calle Baratillo se dresse une belle demeure seigneuriale de la fin du 18e s., avec ses balcons en fer forgé. Transformé en auberge en 1867, le palais accueille aujourd'hui le luxueux **hôtel Santa Isabel** (*voir « Hébergement »*, *p. 168*).

Longez le côté est de la place jusqu'à son extrémité gauche.

El Templete

Premier bâtiment néoclassique de La Havane, ce minuscule temple *(9h-18h30 - 1 CUC)* fut inauguré en 1827 pour commémorer la **première messe de La Havane**, célébrée en 1519. À l'intérieur, trois toiles de Jean-Baptiste Vermay illustrent cet événement : *La Première Messe*, *Le Premier Conseil* et *La Fête de l'inauguration*. On peut également y voir un buste de l'artiste. Dans le jardin, le peintre et son épouse sont enterrés à proximité de l'emplacement du *ceiba*, au pied duquel on commémorait la fondation de la ville tous les 16 novembre. En 1754, le gouverneur Francisco Cajigal de la Vega fit édifier une colonne pour remplacer l'arbre mort.

★ Le Castillo de la Real Fuerza

Tlj sf dim. 9h-18h - 1 CUC.

Au nord-est de la place, de l'autre côté de la calle O'Reilly, cette forteresse, la plus ancienne de la capitale, fut construite en 1558. La tour est surmontée de l'emblème de La Havane, une girouette à silhouette féminine, la **Giraldilla**, achevée en 1632 par le sculpteur Jerónimo Martínez Pínzon. L'original de cette effigie de doña Isabel de Bobadilla se trouve au musée de la Ville (*voir p. 135*). Dans les entrailles du *castillo*, un musée est consacré à l'histoire du fort, la découverte et l'exploitation du Nouveau Monde. Plusieurs maquettes de bateaux attestent que le port de La Havane fut un haut lieu de la construction

---

LA PÉNÉLOPE CUBAINE

Doña Isabel de Bobadilla était l'épouse de Hernando de Soto, gouverneur qui ordonna la fortification de la ville en 1538. En l'absence de son mari, parti explorer la Floride, elle dut assumer ses fonctions et devint donc la **première femme gouverneur de Cuba**. Chaque jour, elle guettait impatiemment son retour du haut de la tour du **Castillo**. Ils s'échangèrent de longues lettres d'amour, dont certaines ne parvinrent à doña Isabel que longtemps après la mort de son tendre époux sur les rives du Mississippi, en 1542.

ATTENTION TRAVAUX !
La Vieille Havane se refait une beauté. Avec tous les égards dus à son âge, on peut dire qu'elle en avait bien besoin. Si l'on s'émerveille devant la Plaza de Armas, la Plaza Vieja, la calle Mercaderes ou la calle Oficios, toutes pimpantes, on se lamente devant la décrépitude qui sévit seulement une ou deux rues plus loin. Il reste du pain sur la planche à l'**Oficina del Historiador**. Cet organisme en charge de la rénovation exerce quelques privilèges sur son périmètre. Il touche 1 ou 2 % du chiffre d'affaires des entreprises (hôtels, restaurants) installées dans le quartier selon qu'elles perçoivent des pesos convertibles ou cubains. Cette manne, ajoutée à la gestion directe d'autres activités (les calèches par exemple), lui permet en partie de financer les travaux qu'elle engage et dirige.

---

navale entre les 17e et 19e s. Du haut de la tour, belle **vue** sur la Vieille Havane et les forteresses de l'autre côté du canal.

Juste à gauche de la forteresse, sur la Plaza de Armas, le marquis de la Torre fit construire en 1772 une poste *(Casa de Correos)*. Ce bâtiment accueillit par la suite la Royale Intendance des Finances, puis des bureaux de l'armée. En devenant la résidence du vice-capitaine général de l'île, il prit, en 1854, le nom de **Palacio del Segundo Cabo★★** (palais du Second en chef). Au début du 20e s., il abrita le siège du Sénat puis le Tribunal suprême populaire en 1929. C'est actuellement le siège de l'Institut cubain du livre. Le **patio★** et la librairie sont ouverts au public *(10h-17h)*.

Vous pouvez poursuivre l'itinéraire en empruntant la calle Oficios ou rejoindre la Plaza de la Catedral en prenant à droite la calle Tacón, puis à gauche avant le marché artisanal.

★★★ LA PLAZA DE LA CATEDRAL Plan III, A1

La place ne prit le nom de son monument le plus illustre qu'à la fin du 18e s. lorsque l'ancienne église des jésuites fut consacrée cathédrale. Deux siècles auparavant, la naissance de ce site fut placée sous le signe de l'eau. Baptisée Plaza de la Ciénaga (place du Marais) en raison d'inondations persistantes pendant la saison des pluies, elle accueillit vers 1587 une citerne pour ravitailler les navires en eau douce. Cinq ans plus tard, elle fut également traversée par un *chorro* (petit canal, littéralement un « jet ») raccordé à l'aqueduc royal pour approvisionner les bateaux et le quartier. Au 18e s., des comtes *(condes)* et des marquis *(marqueses)* y firent édifier de riches demeures, pratiquement toutes transformées en musées.

★★★ La Catedral de San Cristóbal
Lun.-vend. 11h-14h30, sam. 10h30-13h, dim. 9h30-12h30 ; messe le dim. à 10h30 - Accès au clocher : 1 CUC.

⊙ **Conseil** – Pour apprécier tranquillement le bel ordonnancement de la place de la Cathédrale, venez **tôt le matin**, avant l'arrivée des groupes de touristes et de musiciens. L'endroit est particulièrement photogénique après un gros orage, lorsque l'eau donne des reflets brillants à ses pavés.

Silhouette grise intimidante sous un ciel chargé de nuages, la cathédrale redevient légère et joyeuse lorsque le soleil illumine son **vitrail★** central. Ses lignes ondulantes encadrées de deux clochers asymétriques, désormais silencieux, s'accordent parfaitement avec les palais avoisinants.

Les plans de la cathédrale seraient l'œuvre des jésuites, mais les architectes demeurent inconnus à ce jour. La construction de l'édifice commença en 1748 mais dut être interrompue en 1767, année de l'expulsion des jésuites par le roi d'Espagne. Achevée dix ans plus tard, l'église fut élevée au rang de cathédrale en 1788. Consacrée à la Vierge de l'Immaculée Conception, elle est en fait connue sous le nom de cathédrale de San Cristóbal, en hommage à Christophe Colomb. En effet, pendant plus d'un siècle, la nef principale abrita les cendres de l'explorateur, avant qu'elles soient transférées dans la cathédrale de Séville, lors de l'indépendance de l'île.

La **façade**★★ baroque offre plus d'intérêt que l'intérieur de la cathédrale. L'édifice est divisé en une nef centrale et deux collatéraux sur lesquels donnent des chapelles. Au centre du chœur, on peut admirer l'orfèvrerie et les sculptures de l'**autel**★, œuvres de l'artiste italien Bianchini. Au-dessus de l'autel, on remarquera **trois fresques** du peintre italien Giuseppe Perovani. Ceux qui n'ont pas la chance de se rendre à Santiago de Cuba pourront voir une **copie de la Virgen de la Caridad del Cobre**, la patronne de Cuba.

★★ La Casa de los Marqueses de Aguas Claras

À gauche de la place *(en regardant la cathédrale)* s'élève l'élégante façade de cette maison construite entre 1751 et 1775. Elle abrite aujourd'hui le restaurant **El Patio** *(voir « Restauration », p. 173)*. La fontaine du **patio**★ offre une fraîcheur délicieuse aux heures chaudes de la journée et, du balcon, vous bénéficierez d'une **vue**★ plongeante sur la place.

Du même côté de la place, l'ancienne **Casa de Baños** (Bains publics) fut édifiée au 19e s. à l'emplacement d'une citerne installée en 1587. Le rez-de-chaussée a été aménagé en galerie d'art. Remarquez à l'angle du bâtiment la **fontaine** du callejón del Chorro.

★★ Le Palacio de los Condes de Casa Bayona

Face à la cathédrale, ce palais est la plus ancienne demeure de la place. Il est également désigné par le nom de son propriétaire, Luis Chacón, qui en ordonna la construction en 1720. Il fut successivement le siège du collège des greffiers de La Havane à la fin du 19e s., d'un quotidien de la République, puis d'une entreprise de rhum nationalisée.

Cette demeure abrite maintenant le **Museo de Arte Colonial**★★ *(9h-18h45 - 2 CUC)*. La collection de meubles provenant d'édifices civils et religieux offre un intéressant panorama de la période coloniale du 17e au 19e s. Le musée renferme également divers éléments architecturaux, dont des grilles en fer forgé,

---

HEMINGWAY À LA HAVANE

De 1932 à 1940, le célèbre écrivain américain occupa par périodes la chambre 511 de l'hôtel Ambos Mundos *(voir « Hébergement », p. 167)*. On peut y visiter la modeste chambre dans laquelle il rédigea son roman *Pour qui sonne le glas*. Lorsque ses blessures de guerre le harcelaient, Ernest Hemingway partait en quête de réconfort moral et physique dans les bars du quartier. Ses errances nocturnes commençaient toujours par El Floridita, à l'angle de l'avenida de Bélgica et de la calle Obispo. Après quelques daiquiris ou papa's special (avec double mesure de rhum), il redescendait la rue jusqu'à la Plaza de la Catedral. À quelques pas de là, il s'installait devant un mojito de la Bodeguita del Medio. Apaisé, il pouvait rejoindre le port d'où il larguait les amarres pour se livrer à des parties de pêche dignes du *Vieil Homme et la Mer*.

La Catedral de San Cristóbal.
Toño Labra/AGE Fotostock

des balustrades en bois et des heurtoirs. Sont également exposés quelques *mediopuntos*, ces éléments de verre coloré ou de bois placés au-dessus des fenêtres pour tamiser la lumière. Les fenêtres du bâtiment sont elles-mêmes ornées de très beaux **vitraux**.

★ Le Palacio del Marqués de Arcos

Admirez les balcons en fer forgé et les colonnes qui ornent la belle façade baroque de cet édifice, construit à l'angle sud-est de la place en 1741. Siège de la Trésorerie royale à partir de 1796, cette demeure devint la poste centrale dans la première moitié du 19e s., puis le lycée artistique et littéraire de La Havane. Vous pourrez retrouver, percée dans son mur, une **boîte aux lettres** ancienne identique à celle de la calle Obispo *(voir p. 134)*.

★ La Casa del Conde de Lombillo

Tlj sf dim. 9h-16h30 (sam. 13h) - gratuit.
Restaurée, cette belle demeure arbore une façade jaune vif. Elle fut construite dans la première moitié du 18e s. pour la famille Pedroso y Florencia, dont les descendants reçurent le titre de comte en 1871. Siège de la Direction de la restauration de la Vieille Havane, elle accueille aujourd'hui des expositions dans les galeries qui encadrent le patio. Vous pourrez aussi voir ses trois étages habillés de bois bleu, de ferronneries et de peintures au pochoir.

À 50 m de la cathédrale, dans la calle Empedrado, entre Cuba et San Ignacio, la célèbre **Bodeguita del Medio** *(voir « Restauration », p. 173)* ne désemplit pas. En attendant de trouver une place assise, entrez dans la maison située au n° 215.

★★ La Casa de la Condesa de la Reunión

Belle demeure coloniale construite vers 1820, cet ancien hôtel particulier renferme un agréable **patio★** et un intéressant **escalier★**. Il abrite aujourd'hui le **Centro de Promoción Cultural Alejo Carpentier** *(lun.-vend. 9h-17h - gratuit)*, consacré à l'œuvre du célèbre auteur cubain et en particulier à son livre *Le Siècle des Lumières*.

Prenez la calle Cuba sur la droite et marchez quatre cuadras jusqu'à l'angle de Tacón. Vous pouvez terminer votre visite par le **Palacio Pedroso★** (Plan II, B2), du nom d'un maire de La Havane pour qui fut édifiée cette demeure en 1780. Connu sous le nom de **Palacio de la Artesanía**, ce bâtiment est désormais consacré au tourisme : cigares, rhum, tee-shirts, disques et livres ont investi ses salles, et son patio accueille un agréable café.

★ LA CALLE MERCADERES ET SES ALENTOURS Plan II et plan III

Perpendiculaire à la calle Obispo, la calle Mercaderes est l'autre grand axe de la Habana Vieja qui relie la cathédrale à la Plaza Vieja. Magnifiquement rénovée, elle offre les plus beaux exemples de maisons coloniales transformées en hôtels, musées, salles d'exposition, restaurants ou magasins de luxe.
En partant de la cathédrale, on descend la calle Empedrado sur quelques mètres avant d'emprunter à droite la calle Mercaderes et découvrir une longue **peinture murale** d'Andrés Carrillo qui représente 67 hommes et femmes célèbres de l'histoire cubaine.
Au coin d'O'Reilly, l'**edificio Abreu** abrite le restaurant Dominica et sa terrasse. Vous pouvez vous y arrêter pour goûter une bonne cuisine italienne *(voir « Restauration », p. 174)*. Après avoir longé l'arrière du Palacio de los Capitanes Generales, on croise la calle Obispo, dont le coin abrite la très riche librairie Boloña *(voir « Achats », p. 180)*.
Au n° 114 de la calle Mercaderes, vous pourrez également voir la **Maqueta de la Habana Vieja★** *(9h-18h - 2 CUC avec explications en anglais)*, qui reproduit en miniature toute la vieille ville dans ses moindres détails.
Continuez jusqu'à la jusqu'à la calle Obrapía.

La Casa de la Obrapía
Mar.-sam. 10h-16h30, dim. 9h-14h30 - contribution libre.
Ce palais est aussi étonnant par ses vastes proportions que par le cadre baroque de sa porte. Son nom, « œuvre pieuse », est dû à sa fonction d'orphelinat au 17e s. Le mobilier qui la décore date du 19e s.
En face, de petits musées – **Casa de México** *(✆ 861 81 66 - mar.-sam. 10h15-17h30, dim. 9h-13h)*, **Casa de África** *(✆ 861 57 98 - tlj sf lun. 10h-17h, dim. 12h - 2 CUC)* et, calle Mercaderes, **Casa de Asia** *(✆ 863 97 40 - mar.-sam. 10h-18h, dim. 9h-13h - gratuit)* – présentent les dons que Fidel a reçus de différents pays et continents.
Prenez à gauche dans Obrapía pour rejoindre la calle Oficios.
Dans cette rue en grande partie rénovée, de nombreux immeubles abritent des galeries d'art ou des musées.

★ La Casa del Obispo
Au n° 8 de la calle Oficios, à 50 m de la Plaza de Armas, se trouve la maison qui servit de résidence aux évêques, du 17e s. à la première moitié du 19e s., avant d'accueillir le mont-de-piété. Elle possède un beau patio.
Le restaurant Al Medina *(voir « Restauration », p. 173)* est installé dans le **Colegio San Francisco de Sales★**, établissement datant de 1689 disposé autour d'un ravissant patio recouvert de vigne.
Attenante au collège, la **Casa de los Árabes★** *(horaires aléatoires - contribution libre)* contient de belles pièces d'art traditionnel islamique offertes par divers pays arabes à Fidel Castro.
En face, dans la vaste **Sala del Transporte Automotor** *(9h-19h - 1 CUC)* trônent d'anciens modèles de voitures des plus grandes marques, notamment une Cadillac de 1902.

Revenez sur vos pas par la calle Obrapía et poursuivez votre chemin sur la calle Mercaderes, vers la calle Lamparilla et le parc Guayasamín.

Cette section dévoile de magnifiques exemples de bâtiments très bien rénovés abritant des magasins de luxe (parfums, céramiques et armureries).

Le **Museo de la Cerámica** *(mar.-sam. 9h-17h, dim. 13h - gratuit)* est installé dans la Casa Aguilera, à l'angle de la calle Amargura, dans une belle demeure coloniale. Parmi des œuvres tour à tour réalistes, oniriques, conceptuelles, picturales ou sensuelles, on peut admirer celles des céramistes cubains les plus importants du 20e s., comme Wifredo Lam et Amelia Peláez.

Au coin de la calle Amargura, remarquez aussi le **Café Habana**, très couleur locale *(voir « Boire un verre », p. 178)*, et le **Museo del Chocolate** *(voir « Petite Pause », p. 177)*.

Prenez à gauche dans Amargura pour rejoindre la Plaza San Francisco de Asís.

★ LA PLAZA DE SAN FRANCISCO DE ASÍS Plan II, C3

Agrémentée de jolies terrasses de cafés, cette vaste place est l'une des plus agréables de la ville. La belle **Fuente de los Leones** (fontaine aux Lions) en marbre fut sculptée par l'artiste italien Gaggini et installée en 1836. À partir de 1844, elle fut déplacée en plusieurs endroits de la ville et ne retrouva son emplacement d'origine qu'en 1963. La Plaza de San Francisco fut construite à la fin du 16e s. devant l'église et le couvent du même nom. Les bâtiments commerciaux qui l'entourent, comme l'ancienne **Lonja del Commercio** (Bourse du commerce), au nord, ou la **douane**, à l'est, ne furent édifiés qu'au début du 20e s.

★★ La Iglesia y Convento de San Francisco de Asís
9h-16h - 2 CUC.

Ces édifices vécurent une histoire tourmentée. Le projet de construction du monastère franciscain date de 1570, mais les travaux ne commencèrent que dix ans plus tard. Achevée en 1591, l'église connut un rayonnement religieux et culturel important en Amérique latine. Entre 1719 et 1733, on dut reconstruire le monastère et l'église qui présentaient des signes de délabrement. Puis les lois de 1842 sur le démantèlement des biens du clergé marquèrent la fin de cet édifice religieux, réaménagé en entrepôt. Enfin, quatre ans plus tard, un cyclone détruisit le chœur, qui fut remplacé par un trompe-l'œil !

Depuis 1990, cet ensemble religieux suscite un regain d'intérêt et a fait l'objet d'importants travaux de restauration. Vous pouvez assister à des **concerts** dans la nef de l'église, spacieuse et dépouillée *(vend. et w.-end à 18h, concerts de l'orchestre Camerata Romeu, uniquement composé de musiciennes et spécialisé dans la musique de chambre cubaine)*. Lors de fouilles, des fragments de **céramiques** et **poteries** datant du 16e s. ont été retrouvés. Ils sont exposés au rez-de-chaussée du cloître nord. On trouve une très belle collection d'**objets et mobilier religieux★**, enrichie de peintures contemporaines à l'étage du second cloître.

En descendant vers les docks, vous ne manquerez pas, sur la gauche, la calle Churruca, ruelle presque entièrement occupée par le **Coche Mambi** *(tlj sf dim. 9h-16h45, lun. 12h45 - gratuit)*. Cet ancien wagon présidentiel a conservé tout le luxe d'autrefois.

Face au Coche Mambi est installée l'une des plus luxueuses boutiques de La Havane, l'horloger bijoutier Cuervo y Sobrinos *(voir « Achats », p. 179)*.

1

À quelques pas de là, sur l'avenida del Puerto, se trouve le **Museo del Ron Havana Club** *(lun.-jeu. 9h-17h, vend. et w.-end 10h-16h - 5 CUC, visite guidée en français de 25mn)*. Organisé autour d'un élégant patio, le petit musée à l'étage explique les étapes de la fabrication du rhum, mais la visite est surtout prétexte à la dégustation et à l'achat! Le bar est ouvert jusqu'à 23h.

Regagnez la Plaza de Armas et prenez la calle Tacón, à gauche du Palacio del Segundo Cabo.

Au n° 12 de la calle Tacón, une jolie maison du début du 18e s. abrite le **Gabinete de Arqueología** *(tlj sf lun. 9h-17h, dim. 13h - 1 CUC)*. Les archéologues qui y travaillent présentent d'intéressantes collections précolombiennes de Cuba, du Mexique et du Pérou.

LE SUD DE LA VIEILLE HAVANE

▶ *Comptez 2h avec les visites.*

Moins touristique, cet itinéraire comporte des édifices qui méritent également le détour. Il constitue un excellent prétexte à la flânerie au cœur de l'un des quartiers les plus vivants de La Havane. Vous y découvrirez une partie de la Vieille Havane beaucoup moins restaurée et plus populaire, où les touristes se hasardent en plus petit nombre.

★ La Plaza Vieja Plan II, C3

Cette place, l'une des plus anciennes de la ville, a bénéficié d'un plan global de rénovation. La plupart des demeures qui l'encadrent ont retrouvé leur charme d'antan. Le square central, lui, est à l'image de son aspect initial : repavé, embelli d'une nouvelle fontaine (toutefois ceinturée par des grilles pour éviter que les habitants du quartier n'y puisent l'eau), il a effacé toute trace de l'ancien parking qui l'occupait. Si la Plaza de Armas était réservée aux exercices militaires, la Plaza Vieja, appelée jadis Plaza Nueva (place Neuve) était, elle, destinée aux civils. Elle date de la seconde moitié du 16e s. Elle fut successivement un marché aux esclaves, puis un marché couvert démoli au début du 20e s.

La **Casa de las Hermanas Cárdenas**, une petite bâtisse ocre à l'angle des calles Brasil et San Ignacio, porte le nom de deux sœurs qui la firent construire à la fin du 18e s. Elle devint en 1824 le siège de la Société philharmonique de la ville avant d'être transformée en **Centro de Desarollo de las Artes Visuales** (Centre de développement des arts visuels) ; on peut y voir des expositions temporaires d'artistes contemporains.

Presque en face, la maison bleue, datant de 1752, était la **Casa de Estebán José Portier**. Elle abrite aujourd'hui la **Fototeca de Cuba**, qui présente des expositions de photographie autour du ravissant patio. Remarquez, à l'intérieur, les décorations mudéjares qui ornent le bois.

Continuez dans le sens des aiguilles d'une montre ; dans le coin sud-est se niche un exemple étonnant d'Art nouveau, l'**ancien hôtel Viena** (1906), qui, après avoir été longtemps investi par des familles cubaines, est en restauration.

La **Casa del Conde de Jaruco★**, qui s'élève au sud-ouest, à l'angle des calles San Ignacio et Muralla, est l'édifice le plus remarquable de la place. Construite en 1737, elle subit de multiples transformations au milieu de ce siècle et, comme beaucoup d'autres édifices, fut victime au fil des années d'importantes détériorations. Grâce aux travaux de restauration, on peut redécouvrir sa façade et le charme de son **patio★** intérieur, où il est possible de boire un verre. Elle est le siège du **Fondo de Bienes Culturales**. Des expositions-ventes d'art et d'artisanat y sont organisées.

Sur la place, les terrasses de deux cafés-restaurants proposent des haltes parfaites : la **Casa de la Cerveza** et le **Café Escorial** *(voir « Petite Pause », p. 177).*

AUTOUR DE LA CALLE CUBA

Lorsque vous êtes face à la Casa de las Hermanas Cárdenas, suivez la calle San Ignacio vers la droite. Tournez à gauche dans la calle Amargura et remontez-la d'une cuadra.

Entre la calle Amargura et la calle Brasil s'élève un imposant bâtiment à la façade ouvragée. À l'origine, c'était le couvent des Augustins, construit au début du 17e s. En 1863, l'Académie des sciences médicales, physiques et naturelles s'y installa. Après de multiples transformations, le bâtiment abrite désormais le **Museo Histórico de Ciencias Carlos J. Finlay** (Plan II, B3) *(8h-17h, dim. 9h-15h - 1 CUC).* Ce lieu retrace l'histoire des sciences en Amérique latine et rend hommage à Carlos J. Finlay, le savant cubain qui étudia la fièvre jaune. On peut découvrir à l'intérieur une réplique d'une pharmacie du 19e s.

Poursuivez la calle Cuba vers le sud puis tournez à droite dans la calle Brasil.

★ Museo de la Farmacia Habanera Plan II, B3

☏ 7 866 75 56 - 9h-17h. Angle calles Brasil et Compostela.

Installé dans l'ancienne Droguería Sarrá ouverte par le docteur José Sarra à la fin du 19e s., ce musée, inauguré en 2004, reconstitue une ancienne pharmacie cubaine. Dans l'une des salles, les murs sont ornés de magnifiques présentoirs en bois sculpté contenant de très nombreux flacons destinés autrefois aux préparations pharmaceutiques. Vous pourrez également admirer de très nombreux objets du 19e et du 20e s. : balances, flacons, jarres, bocaux retrouvés lors de fouilles archéologiques dans la Vieille Havane.

Après ce crochet, revenez sur vos pas et prenez ensuite à droite sur la calle Cuba.

★★ La Iglesia y Convento de Santa Clara Plan II, B-C3

9h-17h - 2 CUC - Visite possible malgré les travaux en cours.

Achevé en 1644 après six ans de construction, Santa Clara fut le premier monastère de religieuses de Cuba. L'édification alentour d'immeubles, au 20e s., en mettant un terme à leur intimité, obligea les sœurs à déménager. Le couvent fut vendu en 1919 à une société de travaux publics, puis devint le siège du Centre national de conservation, restauration et muséologie. Tous les travaux délicats de restauration d'œuvres d'art sont réalisés au couvent de Santa Clara, où des spécialistes travaillent avec un minimum de moyens à leur disposition. Excepté l'église, le couvent a été complètement rénové. Demandez un guide pour vous accompagner dans la salle du mobilier et des objets d'art religieux.

On entre dans un **cloître★★** entouré d'un très beau toit de tuiles, où pousse une végétation luxuriante de palmiers, *ceibas, yagrumas,* plantes et fleurs variées. Au centre se cache la **Fuente de la Samaritana**, la première fontaine de la ville, installée au 17e s.

Autour du jardin sont disposées les anciennes cellules de religieuses transformées en ateliers de restauration de textiles, de meubles, de tableaux et de statues. Certaines possèdent encore de belles **boiseries★** ouvragées datant de la construction de l'édifice. Dans l'église, vous verrez une grande nef rectangulaire et un plafond remarquable. Des expositions y sont organisées.

Autour d'un cloître attenant, les bâtiments ont été aménagés en une résidence-hôtel destinée essentiellement aux étudiants en restauration d'œuvres d'art *(voir « Hébergement », p. 166).*

1

Dans la même rue, à l'angle de la calle Acosta, se dresse la sobre façade de pierres grises de la plus ancienne église de La Havane, l'**église del Espíritu Santo** (Plan II, C4). Construite en 1632 par un groupe de Noirs affranchis, ce fut la deuxième église paroissiale après celle qui s'élevait à l'emplacement du Palacio de las Capitanes Generales. La nef gauche et la façade furent ajoutées dans la seconde moitié du 18e s.

★ La Iglesia y Convento de Nuestra Señora de la Merced Plan II, C4

Deux *cuadras* plus bas sur la droite, à l'angle de la calle Merced, ce bel ensemble architectural fut commencé en 1755 et achevé seulement au siècle suivant. L'église est composée de trois nefs conduisant chacune à l'abside. Remarquez le plafond de style **mudéjar** et les **fresques★** qui ornent la coupole. On peut également voir un très beau **meuble de sacristie★** ainsi que des reliques exposées dans la crypte. Le cloître offre sa fraîcheur pour une halte reposante.

Pratiquement en face de Nuestra Señora de la Merced, au n° 815 de la calle Cuba, se trouve le **Gimnasio de Boxeo Rafael Trejo**, un ring en plein air où, surtout le samedi matin, s'affrontent les émules du boxeur cubain Kid Chocolate.

Suivez la calle Cuba jusqu'à l'intersection suivante. Bifurquez à gauche dans la calle Leonor Pérez (Paula).

Édifiée entre 1730 et 1745, l'**église de San Francisco de Paula★** se dresse sur une petite place donnant sur la baie *(vend. et w.-end à 18h, concerts de l'orchestre Ars Longa dont le répertoire va de la musique médiévale à la musique baroque).* L'enceinte comportait également un hôpital pour femmes, qui fut détruit en 1946 ainsi que le chœur de l'église. Le reste de l'édifice, notamment sa très belle **coupole★**, a été épargné et récemment restauré.

Plus loin, sur le quai des Desamparados, à côté de l'église San Francisco, la **Nave San José** est un vaste hangar rénové accueillant plusieurs dizaines d'artisans de tous types et un restaurant avec terrasse, halte rafraîchissante au bord de l'eau.

Prenez la calle Cuba pour revenir sur la calle Leonor Pérez (Paula).

★ La Casa Natal de José Martí Plan II, B4

9h-18h30 - 1 CUC.

« L'apôtre de l'indépendance cubaine » vit le jour le 28 janvier 1853 dans cette petite maison, au n° 314 de la calle Leonor Pérez (Paula), et y passa les quatre premières années de sa vie. Dans ce musée inauguré en 1925 sont rassemblés quelques-uns de ses objets personnels, intimement liés à l'histoire de l'île. Parmi les photographies, remarquez la seule sur laquelle il esquisse un sourire avec son fils sur les genoux. Est également exposé l'unique portrait connu de lui, réalisé par le peintre suédois Hermann Norman en 1891.

En débouchant sur Egido, vous verrez sur votre gauche, le long de la voie ferrée, les vestiges des anciennes **fortifications** (muralla), démolies en 1863.

Remontez l'avenue Egido vers la droite. Laissez la gare centrale sur votre gauche et tournez à droite dans la calle Acosta, juste derrière le restaurant Puerto de Sagua.

Dans la calle Acosta, vous passerez sous une arche de style baroque. L'**Arco de Belén** (arche de Bethléem) fut construit en 1772 pour relier le couvent du même nom aux demeures de l'autre côté de la rue.

Juste après l'arche, tournez à gauche dans la calle Compostela.

★ La Iglesia y Convento de Nuestra Señora de Belén Plan II, B4

Lun.-vend. 8h-16h - gratuit.

Ce vaste ensemble, construit entre 1712 et 1718 pour la congrégation de Bethléem, fut le premier édifice de style baroque à La Havane. En 1856, il passa

Le dôme du Capitole et la façade du Gran Teatro.
Patrick Escudero/hemis.fr

aux mains des jésuites, puis devint l'un des locaux de l'Académie des sciences. Laissés à l'abandon à partir de 1925 puis gravement endommagés par un incendie en 1991, l'église et le couvent retrouvent peu à peu leur splendeur grâce à un programme de restauration toujours en cours. Le couvent revient à ses premières fonctions caritatives en hébergeant notamment une maison de retraite et un centre pour enfants handicapés.

★★ Du Capitole au Prado Plan II, p. 130

◐ *Comptez une journée si vous visitez tous les musées.*
Situé à l'ouest du cœur historique, cet itinéraire regroupe bon nombre des grands musées de La Havane. Sur un axe sud-nord, il est moins propice à une promenade tranquille, car la circulation y est relativement dense. Il est cependant agréable de déambuler sous les arbres du Prado, surtout en fin de journée.

AUTOUR DU CAPITOLE Plan II, A3-4

Ce bâtiment de plus de 200 m de long, couronné d'une coupole de 94 m de haut, constitue un excellent point de repère dans la ville. Sur les marches, quelques « artistes » prennent à la volée des croquis des touristes, souvent à leur insu, puis les leur présentent en espérant un pourboire. Difficile d'y échapper.

★★ Le Capitolio Nacional
9h-18h - 3 CUC. Visite guidée (40mn) 4 CUC.
Vestige de l'ère américaine, cette réplique du Capitole de Washington fut achevée en 1929 sous la présidence de Machado. Siège du Parlement jusqu'à la révolution, il fut ensuite transformé en Académie des sciences. Le musée des Sciences naturelles qui se trouvait à gauche du bâtiment a été transféré au n° 61 de la calle Obispo.

L'entrée principale débouche directement sous la coupole, où se dresse une **statue en bronze doré** de 17,50 m de hauteur pour 49 t, fondue en Italie par le sculpteur Angelo Zanelli et représentant la République. Dans le sol situé sous cette rotonde est incrusté un **diamant** marquant le km 0 à partir duquel sont calculées toutes les distances de l'île.

L'immense **salle des Pas perdus**, dénommée ainsi en raison de son acoustique exceptionnelle, mène aux différentes salles du Capitole. On peut visiter l'hémicycle où se réunissaient les parlementaires ainsi que les différents bureaux et salons de conférences.

De très belles fresques ornent les murs et le plafond du **salon Martí**. Admirez les bois précieux de la **bibliothèque de Sciences et Technologie★**.

Le Parque de la Fraternidad

Rond-point stratégique entre les quartiers de la Vieille Havane, de Centro Habana et du Cerro, le parc et ses environs sont rarement calmes. Comme dans le Parque Central situé à proximité, les Cubains viennent y attendre leur *guagua* ou tout simplement discuter à l'ombre des palmiers. Au centre, un *ceiba* fut planté le 24 février 1928, à l'occasion de la VIe conférence panaméricaine à laquelle participa, entre autres, le Vénézuélien Simon Bólivar.

À l'extrémité sud-est du parc, trois grandes avenues contournent une fontaine surmontée du symbole de La Havane. La **Fuente de la India**, ou Noble Habana, sculptée par l'Italien Giuseppe Gaggini en 1837, représente une jeune Indienne tenant un bouclier frappé aux armes de la ville.

Juste en face se trouve le **Museo de los Orishas** *(9h-16h - 10 CUC)*, qui fonctionne autant comme un centre culturel que comme un musée. Le premier étage présente le panthéon des principales divinités *(orishas)* de la religion yoruba *(voir « Religions », p. 92)*. Salle d'expositions, bibliothèque, artisanat et spectacles de danse *(2e et 4e dim. du mois)* complètent le lieu.

Situé au sud du parc, à l'angle de l'avenida Simón Bolivar et de la calle Amistad, le **Palacio de Aldama★★** (Plan IV, C2), composé de deux bâtiments néoclassiques, fut édifié en 1840 pour le compte de don Domingo de Aldama y Arréchaga. À peine trente ans plus tard, le palais fut mis à sac et confisqué par le gouvernement espagnol, car certains membres de la famille étaient soupçonnés de sympathiser avec le foyer indépendantiste de Santiago. Il abrite maintenant l'Institut de l'histoire du mouvement ouvrier de Cuba et de la révolution socialiste. Demandez l'autorisation au gardien de l'entrée pour accéder aux deux **patios**. Vous pourrez voir une petite fontaine à tête de lion dans le premier et des azulejos sur les murs du second.

★ La Fábrica de Tabacos Partagás

Lun.-vend. 9h-11h, 12h-14h45 - visite guidée (45mn) 10 CUC.

Au n° 520 de la calle Industria, derrière le Capitole, se cache l'une des plus anciennes manufactures de tabac de Cuba. La date de 1845 inscrite sur le fronton de l'immeuble indique l'année de création de la marque. La manufacture ne s'installa à cet emplacement qu'au début du 20e s. Des visites guidées permettent de découvrir toutes les étapes de la fabrication d'un cigare, et la boutique propose un bon choix de tabacs.

Revenez ensuite devant le Capitole et faites un crochet par la calle Brasil jusqu'à l'église **Santo Cristo del Buen Viaje**. Bien que les premiers bâtiments aient été édifiés en 1640, l'église actuelle fut construite en 1755. Notez la simplicité de sa façade et de ses deux tours blanches ainsi que son toit de tuiles rouges.

Revenez sur vos pas et prenez à droite devant le Capitole pour atteindre le Parque Central.

AUTOUR DU PARQUE CENTRAL Plan II, A2-3

Ce square centenaire jouit de l'aura prestigieuse des édifices qui l'entourent.

★ Le Parque Central

Il est rare que les touristes s'attardent dans le Parque Central, malgré l'ombre providentielle de ses palmiers royaux. Les Cubains, eux, s'y retrouvent à toute heure de la journée pour discuter et profiter de la quiétude du lieu. Vous y serez accosté par de nombreux jeunes qui arpentent la place, à la recherche d'un touriste qui voudra bien leur offrir une bière ou quelques euros. D'autres vous chargeront d'envoyer leurs lettres à un ami d'Europe.

★ Le Gran Teatro de La Habana

Entre les calles San José et San Rafael surgit l'imposante silhouette de ce théâtre, souvent désigné sous le nom de sa plus grande salle, **García Lorca**. Annexé à l'ancien Teatro Tacón édifié en 1837, le bâtiment actuel fut achevé au début du 20e s. pour accueillir le Club social des Galiciens. Sa façade néo-baroque est chargée de balustrades, statues et sculptures de marbre blanc et, à chaque angle du bâtiment, un ange semble prendre son envol de l'une des tourelles.

Le public peut assister à des répétitions de danse en semaine et visiter les salles de ballets, concerts et théâtre *(9h-17h - visite guidée 2 CUC)*. On accède aux salles de l'étage par un bel **escalier** de marbre, enroulé autour d'une mosaïque, au rez-de-chaussée. En soirée, le théâtre donne des opéras, des concerts et des représentations du Ballet national de Cuba, qui fut longtemps dirigé par **Alicia Alonso**, l'une des figures emblématiques de la révolution cubaine.

De l'autre côté de la calle San Rafael, l'**hôtel Inglaterra**, édifice néoclassique classé Monument national, tente de ravir la vedette au théâtre. L'établissement *(voir « Hébergement », p. 166)* est animé de jour comme de nuit. Sous ses arcades, le **café El Louvre** est un lieu de rendez-vous apprécié. Ce trottoir, connu sous le nom d'*acera del Louvre* (trottoir du Louvre), est aussi devenu l'un des points de rencontre des jeunes Havanais en mal de devises. Au 19e s., des groupes de jeunes hostiles au gouvernement colonial aimaient déjà s'y retrouver. Le 27 novembre 1871, Nicolás Estévanez, un militaire espagnol, brisa son épée à cet endroit et renonça à sa carrière en signe de protestation contre l'exécution de huit étudiants en médecine indépendantistes. En hommage à ces étudiants, un mémorial fut dressé au bout du Prado, à l'entrée de la baie.

En traversant le Parque Central, on remarquera en son centre une **statue de José Martí**. Cette sculpture à la gloire de « l'apôtre de l'indépendance » fut réalisée par le Cubain Villalta de Saavedra en 1904.

À l'angle de l'avenida Zulueta et de la calle San Rafael, à l'est du square, la **Manzana de Gómez** a peu de chance de passer inaperçue. Cet imposant bâtiment du 19e s., agrandi et surélevé par son nouveau propriétaire en 1910, occupe tout un pâté de maisons (*manzana* en espagnol).

★★ Le Museo Nacional de Bellas Artes

Tlj sf lun. 10h-18h (dim. 14h) - 5 CUC, 8 CUC billet combiné avec la partie cubaine du musée (voir p. 149). Billet valable jusqu'à une semaine après l'achat. Salle d'exposition d'art contemporain au rdc et librairie.

De l'autre côté de la calle San Rafael, ce grand musée abrite ses collections internationales dans l'ancien **Centro Asturiano**, un immeuble inauguré en 1928 et réalisé par l'architecte espagnol Manuel del Busto.

Dans ce très bel espace muséographique, on trouve au rez-de-chaussée une intéressante collection de **peintures religieuses d'Amérique du Sud**. Au premier étage, en haut d'un escalier majestueux, des salles modernes et aérées présentent une collection d'**œuvres de l'Antiquité★★** : statuettes grecques, mosaïques romaines, tissus coptes, talismans et vases funéraires égyptiens ainsi que des tablettes sumériennes.

La mezzanine regroupe les écoles de **peinture allemande** dont une belle **Crucifixion★★** de Lucas Cranach l'Ancien (16e s.). Très importante collection de **peinture anglaise★** du 18e s. (les portraits de Reynolds et Gainsborough sont au rendez-vous) et de **peinture italienne★★** avec quelques belles surprises, dont une *Vue de la Tamise* par Canaletto (18e s.). Dans les dernières salles, la **peinture française★★** est également représentée, avec notamment une *Vue du pont de Nantes* de Corot (19e s.) et *La Vague* de Courbet (19e s.).

Vous passerez enfin par les salles de **peintures espagnoles★★★**, où trônent des œuvres splendides de Ribera (17e s.), Zurbarán (17e s.) et Sorolla (19e s.).

Pour continuer, vous pouvez soit emprunter le début du Paseo de Martí (Prado), soit rejoindre tout de suite l'avenida de Bélgica par la calle Neptuno, à droite de l'hôtel Plaza.

AUTOUR DU PRADO Plan II, A1-2

C'est là que se concentrent les musées les plus intéressants de la ville. Tous les autres musées du pays risquent ensuite de vous sembler fort décevants.

★ Le Prado

Cette large avenue, qui délimite les *municipios* de Centro Habana et de Habana Vieja, s'étire du Parque Central à la baie. Les enfants se livrent à des parties de *pelota* (base-ball) endiablées à la sortie de l'école, tandis que les anciens somnolent sur les bancs de marbre à l'ombre des lauriers. Jadis haut lieu de l'aristocratie cubaine, le Prado est bordé d'immeubles de différents styles, dont certains, parfaitement rococo, croulent sous les stucs et les décorations, mais tous ont leurs façades rongées par le temps. Sa promenade centrale jalonnée de réverbères en fer forgé est l'une des plus agréables de la ville.

Rejoignez l'avenida de Bélgica, parallèle au Prado.

ÉCHANGE D'APPARTEMENTS

De nombreuses pancartes « *Se permuta 1 x 2* » (« On échange un grand appartement contre deux petits ») fleurissent aux fenêtres, témoignant de la surpopulation. Jusqu'en avril 2011, seul le système d'échange d'appartements était en effet toléré par l'État, toute opération immobilière étant prohibée. Les Cubains qui rêvent de déménager se retrouvent donc à la Bolsa de las Permutas (bourse d'échanges) qui se tient régulièrement sur le Prado. L'annonce de l'accès à la propriété privée lors du congrès du Parti en 2011 devrait constituer une véritable révolution pour les Cubains. L'avenir nous le dira...

À l'angle de l'avenida de Bélgica et de la calle Progreso, la façade ocre de l'**Edificio Bacardí**★ se détache des immeubles avoisinants. Ce bâtiment Art déco couvert de céramiques fut construit à la fin des années 1920 pour Emilio Bacardí, un riche propriétaire de plantations de canne à sucre et de la célèbre distillerie de rhum du même nom. La chauve-souris que l'on voit au sommet de la tour figure sur les bouteilles de rhum.

★★ Le Museo Nacional de Bellas Artes (Arte Cubano)

Tlj sf lun. 10h-18h (dim. 14h) - 5 CUC, 8 CUC billet combiné avec la partie internationale du musée (voir p. 147).

Plus loin, sur l'avenida de las Misiones, une austère construction des années 1950 abrite la collection cubaine du musée des Beaux-Arts. On y découvre dans un bel espace, sur trois niveaux, un large éventail de la création nationale du 16e s. à nos jours, ainsi qu'un beau jardin de sculptures. Remarquez en particulier les œuvres de Wifredo Lam.

★ Le Museo de la Revolución

Comptez 2h pour une visite complète.
10h-17h - 5 CUC.

L'ancien **Palacio Presidencial**★ qui abrite le musée date de 1913 et sa décoration intérieure revint à Tiffany's de New York. Il devint la résidence des présidents de la République en 1920. Sur quatre étages, le musée retrace l'histoire de Cuba de la période coloniale à la révolution, dans un foisonnement de photographies, d'objets et de documents liés au passé de l'île. Si vous ne visitez qu'un musée historique à Cuba, optez pour celui-ci.

Un couloir mène au **mémorial Granma** *(voir « Histoire », p. 82)*. En passant, vous remarquerez, relégués dans le *rincón de los cretinos* (coin des Crétins), les caricatures de Batista, de Reagan et de Bush, ironiquement remerciés pour leur contribution involontaire à la révolution cubaine.

C'est à bord de la vedette de 20 m de long, exposée sous un pavillon de verre face au musée des Beaux-Arts, que Fidel Castro, accompagné de 81 compagnons, débarqua sur les côtes de Santiago de Cuba en 1956. Autour du mémorial sont disposés les armements de la lutte révolutionnaire, tels le camion qui servit à l'assaut du palais présidentiel le 13 mars 1957 et un avion utilisé pendant l'attaque de la baie des Cochons.

★ La Casa de Pérez de la Riva Plan II, B2

Au point de rencontre de l'avenida de las Misiones et de Cárcel, une façade de style Renaissance italienne semble une note anachronique à côté des voies rapides du Parque de los Mártires. Cette élégante maison de 1905 abrite le **Museo Nacional de la Música** (musée national de la Musique). Les salles présentent une collection éclectique d'instruments cubains et étrangers, où se côtoient pianos, cithares indiennes, tambours haïtiens, balalaïkas, boîtes à musique, photos de musiciens et partitions.

En face du musée, en direction de la mer, une imposante **statue du général Máximo Gómez** est érigée en l'honneur du héros des guerres d'indépendance.

À gauche se trouve le **monument dédié aux étudiants en médecine** fusillés par les Espagnols en 1871.

Derrière, le **Castillo de San Salvador de la Punta** (Plan II, A1), forteresse de la fin du 16e s., devait renforcer le dispositif de protection du Castillo de los Tres Reyes del Morro, édifié à la même époque de l'autre côté de la baie.

1

Centro Habana Plan IV, p. 132-133

🐾 **Conseil** – Le quartier a toujours eu une réputation douteuse. Bien que la police soit désormais très présente, ne vous promenez pas avec des choses de valeur et évitez les ruelles peu fréquentées la nuit.

Le *municipio* de Centro Habana demeure largement méconnu malgré son emplacement stratégique entre la Vieille Havane et le quartier des affaires autour de la Rampa, deux « zones vertes », dénommées ainsi en raison de la couleur des dollars apportés par les touristes. Ce quartier populaire, délimité au sud par l'avenida Arroyo (Manglar), s'étend de l'ouest du Paseo de Martí (Prado) au Vedado pour s'ouvrir au nord sur l'océan. Loin du bourdonnement de la Rampa, laissez-vous peu à peu envahir par la nonchalance cubaine au hasard des rues étroites bordées d'immeubles de deux ou trois étages.

AU CŒUR DU QUARTIER POPULAIRE Plan IV, C1-2

Ce quartier n'a pas bénéficié du vent de rénovation qui a soufflé sur la Vieille Havane. Seuls les embruns et les pluies battantes ont laissé des marques pro-

---

LE MALECÓN★ OU LA PROMENADE DES HAVANAIS

Ce boulevard du front de mer longe la capitale sur 8 km, du Castillo de San Salvador de la Punta jusqu'au quartier de Miramar. Plus facile d'accès pour les automobilistes que les rues de Centro Habana, le Malecón est également un lieu de promenade privilégié. Cubains et touristes y flânent à l'heure où les derniers rayons de soleil redonnent tout leur éclat aux couleurs délavées des façades. Un plan de rénovation lancé en 2002 rend peu à peu aux immeubles leur splendeur passée. Une halte sur le parapet permet de contempler la perspective de cette avenue, qui ressurgit comme par enchantement. Des scènes quotidiennes s'y jouent inlassablement : quelques pêcheurs disputent les rochers à des enfants se livrant à une partie de cache-cache avec les vagues ; un flâneur solitaire lance un *piropo* à une auto-stoppeuse, sous le regard amusé d'un couple enlassé. Les jours de forte houle, le Malecón est désert. D'énormes vagues, en se fracassant contre le parapet, inondent la chaussée, certaines atteignant les façades qui font la grimace. Parfois, par temps calme, ce déchaînement survient, offrant un spectacle aussi étonnant que grandiose.

Le Malecón, à La Havane.
Hervé Hughes/hemis.fr

fondes sur ces immeubles qui souffrent cruellement du manque d'entretien. La surpopulation a accéléré le processus de dégradation en conduisant un nombre croissant d'habitants à « bricoler » leur appartement. Construites hâtivement, les *barbacoas* (mezzanines) *(voir « Cuba aujourd'hui », p. 74)* ont accentué les fissures par la poussée excessive exercée sur les murs.

Au Parque Central, à droite du théâtre, commence la partie piétonne de la **calle San Rafael**. Cette artère commerçante demeure active, malgré de nombreux magasins peu approvisionnés. De coquettes Havanaises occupent fièrement de vieux sièges de barbier alignés sur le trottoir, tandis qu'un jeune couple reste songeur devant un magasin de vêtements payables en pesos.

Continuez tout droit jusqu'à la calle San Nicolás, la deuxième rue à gauche après l'avenida de Italia.

LE BARRIO CHINO (Quartier chinois) Plan IV, C2

Ce quartier occupe les quelques rues qui s'étendent entre la calle Zanja et l'avenue Simón Bolívar (Reina). Durant la seconde moitié du 19e s., plus de 120 000 Chinois ont immigré à Cuba pour remplacer les esclaves noirs en révolte. Certains membres de cette communauté se sont par la suite implantés à cet endroit de La Havane. Des vendeurs ambulants proposent des plats asiatiques sur l'*agromercado*, un petit marché libre paysan installé à l'angle des calles Zanja et Rayo.

Descendez la calle Rayo ou l'une des rues parallèles jusqu'à l'avenida Reina (Simón Bolívar).

Bordée sur toute sa longueur de galeries soutenues par des colonnes, l'**avenida Reina** illustre parfaitement le surnom de « cité des Colonnes » que l'on donne à La Havane. Dans son prolongement, on se retrouve sur l'avenue Salvador Allende (Carlos III) qui mène tout droit au Vedado.

On peut reprendre l'exploration du quartier au gré de sa fantaisie. Parfois, au bout de l'une des rues qui mènent à la mer, entre deux rangées d'immeubles, une immense gerbe d'écume reste suspendue dans les airs avant de s'abattre avec fracas sur le Malecón. Une belle image pour ne pas perdre le nord !

★ LE CALLEJÓN DE HAMEL Plan IV, B2

Entre les calles Aramburu et Hospital, près de San Lázaro.

Ici peint et vit Salvador González Escalona, à qui les habitants donnent simplement du « Salvador ». Ici, dans le quartier particulièrement délabré de Cayo Hueso, au cœur de Centro Habana, c'est une rue pas comme les autres. Un jour de 1990, Salvador est venu peindre le mur de la maison d'un ami puis a fini par **peindre toute la rue** avec le consentement des voisins. Explosion de couleurs et de formes extravagantes. Nourri de Picasso, Dalí, Gaudí ou Hundertwasser, l'artiste puise aussi son inspiration dans la *santería (voir « Religions », p. 91)*.

Outre les peintures sur les murs ou sur la toile, Salvador coupe des baignoires en deux avant de les mouler dans du béton pour en faire des bancs publics, assemble des pièces métalliques pour en faire des sculptures, façonne des statues… Sa maison au milieu du *callejón* tient de la grotte. On peut y entrer pour voir quelques œuvres et en acheter. La présence d'une Mercury noire dans la rue signifie généralement que le maître est là. Les dimanches après-midi, on se presse dans le *callejón* pour danser la rumba. Au **bar El Negron**, une simple cahute de brique peinte en rouge vif qui ouvre en fonction de l'affluence, on concocte un délicieux cocktail baptisé *negron* à base de citron, miel, basilic et rhum. Quelques aphorismes écrits sur les murs stimuleront alors votre réflexion, tel celui-ci : « Le poisson ne sait pas que l'eau existe. »

★ Vedado Plan IV, p. 132-133

Ce quartier, appartenant au municipio Plaza de la Revolución, déploie son quadrillage régulier de Centro Habana à la rive droite du río Almendares. Les déplacements sont simplifiés grâce au système de **numérotation des rues** indiqué sur des bornes à chaque intersection. Les rues orientées sud-ouest nord-est portent des **numéros impairs** qui vont croissant du Malecón à la Plaza de la Revolución. Les artères perpendiculaires sont désignées par des **lettres** de A à P de l'est de Paseo au bord de mer, puis par des **numéros pairs** jusqu'au río Almendares. Quelques silhouettes de gratte-ciel deviendront vite familières : pour vous guider, repérez l'**hôtel Habana Libre Tryp** sur la Rampa et l'**hôtel Meliá Cohiba** au bas de Paseo.

🔎 **Bon à savoir** – Le Vedado étant très étendu, mieux vaut se déplacer en taxi ou en **coco-taxi**.

Quelle que soit la durée de votre séjour, vous passerez sûrement par le Vedado. Un grand nombre d'hôtels, de restaurants, de *paladares*, ainsi que de services utiles à votre voyage sont concentrés autour de la Rampa, l'artère active de la capitale. Les « pssttt », fréquemment utilisés par les Cubains pour attirer l'attention de quelqu'un, ponctueront chacun de vos pas plus que dans tout autre quartier de La Havane. Une foule de *jineteras*, de vendeurs de cigares et de chauffeurs de taxis particuliers évoluent aux abords des grands hôtels

---

L'ÉVOLUTION D'UN QUARTIER BOURGEOIS

Jusqu'au siècle dernier, le **Vedado** (qui signifie littéralement « interdit ») fut décrété zone non constructible afin de laisser une vue dégagée en cas d'attaque d'éventuels envahisseurs. Lorsqu'au début du 20e s. la haute bourgeoisie quitta les quartiers populaires de l'est, elle fit édifier de beaux hôtels particuliers dans cette zone résidentielle. S'ensuivit la construction d'**hôtels** et de **casinos**, dans ce qui devint le quartier chaud de La Havane, **capitale du jeu** et de la prostitution dans les années 1950. Quelques décennies plus tard, cette zone demeure le centre des divertissements et a conservé son charme de ville américaine cossue hérissée de quelques gratte-ciel en bordure de mer. De nombreuses demeures menacent cependant de s'effondrer, résultat des stigmates du temps et du manque d'entretien, tandis que de nouvelles constructions surgissent de terre.

pour proposer leurs services aux nombreux touristes. Il suffit de décliner poliment et fermement ces propositions pour avoir raison de la faible ténacité des offrants.

★ AUTOUR DE LA RAMPA (CALLE 23) Plan IV, B1

La calle 23 parcourt le Vedado sur plus de 2 km du Malecón au cimetière Colón. Connue sous le nom de Rampa sur sa portion qui grimpe de l'hôtel Nacional au Habana Libre, elle regroupe les agences de voyages, les bureaux de compagnies aériennes et les banques. L'activité frénétique de la journée ne cesse que pour céder la place à la vie nocturne dans les bars et discothèques d'hôtel.

L'entrée de la Rampa est marquée par la silhouette Art déco de l'**hôtel Nacional★**, un imposant bâtiment blanc perché sur un promontoire. Depuis les années 1930, époque de sa construction, de nombreuses personnalités sont descendues dans ce luxueux établissement. Prenez un verre dans son jardin, dont l'emplacement exceptionnel offre une large vue sur la baie de La Havane *(voir « Hébergement », p. 170)*.

En contrebas, vers l'ouest, à l'angle du Malecón et de l'avenida 19, se dressent les deux colonnes du **monument aux Victimes du Maine**. Ce mémorial rappelle l'explosion du cuirassé qui marqua l'entrée en guerre des États-Unis contre les Espagnols, le 15 février 1898 *(voir « Histoire », p. 80)*. Les restes du navire sont conservés près de ce monument, qui porte le nom des victimes. Cette œuvre, érigée en 1925 pour célébrer l'amitié entre Cubains et Américains, fut partiellement détruite par un cyclone dès l'année suivante. Au lendemain de la révolution, l'aigle de bronze qui surmontait le monument ainsi que les bustes des présidents américains furent retirés pour protester contre la politique menée par les États-Unis à l'encontre de Cuba.

Remarquez l'**Edificio Focsa**, le plus haut gratte-ciel de la capitale. Cet immeuble en forme d'équerre, à l'angle des calle 17 et M, possède un bar-restaurant au dernier étage *(voir « Restauration : La Torre », p. 175)*. Vous aurez une **vue★★** imprenable sur La Havane.

L'édifice symbole de la Rampa demeure l'**hôtel Habana Libre**, ex-Hilton *(voir « Hébergement », p. 170)*. Achevé en avril 1957, ce vestige de la présence américaine, nationalisé au lendemain de la révolution, constitue un excellent point de repère lors de vos déplacements dans le Vedado.

Sur le trottoir d'en face, à l'angle de la calle L, un bâtiment circulaire austère se niche au centre d'un agréable square. Le **glacier Coppelia★** est une véritable institution immortalisée par le film de Tomás Gutiérrez Alea, *Fraise et Chocolat*. Titre trompeur, car le choix des parfums est souvent limité à la vanille ! Les Havanais n'hésitent cependant pas à attendre plusieurs heures pour déguster une de ces excellentes glaces.

À quelques *cuadras* de là, avenida 17, entre D et E, se trouve le **Museo de Artes Decorativas★** *(Plan IV, A2) (mar.-sam. 11h-18h - 3 CUC)*. Les salons de ce bel hôtel particulier ont été décorés par la Maison Jansen de Paris au début du 20e s. Le mobilier du 18e s. est l'œuvre d'ébénistes français comme Boudin, Chevalier ou Simoneau. Sont présentées des pièces d'orfèvrerie ainsi que des porcelaines de Sèvres.

Descendez vers le Malecón par l'avenida de los Presidentes jusqu'à l'angle de Línea.

Inauguré pour le 50e anniversaire du Ballet national de Cuba, le **Museo de la Danza** *(Plan IV, A1) (mar.-sam. 11h-18h30 - 2 CUC)* rend hommage à celle qui le dirige, la grande danseuse **Alicia Alonso**. L'histoire de la danse y est relatée à travers des photos, des costumes, des peintures, etc.

1

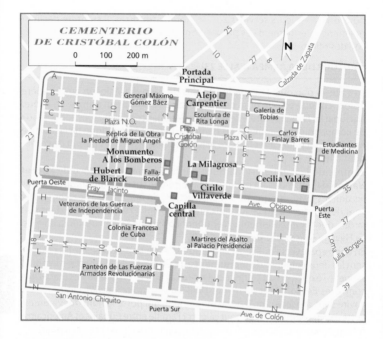

LES HAUTEURS DU VEDADO Plan IV, A-B2

Longez le Coppelia puis le Habana Libre par la calle L jusqu'à l'avenida 27.
L'**Université de La Habana** fut déplacée de la Vieille Havane sur cette petite colline en 1902. Au bas de l'énorme escalier qui mène aux bâtiments universitaires, un monument rend hommage à José Mella, le fondateur de la Fédération des étudiants et du Parti communiste de Cuba, assassiné en 1929. Derrière la façade néoclassique de l'édifice se cache un petit jardin à la végétation luxuriante où les étudiants révisent leurs cours.

À l'intérieur de l'université, le **Museo Antropológico Montané** *(lun.-vend. 9h-12h, 13h-16h - 1 CUC)* est consacré aux civilisations précolombiennes.

Derrière l'université, calle San Miguel n° 1159, le **Museo Napoleónico★** *(tlj sf dim. 9h-17h - 3 CUC)* restauré récemment abrite l'une des plus grandes collections du monde concernant l'empereur. C'est un millionnaire cubain passionné par Napoléon Ier, Julio Lobo, qui fit construire ce palais de style florentin. De nombreuses porcelaines de Sèvres décorent les salons au mobilier Empire. Parmi les gravures et les toiles, attardez-vous au deuxième étage devant le tableau de Jean-Georges Vibert représentant Bonaparte préparant la cérémonie de son couronnement. De nombreux volumes sur la vie de Napoléon Ier et sur son époque ornent les rayons de la bibliothèque.

Au sud de l'université, de l'autre côté de la calle G *(avenida de los Presidentes)*, de nombreux établissements de soins ceinturent une colline. Traversez l'Hospital Ortopédico pour accéder au **Castillo del Príncipe**, une forteresse édifiée en 1779 pour surveiller les alentours et prévenir toute tentative d'invasion. Cette ancienne prison est maintenant une zone militaire interdite au public, mais on a un beau point de vue sur la ville du haut de la colline.

LA PLAZA DE LA REVOLUCIÓN Plan IV, A-B3

Cette immense esplanade de 4,5 ha peut contenir jusqu'à un million de personnes lors de grandes manifestations politiques ou culturelles. Les Cubains ne s'y rassemblent plus avec autant de ferveur lors des commémorations annuelles, comme le 1er janvier, le 1er mai ou le 26 juillet. En temps normal, des militaires veillent à ce que personne ne s'attarde sur la place en raison des nombreux bâtiments gouvernementaux qui l'encadrent. Seules les prises de vue du mémorial José Martí ou du portrait géant de Che Guevara sont tolérées.

Commencée dans les années 1950 sous Batista, la Plaza de la Revolución ne fut achevée qu'après l'arrivée de Castro au pouvoir. Au centre, une gigantesque **statue** introduit le **mémorial José Martí** *(tlj sf dim. 9h30-17h - 3 CUC)*, obélisque de 142 m de haut en forme d'étoile à cinq branches. Ce musée est consacré à la vie et à l'œuvre de « l'apôtre de l'indépendance ». De conception moderne, l'exposition utilise des procédés plutôt inhabituels dans les musées cubains : photos et objets personnels sont complétés par des bandes sonores et des vidéos. Du sommet du mémorial *(2 CUC)*, on peut observer les édifices de béton qui encadrent la place ainsi que toute La Havane. Malheureusement, les parois vitrées ne sont pas idéales pour prendre des photos.

Au nord, la façade du ministère de l'Intérieur est ornée du **portrait de Che Guevara**, une immense sculpture de métal noir.

À droite du Minint, abréviation courante pour désigner le ministère de l'Intérieur, le ministère des Communications abrite le **Museo Postal Cubano** *(lun.-vend. 9h-16h)*. On peut y voir une collection de timbres du monde entier, tristement ironique dans ce pays où le service postal laisse tant à désirer !

À l'est, la Bibliothèque nationale fait face au **Teatro Nacional**, à l'ouest.

Au sud de la place, les bureaux du Líder Máximo occupent le grand **Palacio de la Revolución**, siège du Comité central du Parti communiste.

À l'ouest de la Plaza de la Revolución, descendez l'avenida 23 jusqu'à l'angle de la calle 12.

★ LE CEMENTERIO DE CRISTÓBAL COLÓN Plan IV, A3, et plan p. 154

7h-17h - 1 CUC - visite guidée 1 CUC.

Cet immense cimetière aux murs jaune pastel marque la frontière entre les quartiers du Vedado et du Nuevo Vedado. Au bout de la calle 12, on y pénètre par un immense **portique** de style roman, réalisé par l'architecte Calixto de Loira en 1870. Tous les styles architecturaux sont réunis à l'intérieur de cette enceinte, où de sobres pierres tombales voisinent avec des monuments délirants. Au cours de votre visite, vous retrouverez les personnalités importantes du monde politique et artistique cubain.

On peut se repérer dans ce dédale de tombes grâce à la chapelle centrale. De style néobyzantin, cet édifice est décoré d'une **fresque** du 19e s. du peintre cubain Miguel Melero.

Il est impossible de décrire tous les monuments funéraires, mais certains ont acquis une grande renommée. Dans l'allée centrale, le **Monumento a los Bomberos**, immense sculpture dédiée aux 28 pompiers morts le 17 mai 1890, a peu de chance de passer inaperçu. Il représente l'ange de la Mort une torche à la main et un pélican aux pieds d'une religieuse.

La tombe de doña Amelia de Gloria Castellano Pérez, surnommée **La Milagrosa** (La Miraculeuse), est un lieu de recueillement. La légende dit que lorsqu'on ouvrit sa sépulture, on retrouva le squelette de l'enfant dans les bras de sa mère, alors

qu'il avait été enterré à ses pieds. Depuis cette découverte, nombreux sont ceux qui viennent déposer des fleurs et prier sur sa tombe pour implorer de l'aide.
Sur la tombe du compositeur **Hubert de Blanck**, un domino portant le double trois évoque sa crise cardiaque pendant la partie qui lui coûta la vie.
Cherchez la tombe d'**Alejo Carpentier** ou celle de **Cirilo Villaverde**, le célèbre romancier cubain du 19e s., qui repose non loin de Cecilia Valdés, l'héroïne mulâtresse de son plus célèbre roman.

El Cerro Plan IV, p. 132-133, B3

5 km du Parque Central.
La Calzada del Cerro, située dans le prolongement de l'avenida Máximo Gómez (Monte), traverse ce quartier au sud de Centro Habana. Dans cette zone industrialisée, on a construit de grandes demeures et des hôpitaux à la fin du 19e s. et au début du 20e s. Bien que le Cerro souffre comme le reste de La Havane de délabrement, son atmosphère provinciale invite à la flânerie.
Au n° 1417 de la Calzada del Cerro, on peut s'arrêter à la **Fábrica Bocoy** (*tlj sf dim. 6h30-14h*) pour déguster un rhum.
En face de la distillerie, un chemin entre un jardin potager et un petit parc orné de fontaines conduit à la **Quinta de los Condes de Santovenia**. Résidence secondaire du comte du même nom, cette grande demeure construite en 1832 fut transformée en hospice pour personnes âgées cinquante ans plus tard. Le matin, une religieuse peut vous accorder un peu de temps pour vous faire parcourir les deux ailes de cette bâtisse et visiter la chapelle, consacrée à la **Virgen de la Caridad del Cobre**, la patronne de Cuba.

★ Miramar Plan V, p. 157

🕓 **Bon à savoir** – Le quartier est traversé d'est en ouest par des avenues portant des numéros impairs que croisent perpendiculairement les rues paires. Les distances étant importantes, mieux vaut circuler en voiture.
Miramar appartient à la zone résidentielle huppée qui s'étend à l'ouest du río Almendares. De somptueux hôtels particuliers entourés de jardins bordent ses larges rues ombragées. Dans ce quartier des ambassades où hôtels, restaurants et magasins accueillent une clientèle chic et internationale, tout semble respirer luxe, calme et volupté.

AVENIDA PRIMERA Plan V, A-B1

L'avenida 1ra qui longe l'océan n'est pas aussi agréable que le Malecón. En été, les familles havanaises se rendent à la **Playita del 16**, une petite plage enchâssée entre les calles 12 et 16. Les problèmes de transport rendant l'accès aux plages de l'Est difficile pour les Cubains, ce simple terrain vague en bordure de mer est une maigre consolation pour se rafraîchir.

★ QUINTA AVENIDA

En venant du Vedado par le Malecón, prenez le tunnel sous le río Almendares.
La plupart des ambassades sont concentrées autour de la 5ta avenida, l'une des plus belles artères de La Havane, comme sa célèbre homologue, la 5e Avenue à New York. Des bancs de pierre sont installés sur une allée centrale plantée de lauriers-boules et de palmiers. Entre les calles 24 et 26, dans le Parque Emiliano Zapata, un petit kiosque se cache au milieu des *jagüeyes*.

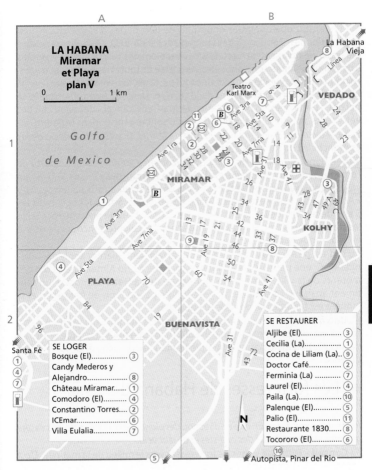

LA HABANA
Miramar
et Playa
plan V

0   1 km

Golfo

de Mexico

MIRAMAR

Teatro
Karl Marx

La Habana
Vieja

VEDADO

KOLHY

PLAYA

BUENAVISTA

Santa Fé

Autopista, Pinar del Rio

N

SE LOGER

Bosque (El)	③
Candy Mederos y Alejandro	⑧
Château Miramar	①
Comodoro (El)	④
Constantino Torres	②
ICEmar	⑥
Villa Eulalia	⑦

SE RESTAURER

Aljibe (El)	③
Cecilia (La)	①
Cocina de Liliam (La)	⑨
Doctor Café	②
Ferminia (La)	⑦
Laurel (El)	④
Paila (La)	⑩
Palenque (El)	⑤
Palio (El)	⑪
Restaurante 1830	⑧
Tocororo (El)	⑥

À l'intersection de la calle 14, le **Museo del Ministerio del Interior** (Plan V, B2) *(mar.-sam. 9h-17h - fermé en août - 2 CUC)* présente toutes les actions entreprises par les États-Unis contre Cuba. Sont expliquées les méthodes d'espionnage utilisées par la CIA, ainsi que les attentats manqués contre Fidel Castro.

En début de voyage, pour faire connaissance avec la ville, vous pouvez aller voir la **Maqueta de la Ciudad** (Plan V, B1), calle 28 entre l'avenida 1ra et l'avenida 3ra *(tlj sf dim. 9h30-17h30 - 3 CUC)*. Une gigantesque réplique de La Havane, de 22 m sur 10, montre, à l'aide de couleurs, les différentes étapes de construction de la capitale, ainsi que les projets de développement urbain.

La tour de béton d'architecture soviétique que l'on aperçoit au loin n'est autre que l'**ambassade de Russie**, située entre les calles 62 et 66. C'est un bon point de repère dans Miramar.

👥 Une *cuadra* avant l'ambassade de Russie, à l'angle de la calle 60 et de l'avenida 1ra, l'**Aquarium national** (Plan V, A1) *(tlj sf lun. 10h-22h - 5 CUC)* présente une grande variété de poissons tropicaux et trois spectacles de dauphins par jour.

Miramar regroupe quelques boutiques de luxe et des *diplomercados* bien approvisionnés. Depuis la légalisation du dollar en 1993, ces derniers ne sont plus réservés uniquement aux touristes ou diplomates, mais les articles, vendus à des prix prohibitifs, sont loin d'être à la portée de toutes les bourses cubaines. La nomenklatura cubaine affectionne tout particulièrement **La Maison** (Plan V, B1), à l'angle de l'avenida 7ma et de la calle 16. Dans les salons feutrés de ce bel hôtel particulier, on peut acheter des parfums français, des bijoux ou des vêtements. En soirée, des défilés de mode sont organisés dans le jardin.

Suivez l'avenida 5ta en direction du port de Mariel. Dépassez le Palacio de las Convenciones, puis traversez le río Jaimanitas.

Située dans le quartier de Jaimanitas *(comptez 20mn de trajet à partir de l'embouchure du río Almendares)*, la **Marina Hemingway** (Plan I, A3) est un vaste complexe touristique consacré à la pêche et aux sports nautiques *(voir « Activités », p. 183)*. Restaurants, bars, hôtels et discothèques occupent les 5 km² de terrains de la Marina. Vers mai-juin, son port de plaisance accueille les participants venus du monde entier pour le célèbre concours de pêche au gros fondé par Hemingway.

Au sud-est de Miramar, traversez le bois du ravissant quartier Kohly par l'avenida 49-C, une petite route vallonnée parallèle au río Almendares. Loin des moteurs de la ville, la traversée du **Bosque de La Habana** procure un sentiment apaisant. Le bruit des pas est étouffé par un tapis de feuillages, et la lumière est tamisée par des rideaux de lianes.

👁 **Bon à savoir** – Plusieurs casernes militaires étant installées dans cette zone, il est interdit de garer son véhicule. Un **deux-roues** constitue le moyen de locomotion idéal pour profiter pleinement du paysage et de la fraîcheur du bois.

★ Les forteresses de Habana del Este

Plan IV, p. 132-133, D1

Prenez le tunnel de La Havane en direction des plages de l'Est. Un cyclo-bus assure gratuitement le passage des cyclistes et de leur vélo.

👁 **Conseil** – Évitez de visiter les forteresses vers le milieu de la matinée. C'est le moment où les cars déversent les groupes de touristes, qui viennent généralement de Varadero à La Havane pour la journée.

Le **Parque Histórico Militar Morro-Cabaña**, situé sur la rive est de la baie, comprend deux musées et deux restaurants. Vous pouvez déambuler derrière les épaisses murailles des forteresses avant de regagner le restaurant **La Divina Pastora** *(voir « Restauration », p. 177)*, à mi-chemin entre le Morro et la Cabaña. Son petit jardin offre une vue panoramique sur le long ruban d'immeubles qui se déroule de la Vieille Havane aux constructions modernes du Vedado. La tranquillité de ce lieu n'est troublée que par le traditionnel coup de canon de 21h.

★ LE CASTILLO DE LOS TRES REYES DEL MORRO

9h-18h - 4 CUC et 2 CUC pour le phare.

Une énorme chaîne destinée à barrer l'entrée du port reliait autrefois la forteresse de San Salvador de la Punta à ce château, édifié entre 1589 et 1630. La visite des remparts inclut celle du **phare**, installé au 19e s. à la pointe. La **vue**★★ sur La Havane est exceptionnelle.

Los Doce Apóstoles (Les Douze Apôtres), nom donné au restaurant niché dans l'enceinte *(voir « Restauration », p. 177)*, se réfère au nombre de canons destinés à protéger la ville. Malgré ce dispositif de protection, La Havane

Le Castillo de los Tres Reyes del Morro, vu du Malecón.
Austrophoto/F1 Online/Photononstop

tomba aux mains des Anglais en 1762. Lorsque le roi Carlos III récupéra ses possessions l'année suivante, il ordonna la construction de la Cabaña, une nouvelle forteresse au sud de ce site.

LA FORTALEZA DE SAN CARLOS DE LA CABAÑA

10h-22h - 4 CUC avant 18h, 5 CUC après.
Achevée en 1774, cette forteresse est l'une des plus grandes d'Amérique latine. Au lendemain du triomphe de la révolution, Che Guevara installa son quartier général pendant quelques mois dans ce bâtiment, transformé en prison militaire sous la République.

Dans le **Museo de la Comandancia de Che Guevara**, le parcours du célèbre guérillero est d'ailleurs évoqué grâce à une exposition rassemblant des photos et documents d'époque ainsi que des objets personnels du Che.

Également installé dans la forteresse, le **Parque Histórico Militar Morro-Cabaña** retrace l'histoire militaire de Cuba depuis sa colonisation à travers une collection d'armements. Une intéressante maquette montre les différentes étapes de l'urbanisation de La Havane.

Tous les soirs à partir de 20h30, les visiteurs de la Cabaña peuvent assister à une cérémonie en costumes de l'époque coloniale espagnole. Le traditionnel **cañonazo de las nueve** (coup de canon de 21h) annonçait autrefois la fermeture des portes de la ville.

😊 NOS ADRESSES À LA HAVANE

INFORMATIONS UTILES

Banque / Change

Tous les grands hôtels possèdent un bureau de change. Vous pouvez retirer de l'argent avec votre carte de crédit ou changer des euros ou des chèques de voyage dans une grande partie des banques.

Les guichets **Cadeca** changent les pesos convertibles en monnaie nationale, et parfois les devises en pesos : calle Obispo n° 257 (Plan II, B2) ; angle calles Lamparilla n° 4 et Oficios (Habana Vieja) (Plan II, C3) ; ave. 5ta et calle 42 (Miramar) (Plan V, A1). Il est également possible de retirer des pesos convertibles aux distributeurs automatiques de la Cadeca.

Poste

La plupart des grands hôtels proposent des services de courrier, téléphone, Internet et télécopie mais à des prix parfois élevés.

Correos, à gauche du Gran Teatro (Habana Vieja) (Plan II, A3) et Plaza San Francisco de Asís (Habana Vieja) (Plan II, C3). Comptoir **DHL**, sur Obispo, après l'Infotur (Plan II, A3), et angle ave. 1ra et calle 26 (Miramar) (Plan V, B1).

Téléphone

Vous trouverez dans la rue de nombreuses cabines (bleues) et des kiosques Telepunto (certains équipés d'Internet) de la compagnie **Etecsa**. Vous pourrez y acheter des cartes prépayées à 10, 15, 20 ou 25 CUC pour appeler à l'étranger (env. 4 CUC/mn vers la France).

Internet

Outre les *business centers* des grands hôtels, **Etecsa** propose un accès à Internet dans certaines agences ainsi que dans ses kiosques Telepunto, mais les pannes sont fréquentes : angle calles Obispo n° 351 et Habana (Plan II, B2) - 8h30-17h30 - 6 CUC/h ; Cyber-centre, dans le Capitole (Plan II, A3) - 8h-18h - 5 CUC/h.

Santé

Pour les diplomates et les étrangers, services spécialisés et pharmacie de la **Clínica Central Cira García** (Plan V, B1), calle 20 n° 4101 (à l'angle de l'ave. 43) (Playa), entre le quartier de Miramar et de Kohly, ☎ (7) 204 28 11 à 14. Soins coûteux mais de qualité, payables en pesos convertibles. Anglais parlé. Certains hôtels disposent de services médicaux et d'une pharmacie (notamment le Sevilla, *voir « Hébergement », p. 168*).
En ville, les pharmacies sont très mal approvisionnées. La **Diplofarmacia** (Plan V, A1), angle ave. 5ta et calle 42 (Miramar), peut éventuellement vous dépanner.

Assistance touristique

Asistur – Plan II, A2 - *Prado n° 208, e/Colón y Trocadero (Habana Vieja)* - ☎ *(7) 866 44 99 - www. asistur.cu*. Numéros d'urgence 24h/24 : ☎ *(7) 866 83 39, 866 85 27 à 29 ou 866 13 15*. Compagnie d'assurances à contacter en cas de perte de bagages ou de documents, d'admission hospitalière ou de rapatriement. Services d'aide financière et de consultation juridique.

Représentations diplomatiques

Ambassade de France – Plan V, B1 - *Calle 14 n° 312, e/3ra y 5ta (Miramar, Playa)* - ☎ *(7) 201 31 31/18 - lun.-vend. 8h30-12h.*
Ambassade de Belgique – Plan V, A2 - *Calle 8 n°309, e/3ra y*

5ta (Miramar, Playa) - ℘ *(7) 204 24 10/61 - lun.-jeu. 9h-13h.*

Ambassade de Suisse – Plan V, B1 - *ave. 5ta n° 2005, e/20 y 22 (Miramar, Playa)* - ℘ *(7) 204 26 11/27 29 - lun.-vend. 9h-12h30.*

Ambassade du Canada – Plan V, B1 - *angle calle 30 n° 518 et ave. 7ma (Miramar, Playa)* - ℘ *(7) 204 25 16 - lun.-vend. 8h30-17h (vend. 14h).*

Stations-service Servicupet

Dans le Vedado : angle calle L et ave. 17 (Plan IV, B1) ; angle Paseo et Malecón (hôtel Riviera) (Plan IV, A1, en direction) ; angle Línea et Malecón (Plan IV, B1) ; angle Rampa et Malecón (Plan IV, B1). À Miramar : angle ave. 31 et calle 18 (Plan V, B1) ; ave. 7ma et 2 (Plan V, B1) ; ave. 5ta et 112 (Plan V, A2, en direction) ; ave. 5ta et 120 (Plan V, A2, en direction).

ARRIVER / PARTIR

En avion
Aeropuerto Internacional José Martí – *À 17 km au sud du centre-ville sur l'ave. Rancho Boyeros.* Vols internationaux : ℘ *(7) 649 56 66.* Vols nationaux : ℘ *(7) 266 46 44 ou 649 55 76. Taxe d'aéroport de 25 CUC.*

En **vols internationaux**, la Cubana de Aviación assure 2 vols/sem. au départ d'Orly-Sud. Air France a 5 vols directs/sem. (tlj sf lun. en juil.-août) au départ de Roissy (entre 8 et 10h de trajet). Iberia propose plusieurs vols par semaine au départ de Paris (Orly-Ouest) et de la province *via* Madrid.

En **vols domestiques**, la Cubana de Aviación propose des vols quotidiens de La Havane à Santiago de Cuba, Varadero, Holguín, Camagüey, Nueva Gerona et plusieurs vols hebdomadaires vers d'autres villes de province (Ciego de

Ávila, Bayamo, Manzanillo et Baracoa). Les tarifs pratiqués sont intéressants pour se rendre à l'est de l'île.

Confirmez votre vol retour 72h avant. La Cubana de Aviación exige la plastification des bagages au départ de La Havane. L'opération est gratuite. Pas d'obligation pour les autres compagnies mais l'opération est payante (8 CUC).

De l'aéroport au centre-ville – Trajet entre l'aéroport et le centre-ville en taxi ou, si vous avez réservé, par la navette de l'hôtel. Une entente entre les chauffeurs de taxis fixe le prix à 25 CUC. Bon courage si vous voulez négocier. Pour le trajet entre le centre-ville et l'aéroport, comptez 15 CUC.

Compagnies aériennes – Les bureaux des principales compagnies aériennes sont regroupés autour de la Rampa (calle 23) (Vedado) (Plan IV, B1).

Cubana de Aviación – Plan IV, B1 - *Angle calles 23 n° 64 et Infanta (Vedado)* - ℘ *(7) 834 44 46 - tlj sf dim. 8h30-16h (sam. 12h).* Également une agence à l'aéroport, ℘ *(7) 649 04 10.*

Air France – Plan IV, A2 - *Ave. de los Presidentes n° 405, e/17 y 19* - ℘ *(7) 733 33 70 - lun.-vend. 8h30-16h30.*

Iberia – Plan IV, B1 - *Calle 23 n° 64 (Vedado)* - ℘ *(7) 833 50 41/42 - lun.-vend. 9h-16h30.*

Aerocaribbean – Plan V, B1 - *Calle 24 n° 4313, e/43 y 45, CTN House (Vedado)* - ℘ *(7) 879 75 24 - tlj sf dim. 9h-16h (sam. 12h).* Destinations desservies au niveau national : Cayo Coco, Holguín, Santiago de Cuba et Baracoa.

En train
Estación Central de Ferrocarriles – Plan II, B4 - *Sur Egido, au sud de la Vieille Havane* - ℘ *(7) 862 49 71.* Départs

quotidiens vers les principales villes de l'île, mais trains lents, pas toujours fiables et souvent complets. Bureau spécial pour les touristes le long des voies ferrées, face à l'angle des calles Arsenal et Cienfuegos : on n'y fait pas la queue mais on paie en CUC. Chaque train dispose de places pour les touristes. Deux types de trains climatisés : *regular* de jour et *especial* de nuit. Pour Santiago, env. 50 CUC (13h de trajet). Réservez au minimum la veille.

En bus

Viazul – Plan IV, Hors plan - *Angle calle 26 et Zoológico (Nuevo Vedado)* - ℘ *(7) 881 14 13 - www. viazul.com.* Un bus tout confort, fiable et climatisé, destiné aux touristes. Avec l'avion, c'est probablement le meilleur moyen de voyager, mais hélas sans les Cubains. La **gare routière** se trouve à 10 km de la Vieille Havane (comptez 5 à 6 CUC pour vous y rendre en taxi). Achetez votre billet dans une agence ou à l'office de tourisme au moins un jour avant. À défaut, présentez-vous aux caisses une heure avant. Il dessert au départ de La Havane : Varadero (4/j *via* Matanzas et l'aéroport de Varadero, 3h de trajet, 10,80 CUC) ; Viñales (1/j *via* Pinar del Río, 3h15, 13 CUC) ; Trinidad (2/j *via* Cienfuegos, 5h35, 27 CUC) ; Santiago de Cuba (4/j *via* Santa Clara, Sancti Spíritus, Camagüey, Holguín et Bayamo, 15h30, 55 CUC). Une liaison avec les plages de l'Est est envisagée mais les bus de la compagnie Transtur y conduisent *(voir « Transports », p. 163)*.

Transtur – Au départ de La Havane, un bus **Transtur** dessert également Trinidad (27 CUC, soit le même prix qu'avec le Viazul). Avantage : il prend les passagers dans quelques grands hôtels de la capitale en commençant par l'hôtel Inglaterra (7h45). Cela évite de se rendre jusqu'à la gare routière Viazul, assez excentrée. Réservation dans les hôtels et à l'Infotur de la calle Obispo *(voir p. 126)*.

Terminal de Ómnibus Interprovinciales – Plan IV, B2 - *Sur l'ave. Rancho Boyeros, au nord de la Plaza de la Revolución.* Le chaos qui règne dans la gare routière en dissuadera plus d'un. Les touristes ont quelques places réservées dans chaque bus. Ils ont leurs bureaux d'information (à gauche en entrant) et de réservation (à droite, 2e porte), et ils paient en CUC. Mais il faut savoir que les bus cubains (Astro) sont souvent retardés, voire supprimés. Réservez la veille ou le jour même.

En taxi

Il existe plusieurs catégories de taxis à La Havane *(voir p. 163)*. La compagnie officielle et les *taxis particulares* proposent leurs services pour les longues distances vers la province. Les véhicules privés sont moins onéreux mais souvent moins bien entretenus. Au moment de négocier le tarif, pensez à demander si l'essence est comprise dans le prix.

TRANSPORTS

🚲 **Bon à savoir** – La Vieille Havane se prête aux déplacements à pied, ou éventuellement en *bici-taxi*. Pour les autres quartiers, notamment le Vedado ou Miramar, la voiture est un moyen de transport pratique et rapide, car les embouteillages sont peu fréquents.

En bus

Les **guaguas** (autobus) sont peu nombreux et les files d'attente aux arrêts de bus, interminables. À éviter absolument si vous êtes pressé. Le *camello* (véhicule en forme de chameau composé de deux autobus tractés par un camion) a disparu de la capitale mais il est encore utilisé à la campagne. Il a été remplacé par des bus chinois. Un trajet coûte 40 pesos cubains.

La compagnie **Transtur** met en service trois lignes de bus. Le billet de 5 CUC est valable toute la journée (9h-21h) sur toutes les lignes. **La ligne 1** dessert Alameda de Paula, le Castillo de la Real Fuerza, l'hôtel Sevilla, le Parque Central, la Plaza de la Revolución, l'hôtel Habana Libre, l'hôtel Deauville, le Prado 56, le Capitole, le restaurant Floridita, le terminal de Cruceros et revient à Alameda de Paula. **La ligne 2** dessert la Marina Hemingway, le Centro Comercial Nautico, le Miramar Trade Center, l'Aquarium national, la Clínica Central Cira García, le Cementerio de Colón, la Plaza de la Revolución, l'hôtel Meliá Cohiba et revient au Cementerio de Colón. **La ligne 3** dessert la vieille ville, le Parque Central, la Plaza de la Revolución, la Marina Hemingway et les plages de l'Est (Santa María del Mar). Les deux autres lignes disposent de bus panoramiques.

En taxi

Cubataxi – ✆ (7) 55 55 55. Devant la plupart des lieux touristiques. Officiellement, la course, payable en CUC, n'est pas négociable puisque les voitures sont munies d'un compteur avec prise en charge initiale de 1 CUC. Il s'avère que le compteur a souvent tendance à ne plus marcher. Dans ce cas, mieux vaut négocier le prix de la course.

Beaucoup moins chers, les *taxis particulares* sont des véhicules privés, souvent de vieilles américaines des années 1950 ou des Lada portant une pancarte « Taxi » sur le pare-brise. Ces taxis collectifs suivent généralement les grands axes et s'arrêtent quand on leur fait signe. Il leur est officiellement interdit de prendre des étrangers mais beaucoup le font, malgré les risques de grosse amende *(multa)*. Soyez discret! Comptez env. 3 CUC pour un trajet ave. de los Presidentes - Capitolio. Pour les petits déplacements en centre-ville : les **bici-taxis** (cyclo-pousse payables en monnaie nationale, théoriquement interdits aux étrangers, mais dont les conducteurs vous solliciteront dans le centre historique ; ménagez les mollets de vos conducteurs, évitez de monter à plus de 2!) ou les **coco-taxis**, jaunes et ronds, munis d'un compteur et payables en pesos convertibles (0,50 CUC/km).

Location de véhicules

Plusieurs compagnies nationales se font désormais concurrence, signe que le parc automobile s'est développé. Il est néanmoins préférable de réserver à l'avance en haute saison, par votre agence de voyages en France ou directement chez le prestataire. Voici les deux principales compagnies :

Havanautos – *Angle calles 23 y H (Vedado)* (Plan IV, A2) - ✆ *(7) 837 59 01*, ou *angle ave. 1ra y calle 70 (Miramar)* (Plan IV, B2) - ✆ *(7) 204 34 22*.

REX – *Angle ave. 5ta y calle 92 (Miramar)* (Plan V, A1) - ✆ *(7) 209 22 07*, ou *angle Calzada et Malecón (Vedado)* (Plan IV, A1) - ✆ *(7) 835 68 30*, ou *terminal de Cruceros (Habana Vieja)* (Plan II, C3) - ✆ *(7) 862 63 43*. Elles possèdent également des bureaux à l'aéroport et dans les grands hôtels.

Location de vélos

On en trouve parfois chez les particuliers. Cadenassez-les bien et garez-les toujours dans l'un des nombreux *parqueos* surveillés. À utiliser de préférence dans les petites rues des quartiers de la Vieille Havane et du Vedado.

HÉBERGEMENT

Dans la Habana Vieja

Voir Plan II, p. 130, et Plan III, p. 131.

Bon à savoir – Les **hôtels** de la Vieille Havane occupent généralement de beaux édifices coloniaux rénovés. Ceux du Vedado et de Miramar se caractérisent par des bâtiments modernes disposant d'une plus grande capacité d'accueil. La capitale compte également un grand nombre de **chambres chez l'habitant** (*casas particulares*), très agréables lorsqu'elles se trouvent dans les belles maisons coloniales du Vedado ou de la Vieille Havane. Contrairement aux hôtels, les petits-déj. n'y sont en général pas compris (comptez 4 CUC).

Casas particulares

PREMIER PRIX (15 À 30 CUC)

Olga López Hernández – Plan II, C3 - *Calle Cuba nº 611, e/Luz y Santa Clara, appt 1* - ℘ (7) 867 45 61 - *olgarene50@hotmail.com* - ▤ ✗ - *2 ch. autour de 30 CUC.* Un appartement soigné, avec agréables petits patios et salon, dans un bel immeuble face au couvent de Santa Clara. Salle de bains commune aux deux chambres. Excellent accueil. Souvent complet : réservez à l'avance !

Noemi Moreno Fuentes – Plan II, C3 - *Calle Cuba nº 611, e/Luz y Santa Clara, appt 2* - ℘ (7) 862 38 09 - ▤ ✗ - *2 ch. autour de 30 CUC.* Sur le même palier qu'Olga, Noemi dispose d'un appartement similaire

et propose des chambres simples mais propres. Bon petit-déj.

Casa Nancy – Plan II, B3 - *Calle Teniente Rey (Brasil) nº 207, e/Habana y Aguiar, 1er étage* - ℘ (7) 860 18 98 - ▤ ✗ - *2 ch. autour de 30 CUC.* Un escalier raide mène aux chambres fraîches et agréables qui ne donnent pas sur la rue, garantissant ainsi plus de calme. Propre et confortable. Très bon accueil.

Noemis y Wilfredo – Plan II, C3 - *Calle Cuba nº 609, e/Luz y Santa Clara, appt 2* - ℘ (7) 863 55 66 - ▤ ✗ - *2 ch. autour de 30 CUC.* Dans l'immeuble mitoyen du précédent. Appartement semblable à celui des voisins. Accueil chaleureux également.

Eugenio Barral García – Plan II, C4 - *Calle San Ignacio nº 656, e/ Merced y Jesús María, 1er étage* - ℘ (7) 862 98 77 - ▤ ✗ - *2 ch. autour de 30 CUC.* Deux salles de bains communes. Cette belle façade verte cache un intérieur soigné, avec un salon colonial regorgeant de bibelots et des chambres confortables.

Casa Colonial Azul – Plan II, C4 - *Calle San Ignacio nº 654, e/Merced y Jesús María, 1er étage* - ℘ (7) 863 12 79 - ▤ ✗ - *2 ch. autour de 30 CUC.* La même façade, en bleu, cache un appartement du même genre que le précédent, sauf qu'il y a une salle de bains par chambre. Bon accueil.

Los Balcones – Plan II, C3 - *Calle San Ignacio nº 454, e/Sol y Santa Clara, 1er étage* - ℘ (7) 867 55 51 - ▤ ✗ - *2 ch. autour de 30 CUC.* Deux salles de bains communes. Rafaela et Pepe vous reçoivent dans leur petit appartement coquet, entouré de balconnets, à deux pas de la Plaza Vieja.

Casa Ana y Suráma – Plan II, C3 - *Calle San Ignacio nº 454, e/Sol y Santa Clara, 2e étage* - ℘ (7) 862

27 17 - 🍽 ✕ - *1 ch. autour de 30 CUC*. Au-dessus du précédent, cet appartement est plus simple et dépouillé, mais correct.

Ramón y Maritza – Plan II, C3 - *Calle Luz n° 115, e/San Ignacio y Inquisidor - ✆ (7) 862 33 03 - maritzamirabal@yahoo.es -* 🍽 ✕ - *2 ch. autour de 30 CUC*. Deux salles de bains communes aux deux chambres. La belle façade bleue cache un salon colonial haut de plafond. Les chambres ouvrent sur un patio central joliment arrangé. Un cadre paisible où vous serez reçu comme des rois.

Casa Verde - Gladys – Plan II, C4 - *Calle Acosta n° 65, e/San Ignacio y Inquisidor - ✆ (7) 866 14 37 -* 🍽 ✕ - *2 ch. autour de 30 CUC*. Une salle de bains commune entre les deux chambres. Une maison du même style que la précédente, derrière une façade verte. Le décor est plus sobre et l'ambiance, plus animée. Votre hôtesse, pétillante de vie, fera tout pour vous rendre service.

Jesús y María – Plan II, B3 - *Calle Aguacate n° 518, e/Sol y Muralla - ✆ (7) 861 13 78 ou 866 77 65 - jesusmaria2003@yahoo.com -* 🍽 ✕ - *2 ch. autour de 30 CUC - réservation vivement conseillée !* Le rdc est déjà sympathique, autour du patio, mais les chambres situées sur la superbe terrasse sont les plus agréables. Copieux petit-déj. préparé avec amour ; hospitalité des plus chaleureuses.

Dos Hermanas - Yonaika y Yonaisis – Plan II, B3 - *Calle Luz n° 364, e/Aguacate y Compostela, 1er étage - ✆ (7) 866 77 65 ou 861 13 78 - jesusmaria2003@yahoo. com -* 🍽 ✕ - *2 ch. autour de 30 CUC*. Les deux sœurs sont les filles de Jesús et María. Elles vous reçoivent avec simplicité et convivialité dans leur grand appartement refait à neuf, au 1er étage d'une maison de 1935 dont le balcon donne sur le couvent de Belén.

Migdalia Caraballe Martin – Plan II, C3 - *Angle calles Santa Clara n° 164 et Cuba, 1er étage, appt F - ✆ (7) 861 73 52 - casamigdalia@ yahoo.es -* 🍽 ✕ - *2 ch. autour de 30 CUC - Internet*. Dans un vieil immeuble, face au couvent de Santa Clara, un appartement spacieux et frais doté de hautes fenêtres. Ambiance très calme.

Humberto y Miladys – Plan II, B3 - *Calle Compostela n° 611, e/Sol y Luz, 2e étage - ✆ (7) 860 32 64 - http://casahumberto. freewebpage.org -* 🍽 ✕ - *2 ch. autour de 30 CUC*. Ici, tout est mis en œuvre pour vous satisfaire : propreté impeccable, possibilité de commander un mojito ou un petit plat à toute heure, appareils de musculation sur le toit-terrasse pour vous refaire une santé, ordinateur pour graver vos photos ou vous connecter à Internet et, suprême attention, un gardien de nuit pour éviter que la sonnette de la porte ne vous réveille.

Ernesto Cardoso Vega y Juana Benitez Pérez – Plan II, B3 - *Calle Luz n° 310, e/Habana y Compostela, 2e étage - ✆ (7) 861 51 64 - juanibenper@hotmail.com -* 🍽 ✕ - *2 ch. autour de 30 CUC*. Un appartement agréable avec terrasse sur le toit. Il règne ici un climat décontracté et familial qui parvient à faire oublier la propreté parfois un peu approximative. Profitez surtout des repas, savoureux, originaux et variés.

Nelson Sarduy – Plan II, C4 - *Calle Merced n° 14, e/San Ignacio y Oficios - ✆ (7) 860 39 87 - nelsonsarduy@enet.cu -* 🍽 ✕ - *2 ch. autour de 30 CUC*. Nelson, jovial et décontracté, loue de petites chambres, confortables, à bon prix et au calme.

1

Aurora Otero Mesa y Julio – Plan II, C4 - *Calle Merced nº 14, e/San Ignacio y Oficios, 1ᵉʳ étage - ℰ (7) 863 05 36 - castellanosotero@hotmail.com -* 🖥 ✕ *- 2 ch. autour de 30 CUC.* Juste au-dessus de chez Nelson, un appartement en U avec chambres donnant sur le balcon intérieur. Simple et familial.

▶ **Hôtels**

PREMIER PRIX (15 À 30 CUC)

Residencia Académica Convento de Santa Clara – Plan II, C3 - *Calle Cuba nº 610, e/Sol y Luz - ℰ (7) 861 33 35 - reaca@cencrem.cult.cu - 8 ch. (30 lits) autour de 25 CUC.* Charmante pension universitaire dans le couvent de Santa Clara, l'un des lieux les plus paisibles de la Vieille Havane. Chambres spacieuses, de 1 à 5 pers., et suite avec terrasse au centre du cloître. Personnel attentionné. Petit-déj. assez sommaire.

BUDGET MOYEN (30 À 50 CUC)

Convento de Santa Brigida y Madre Isabel – Plan II, C3 - *Calle Oficios nº 204, e/Teniente Rey y Muralla - ℰ (7) 866 40 64 - brigidahabana@enet.cu -* 🖥 cc *- 11 ch. autour de 50 CUC.* Louées soient les religieuses à la drôle de cornette qui ont transformé une partie de leur magnifique couvent situé à côté de l'église Saint-François-d'Assise en un hôtel de fort bonne tenue. Chambres cossues et parfaitement équipées, qui offrent la paix au cœur de la vieille ville.

POUR SE FAIRE PLAISIR (50 À 80 CUC)

Valencia – Plan II, C2 - *Angle calles Oficios nº 53 et Obrapía - ℰ (7) 867 10 37 - www.habaguanexhotels.com -* 🖥 ✕ cc *- 12 ch. autour de 60 CUC.* À quelques mètres de la Plaza de Armas, pension dans une belle maison coloniale du 18ᵉ s. Grandes chambres décorées avec goût donnant sur un patio ombragé. Son restaurant, La Paella, est connu pour servir la meilleure paella de la ville (8/15 CUC). Réservez longtemps à l'avance.

Park View – Plan II, A2 - *Angle calles Colón et Morro - ℰ (7) 861 32 93 - www.habaguanexhotels.com -* 🖥 ✕ cc *- 55 ch. autour de 60 CUC.* À 100 m de la promenade du Prado, l'hôtel a bénéficié d'une récente rénovation, qui hélas ne prévoyait pas l'agrandissement des chambres. L'espace est donc compté mais le confort est au rendez-vous. La simplicité aussi. Au 7ᵉ étage, le restaurant El Prado offre une belle vue sur le Malecón et la baie de La Havane.

Comendador – Plan II, C2 - *Mêmes coordonnées que le Valencia, les deux hôtels se partageant le même édifice - à partir de 72 CUC.* Les chambres du Comendador, un peu plus spacieuses que celles du Valencia, s'organisent autour d'un second patio.

Inglaterra – Plan II, A3 - *Prado nº 416, e/San Rafael y San Miguel - ℰ (7) 860 85 94 à 97 - www.hotelinglaterra-cuba.com -* 🖥 ✕ cc *- 83 ch. à partir de 73 CUC - location de voitures, bureau de change, services médicaux.* Édifice du 19ᵉ s. classé Monument national pour son architecture néoclassique et son importance historique. Salle de restaurant ornée de céramiques de Séville et de palmiers. Agréable bar sur la terrasse au dernier étage. Chambres sur patio ou sur le Parque Central (avec ou sans balcon), plus bruyantes. L'ensemble est néanmoins assez froid et le service laisse parfois à désirer.

UNE FOLIE (PLUS DE 80 CUC)

Tejadillo – Plan III, A1 - *Angle calles Tejadillo n° 12 et San Ignacio* - ✆ *(7) 863 72 83 - www.habaguanexhotels.com -* 🛏 ✕ 💳 *- 32 ch. 72/94 CUC.* Tout près de la cathédrale, mais assez éloigné de l'agitation du centre historique, cet hôtel aux murs jaune paille est ravissant. L'accueil est soigné. Demandez les chambres avec fenêtre. Bar dans le patio.

Beltrán de Santa Cruz – Plan II, C3 - *Calle San Ignacio, e/Muralla y Sol* - ✆ *(7) 860 83 30 - www. habaguanexhotels.com -* 🛏 ✕ 💳 *- 11 ch. 72/94 CUC.* Bien située, à deux pas de la paisible Plaza Vieja, la demeure d'une famille de notables espagnols a été magnifiquement rénovée et meublée dans le style colonial. Préférez les chambres donnant sur le joli patio verdoyant. Accueil prévenant.

Plaza – Plan II, A2 - *Angle calles Zulueta et Neptuno* - ✆ *(7) 860 85 83 à 89 -* 🛏 ✕ 💳 *- 188 ch. 110/130 CUC - location de voitures, bureau de change, services médicaux.* À l'angle du Parque Central, beau palace du début du 20e s., entièrement rénové en 1991. Élégant hall d'entrée avec fontaines, mais les chambres manquent de patine. Vue sur rue ou patio intérieur.

Palacio O'Farrill – Plan II, B2 - *Angle calles Cuba n° 102 et Chacón* - ✆ *(7) 860 50 80 - www. habaguanexhotels.com -* 🛏 ✕ 💳 *- 38 ch. 90/130 CUC.* Cet élégant palais de style néoclassique s'organise sur 3 niveaux autour d'un magnifique patio. Certaines chambres ont un petit balcon sur la rue.

Ambos Mundos – Plan III, A-B2 - *Angle calles Obispo n° 153 et Mercaderes* - ✆ *(7) 860 95 30 - www.habaguanexhotels.com -* 🛏 💳 *- 52 ch. 107/155 CUC.* À proximité de la Plaza de Armas, l'hôtel où Ernest Hemingway a vécu entre 1932 et 1940. Sa chambre à l'avant-dernier étage a été transformée en musée. Des portraits de toutes les célébrités qui sont descendues dans cet établissement mythique ornent les murs du bar. Agréables chambres meublées années 1930. L'ascenseur, avec liftier, mène jusqu'à la terrasse sur le toit d'où l'on jouit d'une magnifique vue. Allez y prendre un verre.

Conde de Villanueva – Plan II, C2 - *Angle calles Mercaderes et Lamparilla* - ✆ *(7) 862 92 93 - www.habaguanexhotels.com -* 🛏 ✕ 💳 *- 9 ch. 107/155 CUC.* Entre Plaza de Armas et Plaza Vieja, ce palais du 18e s. est destiné aux amateurs de cigares. Il en a la couleur, chaudement habillé de bois brun jusque dans sa *Casa del Habano*. Atmosphère privilégiée, calme et cosy, idéale pour les aficionados. Les chambres, spacieuses, portent les noms de célèbres marques de havanes.

Florida – Plan III, A2 - *Angle calles Obispo et Cuba* - ✆ *(7) 862 41 27 - www.habaguanexhotels.com -* 🛏 ✕ 💳 *- 25 ch. 90/130 CUC.* Bien situé au cœur de la vieille ville, entre l'ouest populaire et l'est touristique, cet ancien palais privé de 1835 a été superbement restauré. Les chambres raffinées donnent sur un beau patio néoclassique. Confort et service de qualité qui se poursuit au restaurant, un des meilleurs de la ville.

Telégrafo – Plan II, A3 - *Angle Paseo de Martí n° 408 et Neptuno* - ✆ *(7) 861 10 10 - www.habaguanexhotels.com -* 🛏 ✕ 💳 *- 63 ch. 90/130 CUC.* Installé depuis 1888 aux abords du Parque Central, l'hôtel a été rafraîchi il y a une dizaine d'années et un

1

troisième étage a même été ajouté. Chambres confortables à la déco un peu toc compte tenu du standing de l'établissement.

Sevilla – Plan II, A2 - *Trocadero n° 55, e/Zulueta y Prado - ☎ (7) 860 85 60 - www.hotelsevilla-cuba. com - reserva@sevilla.gca.tur.cu -* 🖵 ✕ 🏊 cc *- 178 ch. 114/130 CUC - location de voitures, bureau de change, services médicaux.* Architecture de style mauresque avec céramiques et patio. Les chambres et le service sont cependant loin de correspondre au prix. Vue panoramique sur la ville du restaurant Roof Garden du dernier étage *(voir « Restauration », p. 173)*. Possibilité de boire un verre dans le patio.

Santa Isabel – Plan III, B2 - *Calle Baratillo n° 9, e/Obispo y N. López - ☎ (7) 860 82 01 - www. habaguanexhotels.com -* 🖵 ✕ cc *- 27 ch. 169/214 CUC.* Sur la Plaza de Armas, l'une des plus belles places de La Havane, à deux pas de toutes les curiosités coloniales de la capitale. Le grand luxe allié au cachet d'un somptueux palais du 18e s. Réservez à l'avance en raison du nombre restreint de chambres.

Parque Central – Plan II, A2 - *Calle Neptuno, e/Prado y Zulueta - ☎ (7) 860 66 27 - www. hotelparquecentral-cuba.com -* 🖵 ✕ 🏊 cc *- 427 ch. autour de 125/270 CUC - location de voitures, bureaux de change et de tourisme.* Face à la place du même nom, cet hôtel neuf dispose de nombreux services et de chambres dotées d'un grand confort pour son exigeante clientèle d'hommes d'affaires. Bar et piscine avec vue panoramique sur la ville.

Saratoga – Plan II, A3 - *Angle Paseo del Prado n° 603 et Dragones - ☎ (7) 866 10 00 - www. habaguanexhotels.com -* 🖵 ✕ 🏊 cc *- 96 ch. à partir de 230 CUC - location de voitures, bureaux de change et de tourisme.* Où peut-on faire trempette dans une piscine installée sur le toit-terrasse d'un hôtel tout en admirant le dôme du Capitole si proche ? Au Saratoga, bien sûr ! C'est ici le chic du chic de La Havane à des prix en conséquence.

Dans Centro Habana
Voir Plan IV, p. 132-133.

▶ **Hôtel**

POUR SE FAIRE PLAISIR (50 À 80 CUC)

Deauville – Plan IV, C1 - *Angle ave. de Italia (Galiano) n° 1 et Malecón - ☎ (7) 866 88 12 -* 🖵 ✕ 🏊 cc *- 148 ch. 50/60 CUC - location de voitures, bureau de change.* Tour de 14 étages en bordure de Malecón entre la Vieille Havane et le Vedado. Chambres correctes avec balcon et belle vue côté mer. Demandez une chambre en hauteur loin des bruits de la circulation du Malecón. Vue sur la ville depuis la piscine du 6e étage.

Dans le Vedado
Voir Plan IV, p. 132-133.

▷ **Casas particulares**

🐨 **Bon à savoir** – Ce vaste quartier compte d'innombrables chambres d'hôte, dans de superbes villas coloniales pour la plupart. Contrairement aux adresses de la Vieille Havane, ces maisons ne proposent en général pas d'autre repas que le petit-déj.

PREMIER PRIX (15 À 30 CUC)

Iliana García – Plan IV, A2 - *Calle 2 n° 554, e/23 y 25 - ☎ (7) 831 33 29 - 2 ch. 20/25 CUC.* La maison est agréable, propre, claire et fraîche, avec une terrasse sur la rue. Il faut parfois un peu de patience le matin pour utiliser la salle de bains familiale. Copieux petit-déj.

Alejandro Martinez – Plan IV, A2 - *Calle 8 n° 655, e/27 y Zapata -*

☏ (7) 830 90 81 ou 264 80 29 - ▨ *- 2 ch. 20/25 CUC.* Tout l'étage de la maison est à votre disposition : deux chambres, salle de bains, cuisine, salon et, surtout, une grande terrasse donnant sur des frangipaniers et des arbres fruitiers.

Gladys Monge – Plan IV, A2 - *Ave. 27 n° 811 (bas), e/Paseo y 2 - ☏ (7) 830 47 05 -* ▨ *- 1 ch. 20/25 CUC.* Dans une rue calme. Chambre indépandante avec petit coin cuisine, à l'arrière d'une belle maison. La sœur de Gladys loue parfois un petit appartement tout confort au-dessus.

Wilfredo Pomares Ramirez – Plan IV, A2 - *Ave. 27 n° 809 (bas), e/Paseo y 2 - ☏ (7) 831 43 86 -* ▨ *- 1 ch. 20/25 CUC.* Dans la même maison que chez Liuba *(voir ci-après)*, Wilfredo propose une chambre plus petite, à l'étage.

BUDGET MOYEN (30 À 50 CUC)

Liuba Pomares Hernandes – Plan IV, A2 - *Ave. 27 n° 809 (bas), e/Paseo y 2 - ☏ (7) 833 73 14 -* ▨ *- 1 ch. 30/35 CUC.* Liuba loue une chambre indépendante et spacieuse, simple mais bien équipée. Coin cuisine.

Lola – Plan IV, A1 - *Calle I n° 355, e/17 y 19 - ☏ (7) 832 15 25 - 2 ch. 30/ 35 CUC - pas de petit-déj.* De sa terrasse suspendue au 2e étage, Lola domine les arbres de la rue. Tout est paisible alentour. Les chambres placées de part et d'autre de la salle de bains sont joliment décorées.

Amparo Lopez – Plan IV, B1 - *Calle Línea n° 53, e/M y N, appt 2 - ☏ (7) 832 70 03 -* ▨ *- 2 ch. 30/35 CUC.* La salle de bains est partagée entre les deux chambres. Dans un immeuble moderne situé tout près du Malecón, grand appartement disposant de deux vastes chambres sobrement meublées et manquant un peu de lumière naturelle. Les lits sont immenses. La propriétaire, une ancienne professeur d'université, est charmante. Ne vous laissez pas impressionner par l'accueil plutôt froid de la gouvernante.

Zoyla Zayas Ulloa – Plan IV, A1 - *Calle K n° 254, e/15 y 17, appt 1 - ☏ (7) 831 17 64 -* ▨ *- 2 ch. 30/35 CUC.* Jolie maison de 1925 dont la terrasse donne sur un jardin qu'une balustrade sépare d'une rue tranquille et bordée d'arbres. Quand il a faim, un chat chasse les geckos qui sont de moins en moins nombreux à manger les moustiques, lesquels se multiplient… Heureusement, dans les chambres, le souffle du ventilateur suffit à chasser les intrus. Quand il a faim, un perroquet s'époumone dans un autre jardin situé à l'arrière, mais Zoyla, la charmante grand-mère qui vous accueille, ne laisse jamais trop longtemps son volatile avec le ventre vide. La plus petite chambre convient à une personne.

Casa Dalia – Plan IV, A2, en direction - *Calle 18 n° 273, e/17 y 19, appt 19 - ☏ (7) 832 76 83 - nonidalia@yahoo.com -* ▨ *- 2 ch. 30/35 CUC.* Au 3e et dernier étage, dans une rue calme, les chambres se situent dans un appartement indépendant très confortable. Jolie déco. Excellent accueil.

Silvia Vidal – Plan IV, A2 - *Paseo no 602, e/25 y 27 (près de la Plaza de la Revolución) - ☏ (7) 833 41 65 -* ▨ Ⓟ *- 2 ch. 30/35 CUC.* Cette superbe maison de 1925 abrite de jolies chambres, spacieuses et bien tenues, avec une entrée indépendante.

Armando y Betty Gutiérrez – Plan IV, B1 - *Ave. 21 n° 62, e/M y N - ☏ (7) 832 18 76 -* ▨ *- 2 ch. 30/35 CUC.* Cours à l'Alliance française et séjour d'un an dans les Vosges font de Betty et Armando de parfaits francophones et francophiles.

1

Ingénieurs tous les deux, ils ont abandonné leur emploi pour se consacrer à la réception de leurs hôtes dans un vaste appartement à proximité de la Rampa et de l'Hotel Nacional. Leur bonne humeur associée à une grande disponibilité est appréciable. Chambres spacieuses et confortables qui, hélas, n'échappent pas à la rumeur pétaradante de la rue. Ce désagrément, le seul, est largement compensé par la qualité de l'accueil et la situation de la maison.

Casa Alicia – Plan IV, A1 - *Calle F nº 104 (bas), e/5ᵗᵃ y 7ᵐᵃ (Calzada) - ℰ (7) 832 06 71 - ▣ - 2 ch. 30/35 CUC.* Les chambres ne sont pas grandes mais fonctionnelles, dotées de rangements et très propres. Petit-déj. et dîner peuvent être servis dans un patio couvert. Superbe accueil.

Gisela Ibarra y Daniel Rivero – Plan IV, A1 - *Calle F nº 104 (haut), e/5ᵗᵃ y 7ᵐᵃ (Calzada) - ℰ (7) 832 32 38 - ▣ - 2 ch. 30/35 CUC.* La porte à côté de la précédente, dans l'appartement au-dessus. Dans un tout autre style, ce couple de retraités propose des chambres vieillottes, avec deux salles de bains à partager. La chambre avec terrasse privative est agréable.

Virginia Morales Menocal – Plan IV, A1 - *Ave. 5ᵗᵃ nº 304, e/C y D - ℰ (7) 832 32 49 - vmoralesmenocal@yahoo.es - ▣ - 1 ch. 30/35 CUC.* Un havre de paix ! Vous logerez ici dans un appartement indépendant tout confort avec cuisine, ouvrant sur une terrasse envahie par les bougainvilliers, au fond du jardin. Réservez absolument !

◖ **Hôtels**

**POUR SE FAIRE PLAISIR
(50 À 80 CUC)**

Saint John's – Plan IV, B1 - *Calle O nº 206, e/23 y 25 - ℰ (7) 833 37 40* ou 834 41 87 - reserva@stjohns.gca. tur.cu - ▣ ✕ ☈ CC - 94 ch. 70/ 80 CUC - bureau de change, services médicaux.* Très bon rapport qualité-prix pour sa situation en plein cœur du Vedado, à proximité de la Rampa. Demandez une chambre loin du cabaret très animé du 14ᵉ étage.

UNE FOLIE (PLUS DE 80 CUC)

Victoria – Plan IV, B1 - *Angle ave. 19 et M - ℰ (7) 833 35 10 - www. hotelvictoriacuba.com - ▣ ✕ ☈ CC - 31 ch. 80/100 CUC - bureau de change.* Le personnel aux petits soins et la petite taille de l'établissement concourent à son ambiance douillette. Demandez les chambres d'angle avec double exposition.

Presidente – Plan IV, A1 - *Angle ave. 7ᵐᵃ (Calzada) nº 110 et ave. de los Presidentes - ℰ (7) 838 18 01 à 04 - www.hotelesc.com - ▣ ✕ ☈ CC - 158 ch. 120/140 CUC - location de voitures, services médicaux.* Ce grand hôtel offre des chambres confortables dans un cadre de luxe. Le personnel, attentionné, résoudra tous vos problèmes.

Hotel Nacional – Plan IV, B1 - *Angle ave. 21 et calle O - ℰ (7) 873 35 64 - www.hotelnacionaldecuba. com - ▣ ✕ ☈ CC - 426 ch. 170/ 210 CUC - location de voitures, bureau de change, services médicaux, tennis.* En bordure de Malecón, l'un des plus beaux hôtels de la ville, inauguré en 1930 et rénové dans les années 1990. Cadre fastueux du hall et des salons donnant sur un agréable jardin qui surplombe le Malecón. Les chambres manquent un peu de caractère. Demandez celles qui ont vue sur la mer.

Habana Libre Tryp – Plan IV, B1-2 - *Calle L, e/23 y 25 - ℰ (7) 834 61 00 - www.hotelhabanalibre. com - ▣ ✕ ☈ CC - 572 ch. 170/210 CUC - location de *voitures, bureau de change, services médicaux.* La tour de 25 étages de l'ancien Hilton est devenue le symbole de la Rampa. Chambres grand confort rénovées récemment. Une gamme complète de services pour les touristes. Optez pour les chambres avec vue panoramique, à peine plus chères.

À Miramar

Voir Plan V, p. 157.

⊙ **Bon à savoir** – Éloigné du centre-ville, le quartier nécessite un véhicule ou un budget taxi.

◗ **Casas particulares**

BUDGET MOYEN (30 À 50 CUC)

Candy Mederos y Alejandro – Plan V, B1-2 - *Ave. 39 n° 4408, e/44 y 46* - ℘ *(7) 203 69 58* - *alejandroalvm@yahoo.com* - 🖃 🅿 *- 2 ch. autour de 35 CUC.* Imposante demeure située dans la périphérie de Miramar. À l'intérieur, tout est spacieux, et l'escalier qui mène aux chambres a quelque chose de majestueux. Mais c'est surtout le sol de granit poli, aux motifs géométriques noirs et blancs, qui impressionne par son élégance et sa brillance. Le petit-déj. (4 CUC) se prend dans le salon ou dans le jardin, à l'ombre d'un manguier et d'un avocatier. Accueil charmant. Garage à disposition.

Constantino Torres – Plan V, B1 - *Calle 28 n° 118-A, e/1ʳᵃ y 3ʳᵃ (Playa)* - ℘ *(7) 209 68 51* - 🖃 *- 1 ch. autour de 35 CUC.* Ce couple de docteurs en histoire et philosophie saura rendre votre séjour agréable dans le paisible Miramar, à deux pas de la mer. Ils vous indiqueront les meilleures *paladares* du quartier. Petit-déj. uniquement.

◗ **Hôtels**

PREMIER PRIX (15 À 30 CUC)

ICEmar – Plan V, B1 - *Calle 16, e/1ᵗᵃ y 3ᵗᵃ* - ℘ *(7) 202 12 44 ou 203*

61 97 - 🖃 - 109 ch. autour de 20 CUC. Destinée à des étudiants étrangers *(Intercambio Científico Educacional)*, cette maison accueille quelques touristes à des prix imbattables. Demandez les chambres de l'*edificio Maison*, rénovées et confortables. Les deux autres établissements ICE à Miramar sont moins plaisants.

POUR SE FAIRE PLAISIR (50 À 80 CUC)

Villa Eulalia – Plan V, B1 - *Angle ave. 5ᵗᵃ n° 161 et calle 6* - ℘ *(7) 203 32 23/57 24* - 🖃 ✕ *- 19 ch. 50/60 CUC.* Cette spacieuse maison coloniale transformée en hôtel propose des chambres de 2 ou 3 lits avec vue sur un jardin enchanteur. C'est un bon point de chute entre le Vedado et Miramar.

El Bosque – Plan V, B1 - *Calle 28-A, e/49-A y 49-C (Kohly)* - ℘ *(7) 204 92 32* - 🖃 ✕ ⚒ 🆔 *- 62 ch. 50/60 CUC - location de voitures, bureau de change.* Un peu excentré au sud de Miramar, cet hôtel est situé dans un emplacement privilégié sur les hauteurs du bois de La Havane. Il offre de bonnes prestations pour le prix. Les chambres avec terrasse vers le bois sont bien agréables.

UNE FOLIE (PLUS DE 80 CUC)

El Comodoro – Plan V, A2 - *Angle ave. 3ʳᵃ et calle 84* - ℘ *(7) 204 55 51* - 🖃 ✕ ⚒ 🆔 *- 97 ch. 90/110 CUC - location de voitures, bureau de change.* Grand complexe hôtelier à proximité d'une petite plage artificielle protégée par une digue. Chambres confortables mais les bungalows le sont encore plus.

Château Miramar – Plan V, A1 - *Ave. 1ʳᵃ, e/60 y 70* - ℘ *(7) 204 19 52* - *reservas@chateau. cha.cyt.cu* - 🖃 ✕ ⚒ 🆔 - *50 ch. autour de 120 CUC - location de voitures, bureau de change.* Malgré son nom, ce petit hôtel moderne en bord de mer n'a rien d'une forteresse coloniale. C'est plutôt un sanctuaire du tourisme d'affaires avec ses salles de réunion, services de secrétariat, télécopies. L'accueil est extrêmement chaleureux et personnalisé.

RESTAURATION

Dans la Habana Vieja

Voir Plan II, p. 130, et Plan III, p. 131.

🐷 **Bon à savoir** – Se restaurer ne pose pas de problème à La Havane. La Vieille Havane compte de nombreux restaurants, de même que Miramar (plus chic). Vous pourrez également vous restaurer dans la majorité des hôtels. Enfin, vous trouverez de bonnes *paladares* (restaurants privés), surtout dans le Vedado. Ces adresses changent souvent et vous en découvrirez certainement d'autres.

PREMIER PRIX (MOINS DE 10 CUC)

Hanoi – Plan II, A3 - *Angle calles Brasil et Bernaza* - 📞 *(7) 867 10 29 - 11h45-0h - 5/15 CUC.* Maisonnette avec un patio intérieur, à trois *cuadras* du Capitole. Malgré le nom et le décor, on y sert peu de plats asiatiques mais plutôt de la cuisine créole. Carte bon marché, clientèle mélangée et groupes de musiciens concourent à l'ambiance sympathique des lieux.

Jardin del Oriente – Plan II, C3 - *Calle Amargura, e/Oficios y Mercaderes* - 📞 *(7) 860 66 86 - 10h-23h - 5/15 CUC.* Ne pas confondre avec le très sélect Café del Oriente, situé à quelques mètres. Ici point de toit, seulement un jardin fleuri apprécié par les chats, où sont disposées quelques tables. On mange sur le pouce quelques plats vite et bien préparés.

La Marina – Plan II, C3 - *Angle Teniente Rey y Oficios - 12h-23h -* *5/15 CUC.* Patio à l'air libre enfoui sous les plantes. Des oiseaux dans leur cage échangent des trilles. Dans un coin, une machine à broyer la canne à sucre promet du jus bien frais *(guarapo)*. Plats sans prétention pour caler une petite faim.

Torre la Vega – Plan III, B2 - *Calle Obrapia 114, e/Mercaderes y Oficios - 5/15 CUC.* Cette cafétéria bon marché sert des plats créoles corrects sur une agréable terrasse qui empiète largement sur le square arboré de l'autre côté de la rue piétonne. Carte limitée mais bons jus de fruits frais et *batidos*.

El Mercurio – Plan II, C3 - *Plaza de San Francisco* - 📞 *(7) 860 61 88 - 7h-23h30 - 5/15 CUC.* Très agréable café qui jouxte la Lonja de Comercio. Grand choix de sandwichs, omelettes et salades copieuses que l'on peut aussi déguster sur les quelques tables disposées sur la place. Fait également restaurant (comptez env. 20 CUC).

La Moneda – Plan III, A2 - *Calle San Ignacio nº 77, e/Plaza de la Catedral y O'Reilly* - 📞 *(7) 867 38 52 - 12h-23h - 5/15 CUC.* Ouvert sur la rue, près de la cathédrale, ce mini-restaurant tapissé de pièces et de billets du monde entier sert le menu classique : porc, poulet, poisson ou omelette, avec riz aux haricots noirs, bananes frites et salade. Sympathique.

Cafe O'Reilly – Plan III, A2 - *Calle O'Reilly nº 213, e/San Ignacio y Cuba - 10h-0h - 5/15 CUC.* De bonnes pizzas pour un prix modique, dans un cadre frais et sympathique. La salle du 1er étage accueille souvent des groupes de musique cubaine. Également un petit restaurant-grill en terrasse sur la calle San Ignacio.

La Torre de Marfil – Plan III, B2 - *Calle Mercaderes nº 115, e/ Obrapía y Obispo* - 📞 *(7) 867 10 38 - 12h-0h - 5/15 CUC.* Ambiance chinoise, jusqu'au *chop suey*, servi copieusement.

BUDGET MOYEN (10 À 15 CUC)

La Mulata del Sabor – Plan II, C3 - *Angle calles San Ignacio et Sol* - ☎ *(7) 867 59 84 - 12h-16h, 19h-21h30 - 10/20 CUC*. À midi, de nombreux habitants du quartier passent prendre le plat unique à emporter (3 CUC) : c'est bon signe ! Plus animée le soir, cette petite *paladar* sert une honnête cuisine créole. Mais on y vient aussi pour Justina, la pétulante maîtresse de maison.

La Taberna de la Muralla – Plan II, C3 - *Plaza Vieja* - ☎ *(7) 866 44 53 - 11h-0h - 10/20 CUC*. Une brasserie aux alambics rutilants, qui fait sa propre bière sur place. Bonnes grillades en terrasse.

Mesón de la Flota – Plan II, C3 - *calle Mercaderes n° 257, e/Amargura y Teniente Rey* - ☎ *(7) 863 38 38 - 12h-0h - 10/20 CUC*. Manger de la cuisine espagnole aux sons de la musique espagnole. *¿ Porque no ?* Flamenco, paella et tapas à savourer dans une ambiance *caliente*. Voir également « Écouter de la musique et danser », p. 180.

Al Medina – Plan III, B2 - *Calle Oficios n° 12, e/Obispo y Obrapía* - ☎ *(7) 867 10 41 - 12h-0h - 10/20 CUC*. Dans une belle maison coloniale du 17e s. avec patio, une alternative orientale au poulet frit ou grillé. *Mezze*, plats de mouton, *fallafels* et *hoummous* servis sur de larges plateaux de cuivre.

Café del Oriente – Plan II, C3 - *Plaza San Francisco de Asís* - ☎ *(7) 860 66 86 - 7h-0 - 10/20 CUCh*. Une cuisine internationale servie dans un décor raffiné d'un autre temps ou sur l'agréable terrasse.

POUR SE FAIRE PLAISIR (15 À 30 CUC)

La Bodeguita del Medio – Plan III, A1 - *Calle Empedrado n° 207, e/Cuba y San Ignacio* - ☎ *(7) 867 13 74/75 - 12h-0h*. À deux pas de la cathédrale, l'établissement le plus connu et le plus animé de La Havane depuis 60 ans. Hemingway venait s'y pinter à coups de mojito avant de filer jusqu'au Floridita écluser quelques daiquiris. Murs couverts de photos, graffitis et signatures de clients célèbres ou anonymes. Cuisine créole de qualité, et toute une gamme de cocktails, dont le célèbre mojito, à déguster en musique, au bar, en salle ou sur l'agréable terrasse à l'étage. Réservation conseillée.

El Patio – Plan III, A1 - *Plaza de la Catedral* - ☎ *(7) 867 10 34/35 - 12h-23h - à partir de 20 CUC*. Tables disposées dans le ravissant patio de la Casa de los Marqueses de Aguas Claras, sur son balcon, ou sur la place face à la cathédrale. Bonne cuisine créole et de la mer. Le cadre justifie les prix élevés, mais le service pourrait être plus avenant. Musiciens.

Roof Garden – *Au dernier étage de l'hôtel Sevilla (voir « Hébergement », p. 168) - 19h-22h - à partir de 20 CUC*. Un restaurant aménagé dans une ancienne salle de bal du début du siècle. Hauts plafonds à caissons et splendide vue sur la ville. Une cuisine et un service à la mesure du décor.

El Floridita – Plan II, A3 - *Angle calle Obispo et ave. de Bélgica* - ☎ *(7) 867 13 00 - 11h30-0h - à partir de 20 CUC*. Luxueux établissement qui comptait Ernest Hemingway parmi ses plus fidèles clients. Les serveurs, en smoking rouge, proposent des spécialités de poissons et fruits de mer à prix prohibitifs. La maison est surtout réputée pour ses cocktails.

El Templete – Plan III, B1 - *Angle ave. del Puerto y Narciso López*, ☎ *(7) 866 88 07 - 11h-0h - à partir de 20 CUC*. Ouvert en 2004, ce restaurant s'est d'emblée hissé parmi les meilleurs de la capitale. Spécialités de la mer dans une ambiance toute marine. Sur des nappes à carreaux bleus et blancs, on se régale de plats confectionnés avec art.

La Barca – Plan III, B2 - *Angle ave. del Puerto y Obispo* - $\wp$ *(7) 866 88 07 - 11h-0h - à partir de 20 CUC.* Le voisin d'El Templete. Et son cadet, car il a ouvert en 2008. Comme la valeur n'attend pas le nombre des années, la Barca tout de jaune décorée n'a pas eu de mal à trouver sa place à côté de son excellent voisin. Derrière les arcades de la façade, une salle à ciel ouvert est protégée par de grandes tentures. La cuisine créole est à l'honneur. Une spécialité : le petit cochon de lait grillé à partager entre 4 ou 6 personnes.

La Dominica – Plan III, A2 - *Calle O'Reilly n° 108* - $\wp$ *(7) 860 29 18 - 12h-0h - moins de 25 CUC.* Ce restaurant à la terrasse sympathique sert une cuisine italienne très correcte. Le personnel est aux petits soins. Musique *live* de qualité à toute heure. C'est une halte agréable lors d'une promenade dans le quartier de la Habana Vieja.

Dans Centro Habana
Voir Plan IV, p. 132-133.

PREMIER PRIX (MOINS DE 10 CUC)
Dans le Barrio Chino (Plan IV, C2), de bons *chop suey* aux restaurants qui se font face, **Muralla** et **Tientan**, calle Cuchillo, e/Rayo y San Nicolás, ou encore au **Pacífico**, calle San Nicolás (tlj sf lun.). Insolite, une bonne pizzeria dans un restaurant chinois chez **Long Sai Li**, calle Dragones, n° 13.

Los Tres Chiñitos – Plan IV, C2 - *Calle Dragones n° 355-357, e/ Manrique y San Nicolás* - $\wp$ *(7) 863*

33 88 - 12h-0h - 5/15 CUC. En dépit du nom, les plats manquent quelquefois d'inspiration chinoise, mais ils sont toujours pantagruéliques. Essayez donc de finir votre assiette.

Vista Allegre – Plan IV, C1 - *Angle Malecón et San Gervasio - 9h-23h - 5/15 CUC.* Une grande terrasse sous des tentes blanches face à la mer. Agréable pour un sandwich et un soda.

POUR SE FAIRE PLAISIR (15 À 30 CUC)
Asahi – Plan IV, C2 - *Calle Lealtad n° 364, e/San Rafael y San Miguel* - $\wp$ *(7) 878 71 94 - 12h-13h - 15/20 CUC.* Poissons très fins et accompagnements de *tostones* (chips de banane) et riz savoureux. Ambiance un peu froide.

UNE FOLIE (PLUS DE 30 CUC)
La Guarida – Plan IV, C2 - *Calle Concordia n° 418 altos, e/Gervasio y Escobar* - $\wp$ *(7) 264 49 40 - 12h-15h, 19h-0h - 20/50 CUC.* Cette *paladar* au décor éclectique est devenue un must à La Havane. Très en vogue depuis qu'y fut tourné *Fraise et Chocolat*, on y voit les photos des nombreuses célébrités qui sont passées par là. Il faut dire que l'on y savoure une cuisine recherchée qui contraste singulièrement avec les autres adresses. Canne à sucre ou miel, citron, noix de coco, mangue ou autres fruits tropicaux : toutes les richesses de l'île sont exploitées pour enrichir la carte et compenser les difficultés d'approvisionnement. Prix élevés mais justifiés. Réservez!

Dans le Vedado
Voir Plan IV, p. 132-133, et Plan V, p. 157.

PREMIER PRIX (MOINS DE 10 CUC)
Monguito – Plan IV, B2 - *Calle L n° 408, e/23 y 25* - $\wp$ *(7) 831 26 15 - tlj sf jeu. 12h-23h - 5/10 CUC.* En

face de l'hôtel Habana Libre, une toute petite *paladar* sympathique, au décor kitch à souhait. Cuisine créole copieuse et bon marché.

La Rocca – Plan IV, B1 - *Ave. 21, e/M y L* - ✆ *(7) 833 45 01 - 12h-0h - 5/10 CUC*. Le bâtiment surprend. Vaisseau spatial ou bien église d'un genre nouveau ? Restaurant tout simplement. Sur un air de piano, on assouvit sa faim en engloutissant de fort copieux plats créoles. Excellent rapport qualité-prix.

Nerei – Plan IV, B1 - *Angle ave. 19 et calle L - 12h-0h - 5/10 CUC*. Près des grands hôtels, cette *paladar* dispose d'une belle terrasse adossée à une maison néoclassique. Au menu : des plats créoles roboratifs ; en coulisse : parfois de bons fruits de mer.

Unión Francesa de Cuba – Plan IV, A2 - *Angle ave. 17 et calle 6* - ✆ *(7) 832 44 93 - 12h-0h - 5/25 CUC*. Malgré son nom et les vieilles photos de Paris aux murs, cet établissement est dit à fait cubain. Plusieurs formules proposées, en fonction des goûts et des bourses. Pour un repas léger, copieux et bon marché, optez pour un menu sur la terrasse-grill, tout en haut. Au 1er, vous aurez un bon choix de pizzas et de pâtes, ainsi que des menus complets très bon marché. Au rdc, enfin, dans une salle plus intime, on goûte une cuisine plus recherchée, mais nettement plus chère. Un cadre agréable et un service sympathique, pour un rapport qualité-prix imbattable.

BUDGET MOYEN (10 À 15 CUC)

La Rampa – *Au rdc de l'hôtel Habana Libre (voir « Hébergement », p. 170) - 24h/24 - 10/20 CUC*. Cette cafétéria climatisée propose un large choix de cuisine internationale très correcte. Au menu : steaks, pâtes et, surtout, salades composées, qui font oublier le poulet frit !

Los Amigos – Plan IV, B1 - *Calle M nº 253, e/19 y 21* - ✆ *(7) 830 08 80 - 12h-0h - 10/20 CUC*. Bonne cuisine créole et clientèle essentiellement cubaine. Attendez-vous à faire la queue, tant sa réputation n'est plus à faire dans le quartier.

La Casona de 17 – Plan IV, B1 - *Ave. 17 nº 60, e/M y N* - ✆ *(7) 55 31 36 - 12h-0h - 10/20 CUC*. En face de l'Edificio Focsa, petit restaurant dans une demeure chic. Cuisine traditionnelle cubaine à des prix un peu élevés. La cafétéria de la terrasse propose du poulet et des pizzas pour une somme plus modique.

POUR SE FAIRE PLAISIR (15 À 30 CUC)

El Gringo Viejo – Plan IV, A2 - *Ave. 21 nº 454, e/E y F* - ✆ *(7) 831 19 46 - 12h-23h*. Les deux salles, climatisées, sont non fumeur. Outre la traditionnelle cuisine créole, vous aurez peut-être la chance de déguster un excellent crabe ou un autre produit de la mer. Service très (trop ?) rapide.

Restaurante 1830 – Plan V, B1 - *Angle Malecón nº 1252 et calle 20* - ✆ *(7) 838 30 90/91 - 12h-0h*. Élégant établissement, célèbre pour son jardin japonisant où se rejoignent les eaux du fleuve Almendares et de l'océan. Passerelles, terrasses et fontaines garnissent cette avancée dans la mer, agréable pour se promener, assister à un concert ou danser. Le restaurant propose du poisson et une cuisine internationale convenables.

UNE FOLIE (PLUS DE 30 CUC)

La Torre – Plan IV, B1 - *Angle ave. 17 et calle M, Edificio Focsa* - ✆ *(7) 55 30 89 - 12h-0h - 20/40 CUC*. Au 33e étage de l'immeuble le plus haut de la ville. De larges baies vitrées offrent une vue

1

imprenable sur La Havane. La cuisine, d'inspiration française revue à la mode cubaine, et le service ne laissent pas un souvenir impérissable, surtout à ce prix. On peut se contenter de boire un verre au bar.

À Miramar et Marianao

Voir Plan V, p. 157.

🖝 **Bon à savoir** – La plupart des restaurants de luxe sont concentrés dans ce quartier.

BUDGET MOYEN (10 À 15 CUC)

El Palenque – Plan V, A2, en direction - *Angle ave. 17 et calle 190 (Playa Siboney)* - 🕿 (7) 208 81 67 - *10h-22h*. Un grand restaurant d'État en U qui comprend un coin pizzeria et un coin cuisine créole. Viandes fondantes, assiettes copieuses et délicieuses.

El Laurel – Plan V, A2, en direction - *Ave. 5ta no 26002, e/260 y 262 (Santa Fé)* - 🕿 (7) 209 77 67 - *à partir de 12h*. Après la Marina Hemingway, un joli cadre de bord de mer et une cuisine variée, de qualité. Bons poissons.

POUR SE FAIRE PLAISIR
(15 À 30 CUC)

Doctor Café – Plan V, B1 - *Calle 28 no 111, e/1ra y 3ra* - 🕿 (7) 203 47 18 - *15/25 CUC*. Atmosphère de vacances garantie dans ce coin bien caché, tout près du Malecón, où vous pourrez déguster un délicieux lapin *(conejo)* à l'ail ou à la bière.

El Aljibe – Plan V, B1 - *Ave. 7ma, e/24 y 26* - 🕿 (7) 204 15 83/84 - *12h-0h - 15/25 CUC*. Ambiance animée tous les soirs dans un cadre informel. Excellente cuisine à base de poulet, dont la spécialité de la maison : le *pollo criollo*, accompagné de riz, salades, pommes de terre et bananes frites à volonté. Bonne cave. Un repas copieux servi rapidement, à un bon rapport qualité-prix.

El Palio – Plan V, B1 - *Ave. 1ra, e/24 y 26* - 🕿 7) 267 17 71 - *12h-0h - 15/25 CUC*. À deux pas de la mer, une *paladar* à l'abri derrière une haute enceinte. Trois copies de Murillo font office de décoration. L'air climatisé est bien frais, peut-être un peu trop. Bonne cuisine créole pleine de style comme cette *vaca frita di Camagüey*, servie avec le sourire.

La Cecilia – Plan V, A2, en direction - *Ave. 5ta, e/110 y 112* - 🕿 (7) 204 15 62 - *12h-0h - 15/25 CUC*. Plusieurs établissements et un cabaret se cachent au cœur d'une végétation exubérante. Toutes les salles étant ouvertes sur le jardin, prenez un pull en hiver. Grand choix de cuisine créole et internationale, viandes grillées et poissons braisés.

UNE FOLIE (PLUS DE 30 CUC)

La Ferminia – Plan V, A2, en direction) - *Ave. 5ta no 18207, e/182 y 184* - 🕿 (7) 273 67 86/65 55 -*12h-0h - 20/50 CUC*. Les appartements de cette élégante demeure ont été aménagés en salons privés. Cadre luxueux avec mobilier en bois précieux, plantes vertes, nappes brodées et jardin. On y déguste notamment de bonnes grillades au feu de bois, de viandes ou de poissons.

La Cocina de Liliam – Plan V, B1 - *Calle 48 no 1311, e/13 y 15* - 🕿 (7) 209 65 14 - *12h-0h - 20/50 CUC*. Cette *paladar* tient sa fierté de Jimmy Carter, qui y aurait mangé en 2002, soit… 21 ans après la fin de sa présidence. Impressionné ? Reconnaissons que l'ancien président a eu du nez. Somptueuse maison, superbe jardin avec ses fontaines et des plats alléchants. L'une des spécialités est la *ropa vieja*, un délicieux ragoût de mouton. Mieux vaut réserver.

La Paila – Plan V, B2 - *Angle calle 88-B et 51-A (Marianao)* - 🕿 (7) 267

02 82 - 12h-1h - 20/50 CUC. Le seul défaut que l'on puisse trouver à cette *paladar*, c'est de se trouver loin du centre-ville. En passant la porte, on entre sous une terrasse couverte où les plantes sont à leur aise. Au milieu coule un ruisseau artificiel qui alimente un aquarium. Le chef, qui vient d'un grand hôtel de La Havane, a du talent, comme en témoigne son excellent thon en croûte. Accueil cordial. Sur réservation.

El Tocororo – *Plan V, B1 - Angle calle 18 et ave. 3ra - ☎ (7) 202 45 30 ou 204 29 98 - tlj sf dim. 12h-0h - 20/50 CUC.* L'un des restaurants les plus prisés de La Havane où se pressent les diplomates. Salons richement décorés et *tocororos* (l'oiseau national) factices cachés au milieu de plantes tropicales. La carte est à la hauteur du cadre. Spécialités de fruits de mer et excellentes langoustes.

À Habana del Este

Voir Plan II, p. 130, et Plan IV, p. 132-133.

BUDGET MOYEN (10 À 15 CUC)

Los Doce Apóstoles – Plan IV, D1 - *Castillo de los Tres Reyes del Morro - ☎ (7) 863 82 95 - 12h-23h - 10/20 CUC.* Dans la forteresse du Morro, en face de la Vieille Havane, restaurant de cuisine créole. On y mange correctement et à un prix honnête.

POUR SE FAIRE PLAISIR

(15 À 30 CUC)

La Divina Pastora – Plan II, B1 - *Entre le Castillo de San Carlos de la Cabaña et los Tres Reyes del Morro - ☎ (7) 860 83 41 - 12h-23h - 20/30 CUC.* L'un des plus beaux cadres naturels de la ville. Bâtiment longé par une grande terrasse couverte, derrière la forteresse de la Cabaña. Spécialités de poissons et fruits de mer de bonne qualité mais chères. Vous pouvez également prendre l'apéritif dans le petit jardin qui surplombe la baie. Vue panoramique sur toute La Havane.

PETITE PAUSE

Glacier

Coppelia – Plan IV, B1 - *Angle Rampa et calle L.* Le glacier historique de la ville.

Chocolatier

Museo del Chocolate – (Plan II, C3) - *Calle Mercaderes n° 255, e/Amargura y Teniente Rey - ☎ (7) 866 44 31 - 10h-19h30.* Accros du chocolat, n'allez pas plus loin. Passez la porte, asseyez-vous à une table et commandez une grande tasse de chocolat chaud (0,55 CUC) ou un grand verre de chocolat froid (0,80 CUC). Un délice ! Derrière les vitrines, d'anciens services à chocolat et autres objets justifient le nom de l'enseigne. On peut également acheter du chocolat moulé (grenouille, cheval, maison, etc.).

Casa de la Cerveza – Plan II, C3 - *Sur la Plaza Vieja, à l'angle des calles San Ignacio et Muralla, - ☎ (7) 866 44 53 - 10h-0h.* On y fabrique (et on y boit) la bière maison, la Cerveza Plaza Vieja, en trois variantes : *negra, oscura* et *clara.* Hamburgers, charcuterie et *parrilladas* sont aussi proposés dans ce café très bien placé sur la Plaza Vieja.

Café Escorial – Plan II, C3 - *Sur la Plaza Vieja, calle Mercaderes n° 317 - ☎ (7) 868 35 45 - escorial@enet.cu - 8h-0h.* Sur la Plaza Vieja, excellent café à emporter, en grains ou moulu, mais il faut se lever tôt et passer avant 9h. Sinon, à toute heure, cafés, snacks, sandwichs et pâtisseries à consommer sur place.

1

BOIRE UN VERRE

🛈 **Bon à savoir** – Certains grands hôtels réservent un cadre attrayant pour prendre un verre, souvent à un prix raisonnable. L'hôtel Ambos Mundos ou le Saratoga *(voir « Hébergement », p. 168)* disposent d'une belle terrasse sur leur toit, tandis que l'Hotel Nacional *(voir « Hébergement », p. 170)* vous reçoit dans de confortables fauteuils face au jardin et à la mer.

Dans la Habana Vieja

Café Habana – Plan II, C3 - *Angle calles Mercaderes n° 210 et Amargura - de tôt le matin à tard le soir.* Un café très populaire où il faut être prêt à jouer des coudes et à payer en *moneda nacional.* Pour les inconditionnels de la couleur locale !

La Bodeguita del Medio – *Voir « Restauration », p. 173.* Bar animé dans une ambiance décontractée. Il faut se frayer un passage parmi une foule compacte pour commander le célèbre mojito. Assez cher.

El Floridita – *Voir « Restauration », p. 173.* Dans un cadre plus raffiné, vous goûterez ici le fameux daiquiri, inventé dans l'établissement en 1914. Il existe également une version plus alcoolisée de ce cocktail, le papa's special, ainsi baptisé en hommage à Hemingway. Cher.

Dans le Vedado

Opus Bar – Plan IV, A2 - *Ave. 7ma, e/D y E (juste derrière le théâtre A. Roldán) - 15h30-2h.* Fauteuils profonds en skaï, lumières tamisées et vue sur les toits de La Havane depuis ce bar perché au dernier étage d'un petit immeuble. Calme et agréablement romantique.

Jazz Café – Plan I, B1 - *Angle ave. 1ra et Paseo (en face de l'hôtel Meliá Cohiba) - 19h30-2h.* Au 3e étage d'une galerie marchande, un endroit très animé pour écouter du bon jazz latino en sirotant des cocktails bon marché.

Casa de la Amistad – Plan IV, A2 - *Paseo, e/17 y 19 - 11h-23h.* Prestigieuse demeure avec jardin. Certains soirs, concerts et défilés de mode. On peut aussi simplement y aller pour discuter avec des Cubains. Boissons, poulet et pizzas à prix modiques.

ACHATS

Marché

Fruits, légumes et couleurs locales à l'Agromercado del Vedado, calle B, e/17 y 19 (Plan IV, A2).

Rhum, café et cigares

Casa del Ron – Plan III, B2 - *Angle calles Baratillo n° 53 et Obispo (Habana Vieja).* La Maison du rhum se trouve juste derrière la Plaza de Armas. Dégustation et vente de nombreuses marques de rhum, ainsi que de cigares. Vous pouvez également acheter du rhum au **Museo del Ron** (voir p. 142). À côté, la **Casa del Café** vend tous les types de cafés cultivés à Cuba. Dégustation et bar à l'étage.

Fábrica Partagas – Plan II, A3 - *Calle Industria n° 524 (juste derrière le Capitole) - lun.-vend. 9h-11h, 12h30-15h.* Très grand choix de cigares au rdc de la plus ancienne manufacture de tabac.

Sala del Habano – Plan III, B2 - *Calle Mercaderes, e/Obispo y Obrapía - 9h-19h (dim. 17h).* Une boutique parmi tant d'autres (chaque grand hôtel vend des cigares de qualité), mais celle-ci est du 18e s. et fait musée (l'histoire du tabac, du symbole à l'industrie).

Artisanat

Des stands de souvenirs s'installent tlj sf dim. sur le **Parque Céspedes** (Plan III, A1), derrière la cathédrale. Également dans le Vedado, à l'angle de la Rampa et calle M (Plan IV, B1). Étalages de chapeaux de palmes, noix de coco sculptées, tee-shirts à l'effigie du Che, dentelles : un résumé de l'artisanat cubain.

Palacio de la Artesanía – Plan II, B2 - *Dans le Palacio Pedroso, calle Cuba n° 64, entre calles Peña Pobre et Tacón - 9h30-19h.* À deux pas de la cathédrale, dans une très belle demeure du 18e s., on expose et vend des livres, cassettes, instruments de musique, du rhum et des cigares. Idéal pour ceux qui souhaitent regrouper leurs achats.

El Quitrín – Plan III, A2 - *Angle calles Obispo et San Ignacio.* Confection de dentelle dans une maison de la Vieille Havane. Également des *guayaberas* (chemises en coton traditionnelles) de bonne qualité à un prix raisonnable.

Arte Malecón – Plan IV, A1 - *Calle D, e/1ra et 3ra - lun.-sam. 11h-19h, dim. 10h-14h.* CD, vêtements, linge, vaisselle peinte par des artistes cubains.

Cuervo y Sobrinos – Plan II, C3 - *Angle des calles Oficios et Muralla - ☎ (7) 864 95 15 - 9h-19h.* Fondé en 1882, cet horloger-bijoutier est la célèbre marque de luxe de « montres suisses » cubaines. Vous y trouverez aussi des stylos et des bijoux très élégants.

Soldadito de Plomo – Plan II, C3 - *Calle Muralla n° 164, e/Cuba y San Ignacio - ☎ (7) 866 02 32 - 10h-18h, dim. 10h-13h.* Une fabrique de soldats de plomb à l'ancienne, spécialisée dans les guerres coloniales. Propose à bon prix des Che Guevara, José Marti et tous types de soldats cubains en plomb.

Galeries d'art

De nombreuses galeries ouvrent leurs portes, surtout à la Vieille Havane. Sur le Prado n° 354, e/Virtudes y Neptuno, le **Taller de Patria** (Plan II, A2) *(10h-20h)* présente les œuvres très intéressantes de jeunes peintres cubains. À quelques mètres de la cathédrale, le **Taller Experimental de Gráfica** (Plan III, A2) *(tlj sf dim. 10h-16h)* est un grand atelier où l'on découvre l'art de la gravure (expo-vente).

Galería La Acacia – Plan II, A3 - *Calle San José n° 114, e/Industria y Consulado - lun.-sam. 10h-16h - fermé 1 sam. sur 2.* Vente d'œuvres d'art des plus grands artistes cubains. Prix élevés.

Galería La Casona – Plan II, C3 - *Angle calles Muralla n° 107 et San Ignacio - ☎ (7) 862 26 33 - mar.-sam. 9h-17h.* Ce palais du 18e s. abrite quatre galeries. La plus intéressante (dédiée à l'art contemporain) se trouve à l'étage, au-dessus du public.

Galería Habana – Plan IV, A1 - *Calle Línea n° 460, e/E y F, ☎ (7) 832 71 01, www.galerihabana.com - lun.-sam. 10h-16h30, dim. 9h-13h.* La galerie reçoit la fine fleur de l'art contemporain cubain : Los Carpinteros, Choco, Carlos Quintana, etc.

Centro de Arte Contemporáneo Wifredo Lam – Plan III, A1 - *Angle calles San Ignacio et Empedrado.* Ici, point d'œuvres du célèbre artiste mais d'intéressantes expositions d'art contemporain. Dans un patio bien frais, un petit bar a été aménagé. Bonne idée !

Casa de Guayasamín – Plan III, B2 - *Calle Obrapía, e/Mercaderes y Oficios.* L'artiste équatorien, connu notamment pour son portrait de Fidel, a ici son atelier cubain : sculptures, peintures, céramiques et bijoux à découvrir.

1

Dans la **Casa de México**, en face, expo-vente d'art et d'artisanat mexicains.

Jacqueline Brito Jorge – Plan IV, Hors plan - *Calle 6 n° 309, e/13 y 15 (Vedado), ✆ 537 835 28 23 (portable).* Cette jeune femme présente des peintures d'inspiration religieuse ou onirique.

Casa de las Américas – Plan IV, A1 - *Angle ave. de los Presidentes et ave. 3ra (Vedado) - lun.-vend. 10h-16h.* Le centre culturel d'Amérique latine. Expositions d'art contemporain et librairie.

Librairies

Partout, des stands improvisés sur les pas de porte font étalage de livres d'occasion. Cependant, le choix est souvent limité, et les ouvrages varient peu d'un vendeur à l'autre.

Marché aux livres – Plan III, B2 - *Plaza de Armas - tlj sf dim.* Au milieu des classiques ouvrages de Fidel Castro, Che Guevara, Fernando Ortiz ou Nicolás Guillén se cachent parfois des perles rares. Prix affichés relativement élevés mais marchandage possible.

Librairie Boloña – Plan III, A-B1 - *Angle calles Mercaderes et Obispo - ✆ (7) 861 31 87 - 10h-18h.* Boloña est la maison d'édition de la Oficina del Historiador de la Ciudad, en charge de la rénovation du quartier de la Habana Vieja. Vous y trouverez le meilleur choix de livres, magazines et cartes sur l'histoire et la rénovation de La Havane.

La Internacional – Plan II, A3 - *Calle Obispo n° 526, e/Bernaza y Cristo - tlj sf dim. 10h-18h30.* Livres et revues en langues étrangères.

El Navegante – Plan III, A2 - *Calle Mercaderes n° 115, e/Obispo y Obrapía - tlj sf dim. 8h-17h (sam. 13h).* Grand choix de cartes marines, de cartes touristiques régionales et de plans de villes. Avant de partir dans le reste de l'île, pensez à vous procurer ces documents ici, car vous trouverez peu de choix en province.

Centre commercial
Centro Comercial Plaza
Carlos III – Plan IV, B2 - *Ave. Salvador Allende (Carlos III), e/Retiro y Arbol Seco - 10h-18h (dim. 13h).* L'ouverture de ce grand centre commercial, dans Centro Habana, a été un événement. Sur 4 étages, vous trouverez toutes sortes de boutiques (chaussures, vêtements, livres, hi-fi, électroménager, etc.).

ÉCOUTER DE LA MUSIQUE ET DANSER

⊙ **Bon à savoir** – La Havane regorge d'endroits où écouter de la musique, il est donc impossible d'en dresser une liste exhaustive. Vous pouvez consulter en début de mois *La Habana para ti/for you* pour connaître le programme.

Dans la Habana Vieja
Casa de la Cultura – Plan II, B3 - *Angle calles Aguiar et Teniente Rey (Brasil) - à partir de 19h - 5 CUC.* Bons groupes de musique traditionnelle (rumba, *son* ou salsa) à écouter et à danser en compagnie de Cubains.

Mesón de la Flota – *Voir « Restauration », p. 173 - 12h-0h.* Des talons qui frappent frénétiquement le plancher d'une estrade de bois, des castagnettes qui s'entrechoquent, des guitares qui s'affolent, des voix qui s'enflamment, des danseuses cubaines semblables à des Andalouses ; chaque soir El Mesón devient le temple du flamenco. Quelle ambiance ! Et en plus, on y mange plutôt bien. Comme on pouvait s'y attendre, il y a de la paella. À midi, c'est salsa.

Dans Centro Habana

Casa de la Música – Plan IV, C2 - *Calle Galiano nº 255, e/Neptuno y Concordia - ℘ (7) 862 41 65. Concerts de 22h à 2h. Matinées et 16h-18h - env. 20 CUC.* Excellente ambiance dans cette salle de concerts centrale. Les plus grands groupes cubains s'y donnent rendez-vous en fin de semaine.

Casa de la Trova – Plan IV, C1 - *Calle San Lázaro nº 661 - Tlj sf lun. à partir de 19h.* De bons concerts de musique traditionnelle, à écouter dans une ambiance très cubaine.

Callejón de Hamel – Plan IV, B2 - *Entre les calles Aramburu et Hospital, près de San Lázaro.* Cette ruelle aux murs peints de couleurs vives est un véritable petit centre culturel d'art brut en plein air, où se tiennent certains jours des expositions, des spectacles de rue ou des concerts de rumba (dim. 12h-15h). *Voir aussi p. 151.*

Dans le Vedado

Uneac – Plan IV, A2 - *Angle ave. 17 et calle H.* L'Union nationale des écrivains et artistes cubains est un lieu d'expositions, de concerts (programme affiché à l'entrée) et de rencontres.

Café Cantante – Plan IV, A3 - *Angle Paseo et ave. 39 - ℘ (7) 879 07 10 - 21h-5h - 10 CUC.* Sous le Teatro Nacional, Plaza de la Revolución, une salle qui accueille les plus grands groupes de salsa. Ce lieu se transforme en discothèque les soirs sans concert. Tenue correcte exigée.

El Palacio de la Salsa – Plan IV, Hors plan - *Angle Paseo et Malecón - 22h-4h.* Le célèbre cabaret de l'hôtel Riviera. L'assurance de croiser quelques poids lourds de la salsa tels NG La Banda ou Manolín El Médico de la Salsa.

Habana Café – Plan I, B1 - *Hôtel Meliá Cohiba, e/1ra y 3ra (Paseo) - ℘ (7) 33 36 36 - 12h-2h - consommation : minimum 10 CUC.* Dans un décor *fifties* recherché, avec avion au plafond, voiture et moto, des concerts de grande qualité (à partir de 21h). Réservez!

El Gato Tuerto – Plan IV, B1 - *Calle O, e/17 y 19 - ℘ (7) 55 26 96 ou 66 22 24 - 23h-4h - 10 CUC avec consommation.* Lieu intimiste, sombre et beau, comme la musique que l'on y écoute : de l'excellent boléro. Des chanteurs réputés débutèrent ici, dès les années 1960. Fréquenté par les couples.

La Zorra y el Cuervo Jazz Club – Plan IV, B1 - *Angle Rampa et O, ℘ (7) 883 24 02 - 22h-1h, 10 CUC avec consommation.* Du jazz rien que du jazz et, en fin de semaine, les rythmes afro-cubains prennent la relève. Les connaisseurs apprécient et viennent y écouter les séduisantes chanteuses du quartet Sexto Sentido ou le pianiste Alfredo Fonseca, qui accompagna Ibrahim Ferrer pour son dernier disque.

À Miramar

La Cecilia – *Voir « Restauration », p. 176.* Concerts dans un agréable jardin, du jeu. au dim. soir à partir de 21h. Excellente programmation, affichée à l'entrée du restaurant.

Casa de la Música – Plan V, B1 - *Angle ave. 35 et calle 20 - ℘ (7) 202 61 47 - concerts de 22h à 2h30 - env. 20 CUC.* Vénérable institution, très réputée chez les amateurs de bonne salsa.

Salón Rosado de La Tropical – Plan V, B2 - *Angle ave. 41 et calle 46 - ℘ (7) 206 12 81 - 21h-2h - 5 CUC.* Tout le monde y court. Dancing en plein air à l'ambiance très chaude. De la foule, de la frime, de la drague.

1

La Maison – Plan V, B1 - *Angle ave. 7ma et calle 16.* Piano-bar jusqu'à 1h et concerts de salsa certains soirs dans l'agréable jardin. *Voir p. 158.*

CLUBS ET CABARETS

Dans le Vedado

El Salón Rojo – Plan IV, B1 - *Hôtel Capri, ave. 21, e/N y O - 22h30-4h - env. 10 CUC avec boisson.* Présente un show très chaud et de qualité à 23h30.

El Parisién – *À l'hôtel Nacional (voir « Hébergement », p. 170) - à partir de 22h - env. 35 CUC.*

El Turquino – *Au dernier étage de l'hôtel Habana Libre (voir « Hébergement », p. 170).* Présente un spectacle tous les soirs vers 22h. Env. 15 CUC.

El Pico Blanco – *Au dernier étage de l'hôtel Saint John's (voir « Hébergement », p. 170) - env. 10 CUC.* Propose des concerts de boléro (à partir de 22h) dans une agréable petite salle d'habitués.

El Sábado de la Rumba – Plan IV, Hors plan - *Calle 4 nº 103, e/7 (Calzada) y 5 (Vedado) - ℘ (7) 31 34 67 - env. 5 CUC.* Répétitions de spectacles par le Conjunto Folklórico Nacional 1 sam. après-midi sur 2. Percussions et danses afro-cubaines traditionnelles.

À Marianao

Tropicana – Plan V, B2 - *Angle calle 72 et ave. 43 - ℘ (7) 267 17 17 - tlj sf lun. 22h-2h. 2 représentations/soir. 50 à 70 CUC selon la place, avec ou sans repas. 40 à 60 CUC par l'intermédiaire de votre hôtel ou d'une agence de voyages, incluant le transfert et un quart de bouteille de rhum.* Depuis sa création en 1939, cette institution a accueilli de nombreuses personnalités comme Nat King Cole ou Maurice Chevalier. À présent, plus de 200 danseurs offrent le plus célèbre spectacle de Cuba. Lumières, paillettes et plumes virevoltent au milieu de la végétation tropicale de ce cabaret en plein air. Malgré son prix élevé, le Tropicana est souvent plein : réservez.

THÉÂTRE ET CINÉMA

Théâtre

Sur le Parque Central, le **Gran Teatro de La Habana** (Plan II, A3 - ℘ *(7) 861 30 77*) donne des représentations du Ballet national de Cuba et des récitals de l'Opéra national. C'est l'occasion rêvée pour visiter ce superbe édifice. Les programmes sont affichés devant le théâtre.

Teatro Nacional – Plan IV, A3 - *Plaza de la Revolución (angle Paseo et 39) - ℘ (7) 879 60 11.* Accueille souvent des troupes de comédiens venant de l'étranger. On peut parfois assister à des concerts de l'Orchestre symphonique national.

Teatro Amadeo Roldán – Plan IV, A1 - *Angle ave. 7ma et calle D - ℘ (7) 832 43 21.* Concerts de musique classique le mar. à 20h30, le vend. et le sam. à 17h, le dim. à 18h. Programme affiché dans le hall. 5 CUC.

Cinéma

On compte plus de 200 salles de cinéma dans la ville, mais il y a peu de diversité dans les films à l'affiche, sauf pendant les festivals. Ceux-ci se déroulent généralement au **Ciné La Rampa** (Plan IV, B1 - *Angle calles 23 et O*). En décembre, le Festival international du film latino-américain se tient au **Ciné Charles Chaplin** (Plan IV, A2 - *Calle 23, e/10 y 12*).

Des projections de films français sont organisées tous les sam. à 14h à l'**Alliance française**

(Plan IV, A2 - Calle G n° 407, e/17 y 19 (Vedado) - ☎ (7) 33 33 70). Vous pourrez y discuter avec des Cubains francophones.

ACTIVITÉS

Excursions

Les Infotur *(voir « S'informer », p. 126)* et leurs bureaux représentés dans les hôtels proposent des visites guidées de La Havane et des excursions, dans les environs ou vers d'autres provinces. Pour les randonnées nature, renseignez-vous auprès d'**Ecotur** *(voir « Sur place de A à Z », p. 29).*

Activités nautiques

Marina Hemingway – Plan I, A3 - *Angle calle 248 et ave. 5ta (Santa Fé) - ☎ (7) 204 68 47.* Offre une gamme complète de sports nautiques : plongée sous-marine, pêche en haute mer, jet-ski et ski nautique.

Matchs de béisbol

Les amateurs de *béisbol* peuvent assister à un match à l'**Estadio Latinoamericano** *(Plan IV, B3 - À l'angle des calles Patría et P. Pérez (El Cerro) - ☎ (7) 870 65 26 à 29 ou 870 26 77).* Saison sportive de nov. à juin.

AGENDA

👁 **Bon à savoir** – La liste de tous les événements culturels et des lieux de divertissement est répertoriée dans *Cartelera*, un hebdomadaire bilingue anglais-espagnol disponible calle Tacón n° 20 (Plan III, A1) et parfois chez les marchands de journaux ou dans les hôtels.

Carnaval de La Havane – Début août, parades en soirée le long du Malecón et devant le Capitole.

Festival del Habano – Fin février, ce festival rassemble les amateurs de cigares du monde entier.

Biennale de La Havane – En avril (en théorie tous les deux ans), des expositions gratuites d'art contemporain, disséminées à travers la vieille ville. Cette grande manifestation culturelle s'intéressa d'abord à l'Amérique latine, puis au tiers-monde. À ne pas manquer si vous tombez la bonne année.

Festival international du nouveau cinéma latino-américain – En décembre, le festival se déroule dans une dizaine de salles situées principalement dans le Vedado.

Fête de Yemayá – Le 8 septembre, les habitants du quartier de Regla se succèdent du matin au soir au pied de l'autel de la grande divinité Orisha.

16 novembre – La Vieille Havane célèbre la Nuestra Señora de las Mercedes, tandis que, dans le jardin du Templete, est célébrée la fondation de la ville.

Les environs de La Havane

😊 NOS ADRESSES PAGE 187

🅸 **S'INFORMER**
Voir office de tourisme de La Havane, p. 126.

◐ **SE REPÉRER**
Carte de région (p. 124-125).
Tous les lieux mentionnés dans ce chapitre appartiennent à l'une des quinze municipalités de la province Ciudad de La Habana. La grande superficie de cette circonscription (725 km²) impose de traiter séparément ces *municipios* éloignés du centre-ville.

👫 **AVEC LES ENFANTS**
Les attractions du Parque Lenin ; la découverte en petit train du Jardín Botánico Nacional.

Faire un pèlerinage sur les traces d'Ernest Hemingway et de son livre « Le Vieil Homme et la Mer » ou chercher la fraîcheur du Parque Lenin, voici quelques idées d'échapppées belles aux environs de La Havane, loin de l'effervescence du centre de la capitale.

Se promener Carte de région, p. 124-125

LE TALLER JOSÉ FUSTER A3

Angle calle 226 y ave. 3ʳᵃ-A, Jaimanitas - 📞 *(7) 271 29 32 - Horaires en fonction de la présence de M. Fuster ou d'un assistant. Possibilité de visite guidée (contribution bienvenue).*
Bienvenue dans le monde enchanté du **céramiste José Fuster**. Sa maison couverte de mosaïques multicolores est celle d'un conte de fées. Elle aurait pu être conçue après force mojitos par le facteur Cheval, Gaudí et Picasso réunis. Un *Banc de l'amour* enguirlandé de cœurs, un *Banc des amis* où figure une sirène, des édifices insolites portant divers personnages (saint Lazare, un paysan, un *orisha*) et des murs illustrant des scènes (arche de Noé) transportent au pays des Merveilles. Depuis 1994, l'artiste a commencé son œuvre, qui s'étend progressivement dans le voisinage. Un peu partout, murs et maisons s'habillent de décorations aux couleurs vives. Le projet personnel est devenu un projet communautaire. L'objectif est de semer des mosaïques jusqu'à la 5ᵉ avenue.

REGLA D2

Lancha (bac) toutes les 15mn de l'embarcadère du bout de la calle Santa Clara, non loin du Museo del Ron. Traversée de 5mn. 10 centavos.
Situé de l'autre côté de la baie, en face de la Vieille Havane, ce *municipio* est un haut lieu de la *santería*. Ses ruelles paisibles bordées de maisons à un étage, où il fait bon flâner, lui confèrent des allures de petit village portuaire.
À l'arrivée, en face de l'embarcadère de Regla, une petite maison blanche aux

portes jaunes fait l'objet d'un défilé ininterrompu. À l'intérieur, un **autel** est érigé en l'honneur de la **Virgen Negra** (Vierge noire), patronne de La Havane. Vêtue d'un manteau bleu, la déesse de la mer, connue sous le nom de Yemayá dans la religion yoruba *(voir « Religions », p. 92)*, assure la protection des marins. À gauche de la place en descendant du bac s'élève l'**église de la Santísima Virgen de Regla**, un important lieu de culte de cette religion, et le point de départ de la procession du 8 septembre *(voir « Agenda », p. 183)*.

Prenez la calle Martí en face de l'embarcadère et dépassez la place centrale.

Au n° 158 de la rue, vous pouvez compléter votre visite par le petit **Museo Municipal de Regla** *(9h-17h, dim. 13h - 2 CUC)*, où sont évoquées l'histoire et les traditions de la municipalité. Une exposition rend hommage au premier *babalao (voir « Religions », p. 92)* de Regla.

★ GUANABACOA D2

Descendez la Calzada de Infanta. Juste après la clinique Diez de Octubre, prenez le rond-point à gauche et suivez la vía Blanca sur 5 km.

Cette ancienne cité coloniale du 17e s. appartient maintenant à la banlieue de La Havane. De l'époque esclavagiste, il subsiste une population noire importante et un fort culte de la **santería**. La ville compte d'ailleurs de nombreuses églises et l'un des musées cubains les plus complets sur la religion afro-cubaine. Avec ses rues pentues et ses maisons décrépites, on se croirait un peu déjà à Santiago…

Sur une petite colline, au sud de la ville, vous pourrez notamment voir l'**ermitage de Potosí**, l'une des plus anciennes églises de Cuba, de 1644.

Calle Martí n° 108, entre calles Versalles et San Antonio, un beau bâtiment colonial abrite le **Museo Histórico de Guanabacoa★** *(mar.-sam. 10h-18h, dim. 9h-13h - 2 CUC)*. Pour ceux qui s'intéressent à la religion afro-cubaine, ce musée constitue une très bonne introduction. N'hésitez pas à demander des renseignements aux gardiens. Vous apprendrez à reconnaître les principales figures de la *santería* grâce aux couleurs et aux attributs qui leur sont associés *(voir « Religions », p. 91)*. On peut y voir les tambours *batá* utilisés lors des cérémonies, ainsi que la reconstitution d'un autel. L'histoire de la municipalité depuis la colonisation est également retracée.

SAN FRANCISCO DE PAULA D3

15 km au sud-est de La Havane. Sur la route de Guanabacoa, quittez la vía Blanca 800 m après le río Luyanó. Prenez la carretera Central à droite en direction du Parque Virgen del Camino et continuez tout droit en suivant les panneaux pour Güines.

Ernest Hemingway s'installa en 1939 dans la Finca la Vigía, un domaine sur une colline du village, à l'angle des calles Vigía et Steimberts. Lorsqu'il retourna aux États-Unis en 1960, sa maison fut transformée en **Museo Hemingway★** *(10h-17h, dim. 13h - visite guidée 3 CUC)*. Le mobilier et ses affaires personnelles sont restés intacts depuis le départ de l'écrivain. Afin de préserver cette collection, les visiteurs doivent se contenter de voir les pièces de l'extérieur par les fenêtres ouvertes. Au milieu d'étagères croulant sous les livres et de nombreux trophées de chasse, on remarque sa machine à écrire et les armes qui le fascinaient. L'écrivain avait également installé un bureau dans la tour derrière la maison. Dans le parc planté de palmiers, son petit yacht, *El Pilar*, est exposé près de la piscine et, à l'ombre des arbres, on peut voir les tombes de ses quatre chiens.

COJÍMAR D1

10 km de La Havane. Comptez 15mn.
Quittez La Havane par le tunnel de La Habana en direction des forteresses. Au rond-point à 2 km, derrière les installations sportives de la villa Panamericana, quittez la vía Monumental et prenez la calle José Martí à gauche. Continuez tout droit jusqu'au port de Cojímar.

Dans le village

Fondé au 17e s., ce charmant village de pêcheurs possède une **forteresse** espagnole, datant de 1643, à l'embouchure du fleuve. Pourtant, il semblerait que l'histoire de Cojímar ne commence qu'à l'arrivée d'Ernest Hemingway, qui immortalisa cet endroit dans son roman *Le Vieil Homme et la Mer*.

Au bord de l'eau, le restaurant **La Terraza** vit dans le souvenir de celui que l'on surnommait affectueusement « Papa ». Aux murs, les photos évoquent notamment ses célèbres parties de pêche, que Gregorio Fuentes, son fidèle compagnon de mer, contait lors de ses entretiens avec les journalistes.

Plus loin sur le port, à proximité de la forteresse, les pêcheurs locaux ont érigé en 1962 un **buste d'Hemingway** face à la mer, le regard fixé sur la ligne d'horizon. Son bateau de pêche *El Pilar* fut longtemps amarré dans le port puis transféré au musée Hemingway à la mort du romancier *(voir p. 185)*. Aujourd'hui, cet endroit est le lieu de rendez-vous de la jeunesse qui vient y danser le samedi soir.

Durant l'été 1994, Cojímar sortit de sa torpeur pour voir son port envahi par des milliers de *balseros*, qui tentaient de gagner les États-Unis *(voir « Histoire », p. 86)*.

De l'autre côté du río Cojímar

Les immeubles austères du quartier d'**Alamar** furent édifiés dans les années 1970 par les « micro-brigades » pour remédier à la crise du logement. La mise en place de ce système a permis à ces volontaires, travaillant sous la surveillance d'un architecte d'État, de devenir propriétaires de leur appartement.

LE PARQUE LENIN C4

20 km de La Havane. Comptez 30mn.
Prenez l'avenida Rancho Boyeros en direction de l'aéroport. Juste après le pont du río Almendares, tournez à gauche en direction du Parque Lenin.
À une vingtaine de kilomètres au sud de La Havane, une grande zone de loisirs fut aménagée au début des années 1970. Depuis quelques années, la pénurie de transports a eu raison de la popularité de ce lieu trop éloigné du centre.

Dans ce grand parc de 670 ha se trouvent dispersés, autour d'un lac artificiel, un amphithéâtre, une galerie d'art, un rodéo, un théâtre, des cafétérias et le célèbre restaurant **Las Ruinas** *(voir « Restauration », p. 187)*. Ces attractions

---

LE VIEIL HOMME ET LA MER

Aux commandes du Pilar pendant près de 30 ans, Gregorio Fuentes accompagna Ernest Hemingway lors de toutes ses sorties en mer et arrêta son activité de pilote à la mort de l'écrivain. Ce pêcheur lui servit de modèle pour le personnage principal du *Vieil Homme et la Mer*, roman qui valut à son auteur le prix Nobel de littérature en 1954. Il s'est éteint en 2002, le visage raviné par des années de soleil et d'embruns, à l'âge de 104 ans.

LES ENVIRONS DE LA HAVANE

fonctionnent du mercredi au dimanche de 10h à 18h, mais vous pouvez profiter du parc, encore plus vide qu'à l'accoutumée, le reste de la semaine.

À 3 km au sud du restaurant se trouve le **Jardín Botánico Nacional** *(merc.-dim. 10h-18h - 1 CUC)*. Ce jardin présente une grande variété de plantes tropicales de Cuba et du monde entier, dont un remarquable **jardin japonais**. Vous pouvez le visiter en voiture ou à bord d'un petit train.

De l'autre côté de la route, on aperçoit les pavillons d'**ExpoCuba**, où sont présentés tous les *logros* (« réussites ») de la révolution dans les domaines économique, culturel et scientifique. Ce parc d'expositions accueille chaque année la Foire internationale de La Havane.

☻ NOS ADRESSES AUX ENVIRONS DE LA HAVANE

Carte de région, p. 124-125.

HÉBERGEMENT À COJÍMAR

❭ Casa particular

PREMIER PRIX (15 À 30 CUC)

Villa Lennon – *Calle los Pinos nº 3-E02, e/27 y 28* - ☎ *(7) 65 05 57 (Lucía)* - 🖩 🅿 - *1 ch. 20/25 CUC*. Une chambre impeccable et indépendante, attenante à la maison de Joaquin et Sonia. Petite cuisine équipée et terrasse fleurie.

❭ Hôtel

POUR SE FAIRE PLAISIR (50 À 80 CUC)

Panamericano – *Angle calle A et ave. Central* - ☎ *(7) 95 10 10* - 🖩 ✕ 🏊 CC - *81 ch. 50/70 CUC - location de voitures*. Construit en 1991 pour héberger les athlètes des Jeux panaméricains, ce complexe moderne est à 1 km du port de Cojímar, entre La Havane et les plages de l'Est. Possibilité de location de villas, pratiques pour les familles.

RESTAURATION À COJÍMAR

POUR SE FAIRE PLAISIR (15 À 30 CUC)

La Terraza – *Calle Real nº 161* - ☎ *(7) 93 92 32 - 12h-23h 20/30 CUC*. Cadre chic tout en bois et chaleureuse ambiance sous une grande véranda avec vue sur la baie. Ernest Hemingway était un fidèle client de l'établissement, comme en témoignent les nombreuses photos de l'écrivain sur les murs. Spécialités de fruits de mer et paella. Cher, mais repas et service de qualité. On peut aussi se contenter de boire un verre au bar à partir de 10h30.

RESTAURATION AU PARQUE LENIN

UNE FOLIE (PLUS DE 30 CUC)

Las Ruinas – *Calle 100 et Cortina de la Presa* - ☎ *(7) 57 80 02/85 23 - tlj sf lun. 12h-15h30 - 30/50 CUC*. Au milieu du Parque Lenin, cette architecture très moderne a intégré les ruines d'une ancienne sucrerie. Les nombreuses plantes et le mobilier de style colonial donnent un certain cachet à l'endroit. La salle de restaurant est traversée par un vitrail de l'artiste cubain René Portocarrero. Spécialités de poissons de qualité irrégulière. On peut se contenter de prendre un verre sur la terrasse donnant sur le parc. Seuls les *pesos cubanos* sont acceptés.

1

L'Ouest 2

▶ **LA ROUTE DE L'OUEST**★　　　　　　　**192**
De La Havane à Pinar del Río

À 25 km de Pinar del Río et 205 km de La Havane :
▶ **LA VALLÉE DE VIÑALES**★★★　　　　　　**198**

À 180 km de La Havane :
▶ **LE TRIANGLE DE LA VUELTA ABAJO**★　　**206**
Pinar del Río★

À 152 km de Pinar del Río :
▶ **LA PÉNINSULE DE GUANAHACABIBES**★　**212**

▶ **LA ROUTE CÔTIÈRE**　　　　　　　　　　**215**
De La Fé à La Havane

Plantation de tabac et *mogote* en arrière-plan, vallée de Viñales.
Patrick Escudero/hemis.fr

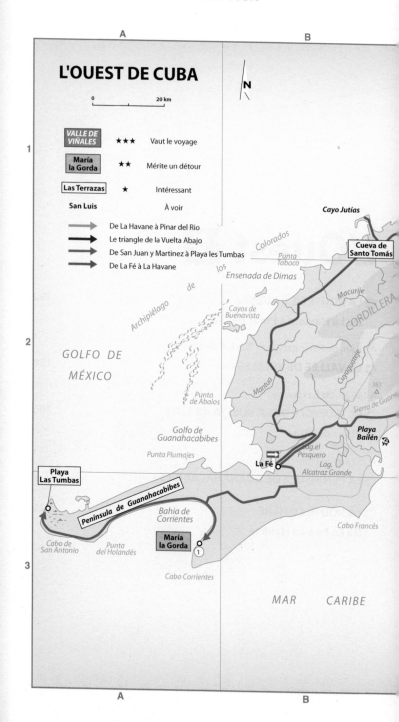

L'OUEST DE CUBA

0   20 km

VALLE DE VIÑALES	★★★	Vaut le voyage
María la Gorda	★★	Mérite un détour
Las Terrazas	★	Intéressant
San Luis		À voir

De La Havane à Pinar del Rio
Le triangle de la Vuelta Abajo
De San Juan y Martinez à Playa les Tumbas
De La Fé à La Havane

N

Cayo Jutías

Colorados

Cueva de Santo Tomás

Punta Tabaco

los

Ensenada de Dimas

Macurije

CORDILLERA

de

Cayos de Buenavista

Archipiélago

GOLFO DE MÉXICO

Cuyaguateje

Mantua

383 △

Sierra de Guan

Punta de Abalos

Golfo de Guanahacabibes

Playa Bailén

Lag. el Pesquero

La Fé

Lag. Alcatraz Grande

Punta Plumajes

Playa Las Tumbas

Península de Guanahacabibes

Bahia de Corrientes

Cabo Francés

Cabo de San Antonio

Punta del Holandés

María la Gorda

①

Cabo Corrientes

MAR CARIBE

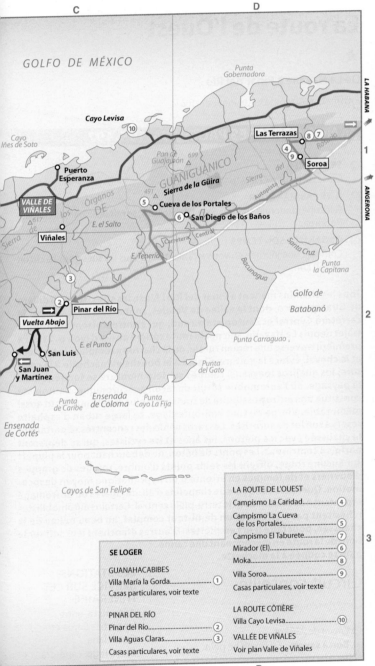

GOLFO DE MÉXICO

Punta Gobernadora

LA HABANA

Cayo Levisa

Cayo Iñes de Soto

Puerto Esperanza

Pan de Guajaibón 699

GUANIGUÁNICO

Sierra del

Las Terrazas

Soroa

ANGERONA

491

Sierra de la Güira

Órganos DE

E. el Salto

Cueva de los Portales

San Diego de los Baños

Carretera Central

Autopista

VALLE DE VIÑALES

Viñales

Sierra

E. Tenería

Santa Cruz

Bacunagua

Punta la Capitana

Vuelta Abajo

Pinar del Río

Golfo de Batabanó

E. el Punto

San Luis

Punta Carraguao

San Juan y Martínez

Punta del Gato

Punta de Caribe

Ensenada de Coloma

Ensenada de Cortés

Punta Cayo La Fija

Cayos de San Felipe

SE LOGER

GUANAHACABIBES
Villa María la Gorda.................... ①
Casas particulares, voir texte

PINAR DEL RÍO
Pinar del Río.......................... ②
Villa Aguas Claras..................... ③
Casas particulares, voir texte

LA ROUTE DE L'OUEST
Campismo La Caridad................... ④
Campismo La Cueva
de los Portales....................... ⑤
Campismo El Taburete.................. ⑦
Mirador (El)........................... ⑥
Moka................................. ⑧
Villa Soroa........................... ⑨
Casas particulares, voir texte

LA ROUTE CÔTIÈRE
Villa Cayo Levisa...................... ⑩

VALLÉE DE VIÑALES
Voir plan Valle de Viñales

La route de l'Ouest

De La Havane à Pinar del Río

Provinces d'Artemisa et de Pinar del Río

😊 NOS ADRESSES PAGES 194, 195, 197

▶ **SE REPÉRER**
Carte de région CD1-2 (p. 190-191).

😊 **À NE PAS MANQUER**
Faire une randonnée dans la Sierra del Rosario ; se rafraîchir dans la cascade de Soroa.

🕐 **ORGANISER SON TEMPS**
Comptez une journée en vous attardant dans tous les sites pour ce circuit de 250 km.

Tous les chemins mènent à Pinar del Río ! Ainsi, les sites de la cordillère de Guaniguanico, dont la vallée de Viñales, sont accessibles soit par la carretera Central et l'autopista au sud, qui s'entrecroisent sur tout le trajet depuis La Havane, soit par la route côtière au nord (voir p. 215). La première traverse une région rurale, où la charrue a remplacé le tracteur et le cheval, évincé la voiture. Cigare à la bouche et machette à la ceinture, les guajiros (paysans) campés sur leur monture se fondent dans le paysage, où l'automobile surgit de façon anachronique. L'autopista constitue une autre possibilité de transport, plus rapide mais tout aussi mémorable. Vierge de tout embouteillage, ce large ruban d'asphalte réserve son lot de surprises. Les rares véhicules rencontrés se partagent la chaussée avec les piétons, les ânes et les cyclistes, qui se déplacent parfois à contresens. Les ponts de béton, ne débouchant pour la plupart sur aucune route, offrent les seuls points d'ombre, refuges de grappes d'ouvriers et de femmes en attente d'un hypothétique moyen de locomotion. Quelques vendeurs de chapelets d'ail, de cigares ou de fromage arpentent nonchalamment le terre-plein central. Certains automobilistes n'hésitent pas à effectuer un demi-tour complet, au beau milieu de la chaussée, pour faire leurs emplettes. D'autres étanchent leur soif sur le bord de la route en mâchonnant une canne à sucre coupée à la machette.

Circuit conseillé

Carte de région, p. 190-191

▶ *Circuit de 250 km.*

😊 **Bon à savoir** – Ce circuit ne peut s'effectuer qu'avec un moyen de transport individuel (voiture de location, taxi ou autre). *En voiture, quittez La Havane par l'avenida Rancho Boyeros en direction de l'aéroport. À*

LES STATIONS-SERVICE SUR CET ITINÉRAIRE

Autopista, entre les sorties Soroa et Candelaria.

San Diego, carretera San Diego km 9.

Consolación del Sur, ave. 51 Final.

Sur la route de l'Ouest.
Angelo Cavalli/AGE Fotostock

une dizaine de kilomètres de la Plaza de la Revolución, un panneau indique *l'autoroute pour Pinar del Río à droite. Au km 46, en direction d'Artemisa, prenez à gauche sous l'autoroute et continuez tout droit sur 7 km, jusqu'à deux piliers de pierre sur la gauche.*

LA PLANTATION DE CAFÉ D'ANGERONA D1 en direction

Une piste de terre rouge traverse des champs de canne, jusqu'à une ancienne plantation de café du 19ᵉ s., surnommée le « **jardin de Cuba** ». Cet endroit vaut le détour pour son calme et son cadre bucolique. Il règne une atmosphère fantomatique sur ce champ de ruines, d'où émerge une statue grecque – symbole d'une splendeur passée – et les murs de pierre de la demeure des maîtres. À l'autre bout de la pelouse, les restes du *barracón* (maison des esclaves) et quelques vestiges d'outillage s'évanouissent peu à peu sous la végétation. Plus de 400 esclaves travaillaient là. Le guide installé à l'entrée pourra vous fournir des renseignements.

Revenez à l'autoroute par le même chemin. Au km 51, suivez à droite le panneau indiquant le motel Las Terrazas. 8 km plus loin, cette route de montagne débouche près d'un étang (accès payant sauf si vous avez réservé une chambre).

★ LA COMMUNAUTÉ DE LAS TERRAZAS D1

Droit d'entrée dans le domaine : 4 CUC.
Ce site paisible au cœur de la Sierra del Rosario, classée Réserve de la biosphère, est le paradis du **tourisme vert**. Les quelques maisons en terrasses qui descendent jusqu'à l'étang de

SI VOUS AVEZ PEU DE TEMPS

Allez directement à Pinar del Río : comptez 2h par l'autoroute (180 km). Les bus **Viazul** assurent 1 liaison/j entre La Havane et Viñales *via* Pinar del Río et font une pause à Las Terrazas (départ à 9h de La Havane, à 8h de Viñales, 3h15 de trajet, 13 CUC). Horaires, tarifs et réservation en ligne sur www.viazul.com.

San Juan furent construites en 1971, à l'occasion d'un programme de reboisement. Cette communauté rurale compte à présent environ 1 000 personnes, dont de nombreux artistes et artisans. Ce tableau idyllique est cependant terni par les conditions de vie des habitants, qui contrastent avec le luxe du complexe touristique qui surplombe la vallée.

L'hôtel Moka *(voir « Hébergement » ci-dessous)* organise des excursions dans la **Sierra del Rosario**, sur des sentiers balisés conduisant à des cascades, des piscines naturelles et d'anciennes plantations de café en ruine.

À 2 km au nord-est de la communauté, dans la colline de Las Delicias, les randonneurs peuvent visiter l'ancienne **plantation de café Buenavista**, restaurée et transformée en restaurant. Tout autour, les arbres rouges dont l'écorce pèle sont surnommés avec ironie « arbres des touristes ». Il s'agit en fait d'*almácigos*.

En sortant de l'hôtel Moka, suivez la route de gauche sur 12 km. Au poste de garde, tournez à gauche et roulez 8 km jusqu'à Soroa. L'entrée de l'hôtel Villa Soroa se trouve à droite avant le pont.

😊 NOS ADRESSES À LAS TERRAZAS

HÉBERGEMENT, RESTAURATION

Voir la carte de région p. 190-191 pour les hôtels et les campings.

Camping

PREMIER PRIX (15 À 30 CUC)

Campismo El Taburete – D1 - *Dans le complexe touristique de Las Terrazas - 📞 (82) 77 86 70 - ✖ - autour de 10 CUC.* Théoriquement destinés aux touristes cubains, ces bungalows rudimentaires peuvent dépanner les petits budgets.

Hôtel

UNE FOLIE (PLUS DE 80 CUC)

Moka – D1 - *Autopista km 51, Candelaría, réservations par les agences ou à La Havane - 📞 (7) 204 37 39 - www.lasterrazas.cu - 📧 ✖ 🏊 🆑 - 26 ch. autour de 110 CUC.* Le bâtiment épouse parfaitement le relief de la Sierra. Un immense tronc d'arbre traverse le sol du hall d'entrée, pour sortir par le toit de tuiles. La végétation semble envahir tout l'édifice, jusqu'aux luxueuses salles de bains avec leur large baie vitrée. Les chambres, spacieuses et décorées avec goût,

offrent tout le confort. Celles du bas ont une vue plongeante sur la vallée ; celles de l'étage donnent dans les arbres. Également quelques cabanes rustiques (85 CUC) à 3 km.

ACHATS

Artisanat

Visitez les ateliers de tissage de fibres végétales, de sérigraphie, céramique, sculpture, peinture et papier recyclé. 9h-17h (w.-end 12h).

ACTIVITÉS

Excursions

L'hôtel **Moka** propose de nombreuses randonnées, loue des chevaux et des VTT. Émotion forte avec 3 tyroliennes tendues au-dessus de la vallée (25 CUC ou 15 CUC pour les clients de l'hôtel).

★ **LE VILLAGE DE SOROA** D1

Soroa porte également le surnom d'« arc-en-ciel de Cuba », qui évoque les reflets du soleil sur sa cascade, le site le plus fréquenté aux alentours. Ce village, fondé par un planteur de café d'origine basque réfugié d'Haïti, offre de belles balades dans la Sierra del Rosario.

En sortant de l'hôtel Villa Soroa, à l'entrée de la route menant au petit Castillo (ancien restaurant de las Nubes), un portail marque l'entrée de l'**Orquideario**★ *(8h-17h30 - visite guidée 3 CUC)*. Ce grand parc regroupe plus de 700 variétés d'orchidées, dont 250 endémiques. Les principales espèces fleurissent entre novembre et mars, mais le parc reste beau toute l'année.

Juste derrière le pont, un sentier part du Castillo *(accès payant)*. Après 20mn de descente, on aboutit au **Salto**★, une chute de 20 m de haut. Cette piscine naturelle rafraîchissante attire beaucoup de monde, mais vous pouvez aussi vous baigner un peu en amont.

Continuez cette même route de montagne vers Candelaría et reprenez l'autoroute à droite jusqu'au km 103. Là, prenez la direction de San Diego de los Baños et suivez la route sur 14 km.

😊 NOS ADRESSES À SOROA

HÉBERGEMENT, RESTAURATION

Voir la carte de région p. 190-191 pour les hôtels et les campings.

Camping

PREMIER PRIX (15 À 30 CUC)

Campismo La Caridad – D1 - *Juste avant d'arriver à Soroa -* 🖉 *(85) 98 487 -* ✗ *- autour de 15 CUC.* Aussi rudimentaire que celui de Las Terrazas, mais bon marché.

Casas particulares

Ces adresses se succèdent sur la route de Soroa ; le kilométrage indiqué précise leur position à partir de l'autoroute.

BUDGET MOYEN (30 À 50 CUC)

Carlos y Maida – *km 8 1/2 -* 🛏 ✗ - *1 ch. 25/40 CUC.* Presque en face de la Villa Soroa. Ce couple charmant loue une chambre indépendante, avec salon et terrasse, à l'étage de la maison familiale.

Don Agapito – *km 8 -* 🛏 ✗ *- 1 ch. 25/40 CUC.* Chez l'octogénaire Don Agapito qui fonda l'Orquideario, petite chambre décorée de dentelles à l'arrière de la maison.

Maite – *km 7 -* 🛏 ✗ *-1 ch. 25/40 CUC.* Maite et Tomas, jeune couple sympathique, louent une petite chambre indépendante avec terrasse privative à l'arrière de leur maison.

El Alto – *km 5 1/2 -* 🛏 ✗ *- 1 ch. 25/40 CUC.* À 140 m de la route, au calme. Chambre indépendante mais un peu vieillotte à l'arrière de la maison. Agréable jardin.

Odalys – *km 5 1/2 -* ✗ *- 1 ch. 25/40 CUC.* Une chambre spacieuse, à louer dans la maison familiale.

Oliva – *km 3 1/2 -* ✗ *- 1 ch. 25/40 CUC.* Janet et Ernesto proposent une chambre simple et propre. Tout ce que vous dégusterez chez eux vient de leur jardin potager ou de leur basse-cour.

Los Sauces – *km 3 1/2 -* 🛏 ✗ *- 1 ch. 25/40 CUC.* Dans un beau jardin, en retrait de la route. Grande chambre indépendante avec terrasse privative, confortable et propre. Excellent accueil d'Ana et Jorge, qui allient leurs talents pour vous préparer

2

un festin tropical. Ana parle anglais.

Hôtel

POUR SE FAIRE PLAISIR (50 À 80 CUC)

Villa Soroa – *D1 - km 8, Candelaría - ☎ (85) 35 12/34 - 📶 ✕ ⚒ cc - 63 bungalows 55/65 CUC - bureau de change, services médicaux.* Cet hôtel regroupe la plupart des activités de Soroa et le seul restaurant du village. Sa piscine, encadrée par les bungalows, est constamment animée en haute saison. Les chambres sont fonctionnelles et assez confortables. Des maisons familiales, plus calmes, sont disséminées au pied de la colline,

près du jardin des Orchidées. Optez pour une des trois maisons installées en hauteur, et dotées chacune d'une piscine et de 3 chambres (40 CUC la chambre).

ACTIVITÉS

Excursions

Très belles excursions à effectuer dans les montagnes aux alentours de l'hôtel Villa Soroa *(voir ci-avant, « Hébergement »)*, avec un guide spécialisé parlant anglais. Possibilité de trekking en dormant chez des paysans.

Bains / Massages

Près du Salto, massages et bains médicinaux.

LA SIERRA DE LA GÜIRA CD1

😊 **Conseil** – Pensez à prendre des vêtements chauds pour les nuits dans la Sierra.

Un petit tour dans cette *sierra* vous plongera dans l'atmosphère fraîche des forêts de pins et de cèdres.

San Diego de los Baños D1

Cette station thermale entourée de montagnes est réputée pour ses eaux médicinales. Les visiteurs y viennent en cure pour se refaire une santé, une beauté ou simplement pour se reposer.

Le Parque de la Güira CD1

De San Diego, prenez la direction de la Güira puis, une cuadra derrière le parc, traversez la rivière. Roulez 5 km jusqu'à l'entrée de l'hacienda La Cortina.

Ce parc occupe l'ancien domaine La Cortina, qui fut ravagé par un incendie. Son aspect abandonné dégage une atmosphère romantique. Vous pourrez vous promener parmi des ruines, une maison japonaise en cours de réparation, un lac et une cascade, et même vous restaurer (en monnaie nationale) à côté de la caserne militaire.

Une magnifique route monte ensuite à travers une forêt de conifères dans la Sierra de Güira. À 10 km, un panneau indique la Cueva de los Portales.

La Cueva de los Portales C1

1 CUC.

Cette grotte, traversée par une rivière souterraine (río San Diego), présente surtout un intérêt historique : elle servit de quartier général à **Che Guevara** durant la crise des missiles, en 1962. Dotée de plusieurs issues, elle constituait une formidable forteresse naturelle. Quelques plaques rappellent qu'à tel endroit le Che jouait aux échecs, écrivait son journal à tel autre, dormait ici ou là – en compagnie des hirondelles qui elles aussi y ont pris leurs quartiers.

Deux itinéraires

De la Cueva de los Portales, vous pouvez poursuivre directement sur la vallée de Viñales ou continuer sur Pinar del Río.

Pour rejoindre la **vallée de Viñales** *(40 km)* : à l'embranchement de la Cueva de los Portales, évitez la route de gauche, quasiment impraticable sauf en Jeep. Continuez tout droit en direction de La Palma à 10 km au nord, puis prenez à gauche en direction de Pinar del Río. À 20 km, tournez de nouveau à gauche, à hauteur de la cafétéria Entronque de La Palma. Viñales n'est plus qu'à 10 km.

Pour atteindre **Pinar del Río** *(82 km)*, à la sortie du Parque de la Güira, prenez la route de gauche en direction de Herradura. Au bout de 25 km, vous récupérez l'autoroute, et il ne reste plus que 37 km à parcourir.

☺ NOS ADRESSES DANS LA SIERRA DE LA GÜIRA

HÉBERGEMENT, RESTAURATION

Voir la carte de région p. 190-191 pour les hôtels et les campings.

À San Diego de los Baños

◐ **Casas particulares**

PREMIER PRIX (15 À 30 CUC)

Carlos y Rayda – *Calle 21-A n° 3003, e/30 y 32 -* ✕ *- 2 ch. 25/30 CUC.* Difficile à trouver (demandez!), cette maison est un peu excentrée mais calme. Anglais parlé.

Villa Julio y Cary – *Calle 29 n° 4009, e/40 y 42 -* 🖵 ✕ *- 1 ch. 25/30 CUC.* Sur la place centrale, face au centre thermal. Des chambres modestes ouvrant sur un jardinet.

◐ **Hôtel**

BUDGET MOYEN (30 À 50 CUC)

El Mirador – D1 - *Calle 23 Final -* ✆ *(85) 77 83 38 - carpeta@mirador. sandiego.co.cu -* 🖵 ✕ 🛆 cc *- 30 ch. 40/60 CUC - location de voitures.* À côté du centre thermal, d'agréables chambres, bien rénovées, donnant sur une belle végétation.

À La Cueva de los Portales

◐ **Camping**

PREMIER PRIX (15 À 30 CUC)

Campismo La Cueva de los Portales – C1 - *À côté de la grotte -* ✕ *- autour de 10 CUC.* Cadre magnifique avec des bungalows refaits à neuf. Prévoyez une lotion anti-moustiques!

2

La vallée de Viñales

★★★

Province de Pinar del Río

 NOS ADRESSES PAGE 202

S'INFORMER

Centro del Visitante del Parque Nacional de Viñales – *Route de Pinar del Río km 2 - lun.-vend. 8h-17h.* Renseignements, excursions à pied (11 itinéraires proposés, de 5 à 8 CUC/env. 3h), service de guides officiels parlant français.

Cubanacán *(www.cubanacan.cu)*, et **Havanatur** *(www.havanatur.cu)* – *calle S. Cisneros (à côté du terminal de Viazul).* Proposent également des randonnées à pied (5 CUC/h) ou à cheval (8 CUC/h).

SE REPÉRER

Carte de région C1 (p. 190-191) - Carte de la vallée p. 201.

À NE PAS MANQUER

Admirer le coucher de soleil sur les *mogotes* ; faire une randonnée entre *mogotes* et *fincas* de tabac.

ORGANISER SON TEMPS

Comptez au moins une journée pour effectuer ce circuit ; passez au moins une nuit dans la vallée ; visitez la région en février-mars, pendant la récolte du tabac.

AVEC LES ENFANTS

Une promenade à cheval dans la vallée de Viñales ; la visite en canot de la Cueva del Indio.

« Un petit coin de paradis », telle apparaît cette vallée cachée entre les montagnes. Ici, parmi les curieux reliefs appelés mogotes, tout semble douceur de vivre. Ponctuée par les bohíos, ces maisons aux toits de palmes, la terre rouge est éclairée par les multiples tonalités de la riche végétation. Ce n'est pas un hasard si, en 1999, l'Unesco a classé cette région Paysage culturel de l'humanité.

Circuit conseillé Carte de la vallée, p. 201

Bon à savoir – Attention, pensez à prendre votre **carte de tourisme**, sinon vous ne pourrez pas être hébergé chez l'habitant.

★ LE VILLAGE DE VIÑALES

Cette bourgade de 4 000 âmes évoque un village du Far West. Sous chaque portique de la calle Cisneros, les habitants, calés dans leur fauteuil à bascule, épousent la cadence des pins agités par la brise, du moins ce qu'il en reste depuis le passage du cyclone Gustav, en 2008. Un *guajiro* à cheval remonte la rue principale pour se désaltérer à un stand de boissons installé sur le trottoir. Non loin de là, quelques *barbudos* vieillissants rendent la justice dans une

petite salle sombre. Seuls leurs éclats de voix, qui s'échappent des fenêtres ouvertes, rompent la quiétude des environs. À l'aube comme au crépuscule, les coqs prennent la relève avec ardeur, et leur chant participe à la tranquillité du village. C'est la vie à la campagne. Pas grand-chose à faire ; encore faut-il savoir le faire…

Dans ce village somnolent, les jours s'écoulent paisiblement. Même les touristes ralentissent le pas et prennent le temps de s'asseoir sur l'un des bancs du **Parque José Martí**, en face de l'église.

Au n° 118 de la calle Cisneros, le **Museo Adela Azcuy** *(9h-22h - 1 CUC)* doit son nom à un ancien *mambí* et infirmier, Adela Azcuy (1861-1914) qui est, avec le chanteur Polo Montañez, l'enfant chéri du pays. On y explique très bien la formation des *mogotes*. Parallèlement, d'émouvants témoignages de la vie quotidienne des paysans de la région avant l'industrialisation sont présentés. Le musée organise également des randonnées pédestres dans la vallée avec un guide francophone *(env. 3h30-4h - 8 CUC/pers.)*.

À la sortie nord, à gauche après le village, le luxuriant **jardin botanique** *(8h-coucher du soleil - donations bienvenues)* offre un cadre bucolique agréable dans une maison tenue par d'adorables vieilles dames.

LE MURAL DE LA PREHISTORIA

À 4 km à l'ouest de Viñales par une belle route praticable à pied, à vélo, à cheval ou en voiture - 9h-19h - 1 CUC.

La gigantesque fresque de 120 m de haut sur 180 de large peinte à flanc de l'un des deux *mogotes*, appelés « Dos Hermanas » (Deux Sœurs), rompt quelque peu l'harmonie de la vallée. Ce *mural* aux couleurs vives, peint sur la paroi rocheuse, fut réalisé en 1961 par Leovigildo González Murillo, un disciple du peintre mexicain Diego Rivera. Il retrace la chaîne de l'évolution, de l'amibe à l'« *Homo socialistus* ». Des peintres accrochés à la paroi ravivent parfois les couleurs des dessins naïfs représentant ammonites, dinosaures et hommes. À droite du *mural*, un sentier mène à l'aide d'échelles et de rampes au sommet, d'où l'on jouit d'une belle vue.

Retraversez le village de Viñales jusqu'à l'extrémité nord. Prenez à gauche en direction de La Palma.

2

LES GROTTES

À environ 5 km au nord de Viñales, la **Cueva de San Miguel** a été transformée en bar-discothèque de style « préhistorique », au milieu des stalactites et des stalagmites.

DRÔLES DE MOGOTES
Juste au nord de Viñales se dressent les imposantes masses des *mogotes* de la Sierra de los Órganos (chaîne des Orgues) formée par plusieurs chaînes de montagnes plus ou moins parallèles. Le terme désigne des sortes de **monticules isolés**, séparés par des plaines fertiles. Ces **mogotes**, constitués de calcaires jurassiques, sont d'intéressants exemples de **relief karstique**. L'érosion souterraine a creusé de nombreuses cavernes reliées entre elles par des galeries et des rivières, jusqu'au moment où les voûtes se sont effondrées : ainsi, les *mogotes* seraient les vestiges d'une immense caverne. Au cours des excursions dans le parc, vous pourrez vous baigner dans l'une de leurs grottes.

Un kilomètre plus loin, la **Cueva del Indio** *(9h-17h - 5 CUC)* est plus touristique. Cette « grotte de l'Indien » servit de refuge aux Guanahatabeyes pendant la conquête de l'île par les Espagnols, au 16e s. Elle est entièrement aménagée pour la visite ; vous effectuerez la première moitié du parcours à pied et la seconde en canot à moteur sur les 500 m de rivière souterraine. La visite est plutôt brève *(20mn)* et les commentaires du guide, sommaires. À la sortie de la grotte, le Bar del Río propose quelques plats (5 CUC).

Sur la route du Cayo Jutías *(continuez après le Mural en direction de Minas de Matahambre, à 17 km de Viñales)*, vous verrez sur la gauche la très impressionnante **Cueva de Santo Tomás★** *(9h-17h - visite de 1h30 - 10 CUC avec casque et lampe frontale)*, l'une des plus grandes d'Amérique latine. Équipé des pieds à la tête, vous pourrez parcourir ses 45 km de long et son fleuve souterrain.

LOS ACUÁTICOS

À 1,4 km du Mural de la Prehistoria sur le chemin de Moncada, se trouve, en contrebas de la route, la **Casa Taller Raíces** *(accès libre)*. Dans son jardin, l'artiste expose ses sculptures excentriques faites à partir de souches, de racines ou de branches.

Le sentier qui longe l'atelier est le départ d'une **balade** *(contournez par derrière la petite mogote de droite, située à 1 km de la Casa Taller Raíces, et continuez tout droit. 3h AR)*. Il mène jusqu'au village des Acuáticos sur la Sierra del Infierno, dont on aperçoit, à flanc de montagne, une ou deux maisons.

Dans la Sierra del Infierno vit la communauté des Acuáticos qui passe pour étrange. Tout a commencé en 1936. Cette année-là, à une dizaine de kilomètres de Viñales, une certaine **Antoñica Izquierdo**, inspirée par la Vierge, aurait guéri son fils sur le point de mourir en le baignant dans un ruisseau. Forte de ce succès, Marie lui aurait conseillé d'exercer la médecine à titre gracieux en utilisant l'eau comme seul remède. Ainsi débuta une carrière, ainsi débuta une légende, celle de la « *Milagrosa que cura con agua* ». Les paysans, par centaines, venaient de tout le pays pour la consulter. Tant d'influence sur les masses fit peur aux hommes politiques (eux aussi clients), qui finirent par faire interner Antoñica dans un asile, où elle mourut en 1945. Suite à ce décès, une quinzaine de familles qui formaient un bataillon de disciples furent expulsées de leurs foyers. Elles trouvèrent refuge sur les pentes de la Sierra del Infierno, qui borde Viñales. De nos jours, une quarantaine de descendants vivent toujours au même endroit en suivant les préceptes d'Antoñica Izquierdo. Ils refusent la médecine officielle. Ils refusent les papiers d'identité. En revanche, ils accueillent les touristes à qui ils vendent un peu d'artisanat.

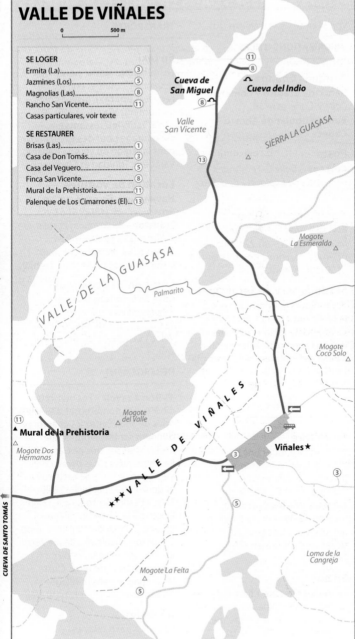

VALLE DE VIÑALES

0 — 500 m

LA HABANA, LA PALMA

SE LOGER
Ermita (La).............................(3)
Jazmines (Los).......................(5)
Magnolias (Las).....................(8)
Rancho San Vicente..............(11)
Casas particulares, voir texte

SE RESTAURER
Brisas (Las)............................(1)
Casa de Don Tomás...............(3)
Casa del Veguero...................(5)
Finca San Vicente..................(8)
Mural de la Prehistoria..........(11)
Palenque de Los Cimarrones (El)...(13)

Cueva de San Miguel
Cueva del Indio

Valle San Vicente

SIERRA LA GUASASA

VALLE DE LA GUASASA

Palmarito

Mogote La Esmeralda

Mogote Coco Solo

Mogote del Valle

VALLE DE VIÑALES

Viñales ★

Mural de la Prehistoria

Mogote Dos Hermanas

CUEVA DE SANTO TOMÁS

★★★ VALLE DE VIÑALES

Loma de la Cangreja

Mogote La Feíta

PINAR DEL RÍO

2

😊 NOS ADRESSES DANS LA VALLÉE DE VIÑALES

Voir la carte de la vallée, p. 201.

INFORMATIONS UTILES

Banque / Change
Banco de Crédito y Comercio – *Calle S. Cisneros n° 56.*
Banco Popular de Ahorro Cadeca – *Calle S. Cisneros n° 92.*

Poste
Correos – *Calle C. Fernández n° 14 (près de la place) - tlj sf dim. 9h-18h.*

Téléphone / Internet
Etecsa – *Calle C. Fernández n° 3 (en face de la poste) - 8h-22h.* Quatre ordinateurs, connexion très lente (2,50 CUC/30mn).

Stations-service Servicupet
Pas toujours approvisionnées, à la sortie nord de Viñales et à San Cayetano (12 km au nord vers Puerto Esperanza). Faites le plein à Pinar del Río avant de prendre la route pour La Havane par la côte nord.

ARRIVER / PARTIR

En voiture
Vous pouvez louer une voiture à Pinar del Río *(voir « Transports », p. 209)* ou à Viñales *(voir ci-après, « Transports »).* La splendide **carretera de los Borrachos** (« route des Ivrognes » !) relie par ailleurs les deux sites, soit 25 km de lacets dans la Sierra de los Órganos.

En bus
Le **Viazul** effectue 1 liaison/j entre La Havane et Viñales *via* Pinar del Río (départ à 9h de La Havane, à 8h de Viñales, 3h15 de trajet, 13 CUC, réservation sur place). Le terminus est devant l'église, en centre-ville.

TRANSPORTS

En taxi
Les véhicules stationnent devant les hôtels et en face de l'église. **Cubataxi**, juste à côté du terminus Viazul, ☎ (48) 79 31 95. Tarifs intéressants en covoiturage pour des excursions dans la région ou vers La Havane, Varadero, Trinidad et Cienfuegos.

Location de voitures
Havanatur – *Face à la station Servicupet -* ☎ *(48) 79 61 61.*
Transtur – *Au Jazmines et calle S. Cisneros -* ☎ *(48) 69 69 94.* Réservez à l'avance, car le parc automobile de province est limité.

Location de deux-roues
Casa de Don Tomás – *Voir « Restauration », p. 204.* Scooter : 12 CUC/2h, 15 CUC/4h, 20 CUC/j. Vélo : 1 CUC/h, 6 CUC/8h, 10 CUC/24h.

HÉBERGEMENT

😊 **Bon à savoir** – Les maisons d'hôte sont nombreuses à Viñales (plus de 300). Évitez les chambres donnant sur la rue principale (calle Cisneros), très passante. La plupart des *casas particulares* s'égrènent le long de cette rue et deux autres parallèles : calle Trejo et calle Cienfuegos. La calle Dopico, à la sortie du village (direction Pinar del Río), les coupe à la perpendiculaire. Elle file vers les *mogotes* et se transforme vite en chemin de terre. C'est la campagne dans le village. Comptez 4 CUC pour le petit-déj.

À Viñales
◐ **Casas particulares**

PREMIER PRIX (15 À 30 CUC)
Villa Dalia y Millo – *Calle S. Dopico n° 3-A -* ☎ *(48) 69 69 94 -*

hav_millo@hotmail.com - 🖥 ✖ -
1 ch. 15/20 CUC. À l'entrée de la
ville, grande chambre avec salon
attenant et entrée indépendante.
Simple mais accueillant.

Kaydee Chiroles Guzmán – *Calle
R. Trejo nº 139* - ☎ *(48) 69 52 00* - 🖥
✖ - *2 ch. 15/20 CUC.* Une atmosphère
chaleureuse dans une maison rose
et bleue. Petit jardin. Excellent
confort et cuisine inventive. On
parle anglais et français.

Villa Mirtha – *Calle R. Trejo
nº 120* - 🖥 ✖ - *1 ch. 15/20 CUC.*
Lumineuse, la chambre donne sur
la rue. Beau patio au fond de la
maison pour prendre les repas.

Pepito y Santi – *Calle R. Trejo
nº 39* - ☎ *(48) 79 33 71* - 🖥 ✖ - *1 ch.
15/20 CUC.* Excellente cuisinière,
Santi vous accueillera avec chaleur.
Confortable, la chambre dispose
d'une coquette salle de bains.

Villa Silvia – *Calle R. Trejo nº 9* -
☎ *(48) 79 60 48 ou 79 33 29* - 🖥
✖ - *1 ch. 15/20 CUC.* Chambre
tranquille, à l'arrière de la maison
familiale. Accueil soigné. Très
grande terrasse.

Villa Niurky – *Calle R. Trejo nº 7-
A* - ☎ *(48) 69 66 89* - 🖥 ✖ - *1 ch.
15/20 CUC.* Juste à côté de la Villa
Silvia. Chambre propre dans une
petite maison familiale. Bien en
dépannage.

Villa La Esquinita – *Calle R. Trejo
nº 18, e/M. Grajales y J. Pérez* -
☎ *(48) 79 63 03* - 🖥 ✖ - *1 ch.
15/20 CUC.* Une chambre immense
et bien équipée, idéale pour une
famille.

Villa José y Dianelys – *Calle
S. Cisneros nº 23* - ☎ *(48) 79
60 26* - 🖥 ✖ - *1 ch. 15/20 CUC.* Ce
sympathique couple de médecins
loue une chambre (un peu
sombre) indépendante au fond
d'un jardin très luxuriant.

Villa Los Gatos – *Calle J. Pérez
nº 23* - ☎ *(48) 69 67 87* - 🖥 ✖ - *1 ch.
15/20 CUC.* En bas du village, dans
la rue qui fait l'angle avec la *casa
de Pepito y Santi*, vous serez reçu
par une famille adorable. Vous
pourrez goûter aux fruits du jardin
et aux légumes du potager voisin.

Villa Suleyris – *Calle C. Cienfuegos
nº 18* - ☎ *(48) 69 52 45* - 🖥 ✖ - *1 ch.
15/20 CUC.* Très simple, la chambre
est au 1ᵉʳ étage avec entrée
indépendante. Jolie vue sur les
toits de la ville et la vallée.

Casa Dunia Aleman – *Calle
S. Dopico nº 25* - ☎ *(48) 79 33 60* -
🖥 ✖ - *1 ch. 15/20 CUC.* La maison
est flanquée d'une pépinière.
Derrière, il y a des cochons et des
poules. Chambre spacieuse et
confortable. Parking surveillé à
l'angle de la calle Cisneros (100 m).

Boris y Cusita – *Calle S. Dopico
nº 19-A* - ☎ *(48) 79 31 08* - *kusysa@
yahoo.es* - 🖥 ✖ 🅿 - *1 ch.
20/25 CUC.* En arrivant dans
le village (côté Pinar del Río),
remontez cette rue en terre
battue à gauche sur 300 m.
Un véritable appartement
indépendant vous attend à
l'étage de la maison, avec cuisine
et grande terrasse donnant sur
les *mogotes* de la vallée. Bonne
cuisine et excellent accueil.

Casa Nenita – *Calle S. Cisneros
nº 1* - ☎ *535 289 05 30 (portable)* -
🖥 ✖ 🅿 - *2 ch. 20/25 CUC.* Depuis
le terminal Viazul, remontez
la calle S. Cisneros et tournez
à gauche pour contourner le
bâtiment du Policlínico. Bien
indiquée, la maison est juste
après, au bout du chemin.
Chambres toutes simples en rdc.
Très bon accueil et bonne cuisine.
Vue imprenable sur la vallée
Ancón depuis le toit-terrasse.

Dans les environs
○ **Hôtels**

▶ **PREMIER PRIX (15 À 30 CUC)**

Las Magnolias – *Carretera de
Puerto Esperanza (à 5 km au nord
du village de Viñales, en face de*

2

la Cueva del Indio) - ☎ (48) 79 60 62 - ▤ ✗ ⌟ cc - 3 ch. autour de 20 CUC. Une maison sans charme particulier au bord du parking de la Cueva del Indio. Elle a l'avantage d'être propre et bien équipée, pour un prix modique dans la catégorie « hôtels ».

POUR SE FAIRE PLAISIR (50 À 80 CUC)

Rancho San Vicente – Carretera de Puerto Esperanza km 33 (à 7 km au nord du village de Viñales, après la Cueva del Indio) - ☎ (48) 79 62 01/21 - ▤ ✗ ⌟ cc - 53 ch. 50/65 CUC ☕. Les bungalows dispersés dans le jardin sont convenables, mais n'ont pas le charme des deux autres hôtels. Possibilité de baignade dans des bassins d'eau sulfureuse aux vertus médicinales.

Los Jazmines – Carretera de Viñales km 25 (à 4 km du village de Viñales sur la route de Pinar del Río) - ☎ (48) 79 62 05 - ▤ ✗ ⌟ cc - 62 ch. 65/80 CUC ☕. Plusieurs bâtiments, nichés à flanc de colline, surplombent la plaine. La grande terrasse avec piscine offre l'une des plus belles vues de la région sur les mogotes. Les chambres spacieuses et confortables possèdent un balcon ou une terrasse sur la vallée. Préférez celles de plain-pied.

La Ermita – Carretera de La Ermita km 1,5 (à 2 km à l'est du village de Viñales, facilement accessible à pied) - ☎ (48) 79 60 71 ou 79 64 11 - ▤ ✗ ⌟ cc - 62 ch. 65/80 CUC ☕ - massages, cours de salsa et excursions à cheval. Les bâtiments sont disposés autour d'une piscine centrale fort animée. Ambiance plutôt familiale. Le cadre naturel et le panorama sur la vallée sont superbes. Les chambres à l'extrémité de l'aile la plus récente offrent la meilleure vue. La piscine de l'hôtel est ouverte à tous (5 CUC, incluant une boisson).

RESTAURATION

À Viñales

☺ **Bon à savoir** – Si vous logez dans une casa particular, vos hôtes se mettront en quatre pour vous servir des repas copieux et souvent bons. La cuisine est ici plus épicée, et les fruits sont divins ! C'est également dans les casas que vous aurez le meilleur rapport qualité-prix.

PREMIER PRIX (MOINS DE 10 CUC)

Las Brisas – Calle S. Cisneros nº 96 - moins de 5 CUC. Ce bar propose seulement un plat du jour très bon marché. Une terrasse sympathique pour regarder l'animation de la rue principale. Groupes certains soirs.

BUDGET MOYEN (10 À 15 CUC)

Casa del Veguero – Voir « Achats », p. 205.

Casa de Don Tomás – Calle S. Cisneros nº 141 - ☎ (48) 79 63 00 - 10h-22h. Assez touristique, ce restaurant occupe l'une des plus anciennes maisons en bois à l'entrée du village, en venant de Pinar del Río. Cadre agréable, avec terrasse et jardin. Goûtez las delicias de don Tomás, une paella à base de langouste, poisson, porc, poulet et chorizo. Fait aussi location de scooters et de vélos (voir « Transports », p. 202).

Finca San Vicente – Carretera de Puerto Esperanza km 33 (à 7 km au nord du village de Viñales, après la Cueva del Indio) - ☎ (48) 79 61 10 - 12h-16h. Sous un toit de palmes, grands alignements de tables pour recevoir les groupes. Que cela ne vous effraie pas. Il y a de la place pour tout le monde, et du monde pour trouver la place plutôt bonne. Le menu à 11 CUC est une bonne affaire. Ici on aime le porc et le bœuf.

Dans les environs

POUR SE FAIRE PLAISIR

(15 À 30 CUC)

El Palenque de los Cimarrones – *À env. 5 km au nord, au fond de la Cueva de San Miguel - 10h-16h - 15/20 CUC*. Il faut s'aventurer dans les méandres rocheux de cette grotte pour découvrir, de l'autre côté, l'atmosphère africaine d'un restaurant en pleine nature : jadis, des esclaves, échappés des plantations de canne à sucre, s'étaient réfugiés là. La spécialité est le poulet à la citrouille.

Mural de la Prehistoria – *Voir p. 199 - 12h-16h - 15/20 CUC*. Pour un établissement aussi touristique, la cuisine est de bonne qualité et les portions, copieuses. La spécialité : le *puerco asado estilo Viñales*, du porc mariné grillé. Attendez le départ des groupes organisés pour déjeuner sous la grande paillote et apprécier le calme de la vallée. Le personnel sera nettement plus avenant qu'aux heures de pointe.

BOIRE UN VERRE

Bars

En dehors des hôtels et restaurants cités, qui sont autant de lieux agréables pour siroter un mojito, vous trouverez de l'animation sur le Parque José Martí. Voisins, l'**Artex**, le **Polo Montañez** et **El Viñalero** y rivalisent pour faire danser les jeunes et les touristes sur de la salsa ou du *reggaeton*. **El Viñalero** reste ouvert quand les autres ferment vers 1h.

ACHATS

Cigares

Casa del Veguero – *À droite en arrivant à Viñales par le sud - 9h-18h*.

El Niño, un doyen du tabac, vous expliquera tout sur sa production, de la hutte traditionnelle qui sert de séchoir au cigare de la maison, le Veguero. Également, vente de Montecristo. On peut aussi s'y restaurer pour moins de 10 CUC avec du poulet fumé ou créole, ou prendre un verre.

EN SOIRÉE

Discothèque

La Cueva de San Miguel – *À env. 5 km au nord de Viñales - tlj sf dim. 22h-2h*. Bar-discothèque aménagé dans une grotte. Ambiance le samedi soir.

ACTIVITÉS

Excursions

Le **Viñales Bus Tour** proposé par l'agence Transtur permet de faire un tour de 1h dans la vallée (8 départs/j, 5 CUC). De nombreux sentiers sont aménagés dans la vallée. Le **Centro del Visitante**, les agences et le **Museo Adela Azcuy** proposent des promenades guidées. Les amateurs de spéléologie peuvent explorer des grottes avec un guide (obligatoire).

🏇 Randonnées à cheval

Pour une promenade dans la vallée, renseignez-vous auprès des agences ou de vos logeurs à Viñales. Sachez que la promenade prévoit un arrêt dans une plantation de tabac ainsi qu'un rafraîchissement à mi-parcours. Si vous souhaitez réellement faire du cheval, précisez-le à la réservation pour avoir une monture qui tienne le galop… Comptez 5 CUC/h. Possibilité de randonnées sur plusieurs jours à travers le parc jusqu'aux plages.

2

Le triangle de la Vuelta Abajo

★

Pinar del Río ★

Région de la Vuelta Abajo

😊 NOS ADRESSES PAGE 209

 S'INFORMER

Les hôtels peuvent vous renseigner sur la ville et la région.
Cubanacán – *Angle calles J. Martí et Colón n° 113 - www.cubanacan.cu*, et **Havanatur** – *Dans la boutique Artex attenante - www.havanatur.cu*. Organisent les visites de plantations de tabac (Tabacotour) et des excursions à Cayo Levisa, Viñales, Pinar del Río.

▶ SE REPÉRER

Carte de région C2 (p. 190-191).

😊 À NE PAS MANQUER

Visiter une plantation de tabac ; déguster la liqueur de *guayabita*.

🕐 ORGANISER SON TEMPS

Préférez le calme et la fraîcheur de la vallée de Viñales pour passer la nuit. Explorez la région de la Vuelta Abajo en février-mars, période de récolte du tabac.

Vous pénétrez dans le royaume du tabac, ce précieux tabac qui entre dans la confection de cigares de renommée mondiale. Des quatre régions productrices de l'île, celle de Pinar del Río bénéficie de conditions naturelles exceptionnelles qui permettent d'y fabriquer les meilleurs cigares cubains. Le tabac des célèbres havanes provient de ces vegas (champs de tabac) enserrées dans un triangle qui s'étend au sud-ouest du chef-lieu. Si vous arrivez directement de La Havane à Pinar del Río, vous serez charmé par les maisons basses aux couleurs pastel et leurs portiques à colonnes, sous lesquels les voisins se retrouvent en fin de journée, de retour des vegas ou des manufactures avoisinantes.

Se promener Carte de région, p. 190-191

★ PINAR DEL RÍO C2

Comptez 2h.
Le chef-lieu de la province de la Vuelta Abajo (130 000 hab.) devient rapidement étouffant avec ses hordes de jeunes à vélo, sillonnant les rues à la recherche des touristes qu'ils assaillent de propositions en tous genres : cigares à bon prix, la meilleure *paladar* ou bien une chambre chez l'habitant pour un tarif défiant toute concurrence. Si vous perdez patience, vous pouvez toujours retourner dans la vallée ou continuer vers le triangle de la Vuelta Abajo.

La région de Pinar del Río est le royaume des plantations de tabac.
Henri Conodul/Iconotec/Photononstop

La calle José Martí

Le rythme ralenti de la ville contraste avec l'activité bourdonnante de la calle José Martí, l'artère principale située dans le prolongement de l'autoroute. Tous les commerces et sites touristiques se trouvent dans cette rue ou à proximité. Deux bâtiments se distinguent par leur architecture.

À l'angle des calles José Martí et Comandante Pinares, à l'entrée de la ville en quittant l'autoroute, le **Palacio Guasch★** présente un surprenant mélange de styles gothique et mauresque. Cet édifice, construit en 1917 par le Dr Francisco Guasch, abrite aujourd'hui le **Museo de Ciencias Naturales Sandalio de Noda** *(9h-17h, dim. 13h - 1 CUC)*. Ses salles, comme dans les autres musées de sciences naturelles de l'île, renferment une collection de végétaux et d'animaux. Son originalité réside dans les sculptures de dinosaures exposées dans le patio.

Trois *cuadras* plus haut sur le même trottoir, à l'angle de la calle Colón, le **Teatro José Jacinto Milanés** est l'une des institutions de Pinar del Río. Ce théâtre en bois, édifié en 1883 sur le modèle du Teatro Sauto de Matanzas *(voir p. 227)*, peut accueillir 540 spectateurs.

Derrière le théâtre, le **Museo Provincial de Historia** *(calle J. Martí n° 58, e/Isabel Rubio y Colón - lun.-sam. 8h30-22h, dim. 9h-13h - 1 CUC)* retrace de manière agréable l'histoire de la ville depuis 1774, la vie des Indiens aborigènes et les guerres d'indépendance.

Les manufactures

La ville a deux productions locales : le **tabac** et la **liqueur de guayabita**. Des visites guidées sont organisées dans les deux manufactures.

La première, la **Casa Garay** *(calle Isabel Rubio, e/Frank País y Ceferino Fernández - lun.-vend. 9h-16h, sam. 9h-12h - 1 CUC)*, produit la fameuse *guayabita*, une eau-de-vie à base de petits fruits du même nom ressemblant aux goyaves. Ceux-ci sont mis à fermenter avec des épices et du rhum selon un procédé qui permet d'obtenir une liqueur plus ou moins sèche (dite « pour les hommes ») ou sucrée (pour les femmes). Après la visite, une dégustation est offerte.

La seconde, la **Fábrica de Tabacos Francisco Donatién★** *(calle Maceo n° 157 - lun.-vend. 9h-12h, 13h-16h - visite guidée de 30mn - 5 CUC)*, la plus importante manufacture de tabac de la ville, est installée depuis 1961 dans une ancienne prison. Assis côte à côte sur des bancs de bois devant leur établi, les cigariers exécutent avec rapidité et dextérité un grand nombre de cigares de taille et poids absolument identiques. Magasin attenant.

Circuit conseillé Carte de région, p. 190-191

★ LE TRIANGLE DE LA VUELTA ABAJO C2

◗ *Circuit de 42 km AR - comptez 2h.*
Quittez Pinar del Río par la calle José Martí, puis à gauche la calle Isabel Rubio, derrière le Museo Provincial de Historia. À 13 km, un embranchement à gauche conduit, 8 km plus loin, au village de San Luis et, tout droit, à San Juan y Martínez, situé à la même distance (sur la route principale).

Les vegas

Les villages de **San Luis** et de **San Juan y Martínez** délimitent avec Pinar del Río le triangle du tabac. Les terres qui s'étendent entre ces trois localités ne cessent de changer de physionomie au fil des saisons. Durant l'été, les parcelles de terre rouge sont laissées au repos ; en hiver, d'immenses voiles de mousseline blanche recouvrent certaines plantations pour les protéger après leur repiquage ; puis vient le temps de la récolte des larges feuilles arrivées à maturité. Si vous avez la chance d'être dans la région au tout début du printemps, vous pourrez assister au travail des *vegueros* et découvrir la première étape du lent processus de fabrication d'un cigare.

Visite d'une plantation de tabac

Finca El Pinar - Plantation Alejandro Robaina - tlj sf dim. 9h-17h - entrée payante via les agences de Pinar del Río qui vous y conduisent.
Alejandro Robaina, internationalement connu des amateurs de cigares, a dirigé sa plantation jusqu'à sa mort en 2010, à l'âge de 91 ans. C'est désormais son petit-fils Hiroshi qui a succédé au seul planteur de l'île à avoir donné son nom à ses cigares, et qui poursuit la tradition familiale dans les règles de l'art, produisant chaque année les fameux Unicos. Intéressante visite expliquant toute la fabrication conduite en français ou en anglais par des employés.

☺ NOS ADRESSES À PINAR DEL RÍO

INFORMATIONS UTILES

Banque / Change
Banco Financiero Internacional – *Calle G. Medina nº 146, e/I. de Armas y J. Martí.*
Banco Popular de Ahorro – *Angle calles J. Martí et Colón.*
☺ **Bon à savoir** – L'hôtel Pinar del Río change les devises *(voir « Hébergement », p. 210).*

Poste
Correos – *Angle calles I. Rubio et J. Martí.*

Téléphone / Internet
Telepunto Etecsa – *Angle calles G. Medina et Delicias (J. G. Gómez). 8h30-18h30.*

Santé
Farmacia – *Angle calles J. Martí et I. Rubio. 24h/24.*
☺ **Bon à savoir** – L'hôtel Pinar del Río *(voir « Hébergement », p. 210)* dispose d'une unité médicale.

Stations-service Servicupet
Siboney – *Carretera Central km 88, Reparto 10 de Octubre, à 3 km du centre-ville en allant vers La Havane.*
Station **Oro Negro** – *Sur la carretera Central km 87.*
América – *Calle R. Morales nº 238 (sortie sud).*

ARRIVER / PARTIR

En train
Estación de Ferrocarriles – *Calle Ferrocarril, e/Ferro y Pinares (à trois cuadras au sud du Palacio Guasch)* - ☎ *(82) 75 57 34.* 1 train/j ou 1 jour sur 2 pour La Havane (6h de trajet).

En bus
Le **Viazul** s'arrête tous les jours à Pinar del Río, calle Colón, sur son trajet entre La Havane et Viñales (2h30 de trajet, 12 CUC).

TRANSPORTS

☺ **Bon à savoir** – On peut facilement se déplacer à pied dans le centre-ville, mais, pour visiter les environs, un véhicule s'impose.

En taxi
Les voitures de la compagnie **Cubataxi** sont stationnées devant l'hôtel Pinar del Río *(voir « Hébergement », p. 210).* 24h/24. Des chauffeurs de véhicules particuliers peuvent aussi vous conduire aux alentours de Pinar del Río pour env. 30 CUC/j.

Location de véhicules
Véhicules **Transtur** en location par l'intermédiaire des agences Cubanacán et Havanatur.
Havanautos – ☎ *(82) 77 80 15.* Bureau à l'hôtel Pinar del Río *(voir « Hébergement », p. 210).*

HÉBERGEMENT

Voir la carte de région p. 190-191 pour les hôtels.

Casas particulares
☺ **Bon à savoir** – Comparé au confort rudimentaire qu'offrent les hôtels du centre-ville, le logement chez l'habitant constitue souvent un meilleur choix. Évitez les chambres sur rue, bruyantes en raison de la circulation des camions tôt le matin. Comptez 3 CUC pour le petit-déj.

PREMIER PRIX (15 À 30 CUC)
Tebelio Robaina – *Calle Colón nº 106 nord, e/M. Grajales y Delicias (J. G. Gómez) (près du terminal des bus)* - ☎ *(82) 77 80 50 -* ▤ *- 1 ch. 15/20 CUC.* Une belle chambre,

2

propre et aérée, indépendante, à l'étage de la maison. Terrasse aménagée très agréable où l'on peut prendre ses repas. Bon accueil.

Sobeida y Enrique – *Angle ave. C. Pinares n° 102 et Agramonte -* ℰ *(82) 75 58 66 -* ▣ *- 1 ch. 15/20 CUC.* Une grande chambre au 1er étage de la maison, avec balcon et sortie privative. Un peu vétuste mais propre et accueillant.

PREMIER PRIX (15 À 30 CUC)

Rodrigo y Tania – *Calle Colón n° 167 nord, e/M. Grajales y Labra -* ℰ *(82) 75 75 56 -* ▣ *- 2 ch. 20/25 CUC.* Chambres bien tenues, en retrait de la rue, dont une plus spacieuse et indépendante au fond d'une petite cour. Peu de lumière mais calme. Bon accueil.

Hôtels

BUDGET MOYEN (30 À 50 CUC)

Pinar del Río – C2 *- Calle J. Martí final -* ℰ *(82) 75 50 70 à 74 - pablo@hpr.co.cu -* ▣ ✕ ⌷ cc *- 136 ch. 30/40 CUC* ⌷. Location de voitures, bureau de change, services médicaux. Grand bâtiment de béton à l'entrée de la ville en quittant l'autoroute. Nombreuses prestations mais très impersonnel.

Villa Aguas Claras – C2 *- Route de Viñales km 7,5 -* ℰ *(82) 77 84 27 -* ▣ ✕ ⌷ *- 50 ch. 40/50 CUC* ⌷. Dans un grand parc à la périphérie de Pinar del Río, sur la route de Viñales. 50 bungalows rénovés avec des chambres bien tenues (évitez les plus proches de la route). Un cadre naturel attrayant, un personnel sympathique et des prix modérés font de cet établissement le plus agréable de Pinar del Río. Cours de salsa et balades à cheval (3 CUC/h). Convient surtout aux touristes qui ont un véhicule.

RESTAURATION

☺ **Bon à savoir** – Quelques stands installés sous les arcades de la calle J. Martí proposent des pizzas à emporter.

PREMIER PRIX (MOINS DE 10 CUC)

Rumayor – *Carretera de Viñales km 1 (à 2 km du centre-ville sur la route de Viñales) -* ℰ *(82) 63 007 - 12h-22h30.* Véritable institution de Pinar del Río, cet établissement est réputé pour son *pollo ahumado*, poulet fumé au bois de goyavier. Vaste salle de style africain, beau jardin tropical et cabaret en plein air tous les soirs (à partir de 21h, 5 CUC). Souvent fréquenté par les groupes à midi.

Casona – *Angle calles J. Martí et Colón - 11h30-23h.* Une adresse sans prétention pour manger une salade, un sandwich ou du poulet. Rien d'extraordinaire, mais correct et bon marché.

Palacio de la Gastronomia – *Angle calles Ferro et Sol (près de la gare).* Repas moyen mais bon marché.

BOIRE UN VERRE

Bar

Le jardin du **Rumayor** *(voir « Restauration », ci-dessus)* offre un cadre idéal pour prendre l'apéritif.

ACHATS

Marché

Marché – *Calle R. Ferro, près de la gare - tlj sf lun. 8h-17h (dim. 12h).* Pour des scènes authentiques ou pour boire un *guarapo* (jus de canne). Préparez de la monnaie nationale.

Guayabita et cigares

En vente dans les manufactures de la ville.

Rhum
Casa del Ron – *Calle Maceo n° 151.*
Tous les rhums de l'île, cigares et disques.
Casa del Habano – *Juste en face de la Fábrica de F. Donatién.*

Art / Artisanat
Centro de Artes Visuales – *Calle L. Sardival, e/J. Martí y Maceo.* Présente des expositions temporaires d'art contemporain.
Palacio de la Artesanía – *Angle calles R. Ferro et F. País - 9h-17h.* Un grand choix de souvenirs et d'artisanat local.

EN SOIRÉE

Concerts
Casa de la Música – *Calle G. Medina n° 21.* Accueille parfois des groupes de musique traditionnelle en fin de semaine.
Café Pinar – *Calle G. Medina, e/I. de Armas y J. Martí.* On peut grignoter un morceau en écoutant midi et soir des concerts ou la programmation d'un DJ.

Discothèque
Hôtel Pinar del Río – *Voir « Hébergement », p. 210 - tlj sf lun. 21h-3h - 4 CUC.*

ACTIVITÉS

Excursions
Les hôtels proposent des excursions aux alentours et en particulier dans la vallée de Viñales.
À proximité du village de San Juan y Martínez, le **Centro Experimental de Cultura de Tabaco** crée de nouvelles variétés de tabac. Visite uniquement sur autorisation de la Cubatabaco, calle O'Reilly n° 104, e/Tacón y Mercaderes (Habana Vieja), ☎ (82) 62 54 63.

Randonnées à cheval
Renseignez-vous auprès de l'hôtel Villa Aguas Claras *(voir « Hébergement », p. 210).*

2

La péninsule de Guanahacabibes

Province de Pinar del Río

🙂 NOS ADRESSES PAGE 214

▶ **SE REPÉRER**
Carte de région A3 (p. 190-191).

🙂 **À NE PAS MANQUER**
Faire de la plongée sous-marine au large de María la Gorda ; profiter des plages désertes de la péninsule.

🕐 **ORGANISER SON TEMPS**
Faites un plein d'essence à Isabel Rubio avant de continuer vers la péninsule. Ne conduisez pas de nuit, car les routes ne sont pas éclairées.

Au-delà du triangle de la Vuelta Abajo, on quitte les sentiers battus pour découvrir une partie de l'île encore relativement fermée au tourisme. Les déplacements sont beaucoup moins aisés que dans d'autres provinces ; la plupart des routes ne sont pas entretenues et présentent souvent de gigantesques nids-de-poule (excepté celle qui mène à María la Gorda). Le parcours est également jalonné d'obstacles divers et variés : chevaux et troupeaux vagabondent sans surveillance sur le bas-côté ; une vache couchée au beau milieu de la chaussée ne sera réveillée qu'à grands coups de klaxon ; ou encore, lorsque l'on approche du littoral, des milliers de crabes immobiles sur la route contraignent les vélos et les voitures à pratiquer un étrange slalom pour les éviter. Mais quelle récompense : la péninsule, déjà auréolée du titre de parc national, a été déclarée Réserve mondiale de la biosphère par l'Unesco. Randonnées à la découverte de la faune et de la flore, farniente sur les plages désertes de María la Gorda et plongée constitueront les principales activités d'un séjour délicieux.

Circuit conseillé Carte de région, p. 190-191

DE SAN JUAN Y MARTINEZ À PLAYA LES TUMBAS ABC 2-3

Playa Bailén B2

Quittez Pinar del Río en direction de San Juan y Martinez puis, au-delà de cette ville, poursuivez en direction d'Isabel Rubio. 20 km avant le village d'Isabel Rubio, un énorme panneau indique « Playa Bailén » à gauche.

🙂 **Conseil** – Mieux vaut quitter la plage avant la tombée de la nuit, car elle est envahie par les *gegenes*, petits insectes dont la piqûre provoque de fortes démangeaisons.

À 8 km de la route principale, cette jolie plage, essentiellement fréquentée par les Cubains, a conservé son authenticité. Les bungalows en bord de mer

Avec ses très beaux récifs coralliens, María la Gorda est un important centre de plongée.
Simon Foale/AGE Fotostock

étant réservés au tourisme national, les étrangers y passent en général la journée et retournent à Pinar del Río en soirée.

Revenez sur la carretera Central et continuez sur 15 km jusqu'à Isabel Rubio. À 200 m derrière le Servicupet, prenez à gauche pour retrouver la route principale (on laisse une route à droite, avant Sandino, qui mène au site de pêche de l'hôtel Laguna Grande). Continuez sur 26 km jusqu'à La Fé puis, au bout de la route, prenez la direction de Manuel Lazo. Dans le village de El Cayuco, suivez la direction de La Bajada, qui se trouve à 32 km. Au poste de garde, à la fin de la route, prenez le chemin côtier à gauche sur 14 km.

★★ María la Gorda A3

Après un long trajet en voiture, la longue plage bordée de cocotiers de María la Gorda (la Grosse María) apparaît comme un mirage. Cette station isolée sur la Bahía de Corrientes (baie des Courants) rappellerait le souvenir de María, fille de capitaine espagnol ou femme d'origine vénézuélienne abusée par tout un équipage. Selon la légende, cette créature plantureuse procurait des jeunes filles aux pirates de passage dans la région.

Ce lieu idyllique est l'un des endroits les plus sauvages de Cuba. Pour ceux qui désirent être au calme, loin des stations balnéaires bondées, ses plages vierges s'étirent sur des kilomètres face à une mer turquoise. María la Gorda est réputée comme **centre international de plongée**, mais son atmosphère familiale plaira également aux amateurs de soleil et de balades.

Bon à savoir – Les méduses sont nombreuses sur cette plage. Cela peut être parfois un peu gênant pour les personnes qui font des baptêmes de plongée à quelques dizaines de mètres du rivage.

Le Parque Nacional de Guanahacabibes A3

Entrée de la réserve 10 CUC, à régler auprès de l'hôtel María la Gorda.

Conseils – Une Jeep est recommandée pour s'aventurer dans le parc national. Munissez-vous d'un puissant anti-moustiques.

Le parc national, qui s'étire sur la péninsule, abrite de nombreuses espèces d'animaux, notamment des cerfs et des sangliers. Cette zone très sauvage, d'un accès relativement difficile, est desservie par un seul chemin qui longe la côte sud, le littoral nord étant une zone de marécages et de mangroves.

De María la Gorda, revenez jusqu'au poste de garde de La Bajada et continuez tout droit. Il faut parcourir 70 km de chemin pour rejoindre l'extrémité de la péninsule.

Le parcours est jalonné de **grottes**, qui servaient de refuge aux Indiens poursuivis par les conquistadors espagnols lors de la colonisation de l'île.

Le **phare du cap San Antonio** marque l'extrémité de l'île. À 4,5 km de là, la route continue jusqu'à **Playa Las Tumbas★**, ravissante plage déserte qui borde le détroit du Yucatán.

😊 NOS ADRESSES DANS LA PÉNINSULE

INFORMATIONS UTILES

Stations-service Servicupet
Une seule station : dans le village Isabel Rubio, à mi-chemin entre Pinar del Río et María la Gorda.

TRANSPORTS

En voiture
Seul un véhicule particulier permet d'accéder à cette zone, l'une des moins touristiques de l'île. La dernière portion de route pour María la Gorda est en très mauvais état. Pendant la saison humide, une Jeep est fortement conseillée.

HÉBERGEMENT, RESTAURATION

Voir la carte de région p. 190-191 pour l'hôtel.

Casa particular
PREMIER PRIX (15 À 30 CUC)
Radar la Bajada – *Carretera María la Gorda km 14 (à 1h de la pointe María la Gorda)* - 🖋 *(874) 71 00 07* - ✗ *- 2 ch. 15 CUC.* Des chambres simples mais propres, pour les petits budgets. Plages toutes proches.

Hôtel
UNE FOLIE (PLUS DE 80 CUC)
Villa María la Gorda – A3 - 🖋 *(48) 77 81 31 - comercial@* mlagorda.co.cu - www.villamarialagorda.com - ▤ ✗ *- 55 ch. à partir de 80 CUC (supplément de 50 CUC pour les chambres côté mer).* Complexe touristique avec bungalows donnant directement sur une belle plage. Les chambres sont correctes, l'atmosphère, sportive et familiale. Pension complète obligatoire. Attention, des travaux d'agrandissement sont en cours, privilégiez les chambres avec vue sur la mer (les autres donnent sur le chantier).

ACTIVITÉS

Excursions
La réserve protégée, à l'extrémité de la péninsule, est un excellent site pour observer la flore et la faune.

Plongée
María la Gorda est avant tout un **centre international de plongée**. Tous les débutants sont acceptés. Avec plus de 30 sites de coraux, de nombreuses failles sous-marines, des grottes et une faune très diverse, c'est un des meilleurs endroits pour plonger. Location d'équipement. Comptez env. 50 CUC par immersion.

La route côtière
De La Fé à La Havane

Provinces de Pinar del Río et d'Artemisa

🎯 NOS ADRESSES PAGE 217

▶ **SE REPÉRER**
Carte de région BCD 1-2 (p. 190-191).

🕐 **ORGANISER SON TEMPS**
Partez très tôt le matin pour avoir le temps de profiter des plages et d'arriver avant la nuit. Les seules possibilités d'hébergement et de restauration sont à Viñales ou sur Cayo Levisa.

La route côtière au nord de la cordillère de Guaniguanico traverse une série de bourgades rurales perdues au milieu des champs de canne à sucre, des rizières et des pâturages. Son tracé entre littoral et montagnes laisse deviner les toits de palmes de bohíos isolés. Parfois, elle décrit une courbe afin de rejoindre un village portuaire, où des pêcheurs se proposeront peut-être de vous conduire sur des îlots encore vierges. À quelques milles de la côte, on devine en effet une multitude de cayos formant l'archipel de los Colorados. Si vous avez du temps, vous pourrez séjourner sur l'un d'eux, Cayo Levisa.

2

Circuit conseillé Carte de région, p. 190-191

▶ *Circuit de 380 km sur une route souvent en mauvais état.*

😊 **Bon à savoir** – Un véhicule individuel est indispensable pour parcourir ce circuit. Si le trajet vous paraît trop long, vous pourrez traverser la cordillère pour rejoindre les routes centrales *(voir carte p. 190-191).*

😊 **Conseil** – Vérifiez la pression des pneus et faites le plein d'essence à Isabel Rubio.

De La Fé, prenez la carretera Central pendant 16 km jusqu'à l'embranchement de Bolívar à gauche. Avant d'entrer dans le village, tournez à droite dans le chemin non goudronné vers El Batey. 4 km plus loin, à la fin du chemin, prenez à gauche en direction de Mantua. À la sortie de Mantua, la route se sépare en deux. Engagez-vous dans celle de gauche vers Las Guásimas et continuez toujours tout droit. À 70 km de Mantua, 3 km avant d'entrer dans le village de Santa Lucía, part la route qui mène au Cayo Jutías.

★ CAYO JUTÍAS B1

5 CUC/pers. pour l'entrée sur le site - parking 1 CUC.

😊 **Bon à savoir** – Sachez également que les agences touristiques de Viñales *(voir p. 198)* proposent des excursions pour Cayo Jutías et Cayo Levisa en bus et en bateau (21 CUC).

Il est relié à l'île principale par une route qui traverse une végétation de palétuviers jusqu'à une **plage** idyllique de sable blanc, où l'on peut se restaurer. Une halte d'une quiétude absolue, d'autant que les cyclones qui ont traversé la région en 2004 et 2005 semblent avoir mis un terme aux projets hôteliers.

PUERTO ESPERANZA C1

À 40 km de Santa Lucía, ce village portuaire ne présente plus vraiment d'intérêt touristique depuis que l'embarcadère pour Cayo Levisa a été déplacé à La Palma. Cependant, Puerto Esperanza n'est qu'à 30 km de Viñales, ce qui le rend facilement accessible.

Le tronçon de route côtière vers l'est devenant assez difficile, il est recommandé de retourner vers la vallée de Viñales. À 15 km, à l'embranchement de San Vicente, prenez la route de gauche en direction de La Palma. De La Palma, suivez la direction de Palma Rubia. À 23 km, prenez la route de gauche vers Cayo Paraíso. L'embarcadère se trouve à 3 km après une bananeraie.

★ CAYO LEVISA C1

Départ de l'embarcadère de Palma Rubia à 10h, 11h30, 18h ; de Cayo Levisa à 8h15 ou 17h. 15 CUC AR, 27 CUC avec le déjeuner.

Les récifs coralliens qui entourent ce *cayo* en font un excellent site de plongée. Vous pouvez passer la journée sur ses belles plages de sable blanc ou vous installer pour une ou plusieurs nuits dans son unique hôtel *(voir « Hébergement », p. 217).*

La route traverse ensuite *ganaderías* et champs de canne à sucre, en flirtant de temps à autre avec la mer. On aperçoit alors la côte découpée.

À 95 km de Palma Rubia, vous passerez à proximité de **Mariel** *(voir « Histoire », p. 85).*

Continuez ensuite jusqu'à l'autoroute. La Havane ne se trouve plus qu'à 55 km.

NOS ADRESSES SUR LA ROUTE CÔTIÈRE

INFORMATIONS UTILES

Stations-service Servicupet – À la sortie de Bahía Honda.

HÉBERGEMENT, RESTAURATION

Voir la carte de région p. 190-191.

À Cayo Levisa
L'unique établissement touristique de ce circuit se trouve sur cet îlot préservé.

Hôtel
POUR SE FAIRE PLAISIR
(50 À 80 CUC)

Villa Cayo Levisa – C1 - *(82) 69 01 00 05 - www. hotelcayolevisa-cuba.com -* 🖥 ✕ 🆑 - *33 bungalows autour de 75 CUC* ☕. Les quelque 30 bungalows de l'unique établissement touristique de cet îlot vierge se succèdent au bord d'une plage paradisiaque. Le cadre exceptionnel justifie à lui seul le prix élevé. En raison de sa faible capacité d'accueil, il vaut mieux réserver par l'intermédiaire d'un tour-opérateur à La Havane.

2

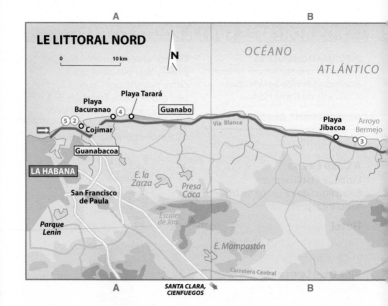

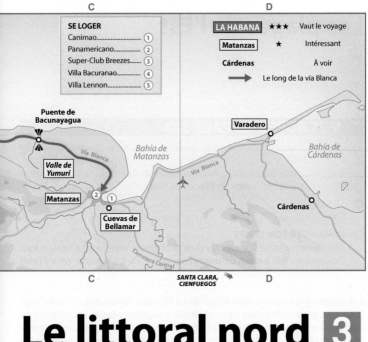

SE LOGER
Canimao.............................. (1)
Panamericano..................... (2)
Super-Club Breezes......... (3)
Villa Bacuranao................ (4)
Villa Lennon...................... (5)

LA HABANA ★★★ Vaut le voyage
Matanzas ★ Intéressant
Cárdenas À voir
→ Le long de la vía Blanca

Puente de
Bacunayagua

Vía Blanca

Bahía de
Matanzas

Valle de
Yumurí

Matanzas

Cuevas de
Bellamar

Varadero

Vía Blanca

Bahía de
Cárdenas

Cárdenas

Carretera Central

SANTA CLARA,
CIENFUEGOS

Le littoral nord **3**

Entre 18 et 40 km de La Havane:
◗ LES PLAGES DE L'EST★ 220

À 42 km de Varadero par la vía Blanca et 98 km de La Havane:
◗ MATANZAS★ 227

À 42 km de Matanzas par la vía Blanca et 140 km de La Havane:
◗ VARADERO★ 232

À 18 km au sud-est de Varadero:
◗ CÁRDENAS 247

Les plages de l'Est

Province de Mayabeque

😊 NOS ADRESSES PAGE 222

S'INFORMER
Les principaux hôtels disposent d'un bureau de tourisme qui vous renseignera sur les activités des plages de l'Est.

SE REPÉRER
Carte de région AB (p. 218-219) - Carte des plages (p. 222-223).

ORGANISER SON TEMPS
Allez-y en semaine si vous cherchez le calme, le week-end si vous aimez l'animation. Pas besoin de dormir sur place. De La Havane, on s'y rend facilement pour la journée.

Les plages qui se succèdent à l'est de La Havane forment le Circuito Azul (« Circuit bleu »). Proches de la capitale, ces jolies plages accueillent de nouveau un grand nombre de Havanais en fin de semaine, après avoir été désertées pendant la « période spéciale », faute de moyens de transport. Serrés dans une vieille américaine, cheveux au vent dans un side-car, en bus, en calèche, en stop ou à vélo, ils vont s'y rafraîchir le temps d'un pique-nique ou d'un week-end. L'endroit est agréable pour lézarder quelques jours au soleil ou s'échapper de La Havane une journée. Vous pourrez aussi découvrir ces plages sur votre chemin pour Varadero.

Circuit conseillé

Carte de région, p. 218-219, et carte des plages, p. 222-223

😊 **Conseil** – N'oubliez pas votre lotion anti-moustiques.

LE LONG DE LA VÍA BLANCA

Quittez La Havane par le túnel de La Habana en direction des forteresses et prendre la vía Monumental jusqu'au rond-point (sur la gauche, la calle José Martí mène à Cojímar, voir p. 186). 2 km plus loin, prenez la vía Blanca sur la gauche. Après 6 km, vous traversez le río Bacuranao, où se trouve la première plage.

De La Havane aux plages de l'Est Carte p. 222-223
À l'embouchure du río Bacuranao se cache une petite **crique** tranquille, à 18 km de la capitale.
À 3 km, en continuant sur la vía Blanca, on aperçoit sur la gauche la **Ciudad de los Pioneros José Martí** (A1) (cité des Pionniers). Ce village pour enfants regroupe des installations sportives et scolaires ; les meilleurs écoliers cubains sont invités à y passer quelques jours de vacances, sur la petite **Playa Tarará** (Carte de région A). Cette infrastructure accueille également depuis février 1989 les enfants irradiés de Tchernobyl.

Plages de l'Est près de La Havane.
Darius Koehli/AGE Fotostock

Sur une dizaine de kilomètres à partir de Tarará se succèdent quatre plages disposant d'un plus grand choix d'établissements touristiques. La dune de **Playa el Mégano** (A1) est prolongée par **Playa Santa María del Mar★** (B1), où se retrouvent la plupart des touristes étrangers, souvent italiens. De nombreux hôtels sont concentrés le long de cette grande plage, bordée de hauts cocotiers.

Après l'embouchure du fleuve Itabo, commence **Playa Boca Ciega** (C1) suivie de **Guanabo★** (D1). Cette dernière, moins fréquentée que Santa María del Mar par les touristes étrangers, est très populaire chez les Cubains.

À l'angle de la calle 504 et de la 5ta avenida, le petit **musée municipal de Guanabo**, plus proche de l'écomusée *(9h-16h, sam. 9h-12h - 1 CUC)*, propose des excursions guidées dans les aires naturelles protégées des alentours : sentiers marins, dans la lagune ou dans la baie, où l'on peut observer quelques-unes des 70 espèces d'oiseaux répertoriées.

ⓒ **Conseil** – Ne laissez pas vos affaires sans surveillance sur la plage.

SE REPÉRER

Les plages les plus proches de La Havane sont Cojímar, Playa Bacuranao, Playa Tarará, Santa María del Mar et Guanabo, qui se jouxtent. Celle de Jibacoa, nettement moins jolie, est davantage un spot de plongée.

3

Des plages de l'Est à Matanzas Carte de région, p. 218-219

3 km après Guanabo, des puits de pétrole jalonnent la vía Blanca jusqu'à Santa Cruz del Norte. C'est également sur ce littoral que des Français ont construit une centrale électrique, avant la révolution. À la sortie de Santa Cruz se trouve la fabrique de rhum **Havana Club** *(visite proposée par certains hôtels)*.

6 km après la distillerie, une route à droite conduit à **Playa Jibacoa** (B), réputée pour ses fonds coralliens. Situé à une soixantaine de kilomètres de La Havane, cet endroit accueille plutôt le tourisme national mais aussi des groupes d'Italiens. Possibilité d'agréables promenades dans les collines.

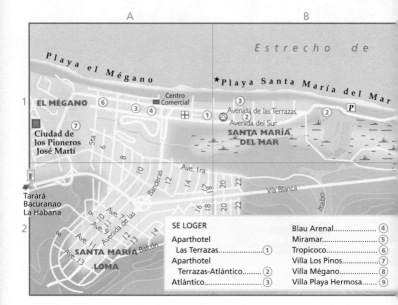

À 20 km de Jibacoa, la vía Blanca quitte la province de La Habana pour entrer dans celle de Matanzas par le **pont de Bacunayagua** (C). Celui-ci, le plus élevé de Cuba, domine de ses 110 m de hauteur la fertile **vallée de Yumurí★** (C). Le **point de vue★** sur la vallée à droite et l'océan à gauche mérite que l'on s'y attarde, surtout au coucher du soleil. Il reste une vingtaine de kilomètres à parcourir avant d'apercevoir Matanzas.

🙂 NOS ADRESSES SUR LES PLAGES DE L'EST

Voir la carte des plages ci-dessus.

INFORMATIONS UTILES

Banque / Change
🙂 **Bon à savoir** – Vous avez la possibilité de convertir des devises dans certains hôtels.
Banco de Crédito y Comercio – D1 - *Ave. 5ta, e/470 y 472, Guanabo.*

Poste / Téléphone
Correos – B1 - *Ave. de las Terrazas, e/10 y 11 - Santa María del Mar - 8h-18h30.*
Etecsa – B1 - *Ave. de las Terrazas, e/10 y 11, Santa María del Mar - 8h-18h30.* Plusieurs kiosques **Etecsa** et cabines à Santa María del Mar et à Guanabo.

Santé
Clínica Internacional – A1 - *Ave. de las Terrazas nº 36, Santa María del Mar - ☎ (7) 97 10 32.*
🙂 **Bon à savoir** – Des services médicaux sont proposés dans certains hôtels.

Stations-service Servicupet
Bacunarao – Hors plan - *Vía Blanca km 15,5, Bacunarao.*
Gran Vía – C-D1 - *Rotonda de Guanabo, à l'entrée de Guanabo en venant de La Havane.*

ARRIVER / PARTIR

En voiture
Le meilleur moyen de transport entre La Havane et les plages de l'Est.

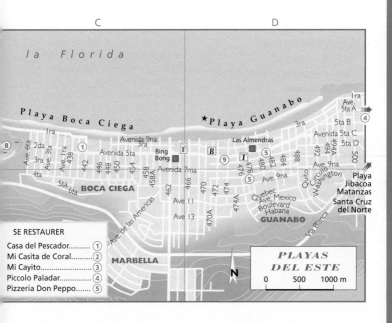

SE RESTAURER

Casa del Pescador.......... (1)
Mi Casita de Coral.......... (2)
Mi Cayito...................... (3)
Piccolo Paladar............... (4)
Pizzeria Don Peppo....... (5)

En bus

Au départ de La Havane, un bus touristique de la compagnie **Transtur** dessert les plages de Cojímar, Bacuranao, Guanabo et Santa María del Mar (9h-21h, 5 CUC, ticket valable toute la journée). Le bus n° 400 relie La Havane à Guanabo. Arrêt à l'angle de Egido et de la calle Gloria, près de la gare ferroviaire. Il faut s'armer de patience !

En taxi

Louez les services d'un *taxi particular* plutôt que ceux d'un taxi officiel. Si vous comptez y passer la journée, comptez entre 30 CUC et 40 CUC pour le trajet AR.

TRANSPORTS

⊕ **Bon à savoir** – On peut facilement se déplacer à pied à l'intérieur de chaque station balnéaire. Mais, pour changer de plage, une voiture, ou un deux-roues, est indispensable.

En taxi

Cubataxi devant la plupart des hôtels de Santa María del Mar.

Location de véhicules

Agences de location **Transtur** dans tous les grands hôtels.

Location de mobylettes et de vélos

Se renseigner au comptoir de l'hôtel Tropicoco (voir « Hébergement », p. 224).

HÉBERGEMENT

⊕ **Bon à savoir** – La majorité des hôtels pour étrangers est regroupée à Santa María del Mar, la plage la plus propre et la plus surveillée. Le petit-déj. est inclus dans leurs tarifs. Ceux de Guanabo sont destinés au tourisme national, mais vous y trouverez des *casas particulares*.

3

À Playa Bacuranao

▶ **Hôtel**

BUDGET MOYEN (30 À 50 CUC)

Villa Bacuranao – Carte de région A - *Vía Blanca km 15,5, Célimar* - ✆ *(7) 93 92 43/44 ou 65 76 45 - reservas@bacuranao. co.cu* - 🖷 ✖ ⛲ - *52 ch. 35/45 CUC.* Petites chambres et bungalows spacieux avec terrasse privative, situés à proximité d'une petite plage assez propre en semaine. Un lieu tranquille, tout proche de La Havane mais animé le week-end.

À Santa María del Mar

Voir la carte p. 222-223.

▶ **Hôtels**

BUDGET MOYEN (30 À 50 CUC)

Aparthotel Terrazas-Atlántico – B1 - *Ave. de las Terrazas, e/11 y 12* - ✆ *(7) 97 14 94* - 🖷 ✖ ⛲ 🆑 - *62 appt. (appartements de 1 à 3 chambres) 30/40 CUC - bureau de change.* L'ex-Aparthotel Atlantico partage désormais les mêmes nom et direction que son voisin, l'Aparthotel Terraza. Mobilier datant des années 1970. Logements spacieux avec balcon convenant parfaitement pour une famille ou un groupe d'amis. Choisissez-en un en étage avec vue sur la mer. La plage est à 100 m.

UNE FOLIE (PLUS DE 80 CUC)

Villa Mégano – C1 - *Vía Blanca km 17 (à 500 m de la plage El Mégano, en face de la Ciudad de los Pioneros José Martí)* - ✆ *(7) 97 16 10* - 🖷 ✖ ⛲ 🆑 - *103 ch. 75/100 CUC.* Cadre ombragé et atmosphère agréable dans un grand domaine. Chambres banales mais confortables. Excellent accueil. Clientèle essentiellement italienne.

Aparthotel Las Terrazas – A1 - *Ave. de las Terrazas, e/10 y Rotonda* - ✆ *(7) 97 13 44* - 🖷 ✖ ⛲ 🆑 - *84 appt. 75/100 CUC - bureau de change.* Même type de prestations que l'Aparthotel Terrazas-Atlántico, dans des bâtiments en béton.

Blau Arenal – A1 - *Laguna de Boca Ciega* - ✆ *(7) 97 12 72* - www. blau-hotels.com - 🖷 ✖ ⛲ 🆑 - *169 ch. 75/100 CUC.* Location de voitures, Internet. Complexe moderne intégré dans l'écrin naturel de la lagune. Un pont de bois le relie à une jolie plage. Service et chambres agréables. Formule « tout inclus » avec de nombreuses animations. Clientèle européenne et canadienne. Bon accueil. Des travaux de rénovation sont prévus.

Tropicoco – A1 - *Angle ave. de las Terrazas et ave. del Sur* - ✆ *(7) 97 13 71* - 🖷 ✖ ⛲ 🆑 - *188 ch. 75/100 CUC - location de voitures, bureau de change, infirmerie, Internet.* En bordure de plage, grand bâtiment tout bleu des années 1970, avec un hall d'entrée plein de plantes et de cages à oiseaux. Les chambres sont sans grand intérêt. Choisir celles qui ont un balcon côté mer, peu nombreuses hélas. Nombreux services à la disposition des touristes, que l'on peut utiliser sans forcément loger dans l'établissement.

Villa Los Pinos – A1 - *Ave. de las Terrazas, e/4 y 5* - ✆ *(7) 97 13 61/12 69 - reservas@complejo. gca.tur.cu* - 🖷 ✖ 🆑 - *24 bungalows 130/150 CUC.* Villas de 2 à 4 chambres avec salon commun disséminées sur un grand terrain traversé par les avenues de Santa María del Mar. Certaines maisons ont une petite piscine privée. Les prix varient selon la proximité de la plage et les prestations. Un peu vétuste mais accueil soigné.

Atlántico – B1 - *Angle ave. de las Terrazas et calle 11* - ✆ *(7) 97 10 85 - virtudes@complejo.gca.tur.cu* - 🖷

✗ ⌁ cc - *92 ch. 130/150 CUC - location de voitures, bureau de change*. À ne pas confondre avec l'Aparthotel du même nom. C'est l'unique hôtel de la station situé sur la plage, sans rue à traverser. Établissement assez haut de gamme pour les plages de l'Est, avec des chambres agréables et propres. Celles du 1er étage sont trop basses pour avoir une vue sur l'océan. Prix raisonnable, car la pension complète et les activités sportives sont incluses. Essentiellement réservé à la clientèle d'un voyagiste italien, sauf en basse saison.

À Guanabo
Voir la carte p. 222-223.

◗ Casas particulares

BUDGET MOYEN (30 À 50 CUC)
On vous proposera des chambres chez l'habitant entre 30 et 35 CUC. Il est difficile d'en proposer une sélection fiable, car elles ouvrent et ferment à bonne cadence. De façon générale, vous êtes sûr de trouver un accueil chaleureux pour des chambres sans grand charme, bien que près de la mer. Comptez 3 CUC pour le petit-déj.

◗ Hôtels

🕭 **Bon à savoir** – Guanabo compte également deux hôtels bon marché mais réservés aux Cubains. Ils accepteront peut-être de vous louer les 2 ou 3 chambres pour étrangers si elles sont libres et en état. Comptez 3 CUC pour le petit-déj.

PREMIER PRIX (15 À 30 CUC)
Miramar – D2 - *Angle ave. 7ma B et calle 478 - ℘ (7) 96 25 08 09 -* 🗔 ✗ ⌁ - *24 ch. 25/30 CUC*. Petit hôtel au confort sommaire sur les hauteurs, un peu éloigné de la plage. Ambiance sympathique et familiale. Les chambres ne sont pas bien grandes mais propres. Choisir une chambre avec vue sur

mer et éviter celles qui donnent sur la piscine, car des soirées y sont organisées.
Villa Playa Hermosa – D1 - *Ave. 5ta, e/472 y 474 - ℘ (7) 96 27 74 -* 🗔 ✗ ⌁ - *25 ch. 25/30 CUC*. Un hôtel prisé des Cubains. Bungalows de 1 à 3 personnes dans un jardin, un peu en retrait de la plage. Demander des chambres éloignées de l'avenida 5ta. Les logements sont tout juste convenables mais bon marché.

À Playa Jibacoa
◗ Hôtel

UNE FOLIE (PLUS DE 80 CUC)
Super-Club Breezes – Carte de région B - *Playa Arrojo Bermejo, vía blanca km 60, Santa Cruz del Norte - ℘ (692) 29 51 22 - reservationsmanager@ breezesjibacoa.cyt.cu -* 🗔 ✗ ⌁ cc - *250 ch. 160/200 CUC tout inclus*. Complexe de luxe caché entre collines et plage. De multiples services pour un séjour de remise en forme « tout inclus » : location de voitures, bureau de tourisme, infirmerie. Activités sportives variées, à commencer par la plongée. Passez par un voyagiste pour bénéficier de tarifs plus abordables. Clientèle en majorité canadienne et anglaise.

RESTAURATION

Voir la carte p. 222-223.

🕭 **Bon à savoir** – Vous pouvez prendre un repas rapide dans les restaurants d'hôtels ou les huttes de plage. Guanabo offre de bonnes *paladares* (12h-0h).

À Santa María del Mar
BUDGET MOYEN (10 À 15 CUC)
Mi Cayito – A1 - *Ave. las Terrazas, Laguna*. À côté de l'hôtel Arenal, entre lagune et plage. Club nautique et restaurant à l'ambiance animée. Langoustes,

3

crevettes et poissons à manger en plein air.

Mi Casita de Coral – B1 - *Angle ave. las Terrazas Sur et ave. las Banderas.* Vous dégusterez des plats créoles simples mais bons au bord d'une fontaine rafraîchissante, sur fond de musique cubaine.

À Guanabo

PREMIER PRIX (MOINS DE 10 CUC)

Piccolo Paladar – D1, en direction - *Ave. 5ta, e/502 y 504.* Du producteur au consommateur : les produits de ce superbe potager se retrouvent dans votre assiette. Donnez la primeur aux légumes et au porc, plus locaux que les pâtes et pizzas italiennes. Cadre naïf, amusant et agréable.

Pizzeria Don Peppo – D1 - *Calle 482 n° 503, e/5ta y 5ta D.* Au rdc, une petite salle sobrement décorée s'ouvre sur la rue. Spécialités de poissons et d'excellentes pizzas cuites au feu de bois, ce qui est rare à Cuba. *Paladar* tenue par un Italien très accueillant.

BUDGET MOYEN (10 À 20 CUC)

Casa del Pescador – C1 - *Ave. 5ta, e/440 y 442, Playa Boca Ciega.* Un peu cher mais excellentes spécialités de poissons et crustacés.

PETITE PAUSE

Glacier

Las Almendras – D1 - *Près du théâtre, ave. 5ta, e/478 y 480, à Guanabo.* L'équivalent du Coppelia.
En remontant la même avenue, face à la station d'essence, le glacier **Bing Bong** (C1) est très prisé.

ACHATS

Marchés

Primeurs – D1 - *Calle 496, e/5ta A y 5ta B, Guanabo.*

Minisuper La Barca – C1 - *Angle calle 446 et ave. 5ta.*

EN SOIRÉE

Discothèques

Le gouvernement redoutant les échanges entre Cubains et Européens, les discothèques ont (pour l'instant) complètement disparu du coin. Les hôtels organisent toutefois des soirées dansantes au bord de leur piscine.

ACTIVITÉS

Excursions

Les bureaux de tourisme des hôtels proposent des excursions à La Havane et vers d'autres provinces. Adressez-vous à l'hôtel **Tropicoco** *(voir « Hébergement », p. 224).*

Activités nautiques

Des sports nautiques sont proposés dans la plupart des établissements touristiques. Plongée sous-marine, pêche et excursions en mer organisées par l'hôtel **Super-Club Breezes** *(voir « Hébergement », p. 225)* ou au **Puerto Escondido**, carretera Panamerica km 80, Jibacoa, ℰ (7) 66 25 24.

Tennis

Courts de tennis dans l'**Aparthotel Atlántico**, le **Tropicoco**, la **Villa Mégano**. L'hôtel **Atlántico** propose en plus du tir à l'arc. *Voir « Hébergement », p. 224.*

Matanzas

Chef-lieu de la province de Matanzas - 145 000 hab.

NOS ADRESSES PAGE 230

SE REPÉRER
Carte de région C (p. 218-219).

À NE PAS MANQUER
L'ancienne pharmacie d'Ernest Triolet ; les grottes de Bellamar.

ORGANISER SON TEMPS
Comptez 2h pour visiter la ville.

Sur le trajet entre La Havane et Varadero, les voyageurs se contentent souvent de longer la ville et ne gardent qu'une impression de port moderne, bâti sur une large baie où de rares pétroliers font escale. Pourtant, son cœur historique abrite quelques belles demeures coloniales ornées de ferronneries, vestiges de sa prospérité économique et culturelle d'antan. L'omniprésence de l'eau – la ville est bordée par l'océan et coupée par deux fleuves – donne à Matanzas un charme particulier, qui lui a d'ailleurs valu le surnom de « Venise de Cuba ». Les fleuves Yumurí et San Juan divisent la cité en trois quartiers : Versalles au nord, le centre-ville entre les deux cours d'eau et Pueblo Nuevo au sud. Les sites historiques sont pratiquement tous situés dans un rectangle délimité au nord par la calle 79, au sud par le fleuve San Juan, à l'est par la baie et à l'ouest par la calle 290.

3

Se promener Carte de région, p. 218-219

La vía Blanca traverse le nord-est de la ville et prend le nom de calle 61 à partir de la baie. Prenez cette rue sur la droite, traversez le fleuve Yumurí et continuez sur trois cuadras jusqu'à la Plaza de la Vigía.

Une multitude de vélos et de calèches imposent leur allure aux voitures qui s'aventurent dans le centre de Matanzas. C'est donc au pas ou à pied que l'on gravit ses ruelles sans âge pour aussitôt redescendre vers la mer, à l'intersection suivante.

★ LA PLAZA DE LA VIGÍA

Cette place, point d'intersection de plusieurs rues, ne dispose pas de square central, et les habitants s'installent plus volontiers dans le Parque de la Libertad. Cependant, la terrasse du **Café de la Vigía** *(voir « Restauration », p. 231)* offre un excellent point de vue sur les nombreux bâtiments qui encadrent la place. Construite à proximité de la baie, la Plaza de la Vigía marque l'emplacement de la fondation de la ville et abrite en son centre la statue du soldat inconnu, en hommage aux victimes de la guerre d'indépendance de 1895.

À l'est de la place, le **Teatro Sauto**, un bel édifice néoclassique de 1862, inspira deux autres célèbres théâtres cubains, le Jacinto Milanés à Pinar del Río

L'« ATHÈNES DE CUBA »

Cette cité est fondée en 1693 sur l'emplacement d'anciens abattoirs, d'où le nom de Matanzas qui signifie littéralement « tuerie, abattage ». Édifiée sur la plus grande baie de l'île, elle devient rapidement le centre économique le plus important de Cuba. Exportatrice de **café** et de **tabac** au 18e s., elle est surtout connue comme la capitale du commerce du **sucre** et des **esclaves** au début du 19e s.

Avec l'arrivée de nombreux artistes, intellectuels et scientifiques, celle qui est également surnommée l'« Athènes de Cuba » se transforme en **haut lieu culturel**. Ancien centre de la musique afro-cubaine et berceau du *danzón*, la vocation culturelle de Matanzas s'est peu à peu éteinte. À partir de la révolution, la ville connaît un regain d'activité, dû à la présence de nombreux cargos et pétroliers soviétiques dans les eaux profondes de sa baie. Depuis l'effondrement de l'ex-URSS, l'activité du quatrième port de l'île s'est considérablement réduite.

(voir p. 207) et le Tomás Terry à Cienfuegos *(voir p. 263)*. Daniele dell'Aglio, un architecte scénographe italien, en assura la conception et réalisa les **fresques** de sa salle principale. L'ancien Teatro Esteban ne prit son nom actuel qu'au début du 20e s., en hommage à Ambrosio de la Concepción Sauto y Node, pharmacien et homme politique de Matanzas. De célèbres artistes s'y sont produits, comme la comédienne Sarah Bernhardt en 1887 et la ballerine Anna Pavlova en 1915.

En sortant du théâtre sur la droite, la silhouette bleue du **Palacio del Junco** domine la place. Construite en 1840, cette demeure néocoloniale abrite le **Museo Histórico Provincial★** *(mar.-sam. 10h-12h, 13h30-17h, dim. 8h-12h - 2 CUC)*. Des objets, du mobilier et des documents retracent l'histoire de la région de l'époque précolombienne à la révolution. Une collection d'outils et d'instruments de torture offre un témoignage intéressant sur Matanzas, capitale du sucre et du commerce d'esclaves au 19e s.

En face du Palacio del Junco, la rue mène au fleuve San Juan. À gauche avant d'arriver au **pont Calixto García**, le **Parque de los Bomberos** (« parc des Pompiers ») occupe un bâtiment néoclassique. Dans cette caserne de pompiers sont exposés d'anciens camions et des photographies, témoins des grands moments de la lutte contre les incendies à Matanzas.

Entre le théâtre et le Palacio del Junco, prenez la calle 83 (ancienne calle Milanés) et remontez cette rue de deux cuadras.

À l'angle de la calle 282, sur la Plaza de la Iglesia, se dresse l'édifice religieux le plus ancien de Matanzas, la **cathédrale San Carlos Borromeo** *(lun.-vend. 8h30-12h, 14h30-17h, sam. 15h30-18h, dim. 9h-12h)*. Un incendie détruisit cette église édifiée en 1693. Elle fut reconstruite en 1730 dans un style néoroman, puis fut consacrée cathédrale en 1915. L'intérieur, et notamment ses **fresques**, est malheureusement en très mauvais état.

Continuez la calle 83 sur deux cuadras *jusqu'à la place centrale de Matanzas.*

★ LE PARQUE DE LA LIBERTAD

Les citadins aiment se retrouver en fin d'après-midi sur les bancs du Parque de la Libertad, l'ancien lieu des exécutions publiques de la ville.

Au centre de son square, planté de palmiers royaux, une **statue** de bronze de José Martí fut érigée en 1909 en hommage à « l'apôtre de l'indépendance ». Les bâtiments publics qui encadrent la place occupent d'anciens édifices coloniaux : le **Palacio del Gobierno**, siège du Poder Popular, sur le côté, fait pratiquement face à la **bibliothèque** située dans l'ancien **Casino espagnol**, à l'angle des calles 79 et 290.

Calle 83, au sud de la place, une maison rose avec un balcon en fer forgé abrite le **Museo Farmaceútico★★** *(lun.-sam. 10h-17h, dim. 9h-14h - 3 CUC)*. Cette officine, remarquablement rénovée, fut fondée en 1882 par Ernest Triolet, un Français originaire de Nancy qui épousa une fille de la famille Figueroa, illustre en matière de pharmacologie à Cuba. Dans la boutique, des bocaux de faïence et des pots de porcelaine importés de France ornent les rayonnages de bois précieux. Sur le comptoir, une balance de bronze voisine des instruments médicaux et de multiples fioles. La table de dispensaire remporta la médaille de bronze à l'Exposition universelle de 1900. Vous pourrez également consulter des livres de recettes à base de plantes médicinales ou lire les centaines d'étiquettes d'origine conservées dans un beau meuble d'apothicaire. Les nombreux placards recèlent une multitude d'objets divers, notamment le premier biberon fait à Paris. Derrière le patio, l'ancien **laboratoire** renferme un alambic, un chaudron et de nombreux instruments en cuivre.

Tout de suite à droite en sortant de la pharmacie, arrêtez-vous devant l'hôtel **El Louvre**. Peut-être apercevrez-vous, derrière les murs de cet ancien palais de gouverneur (fin 19e s.), le mobilier en acajou, les vitraux colorés et le grand escalier qui confèrent à l'établissement son charme vieillot.

À proximité Carte de région, p. 218-219

L'ÉGLISE NUESTRA SEÑORA DE MONSERRATE

Du Parque de la Libertad, prenez la calle 83 jusqu'à l'angle de la calle 306 (ancienne calle Mujica). Tournez à droite et montez cette rue sur 1,5 km.

De l'église Nuestra Señora de Monserrate, bâtie au 19e s. par des Catalans, il ne subsiste que la façade. Cependant, le **point de vue★** panoramique sur la baie de Matanzas à l'est et la vallée de Yumurí au nord justifie largement l'ascension de la colline.

3

★ LES CUEVAS DE BELLAMAR (Grottes de Bellamar) C

De la Plaza de la Vigía, continuez la calle 272 dans le prolongement du pont Calixto García. À 800 m, tournez à droite devant le terminal de bus ; au carrefour suivant, à 200 m, un panneau indique Las Cuevas à gauche (5 km au sud-est du centre-ville). 9h-17h - 5 CUC - Visite guidée en français - Possibilité de restauration sur place.

Conseil – Évitez les visites avec plusieurs groupes, car les explications sont sommaires et les déplacements dans les galeries, malaisés.

Les 3 km de long de ces grottes, découvertes par un esclave au milieu du 19e s., ont été partiellement aménagés pour la visite. Dans les différentes galeries, vous remarquerez le phénomène de cristallisation, d'une grande pureté (les « **lampes de cristal** » sont uniques au monde), et les formations calcaires, baptisées de noms évocateurs.

Un petit **musée** retrace la formation géologique particulière de ces grottes, due à leur origine phréatique maritime, et leur utilisation comme habitat par les Indiens.

😊 NOS ADRESSES À MATANZAS

INFORMATIONS UTILES

Banque / Change
Banco Financiero Internacional – *Angle calles 85 (medio) et 298 (2 de Mayo).* change les devises et les chèques de voyage.

Poste / Téléphone
Service dans les hôtels internationaux.
Correos – *À l'angle des calles 85 et 290 (à une cuadra du Parque de la Libertad)* - 7h-17h.

Téléphone / Internet
Etecsa – *Calle 83 (au niveau de la calle 382).*

Santé
Farmacia Central – *Angle calles 85 et 298* - 24h/24.

Station-service Servicupet
À la sortie est de la ville, vers Varadero.

ARRIVER / PARTIR

En avion
Matanzas est située à 20 km de l'**Aeropuerto Internacional Juan Gualberto Gómez** qui dessert **Varadero**. Un taxi officiel prend environ 25 CUC pour un trajet entre Matanzas et l'aéroport. Pas de *taxi particular* à l'aéroport.

En train
Estación de Ferrocarriles – *Sur la calle 181 au sud del río San Juan.* Plusieurs liaisons par jour sont assurées pour La Havane et 1 train/j pour Cienfuegos, Santa Clara, Sancti Spíritus, Camagüey, Las Tunas, Bayamo et Manzanillo. Le train de nuit en provenance de La Havane passe par Matanzas et dessert Santa Clara (2h30 de trajet), Ciego de Ávila (5h), Camagüey (7h), Las Tunas (9h) et Santiago de Cuba (13h). 4 liaisons/j entre Casablanca (de l'autre côté de la baie de La Havane, à proximité de la forteresse de la Cabaña) et Matanzas par le Trans-Hershey, le seul train électrique de l'île. Arrêt à l'autre gare, au nord du río Yumurí.

En bus
Terminal de Ómnibus Nacionales – *À l'intersection des calles 171 et 272 (au sud del río San Juan, dans le prolongement du pont Calixto García).* Liaisons quotidiennes avec La Havane (2h de trajet), Varadero, Santa Clara, Camagüey et Santiago de Cuba.
Le bus **Viazul** s'arrête à Matanzas sur son trajet entre Varadero et La Havane (4/j. - 6 CUC).

TRANSPORTS

Comme beaucoup de villes de province, Matanzas est gravement touchée par la **pénurie de transports**. Vous devrez donc vous déplacer à pied, en calèche ou avec un véhicule de location.

HÉBERGEMENT

Voir la carte de région, p. 218-219.

Aux environs
◗ **Hôtel**

PREMIER PRIX (15 À 30 CUC)

Canimao – C - *Carretera a Varadero km 3,5 (tournez à droite au restaurant Marino) - ℘ (45) 26 10 14 -* 🍴 ✕ ⚓ cc *- 120 ch. 25/35 CUC.* Sur la vía Blanca en direction de Varadero, à 6 km de la ville. Bâtiment moderne autour d'une piscine. Chambres correctes, rénovées, sans grand charme. Bon rapport qualité-prix.

RESTAURATION

🐷 **Bon à savoir** – Les restaurants sont plutôt rares à Matanzas, mais vous pouvez demander aux habitants des adresses de *paladares*.

PREMIER PRIX (MOINS DE 10 CUC)

Café de la Vigía – *Plaza de la Vigía - ℘ (45) 5493 - 24h/24 - autour de 10 CUC.* De copieuses pizzas sont servies dans une agréable salle sous des ventilateurs. Terrasse en face du Teatro Sauto où l'on peut prendre un verre.

EN SOIRÉE

Les **Casa de la Trova** *(angle calles 83 et 304, ou calles 272 et 121)* et **Casa de la Cultura** *(calle 79, e/288 y 290)* proposent des concerts en fin de semaine.

ACTIVITÉS

Excursions
En barque, pour remonter le río Canímar (adressez-vous à l'hôtel **Canimao**, *voir ci-avant*).

3

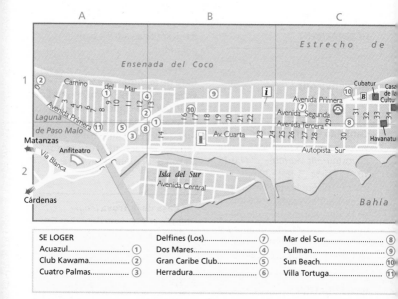

SE LOGER		Delfines (Los)	⑦	Mar del Sur	⑧
Acuazul	①	Dos Mares	④	Pullman	⑨
Club Kawama	②	Gran Caribe Club	⑤	Sun Beach	⑩
Cuatro Palmas	③	Herradura	⑥	Villa Tortuga	⑪

Varadero

Province de Matanzas - 18 000 hab.

😊 NOS ADRESSES PAGE 237

🛈 S'INFORMER

Cubanacán – Plan I, B1 - *Angle ave. 1ra et calle 23* - 📞 *(45) 66 77 48 - www. cubanacan.cu - 8h-20h.*

Infotur – *Centro Commercial Hicacos, ave. 1ra, e/44 y 46 - 9h-17h30.* Vente de billets pour des excursions dans tout Cuba et renseignements sur Varadero disponibles dans les deux agences.

▶ SE REPÉRER

Carte de région D (p. 218-219) - Plan I, Varadero (p. 232-233) - Plan II, péninsule d'Hicacos (p. 234-235).

😊 À NE PAS MANQUER

Sports nautiques et farniente au soleil ; prendre un apéritif dans la Mansión Du Pont de Nemours.

🕐 ORGANISER SON TEMPS

Réservez un hôtel pendant la haute saison.

**L'enclave balnéaire de Varadero (littéralement « lieu d'échouage »)
occupe la totalité de la péninsule d'Hicacos, du nom des arbustes qui
naguère recouvraient la région. Séparée de l'île principale par la lagune
de Paso Malo, cette étroite langue de terre, d'environ 20 km de long et**

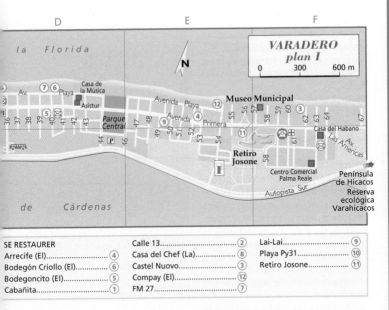

SE RESTAURER				
Arrecife (El)	④	Calle 13	②	Lai-Lai	⑨
Bodegón Criollo (El)	⑥	Casa del Chef (La)	⑧	Playa Py31	⑩
Bodegoncito (El)	⑤	Castel Nuovo	③	Retiro Josone	⑪
Cabañita	①	Compay (El)	⑫		
		FM 27	⑦		

500 m de large, s'avance en biais entre le détroit de Floride et la baie de Cárdenas. Sur son littoral nord, de longues plages de sable fin s'étirent jusqu'à la Punta de Morlas. Pour les amateurs d'eaux cristallines, Varadero est la destination idéale pour lézarder au soleil ou passer des vacances sportives, quelle que soit l'époque de l'année. Ses belles plages et ses hôtels confortables sont les deux principales raisons pour y séjourner, mais une fois sur place vous pourrez également visiter son centre, qui ressemble à une agréable petite ville de Floride. Les rues ensoleillées sont bordées de demeures en bois et de grandes villas de pierre, dont certaines affichent avec ostentation la richesse et la mégalomanie de leurs anciens propriétaires. L'extrémité de la péninsule est encore sauvage, mais les hibiscus et les icaquiers cèdent peu à peu la place à d'énormes complexes internationaux.

Se promener Plan I ci-dessus

⊙ **Bon à savoir** – Un deux-roues offre un excellent moyen de locomotion sur la presqu'île.

LE CENTRE DE VARADERO

Comptez 2h à pied.

La ville de Varadero s'étend de la lagune de Paso Malo à la calle 69. Il est très facile de se repérer dans le centre grâce aux *avenidas*, parallèles à la plage, que croisent perpendiculairement les *calles*, numérotées de 1 à 69. Pratiquement tous les magasins et services destinés aux touristes sont concentrés autour des deux artères principales, l'**avenida Primera** et l'**avenida Playa**, mais il y a très peu de sites à visiter.

Sur l'avenida 1ʳᵃ (Primera), entre les calles 56 et 59, le **Retiro Josone★** (Plan I, E2) est l'ancien domaine d'un riche Cubain. Ce beau parc procure une pause agréable et tranquille après une journée de plage. On peut s'y restaurer dans l'un des établissements aux cuisines variées *(voir « Restauration », p. 243)* ou faire un tour de barque sur le lac artificiel, sous le regard de flamants roses, tout aussi artificiels.

En face du Retiro Josone, suivez la calle 57 jusqu'en bordure de plage où une belle maison bleue en bois abrite le **Museo Municipal de Varadero** (Plan I, F1) *(10h-19h - 1 CUC)*. Des reproductions de peintures rupestres et des fragments d'ustensiles, provenant essentiellement de la Cueva de Ambrosio, retracent la vie des Indiens siboneyes avant l'arrivée des conquistadors. Quelques photographies montrent la ville au début du 20e s., avec ses célèbres régates sportives. Ce musée, quelque peu décousu et semblable à bien d'autres, permet de voir l'intérieur d'une maison typique de Varadero. Une ravissante terrasse donne sur la mer et un jardin planté d'*uvas caletas*.

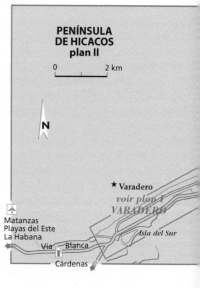

Circuit conseillé Plan II ci-dessus

LA PÉNINSULE D'HICACOS

Comptez 2h en voiture.

Le reste de la péninsule était quasiment inhabité jusqu'au début des années 1990, mais des complexes hôteliers de luxe gagnent peu à peu la pointe de Morlas, à l'extrémité orientale de Varadero.

Prenez l'avenida de las Américas sur la droite au niveau de la calle 63. Continuez cette route pendant 4 km jusqu'à une maison juchée sur une colline.

La **Mansión Du Pont de Nemours**, construite en 1930 pour le compte du milliardaire américain d'origine française, est également appelée **Xanadú**, d'après Kubla Khan, le poème de Coleridge qui orne l'un de ses murs : « En Xanadú, donc, Kubla Khan se fit édifier un fastueux palais… » Cette belle demeure, surplombant la mer du haut du rocher de San Bernardino, était au cœur d'un vaste domaine comprenant un aéroport privé, un golf, des jardins et une plage. Si la partie est de la propriété a été rachetée par des promoteurs pour y construire des hôtels, le reste a retrouvé son aspect d'origine, avec un superbe golf de 18 trous entre mer et lagune. Vous pouvez désormais séjourner dans ce décor raffiné, y dîner ou simplement prendre un verre en terrasse pour profiter de la vue sur l'océan. Le soir, le bar du 2e étage invite des orchestres de jazz et de musique cubaine. La décoration intérieure est aussi admirable que le cadre naturel. Vous arpenterez les salons dont le mobilier en bois précieux se marie admirablement avec le marbre. N'oubliez pas de jeter un coup d'œil à la cave.

Continuez l'autopista Sur pendant 5 km après la Mansión Du Pont de Nemours.

Le **Delfinarium** présente deux spectacles par jour *(entre 9h et 17h - 15 CUC)*.

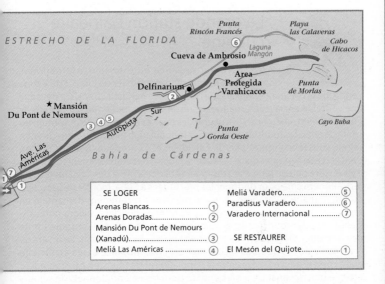

SE LOGER

Arenas Blancas	①
Arenas Doradas	②
Mansión Du Pont de Nemours (Xanadú)	③
Meliá Las Américas	④

Meliá Varadero	⑤
Paradisus Varadero	⑥
Varadero Internacional	⑦

SE RESTAURER

El Mesón del Quijote	①

Les visiteurs peuvent également nager avec les dauphins pendant une demi-heure dans la lagune *(sur réservation, 89 CUC/pers.)*. Toutefois, l'ambiance n'est pas terrible et les animaux pas très épanouis.

En continuant sur l'autopista Sur, après le Delfinarium, un panneau indique à gauche la **Cueva de Ambrosio** *(9h-16h30 - 4 CUC)*. Cette grotte, découverte en 1961, abrite de très belles peintures rupestres de figures géométriques datant de l'époque précolombienne. Ce lieu aurait par la suite servi de refuge à des esclaves fugitifs.

À l'intersection suivante, vous entrez dans l'**Area Protegida Varahicacos**, une zone protégée (pour combien de temps encore ? Les hôtels gagnent du terrain…) qui renferme une flore et une faune variées, autour d'une lagune. ⌒ Des guides *(certains parlent anglais)* vous conduiront sur trois sentiers d'interprétation de la nature et dans les trois grottes (dont la Cueva de Ambrosio). Dans cet ultime bastion de vie sauvage sur la péninsule, vous pourrez voir un **cactus géant** vieux de 500 ans. *(www.varahicacos.cu - 9h-16h30 - 3 CUC pour chacun des trois sentiers. Le plus long fait 1 km pour 50mn de marche.)*

La grande station balnéaire cubaine

Varadero, fer de lance du tourisme international, regroupe le tiers du parc hôtelier de l'île. Cette « zone verte », de la couleur des dollars qui l'ont arrosée pendant 20 ans, est devenue une véritable enclave internationale, résultat d'une politique par laquelle le gouvernement cherche à se procurer des devises en évitant au maximum les contacts entre les touristes étrangers et la population locale. Au cours de votre séjour, vous rencontrerez plus de Canadiens et d'Européens que de Cubains, dont l'accès à certaines plages et dans la plupart des établissements est limité. Il y a encore peu de temps, les étrangers étaient la proie des *jineteras* (écuyères), euphémisme pour désigner les prostituées à Cuba. Inquiet de l'ampleur du phénomène à Varadero, le gouvernement a récemment démantelé un important réseau de prostitution. De nombreux policiers veillent donc à la tranquillité des touristes et, de manière générale, empêchent toute forme de commerce illégal, comme ici, les chambres chez l'habitant. Le revers de la médaille de ces mesures sécuritaires est une **ambiance assez artificielle** due à cette distance accrue entre la population et les touristes. Aussi Varadero est-elle une destination à part entière pour les inconditionnels de séjours balnéaires. En revanche, les férus de visites culturelles ou les voyageurs individuels en quête d'authenticité risquent de s'y ennuyer rapidement.

DE LA MINE AUX MILLIARDS

De la fin du 16e s. au milieu du 18e s., la péninsule se consacre essentiellement à l'exploitation des mines de sel de la région et à sa commercialisation. La fondation de la ville ne date que de la fin du 19e s., avec les premières constructions de villas. En 1915, le premier hôtel est inauguré, mais Varadero ne connaît sa véritable vocation touristique qu'au début des années 1930.

Irénée Du Pont de Nemours, le célèbre industriel américain, réussit une opération immobilière extrêmement avantageuse en revendant à de riches familles de nombreuses parcelles de la péninsule d'Hicacos, acquises à très bas prix dans les années 1920. Il en conserve une sur laquelle il fait ériger sa luxueuse villa, qui est devenue un hôtel-restaurant. Les constructions de magnifiques demeures continuent à un rythme soutenu, jusqu'à la fin des années 1950. Une ligne aérienne directe entre Miami et Varadero permet aux touristes américains de rejoindre ce « paradis » d'hôtels et de casinos.

Avec l'avènement de la révolution, les plages privées sont rendues aux Cubains. Aussi le développement international de Varadero marque-t-il un temps d'arrêt pour reprendre de plus belle ces dernières années. Depuis la « période spéciale », cette enclave est devenue le symbole des devises salvatrices, nécessaires à la survie du pays. L'aéroport de Varadero accueille désormais des vols directs en provenance du Canada et de pays européens, et les investisseurs étrangers s'implantent à un rythme frénétique sur cette péninsule de rêve.

La plage de Varadero, avec, au fond, la Mansión Du Pont de Nemours.
José Fuste Raga/AGE Fotostock

🙂 NOS ADRESSES À VARADERO

INFORMATIONS UTILES

Banque / Change
Banco Financiero Internacional – Plan I, C1 - *Angle ave. 1ra et calle 32.*
Banco de Crédito y Comercio – Plan I, D1 - *Ave. 1ra, e/35 y 36.*
Plaza América – Plan II - *Autopista km 11.* Change de chèques de voyage, retrait de pesos convertibles avec la carte Visa internationale. Paiement en euros possible.
🙂 **Bon à savoir** – Des bureaux de change sont à votre disposition dans la plupart des hôtels.

Poste
Correos – Plan I, D1 - *Angle ave. 1ra et calle 36 - tlj sf dim. 8h-20h.*
DHL – Plan I, D1 - *Ave. 1ra, e/ calles 40 y 41 - 9h-17h.* Pour les envois express.

Téléphone
Centro de Communicaciones Internacionales – (Plan I, F2) - *Angle calle 60 et ave. 1ra - 8h-22h.* Téléphones à carte.
Etecsa – Plan I, C1 - *Angle calle 30 et ave. 1ra.* Cartes prépayées à 10, 15, 20 ou 25 CUC, en vente aux adresses ci-dessus et dans plusieurs petits kiosques Etecsa.

Internet
Cyber@ – Plan I, D1 - *Ave. 1ra, e/40 y 41 - 9h-17h.* Également dans les locaux Etecsa.
Centro Commercial Hicacos – *Ave. 1ra, e/44 y 46 - 9h-18h - 6 CUC/h.*

Santé
Clínica Internacional – Plan I, F2 - *Angle ave. 1ra et calle 61 (en face de l'hôtel Cuatro Palmas) - ☏ (45) 66 77 10 11.* Pour les étrangers. Urgences, services spécialisés et consultations. On y

trouve également une **pharmacie** ouverte 24h/24. Certains hôtels disposent d'une infirmerie ou de services médicaux.

Assistance touristique

Asistur – Plan I, D1 - *Angle ave. 1ra et calle 42, Edificio Marbella, 3e étage* - ℰ *(45) 66 72 77 - lun.-vend. 9h30-17h, sam. 8h30-12h.* Cette agence est un représentant des compagnies d'assurances étrangères à Cuba, à contacter en première urgence en cas de perte de bagages ou de papiers, d'admission hospitalière et de rapatriement. Services d'aide financière et de consultation juridique.

Numéros d'urgence à La Havane 24h/24 – ℰ *(7) 866 83 39, 866 85 27 à 29 ou 866 13 15.*

Représentations diplomatiques

Consulat du Canada – Plan I, A1 - *Calle 7 (en face de la Villa Tortuga)* - ℰ *(45) 61 20 78 - lun., mar., merc., vend. 17h-19h.*

Stations-service Servicupet

« 17 » – Plan I, B2 - *Angle autopista et calle 17.*

Dársena – Plan II - *Vía Blanca, à l'entrée de Varadero près de la Marina Dársena.*

Complejo Todo en Uno – Plan I, E2 - *Angle autopista et calle 54.* Avec supermarché et délicieux café à la Casa del Café y Tabaco.

ARRIVER / PARTIR

En avion

L'**Aeropuerto Internacional Juan Gualberto Gómez** – *À 20 km de Varadero sur la vía Blanca en direction de Matanzas* - ℰ *(45) 24 70 15.* La plupart des compagnies aériennes européennes, canadiennes et sud-américaines assurent une liaison hebdomadaire avec Varadero.

Vols quotidiens pour Cayo Largo del Sur et Cayo Coco, et plusieurs vols hebdomadaires pour Santiago et Holguín. Trajet entre l'aéroport et Varadero assuré par la navette de l'hôtel, en taxi (env. 20 CUC) ou en bus (10 CUC). Le **Viazul** s'y arrête sur son trajet pour La Havane.

Compagnies aériennes – **Cubana de Aviación** - Plan I, E1 - *Ave. 1ra, e/54 y 55* - ℰ *(45) 61 18 23 à 25.*

Aerocaribbean – *À la même adresse, pour les vols domestiques.* Vous pouvez joindre ces compagnies à l'aéroport, ℰ *(45) 66 75 40,* ou acheter vos billets dans le bureau de tourisme de votre hôtel.

En train

Pas de gare à Varadero. Les trains s'arrêtent à Matanzas ou à Cárdenas.

En bus

Terminal de Ómnibus Interprovinciales – Plan I, D2 - *Angle calle 36 et autopista Sur* - ℰ *(45) 61 48 86.*

Viazul – Car touristique climatisé, ponctuel et sûr, va à La Havane *via* Matanzas et l'aéroport de Varadero 4 fois/j (3h de trajet, 10,80 CUC) et 1 fois/j à Trinidad *via* Cárdenas, Santa Clara et Sancti Spíritus (6h15, 20 CUC). Horaires, tarifs et réservation en ligne sur www.viazul.com ou sur place la veille.

En bateau

Marina Puertosol Dársena – Plan I, A1-2 - *Vía Blanca (à l'entrée de Varadero, à gauche sur la lagune)* - ℰ *(45) 66 80 60.* Dispose du plus grand nombre de places : 122, avec eau potable, électricité, combustible, sécurité.

Les deux autres marinas sur la péninsule proposent surtout des excursions : **Chapelín** – Plan II - *Autopista Sur (avant le Delfinarium*

à droite) - ☎ *(45) 66 75 50,* et
Gaviota – Plan II - *Autopista Sur final* - ☎ *(45) 66 77 55.*

En taxi

☺ **Bon à savoir** – À l'entrée de Varadero, dans la ville et à l'aéroport, la police veille à ce que seule la compagnie officielle transporte des touristes, sous peine d'amende pour les chauffeurs illégaux. Vous n'aurez donc pas le choix.

TRANSPORTS

☺ **Bon à savoir** – La péninsule s'étend sur 20 km, traversée par l'autopista Sur. Vous pouvez facilement vous déplacer à pied dans le centre de Varadero. En revanche, pour parcourir le reste de la péninsule, un moyen de locomotion est nécessaire.

En bus

Varadero Beach Tour – Circule toute la journée dans le centre-ville le long de l'ave. 1ra (départ toutes les 30mn). Le ticket coûte 5 CUC/pers. : il est valable toute la journée pour un nombre de trajets illimité.

En taxi

Les voitures de **Cubataxi** (avec compteur) sont garées devant la plupart des hôtels. Comptez env. 40 CUC/j pour circuler aux environs de Varadero. En ville, les *coco-taxis* sont plus économiques, mais, malheureusement, il n'y en a pas beaucoup.

En calèche

Des calèches destinées aux touristes sillonnent le centre de Varadero. Comptez env. 10 CUC/pers. Vous pouvez également monter dans les calèches collectives des Cubains. Comptez env. 5 CUC pour un trajet de l'hôtel Tortuga au Parque Central.

Location de véhicules

Havanautos – *Angle ave. 1ra et calle 8* (Plan I, A2) *ou 31* (Plan I, C1) - ☎ *(45) 61 37 33/44 09.*
Rex – Plan I, D2 - *Calle 36 (face à la gare routière)* - ☎ *(45) 61 18 18.*
Ces compagnies sont également représentées à l'aéroport et dans la plupart des hôtels.

Location de motos et vélos

Transtur – Plan I, B1 - *Angle ave. 1ra et calle 21 ou angle calle 13 et ave. 1ra.* Motos ou scooters.
☺ **Bon à savoir** –Dans de nombreux hôtels également. Comptez 12 CUC/2h, 15 CUC la demi-journée et 25 CUC/j.

HÉBERGEMENT

☺ **Bon à savoir** – Les chambres chez l'habitant pour étrangers sont illégales à Varadero. Les **hôtels** les moins chers de la station sont situés dans le centre-ville. Tous les établissements de luxe, construits vers l'est de la péninsule, pratiquent des tarifs élevés, en formule « tout inclus », qui diminuent considérablement si la réservation est effectuée par l'intermédiaire d'un voyagiste. Ces tarifs sont dégressifs suivant le nombre de personnes. Une personne seule paiera son forfait *todo incluido* plus cher que le même forfait, par personne, sur la base d'une chambre double. Rappelons que les prix indiqués ici sont, sauf mention particulière (demi-pension ou tout inclus), ceux d'une chambre double avec petit-déj.
☺ **Conseil** – Si vous êtes sensible au bruit, pensez aux boules Quiès, car les plages sont souvent animées par une sono très forte dans la journée, et les hôtels proposent tous des animations en soirée…

3

Dans le centre

▶ **Hôtels**

POUR SE FAIRE PLAISIR (50 À 80 CUC)

Pullman – Plan I, E1 - *Angle ave. 1ra et calle 49* - ☎ *(45) 66 71 61* - 🖵 ✕ 🆑 - *15 ch. 45/60 CUC.* À 150 m de la plage, ce petit hôtel propose des chambres dans un vieux bâtiment de pierre au charme vieillot ou dans une annexe plus moderne, à l'arrière. L'ambiance y est plutôt familiale.

Dos Mares – Plan I, E1 - *Angle ave. 1ra et calle 53* - ☎ *(45) 61 71 61* - *recepcion@dmares.hor.tur.cu* - 🖵 ✕ 🆑 - *37 ch. 45/60 CUC* - *bureau de change, location de voitures.* Une jolie demeure au toit de tuiles au centre de Varadero, pratique pour les voyageurs individuels. Chambres propres mais sombres et vieillottes. Réservez longtemps à l'avance.

Mar del Sur – Plan I, C1-2 - *Angle calle 30 et ave. 3ra* - ☎ *(45) 61 22 46* - 🖵 ✕ 🛝 🆑 - *366 ch. 60/70 CUC.* Grand complexe classique avec animations autour de la piscine. Le prix inclut le petit-déj. ; la formule *todo incluido* n'est pas obligatoire.

Acuazul – Plan I, B1-2 - *Angle ave. 1ra et calle 13* - ☎ *(45) 66 71 32* - *facturas@acua.hor.tur.cu* - 🖵 ✕ 🛝 🆑 - *78 ch. 60/70 CUC* - *location de voitures, bureau de change, services médicaux.* Ce grand bâtiment austère date de la période prérévolutionnaire. Chambres spacieuses avec balcon. Très propre. Bon accueil. Petite piscine. Établissement qui propose des prix raisonnables, bien qu'il soit le plus cher du complexe formé avec deux autres hôtels adjacents : le **Varazul** et la **Villa Sotavento**.

Herradura – Plan I, D1 - *Ave. Playa, e/35 y 36* - ☎ *(45) 61 37 03* - 🖵 ✕ - *75 ch. 60/70 CUC* - *bureau de change.* Construction en forme de fer à cheval (*herradura* en espagnol) avec une agréable terrasse ouverte sur la mer. Appartements de 2 à 5 chambres avec salon commun, que vous serez amené à partager en haute saison. Malheureusement, les chambres sont très vétustes et c'est un peu dommage face à une si belle plage. En dépannage.

UNE FOLIE (PLUS DE 80 CUC)

Villa Tortuga – Plan I, A2 - *Calle 7, e/1ra et Playa* - ☎ *(45) 61 47 47* - *reservas@villatortuga.tur.cu* - 🖵 ✕ 🅿 🛝 🆑 - *275 ch. 110/130 CUC* - *bureau de change, services médicaux, location de deux-roues.* Excellent complexe qui s'étend sur les calles 5 à 8. Les chambres sont spacieuses, regroupées dans de petites villas indépendantes entre le bord de mer et la piscine. Accueil prévenant et enthousiaste. Animations sur la plage, spectacles cubains et cours de salsa.

Los Delfines – Plan I, D1 - *Angle ave. 1ra et calle 39* - ☎ *(45) 66 77 20/21* - 🖵 ✕ 🛝 🆑 - *103 ch. 110/130 CUC* - *bureau de change.* Au centre de Varadero, on le repère facilement grâce à sa façade kitsch verte et rose bonbon. L'hôtel se compose d'une belle demeure en pierre de taille et d'un bâtiment récent en bord de mer. Chambres spacieuses et confortables. Très bon accueil.

Sun Beach – Plan I, B1 - *Calle 17, e/1ra et 3ra* - ☎ *(45) 66 74 90* - *reservas@sunbeach.hor.tur.cu* - 🖵 ✕ 🛝 🆑 - *272 ch. 125/140 CUC tout inclus* - *bureau de change.* Grand building aux chambres sans charme. Petite pizzeria pas mauvaise. Bon accueil.

Cuatro Palmas – Plan I, F1 - *Ave. 1ra, e/60 y 62* - ☎ *(45) 66 70 40* - 🖵 ✕ 🛝 🆑 - *302 ch. en bungalows 125/140 tout inclus* - *location de voitures, bureau de* *change, services médicaux.* Un immense bâtiment de style colonial avec un hall d'entrée agrémenté de plantes tropicales et d'oiseaux. Cadre agréable et tranquille. Formule *todo incluido* avantageuse. Le Cuatro Palmas dispose de l'autre côté de la rue d'un hôtel avec chambres simples et petit-déj. (110 CUC).

Gran Caribe Club Barlovento – *Plan I, A2 - Ave. 1ra, e/10 y 11 - ☎ (45) 66 71 40 - ▨ ✕ ⌿ cc - 276 ch. 135/170 CUC tout inclus - location de voitures, bureau de change, services médicaux.* À l'entrée de la ville, ce complexe hôtelier est disposé autour d'une piscine où se tiennent de nombreuses animations. La plage est à 200 m. Les bungalows, un peu à l'écart, sont plus tranquilles. Service de qualité.

Club Kawama – *Plan I, A1 - Calle 0, e/1ra y Camino del Mar - ☎ (45) 61 44 16/20 - reserva@kawama. gca.tur.cu - ▨ ✕ cc - 204 ch. 135/170 CUC tout inclus - location de voitures, bureau de change, services médicaux.* Situé à l'entrée de Varadero entre la lagune de Paso Malo et une plage tranquille, il se compose de maisons en pierre construites avant la révolution et de pavillons plus récents. Demander la maison n° 420 en bordure de mer. Clientèle essentiellement allemande.

Hors du centre

Voir le plan II p. 234-235.

⌂ **Bon à savoir** – Depuis le début des années 1990, les chaînes allemande LTI et espagnole Meliá et Riu ont construit de grands hôtels de luxe vers la pointe de la péninsule. Tous ces établissements présentent des caractéristiques équivalentes : un service de qualité, des chambres confortables, toutes les prestations dont peuvent avoir besoin les touristes et un grand choix d'animations et d'activités sportives, l'ensemble à des tarifs « tout inclus » élevés, sauf si vous réservez par l'intermédiaire d'un voyagiste.

◗ **Hôtels**

UNE FOLIE (PLUS DE 80 CUC)

Varadero Internacional – *Carretera de las Américas (après la calle 69) - ☎ (45) 66 70 38 - ▨ ✕ ⌿ cc - 163 ch. 100/130 CUC - location de voitures, bureau de change.* Le premier grand hôtel de Varadero, construit au début des années 1950, qui conserve son charme rétro. La terrasse du bâtiment s'avance sur une très belle plage. Les chambres sont confortables. Essayez de loger dans les deux magnifiques suites nos 601 et 602, sur le toit, au même prix que les chambres, mais malheureusement rarement données.

Mansión Du Pont de Nemours (Xanadú) – *Km 8,5 - ☎ (45) 66 84 82 - www.varaderogolfclub. com - ▨ ✕ cc - 6 ch. 150/210 CUC.* Surplombant d'un côté la mer et de l'autre le Varadero Golf Club, ce club-house s'apprécie avant tout pour son cadre privilégié, son service et son décor. Les chambres spacieuses, avec vue sur la mer, mobilier années 1930 et salle de bains en marbre, représentent le comble du raffinement à Varadero. Réservez longtemps à l'avance. Au dernier étage, le bar Casablanca est très agréable. Concerts tous les soirs (sf dim.) à 22h. Un coup de cœur !

Arenas Blancas – *Calle 64, e/1ra et autopista - ☎ (45) 61 44 50 - ▨ ✕ ⌿ cc - 358 ch. et 81 bungalows 150/210 CUC tout inclus.* Nombreuses prestations. Situé au bord de la mer, à la limite de la ville vers la péninsule, cet hôtel appartient à l'une des

3

meilleures chaînes cubaines, Gran Caribe. Services de qualité. Si l'architecture est impersonnelle, les chambres sont agréables.

Arenas Doradas – *Autopista Sur km 17* - ✆ *(45) 66 81 50* - ▤ ✕ ⚊ 🔲 *- 316 ch. 160/220 CUC tout inclus - location de voitures, bureau de change, services médicaux.* Situé sur la péninsule, au bord de la dernière plage Los Tainos, au milieu d'une belle végétation, cet hôtel offre une large gamme de prestations.

Meliá Las Américas – *Autopista Sur km 7* - ✆ *(45) 66 76 00* - *www. solmeliacuba.com* - ▤ ✕ ⚊ 🔲 - *332 ch. et bungalows 180/220 CUC tout inclus - location de voitures, bureau de change, services médicaux.* Très fréquenté par les joueurs du golf voisin.

Meliá Varadero – *Autopista Sur km 7,5* - ✆ *(45) 66 70 13* - *www. solmeliacuba.com* - ▤ ✕ ⚊ 🔲 - *490 ch. 180/220 CUC tout inclus.* Cet énorme bâtiment pyramidal et tentaculaire abrite l'un des complexes les plus luxueux de la station.

Paradisus Varadero – *Par l'autopista Sur, suivez la direction Cueva de Ambrosio puis Punta Rincón Francés* - ✆ *(45) 66 87 00* - *www.solmeliacuba.com* - ▤ ✕ ⚊ 🔲 - *429 ch. autour de 225 CUC tout inclus - location de voitures, bureau de change, services médicaux.* Tout au nord de la péninsule, à deux pas de la réserve, un hôtel très luxueux où les chambres colorées sont réparties dans d'agréables bungalows. Spa, tennis, golf.

RESTAURATION

🍽 **Bon à savoir** – Comme pour l'hébergement, il n'y a plus à Varadero que des établissements d'État, les *paladares* ayant été interdites pour ne pas leur faire concurrence. Vous trouverez une gamme de choix et de prix assez variée. Pas de paiement par carte.

PREMIER PRIX (MOINS DE 10 CUC)

Pour manger sur le pouce 24h/24, des snack-bars à petits prix :

Calle 13 – Plan I, A-B1 - *Angle ave. 1ʳᵃ et calle 13.* Poulet-frites, pizzas, hamburgers. Bonnes fritures de poissons. Terrasse agréable.

FM 27 – Plan I, C1 - *Angle ave. 1ʳᵃ et calle 27.* Cocktails, snacks et concerts le soir.

El Bodegoncito – Plan I, D1 - *Angle ave. 1ʳᵃ et calle 40.* Sous une jolie hutte en bois rouge, du poulet à toute heure.

Cabañita – Plan I, A1 - *Angle Camino del Mar et calle 9 - 12h-1h.* Pour prendre un verre ou manger un morceau face à la mer. Sans prétention.

El Compay – Plan I, E1 - *Angle ave. Playa et calle 54 - 11h-22h.* Les pieds dans le sable, avec en guise un toit de palmiers. Voici une paillote avenante d'où l'on peut admirer le bleu de la mer tout en se régalant d'un steak ou d'un poulet-frites. Son frère jumeau s'appelle **El Almanacer** et se trouve sur la calle 50 en lisière de plage.

BUDGET MOYEN (10 À 15 CUC)

Playa Py31 – Plan I, C1 - *Angle ave. Playa et calle 31* - ✆ *(45) 61 14 31 - 12h-21h.* Derrière la boutique de cigares et l'épicerie de la Bodegona, quelques tables sont dressées sur la jolie terrasse en bois face à la mer. Très bons poissons, savoureuses gambas grillées. Service efficace et, chose très rare à Varadero, pas de *reggaeton* !

Castel Nuovo – Plan I, A2 - *Angle ave. 1ʳᵃ et calle 11* - ✆ *(45) 66 77 86 - 12h-23h.* À l'entrée de la ville, ce restaurant italien propose, dans un cadre qui se veut chic, un bon choix de spécialités. Pâtes et pizzas à prix doux.

La Casa del Chef – Plan I, A-B2 - *Ave. 1ra, e/12 y 13*. Pour observer l'animation du *bulevar*, un menu complet (soupe de haricots, poisson ou viande, salade, dessert) correct. Accueil agréable. Parfois, des manifestations musicales.

Lai-Lai – Plan I, B1 - *Angle ave. 1ra et calle 18* - ℘ *(45) 66 77 93 - 12h-23h*. De grandes salles à manger à la décoration orientale dans une belle bâtisse en pierre. Vous y dégusterez une bonne cuisine chinoise qui vous changera du menu cubain habituel.

El Bodegón Criollo – Plan I, D1 - *Angle ave. Playa et calle 40* - ℘ *(45) 66 77 84 - 10/20 CUC*. La réplique de la Bodeguita del Medio de La Havane *(voir p. 173)* avec ses murs recouverts de graffiti et son plafond aux poutres rouges. On peut manger ou prendre un verre sur une agréable terrasse, à deux pas de la plage. Un choix varié de bonnes spécialités créoles à des prix abordables.

El Arrecife – Plan I, A-B1 - *Angle Camino del Mar et calle 13* - ℘ *(45) 66 85 63 - 11h-23h - 10/20 CUC*. Un joli restaurant tout bleu qui propose des produits de la mer frais, à différents prix.

Service de qualité, en terrasse, à deux pas de la plage.

POUR SE FAIRE PLAISIR (15 À 30 CUC)

El Mesón del Quijote – Plan II - *Carretera de las Américas* - ℘ *(45) 66 77 96 - 12h-0h - 10/30 CUC*. Sur une colline en face de l'hôtel Villa Cuba, une sculpture équestre de Don Quichotte marque l'entrée de cette taverne. Spécialités espagnoles et langoustes servies dans une salle éclairée aux chandelles.

Retiro Josone – Plan I, E2 - *Ave. 1ra, e/56 y 59 - 10/30 CUC*. Quatre restaurants de spécialités différentes de la chaîne cubaine Palmarès, dispersés dans le magnifique parc de la ville :

La Casa de Antigüedades – ℘ *(45) 66 73 29 - 10/30 CUC*. Sert de savoureuses viandes rouges et des plats de poisson dans un décor du siècle dernier illuminé aux chandelles. Très cher ;

La Campana – ℘ *(45) 66 72 24 - 10/30 CUC*. Se spécialise dans la cuisine créole, servie dans un cadre rustique ;

Dante – ℘ *(45) 66 72 28 - 10/30 CUC*. Un restaurant italien qui propose de bons plats de pâtes à des prix relativement élevés ;

El Retiro – ℘ *(45) 66 73 16 - 10/30 CUC*. Sert de bonnes viandes et de la langouste ou du poisson à des prix plus raisonnables.

UNE FOLIE (PLUS DE 30 CUC)

Las Palmas – *Dans l'hôtel Cuatro Palmas (voir « Hébergement », p. 240)* - ℘ *(45) 66 70 40 - 7h-10h, 19h-22h - 25/50 CUC*. Dans un cadre romantique, sur une terrasse en bord de mer avec des tables éclairées à la bougie, vous pourrez déguster de nombreux plats français (à la carte) et, certains soirs,

3

un menu « dîner gastronomique » composé de plusieurs spécialités.
Las Américas – *Dans l'hôtel Mansión Du Pont de Nemours (voir « Hébergement », p. 241) - ℰ (45) 66 38 50 - 12h-17h, 19h-22h - 30/75 CUC.* Dans la belle Mansión Du Pont de Nemours, une salle à manger luxueuse et une terrasse surplombant la mer, pour déguster une cuisine française soignée et l'une des meilleures cartes de vins de Cuba.

ACHATS

Cigares
Casa del Habano – *Plan I, F2 - Angle ave. 1ra et calle 63 - 9h-19h.* Cette boutique propose un grand choix de cigares de différentes marques.
Bon choix également à la **Bodegona** – *Plan I, CI - Angle ave. Playa et calle 31 - 9h-21h.*

Artisanat
Ave. 3ra, e/14 y 16 – Sympathique succession d'échoppes proposant essentiellement des objets en papier mâché, des colliers, des sculptures et des disques.
Casa de las Américas – *Plan I, F1 - Angle ave. 1ra et calle 59 - 9h-21h.* Cette bâtisse jaune et vert propose de très jolies cartes postales, quelques livres, un grand choix de CD cubains ainsi qu'un bel artisanat en provenance de toute l'Amérique latine. Également de très belles affiches de cinéma.
Casa de la Artesanía – *Plan I, F2 - Angle ave. las Américas et calle 64 - 9h-19h.* Ce magasin vend des objets d'artisanat, des bijoux et des livres.
Même genre d'objets à la **Casa de la Cultura** – *Plan I, C1 - Ave. 1ra - e/34 y 35.*
Centro Comercial Palma Reale – *Plan I, F2 - Ave. 2da, e/61*

y 63 - 9h-19h. Grand centre commercial pour touristes. Produits alimentaires, vêtements et souvenirs.

Galeries d'art
Taller y Galería de Cerámica Artística – *Plan I, F1 - Angle ave. 1ra et calle 60 - tlj sf dim. 8h-19h30.* Cet atelier expose des œuvres d'artistes cubains contemporains. Certaines sculptures et céramiques sont en vente dans la galerie.
Varadero – *Plan I, F1 - Angle ave. 1ra et calle 59 (près de l'atelier de céramique).* Bon choix de peintures et sculptures.
Sol y Mar – *Plan I, C1 - Près de la Casa de la Cultura - 9h-19h30.*
Plaza de Américas – *Plan II - Centro Comercial, entre les deux hôtels Meliá.*

Librairie
Hanoi – *Plan I, E1 - Ave. 1ra, e/46 y 47 - 9h-19h.* Livres en espagnol et quelques ouvrages en français. Également des plans de Varadero, des cartes régionales, des disques et cassettes de musique cubaine.

Disquaire
Artex – *Plan I, F1 - Angle calle 60 et ave. 1ra - 9h-19h.* À côté de la Comparsita, cette boutique fait la promotion de la musique cubaine.

EN SOIRÉE

Bar
El Mirador – *Dans la Mansión Du Pont de Nemours (voir « Hébergement », p. 241).* Occupe le dernier étage de cette belle demeure. Dans un cadre élégant avec boiseries et piano à queue, on profite d'une splendide vue sur l'océan, surtout au coucher du soleil. Orchestre de jazz ou de salsa à partir de 21h30.

Concerts

Des musiciens plus ou moins talentueux se produisent dans les hôtels. Certains groupes de renommée internationale donnent des concerts en plein air, le samedi soir, sur le Parque Central.

Casa de la Música – Plan I, D1 - *Ave. Playa, e/42 y 43 - ℘ (45) 66 89 18*. Dans cet ancien cinéma, concert tlj à 22h30 avec un orchestre de province (groupes plus connus le w.-end). Matinée les vend. et dim. de 16h à 20h. Entrée 10 à 20 CUC selon les groupes, sans boisson.

La Comparsita – Plan I, F1 - *Angle calle 60 et ave. 1ra - tlj sf lun. 22h-3h - 7 CUC*. Ce cabaret intime en plein air offre une bonne programmation de musique cubaine. Endroit authentique très apprécié des Cubains.

Discothèques

Varadero étant une station balnéaire internationale à laquelle les Cubains ont difficilement accès, les boîtes de nuit sont essentiellement fréquentées par les touristes.

El Castillito – Plan I, E1 - *Sur la plage, e/48 et 49 - 10 CUC*. Fiesta *house* tous les w.-ends dans cette paillotte envahie par les jeunes. Programmation aléatoire.

La Rumba – Plan II - *Ave. las Américas (à côté de l'hôtel Mansión Du Pont de Nemours) - 22h-3h - 15 CUC*. Bien cotée.

Havana Club – Plan I, F2 - *Près du Centro Comercial Palma Reale (ave. 2da et calle 64) - 22h-2h - 10 CUC, dim. 5 CUC*. Boîte plus classique dans le centre-ville.

Spectacles

Cabaret Continental – *Dans l'hôtel Varadero Internacional (voir « Hébergement », p. 241) - tlj sf lun. 22h-2h - 25 CUC ou 40 CUC dîner inclus*. Présente le spectacle le plus réputé de Varadero puis devient boîte de nuit.

La Cueva del Pirata – Plan II - *Autopista Sur km 11 - ℘ (45) 61 38 29 - tlj sf dim. 21h-3h - 10 CUC ou 20 CUC dîner inclus*. Dans une grotte aménagée en taverne, le cabaret présente un spectacle puis passe en mode discothèque.

ACTIVITÉS

Excursions

Bon à savoir – Pour toutes les excursions à partir de Varadero, demandez au bureau de tourisme de votre hôtel ou à un voyagiste. Des visites de la région de Matanzas, de La Havane et d'autres villes de province sont programmées dans la plupart des établissements touristiques.

Cubatur – Plan I, C1 - *Ave. 1ra et calle 33 - ℘ (45) 61 44 05 - www. cubatur.cu*.

Havanatur – Plan I, C1 - *Ave. 3ra, e/33 y 34 - ℘ (45) 66 70 27 - www. havanatur.cu*.

Activités nautiques

Si votre hôtel ne propose pas d'activités nautiques, adressez-vous à des centres spécialisés. Le spécialiste de la plongée est le **Club Coral** – Plan I, A1 - *Angle ave. 1ra et calle 5 - ℘ (45) 61 34 81 - 8h-17h*. Accompagné d'une équipe dynamique et accueillante, vous pourrez pratiquer une plongée simple ou choisir les classiques *paquetes de buceo* (forfaits de 3 à 20 plongées). Pour ceux-ci, il est nécessaire d'avoir un certain niveau. Formation ACUC (équivalent non américain du PADI). Ce club travaille en liaison avec le **Diving Center Barracuda** (Plan I, F1) - *Angle ave. 1ra et calle 59 - ℘ (45) 66 70 72*

3

(8h-19h), et avec le **Diving Center de la Marina Chapelín** (Plan II), *près de l'hôtel Arena Doradas, ℘ (45) 66 88 71 (8h-16h) - 92 CUC pour 3 plongées.*

Possibilité de **kite-surf** et **windsurf** au Diving Center Barracuda.

Les trois **marinas** de la péninsule proposent diverses sorties en mer jusqu'à la barrière de corail et vers les *cayos* au large de Varadero, en catamaran ou en bateau à vision sous-marine. Possibilité de pêche en haute mer.

Marina Chapelín – Plan II - *℘ (45) 66 75 65.* Spécialisée dans la location de catamarans. Pour une journée de pêche en mer, comptez env. 300 CUC.

Boat Adventure propose des excursions en jet ski (2h) ou en bateau (2h) jusqu'au bout de la péninsule et retour à travers la mangrove. 41 CUC/pers. Boissons et prise en charge à l'hôtel gratuites.

Golf

Varadero Golf Club – *Mansión Du Pont de Nemours (voir « Hébergement », p. 241) - ℘ (45) 66 77 88/50 ou 66 76 00 - www.varaderogolfclub.com.* Propose des parcours de 9 ou 18 trous et des cours.

Parachute

Centro Internacional de Paracaidismo – Plan I, A1-2 - *En face de la Marina Dársena, à l'entrée de Varadero - ℘ (45) 66 72 56.*

Cárdenas

Province de Matanzas - Env. 100 000 hab.

NOS ADRESSES PAGE 249

SE REPÉRER
Carte de région D (p. 218-219).

ORGANISER SON TEMPS
Si vous logez à Varadero, comptez 2h pour l'excursion à Cárdenas, avec le déplacement.

Situé au sud de la baie de Cárdenas, en face de la péninsule d'Hicacos, ce port contraste avec l'activité sans relâche de Varadero. À quelques kilomètres des grands hôtels internationaux, la modernité ne semble pas avoir laissé d'empreinte sur cette ville paisible. Ses maisons à arcades offrent une toile de fond défraîchie sur laquelle se croisent calèches et bicyclettes. Cárdenas possède très peu de sites touristiques, mais son atmosphère d'un autre âge mérite un détour si vous visitez la région.

Se promener Carte de région, p. 218-219

Cárdenas possède le quadrillage de rues le plus parfait de Cuba et une numérotation très logique. L'avenida Céspedes, l'artère centrale de la ville, constitue le point de départ de la numérotation des *avenidas* parallèles, impaires vers l'ouest et paires vers l'est : l'adresse précise en général si l'avenue se trouve à l'est *(Este)* ou à l'ouest *(Oeste)* de l'avenida Céspedes. Les rues perpendiculaires sont des *calles* numérotées de 1 à 29, à partir du port. Cependant, les habitants désignent encore les rues par d'anciens noms, absents des plaques et des plans de la ville. Il faut donc s'armer de patience pour trouver son chemin.

3

LE CENTRE DE CÁRDENAS

Comptez 1h.
Le **Parque Colón**, la place centrale de la ville, délimitée par les calles 8 et 9, est traversé du nord au sud par l'avenida Céspedes. Au centre, une **statue de Christophe Colomb** le représente pointant du doigt l'Amérique sur le

---

HISTOIRE
Cárdenas est établie en 1820 sur une zone marécageuse et connaît un rapide essor économique grâce à « l'or blanc » (le sucre) et les plantations de café. Le 19 mai 1850, à peine trois décennies après la date de sa fondation, elle voit débarquer 600 hommes en provenance de la Nouvelle-Orléans. Cette invasion menée par **Narciso López**, un Vénézuélien anti-colonialiste, devait permettre l'annexion de Cuba par les États-Unis. Les habitants de Cárdenas aidés par l'armée espagnole mettent un terme aux quelques heures d'occupation de leur ville. À cette occasion, le drapeau national est hissé pour la première fois au sommet de l'hôtel Dominica.

LE DRAPEAU CUBAIN

Le drapeau national fut créé en 1849 par l'écrivain **Miguel Teurbe Tolón** (1820-1857). Trois bandes bleues, figurant les trois anciennes provinces d'Occidente, Las Villas et Oriente, barrent horizontalement un fond blanc dont la couleur évoque la paix. Du bord gauche du drapeau part un triangle équilatéral rouge sang dont chaque côté représente la devise « Liberté, Égalité, Fraternité ». Au centre du triangle se détache une étoile blanche à cinq branches, symbole de la liberté.

globe terrestre reposant à ses pieds. Ce bronze datant de 1862 serait la plus ancienne statue du navigateur en Amérique latine.

Juste derrière s'élève la **cathédrale de la Inmaculada Concepción** édifiée en 1846 *(pas d'horaires fixes)*.

Malgré leur manque d'entretien, les édifices néoclassiques qui encadrent la place laissent deviner leur splendeur passée. À gauche de la cathédrale, on peut voir l'**hôtel Dominica** où fut hissé pour la première fois le drapeau cubain. Classé Monument national, l'établissement porte une plaque où est évoqué l'épisode du débarquement des troupes de Narciso López en 1850.

Prenez l'avenida Céspedes en laissant la cathédrale sur la droite. Au bout de trois cuadras, *tournez à gauche dans la calle 12 (ex-Calzada).*

À l'angle de Calzada et de l'avenida 4, sur le Parque Echevarría, le **Museo Municipal Oscar María de Rojas** occupe l'ancienne mairie datant de 1862. Ce musée, fondé en 1900, est l'un des plus anciens de l'île. Il renferme une collection hétéroclite d'armes, de pièces de monnaie et de vestiges archéologiques de l'époque des Indiens taïnos. Des vitrines présentent de nombreux spécimens de coquillages colorés, de papillons ainsi que de minéraux. La plus belle pièce du musée est un imposant **carrosse funéraire★** du 19e s., utilisé pour les enterrements jusque dans les années 1950.

De l'autre côté de la rue, la **Casa Natal de José Antonio Echevarría** *(mar.-sam. 10h-17h, dim. 9h-12h – gratuit)* porte le nom du leader estudiantin assassiné le 13 mars 1957 pour son opposition au régime de Batista. Sa maison natale abrite un **Museo de Historia**, consacré essentiellement aux guerres d'indépendance et à la lutte révolutionnaire.

Revenez sur vos pas par la calle 12, traversez l'avenida Céspedes et continuez sur trois cuadras *jusqu'à l'angle de l'avenida 3.*

Au centre de la **Plaza Malakoff** se dresse un **marché couvert**. Cette structure de deux étages, coiffée d'un dôme métallique neuf, offre un exemple d'architecture surprenant dans cette petite ville. Les rares étals disséminés dans ce vaste espace soulignent l'aspect désolé du lieu.

De nombreuses calèches circulent dans les rues de Cardenas.
Tristan Deschamps/World Pictures/AGE Fotostock

😊 NOS ADRESSES À CÁRDENAS

INFORMATIONS UTILES

Poste / Téléphone
Correos – *Sur le Parque Colón - 8h-18h.*
Etecsa – *Ave. Céspedes, e/12 y 13.*

Stations-service Servicupet
À l'entrée de la ville en venant de Varadero, sur la calle 13 à l'angle de la calle 31.
Las Brisas – *Calle Calzada Real, e/Palma et Campiña.*

ARRIVER / PARTIR

En bus
Terminal de Ómnibus – *Angle ave. Céspedes et calle 22.* Liaisons quotidiennes pour Matanzas et La Havane. Le **Viazul** s'arrête tous les jours sur son trajet entre Varadero et Trinidad (*via* Santa Clara et Sancti Spíritus).

TRANSPORTS

En calèche
Le moyen de transport le plus utilisé à Cárdenas. Préparer des pièces de monnaie nationale.

Le Centre 4

À 150 km de La Havane :
▶ **LA PÉNINSULE DE ZAPATA**   **254**

À 256 km de La Havane :
▶ **CIENFUEFOS**★★   **260**

À 80 km de Sancti Spíritus et 280 km de La Havane :
▶ **SANTA CLARA**★   **272**
  Cayo Santa María ★★

À 82 km de Cienfuegos et 345 km de La Havane :
▶ **TRINIDAD**★★★   **282**

À 70 km de Trinidad et 348 km de La Havane :
▶ **SANCTI SPÍRITUS**★   **298**

À 425 km de La Havane et 440 km de Santiago de Cuba :
▶ **CIEGO DE ÁVILA**   **302**
  Cayo Coco★★ **et Cayo Guillermo**★★

À 330 km de Santiago de Cuba et 535 km de La Havane :
▶ **CAMAGÜEY**★   **312**

Dans une rue de Trinidad.
Angelo Cavalli/AGE Fotostock

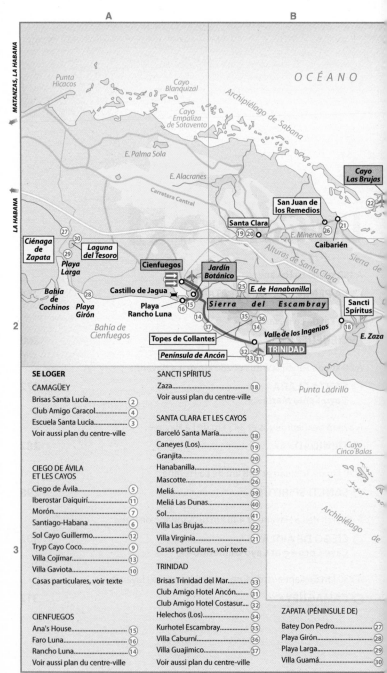

MATANZAS, LA HABANA

LA HABANA

OCÉANO

Punta Hicacos

Cayo Blanquizal

Archipiélago de Sabana

Cayo Empaliza de Sotavento

E. Palma Sola

E. Alacranes

Carretera Central

Cayo Las Brujas

San Juan de los Remedios

Santa Clara
⑲ ⑳

E. Minerva

㉖ ㉑ ㉒

Caibarién

Alturas de Santa Clara

Sierra de

Ciénaga de Zapata

Laguna del Tesoro

㉗ ㉚
㉙
Playa Larga

Cienfuegos

Jardín Botánico

E. de Hanabanilla
㉕

Sancti Spíritus

Castillo de Jagua
⑮
⑯
Playa Rancho Luna

Bahía de Cochinos

㉘
Playa Girón

⑭

Sierra del Escambray

⑱

E. Zaza

2

Bahía de Cienfuegos

Topes de Collantes

㉟ ㊱
㊲
㉞
Valle de los Ingenios

TRINIDAD
㉝ ㉛

Península de Ancón

Punta Ladrillo

Cayo Cinco Balas

Archipiélago de

SE LOGER

CAMAGÜEY
Brisas Santa Lucía......................②
Club Amigo Caracol...................④
Escuela Santa Lucía...................③
Voir aussi plan du centre-ville

CIEGO DE ÁVILA ET LES CAYOS
Ciego de Ávila..........................⑤
Iberostar Daiquirí.....................⑪
Morón.......................................⑦
Santiago-Habana ....⑥
Sol Cayo Guillermo..................⑫
Tryp Cayo Coco........................⑨
Villa Cojímar............................⑬
Villa Gaviota............................⑩
Casas particulares, voir texte

CIENFUEGOS
Ana's House.............................⑮
Faro Luna.................................⑯
Rancho Luna............................⑭
Voir aussi plan du centre-ville

SANCTI SPÍRITUS
Zaza...⑱
Voir aussi plan du centre-ville

SANTA CLARA ET LES CAYOS
Barceló Santa María.................㊳
Caneyes (Los)...........................⑲
Granjita....................................⑳
Hanabanilla.............................㉕
Mascotte..................................㉖
Meliá..㊴
Meliá Las Dunas......................㊵
Sol..㊶
Villa Las Brujas........................㉒
Villa Virginia.............................㉑
Casas particulares, voir texte

TRINIDAD
Brisas Trinidad del Mar............㉝
Club Amigo Hotel Ancón.........㉛
Club Amigo Hotel Costasur.....㉜
Helechos (Los).........................㉞
Kurhotel Escambray.................㉟
Villa Caburní............................㊱
Villa Guajimico.........................㊲
Voir aussi plan du centre-ville

ZAPATA (PÉNINSULE DE)
Batey Don Pedro......................㉗
Playa Girón...............................㉘
Playa Larga...............................㉙
Villa Guamá.............................㉚

3

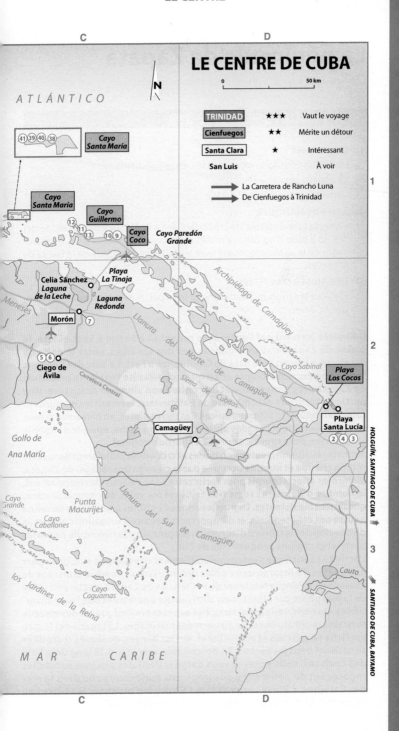

LE CENTRE DE CUBA

0 _____ 50 km

TRINIDAD	★★★	Vaut le voyage
Cienfuegos	★★	Mérite un détour
Santa Clara	★	Intéressant
San Luis		À voir

→ La Carretera de Rancho Luna
→ De Cienfuegos à Trinidad

ATLÁNTICO

N

Cayo Santa María

41 39 40 38

Cayo Santa María

Cayo Guillermo

12
11 13   10 9   Cayo Coco   Cayo Paredón Grande

Meneses

Celia Sánchez
Laguna de la Leche

Playa La Tinaja

Laguna Redonda

Archipiélago de Camagüey

Morón   7

Llanura   del   Norte   de   Camagüey

Cayo Sabinal

5 6
Ciego de Ávila

Carretera Central

Sierra de Cubitas

Playa Los Cocos

Camagüey

Playa Santa Lucía

2 4 3

Golfo de Ana María

Cayo Grande
Punta Macurijes
Cayo Caballones

Llanura   del   Sur   de   Camagüey

los Jardines de la Reina

Cauto

Cayo Caguamas

MAR   CARIBE

HOLGUÍN, SANTIAGO DE CUBA

SANTIAGO DE CUBA, BAYAMO

La péninsule de Zapata

Côte méridionale de la province de Matanzas - 3 300 km²

☺ NOS ADRESSES PAGE 258

🗐 **S'INFORMER**
   Les hôtels vous fourniront tous les renseignements.

◖ **SE REPÉRER**
   Carte de région A2 (p. 252-253).

☺ **À NE PAS MANQUER**
   Visiter la grande ferme de crocodiles de La Boca ; sillonner la lagune del Tesoro à bord d'un canot à moteur ; observer les oiseaux dans les maré-cages de la péninsule ; nager avec les poissons tropicaux de la Cueva de los Peces.

🕓 **ORGANISER SON TEMPS**
   Préférez la saison sèche, car une grande partie de la péninsule est inon-dée en hiver.

Délimitée au nord par l'autoroute reliant La Havane à Santa Clara, la plaine de Zapata s'avance dans la mer des Caraïbes, entre le golfe de Batabanó à l'ouest et la baie de Cienfuegos à l'est. La baie des Cochons forme une encoche longue et étroite qui délimite l'est de la péninsule de Zapata proprement dite et lui confère son allure de chaussure. Une partie du territoire est couverte de palétuviers, formant les mangroves caractéristiques du littoral tropical. Ces terres plates, au niveau de la mer, sont régulièrement inondées jusqu'à la saison sèche, époque à laquelle le sol forme de la tourbe, source de charbon végétal.

Avant la révolution, seuls moustiques et crocodiles pullulaient dans cette région chaude et humide occupée par la ciénaga (marécage) de Zapata. Malgré les efforts fournis pour sortir cette zone du sous-développement, le nombre d'habitants reste très faible et les voies de communication, quasiment inexistantes. Depuis les années 1970, les plantations de canne à sucre ont été étendues, et d'importants travaux d'irrigation ont permis de développer la culture d'agrumes, plaçant ainsi la péninsule parmi les premières régions productrices de l'île.

L'activité touristique s'est considérablement développée autour du parc national et du littoral, deux pôles qui attirent un nombre croissant de visiteurs. Le Parque Nacional de la Ciénaga de Zapata, déclaré Réserve de la biosphère par l'Unesco en 2001, abrite une flore et une faune diver-sifiées. De nombreux échassiers, des espèces endémiques et des oiseaux migrateurs ont élu domicile au cœur des marécages. La lagune del Tesoro est riche en perches et en truites et, sur les berges, quelques crocodiles se cachent dans les herbes. En descendant vers le sud, le long de la baie des Cochons, vous pourrez vous baigner dans des piscines naturelles regorgeant de petits poissons tropicaux multicolores ou dans la mer des Caraïbes, à Playa Larga et Playa Girón, qui plongent le visiteur au cœur de l'épisode le plus marquant de la guerre froide.

Se promener Carte de région, p. 252-253

🕭 **Conseil** – Munissez-vous d'une lotion anti-moustiques.

⋆ LE PARQUE NACIONAL DE LA CIÉNAGA DE ZAPATA A2

Comptez 2h pour visiter les sites autour de la Laguna del Tesoro.
De La Havane, prenez l'autoroute en direction de Santa Clara. Au km 140, à Jagüey Grande, tournez à droite vers Central Australia.

À 6 km de l'autoroute commence le parc national. La route traverse un paysage plat jusqu'à La Boca. De là part le canal de la lagune del Tesoro, sur lequel les embarcations se fraient un passage pour rejoindre Guamá, un village touristique figé aux temps des Indiens taïnos. Le reste du parc national est une zone protégée accessible uniquement par un chemin qui part de Playa Larga.

À 2 km au sud de l'autoroute, avant l'entrée du parc, la sucrerie de **Central Australia** ne présente pas grand intérêt et, pourtant, l'endroit est célèbre à Cuba. L'usine qui domine l'endroit servit en effet de quartier général à Fidel Castro lors de l'invasion de la baie des Cochons. En mémoire de cet épisode historique, on y a ouvert le **Museo de la Comandancia** *(tjl sf lun. 8h-17h - 1 CUC)*. Ce musée retrace l'histoire de Cuba de l'époque précolombienne à la révolution. Les restes d'un avion appartenant aux *contras* sont exposés à l'extérieur du bâtiment.

De Central Australia, continuez la route vers le sud sur 18 km. Sur la gauche, un complexe touristique marque l'entrée de l'embarcadère de La Boca, où un bateau mène à la Laguna del Tesoro.

⋆ La Laguna del Tesoro A2

Cette lagune tirerait son nom d'une légende, selon laquelle les Taïnos, poursuivis par les conquistadors espagnols, y auraient jeté des sacs remplis d'or demeurés introuvables à ce jour. Ses 9 km² d'eau douce n'en constituent pas moins un véritable trésor naturel regorgeant de truites, de carpes et de *manjuarís*, des poissons-fossiles à tête de crocodile.

La Boca est un centre touristique regroupant des restaurants, des boutiques de souvenirs et un atelier de céramique.

À proximité de l'embarcadère, on peut s'arrêter au **Criadero de Cocodrilos** *(9h-16h30 - 5 CUC)*, un centre d'élevage de crocodiles installé au début des années 1960 afin de sauvegarder l'espèce en voie de disparition. Regroupés par tailles et par âges dans différents étangs, plusieurs centaines de reptiles se dorent au soleil dans l'attente d'être nourris. Cette ferme mérite une visite, malgré l'odeur qui s'en dégage et les risques de piqûres de moustiques.

De La Boca partent les bateaux qui relient la lagune del Tesoro par un **canal** de 8 km bordé de roseaux et de palétuviers s'ouvrant sur un immense plan d'eau. Par beau temps, le trajet présente plus d'intérêt en hors-bord, car le pilote peut vous emmener dans des zones sauvages, inaccessibles en bac. De loin, on aperçoit **Guamá**, une série d'îlots reliés entre eux par des ponts de bois avec des bungalows sur pilotis *(voir « Hébergement », p. 258)*. Derrière ce complexe hôtelier, vous serez conduit en barque à la **réplique d'un village taïno** composé de *bohíos* (huttes) et d'un *caney*, le bungalow réservé au chef de tribu.

On doit à l'artiste cubaine Rita Longa (1912-2000) les **sculptures** disséminées sur la pelouse au bord de la lagune. Les Indiens y sont représentés dans des situations qui évoquent la vie quotidienne du village.

4

Les sites d'observation d'oiseaux

Bon à savoir –Pour accéder à la réserve protégée de la Ciénaga de Zapata, les seules routes praticables partent de Playa Larga, à 12 km au sud de La Boca. Il faut obligatoirement être accompagné d'un guide local (adressez-vous à l'hôtel Playa Larga).

À 30 km à l'ouest, les passionnés d'ornithologie pourront se rendre à **Santo Tomás**, un excellent observatoire d'oiseaux. Parmi les nombreuses espèces présentes dans la région, certaines sont spécifiques à la péninsule, tels le pic *carpintero jabado*, la *fermina*, la perruche (également dans l'île de la Jeunesse) et le moineau de Zapata. On peut aussi y voir le *zunzuncito*, l'oiseau-mouche, présent dans toute l'île.

Un autre chemin part de Playa Larga et longe l'ouest de la baie sur 10 km.

On arrive à une lagune d'eau salée, **La Salina**, réputée pour ses nombreux flamants roses, ses diverses espèces d'échassiers et d'oiseaux migrateurs.

LA BAIE DES COCHONS (BAHÍA DE COCHINOS) A2

33 km entre Playa Larga et Playa Girón.

Les deux grandes stations balnéaires de la région sont situées à Playa Larga, au fond de la baie, et à Playa Girón, à son embouchure. La route côtière qui relie les deux plages est jalonnée de mémoriaux en hommage aux soldats morts lors de l'invasion de la baie des Cochons. Outre son intérêt historique, ce trajet offre une très belle perspective de baignade dans une piscine naturelle.

Playa Larga A2

Elle fut l'une des deux plages du débarquement des troupes anti-castristes en avril 1961. Ce lieu n'offre pas énormément d'activités, mais de beaux récifs coralliens près de la côte en font un intéressant site de plongée sous-marine.

De Playa Larga, reprenez la route principale. Longez la côte sur 15 km jusqu'au restaurant El Cenote, à mi-chemin entre Playa Larga et Playa Girón.

Juste derrière la route, au milieu de la végétation tropicale, se niche la **Cueva de los Peces** (grotte aux Poissons). Cette grotte immergée forme une piscine naturelle de 70 m de profondeur regorgeant de poissons multicolores. Les centres de plongée y viennent régulièrement, mais vous pouvez vous contenter de louer un masque et un tuba au restaurant.

Playa Girón A2

La « plage bleue » n'a rien d'idyllique avec sa grande digue de béton qui crée une sorte de bassin artificiel. Ses fonds marins sont cependant réputés auprès des amateurs de plongée.

En passant par la station balnéaire, vous apercevrez en face de l'hôtel le **Museo Girón** *(9h-17h - 2 CUC)*. Une salle est consacrée au développement de la péninsule depuis la révolution, avec notamment de nombreuses photos sur la campagne d'alphabétisation. La seconde partie du musée relate le débarquement de la baie des Cochons, des préparatifs au déroulement des combats. À l'extérieur sont exposés des chars pris aux *contras*, un B-26 de l'armée cubaine, ainsi que les restes d'un moteur d'avion cubain.

Suivez le chemin côtier au sud-est de Girón sur 8 km jusqu'à Caleta Buena.

Caleta Buena est une jolie crique où les baigneurs peuvent nager au milieu des poissons tropicaux, en abondance dans cette réserve naturelle. On peut louer sur place du matériel de plongée pour observer la faune et la flore.

Pour aller à Cienfuegos, revenez à Playa Girón et prenez à droite la piste qui pénètre à l'intérieur des terres en direction du nord-est, jusqu'à Yaguaramas. Puis rejoignez, à droite, la carretera Central qui mène à Cienfuegos via Rodas.

Histoire

Les Indiens qui avaient élu domicile dans la péninsule appartenaient à la famille des Taïnos, peuple d'agriculteurs décimé par les conquistadors. Le village de Guamá tient d'ailleurs son nom d'un chef de tribu qui combattit vaillamment les Espagnols au début du 16ᵉ s.

La région de Zapata, délaissée pendant plusieurs siècles, servait de repaire aux pirates qui écumaient la mer des Caraïbes. Au 19ᵉ s., ses habitants se consacrent essentiellement à la production de charbon végétal transporté grâce aux canaux qui parcourent de vastes étendues marécageuses.

Dès son accession au pouvoir, Fidel Castro s'intéresse de près à cette zone vierge dépeuplée qu'il décide de sortir du sous-développement. La connaissance qu'il acquiert de cette région, jusque dans ses moindres recoins, sera considérée comme salutaire pour l'île lors de l'épisode de la baie des Cochons. Pendant la campagne d'alphabétisation menée au début des années 1960, des écoles et de nombreux dispensaires sont installés dans la péninsule, puis Playa Girón et Playa Larga deviennent des lieux de villégiature.

UNE VICTOIRE SYMBOLIQUE : LA BAIE DES COCHONS

Au lendemain de la révolution, les relations diplomatiques avec les États-Unis se détériorent rapidement. À partir du 18 octobre 1960, date de l'instauration de l'embargo économique, les deux pays se livrent à une escalade d'actions militaires qui atteint son paroxysme avec l'épisode de la baie des Cochons. Le 15 avril 1961, le bombardement de trois bases aériennes cubaines par les Américains fait sept morts et une cinquantaine de blessés. Dès le lendemain, Castro proclame, pour la première fois, le caractère socialiste de la révolution cubaine. Le 17 avril, une brigade de 1 400 exilés cubains, entraînés par la CIA au Nicaragua et au Guatemala, tente de débarquer sous escorte américaine sur les plages « bleue » (Playa Girón) et « rouge » (Playa Larga) dans la baie des Cochons. Deux des cargos participant à l'opération sont aussitôt coulés par sept avions cubains, l'unique force aérienne de Castro, et les autres navires doivent prendre la fuite. Deux jours après le débarquement, plus de 20 000 castristes sont présents dans la péninsule pour repousser l'assaut des *contras*. Castro dirige les combats depuis une sucrerie de Central Australia, à 30 km au nord du théâtre des opérations. En l'absence du renfort américain promis par le président Kennedy, les mercenaires sont contraints de reconnaître leur défaite. Le 20 avril, trois jours après le débarquement, le conflit cesse, et les 1 183 survivants de l'attaque sont faits prisonniers. Ils seront par la suite échangés contre des tracteurs et des médicaments, denrées devenues rares à Cuba. Cette zone du débarquement est jalonnée de mémoriaux en l'honneur des combattants et, çà et là, de grandes affiches rappellent l'échec de cette invasion considérée comme une première victoire sur l'impérialisme américain.

😊 NOS ADRESSES DANS LA PÉNINSULE

INFORMATIONS UTILES

Stations-service Servicupet
Jagüey – *À l'entrée de Jagüey Grande, à 1 km de l'autoroute.* Et, hors des sentiers battus, à **Jovellanos**, **Colón** et **Aguada de Pasajeros** (autopista km 172).

ARRIVER / PARTIR

La péninsule de Zapata n'est accessible que par la **route**. Des voyagistes de La Havane ou de Varadero programment souvent des **excursions** d'une journée dans cette région isolée.

TRANSPORTS

En voiture
La voiture est le seul moyen de transport utilisable dans la péninsule. Pour visiter les zones reculées du parc national, une Jeep est recommandée, en particulier lorsque le terrain est détrempé.

En bateau
Le complexe touristique de Guamá, sur la lagune del Tesoro, n'est accessible qu'en bateau. À 20 km de l'autoroute, des bateaux partent de l'embarcadère de **La Boca**. Le bac part de 1 à 3 fois/j selon la saison. Comptez 30mn jusqu'à Guamá. 10 CUC AR/pers. De petits hors-bord effectuent le voyage deux fois plus rapidement pour le même prix.

Location de véhicules
Les compagnies **Transtur** et **Havanautos** possèdent toutes les deux un comptoir de location à la Villa Playa Girón.

HÉBERGEMENT

Voir la carte de région, p. 252-253.

😊 **Bon à savoir** – Vous trouverez des *casas particulares* à Central Australia, à Jagüey Grande et surtout à Playa Larga et Playa Girón.

Dans le Parque Nacional de la Ciénaga de Zapata
▶ **Hôtels**

BUDGET MOYEN (30 À 50 CUC)

Batey Don Pedro, Finca Fiesta Campesina – A1 - *Autopista 142 km* - 🖉 *(45) 91 28 25* - ✕ - 10 ch. Près de Central Australia. De jolis bungalows tout confort, en bois et chaume. Accueil familial pour goûter à la vie paysanne reconstituée, dans un vrai parc naturel.

Villa Guamá – A1-2 - *Laguna del Tesoro* - 🖉 *(45) 91 55 51* - ▤ ✕ ≈ CC - 45 ch. - *bureau de change, services médicaux.* Dans la lagune del Tesoro, complexe touristique aux toits de palmes conçu sur le modèle d'un campement indien réparti sur 12 îlots. On accède aux bungalows de bois sur pilotis par des ponts suspendus ou en barque. Le cadre est splendide et reposant. Chambres rustiques et humides mais assez confortables. Beaucoup de moustiques.

À Playa Larga
▶ **Hôtel**

BUDGET MOYEN (30 À 50 CUC)

Playa Larga – A2 - 🖉 *(45) 98 72 94* - ▤ ✕ CC - 57 ch. autour

de 50 CUC - bureau de change, location de voitures. Des bungalows dispersés sur une grande pelouse en bordure de plage. Les chambres sont propres, mais le cadre est un peu sinistre. C'est l'unique hôtel du lieu, qui compte aussi des chambres chez l'habitant. Pour un cadre plus avenant, allez à Playa Girón.

À Playa Girón

▶ **Hôtel**

BUDGET MOYEN (30 À 50 CUC)

Playa Girón – A2 - 📞 *(45) 98 41 10 -* 🍴 ✕ 🛠 🆑 *- 292 ch. autour de 50 CUC - location de voitures, bureau de change, services médicaux, formule « tout inclus ».* À proximité de deux plages, chambres ou bungalows, qui ont pas mal vieilli. Nombreuses activités sportives proposées.

RESTAURATION

🍴 **Bon à savoir** – Les rares restaurants sont principalement localisés autour des pôles touristiques ou dans les hôtels.

Dans le Parque Nacional de la Ciénaga de Zapata

BUDGET MOYEN (10 À 15 CUC)

Complejo Turístico Pio Cuá – *Carretera Girón (à 4 km de l'autoroute, sur la route de Playa Girón) -* 📞 *(459) 33 43/48 - 11h30-17h30 - 10/30 CUC.* De grandes tables en bois sous une immense paillote. Clientèle de groupes. Poulet servi sous toutes ses formes, dont la spécialité maison, du poulet au fromage fondu. Repas moyen.

La Boca de Guamá – *Dans le complexe touristique de La Boca, à côté de l'embarcadère - 9h-16h - 10/30 CUC.* Dans un grand bungalow à toit de palmes, bons plats créoles. Nombreux groupes organisés. On peut y goûter du crocodile.

Entre Playa Larga et Playa Girón

BUDGET MOYEN (10 À 15 CUC)

Cueva de los Peces (El Cenote) – *Carretera a Península de Zapata km 45 -* 📞 *(459) 56 67 - 10/30 CUC.* À 15 km de Playa Larga vers Girón, près de la Cueva de los Peces. Grillades de poissons et crustacés.

ACHATS

À La Boca

Artisanat – Près de l'embarcadère de la lagune del Tesoro - 9h-16h. Boutique de souvenirs, cartes postales et articles en peau de crocodile.

Taller de Cerámica – Objets en céramique.

ACTIVITÉS

Excursions

La **Villa Guamá** et la **Villa Playa Larga** organisent des excursions dans les zones reculées de la péninsule pour observer les oiseaux. La **Villa Playa Girón** organise des sorties en mer sur des îlots déserts.

Plongée

Le **Centro Internacional de Buceo de Villa Playa Girón** loue du matériel de plongée et propose des cours pour tous niveaux. Plongée dans la mer des Caraïbes ou les grottes immergées de la baie des Cochons. Entre 30 et 60 CUC. Les lampes de plongée faisant souvent défaut, n'hésitez pas à apporter la vôtre… et à la laisser sur place.

Pêche

Les meilleurs sites de pêche sont autour du río Hatiguanico et de la Laguna de Salinas. Renseignements auprès des hôtels. Possibilité de louer des barques sur la lagune.

4

Cienfuegos

Chef-lieu de la province de Cienfuegos - 3ᵉ port de l'île - 186 500 hab.

🙂 NOS ADRESSES PAGE 267

▣ S'INFORMER

Cubanacán – Plan de la ville, B3 - *Calle 37 nº 1208, e/12 y 14 - 📞 (43) 52 49 92 - www.cubanacan.cu - 8h30-17h30.*
Les hôtels pourront aussi vous renseigner sur les excursions dans la Sierra del Escambray.

◉ SE REPÉRER

Carte de région (p. 252-253) - Plan de la ville (p. 261).

☺ À NE PAS MANQUER

Admirer les toits de la ville du belvédère du Palacio Ferrer ; prendre un verre sur la terrasse du Palacio de Valle ; assister à une représentation au Teatro Tomás Terry.

◕ ORGANISER SON TEMPS

Comptez 2 jours pour profiter du calme de la ville et des plages ; évitez de vous rendre en voiture au Castillo de Jagua ; le trajet est long et compliqué.

À mi-chemin entre les plaines marécageuses de Zapata et le massif de l'Escambray, la ville de Cienfuegos s'étire sur une péninsule à l'abri de l'une des plus grandes baies du pays. Les navires doivent se faufiler entre deux langues de terre, véritables pinces de crabe, se refermant sur cette mini-mer intérieure de 90 km². La « perle du Sud » mérite bien son surnom une fois passé sa banlieue industrialisée. Dès l'arrivée dans le centre-ville, vous serez séduit par ses larges avenues d'inspiration française. Ici, les ruelles encombrées des cités de province cèdent la place à de belles rues, dont les arcades aux couleurs pastel offrent un refuge aux heures chaudes de la journée. Passants, calèches et vélos sillonnent nuit et jour le Prado et le Malecón, témoignant par là leur plaisir à arpenter la charmante ville.

Se promener Plan de la ville, p. 261

Comptez une demi-journée.

Il est très facile de se repérer dans Cienfuegos grâce à son quadrillage régulier. Les artères d'est en ouest sont des *avenidas* portant des numéros pairs, et les rues perpendiculaires sont des *calles* dont les numéros impairs vont croissant depuis la baie. La longue calle 37, connue sous le nom de Malecón, puis de Paseo del Prado au nord de l'avenida 46, relie l'ancien quartier chic de Punta Gorda au centre historique de Pueblo Nuevo. Ce dernier abrite de beaux exemples d'architecture néoclassique, notamment sur le Parque José Martí, le square central de la ville.

Santa Clara, La Habana — ↑ Trinidad ✈

CIENFUEGOS

0   250   500 m

SAN LÁZARO

Avenida 70

Avenida 68

Avenida 66

Avenida 64

Av. 68
Av. 66
Av. 64
Av. 62
Av. 60
Av. 58
Av. 56
Av. 54

Cayo Loco

Museo Naval

PUEBLO NUEVO

Avenida 62

Avenida 60

Avenida 58

Avenida 56

Punta Verde

VOIR DÉTAIL
Parque
José Martí
Avenida 54

Cementerio de Reina

Avenida 50

REINA

Avenida 48

Coppelia

Avenida 52

Avenida 50

Avenida 48

Punta Arenas

Av. 44

Av. 42

Avenida 46

Avenida 44

Avenida 42

Av. 5 de Septiembre →

Avenida 40

Jardín
Botánico
Cementerio
Tomás Acea
Rancho Luna

Avenida 38

Avenida 36

Avenida 34

Ensenada Marcillán

PUNTA GORDA

Avenida 30

Avenida 28

Avenida 26

Punta Majagua

Punta
Revienta
Cordeles

Av. 22

Avenida 20

Bahía

de

Cienfuegos

(Jagua)

Avenida 18

Avenida 16

Av. 14
Av. 12
Av. 10

Avenida 14

Av. 12

Laguna
del Cura

Marina
Jagua

Av. 10

Av. 8

Punta
Gorda

Punta
del Medio

Av. 6

Av. 4

Av. 2

Av. 0   Palacio de Valle

SE RESTAURER

Club Cienfuegos..... ①
Covadonga............. ②
Palacio de Valle...... ⑤
Palatino (El)............ ③
Paseo (El)............... ④
Polinesio................. ⑥

Punta
Gorda

SE LOGER

Alain e Idania...................... ①
Arcenio Fuentes Pérez........ ②
Casa Cubana....................... ③
Casita de Ochun (La)......... ⑥
Delfines (Los)...................... ⑧
Gloria Borges..................... ④
Jagua................................. ⑤
Mandy y Olga..................... ⑨
Nilda y Pedro..................... ⑩
Unión (La).......................... ⑦
Villa Lagarto....................... ⑪

Teatro
Tomás Terry

Avenida 58

Avenida 56

Catedral

Palacio
Ferrer

Parque
José Martí

B

Avenida 54

El Palatino

Palacio de
Gobierno

Museo Provincial

Avenida 52

0   100 m

Histoire

La baie de Jagua fut pendant longtemps victime de nombreuses incursions de pirates, basés en Jamaïque et sur l'ancienne île des Pins. Dès 1745, le Castillo de Nuestra Señora de los Angeles de Jagua est érigé à l'entrée du chenal pour protéger la région contre leurs assauts, sans cesse renouvelés. Le port ne sera construit que 74 ans plus tard, avec l'arrivée du Français **Louis de Clouet**, accompagné d'une quarantaine de familles originaires de Bordeaux et de la Nouvelle-Orléans. Des noms de villages voisins tels « Perché » ou « Catorce de Julio » (14 juillet) évoquent encore l'arrivée de ces Français, contraints de quitter la Louisiane au lendemain de sa cession par la France aux États-Unis (1803).

En avril 1819, ces colons fondent la ville Fernandina de Jagua, en hommage au roi espagnol Ferdinand VII. Dix ans plus tard, elle est rebaptisée Cienfuegos, du nom de don José Cienfuegos, gouverneur espagnol alors en poste. Celui-ci avait incité les familles françaises à s'installer dans cette région à forte densité africaine afin de rétablir la proportion de Blancs. Avec leur arrivée, la ville connaît une discrimination raciale relativement sévère, obligeant notamment les populations noire et blanche à emprunter des trottoirs différents sur le Prado, l'artère principale de la ville.

UN PÔLE INDUSTRIEL

Au lendemain de la révolution, Cienfuegos se transforme en une importante zone industrielle grâce à l'aide soviétique. Avec le redécoupage de la carte administrative du pays en 1976, ce port devient le chef-lieu de la province de Cienfuegos. Plusieurs sucreries à haut rendement ainsi que des minoteries sont mises en place. La ville se dote également d'un important chantier naval et de la plus grande cimenterie de l'île en 1980. La seule centrale nucléaire du pays est implantée à Cienfuegos mais, depuis la chute du bloc socialiste, les travaux d'achèvement ont été suspendus.

Le Teatro Tomás Terry.
Paul Harris/John Warburton-Lee/Photononstop

★★ LE PARQUE JOSÉ MARTÍ A-B1 et zoom

Cette place aux proportions majestueuses est encadrée de nombreux édifices datant de la fin du 19e s. et du début du 20e s. Au centre du square, quelques bancs invitent à une halte à l'ombre des arbres. En effet, pendant les heures d'ouverture des musées, la police veille à éloigner des touristes les *jineteros* indésirables. Il y règne donc habituellement un calme surprenant. Quelquefois, l'orchestre municipal, installé sous la *glorieta* (kiosque à musique), entraîne les habitants au son de ses rythmes afro-cubains.

Plusieurs monuments évoquent des épisodes de l'histoire cubaine. À l'entrée de la place, derrière deux lions de marbre, une **rosace** dessinée sur le sol marque les limites de la ville à l'époque de sa fondation en 1819. Les allées qui parcourent le square convergent toutes vers le centre, où est érigée une **statue de José Martí**, le héros national. Dans l'alignement de cette statue, à l'extrémité ouest, un **arc de triomphe** commémore l'indépendance de l'île en 1902.

4

La cathédrale de la Purísima Concepción
7h-12h, sam. 7h-12h, 14h-16h - gratuit.
Édifiée en 1869, elle domine le côté est du square. Flanqué de deux tours asymétriques, cet édifice néoclassique est orné de **vitraux**, importés de France en 1870, représentant les douze apôtres. Le bâtiment est également réputé pour son bel **autel★** surmonté de colonnes corinthiennes.

★★ Le Teatro Tomás Terry
9h-18h - 1 CUC.
À droite en sortant de la cathédrale, à l'angle de la calle 27, se dresse ce théâtre, baptisé du nom d'un magnat du sucre d'origine vénézuélienne. Cet édifice, construit en 1889, complète la trilogie des célèbres théâtres provinciaux avec le Jacinto Milanés de Pinar del Río *(voir p. 207)* et le Teatro Sauto de Matanzas *(voir p. 227)*.

Sa façade néoclassique a été rénovée, mais la salle est restée intacte, avec ses rangées de sièges en bois pouvant accueillir 950 spectateurs. Les balcons sont d'une élégante sobriété et une très belle **fresque★** orne le plafond. Les visiteurs peuvent arpenter la scène où se produisit notamment le ténor italien Enrico Caruso. Derrière les coulisses, un escalier assez raide permet d'accéder au toit surplombant le Parque José Martí.

★ Le Palacio Ferrer

Derrière l'arc de triomphe, cet édifice Art nouveau surmonté d'une tour fait l'angle de la calle 54. Il porte le nom de son propriétaire, un riche Catalan qui s'installa à Cienfuegos à la fin du 19e s. Il abrite aujourd'hui la Maison de la culture Benjamin Duarte. Il est possible de monter en haut du belvédère (*1 CUC*), d'où la **vue★★** s'étend sur les toits de tuiles et la baie de Cienfuegos. L'édifice est actuellement en travaux.

À l'angle de l'avenida 54 et de la calle 27, **El Palatino** (*voir « Restauration », p. 270*) occupe l'une des plus anciennes maisons de la ville, construite en 1842. Depuis le début du 20e s., cette belle demeure à arcades a successivement abrité un café-restaurant, une pâtisserie et un bar.

De l'autre côté de la calle 27 se trouve le **Museo Provincial** (*mar.-sam. 10h-18h, dim. 9h-12h - 2 CUC*). Ce musée occupe l'ancien casino espagnol, où se réunissaient les membres du club Jesús Menéndez, fondé à la fin du 19e s. Les salles retracent l'histoire de la ville à travers sa culture éclectique : musique, littérature, théâtre et mobilier. Les arts plastiques, notamment contemporains, font l'objet d'expositions temporaires.

Juste à côté du musée, dans l'ancien **Palacio de Gobierno**, grand bâtiment bleu coiffé d'un dôme, siège désormais le Poder Popular Provincial (assemblée provinciale).

Jusqu'au Prado, l'avenida calle 54 devient une zone piétonne où sont regroupés de nombreux commerces. Ce **bulevar** jouit de cette animation teintée de langueur tropicale, si particulière aux villes de province.

AUX ALENTOURS DU PARQUE JOSÉ MARTÍ

Longez l'avenida 56 en direction de la baie et tournez à droite dans la calle 21.

Au nord-ouest du centre historique, à l'angle de la calle 21 et de l'avenida 60, le **Museo Naval** (A1) (*mar.-sam. 10h-18h, dim. 9h-13h - 1 CUC*) est consacré à l'histoire de la navigation, y compris la marine de guerre de Cuba. Une place spéciale est faite au soulèvement des marins de la base navale, le 5 septembre 1957, contre le régime de Batista.

Suivez l'avenida 48 d'est en ouest jusqu'à la voie de chemin de fer. Continuez sur quatre cuadras jusqu'au dépôt de bus, puis prenez le chemin de terre sur la droite.

Le petit **cimetière de Reina** (A2), datant de 1836, est situé à l'extrémité ouest du quartier de Reina. Au milieu d'un fouillis de pierres tombales mal entretenues, où reposent de nombreux Français, une statue en marbre de jeune femme attire l'attention. Selon la légende, la Bella Durmiente (Belle endormie) serait morte d'un chagrin d'amour à l'âge de 24 ans.

Descendez le Prado (calle 37), qui prend tout naturellement le nom de Malecón en longeant le front de mer.

★ PUNTA GORDA B3-4

Jadis quartier chic de Cienfuegos, Punta Gorda s'étire sur une péninsule de 3 km de long, au sud du centre historique. Le Malecón, un peu désolé par endroits, est

Palacio de Valle.
Martin Moxter/imagebroker/AGE Fotostock

bordé de riches villas, vestiges de la présence américaine sous Batista. Cette avenue rejoint l'extrémité de la péninsule où sont concentrés les établissements touristiques, dans un très beau quartier de maisons de bois rappelant La Nouvelle-Orléans. À l'extrémité de la calle 37, on repère sans mal l'imposante structure de béton de l'**hôtel Jagua**, un ancien casino construit dans les années 1950.

Juste derrière, au milieu des arbres, une demeure à l'architecture surprenante apparaît comme par enchantement. Le **Palacio de Valle★** réalise une étonnante combinaison de styles roman, gothique et baroque avec une nette prédominance mauresque. Ce palais, comme sorti des *Mille et Une Nuits*, porte le nom du riche Cubain qui le fit édifier au début du 20ᵉ s. L'intérieur abrite désormais un restaurant *(voir « Restauration », p. 270)* et le bar-terrasse offre une **vue★** dégagée sur l'extrémité de Punta Gorda.

En empruntant la calle 35 jusqu'à l'extrémité de la péninsule, vous pourrez admirer d'élégantes **villas en bois★★**, construites par les colons de Louisiane. Les balcons ressemblent à de la dentelle délicatement ouvragée posée sur ces façades aux tons vert pistache, jaune moutarde ou rose framboise.

La calle 35 se termine par un petit **square** avec aire de loisir et bar-snack baptisé « La Punta ». Venez y prendre un rafraîchissement, tout en admirant l'immense baie de Cienfuegos. Dans la journée, quelques baigneurs se retrouvent au bar ou au bord de l'eau. Le soir, on y joue aux dominos et, le week-end, le square se transforme en discothèque en plein air.

Circuits conseillés Carte de région, p. 252-253

LA CARRETERA DE RANCHO LUNA A2

◗ *Circuit de 45 km - Comptez une demi-journée avec les visites.*
Pour quitter Cienfuegos, prenez l'avenida del 5 de Septiembre en direction de La Milpa.

À 2 km du centre-ville, sur l'avenida 5 de Septiembre, une réplique du Parthénon d'Athènes marque l'entrée du **cimetière Tomás Acea**. Cette vaste nécropole, construite au début du 20e s., abrite notamment un monument en hommage aux victimes du 5 septembre 1957.

Après le cimetière, effectuez 10 km jusqu'à un pont. 1 km plus loin, prenez la route de gauche juste avant la station-service locale. Continuez jusqu'au bout, puis bifurquez à gauche (il vous faudra prendre cette même route vers la droite pour vous rendre à Trinidad). À 2 km, repérez un portail blanc sur votre gauche.

★★ Le Jardín Botánico

9h-17h - 5 CUC - possibilité de déjeuner sur place (5 CUC).

À une vingtaine de kilomètres du centre-ville s'étend le plus vieux jardin botanique de l'île. Cette vaste forêt fut créée au début du 20e s. par Edwin Atkins, un magnat du sucre d'origine américaine, avant de devenir un laboratoire de recherche tropicale géré par l'université américaine de Harvard, en 1919. Sur 96 ha, on peut dénombrer plus de 2 000 espèces végétales provenant de zones tropicales et subtropicales, dont plus de 300 espèces de palmiers – ce qui fait de cette collection l'une des plus importantes d'Amérique du Sud. La flore n'aura plus aucun secret pour vous si vous comprenez l'espagnol. Sinon, le guide se contentera d'énoncer en français les noms des principales plantes.

Retournez à la station-service sur la route principale et prenez à gauche. Continuez sur 5 km.

Playa Rancho Luna est la station balnéaire la plus proche de Cienfuegos. Cette petite plage possède une infrastructure touristique qui peut servir de point de départ pour visiter la région si vous possédez un véhicule.

Suivez cette même route au-delà de la plage sur 4 km. Vous apercevez alors l'hôtel Pasacaballo et, de l'autre côté de la baie, la forteresse de Jagua.

Le Castillo de Nuestra Señora de los Angeles de Jagua

Le plus simple est de s'y rendre en ferry (2 CUC AR, toutes les heures environ), depuis les rives de l'hôtel Pasacaballo (se renseigner au comptoir). En voiture, la route est difficile et longue, et le bateau que proposent la Marina ou l'hôtel Jagua est une solution onéreuse.

Situé sur la rive ouest de la baie de Cienfuegos, ce fort surplombe **Perché**, un ravissant village de maisons en bois sur pilotis fondé par des Français au 19e s. Édifiée en 1745 pour protéger la baie contre les attaques de pirates, la forteresse ne présente pas un grand intérêt. On peut largement se contenter de la vue qu'en offre l'hôtel Pasacaballo juste en face.

DE CIENFUEGOS À TRINIDAD A-B2

Deux itinéraires permettent de relier Cienfuegos à Trinidad *(voir p. 282)*. Mieux vaut emprunter la **route côtière** qui se faufile entre la Sierra del Escambray et la mer des Caraïbes.

🕭 **Conseil** – Prenez garde aux pneus de votre véhicule, surtout le soir et l'hiver, car des milliers de crabes descendus des montagnes traversent parfois la chaussée pour regagner les plages !

Il est fortement déconseillé de s'aventurer sur la portion de route de montagne entre Cienfuegos et Topes de Collantes *(voir p. 290)*. Les pentes extrêmement raides ne sont asphaltées qu'en partie et sont jalonnées d'énormes nids-de-poule.

😊 NOS ADRESSES À CIENFUEGOS

Voir le plan de la ville, p. 261.

INFORMATIONS UTILES

Banque / Change
Banco Financiero International – A1 et zoom - *Angle ave. 54 et 29.* La réception de l'hôtel Jagua et celle du Faro Luna *(voir « Hébergement », p. 270)* changent des devises.

Poste
Correos – B1 - *Angle calle 35 et ave. 56 - 9h-17h.*
DHL – B1 - *Ave. 54, e/35 y 37.* Envois express.

Téléphone / Internet
Etecsa – B1 et zoom - *Calle 31, e/54 y 56 (juste en face de l'hôtel Union) - 8h30-21h30.* Deux ordinateurs et une connexion très lente.

Santé
Clínica Internacional – B4 - *Calle 37 no 202, e/2 y 4, Punta Gorda (près de l'hôtel Jagua) -* ☎ *(43) 55 16 22/23 - 24h/24.* Consultations, service ambulancier et hospitalisations en pesos convertibles. Le bâtiment abrite également une pharmacie.

Stations-service Servicupet
Punta Gorda – B3 - *Angle calle 37 et ave. 16 (à 700 m de l'hôtel Jagua).*
Rancho Luna – *À proximité de l'hôtel du même nom (voir « Hébergement », p. 269), à une vingtaine de kilomètres de la ville.*

ARRIVER / PARTIR

En avion
Aeropuerto Internacional Jaime Gonzalez – *À 5 km au nord-est de la ville sur la route principale en direction de Trinidad.* Plusieurs liaisons par semaine avec le Canada.

Aerocarribean et **Aerotaxi** assurent cette destination en vol intérieur.

En train
Terminal de Ferrocarriles – B1 - *Angle ave. 58 et calle 49.* Tous les jours, un train relie en principe Cienfuegos à La Havane (entre 7h et 10h de trajet). Liaisons quotidiennes avec quelques villes de province.

En bus
Terminal de Ómnibus – B1 - *Accès par le sous-sol de la gare ferroviaire.*
Viazul – S'arrête à Cienfuegos sur ses 2 trajets quotidiens entre La Havane et Trinidad, dans les deux sens. Il se rend également à Varadero (4h30, env. 17 CUC). Plusieurs bus « classiques » par jour pour La Havane, Trinidad et Santa Clara. Un bus un jour sur deux pour Camagüey et Santiago de Cuba. Réservez très longtemps à l'avance.

En bateau
La **Nautica Cubanacán** – B3 - *Calle 35, e/ave. 6ta y 8va -* ☎ *(43) 55 12 41/75.* Accueille les bateaux de plaisance.

TRANSPORTS

En taxi
Les taxis sont un peu plus rares ici que dans le reste de l'île. Ils sont moins chers aussi. Vous en trouverez une petite concentration près du terminal des bus.

En calèche
La calèche offre une promenade pittoresque à très bas prix.
Location de véhicules
Havanautos – B3 - *Jouxte la station-service, angle calle 37 et*

4

ave. 16, Punta Gorda - $\mathscr{C}$ *(43) 55 11 54.* Elle dispose également d'un comptoir dans l'hôtel Rancho Luna *(voir « Hébergement », p. 269),* $\mathscr{C}$ *(43) 55 81 43.*

Transtur est présent dans les hôtels Rancho Luna, $\mathscr{C}$ *(43) 55 12 11,* et Jagua *(voir « Hébergement », p. 269),* $\mathscr{C}$ *(43) 55 10 03.*

HÉBERGEMENT

☺ **Bon à savoir** – Les chambres d'hôte sont légion dans le **centre-ville**. C'est aussi là qu'elles sont le moins cher. La plupart se trouvent dans les maisons coloniales, sur le Prado (calle 37) et dans les avenues qui montent vers l'est. Moins nombreuses et plus chères, les plus agréables se trouvent à **Punta Gorda**, un quartier où il reste de belles maisons en bois du début du siècle. Quelques demeures accueillent également les touristes près de la **plage de Rancho Luna**. Comptez 3 CUC pour le petit-déj.

Dans le centre-ville
◗ **Casas particulares**

PREMIER PRIX (15 À 30 CUC)

Arcenio Fuentes Pérez – *B2 - Calle 37 n° 4024, e/40 y 42 -* $\mathscr{C}$ *(43) 51 37 30 -* 🖳 *- 2 ch. 15/20 CUC* 🛏. Chambres sommaires et propres à deux pas du Malecón. Ancien DJ, Arcenio est un musicien averti. Il n'hésitera pas à vous escorter dans vos promenades !

Alain e Idania – *B1 - Ave. 54 n° 5512 (Altos), e/55 y 57 -* 🖳 ✕ *- 2 ch. 20/25 CUC.* Au 1er étage d'une maison avec une terrasse sur rue calme et une autre sur le toit. Ce jeune couple adorable met à votre disposition deux chambres calmes et lumineuses, un salon avec TV et réfrigérateur, ainsi que la cuisine.

Nilda y Pedro – *B1 - Ave. 56 n° 5707, e/57 y 59 -* $\mathscr{C}$ *(43) 51 78 54 - anayc@ucf.edu.cu -* 🖳 ✕ 🅿 *- 2 ch. 20/25 CUC.* Au rdc d'une maison blanche très calme, dotée d'une grande cour arborée. Les chambres, confortables et coquettes, disposent d'une bonne literie. Accueil très chaleureux.

Casa Cubana (Iliana y Omar) – *B1 - Ave. 52 n° 4309, e/41 y 43 -* $\mathscr{C}$ *(43) 52 13 83 -* 🖳 ✕ *- 2 ch. 20/25 CUC.* Au 1er étage d'une jolie maison tranquille, les deux chambres sont contiguës, idéales pour une famille. Un mirador permet d'admirer la ville. Bon accueil.

BUDGET MOYEN (30 À 50 CUC)

Gloria Borges – *B3 - Calle 37 n° 4202, e/42 y 44 -* $\mathscr{C}$ *(43) 51 98 91 -* 🖳 *- 2 ch. autour de 35 CUC.* Rare à Cuba, un vrai et grand jardin constitue l'arrière de cette maison du Malecón. Une chambre simple et agréable dans la maison et un petit studio indépendant attenant. Accueil réservé et propreté irréprochable.

◗ **Hôtel**

UNE FOLIE (PLUS DE 80 CUC)

La Unión – *B1 et zoom - Calle 31, e/ ave. 54 y 56 -* $\mathscr{C}$ *(43) 55 10 20 - www. hotellaunion-cuba.com -* 🖳 ✕ 🛁 cc *- 49 ch. autour de 130 CUC.* Rénové avec des matériaux un peu trop modernes, cet édifice de 1869 n'en demeure pas moins l'unique hôtel du centre-ville. Ses chambres, spacieuses et confortables, s'organisent autour de deux patios et d'une agréable piscine. Évitez le restaurant, même pour y prendre votre petit-déj.

À Punta Gorda
◗ **Casas particulares**

☺ **Bon à savoir** – Toutes les maisons s'alignent le long de la mer sur une langue de terre posée au milieu de la baie : lever et coucher de soleil garantis depuis votre *casa*. L'accès se fait par une rue paisible, à droite au rond-point, après l'hôtel Jagua. Il faut une bonne demi-heure à pied pour rejoindre le centre-ville, mais des *bici-taxi* circulent sur le Malecón jour et nuit. Comptez 5 CUC pour le petit-déj.

BUDGET MOYEN (30 À 50 CUC)

La Casita de Ochun – B4 - *Calle 35 n° 16, e/ave. 0 y Litoral* - ☎ *(43) 51 94 49 - dagmara3518@yahoo. es* - 🍴 - *1 ch. 30/35 CUC.* Cette maisonnette en bois peinte en vert ne manque pas de charme. Elle cache un petit jardin sur mer où l'on prend ses repas à l'ombre d'un bel amandier. Chambre toute blanche.

Mandy y Olga – B4 - *Calle 35 n° 4D, e/ave. 0 y Litoral* - ☎ *(43) 55 59 51* - 🖥 ✕ - *1 ch. 30/35 CUC.* L'étage de cette petite maison, accessible par un escalier indépendant, est entièrement réservé aux hôtes. Chambre un peu étouffante en dépit d'un balcon sympathique sur la pointe. Bon accueil.

Los Delfines – B4 - *Calle 35 n° 4E, e/ave. 0 y Litoral* - ☎ *(43) 52 04 58 - losdelfines35@yahoo.es* - 🖥 ✕ - *1 ch. 30/35 CUC.* Grande chambre au 1er étage très sobrement décorée dans le style marin. Vaste terrasse rien que pour vous face à la Sierra del Escambray. Bonne cuisine et excellent accueil.

Villa Lagarto – B4 - *Calle 35 n° 4B, e/ave. 0 y Litoral* - ☎ *(43) 51 99 66 - villalagarto_16@yahoo. com* - 🖥 ✕ 🏊 - *2 ch. 30/35 CUC.* Tony et Maylin mettent un point d'honneur à vous offrir un confort, une propreté et un service irréprochables. Mojito de bienvenue, hamacs et fauteuils à bascule sur la terrasse, remarquable dîner avec des produits bio dans leur jardin luxuriant… Rien n'est laissé au hasard pour concurrencer les grands établissements. Les chambres donnent sur le jardin de la Punta Gorda, parfois animé en fin de semaine par des musiciens. On parle anglais.

◗ **Hôtel**

UNE FOLIE (PLUS DE 80 CUC)

Jagua – B4 - *Calle 37 n° 1, e/ave. 0 y 2* - ☎ *(43) 55 10 03 - reservas@jagua.co.cu* - 🖥 ✕ 🏊 🆑 - *149 ch. autour de 105 CUC* ☕ - *location de voitures, bureau de change, bureau de tourisme Cubatur.* Ce bâtiment de la fin des années 1950 domine le quartier de Punta Gorda et le Malecón. Grandes chambres confortables avec balcons sur la baie et la ville. L'atmosphère est assez impersonnelle avec une clientèle de groupes organisés. Quant au service, il laisse sérieusement à désirer.

Aux environs de Cienfuegos

Voir la carte de région, p. 252-253.

◗ **Casa particular**

PREMIER PRIX (15 À 30 CUC)

Ana's House – A2 - *Playa Rancho Luna* - ☎ *(43) 54 81 35 - anaduarte_cu@yahoo.es* - 🖥 - *1 ch. 25/30 CUC* - ☕ *3 CUC.* Une maison toute simple pour ceux qui veulent loger près de la plage. Familial et sympathique.

◗ **Hôtels**

UNE FOLIE (PLUS DE 80 CUC)

Rancho Luna – A2 - *Carretera de Rancho Luna km 19, Playa Faro Luna* - ☎ *(43) 54 80 12* - 🖥 ✕ 🏊 🆑 - *222 ch. autour de 80 CUC - bureau de tourisme, location de voitures, Internet, tennis, delfinarium.* Un hôtel récent avec une formule intéressante, car le « tout inclus » comprend la location de planches à voile et une promenade à cheval.

4

Faro Luna – A2 - *Carretera de Pasacaballo km 18, Playa Faro Luna* - ℰ *(43) 54 80 30* - ⊟ ✕ ☶ cc - *46 ch. autour de 130 CUC tout inclus - bureau de tourisme, change, location de voitures, centre de plongée.* À 20 km du centre-ville, hôtel récent, agréable et propre. Autour de la piscine, des chambres jolies et confortables réparties dans plusieurs bâtiments avec, pour la plupart, vue sur la mer depuis leur terrasse.

RESTAURATION

☺ **Bon à savoir** – Cienfuegos n'a rien d'une étape gastronomique. Si vous logez dans une *casa particular*, c'est là que vous mangerez le mieux. Sinon, vous pourrez essayer les *paladares* que proposent les Cubains.

Dans le centre-ville

PREMIER PRIX (MOINS DE 10 CUC)

El Palatino – A1 et zoom - *Ave. 54, e/25 y 27 - 10h-22h - autour de 7 CUC.* Dans l'une des plus anciennes maisons de Cienfuegos, de hauts plafonds de bois peints en bleu, un bar sur toute la longueur de cette grande salle et une terrasse sous des arcades du Parque José Martí. On ne sert malheureusement que des repas légers et parfois du poisson. L'un des endroits les plus agréables de Cienfuegos lorsqu'il n'est pas envahi par les groupes organisés.

BUDGET MOYEN (10 À 15 CUC)

Polinesio – B1 et zoom - *Sur le Parque José Martí (à droite de la cathédrale)* - ℰ *(43) 25 723 - 12h-22h - 10/12 CUC.* Bien situé, ce restaurant ne possède malheureusement pas de tables en terrasse. On mange donc à l'intérieur, dans une salle climatisée et plutôt sombre malgré sa décoration polynésienne. Cuisine créole bon marché.

El Paseo – B1 - *Angle calles 37 et 56 - 12h-15h, 18h-22h - 10/12 CUC.* Ce restaurant self-service sert exclusivement des plats créoles. Une adresse pratique, pour manger léger ou pour changer du poulet et du porc frits.

POUR SE FAIRE PLAISIR (15 À 30 CUC)

Club Cienfuegos – B3 - *Calle 37, e/8 y 12* - ℰ *(43) 51 28 91 ou 52 65 40 - 12h-22h30 - 15/20 CUC.* L'élégant bâtiment de l'ancien yacht-club de la ville est à présent un vrai restaurant chic, qui propose une bonne cuisine. Nappes, bougies, bouquets et service stylés. Belle vue depuis le toit et bar au rdc fréquenté dès 17h par la jeunesse dorée… Assez étonnant à Cuba.

À Punta Gorda

PREMIER PRIX (MOINS DE 10 CUC)

Covadonga – B4 - *Face à l'hôtel Jagua - 12h30-15h, 18h30-21h - 5/15 CUC.* Un restaurant sans prétention d'un très bon rapport qualité-prix, pour manger une paella *cienfueguera*, des crevettes, poissons ou langoustes bon marché. Grande salle vitrée ou agréable terrasse sur la baie.

POUR SE FAIRE PLAISIR (15 À 30 CUC)

Palacio de Valle – B4 - *Calle 37, e/ ave. 0 y 2 (à côté de l'hôtel Jagua)* - ℰ *(43) 55 12 26 - 10h-23h - 20/40 CUC.* Dans ce somptueux palais au décor mauresque, la nièce du poète Nicolás Guillén s'installe parfois au piano à queue pour chanter des boléros. Malheureusement, la qualité de la cuisine, essentiellement des fruits de mer, n'est pas toujours à la hauteur du cadre. Il est possible de visiter l'édifice (1 CUC) ou de boire un cocktail sur la terrasse.

BOIRE UN VERRE

Bars

El Palatino (A1 et zoom) et le **Palacio del Valle** B4 sont deux endroits agréables. La sobriété du premier, situé en plein centre, offre une halte rafraîchissante au cours d'une visite de la ville. Le second peut satisfaire des envies de cadre luxueux pour prendre un apéritif. Sur le Malecón, vous ne pourrez pas manquer les amplis du bar **El Pinitos** B3, à l'angle de l'ave. 22, très fréquenté par les jeunes. Pour les amateurs de mojitos, le patio du **Teatro Terry** (A1 et zoom), à l'angle de Paseo et de la calle 52, est délicieux. Des concerts y sont organisés certains soirs à 22h.

EN SOIRÉE

Concerts

Le **Café Cantante** – B1 - *Angle calles 37 et 54 - 21h-2h et parfois matinées dansantes (15h-19h)*. Accueille d'excellents groupes de musique traditionnelle, dans une ambiance authentiquement cubaine.

Discothèques

Benny Moré – B1 et zoom - *Calle 54, e/29 y 31 - mar.-jeu. 22h-1h, vend. et w.-end 17h-1h - 3 CUC*. Baptisée du nom du célèbre *sonero* né dans la province, cette boîte offre une grande piste illuminée pour danser sur des airs cubains ou occidentaux. Toujours plus animée en fin de semaine. **Le Caribbean** – B3 - *Calle 35, e/20 y 22*. Les pieds dans l'eau, cette boîte est chaudement recommandée par la jeunesse cubaine. En fin de semaine. Le très agréable **square** B4, au bout de la Punta Gorda, se transforme parfois en piste de danse le soir. Les établissements hôteliers abritent également des discothèques.

ACTIVITÉS

Excursions

L'hôtel **Rancho Luna** (*voir « Hébergement », p. 269*) organise des excursions dans la Sierra del Escambray.
Des bateaux partent de l'hôtel Pasacaballo pour rejoindre le Castillo de Jagua.

Plongée

Les hôtels **Faro Luna** et **Rancho Luna** (*voir « Hébergement », p. 269-270*) proposent de simples plongées ainsi que différents cours d'initiation et de perfectionnement.

Delfinarium

Réservation au **Faro Luna** et au **Rancho Luna** (*voir « Hébergement », p. 269-270*). 9h-30-16h. 50 CUC pour 25mn. Bien entretenu, le delfinarium est nettement moins cher et plus agréable que ceux de Varadero ou de Guardalavaca.

ACHATS

Marché

Un marché pittoresque B1 est organisé le dimanche matin sur la calle 64, à hauteur du parc.

Artisanat

Fondo Cubano de Bienes Culturales – A1 et zoom - *Ave. 54 (à côté du bar El Palatino - 9h-19h30*. Très grand choix d'artisanat et de peintures cubaines de grande qualité.
Galeria de Arte – A1 et zoom - *Ave. 56 n° 2505 (à gauche du théâtre sur le Parque José Martí) - 9h-18h30*. Propose un bon choix d'artisanat et d'œuvres d'art.

4

Santa Clara

Cayo Santa María ★★

Chef-lieu de la province de Villa Clara - 250 500 hab.

NOS ADRESSES PAGES 277, 280

S'INFORMER
Havanatur – *À Caibarién - www.havanatur.cu*. Pourra vous fournir tous les renseignements utiles.

▶ **SE REPÉRER**
Carte de région B1 (p. 252-253).

À NE PAS MANQUER
Marcher sur les traces de Che Guevara ; assister au carnaval de Remedios ; se baigner dans les cayos de l'archipel de Sabana.

🕐 **ORGANISER SON TEMPS**
Déplacez-vous en voiture ou en taxi, car les distances sont grandes et l'on se perd facilement.

Santa Clara est adossée au versant nord de la Sierra del Escambray, à mi-chemin entre l'océan Atlantique et la mer des Caraïbes. Le rythme de cette capitale provinciale rompt à peine avec la torpeur des bourgades rurales alentour. Seuls les nombreux étudiants de l'université – l'une des plus grandes de l'île – concourent à l'animation de la ville, surtout en fin de semaine. Pour les amateurs de lieux paisibles et de nature, nous proposons quelques excursions sur les deux côtes, chacune distante d'une cinquantaine de kilomètres à vol d'oiseau. Vous apprécierez particulièrement la charmante Remedios.

Se promener Carte de région, p. 252-253

S'orienter dans les rues à angle droit de Santa Clara ne pose pas vraiment de problème. Les curiosités touristiques étant assez éloignées les unes des autres, il est préférable de se déplacer en voiture.

LE PARQUE LEONCIO VIDAL

Piétonne, la place centrale de Santa Clara est toujours animée. Les habitants aiment se retrouver à l'ombre des *guásimas* de son square à toute heure de la journée. En fin de semaine, c'est le rendez-vous des étudiants qui viennent y danser au son des orchestres installés sous la *glorieta*. À proximité du kiosque à musique, un monument est érigé en hommage à Leoncio Vidal Sánchez, un patriote de la ville tué au cours de la lutte pour l'indépendance en 1896.

Au nord de la place, à l'angle de la calle Máximo Gómez, se dresse le **Teatro de la Caridad**, réputé pour sa programmation. Il fut édifié en 1885 à la demande de Marta Abréu, un mécène originaire de la région. L'intérieur du théâtre est orné de **fresques** peintes par l'artiste Camilo Zalaya.

Le mausolée de Che Guevara, Plaza de la Revolución.
Michael Runkel/Robert Harding Picture Library/AGE Fotostock

★ Le Museo de Artes Decorativas

Lun., merc., jeu. 9h-12h, 13h-18h, vend. et sam. 13h-18h, 19h-22h, dim. 18h-22h - 2 CUC.

À droite du théâtre, à l'angle de la calle Luis Estévez, un beau bâtiment construit en 1740 a été aménagé en musée. L'histoire de l'ameublement et des arts décoratifs cubains depuis le 17e s. y est retracée dans une superbe mise en scène. Faites-vous accompagner d'un guide pour la visite.

Au milieu du côté suivant, l'imposante architecture de l'ancien palais du Gouverneur (début du 20e s.) a été rénovée pour abriter la bibliothèque provinciale José Martí.

À l'angle de gauche en face s'élève l'**hôtel Santa Clara Libre**, où furent échangés les derniers coups de feu de la bataille de Santa Clara en 1958. Depuis le dernier ravalement, les impacts de balles ont disparu de la façade.

LES MÉMORIAUX DE LA RÉVOLUTION

La plupart des monuments de Santa Clara sont consacrés à la guérilla révolutionnaire et, plus particulièrement, à Che Guevara. Aucun d'entre eux ne se trouve dans le centre-ville.

UN SQUARE À DOUBLE SENS

De nombreux Cubains sourient à la simple évocation du Parque Leoncio Vidal. Au siècle dernier, à l'heure de la promenade, les hommes et femmes de la bonne société devaient circuler en sens contraire sur cette place. Si la dame répondait aux propos galants que son soupirant lui glissait en la croisant, celui-ci pouvait alors marcher à ses côtés pour lui faire sa cour. Cette coutume, qui perdura bien après la révolution, est à présent tombée en désuétude.

Le Monumento al Asalto y Toma del Tren Blindado

Remontez la calle Luis Estévez d'une cuadra *au nord du Parque Leoncio Vidal et tournez à droite dans la calle Independencia. Suivez cette rue pendant 800 m, puis passez le río Cubanicay.*

Entre le fleuve et la voie ferrée, une esplanade accueille le célèbre Monumento al Asalto y Toma del Tren Blindado, à proximité de l'endroit où eut lieu l'assaut du 29 décembre 1958. Ce monument commémore l'attaque menée par Che Guevara contre le train blindé de l'armée de Batista. L'ensemble comprend le bulldozer utilisé pour saboter les rails, des sculptures évoquant les explosions et le déraillement du convoi, ainsi que quatre des vingt-deux wagons d'origine. Seuls deux d'entre eux ont été aménagés en **musée** *(tlj sf dim. 9h-17h. 1 CUC)*, qui renferme quelques objets, armes et photographies d'époque.

Retournez au Parque Leoncio Vidal et prenez la calle Rafael Tristá qui part à gauche de l'hôtel Santa Clara Libre. Suivez cette rue, toujours tout droit, pendant 1,5 km.

La Plaza de la Revolución

Excentrée, la vaste esplanade de la Plaza de la Revolución semble abandonnée à elle-même. Vous serez néanmoins peut-être assailli par des hordes d'enfants vous demandant bonbons, pesos ou bouteilles vides.

Les mémoriaux qui se dressent sur cette place sont tous consacrés à Che Guevara. Le monument le plus important, et probablement le plus célèbre de Cuba, se situe sous l'esplanade : il s'agit du **mausolée** – grotte au décor tropical recréant le paysage des derniers instants du guérillero –, où le Che repose en paix aux côtés de six de ses compagnons, après de longues années de recherches et d'interrogations sur le sort des ossements. À la veille du 30e anniversaire de sa mort, son corps a été retrouvé à Vallegrande (Bolivie) puis rapatrié à La Havane le 12 juillet 1997. Pendant quelques jours, les habitants de la capitale ont afflué par milliers sur « leur » Plaza de la Revolución

---

HISTOIRE

En 1689, une vingtaine de familles originaires de Remedios décident de fonder Santa Clara, à l'intérieur des terres, loin des attaques de pirates. La ville s'agrandit rapidement, devient capitale de la province de Las Villas au 19e s., puis chef-lieu de Villa Clara après le redécoupage administratif de 1976.

Le nom de cette ville reste définitivement associé aux dernières heures de la guérilla révolutionnaire, avec la célèbre **bataille de Santa Clara**. Après un an et demi de conflit dans la Sierra Maestra, **Che Guevara** et Camilo Cienfuegos sont chargés de libérer l'ouest de l'île. Le 28 décembre 1958, la colonne du Che parvient aux portes de Santa Clara et de violents combats s'engagent. Le lendemain, Batista tente d'envoyer, en renfort vers l'est de l'île, un train blindé transportant hommes et munitions. Il ne dépassera pas Santa Clara. Le convoi est pris d'assaut par le Che et ses compagnons, qui ont saboté la voie ferrée. Tout se déroule comme prévu : en tentant de faire machine arrière vers La Havane pour échapper à l'embuscade, le train déraille. Bombardés de cocktails Molotov, les soldats de Batista sont contraints de se rendre au bout de quelques heures. Grâce à l'important arsenal récupéré, les guérilleros s'emparent de Santa Clara le 31 décembre 1958. À l'annonce de sa défaite, Batista quitte le pays et laisse la voie libre aux *barbudos*, qui entreront dans La Havane le 2 janvier 1959.

afin de rendre hommage au « guérillero héroïque », avant son transfert définitif à Santa Clara, en 1998.

Le mausolée ravit désormais la vedette à la gigantesque **statue de bronze** érigée sur cette place dix ans plus tôt et représentant le Che, fusil à la main, debout sur un socle portant la devise « *Hasta la victoria siempre* » (« Jusqu'à la victoire toujours »). À proximité, le texte de l'émouvante lettre d'adieu, qu'il adressa le 1er avril 1965 à Fidel Castro avant son départ pour la Bolivie, est reproduit sur un monument en marbre.

★ Le Museo de la Revolución

Tlj sf lun. 9h-21h - gratuit.

Pour compléter cet immense mémorial en hommage au guérillero argentin, des photographies et objets personnels retracent sa vie jusqu'à son assassinat en Bolivie en octobre 1967.

À proximité Carte de région, p. 252-253

★ L'EMBALSE DE HANABANILLA B2

Comptez 1h.

À 52 km de Santa Clara. Du centre de Santa Clara, descendez la calle Cuba vers le sud en direction de Manicaragua, à 29 km. Sur la place centrale de ce village, un panneau indique l'hôtel Hanabanilla à droite. Suivez cette route sur 23 km jusqu'au lac.

Ce lac de barrage situé dans la Sierra del Escambray *(voir p. 288)* est plus facile d'accès à partir de Santa Clara. Une route de montagne relie ensuite le lac Hanabanilla à Topes de Collantes, puis à Trinidad.

L'**Embalse de Hanabanilla**, retenue de barrage de 286 millions de m^3 d'eau, est alimenté par un barrage installé sur la rivière Hanabanilla en 1961. L'un des premiers hôtels construits au lendemain de la révolution surplombe ce sanctuaire de la pêche à la truite. Ce lieu tranquille est idéal pour une excursion en bateau ou des randonnées pédestres aux alentours.

★ SAN JUAN DE LOS REMEDIOS B1

4

Comptez 1h.

À 45 km de Santa Clara. Sortez de Santa Clara par la calle Independencia à l'est de la ville. Passez devant le mémorial du Train blindé et roulez tout droit jusqu'à San Juan de los Remedios.

Cette petite ville, plus communément appelée Remedios, est en quelque sorte l'aïeule de Santa Clara. Créée en 1514 par Vasco Porcallo de Figueroa,

---

UNE JOUTE RETENTISSANTE

Un soir de Noël, en 1822, le curé de Remedios envoie un groupe de jeunes gens chahuter sur la voie publique, afin d'attirer ses paroissiens à la messe. L'année suivante, ceux-ci se vengent par un vacarme plus assourdissant encore. Dès lors, chaque année à la même époque, les quartiers de San Salvador et Del Carmen se retrouvent sur le Parque José Martí à grands renforts de carrosses, costumes et étendards. Les deux équipes rivales s'affrontent gaiement jusqu'à l'aube avec, pour seules armes, des instruments de musique, des pétards et des feux d'artifice.

la plus ancienne cité de la région sera abandonnée en 1689 par plusieurs familles, qui iront fonder Santa Clara. Trois ans plus tard, d'autres *Remedianos* les rejoindront, un grave incendie ayant ravagé une partie de leur ville. La proximité du chef-lieu de province a certainement limité la croissance de Remedios. À présent, la sérénité de cette localité encore épargnée par le tourisme n'est troublée que par les **Parrandas Remedianas**, son carnaval du mois de décembre.

★ Le Parque José Martí

La visite de Remedios commence par ce majestueux square central aux dimensions surprenantes pour une si petite ville. Cette place est l'une des seules de Cuba où deux églises se font face.

L'**église San Juan Bautista**★ *(9h-11h et à des heures aléatoires, ainsi que pendant la messe du soir)*, édifiée en 1545 sur le côté est de la place, dut être reconstruite en 1939 après un tremblement de terre. Sa façade ne présente pas de grand intérêt contrairement à l'intérieur de l'édifice, que l'on doit à l'artiste cubain Rogelio Atá. Cette église est réputée pour ses plafonds en acajou et son très bel autel en cèdre recouvert de feuilles d'or. Si les portes sont closes, passez par la sacristie derrière le bâtiment. Érigée en 1852, l'**église del Buen Viaje** se trouve en face, de l'autre côté du square.

Au nord de la place, entre les deux églises, l'ancienne demeure d'Alejandro García Caturla abrite désormais le **Museo de la Música** *(lun.-jeu. 9h-12h, 13h-18h, vend. 19h-23h, sam. 14h-23h -1 CUC)*. Ce juriste-compositeur, qui vécut au début du 20ᵉ s., introduisit les rythmes africains dans la musique cubaine. Les salles renferment ses objets personnels, des instruments de musique, des partitions originales, ainsi que des coupures de presse relatant son assassinat en 1940.

Le **Museo de las Parrandas Remedianas**★ *(calle Máximo Gómez, e/Alejandro Río y Andrés del Río - 9h-18h - 1 CUC)* retrace l'histoire du carnaval de Remedios à travers des photographies, des étendards, des instruments de musique, quelques costumes et de très beaux carrosses en modèle réduit. Une maquette du Parque José Martí permet de mieux voir les différentes étapes de cette étrange compétition annuelle. Depuis la révolution, cette fête a lieu le samedi précédant le 26 décembre, date de la libération de la ville par les troupes du Che *(voir « Agenda », p. 279)*.

Poursuivez à 8 km à l'est la route venant de Santa Clara, pour atteindre le littoral nord.

😊 NOS ADRESSES À SANTA CLARA

INFORMATIONS UTILES

Banque / Change
Banco Financiero Internacional – *Angle calles Cuba et R. Tristá.*
Cadeca – *Juste à côté - 8h30-18h (dim. 12h).*

Poste / Téléphone
Correos – *Calle Colón, e/R. Tristá y E. Machado (ex-San Cristóbal).* On aura plus vite fait d'envoyer son courrier depuis l'un des hôtels de Santa Clara. Même conseil pour les appels téléphoniques internationaux.

Santé
L'hôtel Santa Clara Libre, sur le Parque Vidal, possède des services médicaux.

Stations-service Servicupet
La Estrella – *Angle carretera Central et calle General Roloff (ex-Caridad), au sud du Parque Vidal.* À côté, station **Oro Negro**. Une troisième sur l'autoroute, km 259.

ARRIVER / PARTIR

En train
La **Estación de Trenes** – *Dans le Parque de los Mártires, au bout de la calle Maceo, au nord du centre-ville - ☎ (422) 28 95.* Le train relie plus ou moins quotidiennement Santa Clara à Sancti Spíritus et à La Havane (5h de trajet), Cienfuegos, Camagüey et Santiago de Cuba (10h). Billets payables en pesos convertibles pour les étrangers.

En bus
Le **Terminal de Ómnibus Nacionales** – *Sur la carretera Central en direction de Matanzas.* Un peu éloigné du centre-ville mais proche du motel Los Caneyes.

Le **Viazul** s'arrête à Santa Clara sur son trajet entre La Havane et Santiago de Cuba (4 fois/j *via* Sancti Spíritus, Camagüey, Holguín et Bayamo), ainsi que sur son itinéraire Varadero-Trinidad (1 fois/j *via* Cárdenas ou Sancti Spíritus selon la direction). Horaires, tarifs et réservation en ligne sur www.viazul.com.
Pour se déplacer dans la province de Villa Clara, rendez-vous à l'autre terminal de bus plus proche du centre, à l'angle de calle Carlos Pichardo (ex-Virtudes) et de la carretera Central, dans le prolongement de la calle Marta Abréu.

TRANSPORTS

😊 **Bon à savoir** – Les différents sites touristiques de la ville sont assez éloignés les uns des autres. Mieux vaut se déplacer en voiture.

En taxi
Cubataxi – ☎ *(422) 22 25 55.*

En calèche
Comme dans la plupart des villes de province, c'est le moyen de transport local. Préparez des pièces de monnaie nationale.

Location de voitures
Havanautos – *Dans le motel Los Caneyes.*
Transtur – *À l'hôtel Santa Clara Libre, Parque Vidal nº 6, e/Padre Chao y R. Tristá.*

HÉBERGEMENT

Voir la carte p. 252-253 pour les hôtels.

À Santa Clara
◗ **Casas particulares**

PREMIER PRIX (15 À 30 CUC)
Florida Center – *Calle Maestra Nicolasa (Candelaria) nº 56, e/Colón y Maceo -* ☎ *(42) 20 81 61 -* ▤

4

✗ - *2 ch. 20/25 CUC.* L'une des plus belles maisons coloniales de la ville, décorée de meubles et bibelots familiaux, abrite deux chambres au charme rétro. Ces dernières ouvrent sur un patio rempli de fleurs tropicales et d'arbres fruitiers. Accueil convivial.

Familia Martínez – *Calle R. Pardo (Buen Viaje) n° 8, e/Maceo y Parque -* 🕿 *(42) 21 74 63 -* ▤ ✗ - *1 ch. 20/25 CUC.* À deux pas de la place, cette maison rénovée en 2008 cache un joli patio verdoyant. Accueil soigné.

El Patio – *Calle Maceo n° 102, e/ Gloria y Mujica -* 🕿 *(42) 20 70 54 -* ▤ ✗ - *1 ch. 20/25 CUC.* Maison coloniale avec une chambre ouvrant sur un petit patio couvert, non loin de la place.

Olga Rivera Gómez – *Calle Evangelista Llanes n° 20, e/ M. Gómez y Callejón del Carmen -* 🕿 *(42) 21 17 11 - www.netssa.com/ santaclarahouse.html -* ▤ ✗ - *2 ch. 25/35 CUC.* Face à la tranquille place du Carmen, au nord, une jolie maison avec petit patio fleuri et grande terrasse sur le toit. Un hamac et des oiseaux multicolores agrémentent l'endroit. Chambres confortables et d'une propreté exemplaire. Hôtesse des plus accueillantes.

Rey Moure Miranda – *Calle Mujica n° 72, e/Maceo y Unión (P. Estévez) -* 🕿 *(42) 20 70 05 -* ▤ ✗ - *1 ch. 25/35 CUC.* Pour préserver votre intimité, l'étage de cette petite maison vous est réservé (chambre, salle de bains, coin salon et cuisine). La terrasse, au-dessus, est aussi paisible que jolie. Accueil chaleureux et repas mitonnés avec passion.

D'Cordero – *Calle R. Pardo (Buen Viaje) n° 16, e/Maceo y Parque -* 🕿 *(42) 20 64 56 -* ▤ ✗ - *2 ch. 25/35 CUC.* À deux pas de la place, voisine de la précédente. Les deux chambres, à l'étage, partagent une agréable terrasse où vous pourrez prendre vos repas.

▸ **Hôtels**

Los Caneyes – B1 - *Angle ave. de los Eucaliptos et Circunvalación de Santa Clara (après la Plaza de la Revolución, à 3 km à l'ouest du centre-ville) -* 🕿 *(422) 21 81 40 -* ▤ ✗ ⌂ cc - *95 ch. 60/80 CUC.* Dépaysement assuré dans cette réplique de village indien avec ses *caneyes* (huttes) harmonieusement intégrés dans une nature très boisée. Les chambres manquent cependant de lumière, et le confort est moyen.

Granjita – B1 - *Carretera Malezas km 2,5 -* 🕿 *(422) 21 81 90 -* ▤ ✗ ⌂ cc - *76 ch. 60/80 CUC - Services médicaux.* Au nord de la ville, des bungalows en béton, mais tout confort et aménagés avec goût, sont répartis dans un halo de végétation tropicale.

À Remedios

Les habitants pourront vous indiquer des *casas particulares* officielles.

▸ **Hôtel**

Mascotte – B1 - *Parque José Martí, calle M. Gómez n° 114, e/A del Río y Pi y Margall -* 🕿 *(422) 39 51 44/45 -* ▤ ✗ cc - *10 ch. 40/50 CUC.* Situé dans un très bel édifice du 19e s. surplombant la place centrale de Remedios, cet hôtel fut le cadre de la rencontre entre le président des États-Unis Mac Kinley et le général cubain Máximo Gómez, le 10 février 1899. Réhabilité récemment, cet établissement, à l'écart des sentiers battus, est idéal si vous désirez visiter le Cayo Santa María. Choisissez une chambre avec vue sur la belle place.

À Embalse de Hanabanilla
◗ Hôtel

BUDGET MOYEN (30 À 50 CUC)
Hanabanilla – B2 - *Salto Hanabanilla, Manicaragua* - ☎ *(42) 49 11 25* - 🖃 ✕ 🏊 cc - *125 ch. 30/35 CUC - services médicaux.* Ce grand bâtiment de béton des années 1960 surplombe l'une des rives du lac Hanabanilla. Le cadre naturel est magnifique, et la plupart des chambres ont vue sur l'eau. L'endroit serait calme sans la musique autour de la piscine, surtout le week-end.

RESTAURATION

L'établissement le plus correct de la ville est le restaurant de l'hôtel Los Caneyes.

PETITE PAUSE

Pour une petite collation
El Castillo – *Angle calles Villuendas et San Miguel.*
La Casona – *Angle carretera Central et M. Abréu (près de la rivière au sud).* Un plat complet dans un bel endroit, pour une somme modique.

Glacier
Coppelia – *En face des Correos.*

BOIRE UN VERRE

Bar
La Marquesina – *À gauche du théâtre.*

ACHATS

Artisanat
Tienda Artex – *Parque Vidal, e/R. Tristá y M. Abréu - 9h-17h.* Souvenirs, cassettes, livres et cartes postales.

Librairie
Librería Viet Nam – *Calle Independencia, e/L. Estévez y Independencia.*

EN SOIRÉE

Concerts
La **Casa de la Cultura** – *Sur le Parque Vidal.* Propose des concerts. À proximité, la **Casa de la Trova** présente des groupes de musique traditionnelle.
Club Mejunje – Calle M. Abréu, e/Zayas y Fabián. Soirées Trova le jeu. et disco le vend., dans de belles ruines.

Discothèque
Essayez la boîte de l'hôtel Santa Clara, appréciée des Cubains.

Théâtre
Teatro de la Caridad – ☎ *(422) 20 55 48.*

ACTIVITÉS

Excursions
Pour ceux qui possèdent un véhicule, une route relie plusieurs îlots au large de la région de Villa Clara, entre le port de Caibarién et le Cayo Santa María *(voir p. 280).* La région du lac Hanabanilla se prête parfaitement à de belles randonnées pédestres ou équestres. Pour les locations de chevaux et de bateaux, demandez au comptoir de l'hôtel Hanabanilla.

Pêche
Pêche à la truite dans les eaux du lac Hanabanilla.

AGENDA

À Remedios
Parrandas Remedianas – Le samedi précédant le 26 décembre. Célèbre carnaval où s'affrontent les quartiers de la ville avec chars, costumes, danses et feux d'artifice. À ne pas manquer si vous êtes dans la région au moment de Noël.

4

Excursion Carte de région, p. 252-253

★★ LES CAYOS B-C1

(icon) **Bon à savoir** – Seuls les étrangers sont autorisés à se rendre sur les cayos. Pensez à vous munir de votre passeport, car il vous sera demandé au poste de péage du pedraplén. 4 CUC AR.

(icon) **Conseil** – Réservez votre chambre dans les cayos auprès d'une agence pour bénéficier des tarifs négociés.

L'entrée du village de **Caibarién** (B1) est signalée par une sculpture de crabe géant. De ce port, une impressionnante digue, le **pedraplén★** (B1), s'élance au-dessus des flots. Longue de 48 km, la route enjambe une quarantaine de ponts, qui permettent le mouvement des marées, et conduit à une série d'îlots encore vierges appartenant à l'archipel de Sabana. Seuls les *cayos* Las Brujas et Santa María disposent d'infrastructures, mais le développement touristique est en pleine expansion. Témoins les longues plages de **Cayo Santa María★★** (C1), où se construisent de gros complexes hôteliers de luxe

Bains de soleil et activités nautiques rempliront l'essentiel de vos journées sur les *cayos*. Aménagées pour les touristes ou encore complètement sauvages, les plages de sable blanc sont baignées par une mer cristalline et turquoise. Si vous pratiquez la plongée sous-marine, ou simplement le snorkeling, vous observerez des fonds marins de toute beauté, riches en coraux et poissons multicolores.

(icon) NOS ADRESSES DANS LES CAYOS

INFORMATIONS UTILES

Banque / Change
Les hôtels de Santa María changent les devises.

Poste / Téléphone
Services assurés par les hôtels.

Station-service Servicupet
À l'entrée de Caibarién, près du crabe géant.

TRANSPORTS

En avion
L'**Aeropuerto Las Brujas** se trouve sur Cayo Las Brujas, entre l'île principale et Cayo Santa María.

En taxi
Des taxis peuvent vous emmener jusqu'aux *cayos* au départ de Caibarién.

HÉBERGEMENT

Voir la carte p. 252-253 pour les hôtels.

À Caibarién

▷ **Casa particular**

PREMIER PRIX (15 À 30 CUC)

Pension Villa Virginia – B1 - *Ciudad Pesquera n° 73 -* ℘ *(42) 36 33 03 -* 🍽 ✕ *- 2 ch. autour de 25 CUC.* À 100 m de la mer et 500 m de la plage. Une excellente adresse pour les petits budgets, qui peuvent ainsi profiter des *cayos* sans se ruiner. Ambiance familiale et chaleureuse. Virginia vous prêtera masques et palmes, et vous indiquera les bons sites de plongée. Agréable patio avec un hamac à l'ombre des bougainvilliers. Goûtez la soupe de poisson et le crabe maison.

À Cayo Las Brujas
◗ Hôtel

UNE FOLIE (PLUS DE 80 CUC)
Villa Las Brujas – B1 - ✆ *(42) 20
75 99 ou 20 41 99* - 🍴 ✕ cc -
21 ch. autour de 90 CUC. Situé
à 3 km de l'aéroport, cet hôtel
dispose d'agréables cabanons
surplombant la mer. Les chambres
avec vue sont à peine plus chères.

À Cayo Santa María
◗ Hôtels

UNE FOLIE (PLUS DE 80 CUC)
Le groupe espagnol **Sol Meliá**
(C1) gère trois complexes hôteliers
sur l'île (**Sol**, **Meliá** et **Meliá Las
Dunas**). Un quatrième complexe,
le **Barceló Santa María** (C1), a
vu le jour fin 2008. Les quatre

établissements pratiquent la
formule « tout inclus » à partir de
120 CUC et proposent une large
gamme d'activités.

4

Trinidad

Province de Sancti Spíritus - 60 000 hab.

😊 **NOS ADRESSES PAGE 290**

🗒 **S'INFORMER**

Cubatur – Plan de la ville A2 - *Angle calles Maceo y F. J. Zerquera -*
🖉 *(41) 99 63 14 - www.cubatur.cu - 8h10-20h40.* Organise des excursions dans la ville et ses environs.

Havanatur – *Comptoir dans la paladar Mesón del Regidor (voir « Restauration », p. 295) - www.havanatur.cu.*

◖ **SE REPÉRER**

Carte de région B2 (p. 252-253) - Plan de la ville (p. 284-285).

😊 **À NE PAS MANQUER**

Visiter les demeures coloniales autour de la Plaza Mayor ; monter au Palacio Cantero ; assister à une soirée musicale sur la Plaza Mayor.

🕐 **ORGANISER SON TEMPS**

Comptez 2 jours pour la ville et ses environs. Visitez Trinidad tôt le matin avant l'arrivée des groupes de touristes.

Grande comme un mouchoir de poche, Trinidad semble avoir jalousement préservé ses secrets pendant plus d'un siècle à l'abri de la Sierra del Escambray. Elle émerge enfin de son isolement pour dévoiler la douceur infinie de ses tons ocre, bleus et verts pastel. Ses maisons basses aux toits de tuiles suivent le tracé sinueux de ruelles pavées de chinas pelonas (galets, littéralement « cailloux chauves »). Sous un soleil écrasant, seules quelques carrioles progressent difficilement sur ses chaussées irrégulières abandonnées aux touristes. Les habitants, quant à eux, attendent le calme et la fraîcheur du soir pour sortir : derrière de hautes fenêtres protégées par des barreaux en fer forgé, le balancement régulier de leurs fauteuils à bascule laisse entrevoir par intermittence des décors du siècle dernier, comme figés dans le temps. Reconnue Monument historique national depuis 1965, puis inscrite au Patrimoine mondial de l'Unesco en 1988, Trinidad a fait l'objet de travaux de rénovation qui lui ont rendu toute sa grâce coloniale. L'infrastructure hôtelière est volontairement limitée afin de préserver le site, mais vous trouverez largement de quoi vous loger chez l'habitant. Les excursions organisées prévoient quasi systématiquement un arrêt dans cette ville-musée.

Se promener Plan de la ville, p. 284-285

Comptez une journée.

😊 **Conseil** – Prévoyez des chaussures confortables pour les pavés du centre historique.

Les édifices les plus visités de Trinidad encadrent la Plaza Mayor. Cependant, si vous disposez d'un peu de temps, il est agréable de s'en éloigner pour se

Casa de la Trova.
Patrick Frilet/hemis.fr

perdre dans les charmantes ruelles avoisinantes. Les artères portent deux noms, mais les habitants utilisent en général l'ancien, mentionné entre parenthèses sur les plans de la ville.

★★★ LA PLAZA MAYOR (La Grand-Place) A1

Toutes les ruelles du cœur historique semblent converger vers la Grand-Place de Trinidad. On se plaît donc à longer, plusieurs fois par jour, son square ceinturé d'un muret ocre jaune, véritable écho aux couleurs vives des demeures qui l'encadrent. Sous l'œil de deux lévriers de bronze, les visiteurs gravissent les marches qui mènent au centre, divisé en quatre jardinets entourés de grilles en fer forgé. Cependant, rares sont les habitants qui font halte sur la Plaza Mayor, car la silhouette élancée des quelques palmiers royaux ne procure pas suffisamment d'ombre…

La Iglesia Parroquial de la Santísima Trinidad B1
Lun.-sam. 10h-13h, dim. 9h-13h30; messe tous les jours à 20h.
Construite à la fin du 19ᵉ s., cette église somnole la plupart du temps derrière ses grilles closes. Elle abrite un très bel autel en bois précieux et un christ de la Vera Cruz sculpté en Espagne en 1731. Au cours de votre visite de la ville, sa sobre façade surplombant le nord-est de la place vous deviendra vite familière.

★★ Le Palacio Brunet A1
À gauche de l'église, à l'angle des calles Fernando Hernández Echerri et Simón Bolívar, se dresse cette grande demeure ocre, édifiée entre 1740 et 1808, et habitée par le comte espagnol Nicolás de la Cruz Brunet. Elle abrite aujourd'hui le **Museo Romántico★★** *(tlj sf lun. 9h-17h - 2 CUC).* On débouche sur un grand patio, autour duquel sont distribuées les salles. L'importante collection de mobilier et d'objets d'arts décoratifs du 19ᵉ s. recrée un intérieur aristocratique cubain très « européen ». Des commodes en acajou supportent des pièces en porcelaine de

Sèvres, des statuettes en biscuit et des opalines françaises. La visite des vastes salons vous plongera dans un décor luxueux de marbre et de cristal.

★ **La Casa Padrón** A1

Cette maison, au n° 457 de la calle Simón Bolívar, fut construite au 18e s. En 1801, le propriétaire reçut la visite d'Alexander von Humboldt, un explorateur et naturaliste allemand qui fit un bref séjour à Trinidad au cours de l'une de ses expéditions.

La demeure a été transformée en **Museo de Arqueología Guamuhaya★** *(mar.-sam. 9h-17h - 1 CUC)*. Guamuhaya est le nom indien du massif montagneux, plus communément appelé « Sierra del Escambra », qui s'étend au nord de la ville. Ce musée se consacre essentiellement à la période précolombienne à travers une présentation de squelettes d'Indiens, d'instruments en coquillage, de bijoux et une collection de céramiques.

SE LOGER			
Balbina	①	Colina	⑦
Caridad (La)	⑫	Cuevas (Las)	⑭
Carlos Sotolongo	②	Elvira y Eddy	⑧
Casa Arandia	③	Hospedaje Elena y Victor	⑲
Casa Gil Lemes	④	Iberostar Grand	
Casa Las Jimaguas	⑳	Hotel Trinidad	⑩
Casa Muñoz	⑤	José Ricardo	
Casa Tamargo	⑥	Valladares	⑪

★ Le Palacio de Ortíz A2

Cette demeure, au sud-ouest de la place, calle Rubén Martínez Villena n° 33, aurait été édifiée au 19e s. à l'emplacement de la maison d'Hernán Cortés, avant qu'il n'embarquât pour le Mexique en 1518, accompagné de son armée de conquistadors. Elle abrite désormais la **Galería de Arte Universal** au rez-de-chaussée, où sont mises en vente des œuvres d'artistes contemporains. Le balcon du 1er étage offre une très belle vue sur la place.

★ La Casa de los Sánchez A2

À droite de la place si l'on fait face à l'église, l'édifice est constitué de deux maisons datant respectivement de 1738 et 1785. Cette demeure abrite le **Museo de Arquitectura Colonial★★** *(tlj sf vend. 9h-17h - 1 CUC)*. Tous les éléments architecturaux de la ville de Trinidad sont regroupés au sein de ce musée. On peut voir la transformation des constructions aux 18e et 19e s. grâce à des plans et à des maquettes, et admirer l'évolution du travail des boiseries. Sont également exposées des portes, des *rejas* (grilles) en fer forgé ou en bois et des persiennes. Dans le patio, une petite pièce renferme l'ancêtre du jacuzzi, une douche à vapeur fabriquée au début du 20e s. Les explications du guide, essentielles pour apprécier ce musée, sont uniquement en espagnol.

À PROXIMITÉ DE LA PLAZA MAYOR

Touristes et habitants vaquent à leurs occupations ou déambulent sur les pavés des ruelles avoisinantes, où se succèdent des maisons aux douces couleurs pastel et aux grilles ouvragées.

★★ Le Palacio Cantero A2

Au n° 423 de la calle Simón Bolívar, à une *cuadra* au sud-est de la Plaza Mayor, s'élève l'ancien **palais Cantero**, édifié en 1828. Le **Museo Municipal de Historia★★** *(tlj sf vend. 9h-17h - 2 CUC)* occupe les salles de cette luxueuse demeure. Il renferme une collection de mobilier cubain, bibelots en biscuit français et lampes d'origine américaine. Du haut de la tour qui surmonte l'édifice s'offre un **panorama★★** splendide sur la ville et la Sierra de l'Escambray.

TRINIDAD

C

0 —————— 200 m

N

(14)

Enrique Hart

José A. Echevarría

(Santa Ana)

Santa Ana

Ciego de Ávila
Valle de San Luis
Sancti Spíritus

(5)

Plaza
Santa Ana

Fausto Pelayo

Cienfuegos

Camilo

José Mendoza (Santa Ana)

Santiago

San Miguel

Vigía

4

Lídice Zerquera Mauri.	(15)	Grill Caribe	(3)
Manuel Lagunilla	(17)	Jigüe (El)	(1)
María Luisa Pomares	(18)	Manaca Iznaga	(5)
Rioja (La)	(13)	Mesón del Regidor	(4)
Villa de Recreo		Plaza Mayor	(6)
Ma. Dolores	(9)	Sol y Son	(7)
		Trinidad Colonial	(8)
SE RESTAURER		Via Reale	(9)
Estela	(2)		

De l'autre côté de la rue, au n° 416, à l'angle de la calle Izquierdo, le **Palacio de Iznaga** *(actuellement en travaux)* est l'ancienne demeure de l'une des familles les plus fortunées de Trinidad.

Retournez sur la Plaza Mayor et longez de droite à gauche le Museo Romántico (Palacio Brunet) par la calle Fernando Hernández Echerri.

Le couvent San Francisco de Asís A1

À une centaine de mètres de la place, se dresse la silhouette jaune et bleue du clocher, qui constitue un excellent point de repère dans Trinidad. Du couvent et de l'église érigés entre 1726 et 1747, il ne subsiste que cette tour, l'ensemble ayant été transformé en caserne de l'armée espagnole jusqu'à l'indépendance.

L'édifice fut par la suite reconverti pour différents usages, dont l'élevage de poules, puis accueillit une école. Il abrite enfin depuis 1984 le **Museo de la Lucha contra Bandidos★** *(tlj sf lun. 9h-17h - 1 CUC)*. Comme son nom l'indique, ce musée est essentiellement consacré à la lutte contre les bandits, contre-révolutionnaires inclus, qui ont mené une guérilla contre les partisans de Castro dans la Sierra de l'Escambray, entre 1960 et 1965. Les salles présentent une série de photographies, plans et maquettes, consacrés à cet épisode. Vous y verrez notamment le fragment d'un avion de reconnaissance américain abattu pendant la crise des missiles en octobre 1962 *(voir « Histoire », p. 84)*.

De la tour, la plus haute de Trinidad, la **vue★★** embrasse toute la ville, la Sierra del Escambray et la mer des Caraïbes.

En arrivant au couvent San Francisco de Asís par la Plaza Mayor, tournez à gauche dans la calle Piro Guinart, la rue perpendiculaire à la calle Fernándo Hernández Echerri.

La Plaza Real del Jigüe A1

Au centre, un arbre de *jigüe* marque le lieu où fut célébrée la première messe de la ville, en 1514, par le père Bartolomé de las Casas.

De la Plaza Mayor, prenez la calle Simón Bolívar entre le Museo Romántico (Palacio Brunet) et l'église. Remontez sur 700 m jusqu'au sommet de la petite colline.

De l'**ermitage de Nuestra Señora de la Candelaria de la Popa** (B1), édifié au 18e s., il ne reste qu'une façade murée, mais la **vue** sur Trinidad mérite le détour.

En redescendant de l'ermitage, prenez la calle José Mendoza, la deuxième rue à gauche, et continuez sur 800 m.

La Plaza Santa Ana C2

La ravissante calle José Mendoza débouche sur cette immense place, un peu vide, qui contraste avec les petites rues sinueuses de Trinidad.

L'**église Santa Ana** qui surplombe la place devrait être rénovée. L'**ancienne prison royale** – le grand bâtiment jaune orangé qui occupe un côté du square – a été transformée en complexe culturel destiné aux touristes et regroupe un bar, un restaurant, une galerie d'art et une boutique d'artisanat.

À proximité Carte de région, p. 252-253

Au nord de Trinidad, la Sierra del Escambray offre la possibilité de randonnées ponctuées de haltes rafraîchissantes dans des torrents ou au bord d'un lac. Parfois, au détour d'un sentier, la silhouette du couvent San Francisco de Asís et les toits de tuiles émergent d'un bouquet de végétation tropicale pour se découper élégamment sur la mer des Caraïbes. Au sud de la ville,

Le couvent San Francisco de Asís, aujourd'hui Museo de la Lucha contra Bandidos.
Dušan Zidar/Fotolia.com

une succession de plages laisse deviner une agréable station balnéaire à quelques kilomètres de Trinidad.

PARQUE EL CUBANO Plan de la ville A1, en direction

Situé à 5 km à l'ouest de Trinidad - accès en bus, en taxi à pied ou à cheval (puis marche à pied de 20 min jusqu'à la cascade) - 6,5 CUC.

Une excursion idéale pour se ménager quelques heures de fraîcheur, de calme et de repos. Vous pouvez vous y promener à pied ou à cheval et vous baigner dans les cascades et les piscines naturelles. Possibilité de partir directement de Trinidad à cheval pour environ 20 CUC (sur la Plaza Mayor, on vous proposera de vous louer un cheval).

★ LE LITTORAL MÉRIDIONAL

Comptez 20mn.

Itinéraire de 15 km (avec le crochet par Casilda, il faut ajouter 12 km AR). Pour sortir de Trinidad, descendez la calle Simón Bolívar vers l'ouest de la ville. Après la voie de chemin de fer, prenez la route de droite en direction de La Boca.

La plage la plus proche est située à 5 km de la ville, à l'embouchure du río Guaurabo. Les petites maisons à vérandas de La Boca longent un bord de mer un peu désolé. **Playa La Boca** accueille plutôt une clientèle cubaine qui vient y passer la journée. Elle compte néanmoins plusieurs *casas particulares* où vous pourrez passer la nuit. Ce village de pêcheurs est assez animé, mais attendez les plages suivantes pour la baignade.

De La Boca, longez la côte vers le sud. À 5 km, une route sur la gauche mène au port de Casilda. Un chemin plus direct part du sud de Trinidad, le long de la voie ferrée.

Le petit **port de Casilda**, à 6 km de Trinidad, connut son heure de gloire à l'époque de la prospérité économique de la ville. Depuis le développement de Cienfuegos, il fonctionne au ralenti. Si vous disposez de peu de temps, rendez-vous directement aux plages de la péninsule sans faire de détour par ce village.

Revenez à l'embranchement vers Casilda et continuez la route côtière pendant 4 km.

★ La péninsule d'Ancón B2

Si vous n'avez pas de véhicule, la péninsule est accessible toutes les 30mn en mini-bus affrété par Cubatur (env. 2 CUC) ou en taxi particulier (6 CUC).

Les deux plages de sable blanc de cette péninsule sont sans conteste les plus agréables de la côte méridionale. **Playa María Aguilar★** et **Playa Ancón★** offrent à elles deux 4 km de sable blond où se sont installés plusieurs établissements hôteliers sans charme. Au large, une barrière de corail constitue un bon site de plongée.

LA VALLÉE DE LOS INGENIOS B2

Comptez 20mn.

À 15 km de Trinidad. À Trinidad, de la Plaza Santa Ana, remontez la calle Camilo Cienfuegos et prenez la deuxième rue à droite en direction de Sancti Spíritus.

Cette vallée fertile, qui s'étend au pied de la Sierra del Escambray, fut inscrite sur la liste du Patrimoine mondial de l'Unesco en 1988, avec la ville de Trinidad. Connu sous le nom de Valle de los Ingenios (vallée des Moulins à sucre), ce site évoque l'ère prospère des plantations de canne à sucre.

À 5 km de Trinidad, le **mirador de la Loma★**, installé sur une colline, offre une vue dégagée sur toute la vallée. Juste à côté, un bar propose des rafraîchissements aux visiteurs.

Continuez la route sur 10 km après le mirador : 300 m derrière la voie de chemin de fer, se dresse une tour.

Un chemin mène à la **Manaca Iznaga**, un domaine ayant appartenu à la famille la plus riche de la région aux 18e et 19e s. Installée en 1835, la **tour** *(1 CUC)*, qui domine la plantation du haut de ses 44 m, devait permettre de surveiller le travail des esclaves. La cloche sonnait en début et fin de journée, et servait de sirène en cas d'incendie.

On peut encore voir le *barracón* (bâtiment où logeaient les esclaves) et, surtout, la **maison des maîtres**, transformée en bar-restaurant. Cette immense bâtisse, construite en 1750, illustre parfaitement le faste dans lequel vivait la famille Iznaga.

★★ LA SIERRA DEL ESCAMBRAY B2

Comptez 45mn.

À 20 km de Trinidad. Sortez à l'est de Trinidad par la calle Piro Guinart en direction de Cienfuegos. À 5 km, bifurquez à droite à hauteur de la cafétéria.

Conseil – Vérifiez les freins et les pneus de votre véhicule avant de franchir la Sierra del Escambray.

Le massif de Guamuhaya, plus communément désigné sous le nom de Sierra del Escambray, fut le cadre de deux épisodes marquants de l'histoire révolutionnaire. Il a successivement servi de refuge aux guérilleros de Che Guevara, avant leur entrée dans Santa Clara en décembre 1958, puis au dernier foyer de contre-révolutionnaires entre 1960 et 1965. Cette zone montagneuse, au nord de Trinidad, est à cheval sur les régions de Sancti Spíritus, Villa Clara et Cienfuegos. Elle est dominée par le Pico San Juan (1 140 m). La route qui relie Trinidad à Santa Clara dessine des lacets serrés entre des pentes tapissées de lichens et de fougères arborescentes. Peu à peu, les plantations de la plaine

Histoire

En 1514, Diego Velázquez fonde Santísima Trinidad, la troisième des sept *villas* originelles. À peine installées, les familles espagnoles se consacrent à l'exploitation de l'or, mais les filons s'épuisent rapidement. Dès 1518, les conquistadors repartent vers de nouveaux horizons, dans le cadre de l'expédition d'Hernán Cortés vers le Mexique, pour ne revenir à Trinidad qu'à la fin du 16e s. Pendant plus de deux cents ans, les habitants vont élever du bétail et cultiver la canne à sucre et le tabac. La région devient une plaque tournante de la contrebande en réaction au monopole imposé par la Couronne espagnole. Ce commerce florissant attire également les pirates et les corsaires, dont la dernière attaque remonte à 1702.

Dans la seconde moitié du 18e s., l'industrie sucrière se développe considérablement. Puis, en 1791, les révoltes menées par Toussaint-Louverture provoquent la ruine d'Haïti, tout en profitant à Cuba, qui peut vendre son « or blanc » au prix fort. On fait venir un grand nombre d'esclaves, ce qui explique que la présence de la *santería (voir « Religions », p. 91)* soit très forte dans la région.

Au début du 19e s., 43 moulins à sucre sont dispersés dans la vallée de los Ingenios, et le port de Casilda est aménagé pour le commerce international. Trinidad connaît une activité économique et culturelle intense jusqu'au milieu du 19e s., époque à laquelle sont édifiées les nombreuses demeures coloniales qui font la renommée de la ville.

LA BELLE ENDORMIE

Dans la première moitié du 19e s., le développement du port de Cienfuegos et surtout la montée de l'industrie betteravière en France et en Allemagne amorcent le déclin de Trinidad. Le port de Casilda, à 5 km au sud de la ville, devient presque inactif. Le coup de grâce est porté par l'abolition de l'esclavage et surtout les deux guerres d'indépendance, au cours desquelles les armées de libération détruisent une bonne partie des cannaies et des sucreries, symboles du colonialisme espagnol. Au début du 20e s., la ville tombe définitivement dans l'oubli.

cèdent la place aux caféiers et aux conifères, signe du rafraîchissement de la température.

★ **Gran Parque Natural Topes de Collantes** B2

Renseignements et guides bilingues au centre d'information situé à proximité des hôtels et à l'agence Cubatur - ℘ *(41) 99 40 117 - tlj sf jours de pluie 8h-16h30.*

😊 **Conseil** – *Prévoyez de bonnes chaussures et un maillot de bain.*

À 20 km au nord de Trinidad, cette station située à environ 700 m d'altitude est réputée pour son microclimat. Avec une température moyenne de 21 °C, elle accueille plusieurs établissements touristiques, dont un ancien sanatorium construit dans les années 1950 pour les personnes atteintes de tuberculose. Transformée un temps en centre de formation pour enseignants, cette installation semble avoir retrouvé sa vocation d'origine, puisque le tourisme de santé s'y développe, grâce notamment aux sources thermales des environs *(voir « Hébergement », p. 294).*

🐛 Plusieurs circuits ont été aménagés pour les amateurs d'écotourisme. Chacun d'entre eux fait l'objet d'une belle randonnée, de difficulté variable, avec baignade dans les rivières, cascades ou piscines naturelles qui jalonnent l'itinéraire. Chaque site est payant *(5 CUC guide inclus)* et dispose d'un restaurant *(10 à 15 CUC).* Les plus courageux se rendront au **Salto del Caburní★**, pour se baigner au pied de chutes de 62 m de haut classées Monument national. La route qui relie Topes de Collantes au lac Hanabanilla est en mauvais état. Il est plutôt conseillé de rejoindre ce site à partir de Santa Clara *(voir p. 275).*

😊 NOS ADRESSES À TRINIDAD

INFORMATIONS UTILES

Voir plan de la ville, p. 284-285 (sauf mention contraire).

Banque / Change
Le **Banco Nacional de Cuba** – A2 - *Calle J. Martí, e/Colón y F. J. Zerquera.* Change de devises et chèques de voyage.

Cadeca – B3 - *Calle J. Martí, après le Parque Céspedes.*

😊 **Conseil** – S'il y a la queue à la Cadeca, essayez le bureau de change de l'hôtel Las Cuevas.

Poste
Correos – A2 - *Calle Maceo, e/Colón y F. J. Zerquera, à quatre cuadras de la Plaza Mayor.* Comptoir DHL.

Téléphone / Internet
Centre **Etecsa** – A3 - *sur le Parque Céspedes (6 postes).*
Cafeteria Begonia – A2 - *Angle Calles Maceo et S. Bolívar (8h30-19h30).*

Casa de la Música – *(Voir « En soirée », p. 297).*

Santé
Clínica Internacional – Hors plan - *Angle Calles L. Pérez n° 130 et A. Cárdenas (Reforma) -* ℘ *(41) 99 64 92.* Consultations, services d'urgence 24h/24 pour les étrangers et pharmacie.

Stations-service Servicupet
Trinidad – C2 - *Carretera a Sancti Spíritus, à la sortie de la ville et sur la route de Cienfuegos.* Autre station A3, vers Casilda, à 2 km au sud-ouest.

ARRIVER / PARTIR

En avion
Aeropuerto Alberto Delgado – *Carretera de María Aguilar, à 2 km au sud-ouest du centre-ville vers Casilda -* ℘ *(41) 99 63 12.* Les avions pour Trinidad ne reçoivent que des groupes.

En bus
Terminal de Ómnibus Interprovinciales – A1 - *Calle G. Izquierdo, e/P. Guinart y S. Bolívar.*

Le **Viazul** dessert particulièrement bien Trinidad : 2 liaisons/j avec La Havane *via* Cienfuegos (départs à 8h15 et 13h, 5h35 de trajet, 27 CUC), 1 liaison/j avec Varadero *via* Cárdenas, Santa Clara et Sancti Spíritus (6h15, 20 CUC), et une autre avec Santiago de Cuba *via* Sancti Spíritus, Camagüey, Holguín et Bayamo (12h, 35 CUC). Horaires et réservations (de préférence la veille, et jusqu'à 1h avant le départ) au guichet ou au (41) 99 44 48 (anglais parlé).

Bon à savoir – Au départ de La Havane, un bus **Transtur** dessert aussi Trinidad (même prix qu'avec le Viazul). Il prend les passagers dans quelques grands hôtels de la capitale en commençant par l'hôtel Inglaterra (7h45). Cela évite de se rendre jusqu'à la gare routière Viazul, assez excentrée. Réservation dans les hôtels et à l'Infotur de la Calle Obispo *(voir p. 126).*
En comparaison, les *guaguas* font pâle figure : peu fiables et places pour étrangers limitées.

TRANSPORTS

En taxi
Cuba Taxi – *À la gare routière -* (41) 99 22 14.

Location de voitures
Comptoirs **Havanautos** et **Transtur** à l'aéroport, dans les hôtels ou à l'agence **Cubatur** *(voir p. 282).*

Location de deux-roues
Location de vélos à la gare routière et auprès de certaines *casas particulares.* Bicyclettes et mobylettes aux Ruinas del Teatro Brunet *(voir « En soirée », p. 296),* et chez certains loueurs de voitures. Comptez 3 CUC/h.

HÉBERGEMENT

Bon à savoir – Les plus jolies maisons coloniales se concentrent autour du centre touristique. À quelques minutes à pied, autour du Parque Céspedes, les *casas particulares* de la Ciudad Nueva sont plus modestes mais tout aussi accueillantes. Pour le petit-déj., comptez 3 CUC.

Conseil – Soyez ferme face aux *jineteros*, qui rivalisent d'imagination pour vous mener aux adresses où ils touchent des commissions.

À Trinidad (centre touristique)
◗ **Casas particulares**

PREMIER PRIX (15 À 30 CUC)
Casa Gil Lemes – A3 - *Calle J. Martí nº 263, e/Colón y F. J. Zerquera -* (41) 99 31 42 - carlosgl3142@yahoo.es ou carlos@restauro.co.cu - ▤ ✕ ▣ - *1 ch. autour de 25 CUC.* Tout proche du centre historique, une vaste maison coloniale du 19e s. restaurée, fraîche et pleine de livres, dotée d'un joli patio. La chambre est confortable. Très bon accueil. Carlos et son frère parlent anglais.

Hospedaje Elena y Victor – A3 - *Calle Colón nº 256, e/J. Martí y F. Cadahía -* (41) 99 42 42 - ▤ - *1 ch. autour de 25 CUC.* Une chambre immense composée de trois pièces en enfilade. Deux contiennent des lits, la troisième est une salle de bains, que l'on qualifiera par euphémisme de spacieuse. Il y a même une terrasse privée ouverte sur le patio. Accueil sympathique et attentionné.

4

María Luisa Pomares y Armando Egido – A2 - *Calle F. J. Zerquera nº 361, e/E. V. Muñoz y G. Izquierdo -* ✆ *(41) 99 21 64 -* ✖ *- 1 ch. autour de 25 CUC.* Une autre maison coloniale dans le centre historique. Chambre spacieuse et fraîche, tout en hauteur, sous les toits.

Manuel Lagunilla – A2 - *Angle Calles J. Martí nº 327 et M. Guerra -* ✆ *(41) 99 39 09 - manuel lagunilla2005@yahoo. es -* 🖃 ✖ *- 2 ch. autour de 25 CUC.* Vous logerez dans l'une des chambres ouvrant sur le grand salon colonial. Le petit patio et la terrasse manquent un peu d'attrait. Attention, les propriétaires n'habitent pas ici mais Calle Maceo nº 455 (Gutiérrez), e/S. Bolívar y F. J. Zerquera. Rendez-vous donc directement là-bas pour les trouver.

Lídice Zerquera Mauri – B1 - *Calle S. Bolívar nº 518, e/F. H. Echerri y J. M. Márquez -* ✆ *530 152 903 791 (portable) - ronnie cuba200@ yahoo.com -* ✖ 🅿 *- 2 ch. autour de 25 CUC.* Juste au-dessus de la place, cette demeure mérite assez bien le nom de « petit palais colonial » que lui donne le maître de maison. Vaste salon avec une décoration étonnante et un billard. Une superbe chambre coloniale.

Casa Las Jimaguas – A2 - *Colón nº 271-A e/ A. Maceo y J. Martí -* ✆ *(41) 99 34 17 - 2 ch. autour de 25 CUC.* Voici l'une des plus agréables *casas* de Trinidad. Deux chambres en enfilade, dallées de marbre et meublées dans le plus pur style colonial, une salle de bains datant d'avant la révolution : cette maison vous invite à un véritable voyage dans le temps ! Point de climatisation, la ventilation des pièces se fait à l'ancienne, grâce à une imposante

hauteur sous plafond et de larges fenêtres qui dispensent le maximum de fraîcheur en été. Enfin, la chambre principale s'ouvre sur une succession de toits-terrasses qui dominent toute la ville.

La Rioja – A3 - *Calle F. País nº 389, e/S. Bolívar y F. J. Zerquera -* ✆ *(41) 99 45 89 - tereleria@ yahoo.com.mx -* 🖃 ✖ *- 2 ch. 25/30 CUC.* Chambres simples mais confortables, dans une jolie petite maison coloniale, à l'écart de l'activité du centre historique. Accueil attentionné. Votre hôtesse parle français et connaît très bien la région.

Carlos Sotolongo – A2 - *Calle R. B. Villena nº 33, e/S. Bolívar y F. J. Zerquera -* ✆ *(41) 99 41 69 -* 🖃 ✖ *- 2 ch. 25/30 CUC.* Au cœur de la ville, ce conservateur anglophone vous ouvre son royaume d'œuvres d'art. Agréables chambres coloniales ouvrant sur un patio luxuriant.

Balbina – B3 - *Calle Maceo nº 355, e/L. Pérez y Colón -* ✆ *(41) 99 25 85 -* 🖃 ✖ *- 2 ch. 25/30 CUC.* Cette superbe demeure coloniale cache un grand patio fleuri. Chambres confortables et service de qualité.

Colina – B3 - *Calle Maceo nº 374, e/L. Pérez y Colón -* ✆ *(41) 99 23 19 -* 🖃 ✖ *- 2 ch. 25/30 CUC.* Vaste patio planté d'un bougainvillier et d'un manguier, entouré d'une galerie à arcade, d'un bar, de chambres tout confort (mais un peu impersonnelles) et d'un grand salon colonial.

Casa Tamargo – A2 - *Calle F. J. Zerquera nº 266, e/Maceo y J. Martí -* ✆ *(41) 99 66 69 - felixmatilde@ yahoo.com -* 🖃 ✖ *- 2 ch. 25/30 CUC.* Beau salon 1800 avec bibliothèque d'époque et vaste terrasse couverte. Le reste est plus moderne : un grand patio fleuri ombragé d'une tonnelle, chambres confortables, toit-terrasse.

José Ricardo Valladares – B2 - *Calle Maceo nº 382, e/Smith y Colón - ☎ (41) 99 47 02 -* 🖥 ✗ *- 2 ch. 25/30 CUC.* Marlene et José vous reçoivent dans une ambiance familiale. Beau salon colonial et agréable petite cour où l'on prend ses repas. On parle anglais.

Casa Arandia – A2 - *Calle Maceo nº 438, e/Colón y F. J. Zerquera - ☎ (41) 99 66 13 -* ✗ 🅿 *- 1 ch. autour de 30 CUC.* Grande maison coloniale dotée d'un agréable patio arboré et fleuri. La chambre, à l'étage (attention, l'escalier est raide !), est spacieuse et lumineuse, avec deux petites terrasses privatives.

BUDGET MOYEN (30 À 50 CUC)

Casa Muñoz – A2 - *J. Martí nº 401, e/F. Claro y S. Escobar - ☎ (41) 99 36 73 - www.casa. trinidadphoto.com -* 🖥 🅿 ✗ *- 2 ch. autour de 35 CUC.* Magnifique maison coloniale avec terrasses, patio, chambres calmes… et cheval. Votre hôte, photographe et passionné par sa ville, parle anglais.

À Trinidad (Ciudad Nueva)
🅒 Casas particulares

PREMIER PRIX (15 À 30 CUC)

Elvira y Eddy – A3, en direction - *Calle A. Guiteras nº 129, e/ F. J. Zerquera y A. Cárdenas - ☎ (41) 99 68 20 -* 🖥 ✗ *- 2 ch. autour de 20 CUC.* Hébergement très simple, avec une grande cour où l'on dîne à l'ombre des manguiers. Tenu par un sympathique couple de professeurs.

La Caridad – A3 - *Calle L. Pérez nº 173, e/F. J. Zerquera y F. País - ☎ (41) 99 21 04 -* 🖥 ✗ 🅿 *- 2 ch. autour de 25 CUC.* À l'étage de cette maison coquette, les chambres sont agréables et possèdent chacune une terrasse. Très bien tenu. On parle anglais.

🅒 Hôtels

UNE FOLIE (PLUS DE 80 CUC)

Las Cuevas – C1 - *Finca Santa Ana- ☎ (41) 99 61 33 à 35 - reservas@cuevas.co.cu -* 🖥 ✗ 🏊 🆑 *- 114 ch. autour de 110 CUC* 🖳 *- location de voitures.* Cet établissement, l'un des seuls de la ville, est perché sur une colline au nord de la Plaza Santa Ana. Vue sur la ville et la mer des Caraïbes. Les bungalows sont de qualité inégale ; demandez une chambre dans les constructions plus récentes surplombant Trinidad. Clientèle de groupes.

Iberostar Grand Hotel Trinidad – A3 - *J. Martí nº 262 (sur le Parque Céspedes) - ☎ (41) 99 60 70 - comercial@ iberostar.trinidad.co.cu -* 🖥 ✗ 🆑 *- 40 ch. 220/270 CUC tout inclus - location de voitures, bureau de change, Internet gratuit pour les clients.* Un bel et luxueux hôtel sur la place centrale, organisé autour d'un grand patio. Déco coloniale très luxueuse. Service impeccable. Les enfants de moins de 15 ans ne sont pas admis.

Sur la route de Cienfuegos
🅒 Hôtels

POUR SE FAIRE PLAISIR (50 À 80 CUC)

Villa Guajimico – Carte de région A-B2, p. 252-253 - *Carretera Cienfuegos a Trinidad km 42, Guajimico - ☎ (0142) 54 09 46 à 48 - guajimico@enet.cu -* 🖥 ✗ 🏊 🆑 *- 54 ch. autour de 60 CUC - location de voitures.* À mi-chemin entre Cienfuegos et Trinidad, 50 bungalows se nichent dans une crique au sud de la Sierra del Escambray. Hébergé sur le site, le centre sportif de l'UCPA propose des stages de catamaran et de plongée sous-marine. Il est possible de profiter de ce centre de façon occasionnelle.

4

UNE FOLIE (PLUS DE 80 CUC)

Villa de Recreo Ma. Dolores – A1, en direction - *Carretera Trinidad a Cienfuegos km 3 (à 3 km de Trinidad sur la route de Topes de Collantes, à proximité du río Guaurabo)* - ☎ *(41) 99 64 81 ou 63 94 ou 63 95 - alojamiento@dolores.co.cu* - 🖩 ✕ ⬛ cc - *45 ch. autour de 85 CUC* ☕. Après une promenade à cheval, la traite des vaches, un combat de coqs et un spectacle de danses traditionnelles, vous apprécierez le confort modeste des chambres ou des petits bungalows.

Sur la péninsule d'Ancón

Voir la carte de région, p. 252-253.

▶ **Hôtels**

UNE FOLIE (PLUS DE 80 CUC)

Club Amigo Hotel Costasur – B2 - *Playa María Aguilar* - ☎ *(41) 99 61 74 à 78 - reservas@ costasur.co.cu* - 🖩 ✕ ⬛ cc - *132 ch. 90/140 tout inclus - location de voitures, bureau de change*. À 14 km de Trinidad, idéal pour ceux qui possèdent un moyen de locomotion. Préférez les bungalows, légèrement plus chers mais au calme et en bord de mer. Nombreuses activités sportives.

Club Amigo Hotel Ancón – B2 - *Playa Ancón* - ☎ *(41) 99 61 20 ou 61 23 à 29 - reservas@ancon.co.cu* -

🖩 ✕ ⬛ cc - *279 ch. autour de 120 CUC tout inclus - location de voitures, bureau de change*. Le bâtiment, à l'architecture imposante, domine une jolie plage, à 3 km au sud de l'hôtel Costasur. Demandez l'une des rares chambres avec balcon sur la mer. Grand choix d'activités récréatives et sportives.

Brisas Trinidad del Mar – B2 - *Playa Ancón* - ☎ *(41) 99 65 00 à 07 - reservas@brisastdad.co.cu* - 🖩 ✕ ⬛ cc - *241 ch. 160/200 CUC tout inclus - location de voitures, bureau de change*. Ce vaste complexe est agencé comme un petit village. Jardin aéré et superbe piscine. Service très agréable. Idéal pour les familles (club enfants 4-12 ans).

À Topes de Collantes

Voir la carte de région, p. 252-253.

▶ **Hôtels**

BUDGET MOYEN (30 À 50 CUC)

Villa Caburní – B2 - *À droite de l'hôtel Los Helechos et dépendant du même complexe* - ☎ *(0142) 54 03 35* - 🖩 ✕ - *32 ch. autour de 50 CUC*. Des maisons indépendantes, sans charme mais fonctionnelles. Calme reposant et belle vue sur les montagnes.

Los Helechos – B2 - ☎ *(0142) 54 03 30* - 🖩 ✕ ⬛ - *105 ch. autour de 50 CUC*. En plein cœur de la Sierra del Escambray, cet hôtel constitue un très bon point de départ pour des excursions dans la montagne. Petit établissement calme à l'ambiance familiale. Chambres spacieuses et bien tenues. Gymnase, piscine d'eaux thermales et sauna.

Kurhotel Escambray – B2 - ☎ *(0142) 54 01 80 à 89* - 🖩 ✕ - *210 ch. autour de 50 CUC*. Destiné au tourisme de santé, l'hôtel évoque un vaste hôpital aseptisé avec de nombreux services

médicaux spécialisés. Chambres propres et confortables.

RESTAURATION

🕿 **Bon à savoir** – Comme dans la plupart des villes, les *casas particulares* offrent le meilleur rapport qualité-prix. Quelques *paladares* agréables également.

À Trinidad (centre touristique)

PREMIER PRIX (MOINS DE 10 CUC)

El Jigüe – A1 - *Angle Calles Real del Jigüe nº 69 et P. Guinart - ✆ (41) 99 64 76 - 12h-22h45.* Sur la ravissante Plaza Real del Jigüe, jolie maison coloniale avec terrasse. Spécialité de poulet.

Sol y Son – A2 - *Calle S. Bolívar (Desengaño) nº 283, e/J. Martí y F. País - ✆ (41) 99 82 81 - tous les soirs à partir de 19h.* Un large choix de soupes, pâtes, salades, viandes et poissons, à déguster dans le patio fleuri d'une maison coloniale décorée d'antiquités. Accueil adorable et cuisine savoureuse.

Estela – B1 - *Calle S. Bolívar (Desengaño) nº 557, e/J. M. Márquez y R. M. Montelier - ✆ (41) 99 43 29 - lun.-sam. 18h30-22h.* Vous dînerez dans le jardin d'une maison coloniale en plein centre historique. Cadre agréable, accueil charmant et cuisine très correcte.

Trinidad Colonial – A-B2 - *Angle Calles Maceo nº 402 et Colón - ✆ (41) 99 64 73 - 9h-23h.* Ce restaurant occupe une belle demeure coloniale. Élégante salle à manger décorée de meubles anciens qui sied parfaitement à l'ambiance de Trinidad. Cuisine créole correcte qui n'est cependant pas à la hauteur du cadre.

BUDGET MOYEN (10 À 15 CUC)

Via Reale – A1 - *Calle Real del Jigüe nº 74 - ✆ (41) 99 64 76. -* *11h30-16h30.* Pour changer un peu des plats cubains, ce restaurant propose des spécialités de pâtes et de pizzas bon marché, dans une salle fraîche ou un patio sous tonnelle.

Mesón del Regidor – A2 - *Calle S. Bolívar (Desengaño) nº 424, e/Real del Jigüe y E. V. Muñoz - ✆ (41) 99 65 72 - 9h-22h.* Une maison coloniale au décor simple. Il fait particulièrement bon à l'ombre de la tonnelle, dans la cour. Optez pour l'un des menus, d'un bon rapport qualité-prix.

Plaza Mayor – A-B2 - *Angle Calle Real del Jigüe nº 15 et F. J. Zerquera (Rosario) - ✆ (41) 99 64 70 - 12h-15h, grill jusqu'à 22h.* Salle ou cour ombragée, avec buffet de cuisine internationale ou grillades. Très prisée par les groupes, cette adresse manque un peu de personnalité.

Aux environs

PREMIER PRIX (MOINS DE 10 CUC)

Manaca Iznaga – C2, en direction - *Carretera a Sancti Spíritus km 12,5, Valle de los Ingenios - ✆ (41) 99 72 41 ou 99 63 38 - 8h30-16h30.* Dans le cadre fastueux de la maison des Iznaga, l'une des plus riches familles de Trinidad au 19e s. Mobilier ancien et très belle vue sur la vallée de los Ingenios. Ce restaurant de cuisine internationale accueille surtout des groupes et organise des fêtes paysannes auxquelles on peut assister en réservant *via* Cubatur. Vous pouvez tout de même y prendre un verre.

POUR SE FAIRE PLAISIR

(15 À 30 CUC)

Grill Caribe – A3, en direction - *Carretera a Ancón - ✆ (41) 99 62 41 - 8h-20h30 - autour de 25 CUC.* Près de la Playa María Aguilar, poissons, langoustes et crevettes se dégustent sous d'agréables paillotes, face à la mer.

4

ACHATS

Cigares
La Fábrica de Tabacos – Hors plan - *Angle Calles A. Cárdenas et C. Cienfuegos.* Propose des visites guidées.
La Casa del Tabaco y del Ron – A2 - *Angle F. J. Zerquera et Maceo - 9h-17h.*
Casa del Tabaco – B3 - *À l'angle de J. Martí et L. Pérez - 9h-19h.* Avec bar et fumoir.

Artisanat
Un marché d'artisanat s'installe tous les jours autour de la Plaza Mayor. On y trouve surtout des vêtements en dentelle et des objets en bois.
Casa de Alfavero / Hermanos Santander – Hors plan - *Calle América.* Ces deux frères céramistes (15ᵉ génération !) font et vendent leur jolie production.

Disquaire
Casa de la Música – *Voir « En soirée », p. 297).* Bon choix de CD cubains à des prix imbattables par rapport à ceux pratiqués dans l'île.

EN SOIRÉE

La vie nocturne à Trinidad est très animée. Plusieurs nuits sont nécessaires pour tout apprécier !

Bars
Taberna La Canchánchara – A1 - *Calle R. M. Villena nº 78 -* 📞 *(41) 99 62 31 - 10h-20h.* Taverne au décor rustique, dans le même pâté de maisons que le couvent San Francisco de Asís. L'établissement porte le nom d'un cocktail local à base de rhum, de miel et de citron. Ce bar est très fréquenté par des groupes de touristes.
Ruinas del Teatro Brunet – A1 - *Calle Maceo, e/S. Bolívar (Desengaño) y F. J. Zerquera (Rosario) -* 📞 *(41) 99 65 47 - lun.-*

jeu. 10h-0h (vend.-dim. 2h) - entrée payante la nuit (1 CUC). Un cadre agréable pour boire un verre sous la treille. Cours de percussions et de danse. Location de motos et de vélos.

Concerts
Des groupes viennent chaque soir se produire sur les marches de la **Plaza Mayor** – *À droite de l'église.* Les musiciens passent avec un chapeau et proposent leurs CD à la vente. Sodas, bières et cocktails à siroter en dansant. La gratuité permet aux Cubains de venir, et l'ambiance s'en ressent, surtout en fin de semaine ! Mais tout s'arrête net à 2h.
Casa de la Trova – B1 - *Angle Calle F. H. Echerri nº 29 et J. Menéndez -* 📞 *(41) 99 64 45 - 10h-1h (sam. 2h) - entrée payante la nuit (1 CUC).* À deux *cuadras* à l'est de la Plaza Mayor, cette maison du 19ᵉ s. accueille dans son patio de nombreux groupes de musique traditionnelle devant un public essentiellement touristique. Spectacles en fin de semaine : 21h-2h.
Palenque de los Congos Reales – A1 - *Calle F. H. Echerri (tout près de la Plaza Mayor) -* 📞 *(41) 99 45 12. 10h-0h (sam. 1h) - entrée payante la nuit (1 CUC).* Dans un cadre agréable, concerts de musique traditionnelle et spectacles de danse afro-cubaine, de 10h30 à 13h30 et de 22h à 23h.
Bodeguita Trinidaria – A3 - *Calle Colón, e/J. Marti y F. Cadahía -* 📞 *(41) 99 24 77 - 10h-0h.* Un peu à l'écart, une *bodeguita* qui ne paye pas de mine mais qui vibre aux rythmes du groupe Sabor Cubano. Cordonnier et mécano durant la journée, les membres de la formation se transforment en musiciens le soir venu. *Muy simpáticos!*

Ruinas de Segarte – A1 - *Angle Calle J. Menéndez et Galdós en la Plaza de Segarte - 21h15-1h15.* Un petit bar ombragé pour siroter un cocktail sur des airs de salsa.

Casa Artex – B3 - *Calle L. Pérez nº 306, e/J. Martí y F. Cadahía, ℘ (41) 99 64 86 - 10h-1h (w.-end 2h) - entrée payante la nuit (1 CUC).* Ce centre culturel programme de bons concerts de musique traditionnelle la semaine (un style différent chaque soir) et fait discothèque le week-end. Agréable patio pour danser. Un peu moins touristique que les autres.

Discothèques

Ayala (Las Cuevas) – *Voir « Hébergement », p. 293 - ℘ (41) 99 66 15 - tlj sf lun. 22h30-2h30 (sam. 3h30) - entrée 3 CUC incluant une boisson.* Cette boîte de nuit aménagée dans une grotte est l'une des plus fréquentées de Trinidad. Ambiance salsa et techno au milieu des stalactites.

Casa de la Música – B1 - *Calle F. J. Zerquera nº 3 (sur la Plaza Mayor, en haut des marches, à droite de l'église) - ℘ (41) 99 66 22/23 - 10h-6h.* En fin de journée, concerts gratuits de musique cubaine sur les marches de la Maison de la musique. Puis l'arrière-cour se transforme en boîte de nuit (entrée 1 CUC) et reçoit les groupes qui font fureur auprès des jeunes Cubains (rock cubain, salsa, etc.). Si vous avez faim, grillades de 10h à 22h et petite restauration de 18h à 6h.

Casa de la Cultura – A2 - *Calle F. J. Zerquera nº 406, e/E. V Muñoz y R. M. Villena - ℘ (41) 99 43 08 - 8h-23h.* Un des rares endroits à Trinidad où vous ne verrez que des Cubains : les danseurs investissent la grande cour animée par des groupes de salsa et de *son.*

ACTIVITÉS

Excursions

L'agence **Cubatur** *(voir p. 282)* et les hôtels de la région proposent des excursions d'une journée dans la vallée de los Ingenios, à bord d'un train à vapeur. S'il est en panne, vous partirez en bus pour la journée. Également, de nombreuses randonnées à pied ou à cheval dans la Sierra del Escambray.

Activités nautiques

Les hôtels de la péninsule d'Ancón proposent un vaste choix d'activités nautiques, dont la plongée. La **Marina Marlin**, carretera M. Aguilar, Peninsula Ancón, ℘ (41) 99 62 05, offre des excursions à Cayo Blanco et autour de la péninsule d'Ancón. Très beaux fonds sous-marins, notamment près de Cayo Blanco, avec son récif de corail noir, à une vingtaine de kilomètres au sud-est de la péninsule.

Stages de catamaran et de plongée sous-marine avec l'**UCPA** dans le centre sportif de Villa Guajimico *(voir « Hébergement », p. 293).*

4

Sancti Spíritus

Chef-lieu de la province de Sancti Spíritus - 127 000 hab.

😀 NOS ADRESSES PAGE 300

S'INFORMER
Cubatur – *Sur le Parque Serafín Sánchez - www.cubatur.cu.*
Islazul – *Au sud de la place, calle Cervantes n° 1, 1er étage.*

SE REPÉRER
Carte de région B2 (p. 252-253) - Plan de la ville (p. 299).

À NE PAS MANQUER
Flâner dans l'ancien quartier colonial de la ville ; parcourir le lac Zaza en bateau.

ORGANISER SON TEMPS
Évitez le lundi, jour de fermeture de certains musées et restaurants de la ville. L'hiver est la meilleure saison pour pêcher la truite.

L'emplacement, au carrefour de l'Oriente et de l'Occidente, fait de Sancti Spíritus un point de passage presque obligé pour les voyageurs. Et pourtant, rares sont ceux qui prennent le temps de découvrir ce chef-lieu de province, en dépit de son inscription sur la liste des monuments historiques nationaux. De l'époque coloniale, elle a pourtant conservé un labyrinthe de rues ponctuées, çà et là, de vestiges architecturaux intéressants. Elle ne prétend pas rivaliser avec Trinidad, mais son atmosphère de grosse bourgade rurale préservée du tourisme lui confère un certain charme.

Se promener Plan de la ville, p. 299

La route venant de Trinidad longe la voie ferrée jusqu'à la gare de Sancti Spíritus. Prenez à droite l'avenida Jesús Menéndez, traversez le fleuve et continuez tout droit sur 500 m jusqu'au Parque Serafín Sánchez.
Les rues de Sancti Spíritus suivent un tracé irrégulier qui incite à une promenade sans but précis. Les curiosités touristiques s'étendent essentiellement entre le Parque Serafín Sánchez et le pont Yayabo.

LE PARQUE SERAFÍN SÁNCHEZ

Cette vaste place ombragée, au cœur de la ville, avec ses bâtiments néoclassiques, porte le nom du héros indépendantiste de la ville, mort au combat en 1896. La circulation y est dense, et les visiteurs de passage comme les habitants s'y donnent rendez-vous.

Le Museo Provincial General

Lun.-jeu.. 9h-17h, sam. 9h-22h, dim. 8h-12h - 1 CUC.
Le musée occupe une belle maison du 18e s. au n° 3 de la calle Máximo Gómez, du côté ouest du Parque Serafín Sánchez. Ses salles retracent l'histoire de la région, des Indiens à la révolution.

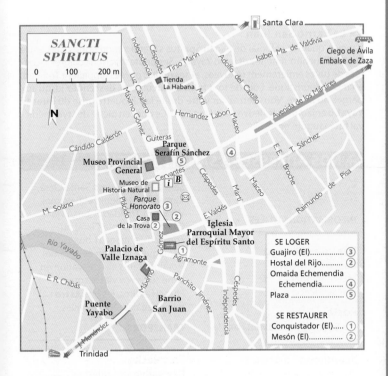

Le Museo de Historia Natural

Tlj sf jeu. 8h30-17h (dim. 12h) - 1 CUC.

À 30 m de la place, calle Máximo Gómez n° 2, ce petit musée ne présente pas grand intérêt, avec ses animaux empaillés et sa collection un peu poussiéreuse de minéraux, coquillages, insectes et crustacés.

Suivez la calle Máximo Gómez sur 200 m jusqu'au Parque Honorato.

La Iglesia Parroquial Mayor del Espíritu Santo

9h-11h, 14h-17h - gratuit.

Le clocher bleu se confondant avec le ciel surplombe la petite place Honorato. Le destin de cet édifice semble refléter l'histoire de Sancti Spíritus. Érigé en 1514, il dut être transféré en même temps que la cité en 1520. Pillée et mise à sac par les pirates au cours du 17e s., l'église fut définitivement reconstruite en 1680. La tour fut ajoutée au 18e s., puis la coupole au 19e s. De très belles **boiseries★★** ornent le plafond de la nef.

★★ Le Palacio de Valle Iznaga

À l'angle des calles Máximo Gómez et Plácido, le palais abrite le **Museo de Arte Colonial★★** *(mar.-sam. 10h-17h, dim. 8h-12h - 2 CUC).* Ce grand hôtel particulier du 18e s., avec ses grilles aux fenêtres et son balcon en fer forgé, fut la première maison à deux étages de Sancti Spíritus. Des meubles du 19e s. provenant de la région ont été réunis dans les différentes salles pour reconstituer un riche intérieur de l'aristocratie cubaine. Quelques vitraux ainsi que des objets d'arts décoratifs complètent cette collection.

Continuez la calle Máximo Gómez et prenez la calle Padre Quintero sur la gauche, la dernière rue avant le pont.

★★ **Le Barrio San Juan**

L'ancien quartier colonial de Sancti Spíritus s'étend sur quelques rues entre la calle Panchito Jiménez et le río Yayabo. Ses petites maisons colorées, coiffées de tuiles entièrement rénovées, et ses ruelles pavées rappellent Trinidad, en moins touristique. Loin de tout bruit de circulation, descendez jusqu'aux berges du fleuve. Vous verrez sur votre droite la silhouette grise du **Puente Yayabo** enjambant le fleuve du même nom. Ce pont en pierre de style médiéval fut inauguré en 1825.

😊 NOS ADRESSES À SANCTI SPÍRITUS

Voir le plan de la ville p. 299 (sauf mention contraire).

INFORMATIONS UTILES

Banque / Change
Banco Financiero Internacional – *Calle Independencia nº 2.*

Poste
Les **Correos** se trouvent dans la calle Independencia.

Téléphone / Internet
Etecsa – *Calle M. Solano (devant le cinéma S. Sánchez).*

Stations-service Servicupet
Chambelón – *Au nord-ouest de la ville, sur la route de Santa Clara.*
Majagua – *Sur la route de Ciego de Ávila.*

ARRIVER / PARTIR

En train
Estación de Trenes – *Angle ave. J. Menéndez et route de Trinidad, à 300 m au sud-ouest du pont Yayabo -* ☎ *(41) 32 47 90.* 1 train/j relie Sancti Spíritus et La Havane (8h de trajet) et 2 trains/j vont à Cienfuegos (4h) et Santa Clara (2h).

En bus
Estación de Ómnibus – *Sur la carretera Central en direction de Ciego de Ávila, à 1 km du Parque Serafín Sánchez.*
Le **Viazul** s'y arrête tous les jours sur ses trajets La Havane-

Santiago (4 bus/j *via* Santa Clara, Camagüey, Holguín et Bayamo), Varadero-Trinidad (1 bus/j *via* Cárdenas et Santa Clara) ou Trinidad-Santiago (1 bus/j *via* Camagüey, Holguín et Bayamo). Horaires, tarifs et réservation en ligne sur www.viazul.com.
Plus aléatoires, les bus **Astro** relient également ces villes.

TRANSPORTS

En calèche
De nombreuses calèches sillonnent la ville (1 ou 2 pesos en monnaie nationale).

Location de voitures
Transtur – *Calle Independencia nº 2 -* ☎ *(41) 32 85 44.*
Havanautos – *Ave. Eucaliptos et Circunvalación -* ☎ *(41) 32 84 03.*

HÉBERGEMENT

Dans le centre-ville
◗ **Casas particulares**

PREMIER PRIX (15 À 30 CUC)

Omaida Echemendia Echemendia – *Calle Maceo nº 4, e/ ave. de las Martires y Doll -* ☎ *(41) 32 43 36 - omaidasancti@gmail.com -* 📶 ✖ *- 2 ch. 20/25 CUC.* À deux *cuadras* du Parque et non loin de la carretera Central, à l'étage. Une chambre donne sur le salon, agrémenté d'un balcon ; l'autre, plus indépendante et calme, se trouve au-dessus, sur la terrasse.

Très gentil accueil de la maîtresse de maison.

El Guajiro – *Calle M. Gómez n° 9 (entre calles Cervantes et Honorato) - ℰ (41) 32 76 26 - ▤ ✗ - 2 ch. 20/25 CUC*. Entre le Parque Serafín Sánchez et le Parque Honorato del Castillo. Chambres correctes avec balcon, l'une sur rue, l'autre sur cour. Agréable terrasse couverte pour les repas.

◐ **Hôtels**

BUDGET MOYEN (30 À 50 CUC)

Plaza – *Angle calle Independencia et ave. de los Mártires - ℰ (41) 32 71 02 - www.hotelescubanacan. com - ▤ ✗ cc - 27 ch. 40/50 CUC - Internet*. Dans un bel édifice du Parque Serafín Sánchez, la place centrale de Sancti Spíritus. Choisir les chambres qui donnent sur la place. Bien rénové, cet hôtel offre un excellent rapport qualité-prix. Accueil sympathique.

Hostal del Rijo – *Parque Honorato del Castillo n° 12 - ℰ (41) 28 588/581 à 583 - www.hotelescubanacan. com - ▤ ✗ cc - 16 ch. 40/50 CUC - Internet*. L'hôtel le plus confortable et le mieux situé de la ville, dans un bel édifice du 19e s., face à l'église du paisible Parque Honorato. Les chambres s'agencent autour d'un patio où sont servis les repas. Préférez celles situées à l'étage, avec un balcon surplombant la place.

Aux environs

Voir la carte de région, p. 252-253.

◐ **Hôtel**

POUR SE FAIRE PLAISIR (50 À 80 CUC)

Zaza – *B2 - Finca San José, Lago Zaza - ℰ (41) 32 70 15 - ▤ ✗ ⊠ cc - 79 ch. 55/60 CUC - services médicaux*. À 10 km de Sancti Spíritus par la route de Ciego de Ávila. Les groupes de passage et les amateurs de pêche à la truite logent dans ce bâtiment en béton, sur les rives du lac Zaza. Cadre naturel agréable et possibilité de promenades en bateau ou à cheval. Chambres correctes pour le prix.

RESTAURATION

PREMIER PRIX (MOINS DE 10 CUC)

El Mesón *(près de l'église)* et **El Conquistador** *(Calle Agramonte 52 - 5/15 CUC)* servent une cuisine correcte à prix raisonnables. Vous pouvez aussi demander aux habitants de vous indiquer des *paladares*.

EN SOIRÉE

Concerts

Les nuits de Sancti Spíritus sont plutôt calmes. Vous pouvez toujours vous rendre à la **Casa de la Trova** *(ave. M. Gómez n° 26, à 150 m au sud du Parque Serafín Sánchez)*, pour prendre un verre et écouter des groupes de musique traditionnelle cubaine.

ACTIVITÉS

Tour du lac en bateau, promenades à cheval, parties de pêche et de chasse, et activités sportives *(voir ci-avant, « Hébergement », l'hôtel Zaza)*.

ACHATS

Marché

Calle E. Valdés, e/Independencia y Céspedes - tlj sf dim. 8h-18h. Pour acheter des fruits. Dans la rue, le matin, délicieux *batidos* de fruits.

Boutiques / Supermarché
Tienda La Habana – *Angle calles Céspedes et T. Marín*. Un supermarché bien approvisionné. Vous pourrez y faire vos achats pour la route ou même déjeuner dans la cafétéria à l'étage. Dans la rue piétonne, quelques boutiques en pesos convertibles.

4

Ciego de Ávila

Cayo Coco★★ **et Cayo Guillermo**★★

Chef-lieu de la province de Ciego de Ávila - 142 000 hab.

😎 NOS ADRESSES PAGES 304, 306, 309

S'INFORMER

Oficina de Jardines del Rey à Ciego de Ávila – *Calle M. Gómez Oeste n° 82 - lun.-vend. 9h-17h.*

Cubanacán à Morón – *Calle Colón n° 49 - 🖉 (335) 22 62 - www.cubanacan. cu.* Propose des excursions dans les *cayos* ainsi que dans le reste de l'île.

Havanatur à Cayo Coco – *🖉 (33) 30 13 29 - www.havanatur.cu.* Possède une antenne à la station-service Servicupet *(voir p. 309).*

Cubanacán *(www.cubanacan.cu)* et **Transtur** sont représentés dans la plupart des hôtels de Cayo Coco. Renseignements, excursions, réservations, etc.

SE REPÉRER
Carte de région C2 (p. 252-253).

À NE PAS MANQUER
Le *pedraplén* reliant l'île principale à Cayo Coco ; se détendre sur les plages de Cayo Coco ou de Cayo Guillermo.

ORGANISER SON TEMPS
Passez la nuit à Morón plutôt qu'à Ciego de Ávila. Pour les *cayos*, réservez une chambre à l'avance par l'intermédiaire d'une agence.

Véritable nœud de communications terrestres, aériennes et ferroviaires, Ciego de Ávila est quasiment un passage obligé. Les camions reliant Santiago de Cuba à La Havane projettent leur fumée noire sur ses maisons défraîchies. Les touristes traversent rapidement la ville pour bifurquer au nord vers les chapelets de cayos qui frangent le littoral. Les amateurs de paysages ruraux préfèrent s'attarder dans les hameaux alentour, dispersés entre les plantations de canne à sucre, d'agrumes et d'ananas qui ceinturent Ciego de Ávila. Ce chef-lieu morne et bruyant ne présente pas suffisamment d'intérêt pour s'y arrêter, contrairement à la petite ville de Morón, qui permet de rayonner dans la région.

Plantation de canne à sucre autour de Ciego de Ávila.
Frédéric Soreau/Photononstop

Se promener Carte de région, p. 252-253

CIEGO DE ÁVILA C2

La ville ne présente aucun attrait particulier. Nous vous conseillons de pour-suivre votre route vers Morón et les *cayos*. De Sancti Spíritus, la carretera Central passe par le **lac Zaza** et continue tout droit pendant 74 km jusqu'à Ciego de Ávila.
À 300 m derrière la gare routière, quittez la carretera Central par la route de gauche. 1 km plus loin, prenez la carretera de Morón sur la droite.

4

HISTOIRE DE CIEGO DE ÁVILA

En 1538, l'Espagnol Jácome de Ávila acquiert un domaine qui, en s'agran-dissant, devient un relais clé pour les voyageurs effectuant le long trajet de Santiago de Cuba à La Havane. La ville de Ciego de Ávila n'est fondée qu'en 1840 et, quelques années plus tard, la région prend une impor-tance accrue lors des guerres d'indépendance. Conscients de la situation stratégique de Ciego de Ávila, les Espagnols décident de construire la Trocha (« sentier »), une fortification reliant Morón à Júcaro au sud, afin de barrer la route aux indépendantistes de l'Est. Ce même dispositif sera utilisé par Batista pour empêcher les *barbudos* d'assurer la jonction entre l'est et l'ouest de l'île pendant la guérilla révolutionnaire. De ces 70 km de murailles, il ne reste que quelques vestiges autour de Morón.

😊 NOS ADRESSES À CIEGO DE ÁVILA

INFORMATIONS UTILES

Banque / Change
Banco Financiero Internacional – *Angle calles H. del Castillo et J. de Agüero.*

😊 **Bon à savoir** – L'hôtel **Ciego de Ávila** *(voir « Hébergement », p. 305)* change également des devises.

Poste / Téléphone
Correos – *À l'angle des calles C. Valdés et M. Gómez (à 100 m de l'hôtel Santiago-Habana).*

Etecsa – *Calle H. del Castillo, sur le Parque José Martí.*

Santé
Services médicaux à l'hôtel Ciego de Ávila.

Stations-service Servicupet
Oro Negro – *À l'angle de la carretera Central et de la calle Independencia, à proximité de la gare routière.*

Norte – *À l'intersection de la carretera de Morón et de la Circunvalación, au nord.*

Florida – *Sur la route entre Ciego de Ávila et Camagüey.*

ARRIVER / PARTIR

En avion
Aeropuerto Internacional Máximo Gómez – *À Ceballos, à 24 km au nord de Ciego de Ávila -* 📞 *(33) 26 66 26.* En hiver, certaines compagnies aériennes effectuent des vols depuis le Canada avec un transfert en bus pour les *cayos*. La **Cubana de Aviación** assure plusieurs liaisons hebdomadaires avec La Havane, et la compagnie de charters **Aerotaxi** dessert quelques villes de province.
Cubana de Aviación – *En plein centre-ville, calle C. Valdés nº 83,* *e/Maceo y H. del Castillo -* 📞 *(33) 26 66 27.*
Aerotaxi – *Comptoir à l'aéroport -* 📞 *(33) 23 937.*

En train
Terminal de Ferrocarriles – *Proche du centre-ville, calle Van Horne, au bout de la calle Agramonte -* 📞 *(33) 22 33 13.* Trains pour La Havane (8h de trajet), Santiago de Cuba, Camagüey, Matanzas, Morón et Santa Clara.

En bus
Terminal de Ómnibus Nacionales – *Carretera Central à la sortie de la ville en direction de Camagüey.* Liaisons quotidiennes vers les principales villes de province. Il est plus sûr de prendre le **Viazul**, qui s'arrête à Ciego sur ses trajets La Havane-Santiago de Cuba (4 bus/j *via* Santa Clara, Sancti Spíritus, Camagüey, Holguín et Bayamo) et Trinidad-Santiago (1 bus/j *via* Sancti Spíritus, Camagüey, Holguín et Bayamo). Horaires, tarifs et réservation en ligne sur www.viazul.com.

TRANSPORTS

En taxi
Vous trouverez des véhicules de la compagnie officielle à l'aéroport et devant les hôtels.

Location de véhicules
Comptoirs des principales compagnies à l'aéroport et dans les hôtels.

HÉBERGEMENT

Voir la carte de région, p. 252-253.

Hôtels
PREMIER PRIX (15 À 30 CUC)

Santiago-Habana – C2 - *Angle calles C. Valdés et H. del Castillo -*

(33) 22 57 25/47/81 - 🖥 ✕ 🆑 - 72 ch. autour de 20 CUC - services médicaux. Grand bâtiment bleu, à deux *cuadras* du Parque José Martí. L'hôtel le plus central de la ville est également le plus bruyant, car situé sur l'axe de la carretera Central. Les chambres, modestes, sont moyennement bien tenues.

Ciege de Ávila – *C2 - Carretera de Ceballos km 2,5 - 🖉 (33) 22 80 13 - 🖥 ✕ 🏊 🆑 - 143 ch. autour de 25 CUC - bureau de change, location de voitures, services médicaux.* À 3 km du centre-ville, cet hôtel se compose de plusieurs bâtiments en béton défraîchi. Les chambres sont fonctionnelles mais sans intérêt. Pour ceux qui possèdent un véhicule, cet établissement constitue cependant un meilleur choix que le Santiago-Habana.

EN SOIRÉE

Concerts
Casa de la Trova – *Angle des calles Libertad et S. Reyes, à deux cuadras du Parque José Martí.* Spectacles de musique traditionnelle.

★ **MORÓN** C2

Comptez 45mn.
La région de Ciego de Ávila est surtout réputée pour deux *cayos* reliés par route à l'île principale. En vous installant à Morón, vous pourrez vous échapper une journée vers ces îlots, réservés aux étrangers, ou effectuer quelques excursions aux alentours de la ville.

Dans le centre-ville
À l'entrée de cette petite ville, un **coq** en bronze pousse son étrange cri mécanique deux fois par jour. Mis à part cet emblème, Morón ne se distingue pas des autres localités du centre de Cuba. Cependant, la gentillesse de ses habitants vous incitera peut-être à y prolonger votre séjour. À votre tour, vous suivrez nonchalamment l'enfilade de colonnes de la calle José Martí, l'artère principale de la ville où, sous des arcades aux couleurs usées, il fait bon siroter un *batido* aux fruits (milk-shake). Les rues transversales mènent à des chemins de terre puis se perdent dans la campagne.
Le **Museo Municipal** *(calle José Martí, e/D. Daniel y Sergio Antuñàs - tlj sf dim. apr.-midi 8h30-12h, 13h-17h30 - 1 CUC)* renferme des pièces archéologiques latino-américaines (ustensiles, haches de pierre pétaloïdes, *esferolitias* – pierres enterrées avec les morts –, céramiques). Quelques documents et objets personnels rendent hommage aux indépendantistes originaires de la ville. Une salle est consacrée aux rites religieux influencés par le vaudou haïtien.

Aux alentours de Morón
Suivez la calle José Martí jusqu'au Parque Agramonte, à l'extrémité nord. Tournez à droite puis à gauche dans la calle López, vers le nord. Continuez tout droit pendant 5 km le long du canal.
La **Laguna de la Leche** (C2) (lagune du Lait) tient son nom de l'aspect laiteux que prend son eau, riche en carbonate de sodium, lorsqu'elle est agitée par

le vent. Il est possible de faire des promenades en barque sur cette immense étendue de 67 km², la plus grande lagune du pays. Les embarcations peuvent être louées auprès de la base nautique à proximité du bar-restaurant.

Depuis le centre-ville et la calle José Martí, tournez à droite à Libertad jusqu'à la carretera Nueva, qui se dirige vers les cayos.

À 16 km au nord de la ville, la **Laguna Redonda** (C2) constitue l'un des meilleurs sites cubains de pêche à la truite. On peut faire une halte au bar-restaurant situé sur la rive ou louer une embarcation pour faire le tour du lac.

À 4 km de la lagune en direction de Cayo Coco, la route passe à proximité du **Pueblo Celia Sánchez** (C2), également appelé le « village hollandais ». Ses maisons à colombages, perdues au cœur de pâturages où paissent des vaches rousses, offrent un spectacle inattendu dans un pays tropical.

La route se dirige à droite vers Cayo Coco et Cayo Guillermo.

Si vous manquez de temps pour les *cayos* ou préférez vous baigner dans une ambiance cubaine, la **Playa La Tinaja** (C2) fera agréablement l'affaire *(pour y accéder, avant la route pour les* cayos, *tournez à droite à San Rafael, puis à gauche après Manati).*

😊 NOS ADRESSES À MORÓN

INFORMATIONS UTILES

Banque / Change
Bandec – *Calle J. Martí, e/San José y S. Sanchez.*
😊 **Bon à savoir** – *L'hôtel Morón (voir « Hébergement », p. 307)* effectue des opérations de change.

Poste / Téléphone
À l'hôtel Morón.

Station-service Servicupet
Ave. Tarafa (à proximité de l'hôtel Morón).

TRANSPORTS

En train
Terminal de Ferrocarriles – *Au début de la calle J. Martí en arrivant de Ciego de Ávila.* Départs moins aléatoires de Ciego.

En bus
Estación de Ómnibus – *En face de la gare.* Liaisons avec Camagüey, Santa Clara et La Havane. Réservez à l'avance.

TRANSPORTS

Location de véhicules
Havanautos – *Ave. Tarafa près de la station-service.*
Transtur – *À l'hôtel Morón (voir « Hébergement », p. 307).*

HÉBERGEMENT
Voir la carte de région p. 252-253 pour l'hôtel.
😊 **Bon à savoir** – Le logement chez l'habitant s'est beaucoup développé dans cette ville, pour ceux qui envisagent seulement de passer la journée sur les *cayos*.

Casas particulares

PREMIER PRIX (15 À 30 CUC)

Carmen F. Barroso (Cuqui) – *Calle Patria nº 10, e/Sordo y Lugareño -* 🕿 *(33) 50 36 68 -* moroncuqui@gmail.com - 🖥 ✕ - *2 ch. 20/25 CUC.* Dans un quartier résidentiel et central où fleurissent les *casas particulares*. Vous aurez donc le choix si celle-ci affiche complet. Ici, vous louerez tout le haut ou le bas de la maison (avec salon, cuisine et terrasse privatifs).

Los Cachacos – *Calle J. Martí nº 247, e/S. Sánchez y S. Antuña -* 🕿 *(33) 50 36 30 -* 🖥 *- 2 ch. 20/25 CUC.* Sur la rue principale qui traverse la ville. Maison simple mais bon accueil. Moins agréable que l'adresse précédente néanmoins.

Rosa Franco Tavares – *Carretera de Ciego nº 6 (à l'entrée de la ville) -* 🕿 *(33) 50 44 13 -* 🖥 *- 2 ch. 20/25 CUC.* Grandes chambres charmantes et propres, dont une sur la terrasse. Grand jardin.

Hôtel

BUDGET MOYEN (30 À 50 CUC)

Morón – *C2 - Ave. Tarafa (au niveau du coq de la ville) -* 🕿 *(33) 50 22 30 -* 🖥 ✕ ⬙ 🆑 *- 144 ch. autour de 45 CUC - bureau de change, location de voitures, services médicaux.* Grand bâtiment moderne, à l'entrée de Morón en venant de Ciego de Ávila et à 1,5 km du centre-ville. Pas de charme, mais confortable et pratique.

RESTAURATION

Les *casas particulares* offrent le meilleur rapport qualité-prix.

Demandez aux habitants de vous indiquer des *paladares*. Le restaurant de l'hôtel Morón *(voir ci-avant, « Hébergement »)* a bonne réputation.

EN SOIRÉE

Concerts

Des groupes de musique traditionnelle se produisent de temps à autre dans le patio de la **Casa de la Trova** – *Calle Libertad, e/J. Martí y N. López.*

Discothèques

Celles de l'hôtel **Morón** *(voir ci-avant)* et de la **Casona de Morón**, calle Colón nº 41, concentrent l'animation nocturne de la ville.

ACTIVITÉS

Excursions

Morón constitue un bon point de départ pour Cayo Coco et Cayo Guillermo.

Cubanacán – *Calle C. Colón nº 49,* www.cubanacan.cu.
Vous pouvez aussi vous renseigner auprès de l'hôtel Morón.

Pêche / Chasse

Pêche à la truite organisée par le **Centro Internacional de Pesca de la Trucha** au lac La Redonda. Renseignez-vous auprès de la Casona de Morón, calle Colón nº 41. Parties de chasse au **Coto de Caza Aguachales de Falla**. Pour ces deux activités, s'adresser au bureau de tourisme de l'hôtel Morón *(voir ci-avant, « Hébergement »).*

4

Excursion Carte de région, p. 252-253

★★ LES CAYOS C1

Comptez 2h de Morón à Cayo Guillermo. Un poste-frontière (péage 2 CUC) marque le début de la route pour los Jardines del Rey, à 7 km du village de Celia Sánchez.

Bon à savoir – Les Cubains ne sont pas autorisés à franchir cette limite (passeport exigé !).

Conseil – Prévoyez une lotion anti-moustiques pour la visite des lagunes et des *cayos*.

Baignade, bain de soleil, plongée, pêche et sports nautiques rythment les journées sur les *cayos*.

★★ Cayo Coco C1

Le **pedraplén★**, la route-digue qui relie l'île principale à Cayo Coco sur une vingtaine de kilomètres dans la bahía de los Perros (baie des Chiens), semble s'étendre à l'infini au beau milieu de l'océan. Il présente un spectacle inoubliable au coucher du soleil, mais soyez prudent, car la chaussée n'est pas éclairée et ne dispose d'aucune barrière de sécurité sur les bas-côtés.

À 17 km du poste-frontière, la route aborde les côtes marécageuses du sud de **Cayo Coco★★**. Cette île de 370 km² est couverte de forêts abritant de nombreuses espèces d'oiseaux. Il est fréquent d'apercevoir de part et d'autre de la route des flamants roses, des pélicans ou des ibis, notamment du haut du petit mirador installé au snack-bar **La Silla**.

Continuez tout droit sur une quinzaine de kilomètres jusqu'au nord du cayo*, où se concentrent les complexes hôteliers.*

Pour plus de tranquillité, partez explorer les petites plages de l'île. Les plus jolies, **Playa Flamingo★★** et **Playa Prohibida★★**, sont aussi les plus prisées. Vous pourrez vous y restaurer à midi.

De retour au rond-point (Rotonda), prenez vers l'ouest en direction de Cayo Guillermo sur environ 35 km.

★ Parque El Baga

Tlj sf dim. 9h30-16h30 - comptez 3h - 18 CUC (visite guidée, spectacle et boisson).
Aménagé pour mettre en valeur la faune et la flore des *cayos*, s'étend sur 750 ha, entre la route qui relie les deux *cayos* à la côte. On y observe des flamants roses, des crocodiles, des iguanes, des tortues et de nombreux oiseaux.

Cayo Guillermo.
Patrick Escudero/hemis.fr

★★ **Cayo Guillermo** C1

La route traverse une zone de mangroves avant de pénétrer dans **Cayo Guillermo★★**. La petite superficie (13 km²) de cet îlot reculé le rend plus convivial que son grand voisin. Il n'offre que 5 km de plage mais s'avère un excellent site de pêche. De **Playa Pilar★★**, la plus belle plage de l'île, un catamaran peut vous emmener à **Cayo Media Luna**, juste en face ; un îlot réputé pour la beauté de ses fonds coralliens.

Enfin, vous pouvez vous rendre sur l'une des dernières îles qui a été ouverte au tourisme, le **Cayo Paredón Grande**, au nord du Cayo Romano, en continuant vers l'est depuis le rond-point (Rotonda) de Cayo Coco. Un phare et de belles plages vous y attendent.

😊 NOS ADRESSES SUR LES CAYOS

4

INFORMATIONS UTILES

Banque / Change
Banco Financiero Internacional – *À la la station-service Servicupet de Cayo Coco.*

Santé
Services médicaux dans les hôtels, notamment au **Tryp Cayo Coco.**

Stations-service Servicupet
Servicupet – *Au rond-point (Rotonda), au centre de Cayo Coco.*
Marina Puertosol – *Au début de Cayo Guillermo* - ✆ *(33) 30 17 37/38.*

ARRIVER / PARTIR

En avion
Aéroport international Jardines del Rey – *Cayo Coco.* Vols en provenance d'Europe et du Canada. **Aerocaribbean** assure des liaisons avec La Havane. Les petits avions de la compagnie de charters **Aerotaxi** sont affrétés par les grands hôtels de La Havane et de Varadero, qui proposent des excursions à destination de Cayo Coco avec au minimum une nuit sur place. Réservez à l'avance, car les vols sont souvent complets.

TRANSPORTS

Location de véhicules

Pour faire des excursions sur les *cayos* ou aux alentours, vous pourrez louer une voiture ou une mobylette à votre hôtel (comptoirs **Havanautos** et **Transtur**) ou y réserver un taxi.

HÉBERGEMENT

Voir la carte de région, p. 252-253.

Bon à savoir – De grandes chaînes cubaines et espagnoles se sont installées sur les îles. Elles proposent des prestations similaires : location de voitures, bureaux de change, services médicaux, avec un large éventail d'activités sportives, d'animations et d'excursions. La pension complète y est presque toujours obligatoire. Ces hôtels étant surtout fréquentés par des groupes, les prix négociés par une agence sont plus intéressants.

À Cayo Coco
◑ Hôtels

UNE FOLIE (PLUS DE 80 CUC)

Villa Gaviota – C1 - ✆ (33) 30 21 80 - www.gaviota.com - ▤ ✕ ⌇ CC - 44 ch. à partir de 120 CUC tout inclus. L'hôtel le moins cher des *cayos* est aussi le plus sympathique, avec un nombre de chambres limité. Souvent réservé par un tour-opérateur italien.

Tryp Cayo Coco – C1 - ✆ (33) 30 13 11/00 - ▤ ✕ ⌇ CC - 1 000 ch. à partir de 170 CUC tout inclus. Tout est mis en œuvre pour rendre votre séjour agréable dans cet immense complexe qui s'étale dans un jardin en bord de mer. Préférez la partie la plus ancienne (ce fut le premier hôtel de l'île), avec ses arcades aux tons pastel. Demandez une chambre avec balcon ou terrasse sur la mer.

À Cayo Guillermo
◑ Hôtels

UNE FOLIE (PLUS DE 80 CUC)

Villa Cojimar – C1 - ✆ (33) 30 17 12 - ▤ ✕ ⌇ CC - 170 ch. à partir de 130 CUC tout inclus. Le moins cher de l'île. Certaines chambres sont un peu loin de la mer et vraiment près de la discothèque.

Iberostar Daiquirí – C1 - ✆ (33) 30 16 50 - ▤ ✕ ⌇ CC - 312 ch. à partir de 150 CUC tout inclus. Situé avant le précédent, c'est aussi un des moins chers des hôtels « tout inclus ».

Sol Cayo Guillermo – C1 - ✆ (33) 30 17 60 - ▤ ✕ ⌇ CC - 285 ch. à partir de 210 CUC tout inclus. L'un des complexes les plus harmonieux, situé presque au bout de l'île, avant Playa Pilar.

RESTAURATION

Bon à savoir – Vous pourrez déguster poissons ou langoustes grillés dans les petits restaurants de plage.

À Cayo Coco

BUDGET MOYEN (10 À 15 CUC)

La Roca – Playa Prohibida - 5/15 CUC. Au nord du *cayo*, entre une lagune sauvage et une belle plage protégée, vous savourerez langoustes et poissons grillés, en compagnie de touristes indépendants.

Playa Flamingo – *Sur la route en direction de Cayo Guillermo - 5/15 CUC.*

À Cayo Guillermo

BUDGET MOYEN (10 À 15 CUC)
Ranchon Pilar – *Playa Pilar, au bout de l'île - 5/15 CUC.*

EN SOIRÉE

Discothèques

La **Cueva del Jabalí** – *Non loin de la Playa Prohibida, sur le Cayo Coco (suivez les indications dans la lagune) - 21h-0 - 5 CUC boisson comprise.* Ce bar-restaurant-cabaret est aménagé dans une jolie grotte de la lagune. Spectacle à 22h puis boîte de nuit. Discothèques dans les hôtels également.

ACTIVITÉS

Excursions

Chaque hôtel possède son bureau de tourisme.

Activités nautiques

Les hôtels proposent toute une gamme d'activités nautiques : planche à voile, catamaran, plongée, pêche en haute mer.
Marina Puertosol – *À l'entrée de Cayo Guillermo -* ✆ *(33) 30 17 37/38.*
Centre de plongée Marina Marlin – *À l'hôtel Tryp Cayo Coco (voir « Hébergement », p. 310) -* ✆ *(33) 30 12 21.*

4

Camagüey

★

Chef-lieu de la province de Camagüey - 347 000 hab. - 3e ville de Cuba

😊 NOS ADRESSES PAGES 317, 321

 S'INFORMER
Cubatur – *Calle I. Agramonte n° 421, e/L. Recio y República -* 📞 *(32) 25 47 85/86 - www.cubatur.cu.*

▶ **SE REPÉRER**
Carte de région D3 (p. 252-253) - Plan de la ville (p. 314).

😊 **À NE PAS MANQUER**
Se perdre dans les rues tortueuses du centre-ville ; boire un verre sur la Plaza del Carmen ou sur celle de San Juan de Dios ; se baigner à Playa Los Cocos.

🕐 **ORGANISER SON TEMPS**
Garez votre véhicule et visitez Camagüey à pied.
Évitez le lundi, jour de fermeture des musées.

Le labyrinthe de rues sinueuses, tracé délibérément pour égarer les pirates, ne manque pas de dérouter les visiteurs habitués au damier régulier des villes cubaines. Un dispositif compliqué de panneaux de signalisation achève de désorienter le plus chevronné des automobilistes. L'idéal pour découvrir la « cité des églises », qui ne compte pas moins de vingt lieux de culte en son centre, est de déambuler d'une place à l'autre, au gré de son inspiration. L'attrait de Camagüey réside dans les rencontres fortuites que l'on peut y faire en se promenant à la recherche de son chemin : surprise d'une impasse qui contraint à revenir sur ses pas, bifurcation imprévue qui éloigne du but fixé. Cette série de contretemps tisse un piège délicieux, retenant le visiteur dans les rues animées de la ville. Sur son trajet, de lourdes portes en bois s'ouvrent sur des patios silencieux ou disparaissent sous la végétation des tinajones. Symbole de la ville, ces grandes jarres en terre cuite mesurent jusqu'à 2 m de haut. Au 16e s.,

Façade du centre historique classé au patrimoine mondial de l'Unesco.
ESCUDERO Patrick/hemis.fr

des Catalans utilisèrent l'argile de la Sierra de Cubitas pour fabriquer ces réservoirs à eau, sur le modèle des jarres à huile espagnoles. On en aurait dénombré plus de 16 000 à Camagüey. Elles ponctueront chacun de vos pas tels des motifs répétés sans fin.

Se promener Plan de la ville, p. 314

Comptez une journée à pied en prenant votre temps.
Le centre-ville est coupé du nord au sud par l'un des seuls tracés rectilignes de Camagüey : la **calle República**. Cette rue commerçante très animée est jalonnée de petits commerces alimentaires, où l'on paie en pesos cubains, ainsi que d'échoppes et d'ateliers de réparation en tout genre. La plupart des curiosités touristiques se trouvent à l'ouest de cette artère principale qui constitue un bon point de repère.
À partir de la calle República, remontez la calle José Martí jusqu'à la Plaza del Carmen.

★ LA PLAZA DEL CARMEN

4

Joyau de la cité, cette minuscule place du 19e s., tranquille et colorée, est très agréable en début de matinée. Deux statues célèbrent les petits métiers cubains et les modèles, d'un âge canonique, se feront un plaisir de vous raconter leur quotidien du temps jadis…

★ La Iglesia del Carmen
Ouvert pendant les messes.
Cet édifice élégant, avec sa belle façade rose clair surmontée par deux clochers, date du 19e s. L'intérieur est des plus dépouillés.
Revenez vers la calle José Martí et prenez tout droit la calle Eugenio Sánchez (Desengna). À 150 m sur votre gauche, remontez la calle Raúl Lamar.

★ LA PLAZA SAN JUAN DE DIOS

Classée Monument national, la Plaza San Juan de Dios se pare d'une église immaculée, encadrée de constructions bleu lavande, vieux rose ou ocre. Entièrement rénovés, ses édifices aux couleurs éclatantes donnent l'impression de sortir tout droit d'un livre d'images, mais, le temps aidant, la patine devrait les ennoblir.

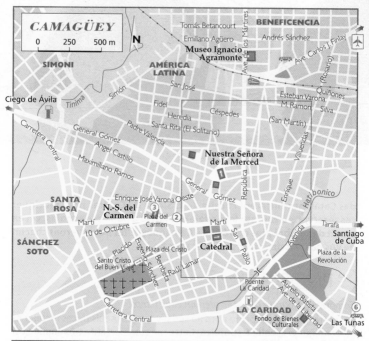

CAMAGÜEY

0   250   500 m   N

SIMONI

AMÉRICA LATINA

Tomás Betancourt
Emiliano Agüero
BENEFICENCIA
Andrés Sánchez

Museo Ignacio Agramonte

Ciego de Ávila

Tinima   Simón

Carretera Central

General Gómez

Angel Castillo

Maximiliano Ramos

SANTA ROSA

SÁNCHEZ SOTO

San José

Fidel
Heredia
Santa Rita (El Solitario)
Padre Valencia

Céspedes

Esteban Varona
M. Ramon   Silva
(San Martín)

Nuestra Señora de la Merced

Enrique José Varona Oeste

N.-S. del Carmen
Plaza del Carmen

Martí
10 de Octubre

Plácido

Santo Cristo del Buen Viaje

General
Gómez

República

Plaza del Cristo

Eugenio Sánchez   Raúl Lamar

Martí

Catedral

San Pablo

Enrique   Hatibonico

Tarafa
Santiago de Cuba

Plaza de la Revolución

Puente La Caridad

Aurelio Batista
Ave. de la Libertad

Carretera Central

LA CARIDAD
Fondo de Bienes Culturales

Las Tunas

6

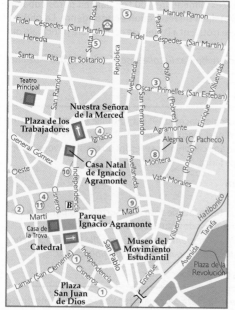

Fidel Céspedes (San Martín)
Heredia
Santa   Rita   (El Solitario)

Teatro Principal

Plaza de los Trabajadores

General Gómez

Oeste

Nuestra Señora de la Merced

Ignacio

Casa Natal de Ignacio Agramonte

Martí

Casa de la Trova

Catedral

Plaza San Juan de Dios

Rosa

Manuel Ramon

Fidel   Céspedes (San Martín)

Santa

República

Avellaneda

Oscar   Primelles (San Esteban)

Olallo

San Fernando

Agramonte

Alegria (C. Pacheco)

Montera

Vate Morales

Enrique (Rosario)

Villuendas

Martí

Parque Ignacio Agramonte

Museo del Movimiento Estudiantil

San Pablo

Independencia

Cisneros

Lamar (San Clemente)

Enrique

Plaza de la Revolución

Hatibonico

Tarafa

Avenida

B

SE LOGER

Alfredo y Milagro............ ①
Ariadna Perez Obrador... ②
Camagüey........................ ⑥
Casa de Caridad (La)........ ③
Cerra y Margarita............ ④
Colón.............................. ⑤
Gran Hotel...................... ⑦
Ivan y Lucy..................... ⑧
Manuel Banegas Misa..... ⑩
Puchy.............................. ⑪
Vitrales (Los).................. ⑨

SE RESTAURER

Campana de Toledo (La)..①
Cardenal (El)....................②
Galeria Colonial...............④
Ovejito (El)......................③
Terraza (La).....................⑤

HISTOIRE

La sixième *villa* de l'île est fondée en 1514 par **Diego Velázquez**, sous le nom de Santa María del Puerto Príncipe, sur la côte occidentale de la baie de Nuevitas. En 1516, la localité est transférée sur les rives du río Caonao puis, en 1528, après un incendie, elle est reconstruite sur le site actuel. Les pirates et les corsaires n'hésitent pas à s'aventurer à l'intérieur des terres pour piller cette cité qui connaît une forte croissance économique. Les épisodes les plus marquants de cette époque sont l'attaque d'Henry Morgan en 1668, qui quittera la région avec 500 bœufs, puis celle de François Granmont en 1679. À la fin du 19e s., Camagüey va jouer un rôle très actif pendant les deux guerres d'indépendance, où s'illustre notamment **Ignacio Agramonte**, figure locale importante dans la lutte contre les Espagnols.

★ La Iglesia et l'Hospital San Juan de Dios

Ces deux édifices furent construits en 1728. L'église renferme un bel ensemble de boiseries. L'ancien hôpital, le premier de la ville, a fonctionné jusque dans les années 1970. Il abrite désormais le **Centro Provincial de Patrimonio** *(tlj sf lun. 9h-18h - 2 CUC)*. Dans les salles agencées autour du cloître, des restaurateurs se consacrent à la conservation du patrimoine de Camagüey. Au rez-de-chaussée sont exposés succinctement des photographies et des plans de la ville, de sa fondation à nos jours.

Retournez au début de la calle Independencia et engagez-vous dans la calle República, la deuxième à gauche.

Le Museo del Movimiento Estudiantil Camagüeyano

Tlj sf lun. 9h-18h - 2 CUC.

Situé au nº 69 de la calle República, ce musée occupe l'ancienne maison de Jesús Suárez Gayol, compagnon d'armes de Che Guevara, qui mourut avec lui en Bolivie en 1967. Il est consacré à ce révolutionnaire originaire de Camagüey et, plus largement, à la lutte contre Batista.

Remontez la calle República de deux cuadras et tournez à gauche dans la calle José Martí. À 300 m, cette rue débouche sur le Parque Ignacio Agramonte.

4

★ LE PARQUE IGNACIO AGRAMONTE

Les habitants de Camagüey aiment à venir sur cette place se reposer sur ses bancs ombragés. Dans une agglomération qui compte de si nombreuses places et églises, il est difficile de déterminer le centre-ville, mais le Parque Ignacio Agramonte en marque néanmoins le cœur historique.

Cette place, la première de la ville, fut fondée en 1528. Détruite par un incendie en 1616, l'ancienne place de l'Église dut être reconstruite l'année suivante. Baptisée Plaza de Armas en 1850, elle fut un haut lieu d'exécution ; de nombreux indépendantistes y furent tués par les Espagnols. Depuis 1912, elle porte le nom d'Ignacio Agramonte, patriote local qui, statufié sur son cheval, trône aujourd'hui au centre.

L'un des principaux édifices religieux de la ville, la **cathédrale Nuestra Señora de la Candelaria** (1864), domine la place.

Longez la calle Cisneros (côté Casa de la Trova) vers le nord. 400 m plus loin, cette rue débouche sur la Plaza de los Trabajadores.

> ## Des vaches révolutionnaires
> Le triangle laitier de Camagüey possède un important cheptel de bovins « originaux ». Au lendemain de la révolution, des zébus importés pour leur résistance aux conditions climatiques de l'île furent croisés, par insémination artificielle, avec des vaches Holstein, originaires du Canada, plus fragiles mais meilleures productrices de lait. Ainsi naquit la F1, une nouvelle race de vache laitière dotée d'une grande robustesse, aisément reconnaissable à sa bosse sur le garrot.

LA PLAZA DE LOS TRABAJADORES

Cette place « des Travailleurs », aux allures de vaste carrefour, compte plusieurs bâtiments intéressants.

★ La Casa Natal de Ignacio Agramonte

Mar.-sam. 10h-18h, dim. 8h-12h - 2 CUC.

À l'angle des calles Cisneros et Ignacio Agramonte, la demeure offre un superbe exemple de construction de la fin du 18e s. Un balcon couvert en bois brun court sur toute la longueur de sa façade ocre. Au centre de la maison, le patio renferme des *tinajones*, ces jarres symboles de Camagüey.

Le musée est consacré au plus important patriote de la ville, mort au combat en 1873, à l'âge de 32 ans. Les salons de sa maison recréent l'ambiance d'une demeure du 19e s. Le piano est le seul meuble d'origine, avec quelques objets personnels, souvenirs de sa lutte pendant la guerre de Dix Ans.

★ La Iglesia y Convento Nuestra Señora de la Merced

9h-11h30, 13h-17h (sam. 11h30) - pour une visite guidée, vous pouvez demander Carlota, francophone qui accueille très gentiment les Français.

Situé en face du musée, cet ensemble fut édifié en 1747 puis reconstruit au milieu du 19e s. Ancien couvent de carmélites, il encadre un jardin ordonné, ponctué de *tinajones* et de petits bancs. La pièce maîtresse de l'église, à droite du chœur, est un **saint sépulcre**★ exécuté en 1762 à partir de 20 000 pièces d'argent fondues.

Près de l'autel, un escalier descend aux **catacombes** où sont conservés des ossements et exposés pêle-mêle divers objets religieux. On remarquera le très beau tabernacle datant de 1733.

Prenez l'avenida Ignacio Agramonte vers l'est, puis tournez à gauche dans la calle República et remontez jusqu'à la gare ferroviaire.

Le Museo Provincial Ignacio Agramonte

Mar., merc., jeu., sam. 9h-18h, vend. 14h30-22h, dim. 9h-13h - 2 CUC.

Dans l'avenida de los Mártires, les salles de cette ancienne caserne édifiée en 1848 sont agencées autour d'un vaste patio, où des *tinajones* gisent au pied des arbres. Collection d'insectes, d'escargots et d'animaux empaillés du monde entier, ainsi que des objets d'arts décoratifs du 19e s. Enfin, dans une salle consacrée aux beaux-arts, sont exposées des œuvres de peintres cubains des 18e, 19e et 20e s.

NOS ADRESSES À CAMAGÜEY

Voir le plan de la ville, p. 314.

INFORMATIONS UTILES

Banque / Change
Banco Financiero Internacional – *Calle Independencia, e/H. Agüero y J. Martí.*

Poste
Correos – *Sur la Plaza de los Trabajadores (à côté de l'église de la Merced).*

Téléphone / Internet
Telepunto – *Calle República n° 451 - 8h30-19h30.* Vente de cartes prépayées (sur présentation de votre passeport).
Etecsa – *En face de Telepunto.* 4 postes Internet.

Stations-service Servicupet
Florida – *Entre Ciego de Ávila et Camagüey.*
Libertad – *Sur la carretera Central, au sud près du pont.*
Vía Blanca – *Angle carretera Central et vía Blanca.*

TRANSPORTS

En avion
Aeropuerto Internacional Ignacio Agramonte – *À 9 km au nord-est de Camagüey sur la route de Nuevitas -* ℘ *(32) 26 10 10 ou 26 71 10.* 1 vol/sem. assure une liaison avec le Canada et l'Italie. La **Cubana de Aviación** assure 1 vol/j La Havane-Camagüey (173 CUC AR).
Cubana de Aviación – *À l'angle des calles República n° 400 et Correa -* ℘ *(32) 29 13 38 ou 29 21 56.*

En train
Terminal de Ferrocarriles – *Angle ave. C. J. Finlay et calle República (à quelques cuadras au nord du centre-ville).* Liaisons quotidiennes avec La Havane (10h de trajet) avec arrêts à Ciego de Ávila, Santa Clara et Matanzas, ainsi qu'avec Santiago de Cuba (6h).

En bus
Le **Viazul** s'arrête à l'ouest, à l'angle de la carretera Central et de la calle Perú. 1 bus/j pour Trinidad (10h de trajet, 15 CUC). 4 liaisons/j avec La Havane (8h, 33 CUC) et Santiago de Cuba (3h30, 18 CUC). Du terminal au centre-ville, comptez 2 CUC en taxi.
Terminal de Ómnibus Intermunicipales Álvaro Barba – *À 2 km du centre-ville sur la carretera Central en direction de Las Tunas.* Liaisons quotidiennes avec toutes les grandes villes de province. 3 bus/j pour La Havane. Réservez à l'avance.
Terminal de Ómnibus Intermunicipal – *Près de la gare ferroviaire.* Bus pour Nuevitas et Santa Cruz del Sur.

TRANSPORTS

En taxi
Les véhicules de la compagnie officielle stationnent devant l'hôtel Camagüey *(voir « Hébergement », p. 318).* Service assuré 24h/24.

Location de véhicules
Les agences **Havanautos** et **Transtur** sont présentes à l'hôtel Camagüey *(voir « Hébergement », p. 318).* **Rex** se trouve aussi à l'aéroport.

HÉBERGEMENT

Bon à savoir – Le stationnement est difficile dans le centre-ville, mais si vos hôtes ne disposent pas d'un garage, ils feront garder votre véhicule moyennant 1 ou 2 CUC. Le petit-déj. est à 3 ou 4 CUC.

4

🐧 **Conseil** – Attention aux *jineteros* qui indiquent de fausses adresses de *casas particulares*.

Casas particulares

PREMIER PRIX (15 À 30 CUC)

Manuel Banegas Misa (Manolo) – *Plaza Maceo, calle Independencia nº 251 altos, e/H. Agüero y General Gómez -* 📞 *(32) 29 46 06 -* 🍴 *- 2 ch. autour de 20 CUC.* Au 1er étage d'un immeuble colonial, ce vaste appartement bien aéré est décoré avec beaucoup de goût. Très claires, les chambres sont confortables, dotées de salles de bains petites mais propres. Vue sur la ville depuis le toit-terrasse. Accueil chaleureux.

Ariadna Perez Obrador – *Calle Honda (24 de Febrero) nº 446, e/ J. Martí y E. J. Varona (S. Ramón) -* 📞 *(32) 28 33 18 -* 📺🍴 *- 2 ch. autour de 20 CUC.* Jolies chambres dépouillées dans une maison mitoyenne de celle d'Ariadna. Préférez celle qui est à l'étage : elle donne sur la terrasse. Accueil sympathique et bonne cuisine.

Cerra y Margarita – *Calle H. Agüero nº 65, e/Lugareño y Cisneros -* 📞 *(32) 28 45 20 -* 📺🍴 *- 1 ch. autour de 20 CUC.* On entre par le patio. La chambre est simple avec un petit salon et un coin repas qui vous sont réservés. Bon accueil.

Puchy – *Calle San Antonio nº 70, e/J. Martí y H. Agüero -* 📞 *(32) 29 33 17 -* 📺🍴 *- 1 ch. autour de 20 CUC.* Idéale pour une famille, la chambre est située dans une petite maison avec un salon et une grande cuisine équipée. Accueil chaleureux.

Los Vitrales – *Calle Avellaneda nº 3, e/General Gómez y J. Martí -* 📞 *(32) 29 58 66 -* 📺🅿️ *- 2 ch. autour de 20 CUC.* Cet ancien couvent a conservé le charme de son architecture coloniale. Immense salon, chambres hautes de plafond et bien équipées

ouvrant sur le patio. Il reste un petit effort à faire sur l'accueil.

Alfredo y Milagro – *Cisneros nº 124, angle San Clemente -* 📞 *(32) 29 74 36 -* 📺 *- 2 ch. autour de 25 CUC.* Maison bien ventilée, dont les grandes chambres ouvrent sur un petit patio. Accueil sympathique et service soigné.

La Casa de Caridad – *Calle O. Primelles (San Esteban) nº 310-A, e/B. Masó (San Fernando) y Padre Olallo (Pobre) -* 📞 *(32) 29 15 54 -* 📺🍴🅿️ *- 2 ch. autour de 25 CUC.* Maison très conviviale avec un magnifique patio-jardin. Chambres impeccables et confortables. Accueil des plus chaleureux et délicieux repas.

Ivan y Lucy – *Calle Alegria (Cap. Pacheco) nº 23, e/I. Agramonte y Montera -* 📞 *(32) 28 37 01 -* 📺🅿️ *- 1 ch. autour de 25 CUC.* Tout l'étage de la maison vous est réservé : chambre confortable, salle de bains moderne, petit salon avec TV, deux terrasses. Très agréable jardin avec hamac.

Hôtels

PREMIER PRIX (15 À 30 CUC)

Camagüey – *Ave. I. Agramonte -* 📞 *(32) 28 72 67/68 -* 📺🍴🏊📺 *- 142 ch. autour de 30 CUC - Bureau de change, location de voitures, services médicaux.* Un grand bâtiment en béton à l'aspect peu engageant, à 5 km du centre-ville sur la carretera Central en direction de Las Tunas. Les chambres sont fonctionnelles. Pratique mais un peu excentré si vous n'avez pas de moyen de locomotion.

BUDGET MOYEN (30 À 50 CUC)

Colón – *Calle República nº 472, e/San José y San Martín -* 📞 *(32) 28 33 46/80 - reservas@hcolon. camaguey.cu -* 📺🍴📺 *- 48 ch. autour de 45 CUC.* Bien rénové, ce modeste hôtel néocolonial possède un certain cachet. Beau bar en bois dans le hall d'entrée.

Petites chambres ouvrant sur un couloir un peu austère ou sur un ravissant patio avec un bar. Stationnement possible derrière l'hôtel.

Gran Hotel – *Calle Maceo n° 67, e/l. Agramonte y General Gómez - ☏ (32) 29 20 93/94 ou 29 23 14 - reserva@hgh.camaguey.cu -* 🖹 ✕ ⛴ 📺 🅿 *- 72 ch. autour de 45 CUC.* La meilleure adresse de la ville, au cœur d'un quartier animé. Autour du patio, les chambres sont assez grandes et bien tenues. Terrasse et belle vue du restaurant au dernier étage. Bar agréable pour un en-cas.

RESTAURATION

😊 **Bon à savoir** – Ici comme ailleurs, c'est dans les *casas particulares* que l'on fait les meilleurs repas.

PREMIER PRIX (MOINS DE 10 CUC)

La Terraza – *Calle Santa Rosa n° 8, e/Santa Rita y San Martín - 11h-23h - 5/7 CUC.* Sur la terrasse de la maison de Papito Rizo, on vient savourer de délicieuses viandes accompagnées de *casabe*, galettes de manioc. Très bonne ambiance.

El Cardenal – *Angle calles J. Martí et San Antonio - 10h-0h - 5/7 CUC.* Une grande salle fraîche avec des tables en bois pour déguster une cuisine simple et roborative. Bons poissons.

BUDGET MOYEN (10 À 15 CUC)

El Ovejito – *Angle Plaza del Carmen et calle H. Agüero - 12h30-21h30 - 10/12 CUC.* Au calme, dans un bel édifice colonial, spécialités d'agneau et de poisson. Vue imprenable sur la place. Idéal pour un dîner en amoureux.

Galeria Colonial – *Calle I. Agramonte n° 406 - 10h-0h - autour de 15 CUC.* Une maison coloniale aménagée en galerie. Vous pourrez vous y arrêter pour déguster un café dans le patio, acheter des cigares ou manger une honnête cuisine créole dans le restaurant du fond.

La Campana de Toledo – *Plaza San Juan de Dios - 10h-22h - autour de 15 CUC.* Sur l'une des plus jolies places de Camagüey, quelques marches mènent à ce restaurant qui occupe une maison coloniale du 18e s. Des tables sont disposées dans un patio ombragé planté de *tinajones*, typiques de la ville. La spécialité de la maison est le *boliche mechado* (bœuf farci). Prix un peu élevés mais le cadre est charmant.

BOIRE UN VERRE

Bar

El Cambio – *Parque Ignacio Agramonte.* Avant la révolution, ce charmant bar du début du siècle proposait des billets de loterie. Aujourd'hui, les murs sont couverts de graffitis, et on peut y déguster du rhum ou faire un repas léger.

ACHATS

Marché
Marché – Au sud de la Plaza San Juan de Dios, au bord de la rivière.

Artisanat
Fondo de Bienes Culturales – *Ave. de la Libertad, e/N. Rodríguez y General de la Vega, à quatre cuadras au sud du fleuve - lun.-vend.* Quelques pièces d'artisanat local, des disques et des instruments de musique.

Galeria Colonial – *Voir ci-avant, « Restauration ».* Cigares, rhum et objets d'artisanat.

EN SOIRÉE

Concerts
Casa de la Trova – *Calle Cisneros n° 171, Parque Ignacio Agramonte.* Propose tous les soirs à 22h des

4

concerts de musique cubaine dans un patio tout en longueur. 3 CUC.

Teatro Principal – *Calle Padre Valencia n° 64, à deux* cuadras *de l'église de la Merced - ℘ (32) 29 24 72 ou 29 30 48.* Programme des concerts de musique folklorique et, de temps à autre, des représentations du très réputé ballet de Camagüey.

AGENDA

Carnaval – En juin. Le carnaval culmine entre le 24 et le 30 juin, durant les fêtes de San Pablo et de San Pedro.

La ville organise chaque année **le plus grand festival de théâtre de Cuba** et, plus irrégulièrement, un **festival de danse**.

À proximité Carte de région, p. 252-253

La ville de Camagüey occupe le centre de la région la plus étendue de l'île, avec 14 150 km². Environ 80 km séparent le chef-lieu des deux côtes. Pour se rendre sur les plages du littoral nord, les routes traversent des champs de canne et une zone de plaine, consacrée à l'élevage bovin et à la production de lait. Le même paysage se déroule jusqu'au chef-lieu de la province de Las Tunas.

★ **PLAYA SANTA LUCÍA** D2

À 110 km de Camagüey. De Camagüey, suivez la direction de l'aéroport et roulez jusqu'à Minas. Continuez pendant 16 km après ce village, puis prenez la route à droite vers San Miguel de Bagá. Suivez la route principale jusqu'à Playa Santa Lucía.

Les complexes hôteliers qui se multiplient à Playa Santa Lucía forment le centre névralgique de cette station balnéaire un peu triste. Quelques maisons disséminées à l'entrée de la plage et des immeubles délabrés près des hôtels ne suffisent pas à animer l'endroit. Cependant, avec ses 20 km de sable et sa barrière de corail, ce site est agréable pour ceux qui aiment la baignade, la plongée et les sports nautiques.

Continuez la route sur 6 km vers le nord, au-delà du groupe d'hôtels de Playa Santa Lucía. Derrière le petit village de pêcheurs de La Boca, traversez un cours d'eau en barque ou à gué.

On accède à **Playa Los Cocos★★**, petite plage de rêve couverte de cocotiers, et encore accessible aux Cubains. Vous trouverez un bon restaurant de grillades sur place. Si vous venez très tôt le matin, vous serez absolument seuls dans ce cadre idyllique.

EN ROUTE POUR HOLGUÍN

La carretera Central qui contourne le centre-ville de Camagüey file en direction des provinces de l'Est. À 125 km de Camagüey, **Las Tunas**, chef-lieu de la province du même nom, ne présente pas vraiment d'intérêt. La route longe des maisons de style néoclassique aux couleurs acidulées, tous ses édifices coloniaux ayant été détruits par plusieurs incendies au 19ᵉ s. La carretera Central reprend sa traversée jusqu'à Holguín *(voir p. 326)*, entre champs de canne et zones d'élevage.

😊 NOS ADRESSES À PLAYA SANTA LUCÍA

INFORMATIONS UTILES

**Station-service Servicupet
Policentro**, à Santa Lucía, au
rond-point précédant les hôtels.

ARRIVER / PARTIR

Playa Santa Lucía est encore mal
desservie par les transports en
commun. Pour les touristes qui
ne font pas partie d'un groupe
organisé, le plus simple est de s'y
rendre en **voiture**. En taxi, comptez
au moins 30 CUC l'aller simple.

TRANSPORTS

En calèche
Des calèches amènent les
touristes de leur hôtel à Playa
Los Cocos, derrière le village de
La Boca, à 6 km de Playa Santa
Lucía. Env. 2 CUC/pers.

Location de véhicules
Havanautos (*(32) 36 53 55*) et
Transtur (*(32) 36 52 60*) ont des
comptoirs à l'hôtel Brisas Santa
Lucía *(voir ci-après)*.

HÉBERGEMENT

Voir la carte de région p. 252-253.

😊 **Bon à savoir** – La plupart des
hôtels imposent la formule *todo
incluido* (tout inclus).

Hôtels

BUDGET MOYEN (30 À 50 CUC)

Escuela Santa Lucía – D2 - *Ave.
Tararaco* - *(32) 36 51 84 ou 33
63 10* - 🛏️ ✕ - *30 ch. autour de
40 CUC.* L'hôtel le moins cher, le
dernier sur la route en venant
de Camagüey, près de la belle
plage animée de Tarara. Accueil
sympathique.

ENTRE 100 ET 120 CUC

Club Amigo Caracol – D2 - *(32) 36
51 67* - 🛏️ ✕ 🏊 📶 🅿️ - *150 ch.*

100/120 CUC - *bureau de change,
location de voitures.* Ensemble de
bungalows dispersés dans un jardin.
Chambres confortables, spacieuses
et hautes de plafond, avec un petit
salon à l'entrée. Demandez les
bungalows sur la plage, de loin les
plus agréables.

Brisas Santa Lucía – D2 -
(32) 36 51 20/23 - 🛏️ ✕ 🏊 📶
🅿️ - *412 ch. 100/120 CUC - bureau
de change, location de voitures.*
Le premier hôtel de Playa Santa
Lucía en venant de Camagüey.
Grand complexe touristique. Les
bâtiments aux toits de palmes
encadrent une large piscine où
sont organisées les activités.
Les chambres, confortables et
propres, n'ont rien d'exceptionnel.

RESTAURATION

😊 **Bon à savoir** – La pension
complète imposée par la plupart
des hôtels évite que vos repas
ne deviennent synonymes de
complications. Bonnes grillades
de poissons et langoustes sur les
plages.

ACTIVITÉS

Activités nautiques
Marina Marlin – *Sur la Playa
Tarara.* L'équipage italien de la
marina propose ski nautique,
pêche et sorties en catamaran
pour observer les requins et
autres poissons.
**Centre de plongée Shark's
Friends** – *Sur la plage entre les
hôtels Brisas et Gran Club Santa
Lucía.* Assure des cours de
plongée et organise des sorties
quotidiennes en mer (env. 30 CUC
la plongée). Cours en piscine ou
en mer (cher). La formule « tout
inclus » des hôtels comprend les
sports nautiques.

4

L'Est 5

▷ **HOLGUÍN** 326

▷ **LA SIERRA MAESTRA**★ 340
   De Bayamo à Santiago de Cuba

À 865 km de La Havane :
▷ **SANTIAGO DE CUBA**★★ 350

À 92 km de Santiago de Cuba :
▷ **LA POINTE ORIENTALE**★★ 376
   De Guantánamo à Baracoa

À 60 km de Guantánamo et 252 km de Santiago de Cuba :
▷ **BARACOA**★ 382

Préparatifs du carnaval de Santiago de Cuba, l'un des plus importants de l'île.
Stéphane Frances/hemis.fr

A   B

SE LOGER

BARACOA

Castillo (El) .... ①
Habanera (La) .... ②
Porto Santo .... ③
Rusa (La) .... ④
Villa Maguana .... ⑤
Casas particulares, voir texte

BAYAMO

Campismo La Sierrita .... ⑥
Royalton .... ⑦
Sierra Maestra .... ⑧
Villa Balcón de la Sierra ..... ⑨
Villa Bayamo .... ⑩
Villa Santo Domingo .... ⑪

GUANTÁNAMO

Guantánamo .... ⑫
Villa La Lupe .... ⑬
Casas particulares, voir texte

GUARDALAVACA

Brisas Guardalavaca .... ⑭
Club Amigo Atlántico .... ⑮
Meliá Río de Mares et Sol
Club Río de Luna .... ⑯

Paradisus Río de Oro .... ⑰
Villa Cayo Saetía .... ⑱

HOLGUÍN

Centro turístico Mirador
de Mayabe .... ⑲
Voir aussi plan du centre-ville

MANZANILLO

Brisas Sierra Mar .... ㉙
Brisas Sierra Mar
Los Galeones .... ㉚
Campismo Las Coloradas ... ㉔
Farallón del Caribe .... ㉕
Guacanayabo .... ㉖
Marea del Portillo
Club Amigo .... ㉘
Motel Guamá .... ㉗
Villa Turística Punta Piedra ... ㉛

SANTIAGO DE CUBA

Club Amigo Carisol-
Los Corales .... ㉑
Club Bucanero .... ⑳
Costa Morena .... ㉒
Villa La Gran Piedra .... ㉓
Voir aussi plan du centre-ville

Bahía de
Puerto Padre

Bahía
de
Gibara

Gibara

Carretera Central

Holguín

Mayabe
⑲

**LAS TUNAS,
CAMAGÜEY,
LA HABANA**

Golfo de
Guacanayabo

Cauto

Manzanillo ㉖

**Museo Histórico
La Demajagua**

Guacanayabo

⑦
Bayamo
⑧
⑩   Carretera

Central

E. Carlos
Manuel de
Céspedes

Llanura   del   Cauto

Cauto

Maestra

⑨ ⑥

Sierra

⑪   **Pico
Turquino**

**Santo
Domingo**   △1972

Chivirico

㉚ ○ ㉗ ㉙

**N.-S. de
la Caridad
del Cobre**

㉔ ○ **Playa
Las Coloradas**

㉛ ㉕ ○ ㉘

**Marea
del Portillo**

Uvero

**Cabo
Cruz**   **Punta
del Inglés**

**Parque Nacional
Desembarco del Granma**

M A R

A   B

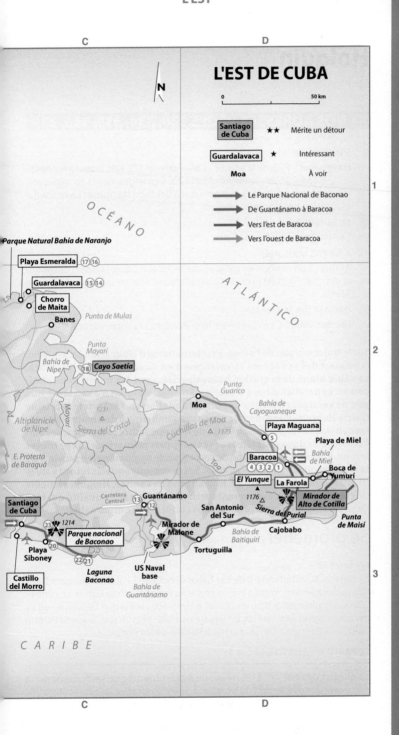

L'EST DE CUBA

0   50 km

Santiago de Cuba	★★	Mérite un détour
Guardalavaca	★	Intéressant
Moa		À voir

➤ Le Parque Nacional de Baconao
➤ De Guantánamo à Baracoa
➤ Vers l'est de Baracoa
➤ Vers l'ouest de Baracoa

N

C   D

OCÉANO

ATLÁNTICO

Parque Natural Bahía de Naranjo

Playa Esmeralda ⑰⑯

Guardalavaca ⑬⑭

Chorro de Maita

Banes

Punta de Mulas

Punta Mayarí

Bahía de Nipe

Altiplanicie de Nipe

Mayarí

1231

Sierra del Cristal

⑱ Cayo Saetía

Punta Guarico

Moa

Bahía de Cayoguaneque

Cuchillas de Moa △ 1175

Playa Maguana

Toa

⑤

Playa de Miel

Baracoa ④③②①

Bahía de Miel

Boca de Yumurí

El Yunque

1176 △

La Farola

Mirador de Alto de Cotilla

E. Protesta de Baraguá

Carretera Central

⑬ Guantánamo

⑫

San Antonio del Sur

Sierra del Purial

Punta de Maisí

Santiago de Cuba

㉓ 1214

Parque nacional de Baconao

⑳

Playa Siboney

㉒㉑

Laguna Baconao

Mirador de Malone

Tortuguilla

Bahía de Baitiquirí

Cajobabo

US Naval base

Bahía de Guantánamo

Castillo del Morro

CARIBE

C   D

1

2

3

Holguín

Chef-lieu de la province d'Holguín

😊 NOS ADRESSES PAGES 330, 334, 335, 336, 339

S'INFORMER

Havanatur – Plan de la ville B3 - *Calle Frexes n° 172, e/M. Lemus y N. López -* 📞 *(24) 46 84 38/39 - www.havanatur.cu.* Renseignements touristiques, réservations, excursions (notamment à Bahía de Naranjo et Cayo Saetía) et location de voitures.

SE REPÉRER

Carte de région B2 (p. 324-325) - Plan de la ville (p. 328).

À NE PAS MANQUER

Assister à un concert en plein air sur le Parque Calixto García ; découvrir le cimetière indien près de Guardalavaca ; faire un safari photo à Cayo Saetía.

ORGANISER SON TEMPS

Rendez-vous à Cayo Saetía en Jeep pendant la saison humide.

Sur le trajet menant de l'aéroport international d'Holguín au centre-ville, la plupart des voyageurs se volatilisent en direction de Guardalavaca. Le sable blanc de la station balnéaire détourne les touristes du chef-lieu en apparence dénué d'intérêt. En effet, Holguín n'a conservé que peu de vestiges coloniaux depuis sa fondation en 1525 par le capitaine García Holguín. Elle présente un visage semblable à de nombreuses villes cubaines avec son quadrillage de rues encombrées de vélos, ses édifices néoclassiques décrépits et ses quelques mémoriaux aux patriotes locaux. Pourtant, l'animation de cette grande agglomération provinciale la rend extrêmement chaleureuse. Ses nombreux squares lui ont valu le titre de « ville des places » et, tout au long de l'année, Holguín accueille des festivals et des événements artistiques de grande qualité qui font de cette ville un lieu de rendez-vous culturels incontournable.

Se promener Plan de la ville, p. 328

Comptez 2h.

La carretera Central venant de Las Tunas débouche à l'ouest d'Holguín. Dans son prolongement, la calle Frexes mène au Parque Calixto García. Le centre-ville s'articule autour de trois places en enfilade : le Parque Céspedes, où se détache l'église San José sur un square paisible ; plus au sud, le grand Parque Calixto García ; et, enfin, le charmant Parque de las Flores.

LE PARQUE CALIXTO GARCÍA B3

La plupart des édifices présentant un intérêt touristique se trouvent sur la place centrale d'Holguín ou à proximité. Sous ses arcades, quelques magasins et des cafétérias attirent une foule d'*Holguineros*, mais beaucoup viennent seulement se reposer dans le vaste square ombragé, où s'élève la statue du général Calixto García, le héros indépendantiste de la ville.

Statue de Calixto García, héros de l'indépendance.
Mickael David/Author's Image/Photononstop

La Periquera

Calle Frexes n° 198. 8h-17h - 1 CUC.

Une façade couleur brique ornée de volets bleus surplombe le côté nord de la place. Cette demeure, construite entre 1860 et 1868 par des esclaves noirs et des Chinois pour un riche commerçant espagnol, devint une caserne militaire. De là vient le terme péjoratif de *periquera* (« cage à perroquets ») utilisé par les indépendantistes pour désigner ce bâtiment où les Espagnols, vêtus de leur uniforme bariolé, ressemblaient à des oiseaux derrière leurs grilles. Après avoir servi de siège au gouvernement provincial jusqu'en 1984, l'édifice a été transformé en **Museo de Historia Provincial**. Ses immenses salles retracent l'histoire de la région depuis l'époque précolombienne jusqu'à la révolution. Parmi les squelettes et les instruments aborigènes, la pièce la plus importante, devenue le symbole de la ville, est une **hache** pétaloïde en pierre représentant une figure humaine. Une autre partie du musée est consacrée aux guerres d'indépendance avec une intéressante collection d'armes d'époque, de drapeaux cubains et le drap qui aurait enveloppé la dépouille de José Martí. Les arts décoratifs font l'objet d'expositions temporaires.

La Casa Natal de Calixto García

Mar.-sam. 9h-21h - 1 CUC.

À une *cuadra* de la place, à l'intersection des calles Frexes et Miró, cette belle maison, aux grilles en bois peintes en bleu, pavée de tomettes, évoque le souvenir du héros de la ville né en 1839. Elle renferme son mobilier d'origine, des armes et des dessins sur la guerre d'indépendance. Le conservateur du musée a fourni un réel effort de présentation pour rendre la visite attrayante.

À 100 m du Parque Calixto García, calle Maceo n° 129, on peut faire un détour par le **Museo de Historia Natural Carlos de la Torre** *(tlj sf lun. 9h-22h, dim. 9h-21h - 1 CUC)*. Avec son importante collection de minéraux, coquillages, squelettes, animaux naturalisés, dont une tortue, il présente un véritable cours d'histoire naturelle. On peut notamment y découvrir les deux oiseaux

5

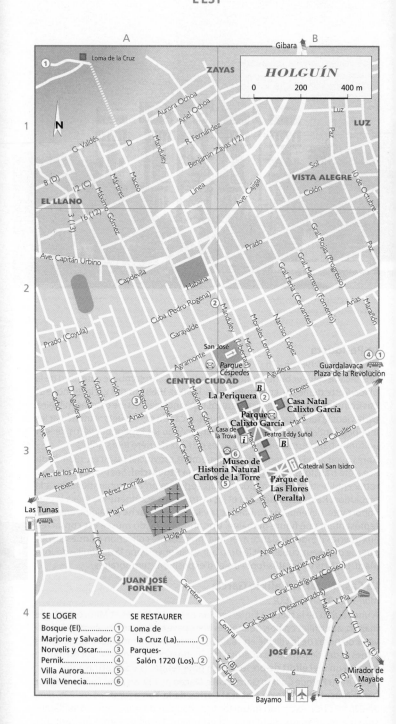

HOLGUÍN

0   200   400 m

SE LOGER
Bosque (El)..............①
Marjorie y Salvador. ②
Norvelis y Oscar.......③
Pernik.....................④
Villa Aurora.............⑤
Villa Venecia...........⑥

SE RESTAURER
Loma de
  la Cruz (La)..........①
Parques-
  Salón 1720 (Los)..②

symboles de Cuba : le *zunzuncito*, l'oiseau-mouche présent dans toute l'île, et le *tocororo*, dont les couleurs rappellent celles du drapeau cubain.

LE PARQUE DE LAS FLORES (OU PARQUE PERALTA) B3

Cette place, aux proportions plus réduites que le Parque Calixto García, est empreinte d'une atmosphère toute provinciale. Elle est constamment animée, surtout aux heures d'ouverture du principal glacier de la ville, qui provoque de longues files d'attente jusqu'au square central.

Un **mémorial** en son centre rend hommage à Julio Grave de Peralta, qui prit la tête du soulèvement contre le joug espagnol en 1868 en attaquant la *Periquera*, la caserne militaire du Parque Calixto García.

Sur l'un des côtés de la place, la **cathédrale San Isidro**, le principal édifice religieux d'Holguín, érigé en 1720, affiche sa belle façade rénovée *(ouverte pour la messe du soir et le dim.)*.

Revenez Parque Calixto García et suivez la calle Maceo vers le nord jusqu'au pied de la colline. Pour atteindre le sommet en voiture, prenez l'une des rues de gauche, qui rejoignent l'avenida Capitán Urbino, puis continuez cette avenue par la droite.

LA LOMA DE LA CRUZ (Colline de la Croix) A1

En voiture, rejoignez l'extrémité est de la calle José Martí et bifurquez à droite dans l'avenida de los Libertadores. Tournez à gauche après le stade.

Conseil – Pour apprécier la vue sur Holguín sans être ébloui par le soleil, allez-y **tôt le matin** ou en **fin d'après-midi**.

En venant à pied depuis la ville, il faut s'armer de courage pour gravir les 460 marches qui mènent au sommet de la colline, où s'élève une croix du 18e s. plantée par un moine dont la sévère statue se dresse à quelques pas. Les habitants déposent traditionnellement bougies et vœux au pied de la croix.

LA PLAZA DE LA REVOLUCIÓN B3, en direction

À 3 km à l'est du centre-ville, cette esplanade démesurée est bien évidemment consacrée aux héros des guerres d'indépendance. Sur une barre de béton, un **bas-relief** immortalise les visages des principaux généraux *holguineros*. À proximité se trouve la **tombe du général Calixto García**, dont les cendres furent transférées des États-Unis le 11 décembre 1980.

5

😊 NOS ADRESSES À HOLGUÍN

INFORMATIONS UTILES

Voir le plan de la ville, p. 328.

Banque / Change
Banco de Crédito y Comercio – *Dans l'aéroport.*
Banco Financiero Internacional – B3 - *Calle Manduley n° 165, e/Frexes y Aguilera.*
Cadeca – B3 - *Même rue au sud, n° 205, e/J. Martí y L. Caballero.* Service de change dans les deux hôtels.

Poste / Téléphone
Correos – A2 - *Sur le côté ouest du Parque Céspedes.*
DHL – B3 - *Calle Manduley (Libertad) n° 183, e/J. Martí y Frexes.*
Etecsa – B3 - *Calle J. Martí n° 122, e/M. Gomez y Mártires.* Vente de cartes téléphoniques et 2 postes Internet.

Stations-service Servicupet
Servicentro Oro Negro – B4 - *Sur la carretera Central en direction de Bayamo.*
Ciudad Jardín – A3, en direction - *Sur la carretera Central en direction de Las Tunas.*

ARRIVER / PARTIR

En avion
Aeropuerto Internacional Frank País – Hors plan - *Sur la carretera Central, à 14 km au sud d'Holguín -* ☏ *(24) 46 25 12 ou 47 45 25.* Le terminal accueille des vols internationaux en provenance du Canada, de l'Allemagne, de l'Italie, de l'Angleterre ou des Pays-Bas (pas de liaison directe avec la France). Taxe d'aéroport de 25 CUC au départ de Cuba. La **Cubana de Aviación** propose au moins 1 vol/j entre Holguín et La Havane (182 CUC AR).

Guichet d'informations touristiques – *7h-21h.* Pour rejoindre le centre-ville en taxi, comptez 10 CUC.
Cubana de Aviación – B3 - *Edificio Pico de Cristal, angle calles Manduley (Libertad) et J. Martí, 2ᵉ étage -* ☏ *(24) 46 81 48.*

En train
Terminal de Ferrocarriles – B4 - *Calle V. Pita (au sud du centre-ville, à huit cuadras du Parque Calixto García).* S'adresser au guichet Ladis pour des billets réservés aux étrangers. 1 liaison/j pour Las Tunas, Camagüey, Santiago de Cuba (4h de trajet) et La Havane (train de nuit, 13h).

En bus
Terminal de Ómnibus Nacionales – A3, en direction - *Angle carretera Central et calle 1 de Mayo (vers Las Tunas).*
Le **Viazul** dessert Holguín 4 fois/j sur son trajet entre La Havane (44 CUC) et Santiago (11 CUC), en passant par Camagüey, Ciego de Ávila, Sancti Spíritus, Santa Clara et Bayamo. Réservations uniquement à la gare routière 1h avant le départ. Un autre bus s'arrête quotidiennement dans la ville sur son parcours Trinidad-Santiago *via* Sancti Spíritus, Camagüey et Bayamo. Horaires, tarifs et réservation sur www.viazul.com.
Il existe d'autres bus, en théorie quotidiens, pour ces mêmes villes. Départ du **Terminal de Ómnibus Provinciales** (B3, en direction), près du stade, sur l'ave. de los Libertadores, en direction de Mayarí. Un bus relie quotidiennement Holguín aux plages de Guardalavaca, mais l'attente est longue et le car, souvent bondé.

TRANSPORTS

En taxi
Cubataxi – ✆ *(24) 42 32 90.* Stationnés à l'aéroport et devant l'hôtel Pernik *(voir « Hébergement », p. 332)* 24h/24. Réservation de taxi par Internet pour venir vous chercher à l'aéroport, yoyosdo@yahoo.es.

En bici-taxi
Les cyclo-pousse sont un excellent moyen de locomotion pour découvrir Holguín. Ils sont généralement garés à proximité du Parque de las Flores B3. Comptez 5 *pesos* cubains pour un trajet dans le centre-ville. Préparez l'appoint.

Location de véhicules
Transtur – *À l'hôtel Pernik (voir « Hébergement », p. 332)* - ✆ *(24) 48 10 11,* ou à l'aéroport, ✆ *(24) 46 81 96.*

HÉBERGEMENT

🙂 **Bon à savoir** – L'hôtellerie est peu développée à Holguín, et les hôtels sont assez excentrés, mais on trouve d'agréables chambres chez l'habitant dans le centre-ville. Comptez 3 CUC pour le petit-déj.

🙂 **Conseil** – Passez par un voyagiste pour obtenir des tarifs d'hôtel plus avantageux à Guardalavaca.

Casas particulares
PREMIER PRIX (15 À 30 CUC)
Villa Aurora – B3 - *Calle L. Caballero n° 132 altos, e/ M. Gómez y P. Torres* - ✆ *(24) 47 28 01 - sgabriel6403@yahoo.es -* 🖃 ✗ *- 2 ch. 20/25 CUC.* Tout près du centre, ces chambres sont situées au dernier étage d'une maison à laquelle on accède par un escalier extérieur plutôt raide. Les deux chambres sont lumineuses, agréables et bien tenues. Préférez

celle qui donne sur les palmiers de la cour, car l'autre, sur la rue, est un peu plus bruyante. Accueil adorable.

Villa Venecia – B3 - *Calle J. Martí n° 137 altos, e/Mártíres y M. Gómez* - ✆ *(24) 42 94 24 -* 🖃 *- 1 ch. 20/25 CUC.* Non loin de la Villa Aurora, un véritable petit appartement indépendant situé au 1er étage. Bien tenu, il possède une chambre plaisante et haute de plafond. Grande salle de bains avec baignoire et cuisine à disposition pour préparer tous vos repas, car Ileana ne cuisine pas.

Marjorie y Salvador – A-B2 - *Calle Manduley (Libertad) n° 79, e/Cuba y Garayalde* - ✆ *(24) 42 84 99 -* 🖃 ✗ 🅿 *- 2 ch. 20/25 CUC.* Une grande chambre moderne est située au rdc de la maison, tandis qu'au 1er étage, la seconde fonctionne comme un studio avec cuisine et terrasse privée. Grand patio au cœur de la maison.

Norvelis y Oscar – A3 - *Calle Rastro n° 32 altos, e/Arias y Agramonte* - ✆ *(24) 46 18 29 -* 🖃 ✗ *- 1 ch. 20/25 CUC.* L'appartement des propriétaires occupe le 1er étage d'un petit pavillon, et la grande chambre qu'ils louent est située tout au fond. Un peu kitsch mais confortable. Petite terrasse à l'arrière pour le petit-déj. Accueil sympathique. Leur fille parle anglais.

Hôtels
POUR SE FAIRE PLAISIR
 (50 À 80 CUC)
El Bosque – B2, en direction - *Ave. J. Dimitrov, Reparto Pedro Díaz Coello (à 3 km du centre, à l'est de la Plaza de la Revolución)* - ✆ *(24) 48 10 12 - fax (24) 48 11 40 -* 🖃 ✗ 🅿 ⊠ CC *- 69 ch. autour de 60 CUC - bureau de change, services médicaux.* Son cadre de verdure en fait l'hôtel le plus

5

agréable de la ville, fréquenté par un tourisme national et international qui apprécie cette déco Far West assez délirante. Les bungalows, disséminés dans un agréable jardin, sont confortables et spacieux. Les chambres sont situées plus près de la piscine et de la discothèque, où règne généralement nuit et jour une chaude ambiance. Petits commerces à proximité, mais mieux vaut disposer d'un véhicule pour accéder au centre-ville (pas de location dans l'hôtel).

Pernik – B3, en direction - *Ave. J. Dimitrov (à 2 km du centre) - ✆ (24) 48 10 11 - 🍽 ✗ ⬧ cc - 202 ch. autour de 60 CUC - location de voitures, bureau de change, services médicaux, Internet payant*. À proximité de la Plaza de la Revolución, un grand bloc de béton tranquille, sans charme et un peu vieillot, qui possède toutefois son originalité. Huit chambres ont en effet été entièrement décorées par des artistes cubains comme le peintre Cosme Proenza, gloire d'Holguín, ou l'écrivain Pablo Armando Fernández. Un choix de reproductions, d'objets et de tableaux offrent à ces chambres un vrai cachet. Elles sont un peu plus chères (env. 85 CUC).

RESTAURATION

🍴 **Bon à savoir** – À l'exception des deux restaurants cités, les *paladares* ouvrent et ferment dans le centre-ville à un rythme déconcertant, mais les habitants sauront vous conseiller la bonne adresse du moment.

BUDGET MOYEN (10 À 15 CUC)

La Loma de la Cruz – A1 - *Promontoire de la Loma de la Cruz - pas de téléphone - 9h-23h - 10/20 CUC.* Juste à côté de la fameuse croix, un établissement réservé aux Cubains et un autre pour les touristes où vous pouvez dîner avec vos amis cubains. Vue imprenable sur la ville. La carte est réduite (poisson au fromage, poulet à l'ail), mais la cuisine honnête. Musique en fin de soirée et ambiance bon enfant.

Los Parques-Salón 1720 – B3 - *Calle Frexes nº 190, e/Manduley (Libertad) y Miró - ✆ (24) 46 85 88 - 9h-22h - 10/20 CUC.* Un endroit étonnant, à la fois intime et raffiné. De part et d'autre d'un agréable patio, un joli bar à cocktails et un petit restaurant très chic avec nappes en tissu et service irréprochable. Très bons poissons (au beurre, à l'ail ou à la tomate) et purée de *viandas* (manioc et autre patate douce). Glaces maison et honnête carte des vins. Vous pouvez également venir boire un café en journée au bar installé sur le toit de l'établissement.

PETITE PAUSE

Glacier

Cremería Guamá – B3 - *Angle calles L. Caballero et Manduley (Libertad) (Parque de las Flores).* Le plus grand glacier de la ville.

BOIRE UN VERRE

Bars

La Begonia – B3 - *Parque Calixto García.* Un agréable café dans un patio abrité par une tonnelle croulant sous les fleurs. Bel endroit pour découvrir la Mayabe, la bière locale, ou prendre un repas léger.

La Taberna Pancho – *Ave. J. Dimitrov (entre les hôtels Pernik et El Bosque, voir ci-avant, et p. 331 « Hébergement ») - 12h-0h.* Dans cette grande taverne au mobilier en bois, on sert de la bière et des hamburgers. Seule la musique rappelle qu'on est à Cuba.

ACHATS

Artisanat

Fondo de Bienes Culturales – B3 - *Parque Calixto García (à côté de La Periquera) - tlj sf dim. 10h-17h.* Artisanat local.

Galerie d'art

Centro de Arte – B3 - *À côté de la Casa de la Trova - 9h-21h (dim. 13h).* Expositions d'art contemporain.

Librairie

Pedro Rogena – B3 - *Calle Manduley (Libertad), e/J. Martí y Frexes (sur le Parque Calixto García).* Grand choix de livres en espagnol et quelques ouvrages en langues étrangères.

EN SOIRÉE

Concerts

Casa de la Trova – B3 - *Calle Maceo (Parque Calixto García) - tlj sf lun. à partir de 21h30.* Groupes de musique traditionnelle cubaine, dans un ravissant patio sous une tonnelle.
En début de soirée, fanfare et orchestre occupent le **Parque Calixto García** (B3), qui se transforme en piste de danse sous les étoiles…

Café Cantante – B3 - *À l'angle est de la place centrale.* Le soir en fin de semaine. Chanson cubaine traditionnelle.

Fondo de Bienes Culturale – B3 - *Parque Calixto García (à côté de La Periquera).* Concerts en fin de semaine.
À deux pas du Parque Calixto García, entre calles J. Martí et L. Caballero, la **Plaza de la Marqueta** (B3) est l'un des rendez-vous habituels de la vie nocturne. Ambiance animée et concerts en fin de semaine autour d'un théâtre improvisé dans une friche et de l'ancienne imprimerie de la ville.

Discothèque

El Pétalo – *Dans le motel El Bosque (voir « Hébergement », p. 331).* Abrite la discothèque la plus fréquentée par les touristes et les habitants d'Holguín. Musique salsa et techno tous les soirs de 21h à 2h.

Théâtre

Teatro Eddy Suñol – B3 - *Calle J. Martí, e/Maceo y Libertad (Parque Calixto García).* Un établissement mythique.

Spectacles

Cabaret Nocturno – Hors plan - *Carretera Central (direction Las Tunas), à 6 km à l'ouest du centre-ville - ☎ (24) 42 51 85 - à partir de 22h - 10 CUC.* Spectacle de cabaret à ciel ouvert.

ACTIVITÉS

Matchs de béisbol

Estadio Calixto García – Hors plan. Le grand stade sur l'ave. de los Libertadores, près de l'hôtel Pernik *(voir « Hébergement », p. 332).* Achats des billets dans les agences de voyages ou sur place.

AGENDA

Festival de Cine Pobre – *En avril.* Créé par le réalisateur de *Fraise et Chocolat*, il présente la production cinématographique cubaine.

Romerias de Mayo – *1re sem. de mai.* La fête s'ouvre par une grande procession à la Loma de la Cruz pour commémorer les libérateurs de l'île. Les jours suivants sont consacrés à la culture : concerts, théâtre et lectures publiques dans toute la ville.

Carnaval – *Au mois d'août.*

Semana de la Cultura Iberoamericana – *Fin oct.* Programme de conférences, de concerts et de rencontres littéraires entre l'Espagne et l'Amérique du Sud.

5

À proximité Carte de région, p. 324-325

La province d'Holguín abrite l'un des principaux centres sucriers du pays, ainsi que de nombreuses mines de cobalt et de nickel à l'est. Outre son importante activité économique, elle compte quelques localités que devraient apprécier les amateurs d'histoire et de préhistoire. Vous découvrirez ses paysages à partir d'Holguín ou des plages de Guardalavaca, sur le littoral nord.

LE MIRADOR DE MAYABE B2

Comptez 15mn.
10 km d'Holguín. Rejoignez la carretera Central à l'extrémité sud de la calle Maceo. Au croisement de la carretera Central et de la Circunvalación, prenez cette dernière à gauche, puis la 2e sortie à droite.

Les installations touristiques du complexe Mirador de Mayabe s'étagent sur une colline. Outre la **vue** panoramique de la terrasse sur toute la vallée de Mayabe, ce lieu est réputé pour son âne amateur de bière. « Panchito », dans sa minuscule écurie coincée à côté du bar, attend que les visiteurs lui offrent à boire.

😊 NOS ADRESSES AU MIRADOR DE MAYABE

HÉBERGEMENT

Voir la carte de région, p. 324-325.

Hôtel

POUR SE FAIRE PLAISIR

(50 À 80 CUC)

Centro Turístico Mirador de Mayabe – B2 - *Alturas de Mayabe -* ✆ *(24) 42 21 60 -* 🖥 ✕ ⚓ 🆑 -

24 ch. autour de 60 CUC. À 8 km au sud-est d'Holguín, sur une colline surplombant la vallée de Mayabe, ce petit complexe touristique jouit d'un calme absolu, quand la sono de la piscine se tait. Les chambres sont agréables et donnent sur une petite forêt. Une halte champêtre appréciable pour ceux qui ont une voiture.

★ GIBARA B2

Comptez 30mn.
À 35 km d'Holguín. Pour quitter Holguín, remontez la calle Manduley (Libertad) et bifurquez à droite dans l'avenida Cajical, puis continuez au nord en direction de Gibara.

Cet agréable port de 16 000 habitants, le plus prospère du littoral nord au 19e s., a perdu son lustre d'antan et développe aujourd'hui une activité essentiellement touristique. Enveloppées d'une agréable torpeur tropicale, les ruines de fortifications coloniales et les maisons vétustes de Gibara, battues par les embruns, vous transportent 100 ans en arrière.

Les trois musées de la ville sont situés dans la calle Independencia, l'artère principale de Gibara.

Museo de Historia Municipal
Mar.-merc. 8h-12h, 13h-17h, jeu.-dim. 8h-12h, 13h-17h, 20h-22h - 1 CUC.
Le musée retrace l'histoire de la ville à travers des plans et des photos.

Un hommage est rendu aux héros de la région. C'est aussi l'un des seuls musées provinciaux à évoquer la guerre d'Angola *(voir « Histoire », p. 85)*.

Museo de Artes Decorativas
Mar.-merc. 8h-12h, 13h-17h, jeu.-dim. 8h-12h, 13h-17h, 20h-22h - 2 CUC.
Dans le bel **édifice★** qui servit de siège à l'état-major du général Calixto García en 1898, le **Museo de Artes Decorativas** recrée un intérieur aristocratique du 19ᵉ s. Vous y verrez aussi des vitraux qui ornaient les portes intérieures des maisons.

Museo de Historia Natural
Mar.-merc. 8h-12h, 13h-17h, jeu.-dim. 8h-12h, 13h-17h, 20h-22h - 2 CUC.
Calle Luz Caballero, entre Independencia et J. Peralta, le **Museo de Historia Natural** abrite des coquillages, des oiseaux empaillés et un squelette de baleine. On traverse une salle consacrée à la géologie et une reconstitution de fonds marins, pour se retrouver dans un agréable patio.

Baie de Bariay
À l'ouest de Gibara, la **baie de Bariay** s'enorgueillit d'avoir vu Christophe Colomb accoster pour la première fois sur l'île. Dans ses carnets de voyages, le navigateur décrit en effet une montagne au sommet plat qui pourrait correspondre à la Silla de Gibara (selle de Gibara). Mais, à en croire les habitants de Baracoa, il s'agirait de leur montagne !

😊 NOS ADRESSES À GIBARA

RESTAURATION

POUR SE FAIRE PLAISIR (15 À 30 CUC)
El Faro – *Plaza del Fuerte -* ☏ *(24) 34 596 - 15/20 CUC.* Une salle à manger spacieuse et décorée sobrement avec une terrasse sur la mer. On peut se baigner dans la crique devant le restaurant. Spécialités de langoustes et de poissons. Assez cher mais copieux. Fait aussi cafétéria.

★ GUARDALAVACA C2

55 km d'Holguín. À Holguín, prenez l'avenida XX Aniversario jusqu'au rond-point, à 1 km derrière la Plaza de la Revolución, et suivez la direction de Guardalavaca sur 55 km.
⚑ Cubanacán dans chaque hôtel pour organiser vos excursions, notamment à Cayo Saetía. Agence principale à côté de l'hôtel Atlántico *(voir « Hébergement », p. 336)* – ☏ *(24) 30 226/471 - www.cubanacan.cu.*
Comptez 1h.
😊 **Bon à savoir** – La route est très bonne, fréquentée par les touristes et les véhicules de police.
La plupart des visiteurs se rendent directement sur les plages de Guardalavaca, l'attraction principale de la province. Cette station balnéaire construite sur des plages sauvages aux allures de carte postale n'a cependant pas le charme des lieux chargés d'histoire. En l'absence de véritable village, le centre est constitué de grands complexes hôteliers en bord de mer. Guardalavaca est l'exemple même de l'enclave réservée aux étrangers.

À 6 km à l'ouest de la plage principale, la charmante **Playa Esmeralda★** est cernée par la végétation d'où émergent quelques hôtels de luxe.

À 4 km de Playa Esmeralda, le **Parque Natural Bahía de Naranjo** possède un **aquarium naturel** *(visite et trajet en bateau : 20 CUC/enf. et 40 CUC/adulte ; 48 CUC/enf. et 99 CUC/adulte pour nager 20mn avec les dauphins).*

En bas des collines du Parque Natural Bahía de Naranjo, le **sentier éco-archéologique Las Ganas** *(8h-16h30. 6 CUC)* propose une agréable promenade à travers une végétation qui compte une dizaine d'espèces endémiques.

Revenez à Guardalavaca et continuez vers l'est en direction de Banes. À 6 km sur la droite, une route jalonnée de bohíos et de palmiers monte pendant 2 km jusqu'au Chorro de Maita.

Le **Chorro de Maita★** *(tlj sf lun. 9h-17h, dim. 9h-13h - gratuit)* serait le plus grand cimetière indien des Caraïbes. Découverts en 1930, les ossements réunis dans une fosse au centre du bâtiment datent de 1490 à 1530. Les 62 squelettes sont exposés tels qu'ils ont été retrouvés lors de l'excavation ; les aborigènes enterrés dans la position fœtale et les Espagnols couchés sur le dos, les bras croisés. Des étiquettes de couleur indiquent la nature des offrandes retrouvées près d'eux (or, corail, cuivre, os, etc.). Autour de ce cimetière reconstitué sont exposés divers fragments de céramique, des vases aborigènes, des bijoux, des ustensiles ainsi que les photographies prises pendant les fouilles.

😊 NOS ADRESSES À GUARDALAVACA

INFORMATIONS UTILES

Santé
Clínica Internacional – *Calle 2ᵈᵃ (en face de l'Atlántico) -* ☎ *(24) 30 291.* Cette clinique dispense des soins aux étrangers.

Station-service Servicupet
Guardalavaca – *À l'entrée de la station balnéaire en venant d'Holguín.*

ARRIVER / PARTIR

En taxi
Depuis Holguín, comptez entre 50 et 60 CUC AR en fonction du véhicule. Seuls les taxis officiels peuvent entrer sur le site.

TRANSPORTS

En taxi
Cubataxi devant chaque hôtel.

Location de véhicules
Transtur – *À proximité de l'hôtel Brisas Guardalavaca -* ☎ *(24) 30 389.*

HÉBERGEMENT

Voir la carte p. 324-325.

😊 **Bon à savoir** – Si vous passez par un voyagiste pour réserver votre hôtel, vous trouverez des tarifs beaucoup plus intéressants.

À Playa Guardalavaca
◗ **Hôtels**

UNE FOLIE (PLUS DE 80 CUC)
Club Amigo Atlántico – C2 - ☎ *(24) 30 121 - www.cubanacan. cu -* 🔲 ✕ 🛝 CC P *- 234 ch. et 136 bungalows à partir de 127 CUC - bureau de change, services médicaux.* Grand bâtiment construit sur la plage principale de la station. Ce club dispose de quatre complexes qui se jouxtent, Guardalavaca, Atlántico, Bungalow

et Villa, aux prix croissants. Les chambres sont bien tenues et confortables. Demandez celles qui ont une vue sur la mer. Les bungalows sont, eux, à 500 m de la mer. Clientèle de groupes organisés.

Brisas Guardalavaca – C2 - ☎ *(24) 30 218* - 📋 ✕ ⚓ cc 🅿 - *418 ch. 195/215 CUC - bureau de change, services médicaux, garderie pour enfants.* Cet hôtel récent est doté de la meilleure infrastructure touristique de Guardalavaca et de 500 m de plage privée. Les chambres de standing comportent des lits *king size* et peuvent communiquer entre elles. Pour les couples, on préférera les bungalows de la *villa* du même nom.

À Playa Esmeralda

🐚 **Bon à savoir** – La chaîne espagnole Sol Meliá, www.solmeliacuba.com, possède les trois complexes hôteliers de cette belle plage arborée. Ils se déclinent selon la version club ou non, et la formule « tout inclus » ou non. Large choix d'activités nautiques.

🌙 **Hôtels**

UNE FOLIE (PLUS DE 80 CUC)

Meliá Río de Mares et **Sol Club Río de Luna** – C2 - ☎ *(24) 30 030/60* - 📋 ✕ ⚓ cc 🅿 - *242 ch. et 222 ch. 215/250 tout inclus.* Ils forment le complexe Sol Río Luna Mares Resort. Les prestations sont équivalentes, mais le Meliá est un peu plus proche de la mer.

Paradisus Río de Oro – C2 - ☎ *(24) 090/94, jefe.ventas.pro@solmeliacuba.com* - 📋 ✕ ⚓ cc 🅿 - *298 ch. autour de 400 CUC.* C'est l'un des plus beaux hôtels de l'île, situé dans un luxuriant domaine en bord de mer. Les maisons, au style colonial, sont bien espacées les unes des autres et situées au bord de criques idylliques. Belle piscine, tennis, massages, spa et restaurant japonais au milieu des poissons. Service impeccable.

RESTAURATION

🐚 **Bon à savoir** – Hormis ceux des hôtels, vous trouverez des restaurants autour de la plage de Guardalavaca, près du centre commercial ou à l'intérieur.

À Playa Guardalavaca

PREMIER PRIX (MOINS DE 10 CUC)

El Cayuelo – *Dans un cadre superbe sur la plage de Guardalavaca, 1 km à l'est de l'hôtel Brisas Guardalavaca - autour de 7 CUC.* Une ravissante maison les pieds dans l'eau spécialisée dans les plats de poissons et de fruits de mer.

EN SOIRÉE

Discothèque

À l'extrémité ouest de la plage principale, **La Roca** est la discothèque la plus réputée de la station.

Spectacles

Les hôtels regroupent l'essentiel des activités de Guardalavaca. Certains établissements autorisent les non-résidents à profiter des infrastructures moyennant une somme forfaitaire.

Ecos Nocturnos – *Au-dessus du centre commercial - 21h-4h, show à 0h.* Un excellent spectacle.

ACTIVITÉS

Activités nautiques

La plongée sous-marine et de nombreux sports nautiques sont au programme de la majorité des hôtels. Les activités nécessitant de l'essence ne sont jamais comprises dans les formules « tout inclus ».

5

BANES C2

Comptez 30mn.
À 33 km de Guardalavaca.
La route vallonnée qui relie Guardalavaca à Banes traverse un superbe paysage jalonné de bananeraies et ponctué çà et là de *bohíos*. À 33 km au sud-est des plages, en entrant dans la rue principale de cette localité animée, vous serez frappé par les traits indiens de certains habitants.

Dans la rue principale aux portiques de bois délavés, les nombreux vélos et piétons, les petits stands de boissons et de *pan con lechón* (sandwich de viande de porc) assurent un dépaysement total aux visiteurs arrivant de Guardalavaca. Celle que l'on surnomme pompeusement la « capitale archéologique de Cuba » est connue pour son musée rassemblant une grande collection d'objets découverts dans les 96 sites des environs.

Le **Museo Indocubano Bani**★ se trouve à proximité de la rue principale *(calle General Marrero, e/avenida José Martí y Céspedes - tlj sf lun. 9h-17h, dim. 8h-12h, 19h-21h - 1 CUC)*. Ce musée compte la plus importante collection d'objets archéologiques de Cuba. On peut admirer des instruments de travail aborigènes, des ustensiles de cuisine en coquillages, des outils, des bijoux ainsi qu'une collection de céramiques. Une reproduction de l'**idole de Banes**, petite statuette féminine en or, constitue la pièce la plus importante du musée. Les objets exposés ne sont pas toujours mis en valeur, faute de moyens.

Excursion Carte de région, p. 324-325

★★ CAYO SAETÍA C2

Cette presqu'île de 42 km² s'avance dans la baie de Nipe, à 130 km à l'est d'Holguín et à 40 km au nord-est de Mayarí.

Ce magnifique *cayo* bordé de petites criques surplombées de falaises abrite une faune extrêmement variée. Les guides vous amènent en **safari-photo**, à bord de vieilles Jeep, pour observer zèbres, buffles et antilopes importés d'Afrique. La chasse est autorisée à certaines saisons, mais le personnel du centre touristique préfère promouvoir cet îlot comme réserve protégée.

Cayo Saetía.
Patrick Escudero/hemis.fr

😎 NOS ADRESSES À CAYO SAETÍA

TRANSPORTS

En hélicoptère
Accès en hélicoptère de
Guardalavaca (réservation
dans les agences de tourisme,
1 départ/sem. à partir de
18 pers.).

En voiture
Il est possible de rejoindre le
cayo en voiture par une très
mauvaise route. Prenez au sud
de Banes vers Santa Isabel de
Nipe, puis tournez à gauche,
direction Moa. Traversez Mayarí
et, après 13 km, tournez à
gauche. Comptez 2h30 de trajet
de Cayo Saetía à Guardalavaca.

En excursion organisée
Les principaux hôtels et les agences
de la province organisent des
excursions d'une journée au Cayo
Saetía. Accès en bus (comptez
69 CUC, départ à 7h, retour à
17h) ou en hélicoptère (comptez
au moins 120 CUC/pers. avec le
déjeuner et la visite guidée).

HÉBERGEMENT

Voir la carte de région, p. 324-325.

Hôtel
UNE FOLIE (PLUS DE 80 CUC)
Villa Cayo Saetía – C2 -
℘ (24) 96 900 - 🍽 ✕ 🆑 *- 11 ch. à
partir de 90 CUC.* Des bungalows
confortables dans un cadre
naturel remarquable.

5

La Sierra Maestra

De Bayamo à Santiago de Cuba

Provinces de Granma et de Santiago de Cuba

😃 NOS ADRESSES PAGES 343, 345, 347, 349

🛈 S'INFORMER

Informations sur les randonnées dans la Sierra Maestra, à l'hôtel du même nom *(voir « Hébergement », p. 344)*.

▶ SE REPÉRER

Carte de région AB3 (p. 324-325).

👁 À NE PAS MANQUER

La route côtière, au sud de la Sierra Maestra.

🕐 ORGANISER SON TEMPS

Faites le plein d'essence à Manzanillo ou à Pilón avant d'emprunter l'itinéraire côtier.
Roulez de jour, si possible en Jeep.

La Sierra Maestra règne en maître incontesté sur le littoral méridional de l'île, à cheval sur les provinces de Granma et de Santiago de Cuba. La plus haute chaîne de montagnes du pays offre de belles randonnées ainsi qu'un splendide itinéraire qui se faufile entre son versant sud et la mer des Caraïbes. Le nom de cette cordillère semble également dominer le pays tout entier par les liens étroits qu'elle a toujours entretenus avec son histoire depuis l'arrivée des conquistadors. En près de cinq siècles, cette région a occupé une place centrale dans les événements majeurs de Cuba, notamment la première déclaration d'abolition de l'esclavage et celle de l'indépendance. Mais la Sierra Maestra reste surtout le symbole de la lutte révolutionnaire, les barbudos s'y étant réfugiés pendant près de deux ans avant de renverser Batista (voir « Histoire », p. 82).

Se promener Carte de région, p. 324-325

BAYAMO B2

À 70 km d'Holguín.

Bayamo se laisse bercer par le pas des chevaux et les souvenirs de son histoire mouvementée. Ce chef-lieu de 130 000 habitants semble tellement endormi que l'on a peine à imaginer qu'il ait tant influencé le destin de Cuba, comme en témoignent les plaques commémoratives à chaque coin de rue. Visiter Bayamo est un véritable cours d'histoire, bien que cette *villa* originelle compte peu de vestiges antérieurs au 19e s.

La carretera Central venant d'Holguín arrive à l'ouest de Bayamo. Dans son prolongement, la calle Perucho Figueredo aboutit, à trois *cuadras*, au sud de la Plaza de la Revolución.

Plaza de la Revolución, Bayamo.
Giovanni Cecchinato/Tips/Photononstop

La Plaza de la Revolución

La Plaza de la Revolución, ancien Parque Céspedes, rompt avec les habituelles esplanades post-révolutionnaires, destinées à accueillir une foule démesurée. Cette place carrée, encadrée d'édifices néoclassiques, marque le centre-ville.

Dans son square, le buste de **Perucho Figueredo**, père de l'hymne cubain, et la statue de bronze de **Carlos Manuel de Céspedes**, « père de la patrie », rendent hommage à ces deux personnages historiques. Au nord de la place, une plaque sur l'*ayuntamiento* (hôtel de ville) évoque d'ailleurs la première déclaration d'abolition de l'esclavage en 1868.

À l'ouest du square, la **Casa Natal de Carlos Manuel de Céspedes** *(tlj sf lun. 9h-17h, sam. 9h-14h, 20h-22h, dim. 10h-13h - 1 CUC)* a été épargnée par les flammes. Dans cette demeure, où est né le « père de la patrie » le 18 avril 1819, on peut voir des documents et objets liés à sa lutte pour l'indépendance, dont une copie du *Cubano libre*, le premier journal indépendantiste.

Le **Museo Provincial de Granma** *(lun. et w.-end 8h-18h, 10h-14h - 1 CUC)* est installé dans l'ancienne demeure du chef d'orchestre Manuel Muñoz Cedeño, qui participa à la mise en forme de *La Bayamesa*, l'hymne national. Des instruments du temps de l'esclavage sont présentés dans la première partie de ce musée. On remarquera le tableau dédié au général Antonio Maceo, réalisé par un esclave avec 13 000 morceaux de bois de 20 variétés différentes, et une étonnante guitare, avec son étui, fabriquée en 1896 avec 19 109 pièces.

Une partie du bâtiment est consacrée à la révolution, et notamment à l'attaque de la caserne de Bayamo en 1953, concomitante de l'assaut de Moncada à Santiago de Cuba.

La Plaza del Himno Nacional

À une *cuadra* de la Plaza de la Revolución, la rue s'élargit pour déboucher sur une église encadrée de maisonnettes rénovées. Le parvis, désigné sous le nom de « place de l'Hymne », constitue le berceau de la nation cubaine puisque le

HISTOIRE

Diego Velázquez fonde, en novembre 1513, San Salvador de Bayamo, la deuxième *villa* de l'île après Baracoa. Tout est mis en œuvre pour lui assurer une croissance sans heurts : la suppression de la résistance indienne avec l'exécution du cacique indien Hatuey, un emplacement à l'intérieur des terres hors de portée des pirates et une plaine fertile pour l'agriculture et l'élevage.

Ces atouts en firent le principal centre de contrebande de l'île, rarement troublé jusqu'au 19e s. Le seul fait notoire relaté par **Silvestre de Balboa** dans le premier poème cubain en 1608, *Espejo de Paciencia (Miroir de patience)*, est l'enlèvement d'un évêque par le pirate français Gilbert Giron. Les habitants de Bayamo refuseront d'accéder à la demande de rançon du ravisseur, et parviendront à le capturer et à l'exécuter.

Le berceau de la nationalité cubaine

Dix jours après la libération des esclaves de son domaine de La Demajagua (*voir « Histoire », p. 79)*, **Carlos Manuel de Céspedes** s'empare de Bayamo le 20 octobre 1868. L'hymne de Bayamo, composé par le patriote local Pedro « Perucho » Figueredo, devient à cette occasion l'hymne national, et la ville est proclamée capitale de la République en armes.

Trois mois plus tard, le 12 janvier 1869, face à la menace de l'armée espagnole, les *Bayameses* préfèrent réduire leur propre ville en cendres plutôt que de la voir tomber aux mains de l'ennemi, acte patriotique qui lui conférera le titre de Monument national.

chant patriotique national y retentit pour la première fois dans l'histoire de l'île. Une plaque indique que la marche composée par Perucho Figueredo fut jouée le 2 juin 1868 dans l'église sous la direction du chef d'orchestre Manuel Muñoz Cedeño. À ce même endroit, le 8 novembre 1868, les indépendantistes allaient entonner ce chant patriotique après s'être emparés de la ville.

De l'**église Parroquial Mayor de San Salvador**, édifiée en 1613, il ne reste rien. Elle fut reconstruite en 1740, mais l'incendie de 1869 n'épargna que la **Capilla de Dolorès**. Dans cette chapelle, vous pourrez admirer un beau retable en cèdre de style baroque.

En face de l'église, une petite maison blanche, la **Casa de la Nacionalidad Cubana**, abrite le bureau de l'historien de la ville. Le personnel de cette institution pourra répondre à vos questions.

Sortez de Bayamo par l'avenida Amado Estévez, au sud-ouest de la ville, vers Yara. Au bout de 30 km, au niveau de Barranca, continuez à droite jusqu'à Yara. L'embranchement de gauche mène à Bartolomé Masó à 14 km, avant de monter vers la Sierra Maestra.

☺ NOS ADRESSES À BAYAMO

INFORMATIONS UTILES

Banque / Change
Banco Financiero Internacional – *Carretera Central km 1, vers Santiago.*

Poste / Téléphone
Le plus sûr est d'envoyer votre courrier et de téléphoner de l'hôtel Sierra Maestra.

Station-service Servicupet
El Especial – *À l'angle de la carretera Central et de calle Hospital, derrière la gare routière, en direction de Santiago.*

ARRIVER / PARTIR

En avion
Aeropuerto Carlos Manuel de Céspedes – *Sur la carretera Central en direction d'Holguín, à 4 km au nord-est de la ville -* ℘ *(23) 42 75 06.* 4 liaisons/sem. avec La Havane assurées par la **Cubana de Aviación**. Vols quotidiens pour Santiago.
Cubana de Aviación – *Angle calles J. Martí et Parada y Rojas -* ℘ *(23) 42 39 16, et à l'aéroport,* ℘ *(23) 42 36 95.*

En train
Estación de Ferrocarriles – *Au bout de la calle J. A. Saco.* 1 jour sur 2, un train relie Bayamo à La Havane, Camagüey et Santiago de Cuba. Billets pour les étrangers au bureau Ladis.

En bus
Terminal de Ómnibus – *Carretera Central, à 1,5 km du centre-ville en direction de Santiago de Cuba.*
Le **Viazul** s'y arrête 4 fois/j sur son trajet La Havane-Santiago (*via* Santa Clara, Sancti Spíritus, Camagüey et Holguín) et 1 fois/j sur sa route entre Trinidad et Santiago (*via* Sancti Spíritus, Camagüey, Holguín et Bayamo). Horaires, tarifs et réservation sur www.viazul.com. D'autres bus pour les mêmes destinations ou pour Manzanillo et Santo Domingo (le camion est plus habituel) existent mais sont toujours aléatoires.

TRANSPORTS

☺ **Conseil** – Il est vivement conseillé de louer une voiture pour se déplacer dans la région.

En taxi
Cubataxi – ℘ *(23) 42 43 13.*

En calèche
Moyen de transport local dans le centre-ville (en pesos cubains).

Location de véhicules
Havanautos – *Derrière le Servicupet -* ℘ *(23) 42 73 75.*
Transtur – *À l'hôtel Sierra Maestra (voir « Hébergement », p. 344) -* ℘ *(23) 42 41 87.*

HÉBERGEMENT, RESTAURATION

Voir la carte de région, p. 324-325.

Hôtels

PREMIER PRIX (15 À 30 CUC)
Villa Bayamo – B2 - *Carretera a Manzanillo -* ℘ *(23) 42 31 02 -* 🖥 ✕ ⌇ 📺 *- 34 ch. 25/30 CUC.* Pour ceux qui disposent d'une voiture, cet hôtel situé à 3 km à l'ouest de la ville (direction Manzanillo) est une halte agréable, au calme, dans la verdure. Accueil chaleureux et chambres correctes pour le prix.

BUDGET MOYEN (30 À 50 CUC)
Royalton – B2 - *Calle Maceo nº 53 (sur le Parque Céspedes) -* ℘ *(23) 42 22 90/24 -* 🖥 ✕ *- 33 ch. 35/45 CUC.* Au cœur de la ville, une belle architecture 19e s. rénovée et de jolies chambres. Bon rapport qualité-prix.

5

Sierra Maestra – B2 - *Carretera Central km 7,5 (à l'extérieur de la ville en direction de Santiago) -* ℰ *(23) 42 79 70 -* 📺 ✕ ⊠ 🆑 - *204 ch. 35/45 CUC - Bureaux de change et de tourisme.* Malgré son architecture en béton et son cadre peu attrayant, les chambres sont bien tenues et relativement spacieuses.

ACTIVITÉS

Excursions

Vérifiez auprès de l'hôtel Sierra Maestra *(voir ci-avant)* les possibilités de randonnées avec les guides de Santo Domingo. Pour obtenir une autorisation, renseignez-vous à La Havane auprès d'**Ecotur** (ℰ (7) 204 51 88).

Excursions Carte de région, p. 324-325

★ LE PARQUE NACIONAL DE LA SIERRA MAESTRA AB3

Comptez 2 jours pour l'ascension du Pico Turquino à pied.
59 km de Bayamo à Bartolomé Masó.

🐾 **Bon à savoir** – Pas d'accès après 13h. Autorisation et guide obligatoires (11 CUC/pers.). S'adresser au bureau du parc, 300 m après la Villa Santo Domingo. Photos et films interdits.

Ce superbe parc national se prête admirablement à la randonnée, pédestre ou équestre. L'entrée dans un lieu aussi mythique que la Sierra Maestra a toujours été sévèrement contrôlée. Cette zone, encore imprégnée de la présence des *barbudos*, abrite quelques sites dont les noms évoquent les faits d'armes de Castro et de ses compagnons. C'est sur ce « premier territoire libre d'Amérique » que, de mai à août 1958, les troupes de Batista connaîtront d'importants revers, qui aboutiront au triomphe de la révolution. S'ajoutent à cela des raisons d'ordre écologique, une épidémie ayant touché les plantations de café sur le massif il y a quelques années.

Vous pouvez accéder au magnifique **site de Santo Domingo★** (A3), perdu dans une végétation luxuriante, en conduisant toutefois avec une extrême prudence tout le long des 22 km de route très escarpée qui relient Bartolomé Masó à Santo Domingo. Du seul hôtel du hameau, il est encore possible d'effectuer quelques randonnées avec un guide. Le conservateur du musée le fera volontiers *(comptez 2 à 5 CUC/h)*. Vous longerez, en la traversant plusieurs fois, la belle rivière de Yara jusqu'à Providencia (🐾 *5h de marche, possibilité de revenir en voiture)*, comme le firent les *barbudos* pour préparer leur offensive contre les hommes de Batista. L'ascension, plus sportive, d'une autre montagne que le Pico Turquino est également proposée.

De l'autre côté de la rivière, la charmante maison qui abrite le petit **musée de Santo Domingo** *(8h-12h, 14h-17h - 1 CUC)* fut occupée par le collaborateur de Fidel Castro, Mandoza. Ce héros de la révolution revit à travers ses objets personnels et ses vêtements. Une intéressante maquette retrace la contre-offensive de la Sierra Maestra.

Une route de 5 km mène au belvédère **Alto de Naranjo**. De là, un sentier de 3 km conduit à la Comandancia de la Plata, d'où Fidel Castro dirigea la guérilla. Ce site héberge un **musée** dans son ancien campement, où l'on peut découvrir l'émetteur de Radio Rebelde, la « Voix de la révolution ».

Paysages de la Sierra Maestra.
Sébastien Boisse/Photononstop

Deux jours sont nécessaires pour gravir le **Pico Turquino★★** (B3), le plus haut sommet de l'île (1 972 m). L'itinéraire de 13 km traverse un paysage de forêt tropicale très dense, tapissée de fougères arborescentes et d'orchidées, puis apparaissent des conifères. Vous passerez la nuit dans un refuge avant de gravir le sommet, souvent prisonnier des nuages. Si la vue est dégagée, beau **panorama★★** sur la mer des Caraïbes d'un côté et l'ensemble de la Sierra Maestra de l'autre. Un chemin permet de traverser la chaîne de montagnes pour ressortir par le versant méridional sur la route côtière au niveau de Las Cuevas.
Faites le chemin en sens inverse jusqu'à Yara et prenez la route de gauche vers Manzanillo.

😎 NOS ADRESSES DANS LE PARC NATIONAL

HÉBERGEMENT, RESTAURATION

Voir la carte de région, p. 324-325.

Hôtels

PREMIER PRIX (15 À 30 CUC)

Campismo La Sierrita – A3 - *Entre Bartolomé Maso et Providencia, vers Santo Domingo -* 🕿 *(23) 5 3326 -* ✕ *- 24 ch. 10/20 CUC.* Des maisonnettes sommaires installées près d'une rivière. L'endroit est plutôt fréquenté par les Cubains.

BUDGET MOYEN (30 À 50 CUC)

Villa Santo Domingo – A3 - *Santo Domingo -* ▦ ✕ *- 20 ch. 35/45 CUC.* Des petits bungalows rustiques dans une superbe vallée de la Sierra Maestra, au bord du río Yara. Point de départ de randonnées.

Villa Balcón de la Sierra – A3 - *Ave. Masó, Providencia -* 🕿 *(23) 59 51 80 -* ▦ ✕ ⌇ 🆑 *- 18 ch. 35/45 CUC.* Perchés sur les hauteurs de Bartolomé Masó, les bungalows au confort rudimentaire possèdent une petite terrasse avec vue sur la Sierra Maestra. Clientèle de familles cubaines.

5

MANZANILLO A2

Comptez 1h.
20 km de Yara et 65 km de Bayamo.
La musique occupe une place centrale à Manzanillo, avec ses orgues mécaniques qui, venus de France à la fin du 19e s., furent introduits dans les rythmes cubains. La ville s'enorgueillit également d'être le berceau de la *nueva trova*, un courant de ballade traditionnelle créé au début des années 1970.

Dans le centre-ville

On peut flâner dans les ruelles reposantes de ce port de pêche, deuxième ville de la région de Granma. En suivant le **malecón**, le boulevard du front de mer ouvert sur le golfe de Guacanayabo, on aperçoit des rues en terre battue qui montent vers les quartiers populaires.

Le **Parque Céspedes★**, la place principale de la ville, apporte sa contribution à la réputation musicale de Manzanillo avec sa **glorieta★** au centre du square. Ce kiosque à musique finement ciselé, de style mauresque, n'est pas sans évoquer une charmante place andalouse.

Dépassez la station-service au sud-ouest du centre-ville. Suivez la route en direction de Niquero sur 10 km et, au panneau indiquant La Demajagua, tournez à droite vers la côte.

Museo Histórico La Demajagua A2

Lund.-vend. 8h-18h, dim. 8h-12h - 1 CUC.
L'ancien domaine de Carlos Manuel de Céspedes déclaré Monument national, est l'endroit où débuta le début de la guerre des Dix Ans. Celui que l'on surnomme le « père de la patrie » y libéra ses esclaves le 10 octobre 1868 et, avec un groupe d'hommes, dont Perucho Figueredo, commença sa marche sur Bayamo *(voir « Histoire », p. 79)*. Le musée renferme ses biens ainsi que des objets archéologiques. Dans le parc, la cloche qui servait à appeler les esclaves est enchâssée dans un mur de pierres. Le maître des lieux l'utilisa pour la dernière fois le 10 octobre 1868 pour leur annoncer leur libération. À proximité, il reste quelques vestiges de la plantation, notamment une roue de moulin prisonnière du tronc d'un *jagüey*.

Rejoignez la route en direction de Media Luna à 34 km. Au bout de 10 km, la route se sépare en deux. L'embranchement de droite conduit à Niquero, situé à 11 km, et continue sur 19 km jusqu'à Playa Las Coloradas.

😊 NOS ADRESSES À MANZANILLO

INFORMATIONS UTILES

Banque / Change
Bureau de change dans l'hôtel Guacanayabo et les clubs de Marea del Portillo *(voir « Hébergement », ci-après, et p. 349)*.

Santé
Services médicaux dans l'hôtel Guacanayabo et les clubs de Marea del Portillo.

Stations-service Servicupet
La Bujía – *Angle Circunvalación et route de Niquero, à 2 km au sud du centre-ville.*
Niquero – *À la sortie vers Pilón.*
Pilón – *Sur la route principale.*

ARRIVER / PARTIR

En avion
Aeropuerto Sierra Maestra – *À 8 km au sud de la ville, dans le prolongement de l'ave. Céspedes -* 📞 *(23) 53 019.* La **Cubana de Aviación** assure 4 vols/sem. entre La Havane et Manzanillo. Vols internationaux en provenance du Canada. Les hôtels de Marea del Portillo assurent le transfert des passagers vers la station balnéaire.
Cubana de Aviación – *À l'angle des calles Maceo et Merchán y Villuendas (sur le Parque Céspedes) -* 📞 *(23) 53 800/52 800.*

En train
Estación de Ferrocarriles – *À l'extrémité de la calle Merchán, à 1 km au nord-est du Parque Céspedes.* 2 trains/j pour Bayamo et 1 train 1 jour sur 2 pour La Havane. Le quotidien pour Santiago est incertain, comme tous les autres.

En bus
Terminal de Ómnibus – *À 2 km à l'est de la ville en direction de Bayamo.* Bus en théorie quotidiens pour La Havane, Santiago, Bayamo, Niquero et Pilón, mais le camion passe beaucoup plus fréquemment.

TRANSPORTS

Location de véhicules
Havanautos – *Au Servicupet de Manzanillo -* 📞 *(23) 57 204.*

Location de mobylettes
Dans les clubs de la station balnéaire Marea del Portillo *(voir « Hébergement », p. 349)*.

HÉBERGEMENT, RESTAURATION

Voir la carte de région, p. 324-325.

Hôtel
PREMIER PRIX (15 À 30 CUC)
Guacanayabo – A2 - Ave. C. Cienfuegos - 📞 *(23) 54 012* - 🖥 ✕ ⌛ 🆑 - *112 ch. 20/30 CUC - bureau de change, services médicaux.* De cet hôtel perché sur une colline au-dessus de la Circunvalación, à 2,5 km du centre-ville, on peut voir au loin le golfe de Guacanayabo. Mais les chambres manquent de charme et la literie a vécu.

ACTIVITÉS

Excursions
Les hôtels organisent des excursions à Santiago de Cuba et à Cayo Blanco, des randonnées et des safaris en Jeep dans la Sierra Maestra.

Activités nautiques
Vaste choix d'activités nautiques dans les clubs ou à la marina Marea del Portillo.

5

★ LE LITTORAL MÉRIDIONAL

Comptez une journée.
252 km de Cabo Cruz à Santiago de Cuba.
Sur toute la côte méridionale, la Sierra Maestra plonge dans la mer des Caraïbes, avec, pour seule démarcation entre les deux, l'une des plus belles routes de Cuba. La route est bonne, mais vous devrez tout de même ralentir par endroits pour éviter les éboulis sur la chaussée ou contourner des nids-de-poule qui ponctuent encore le trajet. Il vous faudra enfin laisser passer des troupeaux vagabonds qui seront peut-être les seuls à croiser votre chemin. Mais, au cours de ce trajet cahoteux, vous serez récompensé par la diversité des paysages traversés : vagues balayant les falaises, parois rocheuses d'où émergent des arbustes secs, tapis d'herbe jaunie, plantations de bananes, criques cernées d'*uvas caletas* et plages de sable brun. En fin de journée, les paysans regagnent, sur leur charrette bringuebalante, les hameaux nichés dans la montagne ou les rares villages que vous rencontrerez sur le parcours.
Au sud-ouest de la province, à partir de Belic, vous entrez dans le **Parque Nacional Desembarco del Granma** (A3), qui tire son nom du célèbre épisode historique *(voir « Histoire », p. 82)*. Le 2 décembre 1956, après une semaine de traversée mouvementée à bord de la vedette *Granma*, Fidel Castro et ses 81 compagnons débarquent du Mexique à **Playa Las Coloradas** (A3). Cette étroite plage bordée de palétuviers, bien que recouverte de plantes halophiles, demeure l'une des plus agréables de la région. À 1 km de là, en direction de Cabo Cruz, un **mémorial** en béton a été érigé en hommage au débarquement.
Du *campismo* qui borde la plage, seul hébergement possible dans cet endroit, des sentiers éco-archéologiques sont proposés aux visiteurs, sur les traces des aborigènes qui avaient élu domicile dans des **grottes** *(cuevas)* voisines. L'une d'entre elles, la **Cueva del Fustete**, permet de pratiquer la spéléologie et renferme des pictogrammes. Des guides spécialisés de la flore et de la faune *(centre d'information à Belic ou demander au* campismo*)* vous accompagnent dans cette nature d'arbres endémiques de Cuba, où moustiques et oiseaux rares attireront votre attention.
La route se termine 9 km plus loin à **Cabo Cruz** (A3), à l'extrémité sud de l'île. Le **phare** de ce cap domine des mangroves qui s'étendent au-delà du village, là où le terrain semble hésiter entre terre et eau pour finalement se perdre dans la mer. À 6 km à l'est, la **Punta del Inglés** (A3) marque le point le plus méridional de Cuba.
Revenez jusqu'à l'embranchement situé à 40 km et bifurquez à droite à travers la montagne en direction de Pilón, à 27 km.
À 13 km à l'est de Pilón, la station balnéaire de **Marea del Portillo** (A3) regroupe des clubs de vacances au bord d'une plage de sable brun avec, en toile de fond, la Sierra Maestra. Ces hôtels de luxe, essentiellement fréquentés par des Canadiens, sont de véritables villes miniatures.
À 78 km de la station balnéaire, on traverse le village d'**Uvero** (B3), perdu entre les bananeraies, la mer et la montagne. Une quinzaine de kilomètres plus loin commence une fosse marine de plus de 7 000 m de profondeur, qui crée un dénivelé vertigineux avec la Sierra Maestra. Au niveau du village de **Chivirico** (B3), à 24 km d'Uvero, vous n'êtes plus qu'à 70 km de Santiago de Cuba. Les plages rencontrées en chemin n'ont rien d'exceptionnel mais offrent un peu de fraîcheur.

😊 NOS ADRESSES SUR LE LITTORAL MÉRIDIONAL

HÉBERGEMENT, RESTAURATION

Voir la carte de région, p. 324-325.

À Playa Las Coloradas

PREMIER PRIX (15 À 30 CUC)

Campismo Las Coloradas – A3 - ℘ (23) 42 48 07 - 🛏 ✕ - 28 ch. 10/20 CUC. Au bord de la plage, des maisonnettes simples, bien équipées et bien tenues, fréquentées par les Cubains. Accueil sympathique. Lotion anti-moustiques de rigueur.

À Marea del Portillo

PREMIER PRIX (15 À 30 CUC)

Villa Turística Punta Piedra – A3 - *À 6 km de Pilón vers Santiago* - ℘ *(23) 59 44 21* - 🛏 ✕ - *13 ch. 20/30 CUC.* Cet hôtel modeste offre une belle vue sur les mangroves et les cocotiers. Les chambres sont simples mais confortables. Suffisant pour y transiter une nuit.

POUR SE FAIRE PLAISIR (50 À 80 CUC)

Farallón del Caribe – A3 - *Carretera de Pilón* - ℘ *(23) 59 40 03* - 🛏 ✕ 🏊 🆑 - *140 ch. 70/80 CUC tout inclus.* Cet hôtel présente les mêmes caractéristiques que les clubs « tout inclus » des grandes stations balnéaires de l'île, les belles plages en moins, mais

meilleur marché. Fréquenté par des groupes canadiens.

UNE FOLIE (PLUS DE 80 CUC)

Marea del Portillo Club Amigo – A3 - *Carretera de Pilón* - ℘ *(23) 59 70 81* - 🛏 ✕ 🏊 🆑 - *74 ch. à partir de 95 CUC tout inclus.* Mêmes remarques que pour l'adresse précédente.

À Chivirico

PREMIER PRIX (15 À 30 CUC)

Motel Guamá – B3 - *6 km à l'est de Chivirico* - ℘ *(23) 26 124* - 🛏 ✕ - *8 ch. 20/25 CUC.* Un hôtel fréquenté surtout par les Cubains. Perdues dans la nature, les chambres, dont certaines avec terrasse, donnent sur une petite baie parsemée d'îlots. L'hébergement est sommaire mais offre une halte agréable sur cette longue route entre Pilón et Santiago.

UNE FOLIE (PLUS DE 80 CUC)

Brisas Sierra Mar Los Galeones – B3 - *Carretera a Chivirico* - ℘ *(22) 26 160* - 🛏 ✕ 🏊 🆑 - *34 ch. 110/120 CUC tout inclus.* Un hôtel-club aux dimensions modestes pour une halte balnéaire au calme, dans un site très agréable. Attention, l'hôtel n'accepte pas les enfants de moins de 16 ans.

Brisas Sierra Mar – B3 - *Carretera a Chivirico km 60* - ℘ *(22) 2 9110* - *www.cubanacan.cu* - 🛏 ✕ 🏊 🆑 - *200 ch. 115/140 CUC tout inclus.* Luxueux hôtel-club construit à flanc de colline avec accès direct à une plage de sable brun. Belle barrière de corail à proximité de la côte. N'oubliez pas votre lotion anti-moustiques !

5

Santiago de Cuba

★★

Chef-lieu de la province de Santiago de Cuba - 556 000 hab. - 2ᵉ ville du pays

 NOS ADRESSES PAGES 362, 370, 375

S'INFORMER

Cubatur – *Face à l'hôtel Casa Granda (voir « Hébergement », p. 364) - www. cubatur.cu.*

Cubanacán – *Plan de la ville D2 - Calle M (à l'angle de l'ave. las Américas, à côté de l'hôtel Santiago) - www.cubanacan.cu.* Excellents renseignements et bon accueil.

SE REPÉRER
Carte de région C3 (p. 324-325) - Plan de la ville (p. 352-353).

À NE PAS MANQUER
Une soirée à la Casa de la Trova ; prendre un verre sur la terrasse de l'hôtel Casa Granda ; admirer la vue du Castillo del Morro au coucher du soleil.

ORGANISER SON TEMPS
Comptez 2 ou 3 jours pour la ville et ses environs. Réservez un hôtel à l'avance en période de carnaval. Rendez-vous à la basilique d'El Cobre le 8 septembre, fête d'Ochún.

La ville est nichée au fond de la profonde baie de Santiago, au sud de la cordillère de la Sierra Maestra. Avec son nom, véritable acte d'allégeance au pays, Santiago de Cuba est la plus cubaine de toutes les villes. Sa mosaïque d'habitants, à la peau sombre et à l'accent mélodieux, s'active jour et nuit dans cette ville à la fois chaotique et attachante où chaque patronyme, chaque visage perpétue le souvenir d'un ancêtre espagnol, africain, haïtien, jamaïcain, français ou chinois. Tous les continents finissent par se côtoyer dans ses quartiers populaires où la musique et la danse mêlent leurs influences européennes et africaines. Dans ses ruelles délabrées dont les maisons semblent dévaler la pente jusqu'à la mer, le tempo quotidien alterne entre indolence et vitalité ; comme devant ce pas-de-porte où un trio de musiciens égrène des ballades traditionnelles. Si la musique occupe dans la vie de tous les jours une place centrale, chaque année pendant le carnaval, elle s'insinue dans les moindres recoins de la ville. Les Santiagueros vibrent alors à l'unisson, au rythme des tambours dans une succession de défilés, de danses, de farandoles et d'orchestres. Cet état de transe collective, puisant dans ses racines africaines, renvoie Santiago à ce qu'elle est et a toujours été : une ville bouillonnante et agitée, à l'image de sa devise, « Rebelde ayer, hospitalaria hoy, heroica siempre » (« Rebelle hier, hospitalière aujourd'hui, héroïque toujours »).

Le quartier historique Plan de la ville, p. 352-353

Comptez une demi-journée à pied pour la partie située au nord du Parque Céspedes et 2h de plus pour le quartier Tivolí.

Répétition de danse devant la cathédrale.
Jean Du Boisberranger/hemis.fr

Conseil – Malgré la présence de la police, évitez de vous promener avec un sac.

Au cours de votre séjour à Santiago, vous ne vous lasserez pas de parcourir les deux rues commerçantes qui relient les places principales du centre-ville : le Parque Céspedes, le Parque Dolores et la Plaza de Marte. De jeunes *Santiagueros* vous accompagneront, dans le secret espoir d'être invités à votre table, de recevoir quelques cadeaux ou, moins probable, pour parfaire leur français.

★ LE PARQUE CÉSPEDES B3 et zoom

Les petites dimensions de sa place centrale confèrent à ce quartier des allures de village, inattendues pour une si grande agglomération. L'ancienne place d'Armes, rebaptisée Parque Céspedes en l'honneur du « père de la patrie », est encadrée des plus anciens bâtiments de Santiago. Animée à toute heure du jour et de la nuit, elle constitue le cœur de la ville. Les touristes préfèrent généralement observer les allées et venues des habitants, de la terrasse de l'hôtel Casa Granda. Si vous avez envie de rencontrer des *Santiagueros*, il vous suffit de vous asseoir sur l'un des bancs du square. Une fois écartées les propositions de chambres chez les particuliers et de *paladares*, vous pourrez converser à votre aise.

La cathédrale Nuestra Señora de la Asunción

Horaires aléatoires. Ouverte en principe uniquement pendant les messes, à 18h30 en semaine, 17h le sam. et 9h le dim.

Sur le côté sud du Parque Céspedes, et légèrement surélevée par rapport à la place, la cathédrale repose en fait sur un socle de boutiques. Elle fut édifiée en 1522, l'année du transfert de la ville sur le site actuel. Elle était orientée est-ouest avant les destructions successives dues aux tremblements de terre et aux incendies, puis on lui donna une nouvelle orientation lors des reconstructions, dont la dernière date de 1922. La cathédrale actuelle

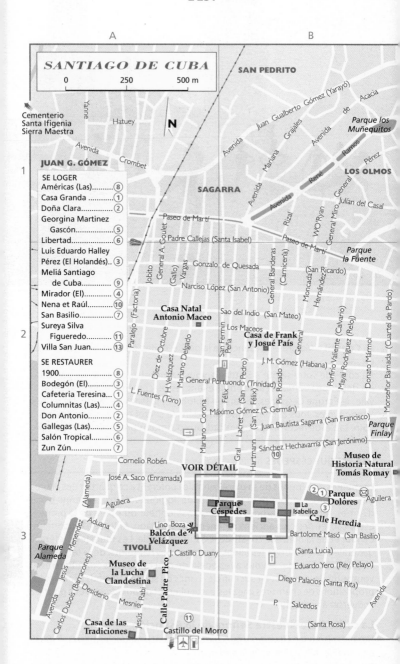

SANTIAGO DE CUBA

0   250   500 m

Cementerio
Santa Ifigenia
Sierra Maestra

JUAN G. GÓMEZ

SE LOGER

Américas (Las)	(8)
Casa Granda	(1)
Doña Clara	(2)
Georgina Martinez Gascón	(5)
Libertad	(6)
Luis Eduardo Halley Pérez (El Holandés)	(3)
Meliá Santiago de Cuba	(9)
Mirador (El)	(4)
Nena et Raúl	(10)
San Basilio	(7)
Sureya Silva Figueredo	(11)
Villa San Juan	(13)

SE RESTAURER

1900	(8)
Bodegón (El)	(3)
Cafeteria Teresina	(1)
Columnitas (Las)	(4)
Don Antonio	(2)
Gallegas (Las)	(5)
Salón Tropical	(6)
Zun Zún	(7)

SAN PEDRITO

Juan Gualberto Gómez (Yarayó)

Acacia

*Parque los
Muñequitos*

LOS OLMOS

SAGARRA

Paseo de Martí

Padre Callejas (Santa Isabel)

Paseo de Martí

*Parque
la Fuente*

Gonzalo de Quesada

Narciso López (San Antonio)

(San Ricardo)

**Casa Natal
Antonio Maceo**

Sao del Indio (San Mateo)

Los Maceos

**Casa de Frank
y Josué País**

J. M. Gómez (Habana)

General Portuondo (Trinidad)

Máximo Gómez (S. Germán)

Juan Bautista Sagarra (San Francisco)

*Parque
Finlay*

Sánchez Hechavarría (San Jerónimo)

(10)

**Museo de
Historia Natural
Tomás Romay**

Cornelio Robén

VOIR DÉTAIL

José A. Saco (Enramada)

Aguilera

(2)(1) *Parque
Dolores*

La
Isabelica

(3)

Calle Heredia

Bartolomé Masó (San Basilio)

**Parque
Céspedes**

Lino Boza
**Balcón de
Velázquez**

TIVOLI

J. Castillo Duany

(Santa Lucia)

Eduardo Yero (Rey Pelayo)

Diego Palacios (Santa Rita)

*Parque
Alameda*

**Museo de
la Lucha
Clandestina**

Mesnier

P. Salcedos

Calle Padre Pico

(Santa Rosa)

**Casa de las
Tradiciones**

(11)

Castillo del Morro

C

Nuestra Señora
de la Caridad
del Cobre

Plaza
de la
Revolución

Teatro José María
de Heredia

D

Pinar del Río

Matanzas

Latour

SANTA
ROSA

Andrés

Capdevila

Avenida Patricio Lumumba

Avenida de los Libertadores

Angel Luis Salazar

(Independencia)

Parque
Sueño

Estadio
Guillermón Moncada

Avenida de las Américas

U

U

SORRIBES

Paseo de Marti

Saturnino Lora

Avenida de los Libertadores

SUEÑO

Avenida de Céspedes

Bosque de los Heroes

Parque
Histórico
Abel
Santamaría

Cuartel
Moncada

Parque de
los Estudiantes

Coppelia

Victoriano

Garzón

Parque
de Baconao

Juan Clemente Zenea (Escario)

Parque Iglesia

SANTA BÁRBARA

Información
Cultural

Plaza
de Marte

V. Betancourt

Corona

Félix Peña

(San Pedro)

José A. Saco (Enramada)

San Félix

Pio Rosado

Aguilera

L. Fernández
Marcané

Parque
Rojo

Heredia

Gral Carlos Roloft

Casa de
la Música

B

H Ayuntamiento

Aguilera

Museo
Emilio Bacardí

24 de Febrero (Trocha)

Gral Francisco Peraza (Pizarro)

Gral Julio Sanguily

Casa de
Diego
Velázquez

Parque
Céspedes

Casa de
la Cultura

Casa
Granda

Hartmann

Museo del
Carnaval

Valeriano

Catedral

Mariano

Museo
Arquidiocesano

Bartolomé Masó (San Basilio)

General

Casa de
la Trova

Calle Heredia

Casa de
J. M. de Heredia

Museo
del Ron

0   50 m

5

présente une façade néoclassique flanquée de deux clochers qui encadrent l'*Ange de l'Annonciation (angle de vue intéressant de la terrasse de l'hôtel Casa Granda).* L'intérieur de l'édifice, relativement dépouillé, est orné de beaux plafonds en bois.

Derrière la cathédrale, côté calle General Lacret, quelques marches mènent au **Museo Arquidiocesano** *(tlj sf dim. 9h-17h30 - 1 CUC)*, l'unique musée d'art religieux de Cuba, bien sûr indépendant de l'État. Sa belle salle voûtée de bois du 17e s. renferme une série de portraits d'évêques du 16e au 20e s., un crucifix sauvé de l'incendie de Bayamo et des partitions d'Esteban Salas, le père de la musique cubaine. La deuxième salle expose des peintures des écoles de Rivera et de Murillo.

★ La Casa de Diego Velázquez

9h-13h, 14h-16h45, vend. 14h-16h45, dim. 9h-13h - visite guidée 2 CUC.

En face de l'hôtel Casa Granda, de l'autre côté de la place, cette maison porte le nom du premier gouverneur de Cuba qui y résida. Construite en 1516, c'est l'une des plus vieilles demeures d'Amérique latine.

Derrière cette sobre façade de pierre ornée de moucharabiehs en bois, se trouve le **Museo de Ambiente Histórico Cubano★**. Au premier étage, le mobilier, exposé dans un ordre chronologique du 17e au 19e s., permet de suivre l'évolution d'un style espagnol vers un style spécifiquement cubain, avec des meubles aux pieds tournés de l'époque de Luis de Las Casas, gouverneur de la fin du 18e s. Les murs et les boiseries sont d'origine, contrairement aux moucharabiehs. Au rez-de-chaussée subsistent les vestiges de l'ancienne fonderie d'or. Il faut alors traverser le patio pour poursuivre la visite dans une demeure du 19e s. Celle-ci renferme un riche mobilier colonial et a conservé sa cuisine d'époque.

En continuant le tour de la place dans le sens des aiguilles d'une montre, on peut observer la façade entièrement restaurée de l'**Ayuntamiento** (hôtel de ville). Celle qui fut l'une des plus anciennes mairies d'Amérique latine accueillit Hernan Cortés, le premier maire de Santiago. Un bâtiment de style néoclassique fut construit en 1855, à la place de l'ancienne mairie. L'édifice actuel *(fermé au public)* fut bâti dans les années 1950 selon des plans de 1783.

À l'angle des calles Aguilera et General Lacret, la **Casa de la Cultura** occupe les locaux de l'ancien Club San Carlos. De multiples activités culturelles se déroulent dans le décor décati de cet hôtel particulier. Des expositions de peintres contemporains sont organisées au rez-de-chaussée, au pied de l'escalier, tandis que le premier étage, pavé de marbre, se transforme tour à tour en boîte de nuit, en salle de concerts et de danse.

À gauche en sortant de la Casa de la Cultura, on longe l'**hôtel Casa Granda** dont la charmante terrasse surplombe le Parque Céspedes *(voir « Hébergement », p. 364).* Même si vous ne logez pas dans cet établissement, vous pourrez y faire une halte pour prendre un verre et observer à loisir la place centrale de Santiago.

★ LA CALLE HEREDIA B3 et zoom

À gauche en descendant les marches de l'hôtel Casa Granda, vous entrez dans l'une des rues les plus animées de la ville, riche en activités culturelles. Le samedi, il est pratiquement impossible d'y circuler : dès la nuit tombée, les jeunes *Santiagueros* affluent de toutes parts dans cette rue et aux alentours. Il faut alors se frayer un passage au milieu d'une foule compacte qui se forme aux abords de la Casa de la Trova et devant les immeubles d'où s'échappent des rythmes endiablés.

Au n° 206, à une cinquantaine de mètres du Casa Granda, une petite maison abrite l'une des plus grandes institutions de Santiago, réputée dans toute l'île : la **Casa de la Trova★**. Des groupes égrènent les ballades traditionnelles du répertoire cubain dans le patio ou dans une salle aux murs couverts de portraits de musiciens *(voir « En soirée », p. 368).*

Restez sur le même trottoir et traversez la calle Hartmann (San Félix).

La Casa Natal de José María de Heredia

Lun.-vend. 8h30-18h, sam. 9h-21h, dim. 9h-17h - 1 CUC.

Chaque année, le 7 mai, des activités littéraires rendent hommage à Heredia et José Martí, deux grandes figures de la culture cubaine, tous deux décédés au mois de mai. Dans cette maison du 18ᵉ s., naquit le 31 décembre 1803 le poète romantique cubain José María de Heredia, à ne pas confondre avec son cousin José María de Heredia Girard, « l'autre Heredia », le Français.

Ce musée retrace l'œuvre du poète *santiaguero* célèbre pour son *Ode au Niagara* et rend hommage à ses activités indépendantistes, qui l'obligèrent à s'exiler aux États-Unis, puis au Mexique où il mourut en 1839. Vous pourrez également apprécier le **patio** planté de jasmin, myrthe, oranger, rosier et d'un palmier royal.

★ Le Museo del Carnaval

Lun. 10h-14h, mar.-dim. 9h-17h30 - 1 CUC.

À l'angle de la calle Pio Rosado (Carnicería), des marches conduisent à ce musée attendrissant, qui vous donnera sans doute envie de revenir à Santiago au mois de juillet pour participer aux festivités. L'histoire du carnaval y est retracée à travers des documents photographiques, des coupures de presse, des maquettes, des costumes, des étendards, des *cabezones* (grosses têtes en papier mâché) ainsi que de nombreux instruments utilisés pendant le défilé : tambours, tumbas, *chachá*, maracas et une jante métallique utilisée comme instrument à percussion. Pour compléter la visite, des **spectacles folkloriques** se tiennent dans le patio *(à 16h, dim. à 11h - 1 CUC. Vente d'instruments de musique).*

Redescendez les marches du Museo del Carnaval et prenez la calle Pio Rosado sur la droite, sur une centaine de mètres, jusqu'à l'angle de la calle Aguilera.

★ Le Museo Emilio Bacardí

Tlj sf lun. 9h-12h45, 14h-17h45 (dim. 12h) - 2 CUC. Guides anglophones.

Ce grand bâtiment néoclassique à colonnes abrite le plus ancien musée de l'île, inauguré en 1899 par Emilio Bacardí Moreau, premier maire de Santiago sous la République. Il évoque l'histoire de la province.

Dans l'immense **salle du rez-de-chaussée**, des objets les plus divers se côtoient pêle-mêle et sans logique : collection d'armes du 19ᵉ s., amphores, instruments de torture et de musique, fragments de céramique, appareils photo du siècle dernier, heurtoirs, dagues du Moyen-Orient, boomerang australien, machettes, montres à gousset. Les cuissardes du général Antonio Maceo voisinent avec le harnachement de son cheval, des épées, une mangeoire, des fusils, des canons, des revolvers.

Au **premier étage** sont présentés des tableaux d'artistes étrangers (œuvres du Prado) et cubains, dont une section réservée aux peintres de la région.

Vous devez sortir du musée pour rejoindre le **sous-sol** par une autre entrée, calle Aguilera. Cette salle est consacrée en principe à l'époque précolombienne, mais on y trouve des statuettes égyptiennes, des momies et des

5

Histoire

Santiago devient la capitale du pays en 1515, un an après sa fondation par **Diego Velázquez**. Elle est transférée de l'autre côté de la baie, à son emplacement actuel, huit ans plus tard. Peu à peu, les conquistadors se désintéressent de cette ville dont ils ont épuisé les richesses : les mines d'or alentour se tarissent et la main-d'œuvre indienne, victime de mauvais traitements, s'amenuise considérablement. L'attention se déplace alors vers La Havane, devenue résidence des capitaines généraux dès le milieu du 16e s.

En 1607, Santiago perd officiellement son titre de capitale et devient le « centre administratif du département oriental ». Elle se consacre dès lors à l'extraction du cuivre, à la culture de la canne à sucre et à l'élevage. Elle connaît le même sort que toutes les villes portuaires, en proie à d'incessantes attaques de corsaires et de pirates dont celle de Jacques de Sores en 1554. À partir de 1633, les habitants se dotent d'un dispositif de forteresses dont le Castillo de San Pedro de la Roca (El Morro), encore visible à l'entrée de la baie.

L'IMMIGRATION FRANÇAISE

En 1791, plus de 20 000 colons français fuient Haïti devant la révolte des esclaves menée par Toussaint-Louverture. Les nouveaux arrivants s'implantent dans la région de Santiago où ils introduisent la culture du café et modernisent le système d'exploitation de la canne à sucre. La ville se trouve dynamisée par ce nouvel apport culturel, la langue s'enrichit de mots créoles, la musique et la danse combinent l'influence française aux rythmes africains.

UNE VILLE REBELLE

À la fin du 19e s., le foyer indépendantiste de la Sierra Maestra *(voir p. 342)* gagne rapidement Santiago. La ville, souhaitant se libérer du joug de la lointaine Havane, s'engage activement dans les guerres d'indépendance.

Le général **Antonio Maceo**, un mulâtre originaire de la localité, devient le symbole de cette lutte lorsqu'il refuse, à la fin de la guerre des Dix Ans (1878), les termes du pacte de Zanjón. Estimant que les Espagnols proposent une trêve inéquitable, sans abolition de l'esclavage ni indépendance, il appelle à la reprise des combats. Cet épisode, connu sous le nom de « Protesta de Baraguá » (« protestation de Baraguá »), n'empêchera pas la signature du traité de paix qui contraindra Maceo et d'autres généraux à l'exil. Ils reviendront, recrutés par José Martí, pour participer à la guerre d'indépendance de 1895.

Lors de cette nouvelle guerre, les États-Unis entrent dans le conflit, après l'explosion du *Maine* en rade de La Havane *(voir « Histoire », p. 80)*. Les Américains débarquent en juin 1898 à Siboney, sur la côte méridionale près de Santiago. En quelques semaines, les Espagnols connaissent plusieurs défaites et capitulent à Santiago en juillet 1898. Le général Calixto García et sa troupe, comptant de nombreux Noirs, ne sont pas autorisés à entrer dans la ville pour participer aux cérémonies. Les Cubains ne seront pas non plus conviés à la signature du traité de Paris (10 décembre 1898) au terme duquel les Espagnols renoncent à leur colonie. Le triomphe de la révolution, un demi-siècle plus tard, sera en quelque sorte une revanche sur cette victoire confisquée.

LE BERCEAU DE LA RÉVOLUTION

Le 26 juillet 1953, Santiago est à nouveau projetée au-devant de la scène nationale. Profitant de l'animation du carnaval, plus d'une centaine d'assaillants menés par le jeune avocat **Fidel Castro Ruz** tentent de s'emparer de la caserne militaire de **Moncada**. Cet assaut tourne rapidement au drame. La moitié des rebelles est tuée pendant la fusillade ou lors de la répression qui s'ensuit. Les survivants sont traduits devant les tribunaux. Cette série de procès connaît son apogée avec la célèbre plaidoirie *L'histoire m'acquittera* prononcée par Fidel Castro pour assurer sa propre défense. Il sera condamné, avec plusieurs de ses compagnons, à 15 ans de prison sur l'île des Pins (maintenant île de la Jeunesse), puis amnistié le 15 mai 1955.

L'épisode de la Moncada semble avoir irrémédiablement scellé le destin de Santiago à l'histoire révolutionnaire. Aussi Fidel Castro choisit-il de revenir trois ans plus tard sur l'île par sa côte méridionale. Le 30 novembre 1956, le Mouvement du 26 juillet (M-26), nommé ainsi en souvenir de l'assaut de la Moncada, organise le soulèvement de Santiago afin de faire diversion le jour prévu du débarquement. Non seulement le M-26 mené par Frank País connaît une répression sanglante mais les hommes de Batista, désormais sur le pied de guerre, repèrent dès son arrivée le **Granma**, qui accoste avec deux jours de retard. En trois jours, la majorité des *barbudos* en fuite sont faits prisonniers ou exécutés, tandis qu'un petit groupe de survivants parvient à se réfugier dans la Sierra Maestra. Après deux ans de guérilla, c'est au balcon de l'hôtel de ville de Santiago que Fidel Castro annonce le triomphe de la révolution, le 1er janvier 1959.

fragments de sarcophage rivalisant avec divers objets provenant d'Amérique du Sud, dont une impressionnante tête réduite de Jivaro. Contrairement au reste du musée, les légendes explicatives sont rares dans cette section.

AUTOUR DE LA CALLE AGUILERA B-C3

En remontant la calle Aguilera, on aboutit au **Parque Dolores★**, une jolie place coloniale tout en longueur. Point de rendez-vous des jeunes *Santiagueros*, ce lieu offre pourtant de moins en moins d'établissements « en monnaie nationale ». Sur le côté nord, les bâtiments entièrement rénovés sont occupés par des restaurants neufs mais vides. De l'autre côté de la place, le **café La Isabelica**, quant à lui, ne désemplit pas. Dans une ambiance animée, Cubains et touristes viennent y déguster un *café cubano*, tout en conversant autour de tables en bois.

La Plaza de Marte

La calle Aguilera continue jusqu'à cette place, la troisième du centre-ville. Créée en 1860, elle servait aux exécutions publiques des condamnés, mais le grand square central n'a été aménagé que dans les années 1940.

Ceux qui n'ont pas encore visité un musée de sciences naturelles à Cuba peuvent bifurquer à gauche, une *cuadra* avant la Plaza de Marte. À l'intersection des calles Monseñor Barnada (cuartel de Pardo) et José Antonio Saco (Enramada) se trouve le **Museo de Historia Natural Tomás Romay** *(mar.-sam. 8h30-16h, dim. 9h-12h - 1 CUC)*. Essentiellement destiné aux étudiants, il comporte plusieurs sections consacrées à la faune et à la flore du monde entier. Les vitrines réunissent des exemplaires de coraux, d'éponges et de *polymitas*, escargots colorés vivant dans les caféiers. Les animaux empaillés sont à l'honneur, avec notamment un impressionnant *tinglado*, tortue géante. Au premier étage, à proximité d'un tigre du Bengale et d'un lion, est conservé un os de cachalot pêché à la Punta de Maisí (extrémité orientale de l'île) en 1978. Quelques planches de dessins sur la prévention des tremblements de terre, ainsi qu'une sélection de minéraux et d'herbiers complètent cette exposition didactique.

Revenez au Parque Céspedes. De là, prenez la calle Félix Peña, la rue qui longe le côté droit de la cathédrale. Tournez à droite à la première intersection, dans la calle Bartolomé Masó.

★ LE QUARTIER TIVOLÍ A3

Les Français chassés d'Haïti s'installèrent à la fin du 18e s. dans cette zone, au sud-ouest du Parque Céspedes, où des maisonnettes délavées épousent le relief capricieux d'une colline. Plus que dans tout autre quartier de Santiago, il y règne une atmosphère de bourgade nonchalante. Des femmes en bigoudis gravissent lentement ses rues en pente, des enfants jouent au *béisbol* au milieu de la chaussée, tandis que des voisins s'affrontent aux dominos sur le trottoir.

À l'angle des calles Mariano Corona et Lino Boza, un belvédère connu sous le nom de **Balcón de Velázquez** permet de découvrir un beau **panorama★** sur une partie du quartier de Tivolí, la baie de Santiago et les montagnes en toile de fond.

Continuez la calle Bartolomé Masó et bifurquez à gauche dans la calle Padre Pico.

La petite **calle Padre Pico★**, l'une des rues les plus typiques de Tivolí, doit sa renommée à son **escalier**. Du haut des marches, elle offre une superbe vue plongeante sur les toits de tuiles du quartier.

En haut des marches à droite, suivez la rue en courbe jusqu'à la calle Jesús Rabi.
Au sommet de la colline, un très bel édifice du 19e s. couronne le quartier. Cet ancien commissariat, attaqué le 30 novembre 1956 par le Mouvement du 26 juillet, a été transformé en **Museo de la Lucha Clandestina** *(tlj sf lun. 9h-17h - 1 CUC)*. Ce musée relate les actions clandestines contre la dictature de Batista et évoque plus particulièrement l'assaut du 30 novembre 1956 dirigé par Frank País.

Un peu plus loin dans la même rue, entre les calles José de Diego (Princesa) et C. García (San Fernando), vous trouverez en haut de quelques marches la **Casa de las Tradiciones**, à fréquenter le soir pour les bons groupes de musique traditionnelle qui s'y produisent *(voir « En soirée », p. 368).*

Reprenez le chemin de la place et, au Balcón de Velázquez, tournez à droite dans la calle Bartolomé Masó.

Le **Museo del Ron** (B3 et zoom) *(tlj sf dim. 9h-17h - 2 CUC)* permet de comprendre la fabrication et l'histoire du rhum, et d'en savourer une gorgée (Havana Club 6 ans d'âge), offerte dans la boutique au sous-sol.

Le nord de la ville Plan de la ville, p. 352-353

Comptez une demi-journée avec un moyen de locomotion.
Cette partie est moins pittoresque que le cœur historique, mais les amateurs d'histoire cubaine y verront de nombreux mémoriaux consacrés aux héros et aux épisodes décisifs de l'indépendance et de la révolution.

LE CUARTEL MONCADA C2

À 500 m de la Plaza de Marte, à l'angle de l'avenida de los Libertadores et de la calle General Portuondo, se dresse un lieu hautement symbolique. Cette caserne est entrée dans l'imagerie révolutionnaire avec l'assaut manqué du 26 juillet 1953. Les impacts de balles visibles sur la façade du bâtiment ne sont toutefois pas d'origine.

À l'intérieur de la place forte, on a installé une école et le **Museo Histórico del 26 de Julio★** *(tlj sf lun. 9h-17h, dim. 9h-12h - 2 CUC - visite possible en français)*. Ce musée est consacré à la préparation de la révolution et à la lutte du M-26, à travers des documents, photos et maquettes. Sont présentés les cibles d'entraînement, les articles de journaux relatant l'attaque de Moncada, les vêtements de certains assaillants, ainsi que le véhicule grâce auquel Fidel Castro a eu la vie sauve.

Les portes du musée donnent sur la cour de récréation d'un groupe scolaire. Les jeunes écoliers en uniforme continuent leurs jeux sous le regard des visiteurs, apparemment enchantés par cette vision apaisante après les images de combats.

De l'autre côté de l'avenida de los Libertadores, le **Parque Histórico Abdel Santamaría** complète la visite de la caserne de Moncada, puisqu'une partie des assaillants occupa l'ancien hôpital Saturnino Lora, au moment de l'assaut. C'est dans ce même bâtiment que fut également organisé le procès de Fidel Castro, le 16 octobre 1953. Avec sa fontaine centrale à l'effigie d'Abel Santamaría, le parc évoque encore le souvenir du *moncadiste* torturé et assassiné par la police de Batista après l'attaque de la caserne.

Dans le **Museo Abel Santamaría** *(tlj sf dim. 9h-16h30 - 1 CUC)*, des documents évoquent les conditions de vie sous la dictature de Batista.

Rejoignez la calle los Maceos à l'angle nord-ouest du Parque Abel Santamaría et avancez de huit cuadras jusqu'à l'intersection de la calle General Banderas.

5

La Casa Natal de Frank y Josué País B2

Tlj sf dim. 9h-17h - 1 CUC.

Entre les calles los Maceos et José Miguel Gómez (Habana), cette maison renferme les objets personnels des deux frères érigés en martyrs de la tyrannie batistienne. Une place plus importante est accordée à Frank País, celui qui dirigea à 22 ans le soulèvement du 30 novembre 1956. Il fut jugé, relâché puis assassiné le 30 juillet 1957, un mois jour pour jour après son frère, qui participait également au M-26. Des photographies montrent son impressionnant cortège funéraire à travers les rues de Santiago, du Parque Céspedes au cimetière Santa Ifigenia.

Revenez dans la calle los Maceos et remontez la rue de 300 m vers l'ouest.

La Casa Natal de Antonio Maceo A2

Tlj sf dim. 9h-17h - 1 CUC.

Au n° 207 de la calle los Maceos, une belle demeure du début du 19e s. a vu naître en 1845 l'un des plus grands généraux des deux guerres d'indépendance. Dans sa maison natale, on rend hommage au « Titan de bronze », mort au combat le 7 décembre 1896, à San Pedro de Punta Brava, au sud de La Havane.

Parmi les objets personnels de Maceo réunis dans ce musée et les documents sur les guerres d'indépendance, on remarquera le **drapeau** utilisé lors de l'invasion et la presse sur laquelle était imprimé le *Cubano libre*, « l'artillerie de la révolution ». Dans le patio, des manguiers de Baraguá et de Mantua symbolisent la lutte d'est en ouest si chère à Maceo : Baraguá, où il dénonça les termes du traité de paix proposé par les Espagnols (1878), et Mantua (province de Pinar del Río), où ses troupes pénétrèrent au début de 1896, l'année suivant son retour d'exil.

Au bout de la calle los Maceos, prenez à droite le long de la voie ferrée. Remontez pendant 500 m jusqu'à l'avenida Crombet et prenez à gauche. Derrière le canal, tournez de nouveau à gauche jusqu'au parking du cimetière.

★ LE CEMENTERIO SANTA IFIGENIA A1, en direction

8h-18h - 1 CUC pour la visite guidée (possible en anglais). Pas de bus.

Cette vaste nécropole de 6 ha, fondée en 1868, réunit un grand nombre de patriotes tombés lors des guerres d'indépendance ou pendant la révolution. Les personnages les plus importants de l'histoire de Cuba, et plus particulièrement de l'Oriente, y reposent à l'ombre du drapeau national ou des bannières du M-26.

Le **mausolée d'Emilio Bacardí Moreau**, le premier maire de Santiago sous la République, évoque son appartenance à la franc-maçonnerie par la forme pyramidale du monument.

Un hommage est rendu à **Mariana Grajales**, la mère des Maceo, communément désignée comme la « mère de la patrie cubaine ».

Un **panthéon des vétérans**, en forme de château fort, renferme les dépouilles de 11 des 27 généraux indépendantistes morts au combat.

Une colonne, surmontée d'une amphore où brille une flamme éternelle, marque le **tombeau de Carlos Manuel de Céspedes**, le « père de la patrie ».

Un obélisque de granit entre quatre palmiers abrite le corps de **Pedro Figueredo Cisneros**, le compositeur de l'hymne cubain.

Plusieurs tombes des martyrs du M-26 sont également visibles, dont celles de **Frank et Josué País**, recouvertes du drapeau national et d'une bannière de leur mouvement.

La Plaza de la Revolucion et la statue d'Antonio Maceo.
Bruno Morandi/hemis.fr

Enfin, le monument majeur de ce cimetière est le **mausolée de José Martí★**, une grande tour de pierre hexagonale, trouée d'arches permettant au soleil d'illuminer la tombe de « l'apôtre de l'indépendance » à toute heure du jour. Sur chaque face, des cariatides représentent les six anciennes provinces de Cuba et leurs emblèmes. Chaque détail fait référence à une pensée de José Martí ou à un épisode de sa vie. À l'extérieur du mausolée, 28 blocs de pierre évoquent ses campagnes jusqu'à celle de Dos Ríos, où il perd la vie le 19 mai 1895.

L'Est : l'avenida de las Américas Plan de la ville D1-2, p. 352-353

L'hôtel Meliá Santiago de Cuba marque le point de convergence de plusieurs districts : à l'est, **Vista Alegre**, le quartier résidentiel jalonné d'anciens hôtels particuliers ; au sud-ouest, les ruelles sinueuses du cœur historique ; et enfin, au nord, l'avenida de las Américas avec son tracé rectiligne jusqu'à la sortie de la ville.

Au début de l'avenida de las Américas, l'hôtel **Meliá Santiago de Cuba** *(voir « Hébergement », p. 365)*, réalisé par José Antonio Choy, un architecte local, constitue le point de repère le plus fiable au cours de vos déplacements en ville. Ce bâtiment asymétrique et coloré, construit en 1991, domine fièrement tout Santiago du haut de ses 15 étages. Montez au bar panoramique qui offre une **vue** vertigineuse sur la ville.

De l'autre côté de l'avenue, un **monument en marbre** au centre du **Bosque de los Heroes** rend hommage à Che Guevara et à ses compagnons, morts en Bolivie en 1967.

★ LA PLAZA DE LA REVOLUCIÓN D1

Deux kilomètres plus loin, l'avenue débouche sur cette vaste esplanade, qui peut accueillir 200 000 personnes.

5

Au centre, une colossale **statue d'Antonio Maceo**★★ invite de la main à rejoindre le combat. Ce monument, complété par 23 barres de fer dressées représentant des machettes, évoque le 23 mars 1878, date de la *Protesta de Baraguá (voir « Histoire », p. 79)*.

Sous le monument, le **Museo Holográfico** *(tlj sf dim. 9h-17h - 1 CUC)* présente une série d'hologrammes relatifs aux guerres d'indépendance. À l'entrée du musée sont exposés la décoration de « Ville héroïque » et l'ordre Antonio Maceo décernés à la ville de Santiago en 1984.

😊 NOS ADRESSES À SANTIAGO DE CUBA

Voir le plan de la ville, p. 352-353.

INFORMATIONS UTILES

Banque / Change
😊 **Bon à savoir** – Vous trouverez des bureaux de change dans tous les grands hôtels.
Banco Financiero Internacional – B3 et zoom - *Calle F. Peña n° 565.*
Banco de Crédito y Comercio – B3 et zoom - *Angle calles M. Corona et Aguilera (Parque Céspedes)* - lun.-vend 8h-15h.

Poste / Téléphone
Correos – B3 - *Sur Aguilera, e/ Parque Dolores y Plaza de Marte* - tlj sf dim. 8h-17h.
Etecsa – B3 et zoom - *Angle calles Heredia et F. Peña.* Cartes téléphoniques, cabines, accès Internet (4 postes). Autre antenne plus tranquille à l'angle des calles Hartmann et J. A. Saco (Enramada). 8h30-21h30. 3 postes.
DHL – B3 - *Angle Hartmann et Aguilera)* - tlj sf dim. 8h-12h, 13h-17h (sam. 12h).
😊 **Bon à savoir** – Des services de courrier, téléphone et fax sont disponibles dans tous les grands hôtels.

Santé
La **Clínica Internacional** – C2 - *Angle calle Ferrero (R. Pujol) et 10* - ☎ *(22) 64 25 89.* Établissement réservé aux étrangers.

😊 **Bon à savoir** – Les grands hôtels possèdent aussi leur service médical (infirmerie).

Assistance touristique
Asistur – *Ave. 6 (Vista Alegre) (ancienne ambassade de Russie)* - ☎ *(22) 68 61 28.* Assiste les touristes étrangers à Cuba pour toute question d'argent, d'assurance ou de droit. Numéros d'urgence à La Havane 24h/24, ☎ *(7) 866 83 39, 866 85 27 à 29 ou 866 13 15.*

Centre culturel
Alliance française – Hors plan - *Angle calles 6 et 11 no 254 (Vista Alegre)* - ☎ *(22) 64 15 03/29 02 - administration@afstgo.co.cu.* Organise des vernissages, des concerts, et un festival de cinéma en juin. Programme sur place.

Stations-service Servicupet
Oro Negro – C1, en direction - *Sur la carretera Central, à 2,5 km au nord de la Plaza de la Revolución.*
La Bujía – C1 - *Angle ave. de los Libertadores et Céspedes (vers la Plaza de la Revolución).*
Trocha – A3, en direction - *Angle ave. 24 de Febrero et carretera del Morro (au sud).*
La Punta – D2, en direction - *Carretera de Baconao km 25 (près du Museo del Transporte).*

ARRIVER OU PARTIR

En avion
Aeropuerto Internacional Antonio Maceo – *À 8 km au sud du*

centre-ville, sur la carretera del Morro - ☏ *(22) 69 10 53*. Il reçoit chaque semaine (en haute saison) des vols en provenance d'Europe (Paris, Madrid, Rome, Milan, Cologne) et du Canada (Toronto). Prévoyez un délai d'attente pour franchir la douane et récupérer vos bagages. Taxe d'aéroport de 25 CUC au départ de Santiago de Cuba.

Plusieurs liaisons quotidiennes sont assurées avec La Havane (200 CUC AR) et en principe 1 vol/sem. pour Baracoa, Holguín et Varadero. Trajet entre l'aéroport et le centre-ville assuré par les navettes d'hôtels (4 CUC) ou en taxi (7 CUC jusqu'au Parque Céspedes).

Cubana de Aviación – B3 et zoom - *Angle calles J. A. Saco et General Lacret* - ☏ *(22) 65 15 78/79*. La compagnie dessert Paris, Rome et Milan de Santiago de Cuba.

En train

Terminal de Ferrocarriles – A2 - *À proximité de la baie, au bout de l'ave. J. Menéndez* - ☏ *(22) 62 28 36*. Liaisons quotidiennes en principe avec la plupart des grandes villes de province. Train de nuit climatisé pour La Havane (13h de trajet, env. 50 CUC). Bureau d'information et guichet Ladis pour vous procurer des billets pour touristes (réservez la veille).

En bus

Le **Terminal de Ómnibus Interprovinciales** – C1 - *Sur l'ave. de los Libertadores, à l'angle avec Yarayo, à proximité de la Plaza de la Revolución*.

Viazul – ☏ *(22) 62 84 84 - www.viazul.com*. Vous emmène à La Havane (4/j, 15h30 de trajet, 55 CUC) en s'arrêtant à Santa Clara, Sancti Spíritus, Camagüey, Holguín et Bayamo. Également 1 liaison/j Trinidad-Santiago (env. 12h, 35 CUC, *via* Sancti Spíritus, Camagüey, Holguín et Bayamo,

arrivée à Trinidad à 6h du matin) et une autre Baracoa-Santiago (4h45, 16 CUC, *via* Guantánamo). ☺ **Conseil** – Achetez vos billets à l'avance sur place ou dans les agences de voyages du centre-ville.

En voiture

Une autoroute relie La Havane à Santiago jusqu'à Sancti Spíritus, qui se transforme ensuite en route nationale en très bon état (865 km).

TRANSPORTS

En taxi

Les véhicules de la compagnie **Cubataxi** sont garés devant les hôtels ou sur le Parque Céspedes B3 et zoom. 24h/24.

Des particuliers, au volant de vieilles américaines ou de Lada, attendent les touristes aux abords des lieux touristiques. Ces taxis clandestins ne disposent pas de compteur et la course est payable en pesos convertibles. Fixez un prix à l'avance. Pour exemples, comptez 3 CUC pour un trajet entre le Parque Céspedes et l'hôtel Santiago et 15 CUC/j pour circuler aux alentours de Santiago de Cuba.

Location de véhicules

Malgré les nombreuses compagnies de location, le parc automobile est restreint en province. Il est donc vivement conseillé de réserver une voiture à l'avance durant la haute saison.

Havanautos – *À l'hôtel Las Américas (voir « Hébergement », p. 365)* - ☏ *(22) 68 71 60*, et à l'aéroport - ☏ *(22) 68 61 61*.

Transtur – *Au pied de l'hôtel Casa Granda (voir « Hébergement », p. 364)* - ☏ *(22) 68 61 07 ; à la Villa San Juan (voir « Hébergement », p. 365)* - ☏ *(22) 68 62 06 ; et à l'aéroport*, ☏ *(22) 69 22 45*.

5

HÉBERGEMENT

☺ **Bon à savoir** – Les nombreux établissements hôteliers de Santiago demeurent relativement onéreux. Mais les petits budgets n'auront que l'embarras du choix face à la profusion des chambres chez l'habitant, formule qui se développe considérablement, notamment autour du Parque Céspedes et dans le quartier Tivolí. Comptez 3 CUC pour le petit-déj. dans les *casas*. Il est en revanche inclus dans les tarifs des hôtels.

Dans le centre-ville

◗ **Casas particulares**

PREMIER PRIX (15 À 30 CUC)

Sureya Silva Figueredo – A3 - *Calle Santa Rosa n° 286, e/Mejorana y M. Corona* - ✆ *(22) 65 63 06 -* 🖥 ✗ *- 1 ch. autour de 20 CUC*. Une belle chambre confortable bien qu'un peu sombre. Mais le grand patio tout en longueur compense agréablement. Accueil adorable. Spécialité de *boniato*, une patate douce frite ou bouillie.

El Mirador – A3 et zoom - *Calle M. Corona n° 603 (altos), e/Heredia y Aguilera -* ✆ *(22) 65 89 49 -* 🖥 *- 2 ch. autour de 20 CUC*. Au 3e et dernier étage, les chambres jouissent d'une vue splendide sur la baie. Confort simple mais propre. Tony et sa famille sont très conviviaux et vous serviront de guides.

Luis Eduardo Halley Pérez (El Holandés) – B3 et zoom - *Angle calles Heredia n° 251 et Hartmann -* ✆ *(22) 62 48 78 -* 🖥 ✗ *- 2 ch. autour de 20 CUC*. Juste devant la Casa de la Trova mais pourtant calme ! Spacieuses, les chambres sont en effet isolées en hauteur. Terrasse, patio et bonne cuisine.

Georgina Martinez Gascón – C3 - *Calle P. Carbó n° 157, e/L. Bergues y Aguilera -* ✆ *(22) 62 53 54 -* 🖥 ✗ *- 1 ch. autour de 25 CUC*. Non loin de la Plaza de Marte, Georgina et son mari vous reçoivent dans un grand salon plein de livres. La chambre est un peu sombre mais confortable. Accueil charmant.

Nena et Raúl – B3 - *San Jerónimo n° 472, e/Carnicería y Calvario -* ✆ *(22) 65 41 10 -* 🖥 *- 1 ch. autour de 25 CUC*. Au nord du Parque Céspedes, une magnifique maison coloniale organisée autour d'un patio ombragé et gardée par deux gros chiens. La grande chambre fraîche est idéale pour un couple avec deux enfants. Bon accueil.

◗ **Hôtels**

BUDGET MOYEN (30 À 50 CUC)

Libertad – C3 - *Plaza de Marte n° 65B -* ✆ *(22) 62 83 60 ou 62 77 10 -* 🖥 ✗ *- 17 ch. autour de 40 CUC*. Toutes les chambres (certaines sans fenêtres) sont au 1er étage, mais seules deux d'entre elles donnent sur la place. Plus grandes, ces dernières sont aussi plus bruyantes. Le tout reste bien équipé et très propre, agrémenté d'une déco sympa.

San Basilio – B3 et zoom - *Calle B. Masó (San Basilio) n° 403, e/Carnicería y Calvario -* ✆ *(22) 65 17 02/16 87 -* 🖥 ✗ 🆒 *- 8 ch. autour de 50 CUC*. Prix uniques toute l'année quelle que soit la chambre. Juste en face du Museo del Ron, en haut d'une double volée de marches, se niche cet adorable petit hôtel. Chambres charmantes et bien décorées organisées le long d'un patio plein de plantes. À la fois calme et au cœur de la ville. Restaurant attenant très correct. Accueil chaleureux.

UNE FOLIE (PLUS DE 80 CUC)

Casa Granda – B3 et zoom - *Calle Heredia, e/San Pedro y Hartmann -* ✆ *(22) 65 30 21/22 -* 🖥 ✗ 🆒 *- 58 ch. autour de 115 CUC*. Sur le

Parque Céspedes, l'hôtel le plus central de Santiago occupe un beau bâtiment néoclassique, mais les chambres sont un peu défraîchies. Choisissez plutôt celles qui sont situées aux étages supérieurs, plus hautes de plafond et avec vue sur la place (mais plus bruyantes). Petit-déj. servi sous la forme d'un buffet copieux et varié. En raison de la petite capacité d'accueil de l'établissement, réservez à l'avance.

Autour du Parque de los Estudiantes

Conseil – Remonter l'ave. V. Garzón à pied n'est pas très plaisant. N'hésitez pas à prendre un **taxi** (10mn de trajet, 3 CUC du Parque Céspedes).

Bon à savoir – Cette zone résidentielle est nettement plus calme que les alentours du Parque Céspedes. Elle se compose de deux quartiers : Vista Alegre, avec ses grands hôtels et ses ambassades ; Santa Bárbara, très vert et plus convivial.

Casa particular

PREMIER PRIX (15 À 30 CUC)

Doña Clara – D3, en direction - *Calle 9 n° 51, e/F. Marcané y A. B. Correoso - ℰ (22) 64 29 64 - acrivero2000@yahoo.com -* ▤ ✕ 🅿 *- 2 appt. 25/30 CUC.* Dans Santa Bárbara, deux vrais studios avec leurs entrées indépendantes, très bien équipés et entourés d'un grand jardin plein de recoins où l'on prend le petit-déj. Vous pouvez également préparer vous-même vos repas. Très calme. Possibilité de négocier le tarif.

Hôtels

POUR SE FAIRE PLAISIR (50 À 80 CUC)

Las Américas – D3, en direction - *angle ave. de las Américas et General Cebreco - ℰ (22) 64 20 11 -* ▤ ✕ 🏊 🆑 *- 70 ch. 60/70 CUC.*

Location de voitures, bureau de change et de tourisme. Bâtiment des années 1970 situé en face de l'hôtel Meliá. Nombreux services et chambres agréablement rénovées, mais assez impersonnel.

UNE FOLIE (PLUS DE 80 CUC)

Meliá Santiago de Cuba – D2 - *Ave. de las Américas, e/calle 4ta y ave. Manduley - ℰ (22) 68 70 70 - www.solmeliacuba.com -* ▤ ✕ 🏊 🆑 *- 302 ch. autour de 115 CUC - petit-déj. 9 CUC - location de voitures, bureau de change et de tourisme Cubanacán tenu par Raquel (qui parle français), services médicaux, Internet.* L'hôtel le plus haut (15 étages) et le plus moderne de la ville. Moins originales que l'architecture du bâtiment, les chambres ont tout le confort des grandes chaînes internationales. Demandez le dernier étage pour apprécier le panorama sur Santiago. Cet établissement conviendra particulièrement à une clientèle d'affaires. Il possède plusieurs restaurants, trois piscines ainsi qu'un agréable bar panoramique.

À l'extérieur de la ville

Hôtel

POUR SE FAIRE PLAISIR (50 À 80 CUC)

Villa San Juan – D2, en direction - *Carretera Siboney km 1,5 - ℰ (22) 68 72 00 -* ▤ ✕ 🏊 🆑 *- 110 ch. autour de 70 CUC - location de voitures, bureau de tourisme.* Sur la route du Parque Baconao, à 500 m derrière le zoo, une bâtisse du début du siècle transformée en restaurant domine le jardin. On passe à travers une végétation dense pour rejoindre les bungalows ; les chambres sont spacieuses et agréables.

5

RESTAURATION

Dans le centre-ville

PREMIER PRIX (MOINS DE 10 CUC)

Las Columnitas – B3 et zoom - *Angle calles Hartmann et J. A. Saco (en face de l'Etecsa) - 9h-20h - autour de 6 CUC.* Snack agréable avec quelques tables en plein air. Petite carte de plats chauds, salades et rafraîchissements.

Cafeteria Teresina – B3 - *Parque Dolores - 12h-23h - autour de 6 CUC.* À l'angle de la place, voici un endroit agréable pour manger une pizza. Vous pourrez aussi déguster de la cuisine créole traditionnelle. Bon rapport qualité-prix.

El Bodegón (Taberna de Dolores) – B3 - *Angle calle M. Rodriguez et Parque Dolores - ✆ (22) 62 39 13 - 8/10 CUC.* Un grand restaurant avec tables en bois autour d'un patio animé tous les soirs par un bon orchestre. Très bonne ambiance, mais cuisine inégale.

Las Gallegas – B3 et zoom - *Calle B. Masó altos, e/General Lacret y Hartmann - 12h30-23h - 8/10 CUC.* Au sud de la place, une belle salle ancienne éclairée de lustres sert de cadre à un repas savoureux à base de viande.

1900 – B3 et zoom - *Calle B. Masó (San Basilio) nº 354, e/P. Rosado y Hartmann - ✆ (22) 62 35 07 - 8/10 CUC.* À deux *cuadras* du Parque Céspedes, l'ancienne demeure de la famille Bacardí accueille le restaurant le plus connu de Santiago. S'il a perdu de son prestige d'antan, comme le montre sa belle salle à manger un peu vide, la terrasse offre un cadre plus animé et une vue agréable, au moins pour y boire une bière. La carte est très bon marché.

Don Antonio – B3 - *Parque Dolores - ✆ (22) 65 22 05 -*

8/10 CUC. Dévolu aux groupes de touristes mais le plus souvent désert, ce restaurant d'État est le plus plaisant des trois qui cohabitent sur la place. Vous dégusterez un bon poisson dans un charmant patio.

BUDGET MOYEN (10 À 15 CUC)

Casa Granda – *Voir « Hébergement », p. 364 - ✆ (22) 68 66 00. 12h-15h, 19h-22h - 10/15 CUC.* Dans l'hôtel du même nom, ce restaurant chic sert, dans un cadre légèrement guindé, une cuisine qui change de celle des autres restaurants d'État et des *paladares*.

Autour du Parque de los Estudiantes

BUDGET MOYEN (10 À 15 CUC)

Salón Tropical – D3, en direction - *Calle F. Marcané nº 310, e/9 y 10 (Santa Bárbara) - ✆ (22) 64 11 61 - tlj sf dim. 12h-23h.* Sur les toits, une *paladar* en terrasse avec vue sur les collines. À l'intérieur, une mini-salle avec de jolis vitraux colorés. Succulentes viandes grillées et gâteau au fromage en dessert. Réservation conseillée.

POUR SE FAIRE PLAISIR (15 À 30 CUC)

Zun Zún – D3, en direction - *Ave. Manduley, e/5 y 7 - ✆ (22) 64 15 28 -* CC. Dans le quartier de Vista

Alegre, une adresse chic où l'on sert une cuisine internationale de qualité dans des pièces intimes et décorées avec goût. Réservation impérative.

PETITE PAUSE

Glacier

Coppelia – C2 - *À l'angle des ave. de los Libertadores et V. Garzón.* l'incontournable institution cubaine, occupe un jardin sur une butte à proximité de la caserne de Moncada. Dans un cadre années 1970, on sert d'excellentes glaces payables en pesos convertibles pour les étrangers. Tlj sf lun.

BOIRE UN VERRE

Conseil – Si vous êtes amateur de rhum, goûtez au Matusalem, qu'on ne trouve qu'à Santiago.

Bars

L'hôtel **Casa Granda**, *voir « Hébergement », p. 364*, compte deux bars agréables. Au rdc, les tables sont disposées sur une terrasse, au-dessus du Parque Céspedes. Vous pourrez déjeuner léger ou déguster un rhum dans un cadre raffiné, presque exclusivement réservé à une clientèle internationale. Au dernier étage, une autre belle terrasse accueille également un bar d'où vous pourrez admirer la baie et la Sierra Maestra.
Sur le toit de l'hôtel Libertad, *voir « Hébergement », p. 364*, la magnifique terrasse du bar **La Cachita** est idéale pour siroter un cocktail en regardant le coucher de soleil sur les collines.
Au dernier étage de l'hôtel Meliá Santiago de Cuba, *voir « Hébergement », p. 310*, les larges baies vitrées du **Pico Real** offrent le meilleur panorama de la ville dans la journée. Le soir, fait

cabaret (22h30-2h). Malgré la musique latine, on se sent bien loin de Cuba.

La Isabelica – B3 - *Parque Dolores.* Ce bar occupe une belle maison coloniale sur la place. Autour de petites tables en bois, Cubains et touristes se retrouvent pour boire un café et discuter. Ambiance très chaleureuse 24h/24.

La Maison – Hors plan - *Angle ave. Manduley et 1ra (dans le prolongement de l'ave. V. Garzón) - 9h30-18h.* Succursale de l'institution havanaise du même nom, la Maison occupe une belle demeure du quartier résidentiel de Vista Alegre. Bar bien agréable dans le jardin (service très lent) et boutiques de luxe.

ACHATS

Marchés

Un petit *agromercado* de fruits et légumes se trouve au bout de la calle Heredia, à l'ouest (C3) ; un autre, plus grand, au bout de l'ave. 24 de Febrero, à l'ouest (B3).

Rhum et cigares

Boutique du Museo del Ron – B3 et zoom - *Angle B. Masó et P. Rosado - 9h-17h.* Rhum de qualité.

Fábrica de Tabacos Cesar Escalante – A3 - *Ave. J. Menéndez nº 703.* Achat possible de cigares.

Artisanat

Galería Santiago (Fundo de Bienes Culturales) – B3 et zoom - *À gauche de la cathédrale - tlj sf dim. 10h-22h.* Vend une sélection d'œuvres d'art et d'artisanat. Dans la calle Heredia, vous trouverez des objets en bois ou en papier mâché (beaux masques de carnaval), comme chez **Artex** *(voir « En soirée », p. 368)*.

Chez El Quitrin – B3 - *San Jerónimo nº 473, e/Calvario y Carnicería - 10h-18h.* Vous trouverez de jolis habits faits main en coton ou au crochet. Il est

5

possible de boire un soda dans le patio.

Galeries d'art

La **Casa de la Cultura** (B3 et zoom) ou la **Galería Oriente** (B3 et zoom) à côté, sur le Parque Céspedes, près du Casa Granda, organisent de bonnes expositions-ventes d'artistes contemporains.

Galería de Arte Universal – D2 - *Ave. de las Américas (derrière le Bosque de los Heroes) - tlj sf lun. 9h-17h.* Expose et vend un choix intéressant d'œuvres d'art.

L'**Uneac** – B3 - *Calle Heredia nº 268 - tlj sf dim. 10h-18h (sam. 14h).* Présente les peintures des artistes de l'association dans une jolie demeure où il est possible de prendre un verre.

Librairie

Librería Internacional – B3 et zoom - *Au pied de la cathédrale - 8h-18h30.* La librairie qui offre le plus de choix. On y trouve des livres en langues étrangères, particulièrement en anglais, et des plans de la ville.

Disquaire

Tienda de la Música – B3 - *Calle J. A. Saco, e/General Lacret y Hartmann - 9h-20h.* CD et cassettes de musique cubaine.

EN SOIRÉE

🐾 **Conseil** – Procurez-vous la publication *Cartelera Cultural* auprès d'un hôtel ou d'un marchand de journaux pour connaître le programme des spectacles.

Concerts

À Santiago, où la musique est reine, il suffit parfois de tendre l'oreille pour découvrir, à un coin de rue, un groupe improvisé plongeant les spectateurs dans une rumba endiablée. Cependant,

vous ne pouvez quitter la ville sans passer par la **Casa de la Trova** (B3 et zoom - *Calle Heredia nº 206 - 10h-0h*) pour prendre un verre ; 11h-14h concerts dans le salon principal ; 15h-18h concerts avec des *trovadores* dans le patio ; 18h-20h concerts plus traditionnels. La soirée se poursuit ensuite de 22h à 1h dans le beau salon de los Grandes. Des groupes plus ou moins réputés se produisent dans cette salle, sous les portraits de musiciens qui ont fait vibrer ce lieu. Par beau temps, les concerts ont lieu dans le patio. Cette institution, assez touristique, propose également des cours de danse joyeusement animés par Raúl (5 CUC/h).

Casa de las Tradiciones – A3 - *Calle J. Rabi, e/J. de Diego y C. García - à partir de 21h30.* Un peu excentré au sud du quartier Tivolí, l'endroit vaut le déplacement pour la qualité des *soneros* qui s'y produisent. Plus intime que la Casa de la Trova et encore assez authentique, elle réunit un public, parfois de touristes mais surtout de Cubains, artistes et intellectuels. On y danse volontiers.

Casa de la Música – B3 et zoom - *Calle M. Corona, e/Aguilera y J. A. Saco - à partir de 22h.* Dans la grande salle de l'élégante Casa de la Música, vous pourrez danser tous les soirs sur des airs traditionnels de salsa dans une ambiance bon enfant.

Artex – B3 - *Calle Heredia (face au Museo del Carnaval) - de 15h à très tard ; concert gratuit à 16h.* On pourra terminer la soirée dans un agréable patio qui sert de scène à de bons musiciens.

Los Dos Abuelos – C3 - *À la même adresse que le bureau d'information culturelle, sur la Plaza de Marte, au nº 5 de la calle F. P. Carbo.* Devant un public de touristes, des groupes viennent jouer tous les soirs à partir de 22h dans le patio d'orangers.

Discothèques

Les boîtes de nuit des hôtels ont fait place à des lieux plus mélangés, plus simples.

La Claqueta – B3 et zoom - *Calle F. Peña (face à la cathédrale) - 22h-2h.* Fait boîte et/ou présente des concerts en plein air, est appréciée des Cubains.

La Iris – C3 - *Angle calle Aguilera et Plaza de Marte - 22h-3h.* Propose de la musique latine ou de la techno.

Théâtre

Teatro José María de Heredia – D1 - *Angle ave. de las Américas et de los Desfiles.* Inauguré en 1992, il se dresse sur la Plaza de la Revolución.

Spectacles

Pour comprendre et entendre la musique afro-franco-haïtienne, fréquentez, le soir, la **Casa del Caribe** (Hors plan), dans le quartier Vista Alegre, à l'angle des calles 13 et 8, www.casadelcaribe.cult.cu. Concerts à 19h, dim. à 16h. Un peu plus haut dans la même rue, allez aussi, mais dans la journée, à la **Casa de las Religiones Populares Cubanas** – (Hors plan) (9h-18h, 1 CUC) : vaudou, *santería, crusado,* conga… vous saurez tout sur la religion des Cubains dans un lieu délabré mais flanqué d'un petit bar bien agréable.

Santiago regroupe plusieurs cercles culturels préparant des spectacles folkloriques, notamment pour le carnaval. Ils accueillent le public durant leurs répétitions. Le plus réputé est le **Conjunto Folklórico Cutumba** A3, dont le siège se trouve calle J. A. Saco, e/Padre Pico y M. Corona. Vous pouvez assister à un spectacle de danse le sam. à 21h et le dim. à 11h.

Le **Cabaret San Pedro del Mar** – (Hors plan), carretera del Morro km 8, ☏ (22) 69 12 87, jouxte l'hôtel Balcón del Caribe. Même type de spectacles que le très touristique **Tropicana** (Hors plan), autopista Nacional km 1,5. Mais au San Pedro, c'est à plus petite échelle et pour un prix moindre. Spectacle à 22h tlj sf mar. Billets en vente dans les agences de tourisme (à partir de 30 CUC).

Cinémas

Rialto – B3 et zoom - *Calle F. Peña (près de la cathédrale).*

Cuba – B3 et zoom - *Calle J. A. Saco, e/General Lacret y Hartmann.*

ACTIVITÉS

Matchs de béisbol

À l'**Estadio Guillermón Moncada** – D1 - *Ave. de las Américas (à mi-chemin entre l'hôtel Meliá Santiago de Cuba et la Plaza de la Revolución)* - ☏ *(22) 64 26 40.* Billets en vente sur place et dans les agences de tourisme.

AGENDA

Les deux grands festivals de musique sont le **Festival Internacional de la Trova**, en mars, et le **Festival del Son « Matamoros »**, en octobre, qui rassemblent toutes les stars du genre musical.

Au début de l'été, le **Festival del Caribe** présente durant une semaine toutes les expressions artistiques des îles. Renseignements à la Casa del Caribe, www.casadelcaribe.cult.cu.

Le **carnaval** de Santiago correspond à la fin de la récolte du sucre, moment où les esclaves étaient autorisés à faire la fête. Il est organisé à Santiago autour du 25 juillet (et dure environ une semaine).

5

Autour de la ville Carte de région, p. 324-325

À quelques kilomètres de Santiago commence l'une des plus remarquables régions de Cuba. Une échappée d'une journée permet de s'aventurer dans les replis de la cordillère qui s'étire de part et d'autre de la ville, soit vers la Sierra Maestra à l'ouest *(voir p. 340)* soit vers la Gran Piedra à l'est. La qualité des plages de la côte méridionale est médiocre, mais les paysages rencontrés sur le parcours justifient à eux seuls l'excursion.

★ LE CASTILLO DEL MORRO C3

Comptez 2h avec la visite.
10 km du centre de Santiago. Prenez la direction de l'aéroport. Suivez cette route pendant 7 km en direction de l'aéroport et du Morro - lun.-vend. 9h-17h, w.-end 8h-16h - 4 CUC.

L'ancien Castillo San Pedro de la Roca, juché sur une falaise à l'entrée de la baie au sud de la ville, offre un **point de vue★★** incomparable sur la côte caraïbe, la Sierra Maestra et la baie de Santiago. Édifiée pendant la première moitié du 17e s., cette forteresse bénéficiait ainsi d'un emplacement idéal pour prévenir les attaques de pirates. Après de nombreux assauts, elle est détruite, puis rebâtie au 18e s. L'époque de la piraterie achevée, elle est transformée en prison où les *mambises* seront détenus par les Espagnols pendant les guerres d'indépendance.

Déclaré Patrimoine de l'humanité, le bâtiment a finalement été rénové, après avoir été laissé à l'abandon pendant plus d'un demi-siècle. Dans ses dédales de salles loge le **Museo de la Piratería**. Derrière ses épaisses murailles sont exposés des documents, des dessins et des armes retraçant l'histoire des corsaires et des pirates depuis l'époque coloniale. Une salle évoque la bataille navale entre l'Espagne et les États-Unis.

Revenez sur vos pas par la carretera del Morro. À 3 km, prenez l'embranchement de gauche (un panneau indique El Morro à gauche et Cayo Granma à droite pour les véhicules arrivant de Santiago). Suivez la route côtière pendant 2 km jusqu'à l'embarcadère.

À quelques centaines de mètres, au milieu de la baie, le village de pêcheurs du **Cayo Granma** (20mn de traversée en bac, plusieurs arrêts avant le cayo. 1 CUC) serait paradisiaque si les eaux qui l'entourent n'étaient frappées, depuis quelques années, d'une pollution industrielle due aux fuites des usines installées à proximité.

😊 NOS ADRESSES AU CASTILLO DEL MORRO

RESTAURATION

BUDGET MOYEN (10 À 15 CUC)

El Morro – *Carretera del Morro - ✆ (22) 69 15 76 - 12h-21h - 10/25 CUC.* Juchée sur une falaise juste avant d'arriver à la forteresse du Morro, la terrasse de ce restaurant surplombe la mer des Caraïbes. Le menu créole, qui s'adresse aux groupes organisés après la visite de la forteresse, est copieux et correct. Allez-y pour le déjeuner ou pour prendre un verre dans la journée afin de profiter du panorama sur les falaises, surtout au coucher du soleil.

La basilique Nuestra Señora de la Caridad del Cobre.
Tristan Deschamps/Photononstop

★ NUESTRA SEÑORA DE LA CARIDAD DEL COBRE B3

Comptez 2h avec le trajet et la visite.
20 km de Santiago. De Santiago, prenez la carretera Central dans le prolonge-
ment de l'avenida de los Libertadores derrière la Plaza de la Revolución. À 16 km,
tournez à gauche au panneau « El Cobre » et continuez pendant 4 km. Transfert
possible depuis Santiago par l'intermédiaire des agences de tourisme (voir p. 350).
En taxi, comptez env. 20 CUC. 6h30-18h ; messes quotidiennes tlj sf merc. à 8h,
deux services supplémentaires dim. à 10h et 16h30.

La route de montagne, à l'ouest de Santiago, s'anime chaque **dimanche** d'une
procession parcourant tant bien que mal ses 20 km de lacets avant l'heure de
la messe : des camions ploient sous le poids de fidèles pris en stop, les longues voitures américaines où s'entassent des familles nombreuses peinent
dans les côtes. Enfin, à la sortie d'une courbe, la silhouette crème de l'église
coiffée de trois dômes rouges surgit miraculeusement au cœur de la vallée.
Aux abords du village minier d'El Cobre (« le cuivre »), les vendeurs de fleurs
et de cierges jalonnent les bas-côtés, où des enfants encerclent les acheteurs
potentiels pour leur proposer des cailloux de pyrite. Avant d'entrer dans le
sanctuaire, les touristes seront assaillis par les laveurs de voiture et les marchands ambulants sur le parking.

La basilique renferme la statue de la **Virgen de la Caridad del Cobre** (Vierge
de la Charité du Cuivre), déclarée patronne de Cuba le 10 mai 1916. Elle fait
l'objet d'un véritable culte puisqu'elle est associée, dans la *santería*, à **Ochún**,
la déesse de l'amour, de la féminité et des eaux douces. Le premier sanctuaire
est construit près des mines de cuivre entre 1683 et 1710 ; le second, inauguré
en 1927, est celui que l'on peut voir actuellement.

Au rez-de-chaussée, la **salle des ex-voto** renferme une multitude d'objets
offerts par les fidèles : béquilles abandonnées par les miraculés, vêtements,
mèches de cheveux, lettres adressées à la Vierge, photographies, balles de
base-ball, ballons de football. Un escalier mène au *camarín*, une chapelle au

5

LA VIRGEN DE LA CARIDAD DEL COBRE

Son histoire commence en 1606 lorsque trois mineurs découvrent dans la baie de Nipe une Vierge en bois portant l'inscription « *Yo soy la Virgen de la Caridad* » (« Je suis la Vierge de la Charité »). Une procession traverse alors la région du nord au sud jusqu'au village d'El Cobre où la statue est placée dans un ermitage.

---

premier étage où les fidèles déposent des fleurs au pied de la **statuette de la Vierge** *(photos interdites)*. À l'heure de la messe, cette Vierge richement parée d'une couronne et d'une robe jaune (la couleur d'Ochún) est tournée vers les fidèles ayant pris place dans la nef.

★ Le Parque Nacional de Baconao

Carte de région C3, p. 324-325

▶ *Circuit de 90 km - Comptez une demi-journée.*

À l'est de Santiago, un immense parc naturel s'étend sur 80 000 ha jusqu'à l'embouchure du río Baconao. Classé **Réserve naturelle de la biosphère** par l'Unesco, ce site comprend les montagnes de la Cordillera de la Gran Piedra – qui fait toujours partie de la Sierra Maestra – et une agréable côte. Il a été jalonné d'attractions touristiques pour les Cubains à une époque où le tourisme local se développait. Vous apprécierez peut-être plus les paysages et les panoramas qui s'offrent le long du trajet que les attractions elles-mêmes.

Quittez Santiago de Cuba par le rond-point de l'hôtel Las Américas et l'avenida Raúl Pujol vers l'est en direction de Baconao. À 3 km derrière le village de Sevilla, à l'embranchement de Las Guásimas (12 km du centre de Santiago), un panneau partiellement illisible indique la Gran Piedra à gauche. Continuez sur 500 m après l'embranchement, puis prenez à gauche.

LE PRADO DE LAS ESCULTURAS

8h-16h - 1 CUC.

Vous pouvez parcourir ce « champ de sculptures » à pied ou en voiture. Depuis 1988, vingt sculptures d'artistes contemporains cubains et étrangers y sont disséminées entre des blocs de granit, sur 40 ha. Des vaches, bien qu'asticotées par les pique-bœufs, paissent tranquillement au pied des œuvres en bois, béton, fer, brique et pierre.

La route s'élève ensuite, bordée de manguiers, *yagrumas* et caféiers qui cèdent la place aux pins et aux bambous à mesure que la température descend. À 14 km du Prado, on arrive à l'hôtel de la Gran Piedra.

LA GRAN PIEDRA

Conseil – Mieux vaut se rendre sur le site le **matin**, avant l'arrivée des nuages.

Ce site doit son nom de « grande pierre » à l'énorme rocher de 20 m de haut qui culmine à 1 234 m au-dessus du niveau de la mer toute proche. Un escalier de 425 marches *(1 CUC)* mène au sommet où, du **mirador★**, la vue s'étend sur toute la région et même, paraît-il, par temps clair, sur la Jamaïque et Haïti. Deux kilomètres au-delà du rocher, par une route difficilement praticable,

Club Bucanero, parc de Baconao.
Christopher P. Baker/AGE Fotostock

surtout après un orage, vous arrivez au **Cafetal La Isabelica** *(8h-16h ; fermé les jours de pluie - 1 CUC)*, une ancienne **plantation de café** transformée en **musée**. Elle fut fondée par Victor Constantin, un Français réfugié d'Haïti au début du 19e s. Des plates-formes devant la maison servaient à faire sécher les grains de café. Au rez-de-chaussée de la sévère bâtisse sont exposés divers objets liés à la culture du café ainsi que des instruments de torture pour les esclaves. Un traitement spécial était réservé aux femmes enceintes, châtiées dans une pièce au sol creusé de trous permettant de les immobiliser sur le ventre. Une photo représente la dernière esclave, qui serait morte en 1972 à l'âge de 132 ans ! Au premier étage, les salles en bois de la demeure du maître conservent leur mobilier d'époque.

Redescendez et, après l'hôtel, tournez à droite.

Les amateurs de fleurs pourront suivre le chemin qui mène de l'autre côté de la montagne au **Jardin Botánico** *(tlj sf lun. 8h-16h30 - 3 CUC)*. Cette vaste terrasse sur la Sierra est un champ de fleurs du paradis, en floraison toute l'année, et d'autres espèces intéressantes, comme l'enivrante *mariposa*, fleur nationale.

Retournez à l'embranchement de Las Guásimas et prenez la route de gauche vers la mer en direction de Siboney.

Sur 2 km après l'embranchement de Las Guásimas, **26 mémoriaux** jalonnent le bas-côté de la route, en hommage aux victimes de l'assaut de La Moncada le 26 juillet 1953.

La **Granjita Siboney** *(9h-17h - 1 CUC)*, une ferme louée par Fidel Castro et ses compagnons, a été transformée en musée consacré aux préparatifs de l'assaut de Moncada. Des objets ayant appartenu aux *moncadistes* sont exposés, et tous les préparatifs sont expliqués en détail.

Sur la route également, un hangar sert de **Museo de la Guerra Hispano-cubano-norte-americana** *(9h-17h - 1 CUC)*, inauguré en 1998 pour le centenaire de l'indépendance du pays et de la fin de la colonisation espagnole.

5

PLAYA SIBONEY C3

En reprenant la route tout droit vers le sud pendant 2 km, on atteint cette jolie plage. Bordée de palmiers et encadrée de collines, elle offre cependant un sable de qualité médiocre. Fréquentée par les familles cubaines, elle connaît une certaine animation durant le week-end. S'il est l'heure, vous pourrez toujours y déjeuner en contemplant la mer, c'est une halte agréable *(voir « Restauration », p. 375).*

De retour sur la route principale, à 9 km au sud-est de l'embranchement de Las Guásimas, la route traverse la **Valle de la Prehistoria** *(8h-16h45 - 1 CUC).* Sous un énorme faux rocher en forme d'arche, vous pénétrez dans ce parc de 2 000 m², qui tient du décor de Jurassic Park. Il compte une quarantaine de sculptures d'animaux préhistoriques évoquant les différentes ères géologiques. Les chèvres broutent tranquillement aux pieds des dinosaures et des brontosaures géants, qui s'éparpillent dans un paysage de collines verdoyantes. Tableau surprenant très apprécié des enfants.

Deux kilomètres plus loin, le **Museo Nacional del Transporte** *(8h-17h - 1 CUC)* expose de vieilles voitures (vous remarquerez la seule voiture réalisée à Cuba, qui ressemble à celle d'Abdallah dans *Tintin au pays de l'or noir*) et, dans une annexe, une fabuleuse collection espagnole de 2 500 voitures miniatures retraçant l'histoire de l'automobile.

En sortant des musées et en continuant un peu plus avant, à 300 m sur la droite, une route mène à **Playa Daiquirí** *(interdite au public).* Selon la légende, elle porte le nom du cocktail que les Américains auraient créé en 1898, à l'issue de la guerre d'indépendance.

À 25 km des musées, juste avant l'hôtel Carisol, vous pourrez vous arrêter à l'**aquarium** *(9h-17h - 5 CUC)* et assister à un spectacle de dauphins.

LA LAGUNA BACONAO C3

La route continue jusqu'à une lagune que l'on peut parcourir en barque. Ce site abrite également une **ferme d'élevage de crocodiles** ouverte au public et un agréable restaurant. Au-delà de la lagune, la route devient rapidement impraticable et contraint les automobilistes à faire demi-tour.

😊 NOS ADRESSES DANS LE PARC NATIONAL

HÉBERGEMENT

Voir la carte de région p. 324-325 pour les hôtels.

😊 **Bon à savoir** – Les plages n'étant pas très éloignées de Santiago (entre 25 et 50 km de la ville), on peut aisément effectuer l'aller-retour dans la journée, mais il peut être agréable de passer une nuit au calme.

Sur la côte

◗ **Casas particulares**

Plusieurs maisons d'hôte le long de l'avenida Serrano, à Playa Siboney.

◗ **Hôtels**

😊 **Conseil** – Les hôtels du bord de mer sont plutôt fréquentés par des groupes organisés que par les touristes individuels. Passez par une agence de voyages si vous souhaitez y loger afin de bénéficier de tarifs négociés.

   POUR SE FAIRE PLAISIR

   (50 À 80 CUC)

Costa Morena – C3 - *Carretera de Baconao km 38,5 -* ☎ *(22) 35 61 26/27 -* 🍽 ✗ 🏊 CC *- 135 ch. 50/70 CUC - bureau de change.* À 45 km de Santiago avant d'arriver à Sigua, ce complexe international est situé en bord de mer. Il dispose d'une piscine d'eau de mer, à défaut d'une vraie plage. Sans grand charme, c'est l'établissement le moins cher du Parque de Baconao.

   UNE FOLIE (PLUS DE 80 CUC)

Club Amigo Carisol-Los Corales – C3 - *Carretera de Baconao, Playa Cazonal -* ☎ *(22) 35 61 21 - www.cubanacan.cu -* 🍽

✗ 🏊 CC *- 310 ch. 90/100 CUC - bureau de change.* À 50 km de Santiago, près de la Laguna Baconao, cet énorme complexe bénéficie d'une agréable plage de sable blond. Formule tout compris avec de nombreuses activités. Les chambres surplombent la mer des Caraïbes et sont confortables.

Club Bucanero – C3 - *Carretera de Baconao km 4 - Arroyo La Costa -* ☎ *(22) 68 63 63 -* 🍽 ✗ 🏊 CC *- 193 ch. 100/120 CUC - bureau de change.* Ce complexe hôtelier n'est qu'à 25 km à l'est de Santiago, sur une petite plage surplombée d'une falaise. L'établissement fonctionne selon la formule *todo incluido* et propose une importante gamme de sports nautiques.

À Gran Piedra

◗ **Hôtel**

   BUDGET MOYEN (30 À 50 CUC)

Villa La Gran Piedra – C3 - *Carretera Gran Piedra km 14 -* ☎ *(22) 68 61 47 -* ✗ *- 22 ch. 40/50 CUC.* Des petites maisons correctement équipées dominent la mer du haut de la Sierra. L'air est pur et frais, la vue, superbe. Idéal pour marcher (guides).

RESTAURATION

À Playa Siboney

   BUDGET MOYEN (10 À 15 CUC)

La Rueda – ☎ *(22) 63 93 25 - 9h-20h - 10/15 CUC.* En haut de la plage, poissons, crevettes et langoustes (comptez 20 CUC) se dégustent en terrasse.

5

La pointe orientale

De Guantánamo à Baracoa

Province de Guantánamo

😊 NOS ADRESSES PAGE 380

🔖 **S'INFORMER**

Adressez-vous à l'hôtel Guantánamo *(voir « Hébergement », p. 381)*.

▶ **SE REPÉRER**

Carte de région CD3 (p. 324-325) - Circuit de 160 km - 3h de route.

😋 **À NE PAS MANQUER**

La route côtière de Guantánamo à Cajobabo ; le point de vue du mirador de Alto de Cotilla.

🕐 **ORGANISER SON TEMPS**

De toutes les régions de l'île, l'extrémité orientale est celle qui offre la plus étonnante diversité de climats et de paysages. Aux alentours de la ville de Guantánamo, des bananeraies, au bas des collines, succèdent aux pâturages et aux plantations de canne à sucre. La route quitte ensuite ces panoramas familiers pour se glisser au pied des montagnes. Un vent sec et chaud balaie régulièrement leurs pentes arides, brûlées par le soleil, où l'irruption de cactus semble tenir du mirage. Ce tableau s'évanouit à l'approche de la Farola, route reliant le nord au sud de la province par la Sierra del Purial depuis les années 1960. Tout en lacets serrés, elle offre quelques beaux points de vue sur des sommets parsemés de conifères. Comme en témoignent les nombreux auto-stoppeurs, les moyens de transport demeurent un véritable casse-tête pour les habitants de la région. Vous dépasserez des camions surchargés peinant dans les côtes, des cultivateurs de café à pied, à dos d'âne ou juchés sur des trottinettes de fabrication artisanale qu'ils laissent glisser dans les descentes. Ce cortège singulier dévale alors le versant nord dont la végétation tropicale évoque par endroits l'Asie du Sud-Est. La route s'achève enfin à Baracoa, petite ville du bout de l'île tapie dans une cocoteraie.

Circuit conseillé Carte de région, p. 324-325

GUANTÁNAMO C3

Comptez 1h30.

Les rares monuments de la ville sont tous situés à quelques pas de la place José Martí.

Lorsqu'il n'est pas chanté, filmé ou envahi par les journalistes, ce chef-lieu de 210 500 habitants mène une vie discrète et paisible. Sa fondation tardive au début du 19e s. l'ayant privé de sites d'intérêt historique, il demeure en marge des circuits touristiques. Son nom est pourtant connu dans le monde entier à cause de la base navale américaine, située à l'entrée de la baie, et la *Guantanamera*, l'air de renommée internationale composé par Joseíto Fernández dans les années 1930. Vous donnerez un visage à la ville lorsque vous flânerez sous les arcades récemment rafraîchies de sa rue principale, martelée par le bruit des sabots des chevaux et des roues de calèches. Loin des sentiers battus, c'est l'occasion d'une halte plaisante dans une ville qui s'offre aux visiteurs dans toute sa simplicité, authentique et sans fard.

Le Parque José Martí

Dans le square central s'élèvent l'**église Santa Catalina**, édifiée dans la seconde moitié du 19ᵉ s., ainsi qu'une statue à la gloire du patriote local, le général Pedro A. Pérez. Juste en face de l'église, arrêtez-vous à **La Indiana** pour goûter un *café cubano* en observant les allées et venues des *Guantanameros* sur cette charmante place.

La calle Pedro A. Pérez

La rue qui longe l'ouest de la place est la rue principale de la ville. Elle est débordante d'activité avec son cortège de vélos et de calèches, ses stands de livres installés sous les arcades et ses quelques boutiques.

En la remontant d'une *cuadra* au nord du Parque José Martí jusqu'à l'intersection du Prado, on aperçoit le dôme du **Palacio Salcines★** surmonté d'une figure féminine soufflant dans une trompette. *La Fama* (« la Renommée ») est devenue le symbole de la ville au même titre que la *Giraldilla* de La Havane (*voir p. 135*). Dans cet étonnant palais des années 1920, le **Centro Provincial de Artes Visuales** organise des expositions-ventes d'œuvres d'art.

Prenez tout de suite à gauche dans la calle Prado (au niveau du Palacio Salcines) et avancez d'une cuadra.

À l'angle des calles Prado et José Martí, le **Museo Provincial** (*tlj sf dim. 8h-12h, 14h-18h, lun. 14h-18h - 1 CUC*) occupe l'ancienne prison de la ville. Comme dans tous les musées d'histoire de l'île, les objets et documents exposés retracent le passé de la région, des Indiens à la révolution.

Deux cuadras *après le Museo Provincial, continuez la calle Prado et tournez à droite dans la calle Ahogados. Cette longue rue mène directement à la Plaza de la Revolución. Comptez une bonne demi-heure de marche.*

La Plaza de la Revolución Mariana Grajales

À 2,5 km au nord du Parque José Martí s'étend un quartier d'habitations, à l'architecture soviétique, où se trouve le seul hôtel de la ville. À proximité de ces immeubles, une vaste esplanade, couverte de monuments commémoratifs, fut inaugurée en 1985 : la Plaza de la Revolución Mariana Grajales rend hommage aux héros de l'indépendance, et plus particulièrement à la mère d'Antonio Maceo, dont elle porte le nom. Une sculpture en béton est dédiée à celle que les Cubains surnomment la « **mère de la patrie cubaine** ». Parmi ses 17 enfants, on compte deux héros nationaux : Antonio et José Maceo.

LA BASE NAVALE AMÉRICAINE C3

Pour quitter Guantánamo, rejoignez le Parque José Martí et suivez la calle Aguilera vers l'est. Traversez la voie ferrée puis le río Guaso. Au rond-point derrière le Servicupet, prenez la carretera Central à droite en direction de Baracoa. Au bout de 25 km, sur la droite, un portail gardé marque l'entrée de la zone militaire cubaine de Boquerón, d'où l'on peut voir la base navale américaine. À 15 km de là, le mirador de Malone est désormais fermé aux touristes.

5

Alors qu'avant la révolution, plus de 1 000 travailleurs cubains se rendaient quotidiennement dans cette zone, aujourd'hui, seulement une petite vingtaine effectue tous les jours l'aller-retour entre « Gitmo Bay » et Cuba. Cette diminution considérable illustre la tension créée par la présence militaire américaine, après cinq décennies de crises diplomatiques. Le drapeau des États-Unis flotte, en effet, sur cette zone depuis 1903, en vertu de l'**amendement Platt** réservant aux Américains un droit d'ingérence dans la vie politique et militaire cubaine *(voir « Histoire », p. 80)*. La base navale à l'entrée de la baie de Guantánamo leur permettait ainsi de contrôler la route du canal de Panama et de garder un pied sur l'île. À l'abrogation de ce texte en 1934, la concession à perpétuité fut convertie en un **bail de 99 ans**, et, depuis son accession au pouvoir, Fidel Castro n'a cessé de dénoncer ce vestige de l'interventionnisme américain.

En revanche, pour les candidats à l'exil, la base de Guantánamo représente déjà un avant-goût du « **rêve américain** ». Chaque année, ils sont quelques-uns à tenter, au péril de leur vie, de déjouer la vigilance des militaires pour s'y réfugier. Lors de la vague de départs massifs en août 1994 à La Havane, ce territoire s'est transformé en un vaste camp de réfugiés cubains ne pouvant, triste ironie de l'histoire, rejoindre leur pays de l'autre côté des barbelés. L'administration Clinton ayant décidé de mettre un terme à sa politique d'accueil systématique de tous les demandeurs d'asile, plus de 20 000 *balseros* refoulés par les garde-côtes américains furent enfermés à Guantánamo dans l'attente d'une solution à la crise. Ce n'est qu'en mai 1995 que les deux pays parvinrent finalement à un accord, par lequel les États-Unis acceptaient d'accueillir 15 000 d'entre eux.

Depuis les attentats du 11 septembre 2001 et la guerre en Afghanistan, Guantánamo fait de nouveau la une des médias internationaux. Plusieurs centaines de prisonniers afghans, pakistanais ou autres « combattants illégaux », selon l'expression de l'ex-président Bush, supposés ou réels, ont été parqués dans ce bagne sous très haute sécurité, au nom de l'« **état de guerre contre le terrorisme** » décrété par l'administration Bush. En janvier 2009, au lendemain de son élection, Barack Obama signait un décret prévoyant la fermeture du camp en janvier 2010, en vertu des conventions de Genève sur les prisonniers de guerre. Face à l'opposition du Congrès, le président des États-Unis a dû revenir sur sa promesse. Il reste encore, en 2011, 174 détenus.

Après la zone militaire, continuez la carretera Central vers l'est.

EN ROUTE POUR BARACOA CD3

À 3 km de l'entrée de la zone militaire, les plaines cultivées cèdent la place à une zone de collines. Malgré une chaussée plutôt en bon état, le parcours vallonné commande une grande prudence pour éviter d'éventuels nids-de-poule. Des *bohíos* typiques ponctuent le trajet comme, à 13 km de la zone militaire, les habitations de **Yateritas**, émergeant à peine de larges feuilles de bananiers.

UNE PETITE VILLE AMÉRICAINE

Sur un rectangle de 117 km², cette enclave américaine compte des camps d'entraînement, deux aéroports et une ville de plus de 7 000 habitants. Les militaires et leurs familles y vivent dans un quartier résidentiel comprenant des lieux de culte, des supermarchés, des cinémas et des boîtes de nuit.

★★ La Route côtière D3

À 5 km de là débute véritablement l'**itinéraire côtier★★** s'insinuant au pied des montagnes. La végétation se raréfie ; commence alors une zone semi-désertique derrière **Tortuguilla**, le premier village de pêcheurs, à 3 km du départ de la route côtière. Derrière ses cabanes coiffées de palmes se déroule un littoral splendide aux innombrables criques.

À 19 km de Tortuguilla, on traverse la rue principale très animée de **San Antonio del Sur**, le village le plus important de la côte.

Une douzaine de kilomètres plus loin, peu après **Yacabo Abajo**, apparaît le tronçon le plus surprenant de l'itinéraire. Sur une trentaine de kilomètres, des bouquets de cactus jalonnent irrégulièrement la côte jusqu'au **río Cajobabo**.

À proximité de l'embouchure de ce fleuve se trouve la **Playita de Cajobabo** ; cette plage historique fut le lieu du débarquement de José Martí et Máximo Gómez en 1895 *(voir « Histoire », p. 79).*

La Route de montagne D3

🦉 **Conseil** – Vérifiez l'état des freins de votre véhicule avant d'emprunter la Farola.

Cinq cents mètres derrière le río Cajobabo, la route principale continue vers la **Sierra del Purial**. Cette portion construite en 1964 porte également l'étrange nom de **viaduc de La Farola★** (« viaduc du Fanal »), certains segments étant soutenus à flanc de montagne par des piliers. On raconte que l'homme en charge de ce projet ambitieux a dû le mener à terme en échange de son droit à l'exil. La réalisation de cette route fut un travail de titan et d'équilibriste, puisqu'il a fallu défricher la forêt, creuser la montagne et poser des plaques de béton sur une quarantaine de kilomètres. Enfin, Baracoa put être reliée au reste de l'île autrement que par mer.

À partir de **Veguita del Sur**, 18 km après le río Cajobabo, de multiples panneaux mettent en garde les automobilistes prêts à s'aventurer dans les replis de la Sierra del Purial. Si vous êtes au volant d'un véhicule fiable, la Farola ne présente pas plus de dangers que n'importe quelle route de montagne, avec sa chaussée en bien meilleur état que sur la plupart des routes de l'île.

Après 12 km de lacets, le **mirador de Alto de Cotilla★★** domine les sommets de la Sierra del Purial qui s'étendent à perte de vue, puis la route redescend sur Baracoa, à 30 km de là.

5

👻 NOS ADRESSES À GUANTÁNAMO

INFORMATIONS UTILES

Banque / Change
Banco Financiero Internacional – *Angle carretera Central et C. García.*
Cadeca – *Angle Prado et C. García.*

Poste / Téléphone
Services de courrier et d'appels internationaux à l'hôtel Guantánamo. Poste au Parque José Martí.

Internet
Etecsa – *Angle calle 15 Norte et Ahogados.*

Station-service Servicupet
Vía Azul – *Angle ave. Prado et 6 Este (à l'est du Parque José Martí, derrière le río Guaso, en direction de Baracoa).*

ARRIVER / PARTIR

En avion
Aeropuerto Mariana Grajales – *À 18 km au sud-est du centre-ville, par la route de Baracoa.* La **Cubana de Aviación** assure 1 liaison/j entre Guantánamo et La Havane.
Cubana de Aviación – *Calle C. García nº 817, e/Aguilera y Prado (tout près du Parque José Martí)* - ✆ *(21) 34 533 ou 42 171.*

En train
La gare est dans le centre-ville, calle C. García. Liaison 1 jour sur 2 avec La Havane.

En bus
Terminal de Ómnibus – *À l'extérieur de la ville, à 5 km du centre de Guantánamo sur la carretera Central en direction de Santiago.* Bus tlj pour Santiago, Baracoa et La Havane.
Le **Viazul** y passe chaque jour sur son trajet entre Santiago et Baracoa mais en minibus (peu de places).

En voiture
De Santiago, prenez l'autoroute qui se trouve dans le prolongement de l'ave. General Cebreco. Au km 13 (aucune signalisation pour Guantánamo), bifurquez à droite en direction d'El Cristo. Reprenez la carretera Central à la sortie du village et suivez les indications jusqu'à Guantánamo. La carretera Central se transforme en une autoroute qui arrive au nord de la ville, à 1 km à l'ouest de la Plaza de la Revolución.

TRANSPORTS

👻 **Bon à savoir** – Le seul hôtel pour étrangers se trouve à 2 km du centre-ville. Il est donc conseillé de posséder son propre moyen de locomotion pour rejoindre le centre, où vous pourrez aisément vous déplacer à pied.

En calèche
Moyen de transport local par excellence. Prévoyez de la petite monnaie en pesos nationaux.

Location de véhicules
Transtur – *Comptoir à l'hôtel Guantánamo (voir ci-après, « Hébergement »)* - ✆ *(21) 35 59 00.*

HÉBERGEMENT

Voir la carte de région p. 324-325 pour les hôtels.

Casa particular
AUTOUR DE 30 CUC
Osmaida Blanco Castillo – *Calle P. Pérez nº 664, e/Paseo y N. López* - ✆ *(21) 32 51 93* - 🖥 - *2 ch.* Maison à arcades dans la rue principale avec chambres propres. Si elle affiche complet, sa voisine au nº 670 propose l'équivalent.

Hôtels

BUDGET MOYEN (30 À 50 CUC)

Guantánamo – C3 - *Angle Ahogados et 13 Norte (Reparto Caribe)* - ✆ *(21) 38 10 15/25* - 🖥 ✖ ⛴ - *124 ch. 25/40 CUC.* À 2 km au nord du centre-ville, à proximité de la Plaza de la Revolución, l'hôtel s'insère dans un quartier à l'architecture des années 1970. Les chambres sont fonctionnelles mais sans grand attrait.

Pour plus de convivialité, la **Casa de los Ensueños**, restaurant géré par l'hôtel, offre 3 chambres sympathiques.

Villa La Lupe – C3 - *Carretera del Salvador km 2* - ✆ *(21) 38 26 80* - 🖥 ✖ ⛴ - *30 ch. 25/40 CUC.* En pleine campagne au nord-ouest de la ville, des maisonnettes aux chambres harmonieuses se cachent entre les arbres au bord d'un ruisseau. Cet hôtel est le meilleur choix si vous cherchez le calme et que vous êtes en voiture.

RESTAURATION

🐷 **Bon à savoir** – Les *paladares* et restaurants de la ville proposent un même plat complet cubain (porc, *congri*, *mariquitas* et salade), sans surprise, pour une somme modique.

PREMIER PRIX (MOINS DE 10 CUC)

La Cubanita – *Angle calles J. Martí et F. Crombet - autour de 5 CUC.*

Restaurante Vegetariano Guantanamo – *Calle P. A. Pérez - autour de 5 CUC.* Une excellente alternative pour les végétariens.

BOIRE UN VERRE

Bar

Derrière les grilles en fer forgé du **Café La Indiana**, se découpe la silhouette de l'église du Parque José Martí. Quelques tables en bois disséminées dans une salle agréable, où l'on peut observer une cigarière et déguster diverses sortes de cafés dont le *rocio de gallo* (avec du rhum).

ACHATS

Art / Artisanat

Fundo de Bienes Culturales – *Angle Aguilera et P. Pérez, 1er étage - lun.-vend. 8h30-16h.* Présente des peintures contemporaines et des objets en céramique, papier mâché, cuir et bois.

ACTIVITÉS

Excursions

Vous pourrez assister au spectacle franco-haïtien de la **Tumba Francesa** ou visiter le **Zoológico de Piedra**, à 25 km au nord-est, où sculptures et nature se conjuguent à merveille.

5

Baracoa

★

Province de Guantánamo

⊙ NOS ADRESSES PAGE 388

 S'INFORMER
Norjes, de l'hôtel El Castillo *(voir « Hébergement », p. 389)*, vous donnera des renseignements en français sur la ville et ses environs.

⊙ **SE REPÉRER**
Carte de région D2 (p. 324-325).

⊙ **À NE PAS MANQUER**
Déguster un chocolat chaud à la Casa del Chocolate ; la Playa Maguana ; le Parque Humboldt ; l'itinéraire côtier de Baracoa à la Boca de Yumurí.

⊙ **ORGANISER SON TEMPS**
Restez 2 jours pour profiter des environs.

L'exubérance de ses cocotiers, ses toits de tôle rouillée évoquant des tuiles envolées et ses façades décolorées en disent long sur la violence des orages à Baracoa. Malmenée par les éléments naturels, comme en témoigne le peu de vestiges coloniaux conservés, elle a dû affronter ses tourments dans l'isolement le plus total. Reliée au reste de l'île uniquement par voie maritime pendant plus de quatre siècles, Baracoa a fini par se démarquer du reste du pays. Comme pour alléger le poids de sa solitude, elle s'est forgé un univers fourmillant de légendes et de personnages. Parmi eux, le « Pelú », ce vagabond arrivé de nulle part à la fin du 19e s., est tenu responsable de toutes les calamités qui se sont abattues sur la ville. Plus de cent ans après, les habitants continuent de faire référence à cette malédiction, dans un environnement naturel propice à l'imaginaire et au surnaturel : la montagne au sommet plat qui domine la ville se métamorphose en une gigantesque enclume (El Yunque), une colline aux formes féminines devient la Belle au bois dormant et, selon une croyance de la région, si vous vous baignez dans les eaux du río Miel, vous retournerez à Baracoa.

Se promener Carte de région, p. 324-325

Comptez 2h avec la visite du musée.

⊙ **Conseil** – Évitez la baignade sur le Malecón, la mer y est profonde et pas très propre.
La Farola arrive au sud-est de Baracoa. Dans son prolongement, derrière le fort Matachín, on rejoint la calle José Martí, la rue principale de la ville. Les rues se croisent presque toutes à angle droit, les artères principales traversant la ville du nord-ouest au sud-est, parallèlement au front de mer. La plupart des curiosités touristiques sont concentrées dans deux d'entre elles, la **calle José Martí** et la **calle Antonio Maceo**. Malheureusement, la flânerie peut rapidement tourner à l'épreuve avec les incessants « *psstt…, amigo, psstt…,*

Baracoa.
Bruno Morandi/hemis.fr

amiga » suivis des propositions habituelles de *paladares* et de chambres chez l'habitant.

Trois anciens forts, aménagés pour le tourisme, constituent des points de repère commodes lors de vos déplacements. Sur une colline à l'ouest, le **Fuerte de Seboruco** abrite l'hôtel El Castillo ; au nord-ouest, le restaurant du **Fuerte de la Punta** marque le début du **Malecón**, un front de mer de 2,5 km de long, bordé d'immeubles prématurément vieillis par les embruns.

★ LE MUSEO MUNICIPAL DEL FUERTE MATACHÍN

8h-12h, 14h-18h - 1 CUC. Les guides, ou même le conservateur, se feront un plaisir de vous commenter la visite (en espagnol).

Au sud-est de la ville, la calle José Martí et le Malecón se rejoignent au niveau de ce fort. Achevé au début du 19e s., il passe en revue les nombreuses richesses naturelles de la région dont le Yunque, une montagne classée Monument national, et le río Toa déclaré Réserve de la biosphère.

Les alentours de Baracoa abriteraient **la faune et la flore** les plus variées de Cuba et, sur les 130 variétés de bois dénombrées, 98 sont exposées sous forme d'échantillons.

Les visiteurs pourront également avoir un aperçu du mode de vie des **Indiens taïnos**, dont quelques rares descendants vivent encore dans cette zone. Au 18e s., une centaine de familles françaises venant de Haïti s'installa dans la région, apportant la technique du café et améliorant celle du sucre. Dans la salle consacrée à l'établissement de ces « dynasties », vous remarquerez les armes de la ville où figurent la couronne de Castille, un chien, le Yunque, un cocotier et la baie de Porto Santo.

La dernière section du musée est consacrée aux **célébrités locales**. On y trouve l'unique portrait du « Pelú », ce vagabond à la barbe hirsute qui aurait jeté un mauvais sort sur la ville, ainsi que des souvenirs de « Mima la Rusa » (Mima la Russe), fille d'un général tsariste, qui s'est installée à Baracoa en 1929.

5

L'hôtel qu'elle ouvrit en 1953 sur le Malecón existe toujours *(voir « Hébergement : La Rusa », p. 389)*.
À droite en sortant du musée, prenez la calle José Martí en direction du centreville. Après le bureau de la Cubana de Aviación, tournez à gauche dans la calle Ciro Frías, puis à nouveau à droite dans la calle Antonio Maceo.

LE PARQUE CENTRAL

La calle Antonio Maceo longe cette petite place triangulaire, dominée par la **cathédrale de Nuestra Señora de la Asunción**. L'intérêt de cette église, entièrement reconstruite au début du 19e s., est de renfermer la **Cruz de la Parra★**. Cette croix du 15e s. est la seule qui subsiste des 29 qu'aurait plantées Christophe Colomb, lors de ses quatre voyages en Amérique.

Sur le square en face de l'église, le buste du cacique **Hatuey**, le chef rebelle brûlé vif par les Espagnols, rend hommage à la résistance indienne *(voir « Histoire », p. 76)*.

En longeant les maisons à portiques et les échoppes de la calle Antonio Maceo vers le nord, vous ne pourrez manquer la salle bondée et bruyante de la **Casa del Chocolate**, à 200 m du Parque Central. Elle est renommée pour son épais chocolat chaud, que l'on apprécie particulièrement les jours de pluie *(voir « Petite pause », p. 390)*.

LE MUSEO ARCHEOLOGICO CUEVA DEL PARAÍSO

Au bout de la calle Moncada, après la discothèque El Ranchon - lun.-vend. 8h30-17h, w.-end 9h-12h - 3 CUC.

UN POISSON VENU DE NULLE PART

Chaque année, les habitants de Baracoa attendent impatiemment la pleine lune du mois d'août. Sept jours plus tard, des poches gélatineuses commencent enfin à faire leur apparition à l'embouchure du río Toa. Peu à peu, elles se désintègrent pour laisser s'échapper des centaines de *tetís*, minuscules poissons translucides, qui tentent alors de remonter le courant. Pendant toute la durée du phénomène, jusqu'au mois de décembre, des pêcheurs amateurs et professionnels se postent sur les rives du fleuve pour capturer ces poissons.

🐾 **Bon à savoir** – Attention, la montée est assez rude.

Installé dans une grotte, cet agréable musée présente les découvertes archéologiques faites à Baracoa, liées à la culture des Indiens taïnos, guanahatabeyes et siboneyes : terres cuites, gravures, ossements. Un complément intéressant à la visite du Fuerte Matachín.

Circuits conseillés Carte de région, p. 324-325

🐾 **Conseil** – Prenez des vêtements de pluie, car la région est très humide.

VERS L'OUEST DE BARACOA D2

Sortez au nord-ouest de la ville par la calle Primero de Abril en direction de l'aéroport. À la sortie de la ville, suivez la direction de Moa.

La région de Baracoa est l'une des plus humides de Cuba, comme en témoigne sa végétation luxuriante. Les chemins forestiers et les portions de route non asphaltées étant difficilement praticables pendant la saison des pluies, une Jeep est indispensable.

★ El Yunque (L'Enclume) D3

Du lever au coucher du soleil - 13 CUC avec un guide (départ vers 9h30, comptez 4h).

HISTOIRE

Les habitants de Baracoa affirment que Christophe Colomb accosta pour la première fois sur l'île par la baie de Porto Santo, au nord de la ville. La montagne au sommet plat, décrite dans ses carnets de voyages, correspondrait à la forme du Yunque, bien que certains historiens penchent plutôt pour la Silla de Gibara, au nord d'Holguín. La fondation de la ville fait l'objet de moins de controverses. Établie en août 1511, Baracoa est la première *villa* de l'île, comme le proclame fièrement sa devise : « Je suis la plus petite mais je serai toujours la première dans le temps. » Lorsque Santiago devient la capitale officielle du pays en 1515, Baracoa perd de son importance. Ce port aura à subir les attaques des pirates, mais sa contribution aux événements de l'histoire cubaine demeure relativement modeste, l'un des épisodes notables étant le débarquement d'Antonio Maceo, en 1895 à Duaba, à l'ouest de la ville.

LE TIBARACÓN
La région de Baracoa connaît un phénomène naturel unique à Cuba : le tibaracón. Des bancs de sable obstruent l'embouchure de certains fleuves, contraints de détourner leur cours normal pour se jeter plus loin dans la mer. Lorsque la rivière est en crue, ces plates-formes naturelles, dures comme de la pierre, cèdent sous la pression de l'eau pour se reformer en quelques heures jusqu'à la crue suivante.

🕊 **Bon à savoir** – Les agences de Baracoa proposent des excursions au El Yunque *(voir « Activités », p. 391)*.

À 2 km de la sortie de la ville, un chemin part de la route principale derrière le panneau Finca Duaba. Au bout de 400 m, le tronçon de gauche mène au pied d'El Yunque, la montagne au sommet plat qui domine Baracoa. Après une agréable promenade dans une **nature luxuriante**, les marcheurs seront récompensés par une délicieuse **baignade** dans les eaux pures d'un torrent.

La Finca Duaba
Le chemin à droite conduit à la Finca Duaba, une **ferme** reconstituée pour les touristes. Cette étape, généralement inscrite comme pause-déjeuner au programme des voyages organisés, tient plus de l'exposition-vente de souvenirs. Cependant, la visite du domaine en compagnie du guide donne des informations intéressantes sur les arbres de la région et sur l'extraction du cacao.

Reprenez la route côtière en direction de Moa. À 1,5 km, la route traverse le río Duaba puis, 3,5 km plus loin, le río Toa.

Une petite barque permet la traversée du río *(1 CUC)*, où les habitants aiment venir pique-niquer le dimanche et se baigner. Au-delà de ce large fleuve, la chaussée n'est plus asphaltée sur une dizaine de kilomètres.

★ Playa Maguana D2
À 22 km de Baracoa, se cache la Playa Maguana, une jolie plage de sable blond protégée par une barrière de cocotiers, la plus belle de la région. Un petit restaurant vous permettra d'y passer une agréable journée, et le charmant hôtel *(voir « Hébergement », p. 390)* situé à proximité est un endroit idéal pour se reposer un jour ou deux.

★★ Le Parque Humboldt D2
Entrée sur la Bahia de Taco - du lever au coucher du soleil. 15 CUC avec un guide (départ à 9h, comptez 5h, prévoyez un pique-nique).

🕊 **Bon à savoir** – Les agences de Baracoa proposent des excursions au Parque Humboldt *(voir « Activités », p. 391)*.

🕊 **Conseil** – Prenez votre maillot : il est possible de se baigner dans les cascades.

En continuant vers Moa, à environ 30 km de Baracoa, vous arriverez au Parque Humboldt. Véritable paradis des randonneurs, ce site naturel est classé au Patrimoine mondial de l'Unesco. Tout le long du sentier *(env. 5 km)*, vous pourrez observer des milliers d'orchidées et autres fleurs stupéfiantes.

La route continue vers l'ouest en direction de **Moa**, à environ 67 km de Baracoa. Cette petite ville minière, qui se consacre essentiellement à l'extraction du nickel, ne présente aucun intérêt touristique.

VERS L'EST DE BARACOA D2-3

Sortez au sud-est de la ville en direction de la Farola, dans le prolongement de la calle José Martí.

Le littoral situé à l'est de Baracoa mérite une excursion pour les panoramas qu'offre l'itinéraire côtier. La route – en très bon état – s'insinue discrètement entre le bleu profond de l'océan Atlantique et le vert brillant des collines, plantées de forêts de cocotiers et de palmiers. Seules quelques petites cabanes en bois peint apportent des taches de couleur au cœur de cette végétation tropicale. À l'approche de l'extrémité de l'île, le paysage prend des allures de bout du monde, mais le large sourire des écoliers dans leur uniforme rouge vous ramène à Cuba.

Playa de Miel D2-3

La couleur grise des plages de ce littoral n'empêche pas les gens de la région de peupler, l'été et le dimanche, la Playa de Miel à la sortie de la ville ; d'autres ont adopté comme lieu de baignade l'embouchure du **río Miel★**, un peu plus loin à l'est. Pour vous baigner, si vous vous rendez à Yumurí, préférez les plages plus sauvages qui suivent, vers Bariguá, ou le río lui-même.

À 2 km du río Miel, prenez la route de gauche en direction de la Punta de Maisí. Continuez pendant 7 km jusqu'à Jamal, puis suivez la route de gauche. À 6 km, l'itinéraire rejoint la côte au niveau de Barrancadero.

Boca de Yumurí D2

À 29 km de Baracoa, la route côtière conduit à la Boca de Yumurí, un petit village de pêcheurs qui s'étire jusqu'à la rive du **río Yumurí** *(laissez votre voiture sous le pont ou joignez-vous à un groupe de l'hôtel El Castillo)*. Les habitants vous escorteront jusqu'au fleuve pour vous vendre des *polymitas* (escargots colorés naturellement) et vous conter leurs difficultés quotidiennes.

De là, un passeur vous emmène en barque *(2 CUC)* sur des bancs de sable au cœur du fleuve. Les pieds secs ou dans l'eau, vous pourrez remonter son lit entre de superbes canyons étroits, pendant 5 km au moins, et attendre de trouver de belles et profondes piscines naturelles pour vous baigner.

Après le pont de Yumurí, la route continue dans de bonnes conditions jusqu'à Sabana, puis se transforme en piste pour atteindre la **Punta de Maisí** (D3) et la **Punta de Quemado**, l'extrémité orientale de l'île située à une vingtaine de kilomètres à vol d'oiseau.

5

😊 NOS ADRESSES À BARACOA

INFORMATIONS UTILES

Banque / Change
Banco Popular de Ahorro – *Calle J. Martí nº 166.*
Cadeca – *Calle J. Martí no 241.*

Poste
Bureau de poste – *Calle Maceo nº 136, en face du Parque Central ou à la réception de votre hôtel.*

Internet / Téléphone
Etecsa – *Parque Central - 8h30-19h30.* 4 ordinateurs.

Santé
Clinique internationale – *Calle J. Martí nº 237 -* 📞 *(21) 64 10 38 - 24h/24.*

Station-service
Servicupet – *À l'entrée de la ville.*

ARRIVER / PARTIR

En avion
C'est probablement le meilleur moyen pour rejoindre ou quitter Baracoa. La vue sur le site depuis l'avion est réputée grandiose.
Aeropuerto Gustavo Rizo – *À proximité de l'hôtel Porto Santo (voir « Hébergement », p. 389), sur la rive ouest de la baie de Baracoa -* 📞 *(21) 64 22 16.* La **Cubana de Aviación** assure 2 vols/sem. pour La Havane (comptez env. 230 CUC AR) et 1 vol/sem. pour Santiago (le dim., env. 20 CUC). En haute saison, **Aerotaxi** assure 1 vol/j sf lun. pour Bayamo et Santiago (venez directement le matin).
Cubana de Aviación – *Calle J. Martí nº 181, e/C. Frías y Céspedes (à proximité de la cathédrale) -* 📞 *(21) 64 53 74/76.*

En bus
Terminal de Ómnibus – *Au bout de la calle J. Martí (à proximité du fort de la Punta).* En l'absence de chemin de fer, la gare routière est encore plus bondée que celle des autres villes de province. Pas de car en direction d'Holguín et la route est en très mauvais état. Transferts possibles en minibus avec les agences de tourisme de Baracoa (comptez 6h de trajet, env. 30 CUC).
Le car **Viazul** effectue chaque jour la liaison Baracoa-Santiago (4h45, 16 CUC) *via* Guantánamo. Horaires, tarifs et réservation sur www.viazul.com.

TRANSPORTS

😊 **Bon à savoir** – Baracoa est une localité tout en longueur que l'on peut aisément parcourir à pied.

En taxi
Cubataxi – 📞 *(21) 64 37 37.* Vous trouverez également des taxis et des cyclo-pousse devant les hôtels.

Location de véhicules
Havanautos – *Devant l'aéroport -* 📞 *(21) 64 22 61.*
Via – *Dans l'hôtel Porto Santo (voir « Hébergement », p. 389).* L'agence dispose de quelques véhicules avec ou sans chauffeur.

HÉBERGEMENT

Voir la carte de région p. 324-325 pour les hôtels.

À Baracoa
▶ **Casas particulares**
😊 **Bon à savoir** – Les jeunes se bousculeront pour vous proposer des chambres chez l'habitant, dans l'espoir de toucher une commission. Nous vous proposons ici quelques bonnes adresses, mais leur nombre augmente sans cesse et vous n'aurez que l'embarras du choix. Comptez 3 CUC pour le petit-déj.

PREMIER PRIX (15 À 30 CUC)

Casa Lourdes – *Ave. Malecón nº 72, e/G. Blanco y A. Diaz -* 🖉 *(21) 64 37 12 -* 🍴 *- 2 ch. autour de 20 CUC* ☕. Cadre idyllique pour cette petite maison face aux flots. Une première chambre, très grande et avec une entrée indépendante, donne sur l'avenue. La seconde est à l'arrière, plus petite et plus sombre, mais moins chère (15 CUC). Elles sont équipées d'un frigo. Confort sommaire mais propre.

El Mirador – *Calle Maceo nº 84 altos, e/10 de Octubre y 24 de Febrero -* 🖉 *(21) 64 26 47/36 71 -* 🍴 *- 2 ch. autour de 20 CUC.* Cette maison porte bien son nom, offrant une vue sur la ville depuis l'ouest de la place. Les chambres sont propres et tranquilles.

Oscar Diaz Quintero – *Calle Maceo nº 61, e/Coliseo y Peralejo -* 🖉 *(21) 64 25 45 -* 🍴 *- 1 ch autour de 20 CUC.* Deux grands lits dans cette chambre un peu sombre mais confortable. Très disponible pour vous faire découvrir la ville et ses environs, Oscar parle anglais. Bon accueil.

Isabel Castro Vilato – *Calle M. Grajales nº 35 -* 🖉 *(21) 64 22 67 -* 🍴 🅿 *- 2 ch. autour de 20 CUC.* En contrebas de la ville, cette grande maison coloniale possède un immense jardin et des chambres très confortables. Celle sur rue, plus bruyante, est plus colorée tandis que celle donnant sur le jardin, plus étroite, est un havre de paix. Accueil chaleureux.

Andres Abella Fernández – *Calle Maceo nº 56, e/Coliseo y Peralejo -* 🖉 *(21) 64 32 98 -* 🍴 *- 2 ch. autour de 20 CUC.* Vaste et lumineuse, l'une des chambres donne sur la rue et possède une salle de bains privée. La seconde est dans la maison, avec bains privés sur le palier. Bon accueil.

⬡ Hôtels

BUDGET MOYEN (30 À 50 CUC)

La Rusa – D2 - *Angle calles M. Gómez nº 161 et C. Frías -* 🖉 *(21) 64 30 11 -* 🍴 *- 12 ch. 45/55 CUC* ☕. Sur le Malecón, un bâtiment jaune construit dans les années 1950 par la fille d'un général tsariste. « La Russe » compta Fidel Castro et Che Guevara parmi les clients de son établissement. Les murs de la réception sont ornés de photos évoquant sa vie. Chambres modestes. En cours de rénovation (mais toujours ouvert), car, par temps d'orage, les infiltrations d'eau sont fréquentes. Réservez à l'avance, car l'hôtel est souvent complet.

La Habanera – D2 - *Calle Maceo nº 134 -* 🖉 *(21) 64 52 25 -* 🍴 *- 10 ch. 45/55 CUC.* Même direction que le précédent. Une belle bâtisse des années 1930 située en plein cœur de la ville. Les chambres sur la rue, un peu bruyantes, sont les plus agréables. Bon restaurant et salon de massage.

Porto Santo – D2 - *Carretera del Aeropuerto -* 🖉 *(21) 43 590/546 -* 🍴 🅿 🏊 📷 *- 60 ch. 45/55 CUC - location de voitures.* Dans un charmant jardin léché par les vagues de la baie, plusieurs rangées de bâtiments abritent de grandes chambres avec terrasse ou jardinet. Les plus agréables sont situées de plain-pied face à la mer. Cet hôtel situé à proximité de l'aéroport est néanmoins très calme.

POUR SE FAIRE PLAISIR (50 À 80 CUC)

El Castillo – D2 - *Calle C. García (Loma del Paraíso) -* 🖉 *(21) 64 51 65/55 19 -* 🍴 🅿 🏊 📷 *- 34 ch. autour de 60 CUC - location de scooters.* Juché au sommet d'une colline, cet ancien fort

5

surplombe tout Baracoa et ses environs. La vue, depuis la terrasse, est sublime. Les chambres sont bien tenues et confortables ; les meilleures (nos 101 et 201) bénéficient d'une double exposition sur la ville et la baie. À deux pas du centre-ville, idéal pour ceux qui ne disposent pas de moyen de locomotion. Très bon accueil. Gaviota Tours, propriétaire de l'hôtel, propose des excursions aux clients. Réservez à l'avance.

Aux environs de Baracoa
⊙ **Hôtel**

UNE FOLIE (PLUS DE 80 CUC)

Villa Maguana – *D2 - Carretera Baracoa-Moa, à 22 km de Baracoa, difficile d'accès en période de pluie -* ▤ ✕ 🅿 cc *- 16 ch. autour de 90 CUC.* Navette tlj depuis Baracoa sur le Parque Central. Petit-déj. inclus. Quatre chambres d'un calme absolu se trouvent dans une petite maison de plain-pied nichée au bord d'une crique. Plus loin dans le jardin, trois maisons de quatre chambres. Déco raffinée, belles boiseries et confort total. Dans ce cadre idyllique, vous serez accueilli avec chaleur. Une longue plage de sable fin borde l'établissement. Pas de téléphone ; réservation indispensable auprès de l'hôtel El Castillo *(voir « Hébergement », p. 389)*.

RESTAURATION

🛈 **Bon à savoir** – Baracoa se distingue un peu du reste de l'île par sa gastronomie. Les restaurants d'hôtels servent quelques spécialités de la région, rompant avec la monotonie de la cuisine cubaine. Goûtez notamment l'*ajiaco* (soupe de légumes avec viande et lardons) de l'hôtel El Castillo *(voir « Hébergement », p. 389)*.

À Baracoa
PREMIER PRIX (MOINS DE 10 CUC)

Snack El Castillo – *Calle C. García (Loma del Paraíso) - 8/10 CUC.* Dans l'hôtel du même nom, au bord de la piscine, quelques tables et de bons plats cubains à grignoter face à la baie.

La Colonial – *Calle J. Martí nº 123 - le soir seulement - 8/10 CUC.* Bien nommée, cette maison décorée avec goût offre un cadre agréable pour déguster un menu complet et généreux. Bons poissons.

BUDGET MOYEN (10 À 15 CUC)

La Punta – *Ave. de los Mártires -* ✆ *(21) 64 33 35. 7h-22h - autour de 10 CUC.* Une dizaine de tables sous un auvent dans l'enceinte du fort de la Punta, au bout de la calle J. Martí. Cet établissement sert une cuisine créole assez savoureuse. Atmosphère animée le soir en fin de semaine. Réservez.

Aux environs de Baracoa
BUDGET MOYEN (10 À 15 CUC)

Finca Duaba – *Carretera Mabujabo km 2 - 12h-16h.* À 6 km de Baracoa, le restaurant du complexe touristique de la Finca Duaba accueille essentiellement des groupes organisés sous son immense paillote. Les voyageurs individuels peuvent également s'y arrêter pour déguster un bœuf campagnard accompagné de légumes, fruits et chocolat chaud. Menu à 12 CUC.

PETITE PAUSE

Salon de thé
Casa del Chocolate – *Calle Maceo, e/Maraví y F. País.* Dans une grande salle toujours bondée de la rue principale, les habitants viennent boire un chocolat chaud

(une autre spécialité de Baracoa) accompagné de pâtisseries. Pensez à changer des pesos, car les consommations sont payables en monnaie nationale.

ACHATS

Galeries d'art

Casa Yara (Fundo de Bienes Culturales) – *Calle Maceo n° 120 (en face de la Casa del Chocolate).* La galerie expose des toiles et des sculptures d'artistes locaux. On y trouve également des articles de vannerie et quelques objets d'artisanat local.

Los Orishas – *Calle J. Martí n° 130 - 8h-12h, 14h-20h.* Dans son atelier, Luis Eliades Martínez présente son univers artistique inspiré de la tradition afro-cubaine. Toiles colorées et personnage passionnant !

EN SOIRÉE

Concerts

Casa de la Trova – *Angle calles J. Martí et C. Frías (en contrebas de la cathédrale).* Sur sa petite scène, les musiciens de la région puisent dans le répertoire folklorique. Certains soirs, la **Casa de la Cultura**, calle Maceo n° 122, et le **Museo del Fuerte Matachín** présentent aussi des concerts de musique traditionnelle.

Discothèques

Las Terrazas – *Calle Maceo, e/ F. País y Maraví.* Toute la jeunesse de Baracoa se retrouve sur cette grande terrasse magique, à danser sur de la *house* ou de la techno.

La Noche de Prada – *Sur le Parque Central (à côté du bar-restaurant 485).* Pour danser sur de la salsa autant que sur le reste.

El Ranchon – *Calle C. Frías - 20h-3h.* Cette discothèque à la mode est en plein air, sur les hauteurs de la ville.

ACTIVITÉS

Excursions

🔍 **Bon à savoir** – Vous pouvez vous rendre sur les sites par vos propres moyens, mais les visites se font exclusivement avec des guides qui attendent les visiteurs sur place le matin.

Havanatur – *Calle Maceo n° 120 -* 📞 *(21) 64 53 58 - www.havanatur. cu.* Organise tous les jours des excursions à Yumurí, à la plage de Maguana, au Parque Humboldt et au Yunque.

Cubatur – *Calle J. Martí n° 181 -* 📞 *(21) 64 51 21 - www.cubatur.cu.* Propose les mêmes prestations que Havanatur.

Les cayos 6

▶ **L'ÎLE DE LA JEUNESSE**★   **394**

À 177 km au sud-est de La Havane :

▶ **CAYO LARGO DEL SUR**★★   **406**

Playa Sirena, île de Cayo Largo del Sur.
Sébastien Boisse/Photononstop

L'île de la Jeunesse

(Isla de la Juventud)

★

Municipio Especial Isla de la Juventud (province à statut spécial) -
2 200 km² - 80 000 hab. - Archipel de los Canarreos

😊 NOS ADRESSES PAGE 402

🗓 **S'INFORMER**
Agencia de Reservaciones – *Calle 37, e/22 y 24 - tlj sf dim. 8h-12h, 13h-16h (sam. 12h).*

◐ **SE REPÉRER**
Carte de l'île (p. 398).

😌 **À NE PAS MANQUER**
Goûter le vin de pamplemousse à la Casa de los Vinos ; parcourir les plages désertes du littoral méridional ; faire de la plongée sous-marine au large de la côte des Pirates.

🕓 **ORGANISER SON TEMPS**
Pour un court séjour, il est préférable de louer un véhicule sur place.

Séparée de la province de La Havane par le golfe de Batabanó, la deuxième île de Cuba est frangée au nord-est par les cayos de l'archipel de los Canarreos. Sa partie septentrionale est occupée par quelques collines dont la plus haute, la Cañada, s'élève à 303 m. Dans cette région de pâturages, de plantations d'agrumes et surtout de pinèdes, qui lui avaient donné son ancien nom d'Isla de los Pinos (« île des Pins »), on se consacre également à l'extraction du marbre et du tungstène. Au sud de la ciénaga (marécage) de Lanier, où abondent les crocodiles, s'étendent des plaines calcaires bordées de mangroves et de plages. Cette réserve protégée vit principalement de la pêche à la langouste et aux éponges, pratiquée le long de la côte méridionale. Ce littoral est en partie ourlé par une barrière de corail qui remonte jusqu'à la baie des Cochons, mais les récifs les plus importants se trouvent à l'ouest, dans la baie de la

L'île de la Jeunesse est un lieu idéal pour la plongée.
Bill Bachmann/Photononstop

Siguanea. À cet endroit, les fonds marins regorgent d'une faune et d'une flore variées qui en font l'un des meilleurs sites de plongée de Cuba. Seuls 140 km séparent La Havane de Nueva Gerona, chef-lieu de la province, et, pourtant, le tourisme est loin d'y être aussi développé que dans certains cayos. Il règne dans cette province une atmosphère très particulière. Malgré de grandes ressemblances avec certaines régions de l'île principale, elle présente des particularismes intimement liés à son histoire mouvementée, en marge de celle de Cuba. Les Indiens ont laissé quelques empreintes de leur passage et les pirates ont abandonné légendes et trésors dans ce lieu qui leur servit de base pendant de nombreuses décennies. Tour à tour bagne de Cuba puis laboratoire expérimental de la révolution, l'ancienne île des Pins présente un aspect intéressant pour les amateurs d'histoire cubaine. Son emplacement privilégié dans la mer des Caraïbes en fait également une destination idéale pour les passionnés de plongée sous-marine et de pêche.

Se promener Carte de l'île, p. 398

🐸 **Bon à savoir** – N'oubliez pas votre passeport, obligatoire pour entrer dans l'île.

NUEVA GERONA B2

Comptez 2h.
Avec seulement 40 000 habitants, Nueva Gerona s'apparente davantage à un faubourg de ville provinciale qu'à un chef-lieu. Malgré le peu d'activités, les rares touristes qui décident d'y séjourner se laissent peu à peu séduire par son atmosphère de bourgade rurale, à la fois isolée et cosmopolite. Coincée entre deux petites chaînes de collines, celle que l'on pourrait surnommer la « ville de la Jeunesse » est un microcosme insolite, où l'on peut encore rencontrer de nombreux étudiants étrangers.

SE REPÉRER À NUEVA GERONA

Le tracé régulier de Nueva Gerona ressemble à celui de nombreuses villes cubaines. Les artères qui descendent de la mer vers l'intérieur des terres portent les numéros impairs. Elles croisent à angle droit les rues paires qui courent d'est en ouest, de la Sierra de Casas à la Sierra de Caballos. Toute l'animation de la ville est concentrée autour du Parque Central et de la portion de la calle 39 comprise entre les calles 28 et 20.

Histoire

Des peintures rupestres, découvertes au début du siècle dans des grottes du sud-est de l'île, témoignent de la présence d'Indiens siboneyes, qui vivaient de la chasse et de la pêche, dans la région. Mais lorsque Christophe Colomb aborde les côtes de l'île en 1494, les aborigènes l'ont quittée depuis déjà deux siècles. Jusqu'en 1830, les autorités espagnoles ne donnent aucune suite à la découverte de ce territoire. L'île devient donc rapidement un repaire de pirates, attirés par cette terre vierge, idéalement située sur la route de navires chargés de marchandises précieuses. Leurs deux siècles de présence ont enrichi la toponymie de l'île et ses nombreuses légendes. Robert Louis Stevenson se serait d'ailleurs inspiré d'une carte de l'île des Pins pour situer l'action de son roman *L'Île au trésor*.

L'ÎLE DU DIABLE

À partir de 1830, date de fondation de Nueva Gerona, la première ville de l'île prend rapidement la sinistre fonction de bagne de Cuba. Les opposants au régime colonial espagnol y sont régulièrement déportés, comme José Martí, « l'apôtre de l'indépendance », en 1870. Avec le traité de Paris (10 décembre 1898), mettant un terme à la guerre d'indépendance, Cuba sera occupée par les États-Unis près de quatre ans. À l'issue de cette période, l'amendement Platt, inscrit dans la Constitution cubaine jusqu'en 1934, reconnaît seulement l'indépendance de l'île principale et non de l'intégralité de l'archipel. L'île des Pins est donc placée sous domination américaine jusqu'en 1925, date à laquelle elle est officiellement rattachée à Cuba.

Entre 1926 et 1931, l'île reprend alors sa vocation de bagne avec la construction d'un pénitencier modèle, ordonnée par le président Machado, selon les nouvelles normes nord-américaines de sécurité et d'hygiène. Cette prison accueillera de nombreux opposants au régime, et notamment les assaillants de l'attaque manquée de la caserne de Moncada à Santiago, le 26 juillet 1953 *(voir p. 357)*.

L'ÎLE DES JEUNES

Au début de la révolution, l'île des Pins accuse un net retard économique par rapport à l'île principale. Fidel Castro décide de sortir cette région dépeuplée de son sous-développement grâce à l'enrôlement de brigades de volontaires de 15 à 35 ans. Par milliers, des Cubains et des étrangers se lancent dans cette aventure communautaire au nom de la solidarité internationale. De nouvelles plantations transforment le paysage agricole, des « écoles secondaires à la campagne » sont implantées, des hôpitaux et des dispensaires sont construits. L'État devait fournir gratuitement les services essentiels jusqu'à ce que l'île, autogérée, se suffise à elle-même. Bien que cette expérience poussée de communisme ait pris fin, des jeunes gens issus de pays en voie de développement, notamment d'Afrique, viennent encore de nos jours y poursuivre des études. Laboratoire expérimental d'une société idéale fondée sur la morale et la démonétisation, cette province sera baptisée « île de la Jeunesse » en 1978. Elle est soumise à un statut spécial, puisqu'elle est directement administrée par le gouvernement central.

Le **Parque Central** marque le cœur de Nueva Gerona, où passent et repassent de nombreux jeunes juchés sur leur vélo. Au bout de quelques jours dans la ville, vous aurez toutes les chances de croiser des visages familiers aux abords de ce square.

Au nord du Parque Central, l'**église Nuestra Señora de los Dolores** semble avoir des dimensions réduites par rapport à cette place démesurément grande. L'édifice actuel, de style colonial, remplaça en 1929 une église du 19e s. détruite par un cyclone.

À l'opposé sur la place, l'ancien hôtel de ville abrite le **Museo Municipal** *(mar.-jeu. 9h-17h, vend. et sam. 13h-21h, dim. 9h-13h - entrée payante)*. Ce musée, qui retrace brièvement l'histoire de l'île, n'est pas le plus intéressant de Nueva Gerona.

La **calle 39**, qui longe l'église sur la gauche, est animée en permanence. Sous ses arcades, où s'installent les cireurs de chaussures et les vendeurs ambulants de pâtisseries, les habitants viennent faire leurs courses ou simplement bavarder à l'ombre. En fin de journée, mêlez-vous aux étudiants de la ville aux terrasses des restaurants.

Tournez à gauche dans la calle 24 et remontez cette rue sur 200 m.

Dans la calle 24, e/43 y 45, le **Museo de la Lucha Clandestina** *(mar.-sam. 8h-17h, dim. 9h-12h - gratuit)* présente une collection de documents, de photographies et d'objets liés aux préparatifs de la guérilla révolutionnaire.

Revenez sur le Parque Central. Longez l'église de gauche à droite et continuez la calle 28 vers l'est sur trois cuadras *jusqu'au río Las Casas.*

Au bord du fleuve, un mémorial complète la visite du musée de la lutte clandestine ainsi que celle du Presidio Modelo *(voir ci-après)*. **El Pinero**, ce bateau conservé sur la berge du río Las Casas, ramena sur l'île principale Fidel Castro et ses compagnons à leur libération le 15 mai 1955.

Retournez sur vos pas, dépassez le Parque Central d'une cuadra *et tournez à gauche dans la calle 41. Descendez cette rue sur 1 km.*

À l'angle des calles 41 et 52 se trouve le **Museo de Historia Natural** *(mar.-sam. 8h-17h, dim. 9h-12h - entrée payante)*. Comme la plupart des musées d'histoire naturelle de Cuba, il renferme une collection d'animaux empaillés et de minéraux. En outre, il présente des reproductions des peintures rupestres des grottes de Punta del Este, au sud de l'île, et un planétarium permettant de découvrir le ciel des Caraïbes.

À L'EST DE NUEVA GERONA

Les deux sites touristiques accessibles par la route à l'est de Nueva Gerona sont les plus réputés de l'île. Vous ne pourrez manquer la prison, désormais associée à l'histoire révolutionnaire, ni la plage de sable noir, qui fait la fierté des habitants de la région.

Prenez la calle 32 vers l'est en direction de la Playa Bibijagua.

6

★ Le Presidio Modelo (La Prison modèle) B2

(46) 32 51 12.

À 4 km à l'est de la ville, la route de Reparto Chacón mène au monument le plus illustre de l'île, l'un des premiers pénitenciers de haute sécurité d'Amérique latine. Construite entre 1926 et 1931 sous la présidence de Machado, cette prison doit surtout sa réputation aux révolutionnaires qui y séjournèrent dans les années 1950.

Posés sur une pelouse, telles d'immenses ruches silencieuses, les cinq bâtiments circulaires donnent à ce lieu une atmosphère irréelle. Celui du centre

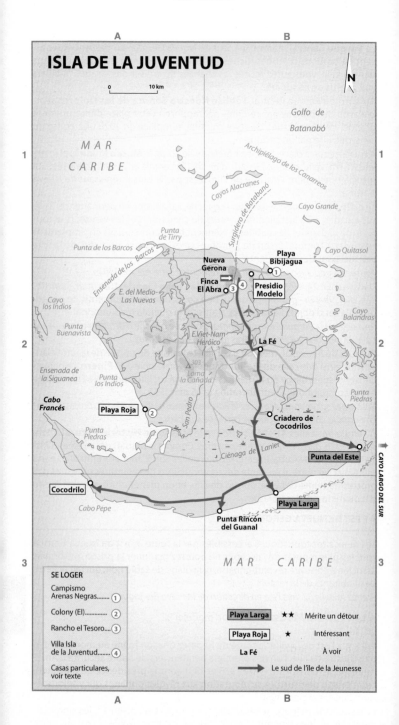

ISLA DE LA JUVENTUD

0   10 km

N

MAR CARIBE

Golfo de Batanabó

Archipiélaga de los Canarreos

Cayos Alacranes

Surgidero de Batabanó

Cayo Grande

Cayo Quitasol

Punta de Tirry

Punta de los Barcos

Ensenada de los Barcos

Nueva Gerona

Playa Bibijagua

Finca El Abra ③ ④ ①

Presidio Modelo

Cayo los Indios

E. del Medio-Las Nuevas

Cayo Balandras

Punta Buenavista

E. Viet-Nam Heróico

La Fé

Ensenada de la Siguanea

Punta los Indios

△ 303 *Loma la Cañada*

Punta Piedras

Playa Roja ②

San Pedro

Criadero de Cocodrilos

Cabo Francés

Punta Piedras

Ciénaga de Lanier

Punta del Este

CAYO LARGO DEL SUR

Cocodrilo

Cabo Pepe

Punta Rincón del Guanal

Playa Larga

MAR CARIBE

SE LOGER

Campismo
Arenas Negras........ ①

Colony (El)............... ②

Rancho el Tesoro.... ③

Villa Isla
de la Juventud........ ④

Casas particulares,
voir texte

Playa Larga ★★	Mérite un détour
Playa Roja ★	Intéressant
La Fé	À voir
➡	Le sud de l'île de la Jeunesse

L'HISTOIRE M'ACQUITTERA

Lors du procès des attaquants de la caserne de Moncada, en septembre 1953, Fidel Castro est autorisé, en sa qualité d'avocat, à assurer sa propre défense. Dans la longue plaidoirie qu'il prononce le 16 octobre 1953, il explique les raisons de l'échec de l'assaut et expose surtout son programme révolutionnaire. Son intervention se termine par la célèbre phrase : « Condamnez-moi, peu importe. L'histoire m'acquittera. » Ce manuscrit, légèrement remanié en prison et envoyé par fragments à ses proches, est publié dès 1954, mais ce n'est qu'en 1958 qu'il devient réellement le manifeste de la révolution.

était réservé à l'administration, tandis que les quatre autres renfermaient les cellules pouvant accueillir jusqu'à 5 000 prisonniers. Une partie du pénitencier a été transformée en entrepôts (officiellement fermé au public). Demandez aux gardiens de vous indiquer les peintures – la reproduction d'un planisphère et une représentation de Santa Bárbara – réalisées par les prisonniers sur les murs de leur cellule.

Le pavillon administratif a été transformé en **musée** (lun.-sam. 8h-16h, dim. 8h-13h - entrée payante). Des documents et des photographies retracent l'histoire de la prison depuis sa construction d'après les plans du pénitencier américain de Jolliet (Illinois). Un hommage est rendu aux nombreux prisonniers politiques, ainsi qu'aux Japonais, Allemands et Italiens incarcérés durant la Seconde Guerre mondiale. La deuxième partie du musée est consacrée à la **lutte révolutionnaire**. Dans l'infirmerie, les plaques au-dessus de chaque lit portent les noms des différents moncadistes qui y séjournèrent, en particulier Fidel et Raúl Castro. Condamné à 15 ans de prison, Fidel Castro y fut enfermé le 17 octobre 1953. Pendant ses 19 mois d'incarcération, le « matricule 3859 » y remania son célèbre texte L'histoire m'acquittera. Il fut libéré avec une vingtaine de ses compagnons le 15 mai 1955.

À 4 km du Presidio Modelo, en continuant cette même route vers l'est, on accède à **Playa Bibijagua**, du nom de la fourmi qui s'attaque aux plantations de tabac. Si vous êtes à Nueva Gerona, vous pouvez vous rendre par curiosité sur cette plage de sable noir, mais celles du sud et de l'ouest de l'île sont infiniment plus attirantes.

AU SUD-OUEST DE NUEVA GERONA B2

Descendez la calle 41 vers le sud en direction de La Demajagua. À 3 km, sur la droite, un panneau indique la Finca El Abra.
Au cœur d'un agréable domaine au pied de la Sierra de Las Casas, un chemin conduit jusqu'à la **Finca El Abra** (mar.-sam. 8h-17h, dim. 8h-12h. Entrée payante). José Martí fut assigné à résidence dans cette demeure, pendant deux mois à la fin de l'année 1870, avant d'être déporté en Espagne pour ses idées indépendantistes. Cette maison a été transformée en musée en hommage à « l'apôtre de l'indépendance », mais la plupart des objets exposés appartenaient aux Sardá, sa famille d'accueil. L'immense ceiba, devant la maison, fut planté par la suite en souvenir de son départ de l'île de la Jeunesse.

6

Circuit conseillé Carte de l'île, p. 398

★ LE SUD DE L'ÎLE DE LA JEUNESSE

Comptez une journée d'excursion.

Conseil – *Emportez des provisions et faites le plein d'essence à Nueva Gerona.*

Ceux qui rêvent de passer la journée sur une île déserte n'auront qu'à traverser l'île de la Jeunesse jusqu'au littoral méridional. Vous pourrez vous détendre sur de superbes plages, dans une zone encore vierge d'infrastructures touristiques, et partiellement méconnue, malgré la faible distance qui la sépare de Nueva Gerona.

Descendez la calle 32 vers l'est. Derrière le río Las Casas, tournez à droite en direction de La Fé. L'autoroute se trouve à 2 km sur la droite. Au km 14, prenez à gauche au niveau d'un bloc d'immeubles des années 1970. Continuez pendant 2 km jusqu'à La Fé. Plusieurs établissements à l'ouest de la ville permettent de s'y restaurer.

La Fé B2

Deuxième ville du *municipio* en importance avec ses 10 000 habitants, cette ancienne station thermale est une grosse bourgade rurale sans grand intérêt. Elle projette cependant de retrouver sa fonction première en rénovant ses piscines à l'eau curative et en construisant un hôtel médical.

Au sud du centre-ville, on peut faire une halte dans un parc près de la **Fuente de la Cotorra** (« source du Perroquet »). De ces oiseaux autrefois en grand nombre sur l'île – d'où le nom d'« Isla de las Cotorras » également attribué à l'île –, il ne semble rester que deux spécimens en cage à proximité de la maison du gardien.

Sortez au sud de La Fé en direction de Cayo Piedra et, à 12 km, prenez le chemin de gauche derrière le pont. Continuez pendant 7 km jusqu'à la ferme d'élevage de crocodiles.

Le **Criadero de Cocodrilos** *(8h-17h - entrée payante)* mérite un détour, si vous n'avez pas encore eu l'occasion de visiter l'une de ces fermes sur l'île principale. Les visiteurs accompagnés d'un guide font le tour des enclos où sont répartis les crocodiles rhombifer, en fonction de leur âge et de leur taille. Ne vous aventurez pas seuls dans cette zone, car certains pensionnaires ayant échappé à la vigilance des gardiens peuvent se promener en liberté.

Reprenez la route principale à gauche vers le sud. À 4,5 km de l'embranchement qui mène à la ferme d'élevage de crocodiles, le poste-frontière de Cayo Piedra marque l'entrée de la réserve naturelle.

★ La réserve naturelle du littoral méridional AB2-3

Bon à savoir – L'accès à la réserve naturelle est soumis à une autorisation officielle *(voir « Transports » p. 403)*, mais le charme de cette excursion vous fera oublier les complications administratives. Vous serez absolument seul à sillonner ses chemins, au milieu d'épaisses forêts ourlées de mangroves et de longues plages.

À gauche derrière le poste de garde, 24 km de piste rocailleuse truffée de nids-de-poule conduisent à **Punta del Este★★** (B2). Cette zone sauvage se termine par une magnifique **plage★★** de sable blanc. Pour l'instant, ce lieu paradisiaque est désert, mais les promoteurs envisagent d'y construire des hôtels de luxe.

En retrait de la plage, vous ne manquerez pas de visiter la **Cueva★**, une grotte surnommée la « chapelle Sixtine » des Caraïbes. Œuvres des Indiens siboneyes,

Un crocodile bien dissimulé...
Rainer Hackenberg/Flirt/Photononstop

ses peintures rupestres furent découvertes au cours d'un naufrage en 1910, puis étudiées en 1925 par Fernando Ortíz, le célèbre anthropologue cubain. Les pictogrammes de la grotte principale forment des cercles concentriques rouges et noirs, vraisemblablement utilisés comme calendrier lunaire.

Faites demi-tour jusqu'au poste-frontière et prenez le chemin qui se situe dans le prolongement de la route principale venant de La Fé.

Cette route, bien meilleure que la précédente, conduit tout droit à **Playa Larga★★** (B3) (« Longue Plage ») à 12,5 km de l'entrée du parc. Cette superbe plage de 15 km de long est aussi sauvage que celle de Punta del Este.

De Playa Larga, rejoignez la route principale située à 4 km et tournez à gauche.

À 12,5 km de l'embranchement pour Playa Larga, un chemin à gauche mène à la **Punta Rincón del Guanal** (B3), l'extrémité ouest de Playa Larga.

La route principale continue tout droit jusqu'au village de Cocodrilo.

À 31,5 km de l'embranchement menant à Punta del Guanal, le village de **Cocodrilo★** (B3) marque la fin de ce circuit. Au-delà du village, un poste de garde barre le chemin qui conduit au Cabo Francés, uniquement accessible en bateau depuis l'hôtel El Colony. Des pêcheurs des îles Caïmans – entre la Jamaïque et Cuba – s'implantèrent au 19e s. dans ce village qui doit son nom à leur île natale, plutôt qu'aux crocodiles de la région. Les descendants de ces *Caïmaneros*, dont certains parlent encore anglais, sont toujours installés ici, sur une côte magnifique découpée de criques.

Excursion Carte de l'île, p. 398

★ PLONGÉE AU SUD-OUEST DE L'ÎLE DE LA JEUNESSE

Comptez une journée d'excursion en mer.

Les fonds marins à l'extrémité sud-ouest de l'île regorgent de coraux multicolores, d'éponges géantes, de gorgones et de poissons tropicaux. Les amateurs de plongée sous-marine s'arrêtent rarement à Nueva Gerona et préfèrent rejoindre directement l'hôtel El Colony, situé à 41 km du chef-lieu.

À Nueva Gerona, descendez la calle 41 vers le sud en direction de La Demajagua. À l'embranchement en direction de cette localité, à 15 km du chef-lieu, restez sur la route de gauche et suivez les panneaux de l'hôtel El Colony (attention aux nids-de-poule).

L'**hôtel El Colony**, inauguré en 1958, fut le seul établissement touristique de toute l'île de la Jeunesse pendant de nombreuses années. Situé sur **Playa Roja★** (A2), une petite plage privée, bordée de cocotiers au fond de l'anse de la Siguanea, ce lieu de villégiature pour milliardaires américains fut réquisitionné au lendemain de la révolution. Le seul hôtel de cette zone accueille un centre de plongée *(buceo)* et détient pour l'instant le monopole des croisières de l'endroit.

À une heure de navigation de l'hôtel El Colony, celle que l'on surnomme la « **côte des Pirates★★** » compte 56 sites de plongée disséminés entre le **Cabo Francés** et la **Punta de Pedernales**. On y trouve notamment une *pared de coral negro* (mur de corail noir) constituée de corail mort.

😊 NOS ADRESSES SUR L'ÎLE DE LA JEUNESSE

INFORMATIONS UTILES

Banque / Change
On peut changer des devises à **Cadeca**, à l'angle des calles 39 et 20, et au **Banco de Crédito y Comercio**, à l'angle des calles 39 et 18. Bureau de change également à l'hôtel El Colony *(voir « Hébergement », p. 404)*.

Poste
Pour expédier votre courrier, attendez d'être de retour sur l'île principale. Service d'appels internationaux dans les hôtels.

Téléphone / Internet
Etecsa – *Calle 41, e/28 y 30.*

Station-service Servicupet
Sur le Parque Central, à l'angle des calles 30 et 39.

ARRIVER / PARTIR

En avion
Aeropuerto Rafael Cabrera – *À 5 km au sud de Nueva Gerona sur la route de La Fé* - ✆ *(46) 32 23 00.*

La **Cubana de Aviación** relie La Havane à l'île de la Jeunesse plusieurs fois par jour à bord d'un bimoteur (30mn de vol, env. 70 CUC AR).

Comptez 5 CUC pour un trajet en taxi entre l'aéroport et le centre-ville, et 30 CUC pour l'hôtel El Colony. La compagnie **Aerotaxi** propose des charters hebdomadaires en provenance de La Havane, Pinar del Río ou Varadero.

Cubana de Aviación – *Calle 39 n° 1415, e/16 y 18, Nueva Gerona* - ✆ *(46) 32 42 59.*

En bateau
Plusieurs traversées quotidiennes sont assurées entre Surgidero de Batabanó (sud de la province de La Havane) et Nueva Gerona, à l'angle des calles 31 et 22, à proximité du centre-ville. Vente des places (bateau avec transfert en bus La Havane-Batabanó) à la gare routière de La Havane, près de la Plaza de la Revolución *(voir p. 162)*. Possibilité de se procurer des billets directement

à l'embarcadère de Surgidero de Batabanó et à celui de Nueva Gerona pour le retour. Chaque bateau dispose de quelques sièges prioritaires pour les étrangers, mais il est fortement conseillé de réserver à l'avance en haute saison.

La **Lancha Kometa** (hydroglisseur) effectue chaque jour la traversée (2h de trajet, 50 CUC AR). Départ de Batabanó à 17h et de Nueva Gerona à 9h (rajouter une heure pour les horaires d'hiver).

Les merc., vend. et dim., le **Barco de Pasaje** (ferry) quitte Batabanó à 19h30 et Nueva Gerona à 7h (5h30, 45 CUC AR).

Un bac spécial assurant la traversée des véhicules (20 CUC) arrive le lendemain matin à Nueva Gerona. Pour le retour, il faut se séparer de son véhicule la veille du départ pour éviter l'attente de sa voiture toute une journée à Batabanó. Si vous effectuez un court séjour sur l'île de la Jeunesse, il peut être plus intéressant de louer une voiture directement sur place à Nueva Gerona.

TRANSPORTS

👁 **Bon à savoir** – Les étrangers ne sont autorisés à pénétrer dans la réserve naturelle au sud de l'île qu'au volant d'une voiture de tourisme ou à bord d'un *turistaxi*. En revanche, pour se déplacer dans le reste de l'île, il est toujours possible de faire appel aux services d'un taxi particulier (avec les risques que comporte pour le chauffeur cette activité illégale).

En taxi
Cubataxi – ℘ *(46) 32 22 22.*

Location de véhicules
Havanautos – ℘ *(46) 32 44 32.* Dispose d'un comptoir dans le centre de Nueva Gerona, angle calles 32 et 39, et à l'hôtel El Colony *(voir « Hébergement », p. 404),* tout comme l'agence **Transtur** – ℘ *(46) 32 66 66.* Le parc automobile étant très restreint, mieux vaut réserver un véhicule à l'avance.

HÉBERGEMENT

Voir la carte p. 398 pour les hôtels et les campings.

À Nueva Gerona
Ceux qui souhaitent loger dans le centre de Nueva Gerona opteront pour une chambre d'hôte. On vous en proposera dès votre arrivée sur l'île.

▶ **Casa particular**

PREMIER PRIX (15 À 30 CUC)

Gerardo y Anita Abreu – *Calle 20 n° 3518, e/35 y 37* - ℘ *(46) 32 65 60* - 🖃 - *2 ch. 20/30 CUC.* Vous disposerez d'une chambre sur la terrasse, avec une cuisine indépendante. Une autre chambre est à louer au rdc.

Aux environs de Nueva Gerona
▶ **Hôtels**

PREMIER PRIX (15 À 30 CUC)

Campismo Arenas Negras – B2 - *Playa Bibijagua* - ℘ *(46) 32 52 66* - ✕ - *28 cabanons 10/30 CUC.* Au bord de l'eau et au milieu d'arbres, ces petites maisons équipées offrent le confort minimum pour profiter de la plage à 9 km à l'est de la ville.

Villa Isla de la Juventud – B2 - *Autopista Nueva Gerona-La Fé km 1,5* - ℘ *(46) 32 17 39* - 🖃 ✕ 🛥 🅿 - *20 ch. 20/25 CUC.* La petite taille de cet établissement, au calme à 3 km de la ville, lui confère une ambiance familiale. Les bungalows encadrent une grande piscine où ont lieu des activités en soirée (discothèque en fin de semaine). Les chambres simples

6

mais confortables disposent d'une terrasse.

Rancho el Tesoro – B2 - *Autopista km 14 - ☏ (46) 32 30 35 - ▤ ✕ 🅿 - 34 ch. 20/25 CUC*. L'architecture, imitation andalouse, paraît étrange, mais l'endroit est plus calme que le précédent. Accès libre à la piscine de la Villa Isla de la Juventud.

À Playa Roja

▶ Hôtel

POUR SE FAIRE PLAISIR (50 À 80 CUC)

El Colony – A2 - *Carretera de Sigüanea km 42 - ☏ (46) 39 81 81/82 82 - ▤ ✕ ⚓ CC 🅿 - 30 ch. 50/60 CUC - location de voitures*. Isolé au sud-ouest de l'île, cet hôtel de bord de mer accueille les amateurs de plongée du monde entier. Édifié à la fin des années 1950, le bâtiment montre quelques signes de vieillissement. Les chambres ont été aménagées dans des bungalows en bas sur la plage, avec tout le confort moderne. Possibilité de multiples activités sportives.

RESTAURATION

☺ **Bon à savoir** – Vous pouvez accepter sans regret les offres des particuliers, les restaurants d'État étant le point faible de Nueva Gerona. Vous pourrez notamment déguster chez eux de la langouste, l'une des spécialités de l'île de la Jeunesse.

À Nueva Gerona

PREMIER PRIX (MOINS DE 10 CUC)

El Cochinito – *Angle calles 37 et 24 - ☏ (46) 32 28 09 - 12h-22h - autour de 10 CUC*. Dans une grande salle rustique, vous goûterez de la cuisine créole à base de porc, ce qui n'a rien de très original à Cuba. Le portique devant le bâtiment s'avère un

endroit agréable pour prendre un verre et apprécier le spectacle de la rue principale. La belle terrasse supérieure fait discothèque à 21h.

PETITE PAUSE

Glacier

Comme la plupart des villes de province, Nueva Gerona possède également un glacier **Coppelia** – *Calle 37, e/30 y 32 - 12h-22h*.

BOIRE UN VERRE

Bar

Dans une maison en forme de bateau, la **Casa de los Vinos** est le bar le plus charmant de Nueva Gerona, à quelques mètres de la rue principale (angle calles 41 et 20). Dégustation de vins d'orange et de pamplemousse (la spécialité de la région) avec sandwichs. Tlj sf lun. 14h-23h.

ACHATS

Artisanat

Sur la portion commerçante de la calle 39, e/24 y 26, vous rencontrerez quelques modestes boutiques d'artisanat local.

Galerie d'art

Galería de Arte Gerona – *Angle calles 39 et 26 - tlj sf lun.* Organise des expositions de peintres et sculpteurs contemporains.

EN SOIRÉE

Concerts

Casa de la Cultura – *À l'angle des calles 37 et 24*. Programme des concerts de temps à autre).

Spectacles

Trois cabarets présentent des shows avant de faire discothèque : **El Patio** – *Calle 24, e/39 y 37* ; plus réputé, **El Chino** – *Calle 26, e/39 y*

37 ; et **Nuevo Virginia** *– Calle 39, e/22 y 24.*

ACTIVITÉS

Excursions

Pour visiter la côte méridionale, il faut un guide et un laissez-passer. Vous pouvez organiser l'excursion avec l'hôtel **El Colony** *(voir « Hébergement », p. 404)*, qui se charge de toutes les démarches, ou par vos propres moyens, en louant une voiture avec **Havanautos** *(voir « Transports », p. 403)*. La location de la Jeep inclut l'essence, le guide et le laissez-passer (env. 80 CUC). Il est possible de louer la voiture à Nueva Gerona ou à l'hôtel Colony.

Ecotur *– Calle 39, e/24 y 26 - ℰ (46) 32 71 01 - tlj sf dim. 8h-17h (sam. 12h).* Spécialiste de trekking et visites guidées des plus beaux sites.

Plongée

La plongée sous-marine est reine sur l'île de la Jeunesse. Plus d'une cinquantaine de sites jalonnent la côte sud-ouest. Équipement et cours de plongée sont proposés par l'hôtel **El Colony** *(voir « Hébergement », p. 404)*. Les bateaux quittent le club de plongée tous les matins à 9h (15 CUC sans plongée, 60 CUC pour 1 plongée avec équipement).

Cayo Largo del Sur

Province de l'île de la Jeunesse - 35 km² - Archipel de los Canarreos

😊 NOS ADRESSES PAGE 407

▶ **SE REPÉRER**
Carte 1er rabat de couverture.

🕐 **ORGANISER SON TEMPS**
Réservez un hôtel à l'avance par l'intermédiaire d'une agence de voyages.

Cayo Largo del Sur ferme la marche du chapelet d'îlots situé à l'est de l'île de la Jeunesse. Le dernier des cayos de l'archipel de los Canarreos est cependant parmi les premiers pour la beauté de ses plages. Celles-ci se déroulent de façon ininterrompue sur les 25 km de son littoral méridional. Les eaux turquoises de la mer des Caraïbes, bordées d'un sable si blanc et si fin qu'on le compare à du talc, composent ce cadre idyllique qui bénéficie de l'un des meilleurs ensoleillements de Cuba. Vous pourrez musarder à votre guise sur cette langue de terre étroite et étirée, comme son nom l'indique – largo signifie « long » en espagnol. Dans les mangroves qui bordent le nord de l'îlot, vous surprendrez des iguanes, des lézards ou des jutías (mammifères propres à Cuba) et de multiples espèces d'oiseaux : flamants, pélicans ou zunzuncitos (colibris). Cayo Largo est l'image paradisiaque de carte postale et dépliant touristique par excellence. Dans cette station balnéaire exclusivement réservée aux étrangers, tout serait parfait si l'on ne se sentait pas aussi loin de Cuba.

Se promener Carte 1er rabat de couverture

😊 **Conseils** – Munissez-vous d'une lotion anti-moustiques. Méfiez-vous des courants dangereux et des fortes vagues quand les drapeaux rouges flottent sur la plage.

★★ LES PLAGES

Le deux-roues constitue un excellent moyen de locomotion pour parcourir Cayo Largo et découvrir toutes ses plages *(renseignez-vous auprès des hôtels)*.
Playa Sirena est blottie à l'extrémité ouest de l'îlot, à l'abri du vent. C'est à cet endroit que l'on trouve la mer la plus calme. Avec l'aéroport à proximité, cette plage reçoit essentiellement les groupes venus pour la journée.
Vers l'est se succèdent **Playa Lindamar** puis **Playa Blanca**, la plus longue plage de Cayo Largo, où sont concentrés les complexes hôteliers.
À quelques kilomètres de Playa Blanca, les nombreux cocotiers ont donné leur nom à **Playa Los Cocos**. Ses eaux peu profondes riches en corail s'explorent aisément en snorkeling.
À l'extrémité est de Cayo Largo, de nombreuses tortues de mer viennent pondre en hiver à **Playa Tortugas**, la dernière plage de l'îlot.

🙂 NOS ADRESSES À CAYO LARGO DEL SUR

INFORMATIONS UTILES

Santé
Clínica Internacional – *À la marina* - ✆ *(45) 24 82 38.*

ARRIVER / PARTIR

En avion
Ce petit îlot possède un **aéroport international**, ✆ (45) 34 82 07 ou 34 81 41, qui accueille quelques vols directs en provenance du Canada et d'Italie. La compagnie de charters **Aerotaxi** propose des liaisons depuis La Havane et Varadero. Adressez-vous aux agences de voyages ou bureaux de tourisme des hôtels internationaux pour des excursions d'une journée ou plus à destination de Cayo Largo del Sur.

En bateau
Marina Cayo Largo del Sur – *À la pointe nord-ouest de l'îlot.* Dispose de 50 places et de services d'eau potable, électricité et combustible.

TRANSPORTS

Location de véhicules et de vélos
Cubatur, ✆ (45) 34 80 18, et **Transtur**, ✆ (45) 34 82 25, sont présentes dans l'hôtel Isla del Sur *(voir ci-après, « Hébergement »).*

HÉBERGEMENT, RESTAURATION

🛈 **Bon à savoir** – Les hôtels se trouvent tous à proximité les uns des autres, entre Playa Lindamar et Playa Blanca. Les prix publics étant élevés (entre 100 et 200 CUC/pers. en formule « tout inclus »), le tourisme individuel est exceptionnel à Cayo Largo. Les voyagistes italiens détiennent une quasi-exclusivité sur les établissements de l'îlot.

Les deux premiers hôtels font partie du même complexe avec une centrale de réservation commune, ✆ (45) 34 81 11. Ils partagent certains équipements ainsi que les activités sportives (équitation, tennis, sports nautiques) et présentent les caractéristiques habituelles des établissements de station balnéaire avec leurs bâtiments à proximité d'une piscine où se tiennent les animations quotidiennes.

Isla del Sur – 🖥 ✗ ⏚ [cc] - *57 ch. - location de voitures.*

Villa Coral – 🖥 ✗ ⏚ [cc] - *60 ch.*

Sol Pelicano – ✆ *(45) 34 82 60* - 🖥 ✗ ⏚ [cc] - *307 ch.* Cet immense établissement offre tout le confort et les prestations attendues d'un hôtel de cette catégorie.

ACTIVITÉS

Excursions
Les hôtels proposent des excursions sur une multitude d'îlots vierges à proximité de Cayo Largo. Visite de La Havane et de Trinidad programmée depuis Cayo Largo.

Activités sportives
Promenades à cheval sur la plage, multiples activités nautiques (planche à voile, pêche, voile, plongée sous-marine) proposées par les différents établissements de Cayo Largo.

6

VOUS CONNAISSEZ LE GUIDE VERT, DÉCOUVREZ LE GROUPE MICHELIN

L'aventure Michelin

Tout commence avec des balles en caoutchouc ! C'est ce que produit, vers 1880, la petite entreprise clermontoise dont héritent André et Édouard Michelin. Les deux frères saisissent vite le potentiel des nouveaux moyens de transport. L'invention du pneumatique démontable pour la bicyclette est leur première réussite. Mais c'est avec l'automobile qu'ils donnent la pleine mesure de leur créativité. Tout au long du 20e s., Michelin n'a cessé d'innover pour créer des pneumatiques plus fiables et plus performants, du poids lourd à la F 1, en passant par le métro et l'avion.

Très tôt, Michelin propose à ses clients des outils et des services destinés à faciliter leurs déplacements, à les rendre plus agréables… et plus fréquents. Dès 1900, le Guide Michelin fournit aux chauffeurs tous les renseignements utiles pour entretenir leur automobile, trouver où se loger et se restaurer. Il deviendra la référence en matière de gastronomie. Parallèlement, le Bureau des itinéraires offre aux voyageurs conseils et itinéraires personnalisés.

En 1910, la première collection de cartes routières remporte un succès immédiat ! En 1926, un premier guide régional invite à découvrir les plus beaux sites de Bretagne. Bientôt, chaque région de France a son Guide Vert. La collection s'ouvre ensuite à des destinations plus lointaines (de New York en 1968… à Taïwan en 2011).

Au 21e s., avec l'essor du numérique, le défi se poursuit pour les cartes et guides Michelin qui continuent d'accompagner le pneumatique. Aujourd'hui comme hier, la mission de Michelin reste l'aide à la mobilité, au service des voyageurs.

MICHELIN AUJOURD'HUI

N°1 MONDIAL DES PNEUMATIQUES

- 70 sites de production dans 18 pays
- 111 000 employés de toutes cultures, sur tous les continents
- 6 000 personnes dans les centres de Recherche & Développement

Avancer
monde où la

Mieux avancer, c'est d'abord innover pour mettre au point des pneus qui freinent plus court et offrent une meilleure adhérence, quel que soit l'état de la route.

LA JUSTE PRESSION

BONNE PRESSION

- Sécurité
- Longévité
- Consommation de carburant optimale

-0,5 bar

- Durée de vie des pneus réduite de 20% (- 8 000 km)

-1 bar

- Risque d'éclatement
- Hausse de la consommation de carburant
- Distance de freinage augmentée sur sol mouillé

ensemble vers un
mobilité est plus sûre

C'est aussi aider les automobilistes à prendre soin de leur sécurité et de leurs pneus. Pour cela, Michelin organise partout dans le monde des opérations **Faites le plein d'air** pour rappeler à tous que la juste pression, c'est vital.

L'USURE

COMMENT DETECTER L'USURE

La profondeur minimale des sculptures est fixée par la loi à 1,6 mm.
Les manufacturiers ont muni les pneus d'indicateurs d'usure.
Ce sont de petits pains de gomme moulés au fond des sculptures et d'une hauteur de 1,6 mm.

Les pneumatiques constituent le seul point de contact entre le véhicule et la route.

Ci-dessous, la zone de contact réelle photographiée.

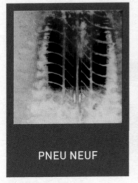

PNEU NEUF

PNEU USÉ
(1,6 mm de sculpture)

Au-dessous de cette valeur, les pneus sont considérés comme lisses et dangereux sur chaussée mouillée.

Mieux avancer,
c'est développer une mobilité durable

INNOVATION ET ENVIRONNEMENT

Chaque jour, Michelin innove pour diviser par deux d'ici à 2050 la quantité de matières premières utilisée dans la fabrication des pneumatiques, et développe dans ses usines les énergies renouvelables. La conception des pneus MICHELIN permet déjà d'économiser des milliards de litres de carburant, et donc des milliards de tonnes de CO2.

De même, Michelin choisit d'imprimer ses cartes et guides sur des «papiers issus de forêts gérées durablement». L'obtention de la certification ISO14001 atteste de son plein engagement dans une éco-conception au quotidien.

Un engagement que Michelin confirme en diversifiant ses supports de publication et en proposant des solutions numériques pour trouver plus facilement son chemin, dépenser moins de carburant.... et profiter de ses voyages !

Parce que, comme vous, Michelin s'engage dans la préservation de notre planète.

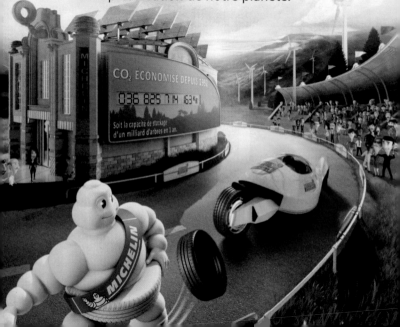

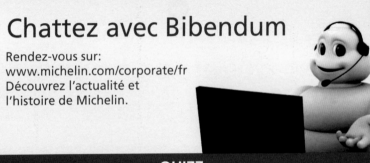

Chattez avec Bibendum

Rendez-vous sur:
www.michelin.com/corporate/fr
Découvrez l'actualité et
l'histoire de Michelin.

QUIZZ

Michelin développe des pneumatiques pour tous les types de véhicules. Amusez-vous à identifier le bon pneu...

Notes

Notes

Notes

Notes

Notes

Notes

Notes

La Havane : villes, monuments et régions touristiques.
Castro (Fidel) : noms historiques ou termes faisant l'objet d'une explication.
Les sites isolés (châteaux, églises, grottes…) et les **sites géographiques** plus étendus (baies, péninsules, vallées…) sont répertoriés à leur propre nom.

A

Achats..23
Administration..................................56
Aéroport... 8
Agenda..48
Agramonte (Ignacio)................. 79, 315
Alamar...186
Alonso (Alicia)....................98, 147, 153
Alto de Cotilla (mirador de)...........379
Álvarez (Santiago)...........................105
Ambassade............................... 13, 24
Angerona...193
Animaux..................................... 15, 115
Arawaks (les)......................................68
Architecture.......................................99
Arenas (Reinaldo)............................103
Argent.. 16, 24
Art contemporain...........................108
Assurance... 14
Autobus..40
Autostop...25
Avion... 8, 39

B

Baconao
   (Parque Nacional de)..................372
Bacunayagua (pont de) 222
Balboa (Silvestre de).......................101
Balseros (crise des)...........................86
Banes 338
Banque...25
Baracoa 382
Barbudos...82
Bariay (baie de).................................335
Barnet (Miguel) 103
Base navale américaine..................377
Batista (Fulgencio) 81
Bayamo 340
Bellamar (grottes de) 229
Bibliographie....................................49

Boca de Yumurí................................387
Boissons...22
Borrachos (carretera de los) 202
Budget... 16
Buenavista 194
Buena Vista Social Club 96

C

Cabrera (Lydia) 102
Cabrera Infante (Guillermo) 103
Cadeaux...................................... 25, 42
Caibarién 280
Camagüey...312
Camping..20
Canne à sucre....................................63
Cárdenas...247
Carnavals..26
Carpentier (Alejo)............................102
Cartes...50
Cartes de crédit................................ 16
Casilda (port de)...............................287
Castro (Fidel)................ 57, 58, 59, 60,
   81, 82, 357
Castro (Raúl).................... 56, 57, 58, 60
Catholicisme.......................................90
Cayo Coco 308
Cayo Guillermo 309
Cayo Jutías.......................................215
Cayo Largo del Sur......................... 406
Cayo Las Brujas...............................281
Cayo Levisa......................................216
Cayo Paredón Grande 309
Cayo Saetía.......................................338
Cayo Santa María............................ 280
CDR (comités de défense de la
   révolution) 57
Céspedes (Carlos
   Manuel de).........................79, 342
Change...25
Chartrand (Esteban)........................106
Chávez (Hugo)....................................87

Che Guevara................81, 82, 196, 274
Chèques de voyage..........................16
Chivirico..348
Chorro de Maita..............................336
Chronologie......................................88
Ciego de Ávila...............................302
Cienfuegos........................260, 266
Cigares..35
Cigarettes..26
Cinéma..104
Civilités..42
Climat..115
Clouet (Louis de)..........................262
Cochons (baie des)........84, 256, 257
Cocodrilo..401
Cojímar..186
Colomb (Christophe)........................76
Concerts..26
Consulat (de Cuba)..........................14
Courrier..30
Coutumes..41
Cyclone..12

D

Danse..42, 98`
Danzón..96
Décalage horaire..............................26
Deux-roues......................................27
Díaz (Jesús)..................................104
Discographie..............................51, 52
Dorticós (Osvaldo)..........................83
Douanes..15
Du Pont de Nemours (Irénée)......236

E

Eau potable......................................27
Économie..61
Éducation..71
Électricité..27
Embalse de Hanabanilla...............275
Embargo....................................61, 84
Enfants..27
Ermitage de Potosí........................185
Escambray (sierra del)..................288
Este (punta del)............................400
Excursions......................................28
ExpoCuba......................................187
Exportation......................................15

F

Faune..115
Fernandez (Duvier del Dago).......108
Figueredo Cisneros (Pedro)..........360
Filmographie....................................51
Finca Duaba..................................386
Finca El Abra................................399
Flore..117
Fonseca (José Emilio Fuentes,
    dit Jeff)..................................108
Formalités..13
Fuster (José)................................108
Fustete (cueva del)........................348

G

Gastronomie....................................21
Gibara..334
González (Elián)..............................87
Gorda (punta)................................264
Grajales (Mariana)........................360
Granjita Siboney............................373
Granma..............................82, 357
Gross (Alan)....................................60
Guamá..255
Guanabacoa..................................185
Guanahacabibes (péninsule de)......212
Guanahatabeyes (les)......................68
Guantánamo..................................376
Guardalavaca................................335
Guerre de Dix Ans..........................79
Guevara (Ernesto dit le Che)...81, 82,
    196, 274
Guillén (Nicolás)..................102, 112
Güira (sierra de la)........................196
Gutiérrez Alea (Tomás)..................105

H

Habitat..74
Hatuey....................................76, 384
Hébergement....................................18
Helms-Burton (loi)..........................87
Hemingway (Ernest).............138, 186
Hicacos (péninsule de)..................234
Histoire..76
Holguín..............................326, 330
Hôpitaux..33
Hôtel..18

I

Iglesia de la Santísima
    Virgen de Regla.............................185
Importation....................................... 15
Indépendance....................................78
Indio (grotte del) 200
Ingenios (vallée de los) 288
Inglés (punta del) 348
Internet 13, 28

J

Jardín Botánico Nacional 187
Jardin de Cuba (Angerona) 193
Jeff (José Emilio Fuentes Fonseca) ..108
Jeunesse (île de la) 394
Jinetero 34
Journaux..28
Jours fériés.......................................28

K

Kcho 108

L

La Boca...255
La Farola (viaduc de) 379
La Fé 215
La Fé (île de la Jeunesse) 400
La Gran Piedra...............................372
Laguna Baconao.............................374
La Havane 126
    Ambassade de Russie 157
    Aquarium national 157
    Arco de Belén.............................144
    Avenida Primera.........................156
    Avenida Reina 151
    Barrio Chino...............................151
    Bodeguita del Medio 139
    Bosque de La Habana 158
    Callejón de Hamel.......................151
    Calle Obispo 134
    Calle Oficios 140
    Calle San Rafael.........................151
    Capitolio Nacional......................145
    Casa de África 140
    Casa de Asia..............................140
    Casa de Baños 138

Casa de la Condesa de la Reunión ... 139
Casa de la Obrapía 140
Casa de las Hermanas Cárdenas. 142
Casa del Conde de Jaruco 142
Casa del Conde de Lombillo 139
Casa del Obispo 140
Casa de los Árabes 140
Casa de los Marqueses
    de Aguas Claras 138
Casa de México..............................140
Casa de Obispo..............................134
Casa de Pérez de la Riva 149
Casa Natal de José Martí...............144
Castillo de la Real Fuerza 136
Castillo de los Tres Reyes del Morro.. 158
Castillo del Príncipe 154
Castillo de San Salvador
    de la Punta 149
Catedral de San Cristóbal 137
Cementerio de Cristóbal Colón.... 155
Centro de Desarollo
    de las Artes Visuales.....................142
Centro de Promoción Cultural
Alejo Carpentier 139
Centro Habana 150
Cerro 156
Coche Mambi 141
Colegio San Francisco de Sales.... 140
Convento de Nuestra Señora
    de Belén......................................144
Convento de Nuestra Señora
    de la Merced................................144
Convento de San Francisco de Asís.. 141
Convento de Santa Clara 143
Coppelia 153
Edificio Bacardí.............................149
Edificio Focsa................................153
El Templete....................................136
Fábrica Bocoy................................156
Fábrica de Tabacos Partagás.......146
Farmacia y Droguería Taquechel 134
Fortaleza de San Carlos
    de la Cabaña................................159
Fototeca de Cuba 142
Fuente de la India..........................146
Fuente de la Samaritana...............143
Fuente de los Leones......................141
Gabinete de Arqueología.............142
Gimnasio de Boxeo Rafael Trejo.. 144
Giraldilla.......................................136

Gran Teatro de La Habana
(dit García Lorca) 147
Habana del Este 158
Habana Vieja 127
Hotel Habana Libre 153
Hotel Nacional 153
Iglesia del Espíritu Santo 144
Iglesia de San Francisco
de Paula 144
Iglesia Santo Cristo
del Buen Viaje 146
Maison (la) 158
Malecón 150
Maqueta de la Ciudad 157
Maqueta de la Habana Vieja 140
Marina Hemingway 158
Mémorial Granma 149
Mémorial José Martí 155
Milagrosa (la) 155
Miramar 156
Monument aux Victimes du
Maine 153
Monument dédié
aux étudiants en médecine 149
Monumento a los Bomberos 155
Museo Antropológico Montané .. 154
Museo de Arte Colonial 138
Museo de Artes Decorativas 153
Museo de la Cerámica 141
Museo de la Ciudad 135
Museo de la Comandancia
de Che Guevara 159
Museo de la Danza 153
Museo de la Farmacia Habanera 143
Museo de la Orfebrería 134
Museo de la Revolución 149
Museo del Chocolate 141
Museo del Ministerio
del Interior 157
Museo de los Orishas 146
Museo del Ron Havana Club 142
Museo Histórico de Ciencias 143
Museo Nacional de Bellas Artes 147
Museo Nacional de Bellas Artes
(Arte Cubano) 149
Museo Nacional
de Historia Natural 136
Museo Nacional de la Música 149
Museo Napoleónico 154
Museo Numismático 134

Museo Postal Cubano 155
Nave San José 144
Palacio de Aldama 146
Palacio de la Artesanía 140
Palacio de la Revolución 155
Palacio del Conde de Santovenia 136
Palacio del Marqués de Arcos 139
Palacio de los
Capitanes Generales 135
Palacio de los Condes
de Casa Bayona 138
Palacio del Segundo Cabo 137
Palacio Pedroso 140
Palacio Presidencial 149
Parque Central 147
Parque de la Fraternidad 146
Parque Histórico Militar
Morro Cabaña 159
Playita del 16 156
Plaza de Armas 134
Plaza de la Catedral
(dite Plaza de la Ciénaga) 137
Plaza de la Revolución 155
Plaza de San Francisco de Asís 141
Plaza Vieja 142
Prado 148
Quinta Avenida 156
Quinta de los Condes
de Santovenia 156
Rampa 153
Sala del Transporte Automotor ... 140
Teatro Nacional 155
Universidad de La Habana 154
Vedado 152
Virgen de la Caridad
del Cobre 138, 156
La Isabelica 372
Lam (Wifredo) 107
Las Casas (Bartolomé de) 76
Las Terrazas 193
Leche (laguna de la) 305
Lezama Lima (José) 103
Libreta 62
Littérature 101
Livres 36, 49
Loma (mirador de la) 288
López (Narciso) 247
Los Acuáticos 200
Los Carpinteros 108

M

M-26 82
Maceo (Antonio) 79, 356, 360
Machado (Gerardo) 80
Maisí (punta de) 387
Mambises (les) 79
Manaca Iznaga 288
Manuel (Víctor) 106
Manzanillo 346
Marchandage 23
Marea del Portillo 348
María la Gorda 213
Mariel 85, 216
Martí (José) 78, 79, 102
Matanzas 227
Mayabe (mirador de) 334
Médecins 33
Médias 28
Mendive (Manuel) 108
Menocal (Armando García) 106
Mesures 41
Météo 12, 29
Missiles (crise des) 84
Moa 386
Mogotes 199
Moncada (assaut de la) 81, 357
Monnaie 12, 24
Monuments 29
Morón 305
Morro (castillo del) 370
Moustiques 32
Mural de la Prehistoria 199
Musées 29
Museo Hemingway 185
Museo Histórico de
    Guanabacoa 185
Museo Municipal de Regla 185
Musique 36, 94

N

N. S. de los Angeles
    de Jagua (castillo de) 266
Nature 112
Nicot (Jean) 109
Nuestra Señora de
    la Caridad del Cobre 371
Nuestra Señora de Monserrate 229
Nueva Gerona 395

O

Obama (Barack) 60
Ochoa (affaire) 86
Offices de tourisme 13, 29
Orishas 92
Orquideario 195
Ortiz (Fernando) 102

P

Padilla (Heberto) 103
Padura (Leonardo) 104
País (Frank) 82
Paladares 21
Parque de la Güira 196
Parque El Baga 308
Parque el Cubano 287
Parque Humboldt 386
Parque Lenin 186
Parque Nacional de Baconao 372
Parque Nacional de
    Guanahacabibes 213
Parque Nacional
    de la ciénaga de Zapata 255
Parque Nacional de la Sierra
    Maestra 344
Parque Nacional
    Desembarco del Granma 348
Passeport 13
Peces (grotte de los) 256
Pêche 29
Pedraplén 280
Peinture 105
Peláez (Amelia) 107
Perché 266
Période spéciale 86
Peso 24
Phare du cap San Antonio 214
Pharmacies 33
Photographie 30
Pièce d'identité 13
Pinar del Río 206, 208
Piñera (Virgilio) 103
Plages de l'Est 220
Plats 21
Platt (amendement) 80
Playa Ancón 288
Playa Bailén 212
Playa Boca Ciega 221

Playa Daiquirí..................374
Playa de Miel..................387
Playa el Mégano..................221
Playa Esmeralda..................336
Playa Girón..................256
Playa Guanabo..................221
Playa Jibacoa..................221
Playa La Boca..................287
Playa Larga..................256, 401
Playa Las Coloradas..................348
Playa La Tinaja..................306
Playa les Tumbas..................212
Playa Los Cocos..................320
Playa Maguana..................386
Playa María Aguilar..................288
Playa Rancho Luna..................266
Playa Roja..................402
Playa Santa Lucía..................320
Playa Santa María del Mar..................221
Playa Siboney..................374
Playa Tarará..................220
Playita de Cajobabo..................379
Plongée..................30
Police..................33
Politique..................42, 56
Pompiers..................33
Population..................12, 67
Portales (grotte de los)..................196, 197
Portela (Ena Lucía)..................104
Poste..................30
Pourboire..................30
Prado de las Esculturas..................372
Prehistoria (valle de la)..................374
Presidio Modelo..................397
Prieto (Wilfredo)..................108
Protesta de Baraguá..................79
Pueblo Celia Sánchez..................306
Puerto Esperanza..................216

R

Radio..................28
Rancho Luna (carretera de)..................265
Randonnée..................32
Redonda (laguna)..................306
Reggaeton..................97
Regla..................184
Religion..................90
Remedios (San Juan de los)..................275
Restauration..................20, 21, 32

Révolution..................81
Rhum..................36
Robaina (Alejandro)..................208
Rosario (sierra del)..................194
Rumba..................96

S

Saison..................12
Salsa..................97
Salto..................195
San Antonio del Sur..................379
Sancti Spíritus..................298, 300
San Diego de los Baños..................196, 197
San Francisco de Paula..................185
San Juan de los Remedios..................275
San Juan y Martínez..................208, 212
San Luis..................208
San Miguel (grotte de)..................199
Santa Clara..................272
Santa Clara (bataille de)..................274
Santa María del Mar..................221
Santé..................32
Santería..................91
Santiago de Cuba..................350
  Ayuntamiento..................354
  Balcón de Velázquez..................358
  Bosque de los Heroes..................361
  Calle Heredia..................354
  Calle Padre Pico..................358
  Casa de Diego Velázquez..................354
  Casa de la Cultura..................354
  Casa de las Tradiciones..................359
  Casa de la Trova..................355
  Casa Natal de Antonio Maceo....360
  Casa Natal de Frank
    y Josué País..................360
  Casa Natal de José María
    de Heredia..................355
  Cathédrale Nuestra Señora
    de la Asunción..................351
  Cementerio Santa Ifigenia..................360
  Cuartel Moncada..................359
  Hotel Casa Granda..................354
  La Isabelica..................358
  Mausolée d'Emilio Bacardí
    Moreau..................360
  Mausolée de José Martí..................361
  Museo Abel Santamaría..................359
  Museo Arquidiocesano..................354

*Museo de Ambiente
  Histórico Cubano*.............................*354*
*Museo de Historia
  Natural Tomás Romay* *358*
*Museo de la Lucha
  Clandestina*.....................................*359*
Museo del Carnaval.........................*355*
Museo del Ron...................................*359*
Museo Emilio Bacardí *355*
*Museo Histórico
  del 26 de Julio* *359*
Museo Holográfico *362*
Parque Céspedes *351*
Parque Dolores *358*
*Parque Histórico
  Abdel Santamaría*.........................*359*
Plaza de la Revolución.....................*361*
Plaza de Marte...................................*358*
Tivolí...*358*
Santo Tomás.. 256
Santo Tomás (grotte de)............... 200
Sanz Carta (Valentín) 106
Sécurité...33
Siboneyes (les) 68
Sierra Maestra.................................. 340
Sierra Maestra (guérilla)...................82
Sites 29
Société...71
Son...96
Soroa 195
Souvenirs 34
Sport...72

T

Tabac... 64, 109
Taïnos (les) 68
Taller José Fuster 184
Taxes 9, 14, 23
Taxi..36
Téléphone 16, 37
Télévision 29
Tesoro (lagune del)............................255
Tibaracón 386
Topes de Collantes 290
Tortuguilla 379
Tourisme..66

Train..39
Transports 39
Trinidad.............................266, 282
Turquino (Pico) 345

U

Urgences 33
Uvero 348

V

Vaccination 15
Valdés (Zoé)..104
Varadero 232
Varela (Projet) 58, 88
Velázquez
  de Cuellar (Diego) 76, 315, 356
Vía Blanca.. 220
Viazul (bus) 193
Villaverde (Cirilo) 101
Viñales (vallée de) 198
Viñales (village)..................................198
Virgen de la Caridad del Cobre....372
Visa 13
Voiture..43
  Conduite..*44*
  Permis de conduire *15*
Voyagiste... 9
Vuelta Abajo.. 206

W

Wenders (Wim) 105
Weyler (Valeriano)..............................79

Y

Yorubas (les)...69
Yumurí (vallée de) 222
Yunque (El)... 385

Z

Zapata (Orlando)..................................58
Zapata (péninsule de) 254
Zaza (lac) 303

Se débrouiller en espagnol

Un dictionnaire de poche vous sera de la plus grande utilité si vous ne parlez pas un mot d'espagnol. À quelques exceptions près, toutes les lettres se prononcent en espagnol. Des précisions phonétiques pourront cependant vous aider à vous faire comprendre de vos interlocuteurs. Le « ll » de *llave* se rapproche d'un « ly » (lyave), le tilde « ñ » de *señor* est semblable au « gn » d'agneau, le « v » et le « t » sont très proches (*vaca* et *baca* sont quasiment homophones et se prononcent « baca »). Reste l'épineux problème de la *jota*, le « j » guttural espagnol, et du « r » roulé, surtout lorsque la consonne est doublée.

LES CHIFFRES

un	uno
deux	dos
trois	tres
quatre	cuatro
cinq	cinco
six	seis
sept	siete
huit	ocho
neuf	nueve
dix	diez
onze	once
douze	doce
treize	trece
quatorze	catorce
quinze	quince
vingt	veinte
cent	cien
mille	mil

Les chiffres se composent ensuite ensemble : dix-sept : diecisiete, vingt-deux : veintidós, etc.

LES MOIS ET LES SAISONS

janvier	enero
février	febrero
mars	marzo
avril	abril
mai	mayo
juin	junio
juillet	julio
août	agosto
septembre	septiembre
octobre	octubre
novembre	noviembre
décembre	diciembre
printemps	primavera
été	verano
automne	otoño
hiver	invierno

LES JOURS DE LA SEMAINE

lundi	lunes
mardi	martes
mercredi	miércoles
jeudi	jueves
vendredi	viernes
samedi	sábado
dimanche	domingo

FORMULES DE POLITESSE

oui, non	sí, no
bonjour	buenos días (matin) buenas tardes (après-midi)
bonsoir, bonne nuit	buenas noches
salut	hola
au revoir	adiós
à plus tard	hasta luego
enchanté(e)	encantado(a), mucho gusto
Comment allez-vous ?	¿ Qué tal ?
s'il vous plaît	por favor
merci (beaucoup)	(muchas) gracias
Je vous en prie	de nada
pardon	perdón, disculpe

Je ne comprends pas	no entiendo
Je ne parle pas espagnol	no hablo español
Monsieur, vous…	señor, usted…
Madame	señora
Mademoiselle	señorita

LE TEMPS

quand ?	¿ Cuándo ?
Quelle heure est-il ?	¿ Qué hora es ?
maintenant	ahora
tout de suite	enseguida
date	fecha
année	año
siècle	siglo
aujourd'hui	hoy
hier	ayer
demain matin	mañana por la mañana
demain après-midi	mañana por la tarde
demain soir	mañana por la noche

SE DIRIGER

Où se trouve…?	¿ Dónde está…?
adresse	dirección
à droite	a la derecha
à gauche	a la izquierda
tout droit	recto
tourner	doblar, girar
près de	cerca de
loin de	lejos de
angle, coin	esquina
carte, plan	mapa

LES TRANSPORTS

billet (avion, train)	pasaje (avión, tren)
aller-retour	ida y vuelta
bateau	barco
faire du stop	coger botella
amende	multa
stationnement interdit	parqueo prohibido

À L'HÔTEL

réception	carpeta
réceptionniste	carpetero (a)
hôte, client	huésped
chambre simple	habitación sencilla
chambre double	habitación doble
salle de bains	cuarto de baño
lit	cama
drap	sábana
couverture	manta
clé	llave
toilettes	servicios, baño
air conditionné	aire acondicionado

AU RESTAURANT

manger	comer
boire	beber
Je voudrais…	quisiera…
petit-déjeuner	desayuno
déjeuner	almuerzo
dîner	cena
addition	cuenta
menu	menú, carta

POUR CHOISIR LE MENU

aguacate	avocat
arroz	riz
azúcar	sucre
bocadillo	sandwich
boniato	patate douce
camarón	crevette
carne asada	viande rôtie
cerdo	porc
chicharrón	couenne de porc frit
congrí	riz avec haricots
cordero	agneau
frijoles	haricots
helado	crème glacée
huevo	œuf
jamón	jambon
langosta	langouste
lechón	cochon de lait
lechuga	laitue
mantequilla	beurre
manzana	pomme

mariscos	fruits de mer
pan	pain
papa	pomme de terre
pescado	poisson
picadillo	viande hachée
pimienta	poivre
plátano	banane
pollo frito	poulet frit
postre	dessert
puerco	porc
queso	fromage
res	bœuf
sal	sel
ternera	veau
yuca	manioc
zanahoria	carotte

LES BOISSONS

thé	té
café noir	café solo
café au lait	café con leche
chocolat	chocolate
eau minérale	agua natural
eau gazeuse	agua con gas
eau du robinet	agua de la pila
rafraîchissement	refresco
glace	hielo
jus d'ananas	jugo de piña
pamplemousse	toronja
papaye	fruta bomba
milk-shake	batido
bière	cerveza
rhum	ron
vin	vino

LES ACHATS

Combien est-ce ?	¿ Cuánto es ?
cher	caro
bon marché	barato
devises	divisas
monnaie nationale	moneda nacional
espèces	efectivo
carte de crédit	tarjeta de crédito
magasin	tienda
marché paysan	agromercado
queue	cola
facture, reçu	comprobante, recibo

cigare	puro, tabaco
cigarettes	cigarrillos

LES COMMUNICATIONS

enveloppe	sobre
timbre	sello
boîte aux lettres	buzón
bureau de poste	oficina de correos
téléphoner	llamar por teléfono
appel international	llamada internacional

LES VISITES

guide	guía
entrée	entrada
sortie	salida
ouvert	abierto
fermé	cerrado
travaux	obras
guichet	taquilla
attendre	esperar
étage	piso
escalier	escalera
plafond	techo
trésor	tesoro

LES MOTS DE LA RUE À CUBA

super, génial	chévere
faire du stop	coger botella
camarade	compañero (a), compadre
marginal	friki
fric	guaniquiqui
ok	se prononce « oka »
Comment ça va, mon frère ?	¿ qué bola, asere ?
se débrouiller	resolver
copain	socio
étranger	yuma

CARTE GÉNÉRALE

Les 6 régions du guide Cuba ....
   Premier rabat de couverture

CARTES DES RÉGIONS

1 La province
   de La Havane 124-125
2 L'Ouest 190-191
3 Le littoral nord 218-219
4 Le Centre 252-253
5 L'Est 324-325

PLANS DE VILLE

Camagüey 314
Cienfuegos 261
Holguín 328
La Habana - Miramar
et Playa (plan V) 157

La Habana - Vedado - Centro
   Habana (plan IV) 132-133
La Habana Vieja (plan II) 130
La Habana Vieja - Centre historique
   (plan III) 131
Playas del Este 222-223
Sancti Spíritus 299
Santiago de Cuba 352-353
Trinidad 284-285
Varadero (plan I) 232-233

PLANS DE SITE

Cementerio de Cristóbal Colón ... 154

CARTES DES CIRCUITS

Isla de la Juventud 398
Península de Hicacos
(plan II) 234-235
Valle de Viñales 201

Manufacture française des pneumatiques Michelin
Société en commandite par actions au capital de 504 000 004 EUR
Place des Carmes-Déchaux - 63000 Clermont-Ferrand (France)
R.C.S. Clermont-Fd B 855 200 507

© Michelin, Propriétaires-éditeurs
Dépôt légal : août 2011 – ISSN 0293-9436
Imprimeur : Chirat, St-Just-la-Pendue
Imprimé en France : août 2011 - N° 201107.0193
Sur du papier issu de forêts gérées durablement